// Música Final

UNIVERSIDADE DE SÃO PAULO

Reitor   Carlos Gilberto Carlotti Junior
Vice-reitora   Maria Arminda do Nascimento Arruda

 EDITORA DA UNIVERSIDADE DE SÃO PAULO

Diretor-presidente   Sergio Miceli Pessôa de Barros

COMISSÃO EDITORIAL

Presidente   Rubens Ricupero
Vice-presidente   Maria Angela Faggin Pereira Leite
Clodoaldo Grotta Ragazzo
Laura Janina Hosiasson
Merari de Fátima Ramires Ferrari
Miguel Soares Palmeira
Rubens Luis Ribeiro Machado Júnior
Suplentes   Marta Maria Geraldes Teixeira
Primavera Borelli Garcia
Sandra Reimão

Editora-assistente   Carla Fernanda Fontana
Chefe Div. Editorial   Cristiane Silvestrin

UNIVERSIDADE ESTADUAL DE CAMPINAS

Reitor   Antonio José de Almeida Meirelles
Coordenadora Geral da Universidade   Maria Luiza Moretti

EDITORA DA UNICAMP
Diretora   Edwiges Maria Morato

COMISSÃO EDITORIAL
Presidente   Edwiges Maria Morato
Carlos Raul Etulain
Cicero Romão Resende de Araujo
Frederico Augusto Garcia Fernandes
Iara A. Beleli
Marco Aurélio Cremasco
Maria Tereza Duarte Paes
Pedro Cunha de Holanda
Sávio Machado Cavalcante
Verónica Andrea González López

// MÚSICA
　　FINAL

Mário de Andrade
e Sua Coluna Jornalística
Mundo Musical

// JORGE
　　COLI

Copyright © 1998 by Jorge Coli

1ª edição 1998 (Editora da Unicamp).
2ª edição revista 2023.

Dados Internacionais de Catalogação na Publicação (CIP)
(Câmara Brasileira do Livro, SP, Brasil)

Coli, Jorge
  Música Final: Mário de Andrade e Sua Coluna Jornalística Mundo
Musical / Jorge Coli. – 2. ed. – São Paulo (SP): Editora da Universidade
de São Paulo; Campinas (SP): Editora da Universidade de Estadual de
Campinas, 2023.

  Bibliografia.
  ISBN 978-65-5785-157-9 (EDUSP)
  ISBN 978-85-268-1608-4 (EDITORA DA UNICAMP)

  1. Andrade, Mário de, 1893-1945 2. Música – Apreciação crítica
3. Música – Brasil – História 4. Textos jornalísticos I. Título.

23-168828   CDD-780.9

Índice para catálogo sistemático:
1. Música: Apreciação crítica 780.9

Eliane de Freitas Leite – Bibliotecária – CRB 8/8415

Direitos reservados a:

Edusp – Editora da Universidade de São Paulo
Rua da Praça do Relógio, 109-A, Cidade Universitária
CEP 05508-050 – São Paulo – SP – Brasil
Divisão Comercial: Tel. +55 (11) 3091-4008 / 3091-4150
www.edusp.com.br – e-mail: edusp@usp.br

Editora da Unicamp
Rua Sérgio Buarque de Holanda, 421 – 3º andar,
Campus Unicamp, CEP 13083-859 – Campinas (SP)
Tel.: + 55 (19) 3521-7718 / 7728
www.editoraunicamp.com.br – vendas@editora.unicamp.br

Printed in Brazil 2023

Foi feito o depósito legal

Este livro não teria sido possível sem a amizade
e o apoio efetivo de Telê Porto Ancona Lopez.
Quero associar esta obra também a Bruno Prunès,
amigo fraterno, que desapareceu sob uma
avalanche de neve nos Pirineus, no início
de 1996, e cujo amor pela música era imenso.

Não devemos tampouco esquecer que todo indivíduo que se distingue por seus talentos coloca a si próprio, em seu coração, dentro de certa aristocracia. Ele não pode, quer queira quer não, se confundir com a massa, e esse sentimento inevitável tem consequências diversas. Ele observa que a democracia, equalitária por excelência, é incapaz de manter um poeta. Ou ainda, julgando os homens no poder e os dominados por estes, ele os despreza, mas sente a tentação de se tornar ele próprio uma figura política importante e de participar da condução dos acontecimentos. Essa tentação não é rara entre líricos. É notável que a ocupação humana mais pura, esta de captar e revelar os seres pelo canto, como fazia Orfeu, conduza tão frequentemente ao desejo da mais impura. O que pensar? Há exemplos de tudo, pois estamos em história...

PAUL VALÉRY,
Variations sur les Bucoliques de Virgile.

// Sumário

15 Explicação

21 Introdução

33 Apresentação de *Mundo Musical*
34 *Comentário*

37 O Maior Músico
42 *Comentário*
67 *Anexo*

69 Claude Debussy (i)

75 Claude Debussy (ii)
80 *Comentário*

103 Elsie Houston
108 *Comentário*
121 *Anexo*

123 Esquerzo
128 *Comentário*
146 *Anexo*

181 Pelléas et Mélisande
186 *Comentário*

191 O Pontapé de Mozart
196 *Comentário*

201 A Carta de Alba
206 *Comentário*

211 Parsifal
216 *Comentário*

219	Scarlatti
223	*Comentário*
227	A Bela e a Fera (I)
233	A Bela e a Fera (II)
238	*Comentário*
258	*Anexo*
263	Ao Dnieper
268	*Comentário*
278	*Anexo*
281	Mussorgsqui
286	*Comentário*
295	Boris Godunov
300	*Comentário*
307	Concursos
312	*Comentário*
315	Do Teatro Cantado
321	Psicologia da Criação
326	*Comentário*
350	*Anexo*
361	Elegia
366	*Comentário*
373	Ra-ta-plã
378	*Comentário*
383	Os Tanhaeuseres
388	*Comentário*
391	Músicas Políticas (I)
397	Músicas Políticas (II)
403	Músicas Políticas (III)
409	Músicas Políticas (IV)
414	*Comentário*
425	Tropo de Semana Santa
430	*Comentário*

435	José Maurício
440	*Comentário*
443	Número Especial
448	*Comentário*
449	Do Meu Diário (A)
454	*Comentário*
455	Do Meu Diário (B)
461	*Comentário*
476	*Anexo*
483	Música Universitária
488	*Comentário*
491	*Anexo*
493	O Perigo de Ser Maior
499	Villa-Lobos (I)
505	Villa-Lobos (II)
510	*Comentário*
524	*Anexo*
535	Do Meu Diário (C)
541	*Comentário*
543	Apêndice
567	Bibliografia
581	Índice Onomástico

// Explicação

De 1943 até sua morte, em 1945, Mário de Andrade assumiu a redação de uma coluna semanal na *Folha da Manhã* consagrada à música e intitulada *Mundo Musical*. O conjunto de artigos revelou-se de primeira importância, veiculando as principais reflexões sobre a música do modo como, naquele momento, se configuravam para o autor.

Mundo Musical constitui-se de textos "soltos" sobre diferentes questões estritamente musicais. Mas incorpora também, intercaladamente, algumas sequências concebidas dentro de projetos autônomos, independentes dos outros artigos. Há ainda escritos não referentes à música. Cabia, então, definir um *corpus*.

Era preciso excluir os grupos que possuem visível unidade, destacando-se claramente do todo. Publicados em segmentos, os textos eram sem dúvida destinados a se tornarem livros: alguns já foram mesmo editados postumamente.

Não se integravam também os escritos sobre artes plásticas e etnografia.

Desse modo, não fazem parte do *corpus*:

1. porque já publicados:
   - série de *O Banquete*;
   - série de *Vida do Cantador*;
   - dois artigos – "Danças Dramáticas", de 22 de abril e 29 de junho de 1944 – incorporados por Oneyda Alvarenga em *Danças Dramáticas do Brasil*.

2. porque não musicais:
   - "Pastoris", de 30 de dezembro de 1943, sobre assunto etnográfico;

- "Brazil Builds", de 23 de março de 1944, sobre arquitetura;
- "Allegro e Valsa", de 27 de abril de 1944, sobre Alfredo Volpi;
- "Não", de 17 de agosto de 1944, sobre livros e edições;
- "Fazer a História", de 24 de agosto de 1944, sobre Lasar Segall;
- "Esboço para um Portinari em Castelhano", de 26 de outubro de 1944, sobre Candido Portinari.

Além desses, existem alguns textos denominados "Do Meu Diário". Sob essa rubrica, Mário de Andrade apresentava notas breves a respeito dos mais variados assuntos. Foram integrados nesta obra apenas os três que continham questões musicais.

Os textos da coluna (ou rodapés, como o próprio Mário de Andrade os chama, e como também nos referimos a eles) trazem reflexões complexas, às quais amiúde o tom jornalístico cede o passo. Não formam um todo estruturado. Completam-se, no entanto, como etapas de um percurso no qual recorrências as mais diversas, preocupações e obsessões são retomadas à luz da atualidade ou das inflexões do pensamento. Pensamento ele próprio movente, plástico, avesso às belas estruturas teóricas cristalizadas.

São escritos que possuem algo de opaco, de obscuro. Algumas vezes porque dependem de circunstâncias hoje olvidadas; outras, porque se compreendem apenas à luz desse pensamento móbil, desenrolado na dinâmica dos momentos. Era preciso buscar as circunstâncias daquele presente e as reflexões que o precederam.

Desde o início, ficava descabida toda tentativa de reconstituir qualquer arcabouço teórico ou simplesmente conceitual com base nesses ensaios. Em vez de constelações abstratas que servissem de guia, era melhor seguir as sinuosidades e os acidentes do caminho.

A ideia primeira foi a de uma edição crítica e anotada. As notas, entretanto, multiplicavam-se excessivamente e, pelo seu caráter segmentado, impediam a fluidez dos raciocínios, a continuidade das articulações explicativas.

A forma do comentário se configurou, então, como a melhor. Ela permitia acompanhar *pari passu* os escritos, incorporando as informações das notas e integrando-as num desenvolvimento analítico.

Logo, outra necessidade revelou-se também. Esses textos aclaravam-se muitas vezes pela referência a outros, de Mário de Andrade ou não, mas de difícil acesso, por encontrarem-se apenas em jornais da época ou similares. Foi tomada a decisão de incorporá-los como anexos aos comentários que deles dependiam. Essas transcrições possuem pelo menos duas virtudes: primeira, o cotejo desses escritos é, de per si, forçosamente heurístico; segunda, vêm à luz a integralidade de textos raros, muito pouco acessíveis.

O caráter fragmentário pelo qual se revela o pensamento de Mário de Andrade permaneceu assim respeitado, ao mesmo tempo que se completou por meio de uma rede de relações internas, mas que se articulava também com a cultura brasileira do tempo. Como poderá constatar o leitor, para a compreensão de cada um dos artigos de *Mundo Musical*, foram mobilizados vários outros textos, de naturezas as mais diversas. Isso significou um trabalho longo – e bastante infernal – de pesquisa em arquivo, leituras e organização analítica.

Buscamos o maior número possível de documentos elucidativos. A maioria deles encontrava-se no próprio arquivo Mário de Andrade: as consultas foram imensamente facilitadas graças ao perfeito trabalho de classificação realizado pela equipe do Instituto de Estudos Brasileiros (IEB-USP).

Depois de alguma hesitação, decidimos abrir mão de outro tipo de informação, aquele constituído de depoimentos de pessoas que participaram das polêmicas da época ou assistiram a elas. Na época da redação inicial desta obra, nos anos 1990, mais de cinquenta anos filtraram aquilo que essas pessoas lembram pelo modo como elas lembram. Algumas experiências reforçaram em nós essa posição. Como não faltaram documentos de época, preferimos levar nosso raciocínio apenas baseado neles.

Desse modo, este livro apresenta unidades compostas, muitas vezes, de três momentos: o próprio texto de Mário de Andrade, seu comentário e seus anexos. Para evitar uma excessiva ginástica do leitor, tentamos reduzir ao mínimo as notas explicativas nos comentários, a fim de que não houvesse o tributo suplementar a um quarto momento de leitura. Assim, a maioria das notas apresenta apenas informações resumidas de fontes consultadas e citadas.

Com esse processo de acompanhamento analítico, o projeto ficou forçosamente pouco conclusivo. É bem claro que os nossos objetivos não envolviam a síntese. Ele adquiriu, entretanto, uma natureza "aberta" – levantando muito mais problemas do que pôde resolver, indicando direções em que pôde se aventurar. Quantas questões devem ainda ser elucidadas: Mário de Andrade e a jovem geração que o cercava; o papel do grupo Música Viva nos meios musicais brasileiros; uma revisão das perspectivas nacionalistas na obra de Mário de Andrade... E essas são apenas algumas, surgidas em desordem na mente, entre muitíssimas mais.

Os originais de *Mundo Musical* que nos serviram para as transcrições são os recortes conservados no arquivo Mário de Andrade, do IEB-USP. Em todos eles, salvo um, as diferentes datas de publicação aparecem manuscritas. Eles contêm, igualmente, correções da mão do autor, que foram incorporadas ao texto definitivo aqui apresentado. Os textos de Mário de Andrade apresentados como anexos também são transcritos aqui já com correções e acréscimos manuscritos pelo autor, conforme encontrados nos arquivos do IEB-USP.

Mário de Andrade escrevia com particularismos ortográficos numerosos, num período de grande variação geral das regras de escrita. Para todos os textos, incluindo citações, escolhemos uma transcrição fiel, corrigindo unicamente o que se evidenciava, sem dúvidas, como "gralhas" e atualizando a ortografia apenas em relação à acentuação e hifenização, seguindo o último Acordo Ortográfico da Língua Portuguesa.

Apresentada nossa escolha, vamos a dois apontamentos:

1. Os critérios de seleção daquilo que deve ser tido como particularismo significativo ou não são muito fluidos. Quais os limites?
2. As flutuações ortográficas são representativas do autor, mas também de uma conjuntura da época. Mesmo considerando que os jornais não respeitavam as soluções pessoais e particulares dos originais, a forma como elas surgem são sugestivas. Um texto, por exemplo, escrito com os ff, ph, th, y, w, da velha ortografia etimológica, faz sobressair, de modo quase irônico, uma palavra como "inhapa". Oneyda Alvarenga compreendeu a importância dessa fidelidade e manteve a transcrição exata dos escritos jornalísticos de Mário de Andrade em livros póstumos que editou

ou completou – como *Música, Doce Música*, que apresenta uma interessante variação em artigos que datam de 1928 a 1944.

Enfim, se nenhum desses argumentos for convincente, resta um, inegável: o leitor sabe imediatamente que tem diante de si a transcrição do texto de origem. Por essa razão, entre particularismos ortográficos de Mário de Andrade e escrita de uma época passada, o leitor não vai ter sua leitura prejudicada ao deparar com termos como "milhor", "si", "quasi", "porisso", "desque", entre outros que conhece de outras formas e com outras grafias.

Este livro foi concebido originalmente como tese de doutorado, sob a orientação da professora Maria Sylvia de Carvalho Franco, defendida no Departamento de Filosofia da USP. A pesquisa foi financiada com auxílio da Fapesp e do CNPq.

Com algumas atualizações, esta edição guarda essencialmente o texto completo, de origem, tal como foi redigido de 1980 a 1989. Ademais, traz traduzidas todas as citações de textos e obras em língua estrangeira, além de um índice onomástico. Outro aspecto a destacar para o leitor desta edição é que os números de páginas que aparecem no meio do texto, geralmente entre parênteses, são remissões a passagens do próprio livro.

Sempre preferimos as transcrições chamadas "diplomáticas", ou seja, respeitando exatamente a ortografia dos documentos. Numa época em que flutuava o modo de escrever em português, da velha ortografia etimológica a idiossincrasias individuais, nos parecia mais sugestivo como informação histórica a preservação desses modos, visando deixar a leitura mais saborosa. Assim está na tese original e na edição anterior. Porém, como estamos em época de atualizações que facilitam a vida, aceitamos os ajustes propostos pelos editores, pois permitem seguir de maneira mais escorreita os diversos textos.

// Introdução

Um Pensamento
sem Hierarquia

> "Olhe, Guilherme: nunca escreva
> crônica pra jornal, pra revista. Escreva
> sempre pensando que é livro."

Este trecho foi formulada por Mário de Andrade numa carta de 1942 a Guilherme Figueiredo, que o transcreveu na palestra "O Villa-Lobos Que Eu Vi e Ouvi"[1]. Ele não apenas confere a *Mundo Musical* sua verdadeira importância. Ele revela também o quanto o pensamento de Mário de Andrade se dá num vivido em que a natureza dos meios nos quais se expressa não estabelece hierarquia.

Esse pensamento se fez numa trajetória entretecida com reações imediatas, com leituras circunstanciais muito numerosas, mas também irregulares, com preocupações constantemente retomadas, muito mais do que com conceitos. Ele se manifesta no escrito jornalístico, no ensaio, no estudo erudito e aprofundado e, por vezes, no esforço – malogrado, é forçoso que se diga – em atingir uma estrutura teórica mais abstrata. O debate trazido pelo rodapé "Esquerzo", que revelamos em todos os seus elementos, tem como pano de fundo a estreiteza de uma incapacidade teórica.

---

1. Guilherme Figueiredo, "O Villa-Lobos Que Eu Vi e Ouvi", 1974, p. 82.

Emergência do Nacionalismo

Mas é preciso acompanhar um pouco a trajetória. Nos primeiros tempos foi a formação no conservatório e, logo, seu trabalho ali como professor. O discurso sobre a música se inicia com o jornalismo: críticas a concertos, a óperas, desde 1915. Surge, em 1921, a conferência "Debussy e o Impressionismo", reflexão de grande alcance, espantosa pela sua precocidade. Mas o primeiro marco decisivo é, em 1928, o *Ensaio sobre a Música Brasileira*.

Manifesto-programa, nascido na mesma época de *Macunaíma*, ele representa um testemunho capital da inflexão definitivamente nacionalista tomada por nossa modernidade. Como tornar "verdadeiramente" brasileiras as composições de nossos músicos? Mário de Andrade não quer um tropicalismo de pacotilha; quer a consolidação de um "espírito de raça", de um inconsciente artístico intersubjetivo, coletivo. Seiva brasílica, episteme de nossas criações, *Volksgeist* determinante da criação.

As obras devem inserir-se na bela continuidade nacional, que emergia historicamente pouco a pouco, embora sem conhecimento de si. Observemos, portanto, a dupla postura: uma contemporânea, que manda ser nacional; outra histórica, projetando no passado a consciência nacional obtida no presente. Essa consciência possui um método curioso. As formas internacionais da arte são produto de um saber perfeitamente dominado. Enxertadas no meio brasileiro ainda incipiente, insuficiente, elas tornam-se irregulares, pois a plena maestria dos processos se perdeu. Como, de todos os modos, elas acabam sendo produzidas, é preciso contar com as falhas e os paliativos dos processos em exílio.

Então, a consciência encontra o "ruim gostoso" nesses defeitos peculiares. São sintomas psíquicos, éticos, sociais da brasilidade impaciente por se manifestar, que a nova consciência nacionalista descobre *a posteriori*. Carlos Gomes, cuja importância emblemática descobriremos, é objeto de uma análise que demonstra como seu "ser" traduz, apesar de si, uma diferença:

O "Guarani", anterior de quasi 20 anos ao "Escravo" e bem inferior a este como caracterização [nacional]. Porém o tema rítmico de Peri já traz pra ópera uma estranheza bem expressiva. Poderão objetar que estranheza não implica racialidade a todos esses ritmos e melodias... Mas si Carlos Gomes não tirou da música italiana em que se formara integralmente, donde que a tirou sinão de si mesmo? E este "si mesmo" quando não agia manejado pela italianidade da cultura dele, quem sabe si era manejado pela Conchinchina![2]

Esse passo encontra-se no *Compêndio de História da Música*. O livro se refundiria em 1942 na *Pequena História da Música*, no qual a parte referente a Carlos Gomes se viu bastante reduzida, certamente desproporcional ao restante. Mostra muito bem como a substância do coletivo impõe-se: afora os acidentes individuais, tem-se, no passado, uma "quididade" nacional, surgindo como podia entre perturbações internacionais presentes no "ser" do artista.

Ora, a consciência daquele processo histórico obriga o criador contemporâneo a assumi-lo para reforçá-lo.

Nessa tarefa, deve submeter-se a ele, abdicando mesmo da sua afirmação individual. Horror ao gênio – esse traço sacrifical da personalidade de Mário de Andrade se estende a todos os artistas na fase histórica em que a brasilidade necessita ser construída. Os titãs individuais deveriam surgir depois desse trabalho feito – agora, eles apenas o atrapalhariam nacional e coletivamente com suas bizarrices individuais. Por isso Gallet interessa mais do que Villa-Lobos.

Naturalmente, trata-se de um período transitório. Em 1939, no artigo "Evolução Social da Música no Brasil", vem traçado o que foi e o que será:

> É certo que esta Fase nacionalista não será ainda a última da evolução social da nossa música. Nós ainda estamos percorrendo um período voluntarioso, conscientemente pesquisador. Mais pesquisador que criador. O compositor brasileiro da atualidade é um sacrificado, e isso ainda aumenta o valor dramático empolgante do período que atravessamos. O compositor, diante da obra a construir, ainda não é um ser livre, ainda não é um ser "estético", esquecido em consciência de seus deveres e obrigações. Ele tem uma tarefa a realizar, um destino prefixado a cumprir, e se serve obrigatoriamente e não já livre e espontaneamente, de elementos que o levem ao cumprimento do seu desígnio pragmático. Não. Se me parece incontestável que a música brasileira atravessa uma adolescência brilhantíssima, uma das mais

2. Mário de Andrade, *Compêndio de História da Música*, 1929, p. 162.

belas, senão a mais bela da América, se é lícito verificar que há um compositor brasileiro que se coloca atualmente entre as figuras mais importantes da música universal contemporânea; se nos conforta socialmente a consciência sadia, a virilidade de pensamento que leva os principais compositores nossos a esta luta fecunda mas sacrificial pela nacionalização da nossa música, não é menos certo que a música brasileira não pode indefinidamente se conservar no período de pragmatismo em que está. Se de primeiro foi universal, dissolvida em religião; se foi internacionalista um tempo com a descoberta da profanidade, o desenvolvimento da técnica e a riqueza agrícola; se está agora na fase nacionalista pela aquisição de uma consciência de si mesma: ela terá que se elevar ainda à fase que chamarei de Cultural, livremente estética, e sempre se entendendo que não poderá haver cultura que não reflita as realidades profundas da terra em que se realiza. E então a nossa música será, não mais nacionalista, mas simplesmente nacional, no sentido em que são nacionais um gigante como Monteverdi e um molusco como Leoncavallo[3].

Psicofisiologia e Semântica Musicais

Os laços entre o individual e o coletivo (o "social") passaram até agora pela questão do nacionalismo. Mas há outra preocupação recorrente nos escritos de Mário de Andrade sobre a música. Ela também se vincula ao "ser social" do artista. Ela conduzirá esse ser pelos caminhos ásperos do empenho político.

Como perceber a música na relação que ela mantém com o ouvinte? Quais os seus poderes e como agem? Qual sua extensão, qual sua natureza? Qual o "sentido" dos sons, de que modo se mesclam com a palavra? Como se caracteriza a reação de quem se expõe a ela? Qual a parte do "físico", qual a parte do "cultural"?

Estamos gravitando em volta de um núcleo, na realidade nunca atingido, mas que se poderia chamar de "estética da percepção". Ele se incorpora a uma antiga e ilustre cadeia do pensamento musical, presente desde a Antiguidade, mas, é verdade, bastante ocultada pela vertente formalista de Hanslick até os nossos dias. Mário de Andrade se

---

3. Mário de Andrade, *Aspectos da Música Brasileira*, 1965, pp. 33-34.

inspira em Plutarco, mas ainda em Combarieu e Riemann. Estes últimos tentaram uma sistematização sólida daquelas questões; mantiveram a antiga tradição diante da vitória cada vez maior do formalismo, capaz de perceber a música apenas como intrínseca e pura construção.

O interesse dirigido por Mário de Andrade aos problemas da semântica musical não é somente derivado de suas leituras. Há algo de mais profundo. As experiências pessoais, por ele observadas em si próprio, a facilidade com que a análise brota, apoiada em tantos exemplos que a percepção selecionou ao curso de uma vida, revelam o pensamento que se enriquece com a leitura dos teóricos, mas que, de alguma forma, existe sem eles.

Tal abordagem possui muito também do antropólogo. É inútil lembrarmos essa vocação fundamental em Mário de Andrade. Um dos comentários de *Mundo Musical*, à frente, revelará quais afinidades são justamente possíveis entre a "Ouverture" de *Le cru et le cuit* e o modo de pensar perseguido por Mário de Andrade. Modo de pensar do qual se originaram algumas de suas mais brilhantes análises.

No momento da mais forte preocupação nacionalista – *Macunaíma*, *Ensaio sobre a Música Brasileira* –, o escrito "Crítica do Gregoriano", de 1926, hoje publicado em *Música, Doce Música*, mostrava o emprego analítico de alguns desses princípios. O programa nacionalista, entretanto, era mais forte.

Essa "estética da percepção", ou pelo menos alguns aspectos que de uma forma ou de outra a pressupõem, mostra-se mais presente a partir dos anos 1930. O primeiro impulso do projeto nacional já fora dado; ele entrava, por assim dizer, em velocidade de cruzeiro. Aflorava, no entanto, outra consciência: a da responsabilidade social. No modo de pensar de Mário de Andrade, esta última repousa sobre as questões vinculadas à relação entre música e ouvinte.

As funções sociopsicológicas da música encontram seu lugar de mais clara expressão em "Terapêutica Musical", de 1937, a primeira parte do díptico encerrado em *Namoros com a Medicina*. Ali, a música é definida, antes de tudo, como a arte por excelência dos princípios "dinamogênicos e cenestésicos". Disso provém sua força coletivizadora.

Numa nota manuscrita de seu exemplar de trabalho do *Compêndio de História da Música* – nota para a qual só é possível uma data *post quem*: 1928 – encontramos traçados os lineamentos dessas questões:

A música, por causa de seu fortíssimo poder dinâmico sobre o corpo, conseguindo ritmar um agrupamento humano como nenhuma arte consegue tanto, é de todas as artes a mais capaz de socializar os homens, de fundi-los numa unanimidade, num organismo só. Isso se manifesta principalmente nas civilizações primárias em que, por assim dizer, o corpo importa mais do que a livre manifestação espiritual. A força profunda de socialização, de organização de conjunto que a música tem, lhe deu porisso uma significação toda especial entre os homens de civilização primária. Porisso é muito frequente entre estes atribuir à música uma origem divina ou sobrenatural[4].

"Terapêutica Musical" nos contará que a música tem uma autoridade irremissível sobre o ouvinte. O ritmo é um poderoso organizador, do qual é impossível escapar: não somos capazes de organizar uma rítmica "corpórea" diferente da que estamos ouvindo. Envolvendo, subjugando, o ritmo é hipnótico. Ele anula a racionalidade, a consciência. Por isso é constante nas cerimônias mágicas: é o caminho do transe, da encantação.

Um dos princípios primordiais da música é esse poder de submeter o espírito, eliminando as capacidades racionais. "Terapêutica Musical" narra uma cerimônia ritual assistida por seu autor:

Eu fora ver as danças iniciais do maracatu do Lião Coroado. O pessoal, composto quase exclusivamente de negros e negras velhas, já estava na porta da rua dançando as cerimônias da, não sei se diga, adoração da Calunga, a boneca que passava de mão dos dançarinos. Dum lado, um tirador de cantigas, acompanhado de dois coristas, era o ponto de conexão dos instrumentos numerosos, que formavam uma roda duns quatro metros de diâmetro, dentro da qual os dançarinos estavam. Eram só instrumentos de percussão, bombos, gongués, ganzás violentíssimos, num bate-bate tão possante que me era absolutamente impossível escutar qualquer som dos cantores. Interessadíssimo em minhas paixões folclóricas, eu me introduzira indiscretamente na roda, para ver se grafava a linha das melodias. Mas mesmo com o ouvido quase na boca dos cantadores, não escutava nada ante a barulheira rítmica. Desisti da melodia e me apliquei apenas a registrar os ritmos dos diversos instrumentos que, num binário bem fixo, for-

4. Mário de Andrade, *Compêndio de História da Música*, 1929, exemplar de trabalho, s.p.

mavam uma polirritmia duma riqueza admirável. Estava esquecido de mim, nesse trabalho de escrever, quando senti um mal-estar doloroso, a respiração apressa, o sangue batendo na cabeça como um martelo, e uma tontura tão forte que vacilei. Senti a respiração faltar, e cairia fatalmente se não me retirasse afobado daquele círculo de inferno. Fugi para longe, necessitado de reorganizar em sua pacífica fragilidade, meu pobre corpo de leitor infatigável. Mas os negros, as magras negras velhas lá ficavam com suas danças macias, lá ficariam horas, lá ficariam a noite inteira junto daquele estrondo, cada vez menos leitores, cada vez mais corpóreos [...][5].

Há uma compensação, no entanto, para esses poderes do ritmo. Se eles dominam, se reduzem o ser à passividade, são completados pela harmonia e melodia, que provocam uma resposta ativa. Evidentemente, essa resposta não possui uma natureza discursiva, argumentativa: encontramo-nos no domínio das sugestões, das emoções, das sensações, das reações intuitivas, instintivas, de vagas determinações. Desses pontos derivam algumas das análises mais importantes de Mário de Andrade, e, em "Músicas Políticas", de *Mundo Musical*, ele cria a noção de "dinamismo do som", para não reduzir a dinâmica apenas ao ritmo. A música, portanto, pelo ritmo, "ordena" o ouvinte, torna-o passivo, mas, pela melodia e harmonia, cria uma disponibilidade do espírito que o induz a uma resposta.

Não é tudo. O pensamento de Mário de Andrade termina por excluir a possibilidade de se perceber o som numa "pureza" significante. De início, porque a cultura, na sua história, se encarrega de marcar grandes campos semânticos: vivacidade ou melancolia, desespero, arroubo, paz ou solenidade. O rodapé "Elegia" nos diz: "o que você não poderá jamais é interpretar no 'Estudo' [de Chopin] como risadas o que chamei de gritos, nem a quasi terrífica potencialidade da 'Sétima', como descrição do rosal da praça Floriano (p. 363)".

Além desses "campos semânticos", desses *moods*, como Aaron Copland escreveu em passagem assinalada por Mário de Andrade do livro *What to Listen for in Music*, existem as inflexões culturais, as marcas que não se apagam, associam-se às sonoridades, trazidas por informações extramusicais que terminam por se tornar música... Biografias, confissões, títulos, metáforas literárias, textos programáticos, tudo

---

5. Mário de Andrade, "Terapêutica Musical", em *Namoros com a Medicina*, 1972, pp. 18-19.

isso faz parte da música, "dirige" esses vastos horizontes emocionais, cujo ponto de partida é pouco determinado.

Uma associação mais orgânica ainda é a da incorporação da palavra, nas obras cantadas. Se o ritmo "animalizava", a palavra devolve a consciência, contaminando o som com seu sentido. Por outro lado, carregada de substância musical, ela se torna mais opaca, dissolve um pouco sua significação nas encantações musicais próprias à música.

As análises de Mário de Andrade sobre a ópera são baseadas fundamentalmente nesses princípios. Wagner, Verdi, Carlos Gomes foram por ele amplamente explorados, exemplarmente analisados. Seu estudo de 1936 sobre a *Fosca*, de Carlos Gomes, é talvez o que melhor caracteriza esses processos.

As questões da semântica do som, dissemos, vinculam-se às mais antigas tradições do Ocidente. Mas, no século XIX, elas tornaram-se mais nevrálgicas do que jamais. O desejo de expressão emocional, que provocava a mistura das artes e dos gêneros, os sentimentos indefiníveis mas nomináveis, levaram-nas então ao apogeu – isto é, de um ponto de vista histórico, perfeitamente verdadeiro, e Mário de Andrade o sabe. As críticas metafóricas de Baudelaire, os motivos condutores de Wagner, os múltiplos poemas sinfônicos e outras formas híbridas ligam Mário de Andrade à tradição romântica: não serão esses os únicos traços de união.

É justamente "Romantismo Musical", de 1941, que exprime lapidarmente:

> [...] o que essencialmente caracteriza o espírito musical "romântico" é ao mesmo tempo essa pretensão de atingir, por meio de sons inarticulados, o domínio da inteligência consciente, isto é, justamente o vaidoso domínio que só se manifesta por meio dos sons articulados, por meio das palavras[6].

Para depois constatar o mistério:

> A música não sabe nem conseguirá jamais saber quais os seus limites expressivos. É tão forte e de tal forma imprevisível o seu dinamismo encantatório e o seu poder associativo e metafórico que ela, si não consegue se realizar em juízos definidos dentro de nossa compreensão, no entanto va-

---

6. Mário de Andrade, "Romantismo Musical", 1963, p. 37.

porosamente se divulga, se derrama por muitos escaninhos da nossa consciência e assume, não as formas, porém os fantasmas e os mais profundos avatares do juízo[7].

Mistérios acessíveis, porém. Se Mário de Andrade não fabrica uma estética da percepção, fabrica instrumentos muito aguçados e eficazes para proceder às perfeitas análises semânticas de "Romantismo Musical" e de vários outros textos, muitos deles de *Mundo Musical*.

Éthos

A *Pequena História da Música*[8] traz uma inflexão particular a esses desenvolvimentos. A Grécia antiga estabelecera ligações estritas entre formas musicais e significações "éticas". Essas formas eram "coletivizantes" e sobretudo baseadas no ritmo. Eram vividas como capazes de nobilitar, sensualizar, enfraquecer, fortificar: cada modo possuía o seu *éthos*.

Acompanhando Mário de Andrade, a história revela que o ritmo coletivizador deixa a preponderância para ser substituído pela melodia. Ela não terá o mesmo poder "ético" dos tempos "simples" da Antiguidade. Mas poderá adquirir outros, modernos, como nos revelará os quatro textos intitulados "Músicas Políticas".

Reencontrar um *éthos*. Não mais os perfeitamente cristalizados dos gregos, ancorados no fundo cultural anônimo. Ele surgirá do esforço político, social, consciente do compositor. Este recebera, desde Mozart, um legado sedutor, mas difícil: o da liberdade de ser artista. Assim, arte e música puderam tornar-se apenas manifestações gratuitas, puderam rebaixar-se ao serviço da vaidade individual do criador. Eis o grande debate dos últimos textos de Mário de Andrade.

---

7. *Idem*, pp. 39-40.
8. Mário de Andrade, *Pequena História da Música*, 1967, pp. 28, 34.

O Artista, o Artesão
e a Política

Mário de Andrade está sempre mais preocupado com o criador e menos com a obra. Tudo se passa como se a reforma do artista acarretasse diretamente a reforma da arte. O programa é, então, reformá-lo.

Em "O Artista e o Artesão", de 1938, publicado em *O Baile das Quatro Artes*, encontra-se um escorço histórico do objeto artístico. Primeiro, a arte foi submetida a empregos diversos (rituais, por exemplo). A beleza era um princípio coletivo, situado além dos objetos, que se conformavam a ela ou participavam dela. O cristianismo trouxe uma forte individualização, e a beleza tornou-se o objeto de uma busca – e um achado pessoal: assim seria, sobretudo, no Renascimento. Pouco a pouco, a obra passa a ser a expressão de um "eu" tão cada vez mais forte, que ele se torna, para o próprio artista, mais importante do que a obra em si.

Vanguarda pela vanguarda, pesquisa pela pesquisa, tudo isso seriam as consequências de um equívoco contemporâneo. O artesanato poderia ensinar ao artista a submissão à obra. Construí-la deveria ser, primordialmente, o objetivo do "criador".

"O Artista e o Artesão" foi escrito em 1938. Ele se encontra nos limites de um último período da vida de Mário de Andrade, período ao mesmo tempo atormentado e fortemente colorido por exigências políticas. O artesanato adquirirá então uma dupla função. Além da primeira, moralizar o artista colocando-o por trás de sua produção, vem agora a consciência política exigindo que ele ponha a obra a serviço de seu empenho.

A música, coletivizadora acima de tudo, "a mais social das artes", é a primeira de todas a dever submeter-se a essa exigência. O músico por excelência é o mártir politicamente sacrificado de "O Maior Músico" (p. 37). Ou melhor, duplamente sacrificado, pela política e pela consciência artesanal.

"Elegia" (p. 361) traz as questões da semântica sonora, mas agora fazendo crescer imensamente a responsabilidade do artista: os impulsos, os arroubos, os "campos semânticos" podem e devem ser dirigidos. Cabe ao artista definir as direções.

Se a poesia é um poderoso auxiliar semântico para a música, a ópera é a melhor das formas "militantes". "Do Teatro Cantado" (p. 315) menciona uma "conversão à ópera"; veremos como ela se deu. Mário de Andrade toma para si a tarefa de fazer ele mesmo uma ópera: *Café* é prova de seu empenho, e também exemplo a ser seguido.

Depois do Pontapé de Mozart

"O Pontapé de Mozart" (p. 191) assinala um divisor de águas. O *Ancien Régime* engendrara o artista serviçal, criador de obras de circunstância. Mozart, desvinculando-se do mecenas, instaurara a liberdade completa do artista, superior à obra, superior à sociedade. Um *outlaw*, diz Mário de Andrade em *O Banquete*.

O artista pode perder-se em si ou encontrar-se pela consciência política pondo sua obra a serviço dela. *Mundo Musical* revela o quanto a ideia de "consciência política" pode significar águas turvas.

Águas ainda em grande parte românticas, em todo caso. O artista é o mesmo *outlaw* (ou "fora da lei"), inadaptado, capaz no entanto da nobre causa. Significativamente, uma das derivações de *Café* é *Boris Godunov* e a *grand opéra*. As semânticas sonoras articulam-se com um passado que "Romantismo Musical" revela, e são os agentes de um empenho ao qual o artista adere, menos com a consciência do que com as vísceras.

Águas também perigosas. O artesanato, o empenho, acabam excluindo vanguardas e experimentalismos. E terminam por recuperar uma "sã demagogia", capaz de levar as multidões para o bom caminho.

Essa sã demagogia parece, aliás, ter uma consequência um pouco inesperada em Mário de Andrade. Pela boa causa, os efeitos demagógicos na arte são permitidos e desejáveis. Ora, isso vai fazer com que irrompa no discurso de Mário de Andrade uma retórica, uma eloquência, uma grandiloquência incontidas: tentativas de voos... condoreiros; encontramo-nos, portanto, novamente próximos do romantismo.

Estas breves notas estão muito longe de oferecer uma ideia da dramática e densa complexidade própria a *Mundo Musical*. Ela mostrar-se-á somente em cada passo do percurso.

// Apresentação de *Mundo Musical*

// 19.5.1943

"Mundo Musical"

Sob este título, Mário de Andrade inicia amanhã a sua colaboração efetiva na "Folha da Manhã".

A direção deste jornal sabe que, confiando ao nosso grande poeta, escritor e musicista o comentário sobre o movimento musical no mundo de hoje, está premiando os seus leitores com o que de melhor sobre o assunto poderia o seu bom gosto exigir no nosso microcosmo artístico e literário. Membro da Academia Paulista de Letras; catedrático de História da Música, no Conservatório Dramático e Musical de São Paulo; primeiro diretor do Departamento Municipal de Cultura, a cuja gestão se deve por exemplo a magnífica realização do Congresso da Música Nacional Cantada; tendo depois dirigido o Instituto de Arte da Universidade do Distrito Federal e passado, com a extinção deste, ao Instituto Nacional do Livro, Mário de Andrade veio para o mundo das letras num momento decisivo; em 1922, com a sua *Pauliceia Desvairada*, aparecido nas vésperas da Semana de Arte Moderna – a revolução intelectual que tão fundamente marcou a nossa literatura e as nossas artes. Ele foi o mais autorizado desse movimento moço. De então para cá, estudioso incansável e trabalhador fecundo, deu às nossas letras dezenas de obras que se caracterizaram por um espírito que, libertário, originalíssimo na forma, assenta entretanto sobre uma séria e profunda formação cultural. Dentre as suas obras, citam-se, ao acaso: *Pauliceia Desvairada, Losango Cáqui, Primeiro Andar, Remate de Males*, na poesia; e na prosa, *Macunaíma, Ensaio sobre a Música Brasileira, Compêndio de História da Música, Belazarte* etc.

A colaboração de Mário de Andrade aparecerá regularmente, nesta folha, todas as quintas-feiras, em nossa página de colaboração.

J.C. // COMENTÁRIO

O redator da nota de apresentação de *Mundo Musical* resume perfeitamente a dupla imagem que Mário de Andrade possuía, em 1943, no interior do panorama cultural brasileiro. Em primeiro lugar, a de uma autoridade no saber, que repousa sobre o prestígio de sua erudição imensa, de seus estudos publicados, versados sobre as mais variadas facetas da cultura, e de sua participação em instituições respeitáveis e prestigiosas. Justamente, o artigo começa com o fogo de artifício desses títulos oficiais: membro da Academia Paulista de Letras, catedrático de história da música no Conservatório Dramático e Musical de São Paulo, primeiro diretor do Departamento Municipal de Cultura (lembrando a importante realização que foi o Congresso da Música Nacional Cantada), antigo diretor do Instituto de Arte da Universidade do Distrito Federal, membro do Instituto Nacional do Livro. Assim, o autor anônimo da notícia podia legitimamente afirmar, com certa preciosidade mundana, que o jornal "está premiando os seus leitores com o que de melhor sobre o assunto poderia o seu bom gosto exigir no nosso microcosmo artístico e literário" (p. 33).

Mário de Andrade oficial e de bom gosto. Mas, diz ainda o jornal:

> [ele] veio para o mundo das letras num momento decisivo; em 1922, com a sua *Pauliceia Desvairada*, aparecido nas vésperas da Semana de Arte Moderna – a revolução intelectual que tão fundamente marcou a nossa literatura e as nossas artes. Ele foi o mais autorizado desse movimento moço (p. 33).

Portanto, trata-se de um Mário de Andrade revolucionário, renovador da cultura, espírito não conformista, poeta e romancista de vanguarda[1]. Porém, de modo evidente, esse passado *frondeur* soube, em vinte anos, incorporar-se às formas mais estáveis e institucionais do saber brasileiro. O trabalho sério coexistia com a revolta e lhe conferia caráter sólido, "digno":

> De então para cá, estudioso incansável e trabalhador fecundo, deu às nossas letras dezenas de obras que se caracterizaram por um espírito que, li-

---

1. Assinalemos um pequeno engano do redator da apresentação, que coloca entre os textos poéticos de autoria de Mário de Andrade o livro *Primeiro Andar*, em realidade uma reunião de contos da juventude, cuja primeira edição é da Casa Editora Antônio Tisi, de São Paulo, lançada em 1926.

// 34   // MÚSICA FINAL

bertário, originalíssimo na forma, assenta entretanto sobre uma séria e profunda formação cultural (p. 33).

Sem dúvida, Mário de Andrade, ao iniciar-se *Mundo Musical*, havia chegado à situação de glória revolucionária recuperada. Mas precisamente isso causa nele – embora continue a escrever com o brilho e a profundidade habituais – uma crise abaladora. Crise do artista que produz, ao mesmo tempo, o poema empenhado e a lírica íntima, dolorosa; crise de sentimentos numa personalidade crispada, inquieta sobre sua atuação no mundo da cultura; crise da inteligência que deixou muitas de suas certezas no passado e que revê, sem piedade, os antigos movimentos de vanguarda dos quais foi promotora e que se move, dilacerada, num terreno complexo e delicado.

É assim que Mário de Andrade procede, em 1942, a uma revisão do movimento de 1922, no ensaio "O Movimento Modernista"[2]. Nem a respeitabilidade gloriosa, nem a reputação de revolucionário das artes o satisfazem:

> O engano é que nos pusemos combatendo lençóis superficiais de fantasmas. Deveríamos ter inundado a caducidade utilitária do nosso discurso, de maior angústia do tempo, de maior revolta contra a vida como está. Em vez: fomos quebrar vidros de janelas, discutir modas de passeio, ou cutucar os valores eternos, ou saciar nossa curiosidade na cultura. E si agora percorro a minha obra já numerosa e que representa uma vida trabalhada, não me vejo uma só vez pegar a máscara do tempo e esbofeteá-la como ela merece. Quando muito lhe fiz de longe umas caretas. Mas isto, a mim, não me satisfaz[3].

Mundo Musical nasce e se desenvolve nesse terreno onde a angústia é arma contra o conformismo, onde os mapas não são claros e as rotas se emaranham, onde o permanecer não é, jamais, tranquilo.

---

2. Lido no salão de conferências da Biblioteca do Ministério das Relações Exteriores, à época no Rio de Janeiro, e publicado originalmente em 1943, na primeira edição de *Aspectos da Literatura Brasileira*.
3. Mário de Andrade, "O Movimento Modernista", 1972, p. 253.

M.A. // # O Maior Músico

// 20.5.1943

Hesitei bastante em aceitar esta crônica musical na *Folha da Manhã*. Duas razões principais me levavam, mesmo limitado agora à arte da música, a não querer quebrar o silêncio que há doze meses me apagou dos jornais de meu país. Não tenho motivo nenhum de queixa contra os jornais de meu país, se entenda. Pelo contrário, diante do que sou, o que me assombra é a acolhida que sempre recebi. Me assombra tanto que daquela vez em que tive de escolher, entre os meus sete instrumentos, o que me desse um número profissional na bicha pátria, escolhi o jornalismo. Em todo jornal por que passei e nos que ainda estou, sempre encontrei liberalismo; a cada redação em que bati, sou grato. Os motivos que me levaram a este mutismo de um ano foram dúvidas pessoais, angústias, desesperos desta hora terrível para os homens de paz. Mas acabei me convencendo que errei. Não deve haver um único mais, homem de paz.

Mas das duas razões que me deixavam hesitante em aceitar este rodapé musical, a primeira, muito pessoalmente forte, é a que se refere aos meus... sim, aos meus cabelos brancos. Convencionaram nesse mundo que os calvos não podem aludir aos seus cabelos brancos... Afinal das contas são raríssimas as calvícies absolutas, dessas que se ajustam com a aderência réptil da peruca, ao que Platão chamaria "o universal careca". Sucede que, na maioria, as calvícies se emolduram de felizes cabelinhos, estes discretos, outros impertinentes, que obedecem ao mesmo destino banal de fatigar-se e branquear, exatamente como os dos demais bípedes cabeludos. Os meus branquearam assim. Alvejaram de muita luta e labuta, e a eles aludo porisso. É que me sinto fatigado como eles, e não pretendo mais bracejar, lutar, nem me ferir no domínio da crítica profissional.

No entanto, eu estou convencido de que jamais estivemos tão precisados de uma verdadeira crítica profissional, no Brasil, como atualmente. As nossas artes todas estão se passando com rapidez do amadorismo ou quando muito do profissionalismo intermitente, para o profissionalismo legítimo e cotidiano. E a uma arte profissional tem de corresponder uma crítica profissional, cujo mérito mais importante, no momento, é o de dar a essa arte a consciência da sua profissionalidade. Entre os seus muitos valores, eu creio que o valor maior e moral de Sérgio Milliet para as nossas artes plásticas é justamente esse. O malestar quasi agônico que ele causou, e ainda causa bastante, em nossa pintura, foi ter estadeado entre os artistas, uma forma de crítica que não fazia mais de seu juízo uma batalha de flores, mas o convertia verticalmente numa profissão.

Ora eu confesso que os meus cabelos brancos fatigados já vão pouco a pouco tendendo para a batalha de flores. Mas neste ponto me advertiram que o canto a que me convidavam no jornal não era o da crítica profissional, pois esta já estava entregue a mãos escolhidas. O meu mundo musical era "o outro lado de lá", como diz a cantiga popular. E nesse mundo eu podia fazer as digressões e até as batalhas de flores que muito bem entendesse. Porque existe, amigos, uma batalha de flores que é muitas vezes mais livre e mais reveladora que a justiça irredutível da crítica profissional. É a que um grande ensaísta português, Osório de Oliveira, apelidou de "crítica apologética". É a crítica que fazemos dos amigos admirados, a análise que preliminarmente se liberta das insídias da incompreensão e das inimizades, porque floresce de raízes envelhecidas no conhecimento e no amor.

A segunda razão que me fazia hesitar, ainda será talvez mais grave, e lida com os homens de paz. Nós vivemos um tempo de guerra, decisório para a humanidade, e toda a nossa existência deve estar convertida em guerra. Ora, neste tempo de guerra haverá lugar para as artes da paz? Haverá lugar para uma Vênus pintada, um romance psicológico, um recital de piano?... A resposta é incontestável: tudo isso é a terapêutica mesma da guerra, é guerra contra a guerra de nervos, é ensalmo para o combatente exausto. Há um lugar necessário para as artes nos países em guerra, e o Brasil está em guerra também. Mas o que me inquieta muito é observar que numerosos brasileiros se recusam a aceitar e compreender a "nossa" guerra, e a outros, mais numerosos ainda, dilui a nebulosa duma inconsciência total. Merecem qualquer espécie de arte, esses infelizes? Não estarão eles fazendo das artes, mais um pretexto de incompreensão e inconsciência?...

Eu sei que deve haver uma harmonia no ser humano que lhe permite, na data de hoje, escutar livremente o violino de Geminiani ou o cravo inda mais gratuito de Haydn, sem a obrigação de os condenar. Nem mesmo haverá obrigação de os transportar para os interesses destas nossas guerras contra todas as prepotências em geral. Existem, é certo, por aí tudo, os diletantes, os quinta-colunas, os mascarados confusionistas. Mas por outro lado, com dois meses de crônicas, estou no dever de fixar o meu mundo, impedindo qualquer confusão entre esses indignos e os dias em que o meu assunto livre será apenas um desfatigamento de espírito dolorido.

E foi nesta exigência de me caracterizar desde logo, que eu pensei nesta primeira crônica, em propor aos que me lerem o músico que eu considero o mais sublime do mundo moderno, o mais digno de ser admirado e seguido. É um caso em que o embaraço da escolha não existe pra mim. A arte é um elemento de vida, e não de sobrevivência, eu já afirmei. Os artistas não existem para ficar ricos ou célebres, mas pra auxiliarem o exercício da vida, com as suas definições e condenações. E a minha convicção, o meu entusiasmo apaixonado não titubeia um segundo em gravar nesta folha o nome de Nyi Erh. Poucos conhecerão entre nós este grande chinês. Eu mesmo não tenho dele o conhecimento que desejava ter. Apenas, por favor do *Music Educators Journal*, lhe canto um hino e a vida.

Nyi Erh, a comparação de mau gosto se impõe, como o nosso Carlos Gomes, um dia fugiu da casa dos pais. Bem mais feliz que o brasileiro, porém, não encontrou no seu caminho um mandarim bordado que o enviasse à ópera na Itália. Chinesinho do Iunã, logo se ajuntou a um farrancho de cantadores ambulantes, que ele acompanha mal e mal no seu violino arranhado. E vive assim, vive na maresia dos portos, vive no suor dos operários urbanos, ou entre os plantadores de arroz e chá, conhece todos os homens do ar livre. Entre eles, trabucando com eles, lhes dando mais alma com seu violino arranhado, Nyi Erh se impregna do canto da sua terra natal.

É dentro do espírito dessa melodia milenar do seu povo que ele principia cantando também. Nyi Erh sabe pouco música, aprendeu por alto a sua artinha. Mas as suas canções humaníssimas se popularizam com rapidez absurda, a "Canção dos Estivadores", a dos "Pescadores", e "Canto dos Construtores de Estradas". Não há quem não as conheça e não as cante, entre os que precisam cantar.

Mas o canto preferido de todos, o que Nyi Erh compusera levado pela preocupação maior da sua vida, é o "Chee-Lai". "Levantai-vos!", inventado pelo seu ódio ao japonês opressor. "Levantai-vos!" ele berrava, com olhos duplicados de lágrimas raivosas, "Levantai-vos! se acaso recusais, como eu, ser escravos acorrentados"!... E a China inteira ergueu-se ao grito de "Chee-Lai". Tinha também quislingues[1] pela costa, mas aos milhões, aos milhares, os chins cantavam "Chee-Lai"! E até o valente Chiang Kai-shek acabou acertando a mão, graças a Deus.

O sublime foi quando os japoneses assaltaram as cidades grandes do litoral. Aí ficavam as universidades chinesas, logo destruídas. Mas o canto foi sempre o mesmo entre mestres e estudantes, Chee-Lai! E resolveram mudar as universidades chinesas para os confins inatingíveis do interior. Trens e trilhos destruídos. Não tinha automóveis, não tinha mais caminhões, não tinha condução possível. Pois mudaremos nossos livros e nossos aparelhos a ombro de professor e de estudante. Apenas umas riquixás improvisadas, puxadas por *coolies* de filosofia, medicina ou letras, ajudavam a carregar os aparelhos mais pesados.

E foi a mais inédita, a mais prodigiosa retirada do saber de que se tem notícia em toda a história do homem. As aulas não paravam. Quando um arvoredo oferecia uma sombra, quando a exaustão de um dia vencido passo a passo abria a paz da noite, lá estava um professor desmontando Lao-Tsé e aquele grupo de estudantes decifrando Shakespeare. De vez em quando um corvo japonês crocitava nas nuvens, baixava num átimo, fugia fácil, porque aqueles retirantes esqueléticos só lhe sabiam responder com frases morais de Confúcio e a indiferença de Rikyu. Faziam a sabatina dos mortos. Agonizavam mais três do Direito, sempre os mais ousados, morrera o estudantinho de dialetologia portuguesa, fora-se o professor de Química. Chee-Lai! Chee-Lai!... cantavam. O hino de Nyi Erh surgia nos corações, berrava nas bocas chorantes. E as universidades se retiraram lentamente para os fins da China, movidas pelo canto de Nyi Erh.

Nyi Erh?... Este já morrera bem antes, assassinado pelos japoneses. Foi que um dia ele se apercebeu da responsabilidade que o elevava

---

1. Segundo Houaiss: "*quisling*: pessoa que trai sua pátria, ajudando um inimigo invasor; quinta-colunista".

agora e se desgostou de si mesmo. Não havia dúvida que ele dera todo o seu canto para o erguimento da China, todo o seu esforço já se dedicara ao congraçamento dos primeiros corais patrióticos, mas nada disto, nem a grandeza da mensagem, nem a arte viva que fazia, justificavam a sua falta de técnica. Precisava estudar, mas onde? Na China não tinha o que ele carecia, e não eram os Estados Unidos cheios do dinheiro, nem mesmo a Europa, que aceitariam o quasi mendigo e seu violino. Só havia um jeito possível, o Japão.

Nyi Erh reuniu os amigos e comunicou o que decidira. Sim, ele bem sabia que estava na lista negra e o mais provável era a morte. Mas preferia a morte a continuar na desonestidade da ignorância, diante dos compromissos que assumira com a pátria. Chamou o amigo de peito, Liu Liangmo, lhe fez algumas recomendações finais. E partiu para o Japão, em junho de 1933. Era mocinho ainda, tinha 23 anos. Nem bem um mês passou e estava morto. "Afogado" decretou a polícia japonesa oficialmente, depois de examinar um cadáver sangrento.

Nyi Erh é o maior dos músicos do nosso tempo. Ele soube compreender que em certos momentos decisivos da vida, a arte só tem que voluntariamente servir. A recomendação de Nyi Erh espalhou pela China centenas de corais patrióticos. Nyi Erh ajudou como ninguém o levantamento do seu povo. Ninguém na China ignora o "Chee-Lai", que tornou-se o hino nacional do milhão de guerrilheiros chins. Nyi Erh é o maior dos músicos do nosso tempo.

// O MAIOR MÚSICO // 41

J.C. // COMENTÁRIO

> *Me percorre uma vasta, profunda tristeza, uma inquietação, mais do que isso: um medo, que é a coisa mais desagradável desse mundo.*
>
> MÁRIO DE ANDRADE,
> carta a Paulo Duarte, Rio de Janeiro,
> 19 ago. 1938.

Para o início de seu rodapé, Mário de Andrade constrói uma parábola exemplar, afirmativa, aparentemente sem hesitações nem interrogações. Trata-se de uma lição clara, exigência de empenho moral, social, para o artista. Logo no primeiro parágrafo, anuncia uma situação de crise pessoal.

A Vocação para o Sacrifício

Há um ano não escrevia para os jornais – não por algum conflito com a imprensa nem por desprezo ao jornalismo. Ao contrário, seu ser múltiplo, composto de retalhos do manto de arlequim, que confessava "eu sou trezentos, sou trezentos e cinquenta", define-se, no documento profissional, justamente como jornalista: "daquela vez em que tive de escolher, entre meus sete instrumentos, o que me desse um número profissional na bicha pátria, escolhi o jornalismo" (p. 37). O mutismo viera por causa de "dúvidas pessoais, angústias, desesperos desta hora terrível para os homens de paz" (p. 37).

E, em tempos de guerra, não pode haver mais nenhum homem de paz. Desde o ponto de partida emerge um dos motores constantes nos comportamentos e posições de Mário de Andrade: sua característica vocação sacrifical, que sempre o fez desconfiar da gratuidade, levando-o a colocar criação e estudo a serviço de causas maiores. Assim, no final de sua carreira, vemos de certo modo se repetir a mesma postura dos começos que, aos 25 anos, o fez abandonar uma produção poética já substancial[2] para publicar *Há uma Gota de Sangue em Cada Poema*: versos militantes dos tempos da Grande Guerra, pois também naquele momento não deveria "haver um único mais, homem de paz". É o que afirma a "Explicação", que acompanha o livrinho de 1917: "Hoje não há mais o ontem em que fomos espectadores"[3].

A semelhança entre as duas situações é muito forte. No primeiro momento houve o abandono decidido de uma lírica gratuita por uma poesia empenhada. No segundo, Mário de Andrade interrompeu um projeto bastante avançado, que muito o entusiasmara: o romance *Quatro Pessoas*, do qual restam grandes fragmentos[4]. Livro "machadiano", "proustiano", como já se disse, análise das relações eróticas e sentimentais entre seres de um meio burguês, pareceu-lhe indigno de tempos que conclamavam a participação de cada um. Numa entrevista concedida a Mário da Silva Brito, em dezembro de 1943 – o mesmo ano em que *Mundo Musical* se iniciou –, o autor declara:

— Do romance *Quatro Pessoas*, o que posso revelar?
— Que não existe mais. Eu o estava escrevendo no Rio de Janeiro quando a notícia da queda de Paris me estarreceu. Não era mais possível preocupar-me com o destino de quatro indivíduos – envolvidos em dois casos de amor – quando o mundo sofria tanto e a cultura recebia um golpe profundo. Desisti[5].

O clima que inaugura *Mundo Musical* só pode ser o da veemência empenhada – que a dramática parábola de "O Maior Músico" não desmente. Mas Mário de Andrade confessa hesitação diante da responsabilidade jornalística. Ela vinha do cansaço e da idade, dos "cabelos brancos fatigados".

---

2. Ver a seção "Poesias Anteriores a 1917" em Mário de Andrade, "Poesias 'Malditas'", 1960.
3. Mário de Andrade, *Obra Imatura*, 1960, p. 13.
4. Os fragmentos desse romance foram excelentemente publicados por Maria Zélia Galvão de Almeida. Oneyda Alvarenga também é testemunha do abandono desse projeto: "Em 1939 começou a escrever um romance, de que me dava conta do andamento por carta, pois estava então no Rio. De repente, em 1940, me vem de lá um grito sofredor, em que ele desabafava: não podia mais continuar tecendo aquele tricô psicológico em torno de quatro burguesinhos, enquanto o mundo se destruía e o homem corria perigo. Largara o romance, que não retomou mais" (Oneyda Alvarenga, *Mário de Andrade, um Pouco*, 1974, p. 78).
5. Mário de Andrade, *Quatro Pessoas*, 1985, p. 248.

O Cansaço

A afirmação não deve ser tomada com leviandade, malgrado a presença de um humor irresistível, que aqui se revela por meio de uma digressão sobre a universalidade platônica da careca, por meio do inusitado das imagens – como a da calvície absoluta, que se ajusta com "a aderência réptil da peruca" (p. 37)... Mário de Andrade não quer mais se ferir nas polêmicas, perdeu a energia da luta imediata que o levara a diatribes violentas e ataques raivosos, testemunhados na série que enfeixa "Música de Pancadaria", textos publicados em *Música, Doce Música*. Evoquemos dois desses escritos, ambos de 1928, de modo a assinalar o contraste de tom:

> Iniciou-se ontem por mais uma vez, essa bonita festa de ricaço decorada com o título de Temporada Lírica Oficial. [...] A Temporada Lírica Oficial se baseia num despropósito de erros, escondidos debaixo da mais irritante hipocrisia. Nenhum interesse a justifica. A nacionalidade está abolida. O povo está abolido. A arte está abolida[6].

> O governo da cidade se namora a si mesmo. Se divorciou do povo. Anda se namorando no espelho, na mais desenfreada das irresponsabilidades, na mais amazônica das prepotências. Não dá satisfações. Faz o que quer. Subvenciona quem ele quer. O povo que vá plantar batatas. Enquanto isso o Governo vai ver a *Tosca* de que o povo está abolido, porque certas senhoras, a Comodidade, a *Tosca*, a Liberdade, a Saúde, a *Manon*, a Higiene, custam caro por demais[7].

Ou ainda o artigo "P.R.A.E", de 1931, testemunho dos vivos ataques recebidos por Mário de Andrade durante a polêmica mantida contra a Rádio Educadora (de meandros complicados, com a evocação de fatos precisos, cuja total compreensão só virá quando o histórico da querela for reconstituído):

> Mas que violência, puxa! Como é engraçadíssimo um mamífero com raiva pelo rádio! O alto-falante ribomba, trepida e funga; a boca redondinha dele

---

6. Mário de Andrade, *Música, Doce Música*, 1963, p. 193.
7. *Idem*, p. 195.

se escancara, mal comparando se desmandibula, e acaba querendo engolir céus e terra, como a famosa e inofensiva bocarra do Nada. [...]

Mas qual a razão de toda a fúria que tomara o circular objeto irracional? Um excelente artigo meu que nesse domingo pela manhã, se atacava à direção artística da Rádio Educadora Paulista[8].

Ou ainda, como último exemplo, o início do primeiro escrito da série Luta pelo Sinfonismo, intitulado "Decadência", no qual estigmatizara, em 1930, a figura de A. B. (maestro Armando Belardi, fundador, em 1921, da Sociedade de Concertos Sinfônicos):

Achei lamentável que A. B., discutível presidente atual da Sociedade de Concertos Sinfônicos (não confundir com a Sociedade Sinfônica de São Paulo), achasse tanto tempo para balir comigo pelo *Correio da Manhã* do dia 4 passado. Não posso dizer que ele perdeu tempo, pois estou respondendo, mas acho que perdeu uma boa ocasião de não meter os pés pelas mãos, coisa que está sistemática e unicamente fazendo, desque a grande maioria dos professores de orquestra da Sociedade que A. B. era presidente, resolveu se libertar de uma gerência que, parece, lhe estava sendo prejudicial[9].

O Abalo

Esta fibra polêmica, imperturbável nas arremetidas, tranquila diante das agressões, firme na defesa das causas, repousava num sólido arcabouço moral. Ora, Mário de Andrade, no final dos anos 1930, passa por um profundo abalo. É preciso ler *Mário de Andrade por Ele Mesmo*, o livro emocionado que Paulo Duarte – o grande confidente desse período – escreveu, inserindo nele correspondência do autor de *Macunaíma*. Ali encontramos a afirmação brutal: "Mário se suicidou aos poucos, matou-se de dor, revolta e angústia"[10]. Isto, a partir de 1937, aproximadamente. Dez anos antes, no entanto, ele afirmara a Tristão de Ataíde: "Porque feliz, isso eu sou. Ninguém poderá diminuir a minha felicidade, nem

8. *Idem*, pp. 209-210.
9. *Idem*, p. 219.
10. Paulo Duarte, *Mário de Andrade por Ele Mesmo*, 1977, p. 3.

a morte de minha mãe. Sofrerei muito, na certa, quando ela morrer, porém sem fazer da morte dela e da minha dor espetáculo"[11].

A "inquietação fulgurante da felicidade", cantada em *Losango Cáqui*, se fora: "Vivera feliz, como ele mesmo repetia, durante 44 anos e com a alma destroçada durante cerca de sete anos"[12], testemunha ainda o grande amigo.

Houve, como quer Paulo Duarte, a grande decepção do Departamento de Cultura da Prefeitura de São Paulo. Duarte o ideara, convidara Mário de Andrade para ser seu diretor e, ao mesmo tempo, chefe da Divisão de Expansão Cultural. Sérgio Milliet na Divisão de Documentação, Rubens Borba de Moraes nas bibliotecas, Oneyda Alvarenga na discoteca, Antônio de Alcântara Machado no setor de teatros, Camargo Guarnieri dirigindo o Coral Paulistano: o conjunto dos membros era evidentemente brilhante. A criação do departamento se deveu ao prefeito Fábio Prado, com o apoio e o estímulo de Armando de Salles Oliveira, então interventor do estado de São Paulo.

Todos os seus componentes, Mário de Andrade sobretudo, lançaram-se apaixonadamente num projeto cultural inédito no país. O Departamento de Cultura, em sua forma primitiva, durou apenas três anos – no final de 1937, com o golpe de Getúlio Vargas, o estado foi para as mãos de Adhemar de Barros e a prefeitura para as de Prestes Maia; Armando de Salles Oliveira e Paulo Duarte foram exilados; Mário de Andrade demitiu-se, mudando-se para o Rio de Janeiro.

Foram, no entanto, três anos de atividades intensas, durante os quais se criaram núcleos culturais extremamente importantes – como a Discoteca Pública Municipal, a reformulação da Biblioteca Municipal e o início da construção do prédio que a abriga até hoje – e que perduraram. Mário de Andrade formou, no interior do departamento, uma Sociedade de Etnologia e Folclore, desenvolveu as bibliotecas infantis e os parques[13]. Entre outras atividades, promoveu o Congresso da Língua Nacional Cantada: o princípio de uma cultura nacional, que permeou nosso modernismo, aqui resultou num ótimo instrumento para a fixação de regras que guiassem o canto erudito, comprometido

11. *Idem*, p. 24.
12. *Idem*, p. 17.
13. Uma crítica contemporânea coloca em questão a política cultural do Departamento de Cultura. Ver Maria A. G. Decca, *A Vida Fora das Fábricas*, 1987. Sobre o mesmo tema, ver Elizabeth F. Abdanur, *Os "Ilustrados" e a Política Cultural em São Paulo*, 1993.

entre nós pela influência das diversas escolas internacionais que formavam os cantores[14].

A efervescência e o entusiasmo nos quais estava banhada a criação do departamento foram extraordinários. Esse clima é poderosamente evocado no livro de Paulo Duarte. O choque sofrido por Mário de Andrade certamente não deve ter sido pequeno.

A Crise

Entretanto, a crise pessoal pela qual passava sem dúvida precedeu o desmantelamento do primitivo Departamento de Cultura. Oneyda Alvarenga lembra:

> Em fins de 1933, ao completar quarenta anos, Mário de Andrade entrou na sua primeira crise moral, crise mista em que dois fantasmas o assombravam: o medo da velhice do espírito e do corpo que se aproximava, a angústia do artista que se achava no dever de participar mais das lutas pela melhor organização social do mundo, mas que se via peado ainda pela sua formação burguesa[15].

"Oração de Paraninfo" (editado em *Aspectos da Música Brasileira*), confissão pública diante de seus alunos, revela, em 1935, Mário de Andrade espantado com a "inocência" que até então o habitara, numa espécie de educação sentimental dolorosa, feita pelas exigências do cargo público. O texto é uma revisão de vida; a evocação de um individualismo feliz que se torna impossível "com o sentimento menos teórico da vida porque apalpei sua quotidianidade mais de perto"[16]. E Mário de Andrade se vê um órfão, órfão da felicidade: "Agora tendes à vossa frente um órfão. Não mais o filho da felicidade, a felicidade morreu, mas o apaixonado, o ganancioso compartilhador da precariedade humana"[17]. "Oração de Paraninfo" prefigura "O Movimento Modernista" e revela um momento de ruptura, entre a inconsciência anterior e a descoberta de imperativos sociais que acarretam pesada responsabilidade.

---

14. *Anais do Primeiro Congresso da Língua Nacional Cantada*, 1939.
15. Oneyda Alvarenga, *Mário de Andrade, um Pouco*, 1974, p. 77.
16. Mário de Andrade, "Cultura Musical: Oração de Paraninfo, 1935", 1965, p. 236.
17. *Idem, íbidem.*

Mas existe aqui uma esperança de atuação que, se não devolve a felicidade descuidada de um espírito "descompromissado", o investe da energia de uma missão.

Uma carta a Paulo Duarte, datada de 3 de abril de 1938, escrita durante um rápido momento de repouso no Rio de Janeiro, revela o espírito torturado que aflora. Mário de Andrade não foi feito para a vida pública, Mário de Andrade se martiriza com o sacrifício de si que esta vida exige, Mário de Andrade se corrói de remorsos, por aquilo que chama as suas "falhas". Mário de Andrade constata o conflito de um ser aristocrático diante das demandas de um projeto público e social que exige o seu empenho:

> Preciso sossego. Olha, Paulo, no geral, tenho muito pudor de fazer parada das minhas fraquezas e por isso disfarçava o total esgotamento nervoso e intelectual em que estava estes últimos tempos, coisa que vem desde esse vulcão que foi o Congresso da Língua Nacional Cantada que me chupou os restos de prazer da vida.
>
> [...]
>
> Uma vez, recentemente aí na sua casa na frente do Sérgio e não me lembro quais mais, você, num gesto certamente falso porque você é muito mais inteligente do que isso, retrucou a qualquer frase minha de desgosto pela diretoria do Departamento de Cultura, retrucou que vocês não me tinham feito favor nenhum me oferecendo esse cargo; eu é que fizera favor a vocês aceitando-o.
>
> [...]
>
> Ora eu sei, sabia e sempre soube que se não foi favor pedido, sempre nessas coisas há favor. Favor que eu devo. E também certíssimo que eu fiz um favor enorme pra vocês. Mas favor por favor, essas coisas não se medem por peso e medida, e na verdade estamos todos quites: a satisfação das minhas vaidades, o prazer do mandarzinho, o prestígio até dum lado, e do meu sacrifício de mim, sobretudo de minha liberdade e de minha felicidade pessoal.
>
> [...]
>
> Pois eu tenho sofrido e sofrido intensamente, Paulo, com a diretoria do Departamento de Cultura.
>
> [...]
>
> Vou fazer 45 anos. Sacrifiquei por completo três anos de minha vida começada tarde, dirigindo o Departamento de Cultura. Digo por completo porque não consegui fazer a única coisa que, em minha consciência, justificaria o sacri-

fício: não consegui impor e normalizar o Departamento de Cultura na vida paulistana. [...] falhei... meu Deus! não vale a pena enumerar todos os casos grandes em que falhei. Por que falhei? É engraçado dizer e bastante trágico: falhei porque sou um fraco, que não sei fazer prevalecer as minhas razões, quando elas não são ouvidas, não cedendo pela força, brigando, estourando. Ditaduras... Não sei se é sarcástico orgulho ou irrespirável, bolorento espírito democrático: acredito na possibilidade de razão dos outros contra as minhas razões; estúpida feminilidade, cedo, me calo, aceito. E falho.

Tenho mais que refletido, Paulo, tenho me esqueletizado em meu ser psicológico. Não me sinto propriamente triste com essas coisas, me sinto especialmente deserto. É uma vagueza, é uma vacuidade monótona. Lá no fundo do deserto, uma miragem. Estou formalmente decidido a não mais dirigir o Departamento de Cultura, ficar definitivamente no Rio (o que seria ideal) não posso. As razões contra seriam maiores do que o meu desejo de me carioquizar. Há sobretudo uma voz no sangue, meu pai que foi operário, e depois de subido, continuando numa cotidianização operária de ser, sempre fazendo atos que eram como pedra, objetivamente falando. O que existe de aristocrático em mim, principalmente este safado gozo de viver e a atração de todos os vícios, sei que não me dá paz – e essa parte é obrigada a ceder diante da voz de meu pai. Não fico no Rio, não; volto pra São Paulo e vou serenamente retomar meu cargo de chefe de Divisão, onde serei bem mais fecundo e poderei trabalhar também um bocado pra mim, meus livros[18].

Mário de Andrade não se demite de seu posto de direção, convencido por Paulo Duarte. Mas, no ano seguinte, é expulso do cargo. Realiza então seu projeto de ir para o Rio de Janeiro, onde conta com o apoio do ministro Capanema. Mas a alma estava desarranjada, e o corpo também:

Estou literalmente desesperado, não aguento mais esta vida do Rio, e eu ou acabo comigo, ou não sei. Pra disfarçar as mágoas vivo bêbado. Tomo porres colossais, dois, três, por semana. Os outros dias, me trato. O último médico que me examinou, poucos dias faz, me garantiu que tenho todas as vísceras atrapalhadas e estou condenado à morte. Morte, milhor que a vida, quem não te ama! Diante da condenação, tomei um porre tão

18. Paulo Duarte, *Mário de Andrade por Ele Mesmo*, 1977, carta a Paulo Duarte, 3 abr. 1938.

fabuloso que, além de pela segunda vez perder completo acordo de mim, não saber o que faço, ainda fiquei dois dias de cama, imóvel.

Bom, às vezes eu sinto que a única salvação é voltar pra São Paulo de vez[19].

A Velhice e a Morte

É inútil lembrar a profunda simbiose que existiu entre Mário de Andrade e a cidade de São Paulo. A fuga para o Rio logo se tornou intolerável. Mário de Andrade, aliás, teve uma prodigiosa premonição de sua morte; acaba voltando para sua pauliceia, esperando o fim. Em 1941, escreve a Paulo Duarte: "Não tenho idade, nem saúde pra tanto e devo morrer em 1949 mais ou menos. Você então irá no meu enterro, já principiada a nova era do mundo"[20].

Dez dias antes de sua morte, em novembro de 1945, escreve ao mesmo amigo a respeito de um afilhado seu, piloto da Força Aérea Brasileira (FAB) na Europa:

Tem momentos em que me toma um tamanho medo, pavor mesmo da morte... não sei como diga, porque se está longe de ser medo de minha morte, nem penso em mim, também não é medo da morte dele. Eu tenho apenas um medo vago, mas nitidíssimo de que alguma coisa vá morrer[21].

Entre a premonição e o acontecer, situam-se as angústias, mas também o sofrimento físico, como relata a Paulo Duarte:

Ando cada vez mais desarvorado, numa angústia bastante curiosa de analisar, porque chega suficientemente até a consciência pra eu saber que é angústia, mas age longínquo, só tenho como que os ecos soluçantes dela. Se diria que tenho uma angústia formidável lá no eu profundo, mas nas partes mais profundas e impenetráveis, lá no inconsciente, uma angústia prodigiosa.

O resultado é um estado interrogativo, muito árido, que chega a doer de tão árido[22].

19. *Idem*, carta a Paulo Duarte.
20. *Idem*, carta a Paulo Duarte, 5 abr. 1941.
21. *Idem*, carta a Paulo Duarte, 15 fev. 1945.
22. *Idem*, carta a Paulo Duarte, 28 abr. 1942.

Mas a velhice chegou. Chegou um ano antes do tempo, pra meu gosto, pois que eu só pretendia cuidar um bocado de mim depois do dia 9 de outubro deste ano, em que faço as cinquenta ilusões. Engraçado: hoje estão fazendo justo três meses que a saúde me largou, pois foi a 10 de janeiro que me bateu a primeira dor de cabeça que me paralisou na cama horas[23].

Na aparência vou passando muito mal, a dor de cabeça é contínua, as dores de fígado variam assombrosamente. [...] O pior é a melancolia de viver, um desânimo que não permite quaisquer vontades, tudo o que faço é mecanicamente. Atualmente só tenho um desejo: ir para a cama[24].

Mundo Musical

Nos últimos três anos de sua vida, Mário de Andrade assinala constantemente, a cada carta, a situação dolorosa de uma saúde que pouco a pouco lhe escapa. E, às misérias físicas e morais, acrescem-se as dificuldades financeiras. Mário de Andrade tem problema de dinheiro; chega a ponto de não mandar carta por via aérea a Paulo Duarte, que, evidentemente, estrila. Esse extremo talvez se deva a uma preocupação excessiva, agravada por um estado nervoso abalado. Mas é assim que Mário de Andrade justifica ao amigo o encargo de *Mundo Musical*:

Agora peguei um rodapé na *Folha da Manhã*, que com esta história de remédios, injeções, exames e médicos ando meio atrapalhado e o que tinha não dava mais. Mas é rodapé de livre assunto (musical), sem obrigações e até proibição de fazer crítica profissional. Deus te livre! Não pretendo mais me meter na crítica, os compromissos são demais e lá se vai a liberdade a não ser que v. queira brigar com todo mundo[25].

Claro fica que essa razão imediata não é suficiente. Os abalos morais, que o levaram a dizer "Imagino que numa possível biografia minha o biógrafo teria que botar: 'o ano de 1943 não existiu'"[26], levaram-no também a interromper a sua produção jornalística:

23. *Idem*, carta a Paulo Duarte, 9 abr. 1943.
24. *Idem*, carta a Paulo Duarte, 8 maio 1943.
25. *Idem, ibidem.*
26. *Idem*, carta a Paulo Duarte, 14 out. 1946.

O milhor é mesmo não escrever mais nem artigos, nem ensaios, nem conferências. Lhe garanto isto justo em uma passagem de minha vida em que ironicamente não faço outra coisa! Isto é, artigos, não. Não estou mesmo escrevendo mais artigos, o último que fiz foi nos princípios do mês passado. É tal o antagonismo entre o que eu quero dizer e o que não me deixam dizer, que só mesmo calando a boca de uma vez. (O ensaio sobre Segall) ficou muito penoso, com os pedidinhos de tirar isto, modificar aquilo, tudo coisinhas minúsculas que demonstravam uma alma de crochê meio sujinho. Como por exemplo tirar que ele caracterizava admiravelmente o tipo do "judeu sem dinheiro", que não, que podiam interpretar mal, que não fazia mal o que eu escrevera mas por causa dos outros etc. Foi isso apenas, nada de essencial, nenhuma ideia ou crítica fundamental discutida. Tudo assim, um minuete de porqueirinhas. Palavra que das vezes que isso durou fiquei mas fiquei tão fatigado moral e fisicamente, que toda gente perguntava o quê que eu tinha. Não consigo me acomodar com gente de miudeza, prefiro os grandes ruins de uma vez[27].

Os cansaços diante das exigências que envolviam as publicações mais imediatas fizeram-no interromper suas atividades jornalísticas. "Não estou mais escrevendo artigos, não sei se lhe contei por causa de não poder sofrer mais a revolta de meu pensamento"[28], desabafa a Paulo Duarte em carta de 14 de março de 1943. Mas:

Você tem razão enorme na sua última carta quando me acha muito inquieto. Egoisticamente eu poderia dizer que estou vivendo uma vida pessoal de uma intensidade admirável, prodigiosa, não raro sublime. Porém isto não satisfaz à minha moral de homem. Por dentro sou um descalabro, um sofrimento atroz, não consigo acomodar meus gestos com a consciência. Não aceito esta guerra, uma atitude de recusa, um ideal de anarquia, um desequilíbrio humano detestável, irrespirável, ferocíssimo[29].

27. *Idem*, carta a Paulo Duarte, 7 jul. 1942.
28. *Idem*, carta a Paulo Duarte, 14 mar. 1943.
29. *Idem*, carta a Paulo Duarte, 7 jul. 1942.

As Contradições

Voltamos à exigência de empenho, através das feridas físicas e espirituais. Isso é também confirmado por carta a Moacir Werneck de Castro, onde a trajetória é recapitulada:

> Foi assim um estado de perplexidade que durou seis meses, menos, de janeiro a fins de abril, e foi também uma das razões, decerto a principal, que me fez abandonar o jornalismo por um ano inteiro. E só retomei ele porque a *Folha da Manhã* daqui propôs um *Mundo Musical* sem crítica diária, rodapé que eles queriam arte purista, pois o que é a *Folha*! Aceitei por isso e pelo bom pagamento. Estava carecendo disto e a música do mundo me libertava (imagine!) de 'interessar' os meus artigos. (Na verdade, indo ao fundo de mim, eu não aguentava mais meu silêncio jornalístico. Artista é sem-vergonha mesmo, quer aplauso, quer ser 'enxergado', eu estava morrendo de não ser enxergado...) E foi aquela meleca! Logo no primeiro artigo tomava tais compromissos públicos em profissão de fé, que até ando bem direitinho[30].

O caminho sinuoso pelo qual enveredamos, grandemente traçado pelo livro de Paulo Duarte, pelas cartas que ele contém, foi necessário para que as dificuldades biográficas desenhassem a paisagem onde vem se situar *Mundo Musical*. O apólogo empenhado que Mário de Andrade conta no texto inaugural, se responde a algumas de suas profundas exigências, se, de certo modo, aparece como justificação moral e política para o retorno às atividades jornalísticas, nasce num terreno menos nítido do que poderia parecer. Os dois primeiros parágrafos de "O Maior Músico" lançam alguns sinais dessas dificuldades subterrâneas: eles só poderiam ser compreendidos por meio do quadro que acabamos de traçar. E essa compreensão se tornará cada vez mais necessária com as contradições que mal se iniciam.

Aqui já desponta a primeira delas: a recusa em assumir a crítica sobre a vida musical paulista. O próprio Mário de Andrade reconhece a necessidade de uma crítica rigorosa, num momento em que as artes brasileiras parecem-lhe adquirir um "profissionalismo legítimo e cotidiano", crítica capaz de dar à arte a consciência de sua profissionalidade.

---

30. Moacir W. de Castro, *Mário de Andrade*, 1989, pp. 211-212.

Justamente, a evocação de Sérgio Milliet não é casual: ele teve a função não apenas de, entre nós, transformar a "batalha de flores", como diz Mário de Andrade, em severas análises como também de desenvolver uma reflexão sólida e profunda sobre a natureza da crítica. Desde o início de 1940, no seu *Diário Crítico*, Sérgio Milliet escrevera alguns textos admiráveis, discutindo a questão. Já o primeiro deles, de 20 de janeiro de 1940, começa significativamente por: "Lembra-te que és poeira – Também aos artistas deveriam ser ditas essas palavras...", sublinhando o papel ingrato do crítico, que deve a qualquer custo assinalar os limites, as fraquezas, das obras que analisa, e que fatalmente inspirará a ira dos artistas: "Essa agulha terrível da crítica, que esvazia o balão do orgulho, eis o que revolta o artista, eis o que o impele a uma surda hostilidade contra tão perigoso indivíduo. Oh! furar os olhos do crítico, impedi-lo de ver, dissecar, premiar ou castigar!"[31]

Embora lhe pareça uma imperiosa necessidade, Mário de Andrade não mais se dispõe a enfrentar tais conflitos. Às guerras cotidianas que seria obrigado a travar, substitui "o outro lado de lá", as questões gerais, o mundo dos gênios mortos, da música eterna. Nele, as batalhas de flores são possíveis, e Mário de Andrade reivindica a "crítica apologética" sobre a qual discorre em "O Maior Músico", expressão de José Osório de Oliveira[32], crítica destinada aos amigos, carregada de "conhecimento e de amor", mas, por isso mesmo, livre e reveladora.

Urgência reconhecida, mas recusa de trabalhar num campo que parece tão necessário para a profissionalização das luzes brasileiras (embora, de algum modo, encontre justificação na "crítica apologética"); exigência de empenho naqueles tempos de guerra, mas direito de tratar das produções mais "gratuitas" que a música já pôde oferecer: "o violino de Geminiani, o cravo inda mais gratuito de Haydn" – são as condições que se sucedem.

---

31. Sérgio Milliet, *Diário Crítico*, 1981, pp. 9-10.
32. A amizade próxima de José Osório de Oliveira se intensifica justamente no período de que tratamos. Num texto que acompanha seu *Aspectos do Romance Brasileiro*, datado de 1943, publicado em Lisboa, conservado no acervo Mário de Andrade do IEB-USP, Oliveira testemunha seu afeto: "Que mais preciso dizer para que verifique que nem a guerra me faz esquecer o convívio com o seu espírito? Esta conferência creio que o prova bem. Vai com ela a saudade minha, e a da Rachel, pelo amigo, pela sua casa da Rua Lopes Chaves, por São Paulo e pelo Brasil inteiro". No esboço de um artigo sobre a *História Breve da Literatura Brasileira*, também de Oliveira, escrito na própria folha de rosto de seu exemplar do livro, Mário de Andrade assinala a discreta elegância com a qual as opiniões do autor são emitidas. Aparentemente, ele se apaga por trás das citações de outros críticos, não deixando sua palavra se revelar. Mas: "Ora, o mais paradoxal do caso é que esta palavra não faltou, e apesar da discrição do sr. Tal [José Osório de Oliveira], é dessas palavras escandalosamente indiscretas, boas pra abrir polêmicas intermináveis e insolúveis".

A Guerra e o Ensalmo

No que concerne à última, "O Maior Músico" responde com a ideia de que a arte é terapêutica para o espírito afligido pela guerra, "é guerra contra a guerra de nervos, é ensalmo para o combatente exausto" (p. 38).

O problema da função da arte, de sua razão de ser diante das desgraças do mundo e também de seu empenho político e social, não é – longe disso – uma preocupação exclusiva de Mário de Andrade. Ela se articula com seu ser sacrifical, não se resolve definitivamente e cria conflitos dolorosos. É evidentemente possível situá-la num espectro mais amplo, mostrando como tem seu lugar ao lado de intelectuais do tempo, que se preocuparam com a questão, de Breton a Sartre. Assinalemos aqui, apenas, que Mário de Andrade está vivendo uma situação dramática, situação que se repete desde os tempos do romantismo. Já lembramos em outro lugar que a condição incômoda do artista independente[33] e contemporâneo, tal como a descreve Mário de Andrade, tem seu terreno de origem no século XIX e determina o criador ainda em nossos dias. A concepção de Mário de Andrade é muito pertinente; mais ainda é ele próprio, mesmo se, tacitamente, incluiu-se nela. Essa questão é especificamente tratada em "O Pontapé de Mozart", texto de *Mundo Musical* que ainda examinaremos.

O artista moderno, com a sua reivindicada independência diante do poder, do público, dos mecenas, tendo diante de si apenas sua consciência a quem deve prestar contas, sente-se obrigado a se justificar, anda às voltas com criações indiferentes aos desastres que lhe são contemporâneos. É assim, por exemplo, no prefácio de 1851 de Georges Sand a *La petite Fadette*, que vale a pena comparar com a passagem de Mário de Andrade:

> Para os homens de ação ocupados pelo fato político, há em todo partido, em toda ação, uma febre de esperança ou de angústia, uma cólera de indignação da derrota. Mas para o pobre poeta, assim como para a mulher ociosa, que contemplam os acontecimentos sem encontrar neles qualquer interesse direto ou pessoal, qualquer que seja o resultado da luta, há um horror profundo pelo sangue derramado de um lado ou de outro, um tipo de desespero diante da

---

33. Jorge Coli e Luiz Dantas, "Sobre o Banquete", 1977, p. 32.

visão desse ódio, das injúrias, das ameaças, das calúnias que sobem aos céus como um sacrifício impuro, pela sequência de convulsões sociais.

[...]

Desde as jornadas de junho, das quais os acontecimentos atuais são a inevitável consequência, o autor do conto que vamos ler se impôs a tarefa de ser *gentil*, e deve ter morrido de tristeza. [...] agradar àqueles que sofrem do mesmo mal que ele, a saber o horror ao ódio e às vinganças, é fazer-lhes todo o bem que podem aceitar: bem fugidio, alívio passageiro, é verdade, porém mais real que uma declamação apaixonada, e mais cativante que uma demonstração clássica[34].

Aqui se encontra a justificação política e social do texto, pois a gratuidade adquire, justamente, o princípio de consciência política e social como pano de fundo: a gratuidade torna-se útil. Então, o pobre poeta, a mulher ociosa, como quer Georges Sand, participam também das lutas e das dilacerações. O que leva Mário de Andrade (e o que levou também certos românticos e alguns de seus avatares no século xx, como os surrealistas) a conferir um valor que poderíamos chamar de moral à arte aparentemente menos participante dos combates. O que determinaria, portanto, duas gratuidades: uma, a boa, consciente da sua função em tempo áspero; outra, a desprezível, gratuidade "gratuita", pretexto, como diz Mário de Andrade – de incompreensão e inconsciência.

Mais tarde ele atribuirá uma nuança ao papel da arte "gratuita" em tempos de guerra, outorgando-lhe uma função que poderia ser chamada de religiosa no sentido etimológico da palavra: a arte, por mais gratuita que seja, congraça as almas, une os homens, integra-os num imenso conjunto coletivo. Isso acontece no ensaio "Hino às Nações Unidas", de 1944, no qual o binômio arte/guerra aparece novamente. O primeiro parágrafo desse escrito poderá apoiar e esclarecer o problema:

A guerra faz cantar, é natural. A arte sempre foi generosa em seu anseio de amor. É certo que nem sempre ela abranda os costumes e adoça os corações, como o provérbio mente; pelo contrário, muitas vezes ela embebeda as cóleras definitivas, decide os ódios, arma os braços, e o mesmo clarim que arpeja ascendentemente a vitória, sabe também decidir o arpejo descendente da morte. A arte sabe fazer tudo isso também. A arte anima as esquinas mais rápidas da nossa vida, as viragens mais bárbaras, mais torvas.

---

34. Georges Sand, *La Petite Fadette*, 1975, pp. 15-17.

A arte é como o ouvido dos confidentes e dos confessores, como o olhar da ciência, como o amor dos médicos e das mães. Nisso ela seria apenas a vida, se a ânsia de amar que a move não lhe descobrisse o seu destino particular, com que a vida se acrescenta. Sim, ela não abranda os costumes nem adoça os corações, nada porém como ela pra fazer com que os corações se sintam mais juntos. Esse o maior mistério, a força milagrosa da arte, em que até mesmo dedilhando com suas mãos úmidas os órgãos candentes do amor sexual, ela desiste do par em favor dos conjuntos. Os corações se sentem mais unidos e nasce a suprema graça terrestre das formas coletivas da amizade. A arte congraça e ajunta. E porisso, nem bem rompe a bulha da guerra, o homem se bota a cantar como um rouxinol[35].

Eros e Anteros – a música é fator aglutinante, associativo, que se opõe à função desagregativa, destruidora, da guerra. No texto "São Cantos de Guerra" desse mesmo ano, e já em "Dinamogenias Políticas", de 1933, Mário de Andrade preocupara-se com o caráter coletivizador da música[36]. Neste parágrafo, a reflexão se generaliza – é a arte a grande fraternizadora, justificando assim sua existência em tempos de guerra. Da arte que consola à arte que une: o passo é dado em "O Maior Músico" com os cantos corais de Nyi Erh. "Músicas Políticas" mostra o quanto esse problema se lhe torna importante. "Elegia" faz que os cantos de guerra eliminem definitivamente o princípio do ensalmo.

O Maior Músico

Quando ele penetra no cerne de seu ensaio, todas essas precauções, hesitações, contradições, desaparecem. Depois de ter justificado a arte "gratuita", Mário de Andrade exige, absolutamente, o empenho e o sacrifício radicais do artista, a submissão das artes às grandes causas, a inflexibilidade moral do criador mesmo diante da morte.

Ele inicia seu rodapé jogando com um prodigioso e surpreendente paradoxo, que provocou grande repercussão[37]. Pois o Maior Músico

---

35. Mário de Andrade, "Hino às Nações Unidas", 1963, p. 387.
36. Ambos os textos podem ser encontrados em Mário de Andrade, *Música, Doce Música*, 1963.
37. Numa carta datada de 1º de agosto de 1943, endereçada a Murilo Mendes, entre outros textos, Mário de Andrade oferece "O Maior Músico" para a *Revista Acadêmica*, dizendo: "O 'Maior Músico' causou sensação bem profunda, é recente e trata da função social do músico, aproveitando

não é nem Bach, nem Mozart, nem Beethoven, mas um pequeno chinês que ninguém conhece, e de quem o próprio Mário sabe pouquíssimo. Ele certamente jamais teve contato com sua obra e o descobre por uma pequena nota do *Music Educators Journal*, que transcrevemos no Anexo (p. 67). Todas as informações que possui sobre o chinês provêm desse curto escrito, assinado por Will Schaber. Existe nessa nota certa veemência estilística. Mas Mário de Andrade, se a segue muito de perto, dramatiza-a profundamente mais. Intervém aqui seu condão de romancista, como escreveu a Paulo Duarte, numa carta que narra um episódio e na qual se surpreende enfeitando o que se passara[38].

Basta comparar os textos. Algumas vezes eles são muito próximos:

A month later, he was dead. "Drowned", said the official Japanese record. "Murdered," said his friends who had seen the dead body [...] (original em inglês; cf. p. 67).

Nem bem um mês passou e estava morto. "Afogado" decretou a polícia japonesa oficialmente, depois de examinar um cadáver sangrento (p. 41).

Em outras passagens, partindo da informação recebida, Mário de Andrade constrói um texto narrativo de uma "verdade" altamente convincente. Isso acontece particularmente na descrição da "retirada do saber", quando as universidades do litoral chinês são obrigadas a fugir para o interior. Os detalhes acrescentados individualizam personagens, criando um apelo sentimental forte sobre o leitor. Comparemos, ainda uma vez:

Camping under the open sky, continuing their studies under the shade of trees, these idealistic young people saved the spirit of China (original em inglês; cf. p. 67).

E foi a mais inédita, a mais prodigiosa retirada do saber de que se tem notícia em toda a história do homem. As aulas não paravam. Quando um ar-

---

a caso maravilhoso dum músico chinês que ajudou a levantar o ânimo dos chins de agora e foi assassinado pelos japoneses" (Mário de Andrade, *71 Cartas de Mário de Andrade*, [s.d.], p. 156).

38. "Sou um diabo de romancista! está custando não acrescentar algum detalhe meu" (carta de São Paulo, 10 out. 1941, em Paulo Duarte, *Mário de Andrade por Ele Mesmo*, 1977, p. 213). Em "Do Meu Diário (A)", ele escreveu: "E principiou dizendo 'truta' pra indicar a mentira, e a boca dos que, como eu, são incapazes de descrever a vida sem a enfeitar" (p. 453).

voredo oferecia uma sombra, quando a exaustão de um dia vencido passo a passo abria a paz da noite, lá estava um professor desmontando Lao-Tsé e aquele grupo de estudantes decifrando Shakespeare. De vez em quando um corvo japonês crocitava nas nuvens, baixava num átimo, fugia fácil, porque aqueles retirantes esqueléticos só lhe sabiam responder com frases morais de Confúcio e a indiferença de Rikyu. Faziam a sabatina dos mortos. Agonizavam mais três do Direito, sempre os mais ousados, morrera o estudantinho de dialetologia portuguesa, fora-se o professor de Química (p. 40).

Note-se o entusiasmo dessa passagem – ela brota, é claro, do fervor de Mário de Andrade pela cultura. Já se opôs, *ad nauseam*, Oswald de Andrade, com seu caráter irreverente e destrutor, a Mário de Andrade, culto, erudito, amante dos livros. O retrato da fuga dos universitários chineses, essa "mais prodigiosa retirada do saber" como diz, é testemunho apaixonado de seu amor e respeito pelo conhecimento.

A China e a Música Nacional

A narração do apólogo parte, assim, de uma base estreita, desenvolvendo-se apoiada na construção literária. Por exemplo, uma indução de Mário de Andrade referindo-se a Nyi Erh como alguém que se "impregna do canto da sua terra natal" (p.39), se, por um lado, parece inserir-se na perspectiva das artes nacionais, cara ao autor de *Macunaíma*, por outro, ao que tudo indica, não possui fundamento real.

O *Grove's Dictionary of Music and Musicians*, no verbete "China", consagra um parágrafo a Nyi Erh (grafado Nieh Eel) e aos novos cantos patrióticos surgidos em seu país, a partir dos anos 1930. A análise é clara: trata-se de um processo de ocidentalização da música chinesa. Esses cantos, concebidos como corais uníssonos, aparecem, ao lado de outros compositores, pela primeira vez na China, e o simples fato de se cantar em grupo já é uma novidade para os chineses. Sem contar que o tipo de emissão da voz é ocidental (que os chineses chamam "de estômago"), diferente do falsete tipicamente chinês.

Pode-se pensar que essa penetração das formas e técnicas ocidentais na música chinesa trouxesse outro tipo de comportamento, adotado pelos nacionalismos musicais dos países do Ocidente, que estabeleceram suas culturas – historicamente recentes e, digamos, periféricas em relação aos grandes focos – desde o momento românico. Isto é, partindo das formas e inspirações populares (folclóricas), o país renovaria a linguagem internacional da música e, desse modo, encontraria o seu lugar específico no "concerto das nações", no panorama da cultura internacional. Desse modo, o "popular", o "tradicional" regenera a música "erudita" e confere ao país que assim explora suas raízes folclóricas um lugar adequado e legítimo ao lado das nações culturalmente mais poderosas. É evidentemente o que acontece com a Rússia de Mussorgsky e Borodin, a República Tcheca de Smetana etc. No século XX, esse processo continuou. Falla, na Espanha, Bartók, na Hungria, Villa-Lobos, entre nós, são apenas alguns exemplos.

No que concerne à China, é o que indica Laloy, em *La musique chinoise*, obra que data do início dos anos 1940:

> A China é experiente demais para desdenhar de qualquer uma das invenções europeias. Neste momento, nossos pianos e nossos violinos lá se difundem. Logo ela terá, como o Japão, escolas de música e conservatórios. Não se deve temer esse progresso. A música europeia não detém mais esse poder destruidor proporcionado por princípios rigorosos. Não trata mais com arrogância as raças infelizes a ponto de ignorar a verdade diatônica e maior. Não traz nenhum dogma; não exige conversões, não faz cruzadas. [...] Ela deixará a China livre para se acostumar com nossas notas e nossos acordes [...][39].

Retomando esse raciocínio e citando certo número de compositores chineses que fazem apelo às formas ocidentais, compondo sinfonias ou óperas, o especialista Ma Hiao-Ts'iun se pergunta, em 1946:

> A expansão da música europeia na China teve ainda essa consequência importante de ter proporcionado à música chinesa novas formas de expressão ricas e variadas. A China fez desse modo sua reentrada na família das nações musicais; resta saber se os novos métodos adquiridos permitirão à cultura chinesa seguir sua evolução sem perder sua originalidade[40].

39. Louis Laloy, *La musique chinoise*, 1903, pp. 120-121.
40. Ma Hiao-Ts'Iun, "La musique chinoise", 1946, p. 446.

No entanto, a preocupação de Mário de Andrade não é essa. Ele não está realmente interessado nas questões da música chinesa; e Nyi Erh, pelos exemplos que pudemos descobrir numa antologia editada em Pequim[41], estava voltado para composições sumárias, que as multidões pudessem entoar. Seus seis cantos presentes no recolho são melodias muito simples, não acompanhadas: certamente bons exemplos dessas peças em uníssono que Liu Liangmo fazia cantar pelos grupos corais a partir de 1935. Mário de Andrade está voltado não para a qualidade efetiva da música nem para o rigor da pesquisa (sua leitura da notícia do *Music Educators Journal* deve ter sido febril e rápida, pois confunde a data da morte de Nyi Erh), mas para o drama biográfico do compositor, ligado ao seu empenho político. Sensibiliza-se pelo comportamento de Nyi Erh, exemplo e modelo de sua exigência moral diante da vida, da arte, dos homens e de si mesmo.

Carlos Gomes

Mário de Andrade compara o chinesinho a Carlos Gomes: comparação de mau gosto, ele mesmo ressalva. Mas que possui um sentido rico no interior de seu pensamento. Carlos Gomes exerce uma poderosa atração sobre Mário de Andrade. É uma espécie de diabo tentador, pois encarna tudo aquilo que é execrável, segundo o autor de *Macunaíma*, e que, no entanto, é tão secretamente sedutor. Coerente com seu projeto de uma cultura profundamente brasileira, Mário de Andrade recusou-se terminantemente a viajar para a Europa a fim de preservar, de certo modo, sua especificidade nacional de perturbações estrangeiras. Considerava também que o papel do gênio é quase nocivo à formação da cultura de um país, pois surge, para ele, como a afirmação de uma individualidade isolada, em vez de se integrar numa expressão coletiva. Em sua poética, o Tietê, o rio que, distanciando-se do oceano, avança terra adentro, é um símbolo, porque carrega o poeta para longe das "tempestades do Atlântico", evocadoras, ao mesmo tempo, da efervescência do espírito criador genial e da travessia para a Europa. Carlos Gomes, o inspirado, cuja vocação para a genialidade começava desde a cabeleira *scapigliata*, Carlos Gomes, o italiano, mas ao mesmo tempo

---

41. *Chants révolutionnaires historiques*, 1971.

reconhecido pelos brasileiros no seu sucesso internacional, é a imagem oposta, o "contraposto" de Mário de Andrade.

Acrescente-se o fascínio da celebridade, à qual, diz Mário de Andrade[42], Carlos Gomes não soube resistir. Sua análise, no ensaio sobre a *Fosca*, mostra que Gomes tentara, então, elevar seu ideal artístico, assimilando em particular as novas proposições de Wagner. Mas, com isso, quase perdeu seu público – e logo em seguida voltou atrás, às formas mais convencionais da ópera italiana, compondo *Salvator Rosa*. Pelo sucesso popular, pela glória, vendera sua arte. Esse esquema interpretativo é injusto e superficial, mas permite que Mário de Andrade possua uma visão de Carlos Gomes como a da imagem em negativo de Nyi Erh – a comparação de "mau gosto" adquire, assim, razões profundas.

Volksgeist

Nyi Erh teve mais "sorte" do que Carlos Gomes, diz-nos o texto de "O Maior Músico". Fugiu de casa, mas não encontrou nenhum "mandarim bordado que o enviasse à ópera na Itália", como Pedro II fizera com o campineiro. Ao contrário, a miséria boêmia de Nyi Erh ter-lhe--ia trazido dois elementos importantes:

1. o contato direto com os operários urbanos e os camponeses;
2. a descoberta, e a impregnação em si próprio, da música de seu país.

Notemos o termo "impregna", que Mário de Andrade utiliza. Como vimos antes, pouco importa a verdade desse caráter chinês. O que conta é que Mário de Andrade no-lo apresenta não como a descoberta ou aquisição voluntária e racional de uma arte nacional, mas como algo intuitivo, indizível. É exatamente aquilo que Mário de Andrade desejava para a música brasileira – *Volksgeist*, um fundo comum do "ser" artístico, nacional, coletivo, subjacente às individualidades, transindividual.

Mário de Andrade projeta aqui, sobre seu chinesinho modelo, seus pressupostos. O que lhe é evidentemente fácil, pois as informações

---

42. Mário de Andrade, "Fosca", 1936. Ver também Jorge Coli, "Carlos Gomes, la question du voyage culturel", 1985.

que possui são mínimas: "ele fugiu de casa com seu violino e se juntou a um grupo de cantores populares que vagavam como menestréis por vastas áreas da China. Ele viu seu país e enxergava o que ia no coração de seu povo" (p. 67). É o que diz a nota do *Music Educators Journal*. Há nela, por sinal, uma coincidência com o mito da juventude de Villa-Lobos, nos bandos de "chorões" do Rio de Janeiro, e viajando pelo Brasil afora para "sentir a alma do povo". É que as lendas que nossa cultura ocidental forja para si própria com frequência se repetem...

Nyi Erh sabe pouca música: isso é decisivo para sua vida e muito importante para Mário de Andrade. Seu pouco saber não impede o "humaníssimo" sucesso de suas canções patrióticas. Sobre todas elas, paira a "Chee-Lai" – canto de resistência ao invasor japonês e que eletrizou a China inteira. Música de combate: função-chave, que é muitas vezes tratada – e exaltada – nas publicações de *Mundo Musical*.

Técnica e Artesanato

A retirada do saber fora animada pelo "Chee-Lai". Mas Nyi Erh morrera, mártir de sua consciência artística. Mário de Andrade traça as etapas de sua história.

Ele consagrara à pátria seu canto sincero e entusiasta, embora tosco e musicalmente limitado. Sem dinheiro para a viagem à Europa ou aos Estados Unidos, decide partir para o Japão, para aperfeiçoar-se. E é assassinado, com a cumplicidade da polícia japonesa.

Aqui chegamos a outro ponto essencial do pensamento estético de Mário de Andrade, que transforma Nyi Erh ainda uma vez num caso exemplar: a ideia de que o fazer artístico passa pelo domínio de suas técnicas, técnicas que compõem as condições de possibilidade do próprio fazer.

Nyi Erh é um exemplo dramatizado, ilustração poderosa para a reflexão teórica proposta por Mário de Andrade em 1938, em "O Artista e o Artesão", aula inaugural dos cursos de filosofia e história da arte do Instituto de Artes da Universidade do Distrito Federal, publicada em *O Baile das Quatro Artes*[43].

---

43. Mário de Andrade, "O Artista e o Artesão", 1963. A questão da importância da técnica, a desconfiança diante das possíveis facilidades trazidas pela ideia de uma inspiração soberana e autônoma diante dos processos do fazer, é antiga no pensamento de Mário de Andrade. Ela precede a Semana de Arte Moderna, como testemunham os cursos que ministrava no Conservatório Musi-

Nessa aula, acha-se a afirmação de que por trás do artista deve haver o artesão, que os alicerces sobre os quais a arte se constrói e se desenvolve são os do perfeito domínio do "fazer". É imprescindível ao artista saber trabalhar seu material, dominá-lo para transformá-lo. No ensaio "Esquerzo", de *Mundo Musical*, o problema da conceituação dos termos "técnica", "artesanato", tal como foram empregados por Mário de Andrade, voltará à baila. Retomaremos, nesse momento, a questão conceitual. Basta agora assinalar a preocupação de Mário de Andrade com a "imaterialidade" da criação (se pudermos nos exprimir assim), que ele constata nos artistas modernos. Isto é, estes últimos parecem dominados pela ideia de que a arte, na medida em que passou por um processo de ruptura em relação às regras mais tradicionais, libertou-se de todas as contingências concretas, de todas as exigências do fazer, tornou-se pura "criatividade", para retomarmos essa palavra horrenda, que anda na boca de todos os pedagogos de hoje. E os diversos processos do fazer passaram a ser desdenhados. Ora, a qualidade desses processos é uma exigência fundamental da arte; abandoná-la é criar uma impostura, é aviltar a qualidade do objeto produzido.

cal de São Paulo, anteriores a esse grande acontecimento. A professora Gilda de Mello e Souza comunicou-me, gentilmente, algumas anotações de aula, feitas cuidadosamente por antigas alunas de Mário de Andrade. Pode-se encontrar nos cadernos de Yolanda Medici, que registraram o curso de estética musical, realizado em dezembro de 1921, a seguinte passagem, que demonstra a permanência de tal preocupação no pensamento de Mário de Andrade: "Correm mundo em nossos dias, infelizmente, umas teorias perniciosíssimas de que a aquisição técnica é desnecessária e mesmo prejudicial para a livre criação da obra de arte. Os que assim dizem e praticam, levados pela audácia inovadora de alguns gênios, que sabiam o que pensavam e em que terreno pisavam e que passaram além de certos princípios e destruíram certas leis demasiado estreitas para a sua poderosa envergadura, os que assim dizem e praticam não são mais do que espíritos mesquinhos, modorrados na preguiça mais vil e que a pontapés procuram destruir as grandes obras do passado, onde tais princípios e tais leis foram seguidas". Para ilustrar a permanência dessas preocupações, essa citação seria suficiente. Mas vale transcrever os parágrafos que se seguem, reveladores da mesma atitude do espírito, agora, entretanto, diante de exemplos concretos – o que nos mostra um Mário de Andrade na iminência de se tornar modernista, perfeitamente a par das criações (e dos criadores) internacionais modernas, mas já crítico diante das facilidades que a modernidade pode engendrar: "As invenções sintáticas de um Paulo Verlaine, grande poeta sinfonista francês, as inovações métricas de Paulo Claudel na poesia, não justificam as desmarcadas tolices de certos vates modernos. O impressionismo de Manet, de Monet e o divisionismo de Previati não perdoam o Cubismo de Braque e de Picasso. Como na escultura, a estátua de Balzac, de Rodin ou a aspereza quasi [ilegível] de Mestrovic não nos fazem admitir as criações de Boccioni. Na música, que mais de perto nos toca, as liberdades rítmicas de um Stravinski, o impressionismo de um Debussy, as harmonias de um Schoenberg não dão direito a certas manifestações pseudomusicais, de sujeitos que só compreendem as acumulações históricas de dissonâncias. Apesar de ser a obra de arte, como o disse Teschner no final do século XIX, 'uma livre manifestação do espírito', a importância da parte técnica, para a criação artística, obriga a estética a se preocupar com a técnica".

Artista que não seja ao mesmo tempo artesão, quero dizer, artista que não conheça perfeitamente os processos, as exigências do material que vai mover, não é que não possa ser artista (psicologicamente pode), mas não pode fazer obras de arte dignas deste nome[44].

A técnica pode ser coletiva, portanto transmissível de professor a aluno; a técnica pode ser individual, achado pessoal adaptado às intenções de cada criador, mas sempre indispensável. Mário de Andrade afasta cuidadosamente as imposições de esquemas e estruturas teóricos e volta-se para o lado artesanal do trabalho artístico como o meio eficaz – em todo caso necessário – para alcançar uma arte completa, superior, acabada, digna. Do artesanato à consciência artística, o passo se dá. Dessa maneira, a questão do artesanato desemboca numa questão moral:

> A "técnica", no sentido em que a estou concebendo e me parece universal, é um fenômeno de relação entre o artista e a matéria que ele move [...]. O caoticismo, a desorientação de grande parte das artes contemporâneas não deriva da variabilidade maravilhosa da técnica pessoal; deriva sim, a meu ver, em muitos artistas, da ausência de uma atitude... mais ou menos filosófica[45].

> Ao artista cabe apenas, é imprescindível a meu ver, *adquirir* uma *severa consciência artística que o... moralize, si posso me exprimir assim*[46].

Nyi Erh, admirável exemplo, o maior músico: embebido da alma de seu país, responde às preocupações de uma arte nacional; consciente e atuante politicamente, é o perfeito modelo do artista empenhado e ligado aos acontecimentos de seu tempo; exigente diante da qualidade do fazer artístico, é o ideal do "artista-artesão" que toma forma. Mário de Andrade faz do chinês a perfeita consciência criadora diante das exigências da arte – consciência tão aguda que o leva à morte. Mártir artista: como num teorema, progressivamente, inexoravelmente, é conduzido a morrer. Esses cantos de combate, de vida, são deixados por um herói-artista cristicamente morto. Se a solução que Mário de

44. Mário de Andrade, "O Artista e o Artesão", *op. cit.*, 1963, p. 25.
45. *Idem*, pp. 25-26.
46. *Idem*, p. 27.

// COMENTÁRIO // 65

Andrade oferece aos criadores, solução para o sentido da produção artística, é dada por esses elementos de empenho, de consciência das exigências do tempo e das exigências da arte, ela atinge seu supremo momento quando a morte é testemunha de que a vocação sacrifical – se se quiser, suicida – esteve presente em toda a trajetória do artista, provando assim que ele morreu pelo objeto criado.

// ANEXO

"Tragedy and Triumph of 'Chee-Lai'"[1]

Em 1937, o "Incidente da Manchúria" se desdobrou no "Incidente Chinês". Muitos no mundo ocidental aceitaram esse nome de senhores da guerra japoneses, sem ver que os acontecimentos na China eram apenas o prelúdio de um iminente conflito mundial. Mas a juventude chinesa sabia. Estudantes chineses, que viam suas escolas em perigo pelo progresso incansável do invasor, se apressaram em pegar seus livros, deixaram universidades e faculdades, juntamente com seus professores, e fugiram para o interior. Suas viagens se estenderam por meses. Acampando a céu aberto, prosseguindo com os estudos sob a sombra das árvores, esses jovens idealistas salvaram o espírito da China. Eles se mudaram e reconstruíram suas escolas, e, enquanto marchavam, cantavam "Chee-lai, Chee-lai".

"Chee-lai, Chee-lai." "Levantai, Levantai." A guerrilha chinesa, assediando o inimigo pelas costas, passou adiante o chamado, a canção de repulsa, de amor e esperança.

Seu compositor, Nyi Erh, não viveu para ver seu maior triunfo. Nativo da província sulista de Yunnan, ele fugiu de casa com seu violino e se juntou a um grupo de cantores populares que vagavam como menestréis por vastas áreas da China. Ele viu seu país e enxergava o que ia no coração de seu povo. Em seu desprezo juvenil pelo imperialismo japonês, ele escreveu "Chee-lai" em 1933. Mais tarde, sentindo falta de treinamento técnico, o músico autodidata decidiu estudar composição. Como não tinha dinheiro para ir à Europa ou aos Estados Unidos – ele era um pobre atendente em uma firma em Xangai na época –, o Japão parecia ser a única possibilidade. Então, em junho de 1934, o homem, que odiava o governo de Tóquio tanto quanto alguém podia odiar, chegou ao Japão. Um mês depois estava morto. "Afogado", dizia o registro oficial japonês. "Assassinado", diziam os amigos que tinham visto o corpo, com olhos, nariz, boca e ouvidos

---

1. Will Schaber, "Tragedy and Triumph of 'Chee-Lai'", p. 36, nov.-dez. 1942 A tradução deste texto foi feita exclusivamente para esta edição..

sangrando, e que sabiam que seu nome figurava em destaque na lista negra da polícia secreta japonesa.

    Nyi Erh alcançou os 23 anos de idade. Sua morte levou um de seus amigos mais íntimos, Liu Liangmo, a continuar seu trabalho. Liu introduziu o canto coral na China. No começo havia apenas pequenos grupos, mas a ideia cresceu, até que anos mais tarde centenas de milhares cantavam "Chee-lai" e outras canções de Nyi Erh, a Canção da Construção de Estradas, a Canção do Estivador, a Canção do Pescador. Auxiliares de escritório, atendentes, aprendizes, zeladores, operários, puxadores de riquixá – democraticamente eles se reuniam nesses grupos de canto e democraticamente escolhiam dentre eles seus regentes.

    "Chee-lai" se tornou a canção de recrutamento da guerrilha – e suas fileiras cresciam cada vez mais. Em 1941, havia 800 mil guerrilheiros operando na China, bem escondidos, bem armados, prontos para disparar o tiro mortal contra o invasor – 800 mil ansiando por vingar Nyi Erh e por perturbar o sono de Himmlers e Heydrichs japoneses dia após dia.

M.A. // # Claude Debussy (I)

// 27.5.1943

Fazem 25 anos que morreu um dos gênios mais originais e estranhos da música. Talvez um quarto de século seja perspectiva pouca pra que se garanta o gênio de um artista, mas na verdade nós e a música dos nossos dias estamos mais afastados de Claude Debussy que de Chopin ou de Mozart. De Mozart nos aproximam quasi as mesmas preocupações de utilização do material sonoro, de "objetivismo dinâmico" como se convencionou dizer. A Chopin nos irmana a maneira participante com que ele colocou a sua música em face da vida. Sem dúvida um Chostacovich com os seus árduos problemas de populização da música erudita, um Aaron Copland ou o nosso tresloucado Villa-Lobos com suas teorias tão mais frágeis que as suas obras, estão muito mais próximos da prática artística e das soluções estéticas chopinianas, do que as aparências poderão denunciar. Mas Debussy está longe, está longe, é uma estrelinha do céu. Uma estrela sublime.

Não tem dúvida que iremos encontrar nele toda a base técnica da música atual. Mas o edifício erguido sobre essas bases foi tão outro, que seria inócuo falar sequer em filiação. Da mesma forma, é possível encontrar no passado, e especialmente no passado próximo dos grandes românticos, os elementos técnicos, as soluções acordais, as escalas, o colorismo orquestral que Debussy empregou. No entanto não é possível imaginar música mais original (a mais original de todas, já falaram), nem obra mais determinada por uma concepção irreconciliável de música.

Há vários meses que releio a obra de Claude Debussy, na esperança de lhe determinar a prodigiosa força de expressão. Qual o segredo milagroso que às vezes duma simples modulação, já mil vezes usada, faz uma revelação que nos transtorna com um poder de sugestividade inconcebível?

E tive mesmo que pronunciar a palavra confusionista, "sugestão". Desde os primeiros críticos que pretenderam aclarar o mistério debussiniano, a palavra "descrição" foi substituída por "sugestão". Debussy não procurava "descrever" estados de alma nem o mundo exterior, diziam, mas sugerir tudo isso com sua música reticenciosa. Mas uma leitura superficial dos *Prelúdios* ou do próprio *Pelléas et Mélisande* nos prova que Debussy empregou também elementos descritivos, por vezes bem pueris. Em todo caso, é incontestável que o seu processo sistemático de expressão se afasta aristocraticamente dos cacoetes simplórios de descritivismo, empregados em todos os tempos, tanto por um Sacadas de Argos como por um Honegger. Debussy, não. Ele teme a linearidade itinerante do descritivo, que guarda consigo a insídia das sínteses, para ele sempre insatisfatórias. Em vez do itinerário do descritivismo musical, ele prefere ajuntar, amontoar dados soltos, numa linguagem de essência eminentemente analítica, sem planos nem perspectivas, sem começo nem fim necessários. Dados que nos "envolvem", nos "envultam" numa paisagem, num ser, numa paixão, menos da verdade que de identidade, menos de verificação que de intuição. Daí o poder sugestivo íntimo da música debussiniana.

Com efeito: nós verificamos a tempestade da "Sinfonia Pastoral" como verificamos o galope de "Mazzepa". Nós verificamos da mesma forma, embora com outra profundeza, a cólera de Isolda como o desespero de Rigoletto. Mas nos é impossível "verificar" "La Mer" que não tem tempestades tonitroantes nem o pressuposto da grandiosidade oceânica, da mesma forma que nos é impossível verificar a sensualidade do fauno à tardinha. Não nos prende nenhuma verificação itinerante, nenhuma linearidade que conta sinteticamente. Pelo contrário: se divulgam em nós imagens, dados ajuntados de análise que nos obrigam a intuir o assunto, a criá-lo por nós. Debussy obriga o ouvinte a uma atitude intrinsecamente dinâmica de colaboração. Ele nos transporta aos paraísos da "nossa" imaginação e da memória. Foi o que perceberam os críticos, e lhes fez, com razão, substituir "descrever" por "sugestionar", como princípio da estética debussista.

Repisei de propósito certas expressões como "linearidade itinerante" (melodismo) e "síntese linear do descritivo" (motivos, temas, a melodia propriamente dita), assim como "amontoar dados" (harmonismo, polifonismo) e "elementos analíticos soltos" (imagens sonoras libertas do tratamento de escola), porque talvez assim possamos aferrar de mais perto o sentido da expressividade do Mestre.

Uma vez Debussy afirmou que a sua música era exclusivamente harmonia, e que banira dela a melodia. Será fácil encontrar na obra dele pequenas linhas resolutamente melódicas, e até melodias completas, como em "La soirée dans Grénade", nos "Jardins sous la Pluie", "Mandoline". Mas é que todos estes elementos, motivos como melodias, mesmo nas obras de música pura ("Pour le piano", o quarteto, as amargas sonatas do fim) são dados soltos de análise, não se escravizam a nenhuma arquitetura itinerante. São de fato valores antimelódicos, porque não funcionam com o sentido sintético da melodia propriamente dita, a qual nasceu do canto, o qual se formou da poesia. Em vez, funcionam como valores harmônicos, como dados de análise que se amontoam e se concatenam (função mesma de Harmonia) em nós numa fusão que se transforma em efusão da mais esplêndida força sugestiva. Processo aliás que nem é propriedade debussiana (é a própria estética descritiva dos cravistas franceses) mas a que o gênio deu uma verticalidade e uma aplicação absolutamente pessoais.

E como compreender um caso como "Mandoline", que é uma canção legítima? "Mandoline" é apenas obra de mocidade, a primeira versão, quasi a definitiva, é de 1883. E confessemos que bem fraca melodia, se a comparamos ao que estavam fazendo os grandes melodistas de França, Fauré, Duparc, Chausson. Claude Debussy é inteiramente antimelódicos. É mesmo o antissintético por excelência. Ele deu o golpe mais perigoso que nunca sofreu a sublime arte da canção. Ele é incapaz de aferrar, de sintetizar por exclusividade o sentido genérico dum poema (como Duparc em "La Vie Antérieure") ou os sentidos particulares de suas partes (como Schubert no "Erlkoenig", ou Brahms em "Von ewiger Liebe") e os intensificar numa melodia-cântico, de sentido completo.

É lhe estudar qualquer dos cantos da plenitude. Agora o itinerante é ele!... Nenhuma melodia propriamente dita. A gente percebe que o compositor vai se agarrando a cada estrofe, a cada verso, buscando dar quasi palavra por palavra o significado de cada frase. Ele mesmo disse, talvez em defesa própria, que "a melodia é por assim dizer antilírica, incapaz de traduzir a mudança perpétua da comoção e da vida". Ideia menos verdadeira por si mesma, que necessária à sua personalidade eminentemente analítica e amontoadora de dados expressivos. E não raro, quando o verso guarda uma confissão mais viva (se observe as frases "pauvre amante" em "Le jet d'eau", "L'ombre de cette fleur vermeille" em "La Grotte" e o final extasiante de "Recueillement") eis o gênio fora do seu elemento, se desdobrando penosamente em cacoetes melódicos fáceis, às vezes mesmo duma puerilidade de Massenet. Outras vezes, como nas sublimes "Chansons de Bilitis", escritas no tempo em que ele estava descobrindo o recitativo de *Pelléas*, ele abandona francamente o melodismo vocal. Mas alcança então as nuanças expressivas mais insuspeitadas da dicção musical, como na frase derradeira de "La Flûte de Pan".

Mas a sua incapacidade de cantar, Debussy substituía por uma concepção nova do gênero "canção", que lhe derivava da sua personalidade de harmonista. É certo que ele deformava perigosamente (para os outros...) o conceito da canção, que tem de ser a melodia vocal sustentada por instrumento acompanhante. Em vez de canto com acompanhamento de piano, ele criava um legítimo duo concertante de voz e instrumento, implicando um "acompanhador" pelo menos tão virtuose como o cantor. E o Mestre se tornava imediatamente magistral nesta solução. Em seus mais belos cantos, nas "Proses lyriques", nos poemas de Mallarmé como de Charles d'Orléans e Baudelaire (o prefiro menos na facilidade verlaineana), ele cria um tecido sonoro único de voz e piano, em que o embate dos dois timbres apenas serve para favorecer a compreensão, com ele imprescindível, das palavras. Mas era sempre o harmonista que estava se manifestando.

Porque Debussy é o único músico exclusivamente harmônico, o único harmonista puro que nunca existiu. A harmonia, derivada do agenciamento das diversas linhas da polifonia, nascera com o vício da subalternidade. O movimento a quatro partes, congestionado em acordes, conservava o substrato mesmo da polifonia, a melodia, e resultara fatalmente no que se convencionou chamar de "melodia acompanhada", isto é, um canto descritivo linear sintético que as harmonias acompanham.

Coube ao Mestre francês conceber a harmonia em si, a harmonia liberta de qualquer subalternidade. É certo que com isto ele não golpeava agora apenas o conceito de canção. Agora ele fere fundo o coração da própria música, em sua funcionalidade coletivista e popular, que se funda na voz e na melodia. E com efeito, ele levava a arte da música a uma abusiva funcionalidade de classe, por mais que isto nos seja penoso reconhecer. Toda a arte dele é de ordem escancaradamente capitalista, pelo refinamento prodigioso, pelo alargamento milionário da orquestra, pela exigência de dois virtuoses de força igual para o canto acompanhado, pelo desprezo à síntese, se distanciando de qualquer entidade que se possa chamar povo.

Pessoalmente era outra coisa porém. Agora os acordes valiam por si mesmos, adquiriam expressividade pessoal independente e não mais relativa, e podiam se concatenar, se amontoar, se superpor, se contrariar nas agregações mais variadas e imprevisíveis. Desaparecia qualquer obrigação dessa bronca harmonia de escola, que Debussy mesmo denunciou com raiva. E, talvez surpreendentemente para ele mesmo, eis que Claude Debussy se via de posse de um instrumento maravilhoso, de uma expressividade nova diferente, incapaz de sínteses mas capaz das análises mais impressivamente verticais. E Debussy teve medo. Em vez de avançar pela alma humana adentro, preferiu devassar a natureza.

M.A. // # Claude Debussy (II)

// 3.6.1943

Quando, no meu estudo sobre Chopin do *Baile das Quatro Artes*, eu verifiquei que a sua obra de salão era uma análise bastante íntima (enquanto a música pode se transformar em imagens reflexas da vida, está claro) da alta sociedade romântica, eu comentei que essa obra lembrava Proust, e nos permitia aproximar o músico do romancista. Mas falei apenas em "aproximação", uma similaridade e nunca uma igualdade.

Realmente Chopin vinha ainda num tempo demasiado pobre, especialmente pobre, de instrumentos de análise psicológica, que lhe permitissem dar, em música, uma réplica da análise proustiana. Ainda era um tempo em que a análise sintetizava, se conservando "heroica" ao mais não poder, convertendo os seres a protótipos, a heróis de suas características psicológicas marcantes. A "Heroica", "Harold en Italie", a "Sonâmbula" eram as respostas musicais adequadas à "Liberté guidant le peuple" de Delacroix e ao Childe Harold.

No meio de toda essa heroicização dos sentimentos e caracteres (Sturm und Drang...), a obra de salão de Chopin, discreteava cheia de um proustianismo sutil. E isto, não tanto pelas coincidências biográficas dos dois doentes, que os levava a nos dar a imagem de sociedades de portas fechadas, sem correntes de ar. O que aproxima de Proust uma parte larga da obra de Chopin, noturnos, valsas, certas polonesas e mazurcas, número longo de peças avulsas, é o princípio de análise, a ausência de sínteses (a assombrosa elasticidade da melódica chopiniana!), a tendência única no tempo, para a deseroicização das imagens, nivelando os planos, desmoralizando por completo a hierarquia dos valores psicológicos.

Neste sentido, é interessante comparar o psicologismo de Chopin ao desse outro grande romântico Schumann, ou ainda com o Mussorgsqui mais analítico das canções infantis e dos "Quadros duma Exposição". Ou caímos no eterno domínio do Herói, ou, como no dualismo Eusebio-Florestan com que Schumann se confessou musicalmente, a aproximação possível é com o espírito de análise, cheio de perspectivas, de um Paul Bourget. De um Paul Bourget que tivesse gênio. As imagens expressivas que Chopin nos fornece – é lembrar a melódica turbilhonante das suas valsas, em oposição às sínteses valsísticas de Schumann – são fundamentalmente nascidas de outro espírito, de um espírito que se desinteressa das hierarquias morais e de qualquer síntese heroicizadora. Isto é que, em principal, aproxima Chopin de Proust, lembra um dos aspectos fundamentais de Proust.

Mas lembra apenas. Não era a precariedade de imagens conscientes, própria da música, que o impedia de se igualar a Proust. A música é incontrolável pelo espírito, e podemos em princípio afirmar que ela pode ser mais profunda que a prosa, que está controlada e cerceada pelo pensamento lógico. Mas deixemos de glosar sobre a "linguagem do inexprimível". O que de fato impedia Chopin de se proustianizar totalmente, era a condição mesma da expressividade musical do tempo dele. Era a melodia quadrada, era o vocalismo ainda vigente na música instrumental solista (Paganini e Liszt não estavam transportando para o piano e o violino até mesmo a virtuosidade do bel canto setecentista!), era sobretudo o emprego imoderado da harmonia lógica (a "fabricação de cadências" do insulto a Mozart...) que não davam a Chopin a possibilidade de se tornar o êmulo musical de Proust.

Claude Debussy já surgia numa condição muito mais proustiana da arte da música. César Franck fora um libertador técnico genial, e o autor de "La Mer" já recebia uma linguagem muito mais livre da harmonia lógica, usando concatenações que eram sofismas puros. Livre também da melodia fechada. E ainda, como amador de miudezas, ele se filiava muito mais à família Proust que à família Balzac. Mas, como tendências íntimas Debussy não gostava de psicologias, não era um esfaimado da alma humana, nem muito menos das modificações que a sociedade lhe imprime. E ele rompe com a tradição melhor da expressividade musical francesa, com esses gênios que foram Couperin le Grand e Rameau, ambos grandes psicólogos. A que poderíamos acrescentar, no século, três legítimos Paul Bourget, Gounod, Bizet e especialmente Massenet...

Se a lição dos dois maiores gênios da música francesa, era francamente de expressividade psicológica (creio que Couperin é o criador do "retrato" musical), Debussy, não menor que eles, e tão voluntariamente apegado a eles, o que não pôde ou não quis ver foi esse aspecto essencial do segredo que ambos lhe propunham. Debussy, o que lhe interessa é penetrar, é devassar como falei, a interioridade das formas realizadas pela natureza. Debussy é um confessor da natureza, é o revelador musical único da natureza, mesmo das naturezas nacionais condicionadas pelo homem, Itália, Espanha. E o faz com uma profundeza analítica como jamais se poderia supor, dentro dos recursos normais da música. E quanto à natureza "humanizada", é útil aproximar aqui o antípoda beethoveniano da "Sinfonia Pastoral", revertendo os fenômenos da natureza ao homem e à ideia religiosa. Debussy nunca. Ele se aproveita dos elementos humanos para revertê-los a fenômenos da natureza, como tão tipicamente nos poemas de "Ibéria", nos "Noturnos" (Fêtes) e nas confidências do primeiro caderno de *Prelúdios* (Des pas sur la neige; La cathédrale engloutie; Anacapri). Mas como revelação da natureza, onde ele atinge o máximo verdadeiramente milagroso de análise deshierarquizada – e foi criticado porisso! – será sempre em "La Mer", um mar anticomradiano, sem tufão nem tubarão, o mar apenas cotidiano da sublime quadrinha portuguesa, bem casado, dando quantos beijos quer na praia, dialogando com o amigo vento. E que esta cotidianidade do mar estava bem consciente na criação do Mestre, nos prova a antítese com que ele de primeiro pretendeu entitular uma das partes do seu tríptico: "Mer *belle* aux Îles *Sanguinaires*".

Desenvolvendo a expressividade analítica da harmonia oitocentista e a completando pela libertação definitiva da harmonia pura, Debussy se achava de posse dum instrumento prodigioso. Jamais a música não estivera em possibilidades mais vastas e generosas de se tornar "proustiana". Jamais, pela libertação da linearidade sintética da melodia, pela libertação da tonalidade ainda sofisticada do autor das "Béatitudes", pelo colorismo sinfônico, pelo instrumentalismo ingênito antivocal, a música não estivera em condições expressivas de sugestionabilidade mais poderosas – o que é a sua natureza mesma de análise e verticalismo.

Mas Claude Debussy não gosta do homem, esse cara de fauno. O homem não lhe interessa muito enquanto Homo, embora frequentemente o divirta ou comova como fenômeno ("Général Lavine"; "Doctor Gradus ad Parnassum"; "La Fille aux cheveux de lin" etc.). Teve outro lado semi-humano a que ele também se dedicou: a transposição fictícia dos seres a uma pastoral de Watteau. E é toda uma parte, das menos ilustres mas vasta, da obra dele. Todo um convencional embarque pra Citera, com "Fantoches", "Mandoline", numeroso Verlaine, "Masques", e afinal a conquista luminosa de "L'Isle joyeuse". E enfim veio *Pelléas et Mélisande*. Mas algum dia hei de falar desta obra-prima solitária.

Com as análises que nos deu da natureza, Debussy se tornou o seu genial psicólogo sonoro. E aqui sim, psicólogo à maneira de um Proust, bem mais que à maneira de um Michelet. Jamais ele não se exprime dentro dum itinerário descritivo com princípio nem fim. Ele não desdenhara por doutrinarismo nenhum elemento imagístico da música, nem mesmo o descritivo fácil. É forçoso reconhecer que as segundas arpejadas de "Le Vent dans la plaine", a gaita de "L'après-midi d'un faune", que preguiçosamente reaparece em "La Flûte de Pan" e "The Little Shepherd", a queda para o grave em palavras como "morte", "chão", são lugares-comuns do descritivismo musical.

Mais do que isso: o que nos assombra é o antiacadêmico por excelência não desdenhar as arquiteturas formalísticas mais visíveis, a forma tripartida, tão ostensiva em "La Soirée dans Grénade", a repartição de motivos, como até assustadoramente em certos interlúdios de *Pelléas et Mélisande*. A única arquitetura de escola que lhe repugna muito é o desenvolvimento temático, que assim mesmo ele não deixou de usar. Mas lhe repugna, é incontestável. E quantas vezes, diante de muito Bach, de muito Beethoven, de muito quarteto, nos há de sempre voltar à irritação a *boutade* famosa do Mestre: "Fuyons! ils vont développer!". Nesta sua repugnância é que sim, Debussy aprendera a lição dos cravistas de França. A sua arquitetura sonora está intimamente ligada a esse descritivismo cravístico, feito menos de desenvolvimento temático que da repetição leal dos temas.

Não é porque eu tenha afirmado que os seus processos de analisar sem planos nem perspectivas, e de nos propor dados sugestivos que se superpõem, que ele poderá nunca ser tachado de mau construtor de formas. Porém, mesmo quando ele incide nas arquiteturas conhecidas, a gente percebe que o Mestre está livre, livre. Ele apenas incide nessas lógicas misteriosas que não são privativas da música, são do próprio ser humano: o mistério do número três, a fatalidade do número par. E há também, carece não esquecer, essa misteriosíssima "lógica" da criação artística, que faz das "Cirandas" em duas partes divergentes, de Villa--Lobos, formas perfeitas de unidade, ao passo que faz de tantos milheiros de sonatas, quartetos, sinfonias bem tematizadas e desenvolvidas, obras monstruosas, informes, sem justificação possível. Mas aqui estamos dentro da incontrolável lei do gênio. Dentro desta lei, Debussy também foi buscar às vezes as suas formas perfeitíssimas.

J.C. // COMENTÁRIO

Começando *Mundo Musical* por "O Maior Músico", Mário de Andrade havia escrito uma espécie de texto-manifesto, ilustrado pela trajetória vivida por Nyi Erh, o jovem compositor chinês que tinha sabido dar a seus compatriotas cantos de combate e de resistência e que se tinha feito matar no Japão, buscando aperfeiçoar sua arte.

Sem ambiguidade, Nyi Erh indicava aos músicos contemporâneos os caminhos a seguir; o de uma arte consciente dos combates sociais e políticos que deve empreender, o do artista sempre insatisfeito diante de seus meios de expressão, capaz de arriscar mesmo sua vida para melhorá-los. Consciência social e política, progresso técnico e formal – eis a dupla missão que Mário de Andrade sublinha entre as principais questões estéticas que o preocupam em 1943.

Seu pensamento, entretanto, jamais se acomodou em afirmações unívocas e posições simples, mesmo quando voluntariamente o desejava. Existe sempre em Mário de Andrade uma atitude do espírito que duvida da convicção clara. É muito evidente que Nyi Erh é o bom exemplo, que é preciso exaltá-lo e, retoricamente, fazer dele um ideal de comportamento. No entanto, essa bela e nítida posição normativa, por mais desejável que possa parecer, não se afirma como inteiramente satisfatória.

É assim que a contradição surge desde o segundo artigo de *Mundo Musical*, consagrado a uma das músicas mais requintadas e aristocráticas que existem, a de Claude Debussy. Nyi Erh servira para a abertura em que a clareza da atitude moral era necessária na conclamação de grande efeito. Agora, tornavam-se possíveis as ambiguidades nuançadas.

O ensaio sobre Debussy é complexo, as questões, numerosas, e a análise de Mário de Andrade – uma das mais altas de todo o material de *Mundo Musical* –, muito rica, ultrapassando os limites do rodapé semanal e prolongando-se na semana seguinte, numa segunda parte. Não se trata, porém, de um episódio encerrado. Debussy reaparece ainda três semanas mais tarde, no ensaio de 24 de junho de 1943, consagrado a *Pelléas et Mélisande*, e por fim no dia 5 de outubro de 1944, sob a rubrica "Excesso de inteligência", no texto "Do Meu Diário (B)".

Seria engano pensar que seu interesse por Debussy havia surgido como um fenômeno da maturidade. Ao contrário, é presença muitíssimo precoce e nada superficial, pois um de seus primeiros textos teóricos musicais de importância é justamente a conferência "Debussy e o Impressionismo", publicada na *Revista do Brasil*, em 1921. O compositor francês falecera havia apenas três anos.

O texto espanta não somente porque demonstra em Mário de Andrade – com apenas 28 anos e tendo sempre vivido no meio culturalmente acanhado da São Paulo daquela época – um conhecimento maduro e aprofundado da música, além de revelar grande familiaridade com a produção literária e pictural do tempo. Ele surpreende também pelo fato de já conter muitas das reflexões fundamentais que reaparecerão em *Mundo Musical*, 22 anos depois. Então, Mario de Andrade terá uma informação bibliográfica maior, desenvolverá de modo mais nuançado alguns pontos. Mas vários aspectos já haviam sido expostos na conferência de 1921.

Em primeiríssimo lugar está a questão semântica. Mário de Andrade recusa, muito justamente, a identificação da música de Debussy com a pintura impressionista e percebe nesta seu caráter de "realismo descritivo", resposta pictural das impressões luminosas apreendidas pelo olho. Ora, "o impressionismo musical desdenha o descritivo", segundo a conferência, que prossegue:

> Debussy [...] pretende traduzir as suas comoções e dar maior largueza às suas ideias e aos seus impulsos por meio de fórmulas sonoras. Ele procura sugestionar o ouvinte, ambientá-lo num local ou num sentimento por meio de fórmulas sonoras. E essas fórmulas sonoras são o substrato, a síntese remanescente da impressão que o comoveu. O impressionismo pictórico é a rialidade da primeira impressão; o impressionismo musical é a inteligência da primeira impressão. É o intelectualismo levado à quintessência. É quasi o oposto do impressionismo pictórico[1].

Temos aqui o princípio das fórmulas sonoras – e não formas –, isto é, o processo construtor específico do "impressionismo musical" (na realidade de Debussy), que passa pela inteligência, num processo "intelectualista". Mas o que seriam essas "fórmulas"? Um conjunto de processos musicais analíticos de grande plasticidade cuja unidade, segundo Mário de Andrade, é obtida por meio do diálogo com a natureza.

---

1. Mário de Andrade, "Debussy e o Impressionismo", 1921, p. 200, jun. 1921.

Inteligência aqui se opõe aos efeitos sentimentais desenvolvidos pelo romantismo, que utiliza os elementos constitutivos da música – melodia, harmonia, ritmo, timbre – para criar, de modo semanticamente "dirigido", uma cascata de emoções no ouvinte.

Poderíamos, portanto, dizer que Debussy pulveriza esses elementos constitutivos e joga com eles, criando estruturas específicas em cada peça, que não são puramente formais, mas dependem de um "clima" poético. Assim, aspectos semânticos não deixam de possuir um papel fundamental, não se destinando a criar emoções violentas, mas evocações sutis, em que inteligência e sensibilidade se misturam. Diz a conferência:

> A sua técnica, compreendida na sua integridade, representa muito bem o crente da natureza livre de regras artísticas e o auscultador atento da sua própria e vibrátil personalidade. A sua harmonização impressionante, a negação da dissonância, os contrastes instrumentais, a geminação dos temas curtos tornaram a sua música mais viva, mais expressiva, e, por assim dizer, mais da natureza[2].

A música de Debussy é perfeitamente adequada para estabelecer uma relação fluida, movente, analítica, com os fenômenos naturais. Mas o perfeito músico-paisagista, como o chama Mário de Andrade, é incapaz de penetrar nos aspectos vitais e humanos do mundo. Isto é: encontramos aqui já exposta a dualidade sobre a qual se construirão os raciocínios de *Mundo Musical*, onde surge a afirmação: "Em vez de avançar pela alma humana adentro, preferiu devassar a natureza".

Eis como a questão é exposta, na conferência de 1921:

> Ninguém conseguiu surpreender como ele a música da natureza. [...] É o evocador supremo das modalidades tão variadas de certos seres, de certas paisagens, de certas horas [...][3].

> [Debussy] Estilizou tanto a vida, cerebralizou-a tão completamente, viajou tanto a terra imaginária de Baudelaire:

> *Là, tout n'est qu'ordre et beauté,*
> *Luxe, calme et volupté.*

2. *Idem*, p. 205.
3. *Idem*, p. 206.

que criou uma vida extraterrena, lunar e um pouco lunática também. Ele examinou tanto, analisou com tal minúcia nos seus arcanos essa mosca azul que é a vida, que a mosca azul deixou a vida: e o pobre poleá, dizem que ensandeceu, vendo a sua mosca azul onde ela não existe. Quis procrear um ser rial de carne e osso, mas construiu um boneco de Hoffman, maravilhoso é verdade, perfeito na beleza e na maquinaria, mas sempre boneco.

É a contemplação incessante da obra debussiniana que me leva a estas conclusões. Obra admirável de audácia, de sinceridade, de beleza convencional, mas vaga demais, excessivamente espiritual para expressar a vida[4].

Note-se neste conjunto de prenúncios um detalhe curioso: a imagem da mosca azul oposta ao boneco, exatamente a mesma que, muito mais tarde, será empregada em *O Banquete*. E cabe sublinhar ainda outra passagem, que fala no "belo fim" de Debussy. Como num estranho jogo de espelhos, esse "belo fim" será o mesmo do Mário de Andrade de "O Movimento Modernista", do Mário de Andrade angustiado, carregado de dúvidas diante de seu legado intelectual, dos últimos anos. Ei-la aqui:

Nos derradeiros anos assaltou-o uma dúvida tremenda. Talvez por muito fugir ao trato dos homens e de raciocinar sobre a herança que deixava à música francesa, tenha, mais que todos os seus críticos, chegado a uma nítida compreensão dela e do seu alcance, e a achasse excessivamente frágil para servir de exemplo e demasiado irreal para uma fecundação. Debussy duvidava!...

E que belo fim dessa criança sensitiva! A ele também perturbava-o a terrível, esfingética interrogação dos que pisam o limiar sem luz. Teria feito bem? as suas obras não levariam por caminho errado os que vinham atrás? Talvez a simples observação do estado em que deixava a música o levasse a essas asfixiantes perguntas... O debussismo falira. E era bem que assim fosse, porque nem o próprio Debussy era mais debussista. Ele pedia aos moços menos loucura, mais simplicidade...[5]

Da conferência de 1921 aos textos de 1943, Debussy é presença de importância capital na estética musical de Mário de Andrade. E isso,

4. *Idem*, p. 208.
5. *Idem*, p. 210.

antes de mais nada, porque ele é uma fonte de interrogações e de problemas intrincados.

O primeiro deles é que Claude de France está distanciado dos músicos contemporâneos pela sua "gratuidade": "Debussy está longe, está longe, é uma estrelinha do céu. Uma estrela sublime" (p. 69). Como se sabe, na mitologia de Mário de Andrade, "virar estrela" significa a morte do herói e sua lembrança distante: é o destino de Macunaíma.

Chopin, que imediatamente emerge no texto como ponto de comparação, parece-lhe infinitamente mais próximo, mais "humano", mais tangível. Não é uma estrela, pois vive na fraternidade estreita com os músicos contemporâneos (Shostakovich, Copland ou Villa-Lobos) por causa das ressonâncias políticas de sua arte: "a maneira participante com que ele colocou a sua música em face da vida" (p. 69), como, aliás, permitiam-na os grandes efeitos emocionais da música romântica.

Embora estrelinha, Debussy intriga, pois provoca questões fundamentais para o pensamento musical de Mário de Andrade. Para maior clareza, ei-las reagrupadas em alguns tópicos.

Os Problemas Semânticos

Música "Descritiva" e Música "Sugestiva"

> *Eu queria para a música uma liberdade que ela apresenta talvez mais do qualquer outra arte, não sendo limitada à reprodução mais ou menos exata da natureza, mas às correspondências misteriosas da natureza e da imaginação.*
>
> CLAUDE DEBUSSY[6]

A capacidade da música em veicular ideias, conceitos; a questão referente aos efeitos que os sons possam produzir no ouvinte são dois eixos nevrálgicos nas preocupações musicais de Mário de Andrade. Eles fundamentam grande parte da possibilidade do empenho moral ou político

---

6. Em Jean Barraqué, *Debussy*, 1962, pp. 116-117.

que a produção sonora possa vir a ter e estão presentes no seu pensamento, sobretudo a partir dos anos 1930.

O admirável ensaio de 1936 que consagra à *Fosca*, de Carlos Gomes, é construído com base nessa perspectiva, na qual se inscreve "Terapêutica Musical", de 1937. *O Banquete* virá enriquecê-la, e é a partir dela que se constitui o conjunto de textos "Músicas Políticas", muito importante de *Mundo Musical*. Essas preocupações encontram-se também no seio do interesse que Mário de Andrade então desenvolve a respeito do romantismo musical – particularmente em "Romantismo Musical" e "Atualidade de Chopin", textos de 1942[7].

As partituras de sua biblioteca são frequentemente acompanhadas de suas anotações à margem, que revelam esforços para "decodificar" o texto musical, estabelecendo equivalências semânticas claramente enunciadas. Já publicamos alguns extratos desses comentários[8] encontrados em seu exemplar de *Tristão e Isolda*, em que Mário de Andrade detecta configurações musicais fortemente carregadas de poder significante. Assim: "O grito inebriante da paixão"; "A triunfante afirmação do amor"; "Cólera de Isolda"; "Aqui o tema da travessia modificado nos intervalos é como que o desdém de Isolda pela terra que irá habitar"; ou ainda "[...] frases indecisas, mal definidas, que parecem exprimir o embaraço dos interlocutores [...]".

No que concerne a Debussy, Mário de Andrade é obrigado a retomar a velha distinção que a crítica sempre fez nas relações de sua música com a natureza: a oposição entre "descritivo" e "sugestivo". Este último conceito lhe parece "confusionista", e é verdade que é possível encontrar facilmente efeitos "descritivos" nos *Prelúdios* ou em *Pelléas*. Mas, como é indiscutível que há uma distância entre o processo semântico da velha "descrição" romântica e da "sugestão" debussista, é preciso definir as diferenças.

Mário de Andrade possuía em sua biblioteca o *Debussy*, de Koechlin (1927), e o muito estimulante *L'Opera Pianistica di Claudio Debussy*, de Luigi Perrachio (1924), e suas anotações à margem revelam a atenção da leitura. Ele não podia desconhecer o belo ensaio de Daniel Chenneviere, *Debussy*, que fora publicado em português, pelas edições Cultura, na tradução de Heitor Ferreira Lima, justamente em 1943. Todos eles

---

7. Sobre o percurso das reflexões de Mário de Andrade a respeito do problema, ver Jorge Coli, "Mário de Andrade", 1972.
8. *Idem.*

//COMENTÁRIO   //85

trazem como centro a discussão sobre a semântica dos sons na música de Debussy – que será retomada e debatida no estudo fundamental de Stroebel, *Claude Debussy*, escrito alguns anos depois da morte de Mário de Andrade. Neles encontramos, de uma forma ou de outra, todas as observações de *Mundo Musical* a respeito da obra do compositor francês: a recusa das antigas formas para a descoberta de novas estruturas – mais "abertas", diríamos hoje depois de Umberto Eco; as relações complexas entre o som musical e o que ele pode sugerir; a oposição ao tratamento semântico oferecido pelo romantismo; as estruturas novas, baseadas num princípio de arquipélagos sonoros, de leis específicas e imanentes a cada obra; o papel da palavra articulada na sua relação com a música.

Todos esses aspectos reaparecem nas análises de Mário de Andrade. Por vezes, tomam, no entanto, profundidade inusitada, e sempre se inserem nos eixos de coerência próprios ao pensamento do autor, o que lhes confere uma nova significação.

Se Mário de Andrade podia "verificar" o sentido das passagens de *Tristão e Isolda* ou da *Fosca* – do mesmo modo que afirma em seu texto de *Mundo Musical* poder "verificar" a tempestade da Pastoral, o galope de "Mazzepa", o desespero de Rigoletto, é porque a prática da música romântica havia instaurado um, antes, vários sistemas de equivalências, capazes de porem os ouvintes diante de uma espécie de "réplica" musical dos fenômenos sonoros e sentimentais que se encontram no mundo.

Debussy, no entanto, resiste a esse gênero de equivalências, pois, diz Mário de Andrade: "ele teme a linearidade itinerante do descritivo, que guarda consigo a insídia das sínteses, para ele sempre insatisfatórias [...] 'linearidade itinerante' (melodismo) e 'síntese linear do descritivo' (motivos, temas, a melodia propriamente dita)" (p. 69).

A música descritiva é "fechada", ela segue um programa estruturado – e mesmo, poderíamos já acrescentar, aquilo que chamaríamos de "univocidade sentimental", tão própria aos românticos. Para tanto, precisa de uma organização recorrente de temas "significantes", de timbres, de ritmos ligados a processos imitativos, que recriem diante de nós a tempestade, o galope, o marulho do mar, ou mesmo o amor, o ódio, a piedade etc.

Esse processo se resolve segundo um tropismo "sintético", recusado por Debussy:

Em vez do itinerário do descritivismo musical, ele prefere ajuntar, amontoar dados soltos, numa linguagem de essência eminentemente analítica, sem planos nem perspectivas, sem começo nem fim necessários. Dados que nos "envolvem", nos "envultam" numa paisagem, num ser, numa paixão, menos da verdade que de identidade, menos de verificação que de intuição. Daí o poder sugestivo íntimo da música debussiniana (p. 70).

Portanto, se a atitude de Debussy faz explodir as antigas arquiteturas musicais, o método que Mário de Andrade aplicara, ao analisar as partituras de Wagner, não é mais possível. Pela boa razão de que não existe agora um discurso musical de desenvolvimento coerente e organizadamente vinculado a um conjunto de "sentidos" sonoros, mas fulgurâncias, sugestões, que estimulam o espírito do ouvinte. Este não é levado a encontrar o equivalente visual, emocional, "real" se se quiser, de um efeito sonoro. É solicitado mais profundamente em sua imaginação, em sua memória.

Mário de Andrade conhecia provavelmente as análises que Alfred Cortot tinha consagrado à obra pianística de Claude Debussy, publicadas primeiramente na *Revue Musicale* e em seguida integradas no recolho *La musique française de piano*. É interessante estabelecer as ligações entre os pontos de vista de Mário de Andrade e o trecho seguinte de Cortot:

> É raro encontrar na base de sua inspiração [de Debussy] um desses sentimentos que, desde a revelação de Beethoven, emocionaram a alma dos compositores e animaram suas obras, ou seja, suas paixões, dores e alegrias humanas. Não que ele despreze ou recuse a emoção musical, mas, por um tipo de reserva aristocrática, ele prefere sugeri-la por contragolpe a nos fazê-la sentir diretamente.
>
> E em vez de agir sentimentalmente sobre nosso organismo pela patética solicitação de uma emoção pessoal, em vez de criar, bela de linhas e de formas, a arquitetura sonora cuja disciplina pura saiba contentar nossa alma, é quase sem que nós saibamos, pela voluptuosidade secreta de dois acordes encadeados, pelo nervosismo vibrante de um ritmo ou pelo mistério do silêncio, que ele desfere bem no meio de nossa sensibilidade essa flecha, cujo insinuante e delicioso veneno nos dará, tão intensa quanto a realidade, a sensação que ele havia planejado.

Uma arte de um mecanismo a tal ponto delicado e que pressupõe tal concordância entre o dom e a profissão devia se prestar naturalmente às traduções dos sentimentos mais raros. Deste modo veremos que a interpretação da obra de Debussy exige uma colaboração imaginativa mais literária e mais sutilmente nuançada que nenhuma outra música demandava até então[9].

No pensamento de Mário de Andrade, essa "flecha envenenada" vem – como já anunciava Cortot, mas de um modo mais solidamente explícito – ativar a participação do ouvinte. Pois a música de Debussy é aberta, analítica, permite que se estabeleça um estreito diálogo com o espírito que a recebe:

> Debussy obriga o ouvinte a uma atitude intrinsecamente dinâmica de colaboração. Ele nos transporta aos paraísos da "nossa" imaginação e da memória. Foi o que perceberam os críticos, e lhes fez, com razão, substituir o "descrever" por "sugestionar", como princípio da estética debussista (p. 70).

É possível dizer, com base nas análises de Mário de Andrade, que os românticos abriram vastos abismos emocionais, imensas armadilhas sem falha onde é possível atirar-se de corpo e alma. O ouvinte é como que vampirizado e deve se entregar inteiramente. A música romântica, fechando-se sobre nós, é um universo que se impõe de modo absoluto: a relação que com ela podemos manter é a da submissão.

Em Debussy, essas relações desaparecem. Pois, oferecendo um conjunto de elementos fragmentários que emergem num contexto coerente, mas que perdeu a univocidade, pela própria fragmentação enriquece sua polissemia e permite uma liberdade "dialógica" ao espírito do ouvinte.

Essa explosão dos códigos formais e semânticos que Debussy provoca, essa criação não sintética, não fechada, menos nítida, sem articulações convencionais, tudo isso solicita uma participação mais forte e mais pessoal do ouvinte.

Notemos que esse aspecto crucial da música debussista – a ruptura com os códigos tradicionais – fora detectado desde sempre pelos

---

9. Alfred Cortot, *La musique française de piano*, 1991, pp. 15-16.

analistas da obra de Debussy, a começar por Tchaikovsky, que, em 1880, comenta assim uma peça do jovem francês, então a serviço da senhora Von Meck: "Uma coisa muito bonitinha mas curta demais. Nenhuma ideia que tenha sido desenvolvida até o fim: a forma é desajeitada e não possui unidade"[10].

As análises de Boulez na década de 1960, ou dele derivadas (como é o caso das de Barraqué), insistem sobre o aspecto destruidor das estruturas tradicionais, embora afastem, na tradição formalista que lhes é própria, os aspectos semânticos. É assim que Boulez comenta:

> De fato, é apenas Debussy que podemos aproximar de Webern em uma mesma tendência a destruir a organização formal que precede a obra, em um mesmo recurso à beleza do som por si próprio, em uma mesma pulverização elíptica da linguagem[11].

É claro que uma tal concepção elimina alguns dos aspectos próprios ao universo de Debussy, e indispensáveis para a reflexão de Mário de Andrade, em particular no que concerne aos aspectos propriamente poéticos e literários de sua música. De lá vem a ideia do diálogo com a natureza que a obra de Debussy mantém; de lá, a ideia de uma participação "ativa" do ouvinte. Esses princípios foram largamente desenvolvidos por Monsieur Croche [Debussy], que indicava sem cessar a observação da natureza como o melhor meio de ruptura com a tradição ("Voir le jour se lever est plus utile que d'entendre la *Symphonie Pastorale*") e que evocava um público de elite, capaz de "fazer parte", segundo sua expressão, da obra que ouve.

---

10. Jean Barraqué, *Debussy*, 1962, p. 39.
11. *Idem*, p. 7.

O Tratamento da Palavra

> A *melodia, se podemos dizer, é antilírica. Ela é incapaz de traduzir a mobilidade das almas e da vida.*
>
> CLAUDE DEBUSSY,
> em Jean Barraqué, *Debussy*, pp. 118-119.

Mário de Andrade lembra que Debussy já havia abolido a melodia de sua música, pelo menos a melodia estruturada, autônoma em relação à palavra. O compositor sempre acentuou o aspecto fundamental da prosódia dos textos e os efeitos semânticos fragmentados, fazendo surgir uma espécie de sistema de colagens que eliminam os sentidos genéricos, globais ou parciais. O emprego exclusivo de segmentos de melodias (salvo em obras da juventude, como "Mandoline", que Mário de Andrade afasta) permite ao músico francês uma grande flexibilidade, um tratamento fino e dúctil dos textos, num procedimento analítico: "A gente percebe que o compositor vai se agarrando a cada estrofe, a cada verso, buscando dar quasi palavra por palavra o significado de cada frase" (p. 71). Os comentários colocam em valor as admiráveis nuanças expressivas "mais insuspeitadas da dicção musical", das "Chansons de Bilitis", e a última frase da "Flûte de Pan", que já foi bastante aproximada do *Sprechgesang*.

Mário de Andrade consagra uma longa análise também ao papel fundamental da harmonia na música de Debussy ("o único músico exclusivamente harmônico, o único harmonista puro que nunca existiu", p. 72). Melodia fragmentada, importância da harmonia: as relações entre canto e acompanhamento se encontram, desse modo, profundamente modificadas.

Até Debussy, as canções chamadas em francês significativamente de *mélodies* eram justamente linhas melódicas "colocadas" sobre harmonias, cujo papel é subalterno, de acompanhamento ('"melodia acompanhada', isto é, um canto descritivo linear sintético que as harmonias acompanham", p. 72). Através de seu princípio de reunião "livre", "aberta", de elementos tanto harmônicos quanto melódicos, Debussy reequilibra as funções, criando uma espécie de "duo concertante de voz e instrumento". E podemos facilmente imaginar a relação fecunda que se estabelece então, num terreno semântico, entre palavra e som, a significação das palavras completando e fazendo vibrar de modo novo a constelação debussista de fragmentos sonoros.

A Música "Capitalista" e o Medo de Debussy

> *Mas ninguém foi mais sensato que aquele poeta que no seu primeiro livro modernista, afirmou que o verso livre não vinha acabar com o metrificado, mas se ajuntava a este como uma riqueza a mais. E isto é construção, Pastor Fido! É riqueza 'a mais', capitalismo!*
> MÁRIO DE ANDRADE,
> O Banquete.

Os dois últimos parágrafos do primeiro artigo consagrado a Claude Debussy são delicados. Embora curtos, introduzem noções e raciocínios importantes, subjacentes ao pensamento de Mário de Andrade. Para que possam ser mais bem apreendidos, é necessário fazer apelo a outros.

Situemos primeiramente as questões: Debussy havia abalado a concepção tradicional da canção – da *mélodie*. Uma consequência decorre daí: a maior complexidade do discurso musical, seu requinte mais sutil, o abandono da voz e da melodia como elementos fundadores ("em sua funcionalidade coletivista e popular" – "Claude Debussy [1]", p. 72), reserva essa música a intérpretes virtuosos e a destina a um público conhecedor. Assim, ela está distanciada de todas as funções "populares", pois houve uma tomada de distância decisiva com a ideia de "canção", coletiva, democrática.

Debussy havia desenvolvido um prodigioso instrumento de análise e de expressão. Poderia tê-lo posto ao serviço das interrogações sobre o homem e assim refletir, discutir, interrogar o universo humano que o envolvia. Entretanto – segundo Mário de Andrade – teve medo, e preferiu voltar-se para a natureza, para a paisagem, neutra e tranquila.

Desse modo, Debussy se revela duplamente "capitalista" (embora de um capitalismo, digamos, "arcaico", puramente acumulativo): primeiro, pelo seu distanciamento "de qualquer entidade que se possa chamar povo" (p. 73); em seguida, pelo desenvolvimento de um instrumento analítico que lhe permitia apenas incorporar novos meios de "devassar a natureza", em vez de agir sobre o homem.

Na crônica de 5 de outubro de 1944, intitulada "Do Meu Diário (B)", na qual ele trata ainda de Debussy, Mário de Andrade o desculpa, evocando a excessiva consciência que o compositor possuía das exigências propriamente musicais de sua arte, essa consciência clara, racional, inteligente, que, segundo o texto, é característica do compositor francês.

> A música francesa apresenta, como nenhuma outra escola, uma coleção admirável de músicos inteligentíssimos, por certo das inteligências mais completas e harmoniosas que a história dos músicos apresenta. [...] E desde a inteligência prodigiosa de um Rameau, primeiro codificador da harmonia, até Koechlin, seu codificador mais lúcido dos nossos dias, é todo um desfilar de inteligências, esplendidamente ricas de tudo isso que é a complexidade intelectual. [...]
>
> A meu ver Debussy também sofreu desse excesso de inteligência que não deixa de ter seus inconvenientes. Construiu todo um instrumento original de expressão sonora, mas ao se ver possuidor desse instrumento tão assombrosamente dotado de forças de sugestão e capacidade de análise humana, talvez a sua consciência excessiva da "realidade" da música o tenha atemorizado e reposto em discreção (pp. 455-456).

É como se Debussy, sofrendo os efeitos desse "excesso de inteligência", evitasse dirigir-se para regiões que comprometessem seu trabalho, que se quer autônomo, desvinculado de quaisquer exigências exteriores. E suas conquistas, por assim dizer, foram, por meio de suas virtualidades, mais longe do que ele próprio.

O excesso de inteligência leva ao capitalismo. Essa discussão pode ser inserida num debate mais largo, que Mário de Andrade desenvolve então, e no interior do qual vê a si próprio, teórico e criador. "O Movimento Modernista" conta a maneira pela qual as conquistas formais do modernismo de 1922 aparecem a Mário de Andrade como um engano. Os jovens que haviam participado da Semana de Arte Moderna acreditavam estar realizando ato de destruição: em realidade se contentavam em adquirir novos modos de expressão. Aquisição, acumulação: capitalismo. Nada é colocado em questão, nada é contestado: ao contrário, a ordem estabelecida se encontra com um elemento suplementar de afirmação, de consolidação.

Mário de Andrade reconhece um poder combativo – é possível dizer mesmo subversivo – às "técnicas do inacabado" ("as técnicas do inacabado são combativas"[12]). E Debussy possuía, maravilhosamente, essa "técnica do inacabado", que ele próprio havia desenvolvido. Por ela, poderia ter se tornado "irrecuperável": "Os 'fauves' de todas as artes, não são 'fauves' exatamente porque tinham uma visão irredutível do mundo, mas porque essa visão não era aproveitável nem útil aos donos da vida"[13]. Debussy poderia ter sido um *fauve*, mas não foi, pois desviou do homem seu perigoso instrumento de análise e, como diz Mário de Andrade, "em vez de avançar pela alma humana adentro, preferiu devassar a natureza".

Linguagem e Música, Proust, Chopin e a Paisagem Musical

Quando Mário de Andrade escreve sobre Debussy, a sombra de Chopin se perfila sempre por trás. O compositor polonês surge logo no início do primeiro ensaio e, paralelamente, Mário de Andrade consagra a ele, nesse mesmo momento, um importante estudo, significativamente intitulado "Atualidade de Chopin", ao qual já fizemos referência. Esse texto, publicado em 1942 na *Revista do Arquivo Municipal de São Paulo*, foi integrado posteriormente ao livro O *Baile das Quatro Artes*. Mário de Andrade o evoca logo no início da segunda parte de seu ensaio de *Mundo Musical*, fazendo referência a uma passagem em que Debussy e Proust surgem associados.

> Não sei se já se lembraram de o [Chopin] aproximar de Marcel Proust. Chopin analisa toda essa levianíssima alta sociedade parisiense e polonesa, em que viveu. Toda essa parte valsística de sua obra é bem uma análise sem piedade mas dolorida de uma época. Desfila diante de nós, percucientemente evocada, uma farândula de nobres, burgueses, ricos, artistas, intoxicadores de luares, de festas frágeis, de dores cultivadas e inconsciência[14].

12. Mário de Andrade, O *Banquete*, 1977, p. 66.
13. *Idem, ibidem.*
14. Mário de Andrade, "Atualidade de Chopin", 1963, p. 148.

Proust e Chopin encontram-se aproximados no interior do próprio *Em Busca do Tempo Perdido*. Proust sofre com a moda de seu tempo que ensinava a pose de desdém ao que se considerava então o "sentimentalismo" chopiniano. Numa passagem, em *No Caminho de Swann*, quando o pianista, num sarau musical dado pela senhora de SaintEuverte, inicia um prelúdio de Chopin, Proust evoca os sentimentos suscitados na senhora de Cambremer, sincera amante da música, ao contrário de sua nora, moderna, wagneriana e esnobe.

Para tanto, procede a uma leitura *art nouveau* de Chopin, semelhante às que propõe de certos vegetais, um nenúfar empurrado pela água corrente, desenhando sinuosidades estiradas como num vaso de Gallet ou numa decoração de Horta:

> [Ela] aprendera na mocidade a cariciar as frases, de longo colo sinuoso e desmesurado, de Chopin, tão livres, tão flexíveis, tão táteis, que começam procurando e sondando o seu lugar fora e muito longe do rumo de partida, muito longe do ponto onde se poderia esperar que se tocassem, e que só se distraem nesse fantasioso desvio para virem deliberadamente – num retorno mais premeditado, com precisão maior, como sobre um cristal que vibrasse até o grito – ferir-nos o coração[15].

Essa forma supremamente elegante nos conduz a um Chopin aristocrático, que Proust, em Sodoma e Gomorra, associa a Debussy. Estão em cena ainda a senhora de Cambremer e sua nora; Proust analisa o comportamento afetado e superficial que procede por garantias culturais exteriores, incapaz de dirigir-se diretamente às obras. Como Debussy é um compositor que a moda idolatra, basta apresentar Chopin através dele para que este último readquira prestígio:

> Dei-me ao prazer de lhe informar [à nora da senhora de Cambremer] [...] que Chopin, longe de estar antiquado, era o músico predileto de Debussy. "Oh!, que divertido!", disse-me a nora, a sorrir finamente, como se aquilo não passasse de um paradoxo lançado pelo autor de *Pelléas*. Contudo, era

---

15. Marcel Proust, *No Caminho de Swann*, 2006, pp. 399-400. Essa percepção da música de Chopin é perfeitamente equivalente à passagem do mesmo livro, p. 215, em que o nenúfar alonga seu pedúnculo sobre a água, ao extremo, para voltar ao ponto de partida e recomeçar, incessantemente, seu trajeto.

bem certo que dali por diante ela só ouviria Chopin com respeito e até mesmo com prazer[16].

Proust conduz, portanto, Debussy e Chopin à convergência aristocrática; ele encaminha o prelúdio ouvido a um modo orgânico, vegetal e requintado de sentir que é o do seu tempo. A forma de arabesco quase abstrato não deve enganar. A imagem do cristal vibrando até fazer gritar, a melodia alongada que volta para "ferir-nos o coração" mostram as forças da música sobre os sentimentos. As passagens escritas sobre a sonata de Vinteuil são suficientemente conhecidas para que se insista aqui sobre elas – são análises daquilo que deveríamos chamar os poderes comovedores da música. As atitudes superficiais e afetadas da senhora Verdurin ao ouvir tal ou qual obra são meras representações dos laços verdadeiros que podem existir entre a música e os seres. No caso, indicam apenas tentativas de disfarçar a surdez da alma por uma representação social: de maneiras diversas, o próprio narrador, Swann, a senhora de Cambremer são a negação da senhora Verdurin e a evidência da verdade desses poderes.

Proust, Chopin e Debussy: a trilogia é legitimada pelo próprio *Em Busca do Tempo Perdido*. Mário de Andrade o insere num desdobramento de problemas. Nesse comparar estão pressupostas as reflexões que ele desenvolvera a respeito da linguagem e da música e que repercutirão no contato entre literatura e música.

Essas reflexões estão concentradas em alguns textos da série Táxi, conjunto de crônicas publicadas no *Diário Nacional* e depois reeditadas em *Táxi e Crônicas no Diário Nacional*. São três textos principais, intitulados "A Linguagem", de 16, 27 e 28 de abril de 1929, completados por "Pessimismo Divino", de 8 de maio de 1929, e "Memória e Assombração", de 10 de maio de 1929[17].

Neles, Mário de Andrade assinala o caráter abstrato e generalizador da linguagem, endereçado fundamentalmente à compreensão inteligente, e não sensível. A função definidora das palavras confere à linguagem um papel utilitário de denominação, forçosamente grosseiro e incapaz de "recriar" a complexidade infinita de todos os miúdos sentimentos e sensações de nossas experiências vividas. O particularismo

16. Marcel Proust, *Sodoma e Gomorra*, 2008, pp. 258-259.
17. Mário de Andrade, *Táxi e Crônicas no Diário Nacional*, 1976, pp. 87-88, 93-96, 99-102.

da análise psicológica pode ser finamente descritivo – ele perdeu a força de recriar no leitor a sensação experimentada pelo autor.

Se perdeu, é porque um dia já teve essa faculdade. E, de fato, segundo Mário de Andrade, outrora, a literatura, assumindo a palavra como generalizadora, a utiliza enquanto estímulo no espírito do leitor, que recria, com seus recursos próprios e numa "vagueza" maior, a situação emocional. Assinalemos que esse outrora se situa até aproximadamente o romantismo, incluindo-o. Na literatura contemporânea, o projeto é paradoxal: denominar os mais recônditos estados da alma com palavras, de modo que nada escape. Ora, como vimos, a linguagem é incapaz disso.

Eis as principais passagens, onde essas ideias são expostas:

E dessa precariedade utilitária da linguagem provém a angústia da literatura contemporânea. Nós queremos estudar as particularidades sublimes da nossa vida sensível e pra isso nos servimos da linguagem que se prevalece exclusivamente da inteligência, o que sucede que atingimos maior sutileza intelectual porém não maior força expressiva. Suponhamos Proust e Racine, Conrad e Camões. Será que a gente percebe mais o sr. de Charlus que Fedra, o tufão de Conrad, que a tempestade dos Lusíadas? Não tem dúvida que os dois contemporâneos alcançam maior análise. Mas não estará nisso mesmo o ilogismo deles? A linguagem constituída é sempre uma abstração e por isso não pode expressar senão a ordem geral de nossa vida sensível, aquela ordem em que a inteligência é universal e sintética. A particularização de Proust e de Conrad, por isso, pode nos dar maior número de elementos objetivos, maior número de explicações. Mas não consegue dar pra gente maior perceptibilidade da vida nem expressá-la mais intensamente. Pelo contrário. A síntese antiga, pela própria brevidade intelectual dela, fazia as lembranças, com as quais a gente compreende, chegarem tão afobadas e numerosas na consciência que a coisa descrita, sem perder nada da sua universalidade, era feita somente de dados da nossa experiência própria. Realizava na gente o fenômeno de pura atividade – o que é sempre o meio mais certo de recriar na gente a ilusão da vida sensível. Ao passo que os dois modernos citados, pela própria particularização dos elementos e causas, construída ponto a ponto, realizam o silêncio da tapeçaria. É fofo. A gente dorme sobre, em passividade fatigante. Sob esse ponto de vista Proust e o Conrad do Tufão são as dramáticas reproduções do Agnosticismo contemporâneo.

[...]

Disso origina o drama, não sem grandeza, de muitos escritores contemporâneos, especialmente de Proust. É fora de discussão, creio, que Proust ou ainda o Conrad do "Tufão" quiseram expressar literariamente a maior totalidade atingível da vida sensível. Porque ninguém negará que toda arte é representação expressiva de estados de sensibilidade, imaginando com isso que reproduziam, expressavam o efeito, isto é, o próprio estado de sensibilidade. Ilusão pura. Continuavam dentro das causas porém não de todas. De fato: é possível ajuntar mais de 120 causas determinantes de tal momento atmosférico e mais duas mil sensações inteligíveis, olhando Albertina dormir. Escreveram mais comprido. Mais explicado. Porém não mais expressivamente nem mais efetivamente naquela parte em que a vida sensível escapole da inteligência e da linguagem.

Há fenômenos, mais propriamente individuais que seculares consistindo na coincidência da linguagem com a sensibilidade. É o momento em que a sensibilidade dum indivíduo não o interessa além dos poderes de abstração da inteligência. Se esse momento coincide com uma linguagem suficientemente desenvolvida na sua parte expressiva da vida sensível, surge na literatura o "escritor clássico"[18].

Percebe-se claramente a afinidade que existe entre o papel sintetizador da linguagem articulada do passado e as formas condutoras de grandes sentimentos genéricos do período romântico, tal como supunha Mário de Andrade. E também a correspondência, embora parcial, entre o processo analítico da literatura contemporânea e a música de Debussy. Com uma diferença fundamental. A literatura – cujo instrumento primeiro, a linguagem, surge como excessivamente preciso para Mário de Andrade – tenta em vão recobrir descritivamente todos os movimentos das emoções humanas, da mesma forma que aqueles geógrafos do imperador da China queriam, na história de Borges, estabelecer um mapa de escala 1:1. No caso da literatura, as formas genéricas do passado exigem uma participação maior do leitor, que cria, na esteira dos grandes estímulos, e por uma forma, digamos, empática de sua imaginação, a malha fina das reações emocionais. Na música – essa "linguagem do inexprimível" –, Debussy pôde fragmentar as formas tradicionais do passado, que eram bastante equivalentes à grande retórica

18. *Idem*, pp. 87-88, 95.

sentimental literária, sem proceder a uma superposição analítica sobre o objeto evocado. Desse modo, embora capaz de trabalhar com nuanças e detalhes, ele é capaz de solicitar mais o espírito do ouvinte, numa gama de diversidades muito mais rica que o caráter unívoco, ao mesmo tempo formal e significante, da música de dantes.

Com base nesses elementos compreendemos mais claramente a trindade Proust-Chopin-Debussy. Entre os dois primeiros – excetuadas as relações mais superficiais da doença, do mundo fechado sobre si etc. – as afinidades aparecem em particular numa vocação de recusa das "construções sintéticas". Elas são próprias ao romantismo, e se concentram à volta de sentimentos "heroicos", que poderiam também ser qualificados de unívocos. Muito simplificadores, eles afastam as complexidades psicológicas individuais. Nesse contexto, boa parte da obra de Chopin faz figura de exceção:

> Ainda era um tempo em que a análise sintetizava, se conservando "heroica" ao mais não poder, convertendo os seres a protótipos, a heróis de suas características psicológicas marcantes. A "Heroica", "Harold en Italie", a "Sonâmbula" eram as respostas musicais adequadas à "Liberté guidant le peuple" de Delacroix e ao Childe Harold.
>
> No meio de toda essa heroicização dos sentimentos e caracteres (Sturm und Drang...), a obra de salão de Chopin, discreteava, cheia de um proustianismo sutil (p. 75).

A passagem pode ser completada com o seguinte trecho, extraído de "Atualidade de Chopin": "Não é atoa que Chopin mesmo dizia de algumas de suas obras e improvisações, estar contando 'petites histoires' musicais"[19]. Mas, segundo Mário de Andrade, os meios de expressão de seu tempo, a melodia "quadrada", a harmonia "lógica e subalterna", impediam Chopin de se tornar o êmulo musical de Proust. Meios aptos a exprimir as sínteses heroicas, e não as análises subjetivas. É neste ponto que a distância se interpõe entre ambos. E a aproximação entre Proust e Debussy se instaura. Ambos, "amadores de miudezas", possuem um novo instrumento analítico. Mas Debussy, rompendo com a tradição do psicologismo, que Mário de Andrade quer bem francesa – tanto na

---

19. Mário de Andrade, "Atualidade de Chopin", 1963, s.p.

música quanto na literatura –, desdenha o homem pela natureza, tornando-se, dessa sorte, um Proust da paisagem musical.

Em Debussy, não há nenhuma natureza heroica, excepcional (poderíamos acrescentar "romântica"). Suas paisagens sonoras possuem, de acordo com as grandes descrições de Mário de Andrade, muito da tranquilidade de todos os dias, muito da "banalidade" dos assuntos tratados nos quadros impressionistas. O mar não é o da tempestade, mas o dos dias sem história:

> Mas como revelação da natureza, onde ele atinge o máximo verdadeiramente milagroso da análise desierarquizada – e foi criticado porisso! – será sempre em "La mer", um mar anticomradiano, sem tufão nem tubarão, o mar apenas cotidiano [...] (p. 77).

Como argumento contrário ao Debussy desinteressado do homem, existe *Pelléas*. Mário de Andrade o sabe perfeitamente, e inicia um raciocínio que tomará sua verdadeira dimensão somente com o ensaio que consagra a essa ópera, três semanas mais tarde. Retomaremos o conjunto de suas reflexões no momento em que tratarmos esse texto.

Debussy e o Antiacademismo Imanente

O instrumento analítico, novo e perfeito, que Debussy aplica à natureza faz surgir no espírito de Mário de Andrade um problema, com frequência recorrente em seu pensamento: a questão do academismo e do antiacademismo. Não se deve perder de vista que suas atividades tanto intelectuais quanto artísticas haviam se iniciado, a bem dizer, em 1922, isto é, no seio de um conflito entre as novidades formais modernas e uma estética conservadora, à qual o qualificativo "acadêmico" se aplicava, muito comodamente. O espírito de Mário de Andrade evoluirá, entretanto, desse combate vivido para uma definição mais nítida, mais precisa e satisfatória dessa noção. Ele discorrerá largamente a respeito disso em *O Banquete*[20].

---

20. Mário de Andrade, *O Banquete*, 1977. Ver também Jorge Coli e Luiz Dantas, "Sobre o Banquete", 1937, pp. 34 ss.

Entre as razões que o levam a refletir sobre a noção do academismo, existe uma, essencial, um tipo que poderia ser qualificado de pragmático. O academismo não é apenas algo específico de uma arte oficial – ele é insidioso, dissimulado. Como fazer para reconhecê-lo? Esse conceito pode, com efeito, designar uma cópia sem invenção a partir de regras escolares, mas também a repetição esterilizante de receitas ou fórmulas desenvolvidas pelo próprio artista. Desse modo, ele se revela duplamente perigoso, pois copiar os mestres na escola, ou copiar a si próprio, constitui para Mário de Andrade uma prova de impotência ou de oportunismo.

Debussy, com sua forma "aberta", é capaz de estruturas sempre renovadas. Não se trata de pôr em dúvida seu saber de construtor, de arquiteto musical, mas de sublinhar sua capacidade inesgotável de invenção, pois esse saber procede de um espírito analítico livre e fecundo.

> Não é porque eu tenha afirmado que os seus processos de analisar sem planos nem perspectivas, e de nos propor dados sugestivos que se superpõem, que ele poderá nunca ser tachado de mau construtor de formas. Porém, mesmo quando ele incide nas arquiteturas conhecidas, a gente conhece que o Mestre está livre, livre (p. 78).

Desse modo, se Debussy aparecia no início do primeiro texto como a pequena estrela, distante da consciência combativa que Mário de Andrade exigia dos artistas de sua época, ele retorna enfim como exemplo de não conformismo, como um compositor cuja própria prática artística repousa sobre um contínuo renovar. Se Mário de Andrade parece lastimar que Debussy não se interesse pelos seus semelhantes, se sua vocação de "paisagista" faz do músico um artista "capitalista", reconhece no compositor um prodigioso princípio de fecundidade criadora, que consiste em jamais repelir as próprias fórmulas.

Por trás de Debussy, como vimos, Chopin se perfilava sempre. Do proustianismo sutil ao heroísmo das polonesas, havia ali seduções e estímulos contrários. A dedicatória manuscrita que acompanha o exemplar da primeira edição da "Atualidade de Chopin", oferecido ao professor Antonio Candido, revela a consciência clara das contradições:

Antonio Candido

Aqui lhe mando pra seu uso pessoal exclusivo, uma das páginas mais... torvas que já publiquei. Realmente, a minha consciência me obriga a reconhecer que, como está, está muito ruim. Eu *podia* fazer milhor. Mas não houve, não há desonestidade em publicar este trabalho, defeituoso como fica. De uns tempos para cá, ando assombrado e humilde diante do mistério, a complexidade prodigiosa, do trabalho da criação intelectual. Esta página me interessa justo por ser torva. Talvez nunca sentimento e pensamento tenham se embrulhado e confundido tanto em mim. E por isso mesmo achei honesto dar essa prova do que será menos de minha fraqueza que de minha fragilidade.

São Paulo, 1943

Mário de Andrade[21]

---

21. Esta dedicatória nos foi gentilmente comunicada pelo professor Antonio Candido.

M.A. // # Elsie Houston

// 10.6.1943

Era uma cantora esplêndida. Possuía técnica larga, auxiliada por uma inteligência excepcional em gente do canto. Tão excepcional que Elsie Houston conseguia vencer as vaidades, reconhecer suas pequenas deficiências técnicas e os limites naturais da sua voz. E era um gozo dos mais finos a gente perceber a habilidade com que ela escolhia programas ou disfarçava os escolhos ocorrentes no meio duma canção.

As suas interpretações também eram inteligentíssimas, porém eu a preferi sempre nos franceses e russos e nos cantos populares. Não era exatamente estilo o que lhe faltava ao executar os liederistas, pelo contrário, ela nuançava sempre com firmeza as diferenças nacionais e pessoais dos autores. Mas nunca pude evitar a sensação de que quando Elsie Houston criava o Lied, sempre sobrava alguma coisa nas canções que ficara por dizer. Talvez pureza mestiça brasileira e ainda com sangue norte-americano, havia em Elsie Houston uma malícia ingênita. E porisso eu gostava dela um pouco menos nos clássicos e alemães. A virtude de pureza, ela só alcançava nos momentos de êxtase ou de ardor violento.

O próprio timbre da voz dela era malicioso, coleante, evasivo que nem flauta. Um timbre de cor fria, exatamente do que em pintura chamam assim, e que não significa ausência das volúpias mais acariciantes, sensualidades agudas, nem siquer ignorância da paixão. Esta, Elsie Houston tinha até demais e foi o que a matou. Ela era grande, tinha um corpo novo. Corpo forte mas nervoso, em que a gente percebia a todo instante a violência irrompente das feras de jaula. E a inteligência foi a melhor das suas jaulas, a que lhe deu sua grande utilidade e os momentos mais felizes do seu temperamento ardente.

A sua dedicação mais fecunda foi ela ter se posto ao serviço do canto nacional. Elsie Houston possuía um conhecimento da nossa música popular pelo menos bem mais largo e menos regional que o dos nossos compositores. E muito abalizado, como provam os *Chants Populaires du Brésil*, onde são poucos os enganos e nenhum de importância grave. Mas como esses cantos lindos, deturpados pela deficiência da grafia musical europeia, ficam longe da maneira com que Elsie Houston os cantava!

O problema da dicção se impôs desde logo. Mas Elsie Houston soube resolver problema tão imprescindível quanto complexo, com perfeição inesperada. É ouvir os discos que ela deixou. Hoje é uma vergonha a maneira com que os nossos cantores cantam em nossa língua. Hoje aí estão as normas fixadas pelo Congresso da Língua Nacional Cantada, que foram postas à prova pelo Coral Paulistano. Foi esse o único momento em que se pronunciou bem, no canto nacional. A inteligibilidade dos textos era a maior possível, a riqueza das vogais, dos ditongos. E como verdadeiro dom da graça, uma familiaridade confortável mas grave e nobre porque cultivada.

Elsie Houston não tinha no seu tempo umas normas que a guiassem. Guiou-se pela inteligência e pela observação. E os discos que felizmente ela deixou provam bem a felicidade das suas soluções, tendendo sempre para a dignificação erudita, percebendo com fineza os entretons das vogais, e sempre com muito gosto nas suas concessões caracterizadoras à pronúncia popular.

Corolariamente Elsie Houston se dedicava a revelar as canções de Villa-Lobos. Nem sempre os dois viviam em bons termos de amizade, mas já se viu dois seres "temperamentais" como eles, viverem sempre naquela paz? Porém Elsie Houston colocava a música de Villa-Lobos acima de Villa-Lobos. E não só ela contribuiu, num momento de luta, para impor os cantos dele, como é possível lembrar o que Villa-Lobos aprendeu escutando ela cantar. Eu o surpreendi devorando os cantos brasileiros de Elsie Houston, mas com uma avidez de fera de jaula.

Depois, sem abandonar o canto, Elsie Houston teve outra paixão, uma paixão política eruptiva, que a avermelhava de cóleras traidoras, a deixando menos atraente, nada passionária, porque ela era cem por cento mulher. Elsie Houston voltara da Europa assim, vinha casada e se dizia emancipada. Manuel Bandeira conta que a encontrou em plena avenida Rio Branco, tão exigente de suas liberdades que pronunciava inconveniências em voz alta, para se exemplificar. Mas o poeta não quis saber. Comigo se deu um desencontro meramente postiço de ideias, um dos passos mais cruéis de minha vida em que Elsie Houston me destroçou, usando as lustrosas palavras.

E as nossas relações esfriaram a um mínimo de "música ao longe". Foram os milhores concertos que ela deu em São Paulo, os dessa temporada. A técnica estava em dia, o ideal também. Teve momentos miraculosos em que ela se mostrou verdadeiramente uma grande cantora. Havia uma dor, uma pressa, havia uma insatisfação generosa no seu espírito, não sei, Elsie Houston parecia querer provar a verdade das suas ideias políticas através das outras paixões que os cantos choram. Mas sempre a inteligência dominava ainda, impondo estilos, aprofundando o ardor, e foi maravilhoso.

Depois de nova ausência, Elsie Houston apareceu em São Paulo creio que pela última vez. Estava mais condescendente com as ideias alheias, mas a vida a apaixonava por demais, não lhe permitindo no momento a disciplina que o canto exige. Estava irregular, um dos seus recitais foi quasi fraco, embora ela ainda fosse a mesma intérprete inexcedível do canto brasileiro.

Que diferença a exaltou sempre entre as cantoras do nosso folclore! Esse timbre impregnado da seiva perigosa da mestiça, a incomparável caracterização rítmica, a eterna presença controladora da artista cultivada incapaz de concessões ao cômico falso, ao ingênuo, falsíssimo, ao cafajestismo repulsivo de certas cantoras "folcloristas" da terra, davam o mesmo nível de arte à Pomba-Rola e a Ravel, ao "Barão da Bahia" e a Mussorgsqui. O estilo é que mudava, o nível não. Era a virtuosidade em seu milhor sentido, em seu único sentido legítimo, a serviço das revelações.

Elsie Houston partira sem me deixar sequer uma palavra de adeus. Dessa vez ela me procurou e retomamos as nossas conversas. Mas eu estava muito ferido ainda. Perdoar não perdoava, mas sinceramente pretendia esquecer. Só que o momento se apresentou sem ser chamado, e a maltratei num bote horrível, inesperado, bote de fera de jaula. Elsie Houston ficou atônita com o que lhe falei. Acho que nunca me perdoou, porque nem ela nem eu éramos gente de perdoar. Mas estávamos quites. E tomamos o partido de ir jantar juntos.

Fomos num restaurante caro da cidade. Elsie Houston gostava do caro quando este era possível e naquele momento era possível. Depois, descera uma noite de meia-estação, bem paulista, recatada e tão confidencial, que nos fomos por aí, braço dado, inventando caminho. Os transeuntes do Parque Pedro ii nos classificavam errado e continuavam seu destino engulindo seco. Elsie Houston fazia projetos norte-americanos. O Teatro de Experiência, de Flávio de Carvalho, despertava nela delírios teatrais com dólares. Havia luares sinistros, o mugido guaiado duma cuíca, e Elsie Houston surgia cantando de filha de Ogum.

— Elsie, eu dizia, mas como que você conseguiu realizar essa transposição, ao mesmo tempo cheia de caráter e tão estética, dos jeitos de ritmar dos cantadores?

— Fazendo o contrário do que Villa-Lobos me ensinava. Às vezes eu imagino que trabalhei menos em transpor a gente do povo que escutei, do que me aplicando em contradizer as ideias do Villa.

— Você é contra o Villa?

— Eu adoro a música do Villa, o Villa é que se esquece da música dele, quando principia falando.

— Mas qual é a teoria do Villa?

— Ele lá tem teoria! mas garante que o cantador se move estritamente dentro do compasso.

— Eu sei. Já ouvi ele dizer isso, jurando que é possível grafar todo e qualquer ritmo. Veja os "Choros" n. 5.

— Não seja idiota, Mário! então você acha que a execução estrita da grafia rítmica do Villa pode dar o movimento, eu falo movimento hein! da "Alma Brasileira"! Ainda mais no canto, com os portentos e as pausas da voz!

— Eu não acho nada não, Elsie, se acalme! Estou é querendo saber.

Ela se acalmou fácil. Como que se desculpou:

— É que eu tenho trabalhado muito nisso, mas desque eu pretendo organizar o que pratico dentro dumas regras...

— Uma teoria.

— Uma teoria. (Me olhou irritada). Mas desanimo. Parece que só é possível resolver caso por caso. O melhor é ter isso no sangue.

— Não concordo. Em arte, tenho horror a essa espontaneidade falsa, derivada dos instintos.

— Eu também. Mas você não percebe a diferença entre as orquestras do Rio e São Paulo? A de São Paulo agora é superior, mas assim que executa uma obra nacional, fica dura, de ritmo áspero, ao passo que a do Rio logo adquire caráter, cor. Lá os músicos são cariocas, são nordestinos, vivem na volta do samba. Aqui são filhos de italianos, alemães, judeus, gente que em vez de sentir ritmo no corpo, marca compasso com o pé.

Eu ri, me inclinando no parapeito da ponte. Elsie Houston, bem erguida dava as costas ao rio, se apoiando no parapeito com as mãos para trás. Principiou cantarolando o "Jurupanã". O corpo dela ondulava com uma graça livre, mandado pelo canto verdadeiro. Mas assim reclinado, eu não enxergava bem a cabeça que cantava escondida na noite, porque a ponte não tinha iluminação.

Agora Elsie Houston morreu. Era moça ainda, podia fazer tanta coisa... Mas o seu jeito apaixonado de viver, a levou.

J.C. // COMENTÁRIO

A Importância do Canto

O problema da interpretação é crucial e constante nas preocupações musicais de Mário de Andrade. Não só porque desde cedo ele exercera a atividade de crítico de concertos, recitais e óperas nos jornais (o primeiro texto desse gênero, de sua autoria, que pudemos encontrar foi publicado no *Jornal do Commercio* em 11 de setembro de 1915), mas sobretudo porque, atento aos aspectos elevados de uma estética musical – que se associavam ao princípio da constituição e divulgação da música brasileira –, ele atribuía ao intérprete uma responsabilidade fundamental. Como para o compositor, trata-se de uma responsabilidade de ordem moral, que se revela, no intérprete, ainda mais frágil e vulnerável. Pois este último, diante dos aplausos, pode ceder às facilidades que os provocam e aumentam. A consagração de si, a vaidade individual são tentações fortes diante do rigor e austeridade exigidos pela arte. "Seres pouco racionais", dirá ele em "Concursos", outro dos textos de *Mundo Musical*.

Ora, a vocação sacrifical que percorre a obra de Mário de Andrade o faz exasperar-se contra isso. Ele exige do artista – e do intérprete em particular – uma atitude de humildade diante de sua tarefa. No caso do intérprete brasileiro, a consciência e as atividades em favor de uma arte nacional são, para Mário de Andrade, uma exigência de base. E, dentre os intérpretes, nenhum o interessou tanto quanto os cantores.

Há pelo menos duas razões para isso. A questão da semântica musical, que já vimos surgir de modo tão importante nos textos consagrados a Debussy, é uma constante desde sempre presente em seu pensamento. Nela se incorporam as reflexões fundamentais sobre as relações entre texto e som musical. De "Terapêutica Musical" a estudos como os que realizou sobre a *Fosca*, de Carlos Gomes[1], além das notações às margens de partituras (como em *Tristão e Isolda* e *Lo Schiavo*)[2], as questões da semântica musical, vinculadas à relação palavra-música, tomam grande relevo.

1. Mário de Andrade, "Fosca", 1936.
2. Conservadas no Instituto de Estudos Brasileiros da Universidade de São Paulo (IEB-USP), acervo Mário de Andrade. Ver também Jorge Coli, "Mário de Andrade, 1972.

A segunda razão é a de que o canto traz consigo, de maneira imediata, o problema da música nacional. A adequação da prosódia brasileira à expressão musical, a pronúncia no cantar (que carrega consigo a ideia da formação de uma escola de canto nacional) são objetos de estudos seus de primeira grandeza: "Os Compositores e a Língua Nacional" e "A Pronúncia Cantada e o Problema do Nasal Brasileiro através dos Discos"[3], ambos apresentados no Primeiro Congresso da Língua Nacional Cantada, realizado em São Paulo, em 1938. Notar-se-á que Mário de Andrade, então diretor do Departamento de Cultura de São Paulo, foi o promotor desse congresso, de vocação fundamentalmente normativa. Tal manifestação, ampla, oficial, de repercussão e ambições consideráveis, a única no gênero projetada e realizada por seu autor, estava voltada inteiramente para as questões do canto nacional.

Elsie Houston

Neste quadro, a figura de Elsie Houston e o artigo a ela consagrado tomam grande destaque. Antes de tudo, o texto se constitui como uma evocação emocionada. Elsie Houston se suicidara no dia 20 de fevereiro de 1943, em Nova York. Sérgio Milliet também se lembrou da cantora em seu *Diário Crítico*, num texto curioso, datado de 28 de março de 1943:

> Para mim, Elsie tinha dois "handicaps" graves: ser séria demais dentro de um gênero que só agrada quando crivado de concessões ao "music-hall"; e ser mestiça. A vida lhe foi dura em Nova Iork. Enquanto outras, mais superficiais, conquistavam as plateias e os ouvintes da "broadcasting", Houston não encontrava suficiente popularidade.
>
> Sem dinheiro, sem amigos, e sobretudo sem glória, mergulhou nesse terrível "spleen" que paira como uma neblina pesada sobre as cidades monstruosas da América, esse "spleen" envolvente, deprimente, sufocante, que destrói os mais fortes, que corrói as determinações mais firmes.
>
> [...]

---

3. Os trabalhos foram originalmente publicados nos *Anais do Primeiro Congresso da Língua Nacional Cantada*, 1939, e depois reeditados em Mário de Andrade, *Aspectos da Música Brasileira*, 1965.

Dentro da padronização de espírito e de costumes das grandes cidades norte-americanas, de sapatos, roupa, comida e piadas sob medida, os corpos estranhos são logo isolados e expedidos. Ou se adapta o indivíduo ao sentir da grande massa, ou se esmaga de encontro a uma indiferença pior do que qualquer hostilidade. Porque a hostilidade é ainda uma forma de contato.

[...]

Essa grande artista que certo funcionário do Patrimônio Histórico e Artístico Nacional dizia ser preciso "desapropriar", desapareceu no momento em que mais necessitávamos dela, no momento em que a música popular brasileira se contamina da malária cinematográfica e radiofônica[4].

A voz de Elsie Houston era pouco adequada para as exigências da ópera ("não possuía órgão vocal de primeira ordem", escreveu Vasco Mariz)[5]. Consagra essencialmente sua carreira à canção, certamente autorizada por essa inteligência que Mário de Andrade sublinha ("possuía técnica larga, auxiliada por uma inteligência excepcional em gente do canto", p. 103). Trata-se, naturalmente, da canção de câmara, gênero que é, com efeito, mais ingrato, no que concerne à popularidade, do que a ópera, e muito mais, certamente, do que a canção radiofônica, para seguirmos o raciocínio de Sérgio Milliet. Na oposição que encontramos entre uma cultura "de elite" e outra "de massa" (com perdão pelos abomináveis epítetos), presentes, de modo tácito, no texto de Milliet, Elsie Houston pode efetivamente aparecer como um exemplo singular, voltada como era para a pesquisa das fontes folclóricas, para a reelaboração musical dessas fontes, para a interpretação delas.

Elsie Houston, "carioca, filha de norte-americano e brasileira", como Mário de Andrade a apresenta em 1938[6], nascera em 1902. Seus estudos haviam começado no Brasil, com Stella Parodi, e aperfeiçoara-se depois na Europa com duas das maiores cantoras de todos os tempos: Lilli Lehmann, em 1923, e Ninon Vallin, em 1925 e 1927. As duas mestras não eram somente grandes "divas" da ópera: eram também notáveis intérpretes da música de câmara e encarnavam a grande tradição do canto alemão e francês. Lehmann, como é sabido, possuía um

4. Sérgio Milliet, *Diário Crítico*, 1981, pp. 107-108.
5. Vasco Mariz, *A Canção Brasileira*, 1995, p. 306.
6. Mário de Andrade, "A Pronúncia Cantada e o Problema do Nasal Brasileiro através dos Discos", 1965, p. 196).

vastíssimo repertório, talvez o mais amplo de toda a história do canto, que ia de Mozart a Wagner (ela cantou em Bayreuth desde a inauguração do Festival, em 1876), e suas interpretações de câmara são lendárias. Vallin era também célebre por seus papéis operísticos (Manon, Thais), por notáveis interpretações de cantatas, oratórias e música de concerto (a criação de *Le martyre de Saint Sebastien*, de Debussy, o *Requiem*, de Fauré, *La damnation de Faust*, de Berlioz). Suas interpretações de música de câmara não são menos históricas: basta lembrar que Debussy, em 1914, a escolheu para a primeira audição mundial de *Les trois poèmes de Stéphane Mallarmé*.

Em 1922, Elsie Houston conhece Luciano Gallet no Rio de Janeiro. Ela se torna certamente a mais brilhante intérprete desse compositor e, com ele, se interessa pelas fontes folclóricas. É o momento em que cria "Ai Que Coração", "A Perdiz Piou no Campo", "Bambalelê", "Taieras", entre outras melodias harmonizadas por Gallet. Desse modo, mesmo antes do seu primeiro contato pessoal com Mário de Andrade – que se dá nos fins dos anos 1920 –, Elsie Houston já se interessara seriamente pela canção brasileira, que comporia o essencial de muitos de seus recitais dados na Europa e nos Estados Unidos.

À musicista acrescenta-se a musicóloga. Os *Chants populaires du Brésil* (citados por Mário de Andrade no texto de *Mundo Musical*, p. 104), editados em Paris, em 1930, e o ensaio "La musique, la danse et les céremonies populaires du Brésil", publicado também em Paris, em 1931, dentro da obra *Art populaire* (anais do Primeiro Congresso Internacional das Artes Populares, em Praga, 1928), são trabalhos seus "abalizados", para empregar o termo de Mário de Andrade.

É possível termos uma ideia de sua arte, pois deixou algumas gravações cuja ausência de reedições é hoje uma lacuna considerável nos catálogos fonográficos brasileiros. Mário de Andrade possuía em sua discoteca as seguintes interpretações da cantora: "Aribu" – coco do Norte; "Eh! Jurupanã" – coco do Norte; "Puxa o Melão, Sabiá" – canção pernambucana; "Coco Dendê Trapiá" – coco do Norte; "Ai Sabiá da Mata" – coco do Norte; "O Barão da Bahia"; "Cadê Minha Pomba-Rola". A audição dessas peças revela um timbre de uma beleza incomum, mas, além disso, uma sutilíssima arte do canto. Isso, no entanto, sem que nenhum cacoete de afetação venha intervir numa concepção de elevado bom gosto, mas que é, ao mesmo tempo, "solta"; à vontade nos ritmos, no fraseado livre dado pelos acompanhadores, sempre conjuntos populares de grande verve (as etiquetas dos discos trazem os nomes de cada um dos intérpretes: Gaó, Zézinho, Jonas, Chaves...). A impressão é de uma espécie de milagre de síntese entre o espírito popular e a mais requintada arte do canto, tal como foi produzida pela grande cultura do Ocidente. Um momento de perfeita resolução, no interior desse projeto que perpassou por toda a nossa modernidade: o de incorporar as formas populares no registro da alta cultura internacional.

Elsie Houston era também uma artista "moderna", naturalmente. Sempre esteve ligada aos meios de vanguarda europeus e estadunidenses. Terminou por casar-se com Benjamin Péret. Mário de Andrade assinala a transformação de seu comportamento depois do enlace: "Elsie Houston voltara da Europa assim, vinha casada e se dizia emancipada" (p. 104).

Os Polos Opostos

Já pudemos assinalar a oposição perfeita que existe, no interior do pensamento de Mário de Andrade, entre Elsie Houston e Siomara Ponga[7]. Mas vale desenvolvê-la, pois, confrontada com o personagem de ficção que é Siomara Ponga, Elsie Houston se torna um símbolo e um paradigma. O cotejo dos dois textos – onde emergem as duas cantoras – mostra o quanto essas oposições são precisas, iluminando e dando relevo aos dois personagens.

Siomara Ponga é um dos cinco seres que Mário de Andrade criou em seu apólogo *O Banquete*, publicado nesse mesmo rodapé de *Mundo Musical*. Ela é grande cantora; possui – como Elsie – inteligência musical, excelente técnica e estilo requintado. Sabia também que uma arte elevada exige sacrifícios do artista: "conhecia muito suficientemente a história e o mundo das artes, pra reconhecer como era baixo e indecente o academismo de todas elas. Baixo por fazer das artes uma indústria reles"[8].

Apesar disso, Siomara tornou-se escrava de sua vaidade:

Mas [a vaidade] de Siomara era inconcebível, justamente porque a cultura que alcançara a deveria levar a esse processo de superação da vaidade, de

7. Jorge Coli e Luiz Dantas, "Sobre o Banquete", 1977, pp. 25-26.
8. Mário de Andrade, *O Banquete*, 1977, p. 50.

dignificação da vaidade, que a fecunda e transforma num orgulho mais útil. Como a dos virtuosos que se dedicam sistematicamente à educação de seu público ou dos que travam batalha pela música de seu tempo[9].

Elsie Houston, ao contrário, "conseguia vencer as vaidades" (p. 103), anuncia Mário de Andrade logo no começo do artigo. Vaidade, ameaça congênita ao ser artista – "Não se pode falar que a vaidade de Siomara Ponga era exclusivamente dela; todos os artistas são também monstros pela vaidade"[10] – dominada, "fecundada", no canto de Elsie, por inteligência excepcional, que lhe dava consciência plena de seus meios vocais e controle dos excessos de um temperamento apaixonado (p. 103).

Siomara recusara-se à música de seu tempo e à música de seu país.

Uns tempos ainda, Siomara Ponga tentou. Porém as fonéticas e as impostações de apito germânico, as nasalações francesas, os grupos consonantais italianos, tudo isso ela aprendera muito bem, mas com professores alemães, franceses, italianos. Pegou nas regras da pronúncia cantada propostas pelo Departamento de Cultura de São Paulo, e que, com poucas modificações indicadas por maior experimentação e cultivo, forneceriam um bel canto em língua nacional, tão, digamos, tão antropogeográfico como os europeus. Mas tudo isso exigia tanto trabalho novo, tantas experiências, adquirir técnicas novas. E demais a mais, ela cantava tão pouco em língua nacional...[11]

Elsie Houston também tivera a tríplice formação das principais escolas de canto: italiana, com Stella Parodi; francesa, com Ninon Vallin; germânica, com Lilli Lehmann. Mas Elsie Houston não se contentara com esse aprendizado, transpondo-o tecnicamente para o canto brasileiro. Bem ao contrário, soubera construir uma dicção específica a esse cantar, e com mérito maior, pois o fizera antes ("é a única que de fato canta em brasileiro já", diz Mário de Andrade em 1930, p. 122) da aparição das normas fixadas pelo Congresso da Língua Nacional Cantada: exatamente o inverso de Siomara Ponga. Aliás, na comunicação de Mário de Andrade "A Pronúncia Cantada e o Problema do

9. *Idem, ibidem.*
10. *Idem,* pp. 50-51.
11. Mário de Andrade, "A Pronúncia Cantada e o Problema do Nasal Brasileiro através dos Discos", 1965,", *op. cit.*, p. 126.

// COMENTÁRIO   // 113

Nasal Brasileiro através dos Discos", Elsie Houston é frequentemente tomada como modelo. E o testemunho de suas gravações nos oferece uma claríssima pronúncia, que não busca os sotaques particulares, regionais (o que produziria uma insuportável caricatura), e que não se deixa ir ao sabor de uma improvisação assistemática. Sem afetação, faz com que as frases adquiram uma dinâmica, construída de especificidades próprias à língua falada no Brasil.

Apenas em seu timbre – que no artigo de *Mundo Musical* Mário de Andrade caracteriza como "malicioso, coleante, evasivo que nem flauta [...] de cor fria [...] e que não significa ausência das volúpias mais acariciantes, sensualidades agudas, nem siquer ignorância da paixão" (p. 103) – Elsie Houston parece pouco "brasileira" (ela não podia, evidentemente, nada contra isso): "não apresenta evidência nacional, embora se afaste das 'timbrações europeias'"[12]. Ela, segundo Mário de Andrade, teria um timbre afro-ianque próximo do timbre de Marian Anderson, um pouco diverso do timbre afro-brasileiro.

A preguiça de Siomara Ponga, seu conformismo intelectual, são o contrário das atividades de musicóloga de Elsie Houston, a quem Mário de Andrade tece um elogio no artigo: "A sua dedicação mais fecunda foi ela ter se posto ao serviço do canto nacional. Elsie Houston possuía um conhecimento da nossa música popular pelo menos bem mais largo e menos regional que o dos nossos compositores" (p. 104).

Enfim, se Elsie Houston tinha um repertório em várias línguas, não era como Siomara Ponga, que cantava tão pouco em língua nacional. Ao contrário, fazia do cantar brasileiro o essencial de seus recitais. E se Siomara Ponga representa o "desvirtuamento" do virtuose, "ela, apenas como a maioria infinita dos virtuoses internacionais, não fizera mais que disvirtuar sua sublime predestinação [...] jamais se propusera com lealdade que a arte não quer dizer bem-feito, mas fazer melhor"[13].

Elsie Houston era "a virtuosidade em seu milhor sentido, em seu único sentido legítimo, a serviço das revelações" (p. 105).

Mário de Andrade muito provavelmente inspirou-se em vários modelos reais para formar os traços de Siomara Ponga. Elsie Houston deve ter sido, no entanto, o modelo maior, modelo que lhe forneceu o "positivo", do qual ele extraiu o "negativo" Siomara.

---

12. Mário de Andrade, *O Banquete*, 1977, p. 53.
13. *Idem, ibidem.*

Elsie Houston e
Germaninha Bittencourt

O artigo de *Mundo Musical* não revela apenas uma Elsie Houston artista. Mário de Andrade, comovidamente, retraça o afeto que os unia numa relação por vezes tempestuosa, e faz emergir uma Elsie Houston humana, apaixonada, temperamental e amiga.

E aqui outro paralelo se impõe. Houve, no pensar e no sentir de Mário de Andrade, outra cantora que fortemente o marcou: Germaninha Bittencourt. A ela também dedica um artigo emocionado de homenagem póstuma, datado de 1931[14].

Algumas passagens desses dois artigos, escritos com doze anos de intervalo, se respondem de modo espantoso. Por exemplo, o passeio do autor e da amiga pela pauliceia:

[Germaninha Bittencourt]
Me lembro muito bem da primeira vez em que nos encontramos. Fomos descendo pela rua Quinze, ela fumando. E ornamentava tão escandalosamente toda a rua, que ninguém não passava sem mirá-la, voltar o rosto, imaginando. Estavam todos enganados, e Germaninha se preocupava apenas com o concerto que viera dar aqui[15].

[Elsie Houston]
Depois, descera uma noite de meia-estação, bem paulista, recatada e tão confidencial, que nos fomos por aí, braço dado, inventando caminho. Os transeuntes do Parque Pedro II nos classificavam errado e continuavam seu destino engulindo seco (pp. 105-106).

Como num espelho, o passeio afetuoso e cúmplice se repete. E volta também, como num eco, um mesmo traço de caráter: afirmar a emancipação feminina pelo comportamento em público.

[Germaninha Bittencourt]
Timbrava em conservar uma independência masculina, que era bastante teatralizada naquele tempo. Como todas as mocinhas burguesas que con-

---

14. Mário de Andrade, "Germaninha Bittencourt", in *Música, Doce Música*, 1963, pp. 188, 190.
15. *Idem*, p. 188.

quistam um bocado de liberdade mas perseveram de alma sacré-coeur, ela confundia bastante independência e desperdício de si mesma[16].

Elsie Houston voltara da Europa assim, vinha casada e se dizia emancipada. Manuel Bandeira conta que a encontrou em plena avenida Rio Branco, tão exigente de suas liberdades que pronunciava inconveniências em voz alta, para se exemplificar. Mas o poeta não quis saber (pp. 104-105).

Mário de Andrade constata ainda os momentos de fraqueza artística – os momentos em que a vida leva a melhor sobre a disciplina e sobre o trabalho, afetando a voz e a interpretação:

[Elsie Houston]
[...] a vida a apaixonava por demais, não lhe permitindo no momento a disciplina que o canto exige. Estava irregular, um dos seus recitais foi quasi fraco, embora ela ainda fosse a mesma intérprete inexcedível do canto brasileiro. (p. 105).

[Germaninha Bittencourt]
E pude reparar que ela cantava mesmo bem, com espírito, com timbre cheio nos graves, quando a distância dos jantares, da fuma e do seu cálice de Madeira R., deixavam Germaninha entregue a seu próprio valor[17].

Outro ponto de convergência, menos episódico e mais essencial, é o fato de que ambas se consagraram muito à divulgação da música brasileira. Já vimos o quanto Elsie Houston se dedicou à interpretação de nosso repertório. Eis aqui, na descrição de um recital de Germaninha Bittencourt, essa mesma atitude:

E foi uma noite curiosíssima em que nós, os amigos dela, oscilamos entre o divertimento e a inquietação. Era difícil imaginar naquele tempo como o público receberia um programa realmente bom, com habaneras abrasileiradas do Império, peças afro-brasileiras dadas em toda sua crueza folclórica, e, creio que pela primeira vez no Brasil, cantos indígenas tal qual registrados[18].

16. *Idem, ibidem.*
17. *Idem*, p. 189.
18. *Idem, ibidem.*

Mas não existem apenas semelhanças: uma cantora não se reduz à outra.

Primeiro, há a fragilidade de Germaninha, humana e vocal, bem distinta dessa Elsie Houston, várias vezes comparada a "uma fera", e cujo temperamento forte e fogoso se manifesta na solidez da voz e da arte. Em seguida, Elsie Houston é descrita como uma grande profissional, que dominava perfeitamente sua técnica vocal, enquanto Germaninha Bittencourt é vista quase como uma amadora, cheia de encanto, mas de possibilidades artísticas não muito amplas, e a quem o rigor musicológico por vezes faz falta.

Oneyda Alvarenga conta um episódio que traz o testemunho dessa ausência de rigor, e que provavelmente deve ter exasperado Mário de Andrade:

> Sabemos apenas que o "Ensaio" contém um erro, várias vezes mencionado por Mário de Andrade: está completamente deturpado o ritmo da melodia "Prenda Minha", recolhida por Germana Bittencourt. Embora sem denunciar a fonte do erro, Mário de Andrade deixou escrita uma informação sobre o caso nessa ficha bibliográfica sobre o "Ensaio" [...] Só o documento "Prenda Minha" é ritmicamente falso, e está ritmicamente certo na harmonização que dessa toada fez Ernâni Braga[19].

Os dois personagens podem divergir, mas não se opõem. Nas duas há musicalidade e também vontade de impor um repertório novo, brasileiro. Há também as vidas apaixonadas, a presença humana, ao mesmo tempo calorosa e excessiva.

Da Notação à Inteligência Musical

Mário de Andrade, em seu texto de *Mundo Musical*, reconstitui um diálogo que teve com Elsie Houston. Esse diálogo pode ser datado de 1933 aproximadamente, pois há ali referência a Flávio de Carvalho (p. 106) e ao "Teatro da Experiência", instalado em 1933 no Clube dos Artistas

---

19. Oneyda Alvarenga, "Explicação", 1962, s.p.

Modernos, onde se dera a representação do *Bailado do Deus Morto*, logo proibido pela polícia.

Além da referência a Flávio de Carvalho, existe no diálogo uma discussão aprofundada sobre Villa-Lobos. Mário de Andrade afirma que o compositor aprendera muito escutando o canto de Elsie Houston (p. 106), e entre os dois músicos uma amizade fecunda, embora não isenta de conflitos, estabelecera-se. Várias obras de Villa-Lobos foram dedicadas à cantora (entre outras, a harmonização feita para "Viola Quebrada", modinha cuja melodia e letra foram compostas por Mário de Andrade). Por sua vez, a cantora divulgara com fidelidade e constância as melodias do compositor.

No diálogo, entretanto, uma opinião precisa de Villa-Lobos sobre a notação dos cantores populares é objeto de polêmica. Mário de Andrade, lembrando o trabalho de Elsie Houston nos *Chants populaires du Brésil*, assinala: "Mas como esses cantos lindos, deturpados pela deficiência da grafia musical europeia, ficam longe da maneira com que Elsie Houston os cantava!" (p. 104).

Isto é, a grafia convencional parece insuficiente; somente a interpretação de Elsie Houston acrescentava a "verdade" no seu cantar elaborado. Mas, ainda assim, seu trabalho musicológico é, para Mário de Andrade, de grande rigor, e é pelo elogio que o diálogo se inicia: "Elsie, eu dizia, mas como que você conseguiu realizar essa transposição, ao mesmo tempo cheia de caráter e tão estética, dos jeitos de ritmar dos cantadores?" (p. 106).

Villa-Lobos, entretanto, "garante que o cantador se move estritamente dentro do compasso", jura "que é possível grafar todo e qualquer ritmo" (p. 106). E Elsie Houston protesta: "a execução estrita da grafia rítmica do Villa" (p. 106) não traduz o movimento dessas composições. Isso vem ao encontro das próprias opiniões de Mário, que já no *Ensaio sobre a Música Brasileira* – em 1928, portanto – mostra as dificuldades da notação do canto popular brasileiro, baseado em uma análise minuciosa da questão da síncopa nesses cantares.

A conclusão do diálogo é a oscilação entre o desejo de uma teoria, com a qual Elsie Houston sonha, e uma intuição, capaz de revelar aquilo que a notação musical foi insuficiente em incorporar. Assim, a Orquestra Sinfônica do Rio de Janeiro, "brasileira", sabe melhor – segundo Elsie Houston – exprimir o caráter "nacional" do ritmo, do que a orquestra de São Paulo, composta de "filhos de italianos, alemães, judeus, gente que em vez de sentir ritmo no corpo, marca compasso com o pé" (pp. 106-107).

Portanto, além das questões sobre música nacional e posição moral do artista, esse ponto traz um elemento que já se delineara no artigo sobre Claude Debussy e que, aqui, volta quase obsessivamente: a inteligência do artista. Mário de Andrade não está procedendo a uma definição desse conceito, mas seu pensamento solicita-o mais amiúde, e desse modo a noção tende a melhor se situar.

Já vimos que a música francesa lhe parece inteligente – isto é, consciente do seu próprio fazer. Isso pode levar a uma habilidade que evita os riscos – como fizera Debussy, refugiando-se em seu "paisagismo" e evitando as questões humanas; ou, em outro sentido, como fazia Elsie Houston, reconhecendo os limites de sua voz e compondo estrategicamente programas ou contornando dificuldades. Para o intérprete, a inteligência permite controlar os aspectos apaixonados e mesmo corpóreos de seu ser (p. 103), fazendo-os servir às suas intenções mais precisas. Assim, evidentemente, a inteligência da música não é o império da pura racionalidade, mas o domínio de si como um todo, *res cogitans et extensa*, saber (e fazer) ao mesmo tempo consciente e intuitivo.

De um modo significativo, a conclusão do diálogo referido se situa entre a teoria e uma sensibilidade intuitiva, "corpórea". As palavras atribuídas a Elsie Houston exprimem também o modo de pensar de Mário de Andrade, embora ele afirme ter "horror a essa espontaneidade falsa, derivada dos instintos" (p. 106). É que Mário de Andrade jamais esconde os elementos que contrariam uma posição excessivamente unívoca: o princípio das contradições internas respeitadas é constitutivo de seu modo de ser intelectual, e o diálogo aqui evocado reflete o vai e vem dessas contradições. Entretanto, no início do artigo, temos uma análise de ordem intuitiva, corporal, "de sangue", para apoiar sua preferência pelas interpretações que Elsie Houston fazia dos autores franceses e russos, assim como dos cantos populares, às que ela fazia dos *lieder*: "Talvez pureza mestiça brasileira e ainda com sangue norte-americano, havia em Elsie Houston uma malícia ingênita" (p. 103).

Assim, podemos apreender um Mário de Andrade às voltas com o problema da inteligência nas artes, sem solucioná-lo pela racionalidade teórica exclusiva nem pela intuição, mas entrevendo um equilíbrio entre as duas coisas, que ainda se configura aqui como informulável.

O Lugar de Elsie Houston

Como Nyi Erh, Elsie Houston encontra uma posição exemplar no pensamento de Mário de Andrade pelas qualidades artísticas e humanas. Com ela se delineia de modo mais preciso o poder dos textos de *Mundo Musical*, capazes de criar símbolos, que se dispõem em constelações no interior dos processos de pensamento que Mário de Andrade desenvolveu sobre a música. A recusa inicial do autor em tratar de "música viva" nos seus rodapés, sob o pretexto (certamente verdadeiro) do cansaço das polêmicas, faz com que o estudo do passado se transfigure em assuntos eleitos que cristalizam arquétipos. O pensamento se aprofunda, é nuançado, desenvolvendo-se e enriquecendo cada artigo, mas, ao mesmo tempo, cada artigo fixa personagens e questões que adquirem um forte relevo, causado pela reflexão que se amadurece.

// ANEXO

Mário de Andrade, "Elsie Houston"[1]

Elsie Houston nos proporcionou ontem um recital interessantíssimo como arte e caráter. O que não importava muito como boniteza de canto de câmara, com todo seu refinamento, importava pelo que nos indicava de original e desnorteantemente variado [na] criação musical de nossa gente.

Estava neste último caso a revelação dos cantos do Bumba meu boi nordestino, que é um tesouro de musicalidade nacional, enraizando-se no mais fundo de culturas velhíssimas, como o canto gregoriano, o árabe, o ibero, o africano. E apesar disso, tão original, tão novo e inesperado pela mistura de todos esses elementos, [e junção] a eles de uma cor nova, exclusivamente nossa. A ilustre cantora revelou os cantos do Bumba, na sua pureza e rudeza original, o que não deixou de prejudicá-los um bocado, pela formidável pressão ambiente. Carecia, imagino, transpô-los em arte pelo menos tanto quanto se os transpunha de local, pra que eles conservassem toda a vitalidade e o caráter. Além disso, tinham uma tessitura demasiado grave para a voz da cantora e a visível deficiência dos ensaios deu ao conjunto uma perplexidade improvisatória, que não deixou ainda de deslustrar obras populares em que a espontaneidade se tornou, por assim dizer, mais comoventemente espontânea, depois que a tradição os fixou no seu cadinho milenar. Apesar desses senões, poude-se perceber muito bem a importância desses cantos e a muitos deles Elsie Houston deu todo o espírito e movimento que requeriam.

Além dessa parte de interesse mais propriamente científico, o programa comportava uma série vasta de cantos populares da França, da Espanha e vários países da América, harmonizados por compositores eruditos. Afeiçoados portanto ao canto de câmara.

Nessa parte é que Elsie mostrou milhor toda a sua arte. Uma voz deliciosa, admiravelmente trabalhada e de que a cantora tira todo o partido possível. E pelos seus dotes naturais de graça, ritmo, sensualidade,

---

1. Artigo publicado no *Diário Nacional*, em 1930, não editado em livro. Conservamos as passagens riscadas pelo autor, mantendo-as entre colchetes.

e a inteligência cultivada com que interpreta, Elsie Houston consegue mesmo às vezes apresentar criações em que se torna inexcedível. Como no "Water Boy", por exemplo, em que não posso imaginar mais riqueza de [impressões] dramáticas. Ou a "Kurikinga" equatoriana e o delicioso acalanto pareci. "Enô, mococê ce-maka" em que Elsie Houston atinge momentos de deveras esplêndidos da sua arte.

Nos cantos brasileiros então Elsie Houston é um modelo. Riqueza e espontaneidade rítmica; variedade de cor, a cantora sabendo até com muita habilidade, dar aquela timbração branca e levada das mestiças, ou o nasal africano, ou a vibração europeia, tudo com uma distribuição adequadíssima pelos diversos cantos, conforme o fundo de origem deles. Quanto à dicção, nesta parte, pode-se afirmar que de todas as nossas cantoras de concerto, (falo de concerto de verdade e não das cantorinhas mais ou menos amadoras e mais ou menos amáveis), pode-se afirmar que Elsie Houston é a única que de fato canta em brasileiro já. A naturalidade da sua dicção é por si só uma qualidade excepcional de arte.

M. de A.

×

M.A. **//** # Esquerzo

// 17.6.1943

Si eu fosse escolher um intervalo harmônico para explicar as minhas relações intelectuais com o sr. Sérgio Milliet, relações que nada têm a ver com a amizade que nos liga, eu escolhia o intervalo de terça. Com efeito, vivemos sempre, tanto a terça como a nossa dupla, nas maiores oscilações da harmonia. Pitágoras xingou a terça de diafonia, e fez dela uma dissonância irremediável. Eis que os teóricos medievais principiaram percebendo a utilidade da terça pra bom andamento dos seus discantes, mas supersticiosos da terminologia pitagórica não sabiam o que fazer. Enfim chegou um e disse assim: "Não, gente. A terça é dissonância mesmo, como querem Pitágoras e Boécio, mas é uma "dissonância imperfeita e pode ser usada uma vez, de passagem". Mais um tempo, angústias novas, apareceu outro teórico e exclamou: "Que bobagem, minha gente! A terça é dissonância um (aqui ele pronunciou um palavrão, mas era em latim)! Se trata duma consonância imperfeita, podemos empregá-la até quatro vezes seguidas". Foi um alívio pra todos e nesse dia a música deu o pulo na Harmonia. E os teóricos desta acabaram considerando a terça uma consonância perfeita e reinou a paz em Varsóvia.

Ora, assim vivemos Sérgio Milliet e eu, acomodando o nosso intervalo intelectual, mais vezes em consonância perfeita, mais raro em dissonância pitagórica. Mas o intervalo que nos separa atualmente é bem difícil de classificar pra mim. Só inventando uma denominação nova, pois eu creio que se trata apenas duma "dissonância apressada".

É justamente um caso de terminologia de arte. No *Baile das Quatro Artes*, analisando a função da técnica, pra esclarecimento dos meus estudos eu dividi (e divido) a técnica em três manifestações: o artesanato, as diferentes técnicas históricas e a técnica pessoal. Ora Sérgio Milliet me acusa disso porque "já existe suficiente confusão na terminologia artística para que não se sujeitem os críticos às definições *aceitas até hoje por todos*". Agora cito a preleção em que ele decreta o significado de técnica (em geral): "Técnica, ele diz em definição aspeada, é a parte material ou o conjunto de processos de uma arte". Aceito pra não obstruir. Sérgio Milliet continua: "Quando a técnica se torna pessoal, ou por não ter sido aprendida mas inventada, ou por ter sido modificada, estamos diante do *estilo*, o qual é inerente à personalidade do artista. O que não impede a possível transmissão a outrem, a imitação, a vulgarização, a transformação em técnica". Portanto: o que eu chamei de "técnica pessoal" é o que "até hoje por todos" se chama "estilo". E quando um estilo se generaliza, se transforma em técnica.

Ora muito que bem. Mas se eu pego no Alain que está aqui perto, encontro: "De todas as artes do tempo, talvez seja a música a que melhor conserva o que se chama estilo". Aceita Sérgio Milliet essa frase, diante da definição universal e eterna que ele decretou para estilo? E se pego em livro mais sistemático, *Perception and Aesthetic Value* de H. N. Lee, este professor de filosofia da Tulane University, me principia logo afirmando que "a palavra estilo vem sendo usada em várias acepções". E suspeitando a dissonância futura entre dois brasileiros, comenta: "Se o artista percebe as coisas intensa e individualmente, e de maneira característica, isto se refletirá numa maneira característica de *handling of technique* (exato o que chamo de técnica pessoal e Sérgio Milliet de estilo). Este *handling of technique* é muitas vezes chamado estilo, mas que não é a essência mesma do estilo se prova quando dois artistas caem nos mesmos processos técnicos (*habits of technique*) [...] Não se consegue estilo pela manipulação técnica só. Ele só é alcançado quando a gente completa um jeito característico de percepção das coisas". Nem comento. Mas as "várias acepções" de Lee, me lembraram consultar o dicionário filosófico de Lalande, onde encontro, só referentes a arte, três acepções da palavra, além das extensões dela. Onde ficou o decreto aceito "até hoje por todos"?

Agora brinquemos um bocado. A horas tantas no seu artigo, Sérgio Milliet transcreve um trecho meu, com este comentário: "para que todos gozem o *estilo* gostoso, a *técnica*, na opinião do autor". Macacos me lambam se isto não é dar rasteira no pensamento de alguém. Onde nunca eu disse que técnica (aliás, pessoal) e estilo são a mesma coisa! Quem o decretou foi Sérgio Milliet, a sinonímia é dele! De resto a troca ficou tão tola, que Sérgio Milliet que descalce a bota que fabricou. Pois façamos mais trocas, segundo a opinião do autor (Sérgio Milliet). Eis uma, donairosa. Reconhecendo que não foi Fídias o autor total do Partenon, mas um grupo de artistas que estavam dentro dum mesmo espírito estético, Deonna conclui: "Em vez de dizer estilo de Fídias, deve-se falar em estilo do Partenon". Se Sérgio Milliet fosse traduzir a frase conforme a sua terminologia (pessoal?) em que estilo generalizado vira técnica, teríamos: "Ao invés de dizer estilo de Fídias, deve-se falar em técnica do Partenon". E de fato, o absurdo dum estilo generalizado se transformar em técnico, ressalta dos estilos históricos. Não é possível considerar o estilo da Renascença como técnica da Renascença, nem o estilo luís-quinze como técnica luís-quinze.

Quando eu me utilizei da expressão "técnica pessoal" e a conceituei como "objetivação, concretização de uma verdade (sic) interior do artista", estava muito consciente, como professor que era, de que não devia cair no confusionismo de que Sérgio Milliet me acusa e em que não sei quem caiu. Na obra de arte não se reflete apenas o que o artista pode conhecer de si mesmo, nem apenas o que ele deseja ser, os seus "segredos, caprichos e imperativos" (conscientes), pra me citar numa enumeração que reconheço confusa. Enfim, na obra de arte não se reflete apenas a "verdade" interior do artista, mas também a sua fatalidade. A técnica pessoal é apenas uma parte, a parte analisável com provas objetivas, de um todo bem mais complexo que, este sim, eu chamo "estilo". Numa definição de Barrès, citada por Sérgio Milliet, o estilo é "le mouvement de l'âme, ses frémissements, ses hardiesses, son élan rendu sensible". Na de Séailles, idem, entram "a individualidade e o movimento do espírito". Na de Paulhan entram "a maneira pessoal de mostrar a realidade, de a traduzir ou de a criar, tendo o artista *também* (sic) uma técnica particular".

Foi isso justamente que eu quis evitar a estudantes que estavam aprendendo técnica de arte, numa aula inaugural que principia com a frase "A arte não se ensina": falar em estilo, que é coisa em que indiscutivelmente entram os "frêmitos da alma" (valsa), a "recriação pessoal da realidade", o "movimento do espírito" e outras vaguezas que ninguém nunca não aprendera, nem poderá trabalhar como objeto de estudo. Ao passo que a técnica pessoal é justamente um grande objeto de estudo. No ponto de *Pintores e Pinturas* em que cita Barrès, Sérgio

Milliet acha que o assunto não faz parte do estilo. Ora eu acho que, *grosso modo*, faz. Como conceber Beethoven musicando o *Barbeiro* ao invés do *Fidélio*? Como conceber Verdi compondo nove sinfonias? Com coros? E o paisagista Debussy, psicólogo da natureza, nos dá o exemplo típico do assunto participando do estilo quando, ao transpor em música "L'Après-midi d'un faune", manda à fava o monólogo imortal, manda o Fauno às urtigas, só pretendendo evocar, como afirma textualmente, "os ambientes sucessivos em que se movem os desejos e sonhos do fauno ao calor".

Sérgio Milliet garante que estilo vulgarizado se transforma em técnica. Eu nego. Se eu imitar o estilo de Stravinsqui ou de Picasso, eu serei apenas um imitador reles e até plagiário. Mas não há nada mais vulgarizado em nosso tempo que os elementos de técnica pessoal desses dois gênios pesquisadores. O "todo" estilo dá cópia e plágio; a "parte" técnica pessoal... pode dar aprendizado, absorção.

Brinquemos outra vez. Não é assustador que Sérgio Milliet negue a mim o direito de conceituar a terminologia de um corpo orgânico de ideias estéticas que venho me esforçando por obter? Ele não se irrogou o gozo de aplicar de maneira absolutamente inusitada a "marginalidade", só porque a carência de estudos sociológicos de arte, permite lançar "sem maior perigo, uma nova hipótese pelo menos curiosa"? Mas não pretendo abrir mais dissonância. Eu só vejo é dona Sociologia, coitada! tão nova ainda entre nós, tão necessitada de terminologia bem nítida, cantar ao seu filho dileto: "Perfido, oimè! como se berra nas óperas, cosa hai fatto della mia marginalità"!

Mas o que me parece definitivamente alucinante numa democracia, é que o grande ensaísta do "Roteiro do Café" me recuse a mim a obediência de usar as mesmíssimas palavras no mesmíssimo sentido em que ele as emprega também! Pois é. Abro "Fora de Forma" na pág. 134 e surpreendo: "O pintor (Fulano) vai criando a *sua própria técnica*, sem preconceitos, etc. Macacos me lambam se "sua própria técnica" não é a mesma coisa que "técnica pessoal". Tanto é que posso substituir uma por outra. Mas porque o autor não empregou "estilo", evitando as confusões de que me acusa? É porque dessa vez, a sensibilidade verbal dele percebeu a tempo que se tratava dum gato, e não dum coelho, como ele acha que eu, às vezes, não percebo, e que se o artista já estava adquirindo uma "técnica pessoal", ainda não estava francamente se definindo como "estilo".

Mas há mais. É quanto à palavra "artesanato" que, franqueza, acho pueril discutir. A conceituei para meu uso e era o suficiente. Pois se pego em *Pintores e Pinturas*, logo a pág. 13 dá risada: "A tese de Braque é a tese da criação: o artista é, para ele, o criador. Ele esquece sem dúvida o artesanato para guindar-se a alturas demasiado intelectuais". Em que sentido empregou o crítico a palavra? No de "classe profissional", único que reconhece, ou no meu?

Tem mais. É quando a respeito dos tapetes e objetos de arte, feitos sob cartões encomendados a artistas célebres. Sérgio Milliet confere que com isso "a arte (atual) perde o seu aspecto esotérico para tornar ao artesanato" (pág. 75). É de imaginar que nem Picasso, nem Rouault, nem ninguém, vai formar de novo uma classe profissional que, Sérgio Milliet nos ensina, se acabou. Hoje os artesanatos viram sindicatos e certos gatos, maragatos. É bem lastimável que Sérgio Milliet crie entre nós dissonâncias tão apressadas, quando justamente neste seu exemplo, ele infiltrou na palavra o poder correcional que eu atribuí, só por mim, à coisa que ela significava – preocupação moral do meu pensamento estético, que Antonio Candido tão perfeitamente elucidou por este mesmo jornal.

J.C. // COMENTÁRIO

O texto "Esquerzo" encontra-se inserido numa polêmica. Isolado, ele é uma peça brilhante, que aprofunda noções já tratadas em "O Artista e o Artesão", servindo-se de observações feitas por Sérgio Milliet. Mas ficam obscuras certas referências, certas alusões: a natureza de resposta que o artigo possui deixa o espírito do leitor insatisfeito, desejoso de conhecer a crítica que o motivou.

A polêmica é, no entanto, muito mais rica e cheia de inesperados do que simplesmente uma acusação e uma réplica. Nela, além de Mário de Andrade e Sérgio Milliet, estão envolvidos Luís Martins e, em certo sentido, Antonio Candido, que Mário de Andrade invoca no final de seu texto de *Mundo Musical*. Foi possível reconstituí-la, e ela envolve pelo menos dez textos diferentes, dos quais apenas um – "O Artista e o Artesão" – foi publicado em livro. Além de "Esquerzo", que pertence à série de *Mundo Musical*, aqui estudado, os oito restantes foram por nós transcritos no Anexo, em dois blocos. O primeiro contém o conjunto de textos colecionados por Mário de Andrade, numa pasta que enfeixa as diversas peças relacionadas com o debate. O segundo reúne dois artigos de Antonio Candido, que comentam o livro *O Baile das Quatro Artes*, ponto inicial das discussões: eles precedem, cronologicamente, os de Sérgio Milliet, de Luís Martins e "Esquerzo"[1].

No Anexo, eles estão apresentados da seguinte forma:

I   Textos incluídos por Mário de Andrade na pasta que reúne os elementos da polêmica, arquivos do autor, conservados no Instituto de Estudos Brasileiros da Universidade de São Paulo (IEB-USP):

1. Sérgio Milliet: "O Baile das Quatro Artes" (*A Manhã*, Rio de Janeiro, sem data).
2. Mário de Andrade: texto manuscrito, contendo as primeiras ideias para "Esquerzo".

---

1. A pasta que enfeixa os diversos textos sobre a polêmica em questão foi organizada pelo próprio Mário de Andrade e encontra-se no IEB. Ela contém outros textos não transcritos no Anexo. Eram eles: duas versões sucessivas, datilografadas e corrigidas de "Esquerzo", que julgamos sem interesse direto e relevante para o esclarecimento do debate (a versão definitiva do texto "Esquerzo" não se enriquece com o conhecimento das duas versões precedentes), e dois artigos menores, assinados por Luís Martins e T. M., sobre arte, em jornais não identificados, onde aparece a questão do artesanato em arte. Esses textos (respectivamente, "Dificuldade da Escultura" e "Ainda Há Artesãos que Porfiam em Criar Algo de Novo sob o Sol") não se vinculam diretamente à polêmica. Mário de Andrade provavelmente os recolheu para servirem de recurso possível a uma argumentação eventual.

// 128   // MÚSICA FINAL

3. Sérgio Milliet: "Fui Bulir em Vespeira" (*O Estado de S. Paulo*, 18 abr. 1943).
4. Mário de Andrade: "Marginalidade", texto manuscrito.
5. Luís Martins: "Um Livro e uma Exposição" (*Folha da Manhã*, 17 jun. 1943).
6. Mário de Andrade: esboços de resposta a Sérgio Milliet e Luís Martins, "Artesanato" e "Polêmicas".

II Textos que não constam da pasta de Mário de Andrade sobre a polêmica:
1. Antonio Candido: "Jornada Heroica" (*Folha da Manhã*, 30 maio 1943).
2. Antonio Candido: "Artista e Sociedade" (*Folha da Manhã*, 6 jun. 1943).

Para que se possa, no entanto, acompanhar completamente a polêmica em sua sequência cronológica, é preciso ler todos os textos na ordem apresentada no Anexo:
1. Mário de Andrade: "O Artista e o Artesão" (em O *Baile das Quatro Artes*).
2. Antonio Candido: "Jornada Heroica" (Anexo).
3. Antonio Candido: "Artista e Sociedade" (Anexo).
4. Sérgio Milliet: "O Baile das Quatro Artes" (Anexo).
5. Mário de Andrade: primeiras ideias para "Esquerzo" (Anexo).
6. Mário de Andrade: "Esquerzo" (*corpus* de *Mundo Musical*).
7. Sérgio Milliet: "Fui Bulir em Vespeira" (Anexo).
8. Mário de Andrade: "Marginalidade" (Anexo).
9. Luís Martins: "Um Livro e uma Exposição" (Anexo).
10. Mário de Andrade: esboços de resposta a Sérgio Milliet e Luís Martins, "Artesanato" e "Polêmicas" (Anexo).

O Artista e o Artesão

Mário de Andrade publicava, em 1943, *O Baile das Quatro Artes*, reunião de diversos escritos. O primeiro era "O Artista e o Artesão", de 1933, aula inaugural dos cursos de filosofia e história da arte do Instituto de Artes da Universidade do Distrito Federal. É ele o ponto de partida da polêmica na qual "Esquerzo" se insere, e contém – exigência de sua destinação primeira – uma estrutura ambiciosa de relação teórica sobre a arte, talvez a que tenha ido mais longe na produção do autor.

Um dos aspectos fundamentais do texto é que Mário de Andrade propõe um retorno ao que poderíamos chamar, na falta de termo melhor, de a "materialidade" na arte, materialidade esta que se opõe ao intangível das intenções, das inspirações, dos impulsos da alma. Sem essa materialidade, eles se encontram aprisionados no artista, não se "objetivando" na obra.

Segundo ele, técnica, o "meio operante" da escolástica aristotélica que cita através de Maritain, possui três elementos que a compõem:

1. o artesanato, conhecimento legitimamente transmissível das exigências materiais desses processos de transformação;

2. a virtuosidade, isto é, a habilidade em incorporar as diversas técnicas históricas (e, na lógica do pensamento de Mário de Andrade, também os achados pessoais de outrem) no seu próprio fazer artístico. A virtuosidade pode ser perigosa, por levar eventualmente a um processo imitativo, capaz de anular a atividade criadora;

3. a técnica pessoal, soluções próprias a cada artista, que emergem das relações "pessoais" entre o criador e a matéria que movimenta. Ela não pode ser reprimida, é necessária, intervindo na produção do objeto artístico assim "como uma fatalidade".

Esse terceiro aspecto da técnica permite que, mesmo em casos de produções coletivamente "totalitárias" como a arte egípcia (um dos exemplos de Mário de Andrade), a obra guarde o traço da individualidade do artista, por mais discreto que ele seja. Nele fica, portanto, salvaguardada a originalidade individual.

A virtuosidade, segunda característica e não absolutamente indispensável, aplica-se, em realidade, ao saber fazer "acadêmico", à recuperação das fórmulas e receitas. Levada a seu extremo, ela faz com que a individualidade desapareça, bem como a atividade criadora.

Enfim, o artesanato, a parte "ensinável" da arte, tem uma função moralizadora: ele obriga o artista a se consagrar fundamentalmente à produção do objeto artístico. É, como o próprio título da conferência indica, o aspecto que Mário de Andrade deseja valorizar.

No raciocínio histórico que o autor desenvolve, a Renascença é colocada como o marco entre um período primeiro, em que a arte é vista como preponderantemente submetida à produção artesanal, e outro, em que a "beleza se impõe como finalidade, nas artes plásticas" – quando, é bem verdade, passam do domínio das "artes mecânicas" para as "artes liberais". Assim, Mário de Andrade se vê remando contra a corrente de uma tendência cujas origens se encontram no Renascimento.

Mas, com seu sistema conceituador, "O Artista e o Artesão" se liga a uma preocupação contemporânea, que o autor vivenciava. Essa preocupação trazia também, acreditamos, um modo de acerto de contas com o romantismo.

A preocupação contemporânea é a respeito da vocação artística que se volta exclusivamente para o ato criador e não para a realização da obra de arte, estimulada por muitos comportamentos das vanguardas. O que Mário de Andrade está propondo é uma moralização do fazer artístico, uma ética do artesanato. Nisso, encontra-se implicado de modo pessoal, pois fora ele um dos principais motores de uma modernidade que – embora indiscutivelmente renovadora – abrira o flanco para muitas facilidades inseridas no interior da produção da obra, na medida em que se voltara para o ato artístico, e não para o objeto, com as exigências materiais que ele determina.

Já o acerto de contas com o romantismo apresenta-se de modo implícito. Mário de Andrade é um ser que – já o dissemos em outro lugar[2] – navega nas águas da tradição romântica. Essa tradição, que traz para ele o heroísmo dos empenhos pelas nobres causas e uma recusa de subserviência aos "donos do mundo" (que o artigo "O Pontapé de Mozart" exporá com clareza), traz também a atitude de exaltação subjetiva, a imaterialidade dos estados de alma, das sensibilidades exacerbadas, que são, nelas mesmas, já "artísticas". A presença, no mesmo *O Baile das Quatro Artes*, dos estudos sobre o "Romantismo Musical" e a "Atualidade de Chopin" é testemunho dessa problemática para o autor de *Macunaíma*: o romantismo traz forças expressivas poderosas e grandes ideais, mas, ao mesmo tempo, a substituição da arte pela "sensibilidade artística".

Da Renascença à modernidade, com um grande impulso no período romântico, o perigo da "imaterialidade" ronda. Quer ele venha pela

---

2. Jorge Coli e Luiz Dantas, "Sobre o Banquete", 1977.

submissão a uma idealidade do belo, quer se densifique no sentimentalismo subjetivo, quer surja por meio da ruptura das regras, da "pesquisa", ele é sempre uma ameaça. O artesanato, trazendo as exigências do tratamento material do objeto artístico, é o meio de conjurá-lo e o caminho para que se façam "obras de arte dignas desse nome".

Mário de Andrade, o inventor brasileiro da modernidade em 1922, teme o que ela pôde trazer de soluções sumárias e fáceis, e a consequente degradação do objeto artístico. Mas cabe dizer que, se esses problemas são muito próprios ao seu pensamento, eles situam-se numa constelação mais vasta, de âmbito internacional. O romantismo e as vanguardas, com as consequências que já evocamos, induziram alguns dos grandes pensadores do século xx, sensíveis ao objeto artístico concebido como o resultado de um conjunto de saberes, a tomarem posição em favor do trabalho "artesanal" sobre a matéria.

Eliot, Valéry, Alain

Das emoções românticas, já por si "artísticas", até o gesto de Duchamp, que transforma um objeto qualquer em arte, simplesmente colocando-o numa sala de museu; do porta-garrafas ao *happening*, a imaterialidade nas artes é uma clara vertente do período contemporâneo. O "sentimento", a "pesquisa", a gratuidade do ato e o poder do gesto acabaram por se institucionalizar e ser incorporados pela história do gosto e das artes.

Esses "modos de ser" artísticos, anunciados desde o romantismo, ficaram, já desde algum tempo, banalizados nas manifestações de vanguarda. Mas vários grandes espíritos resistiram – e resistem – a eles. Desse modo, a posição de Mário de Andrade, tão fortemente coerente com sua obra e trajetória, longe de se encontrar isolada, inscreve-se numa linhagem de preocupações de alguns teóricos ilustres, diante dos caminhos "imateriais" da produção artística contemporânea, reclamando um "saber-fazer", acentuando o valor da obra, em detrimento do ato do criador.

T. S. Eliot é um deles. Ele próprio se definiu como um artesão (*practitioner*) da poesia, e num ensaio de 1917, "Tradição e Talento Individual", sublinha a necessidade da elaboração consciente, construída, diante das subjetividades sem peias, das vibrações românticas da alma:

O objetivo do poeta não é descobrir novas emoções, mas utilizar as corriqueiras e, trabalhando-as no elevado nível poético, exprimir sentimentos que não se encontram em absoluto nas emoções como tais.

[...]

Há um punhado de coisas, nos textos poéticos, que devem ser conscientes e deliberadas. Na verdade, o mau poeta é habitualmente inconsciente onde deve ser consciente, e consciente onde deve ser inconsciente. Ambos os erros tendem a torná-lo "pessoal". A poesia não é uma liberação da emoção, mas uma fuga da emoção; não é a expressão da personalidade, mas uma fuga da personalidade. Naturalmente, porém, apenas aqueles que têm personalidade e emoções sabem o que significa querer escapar dessas coisas[3].

O primado do objeto artístico impõe-se; a arte surge quando o artista se submete a ela: "A emoção da arte é impessoal. E o poeta não pode alcançar essa impessoalidade sem entregar-se ele próprio inteiramente à obra que será concebida"[4].

Com Eliot, desenha-se claramente a oposição à perspectiva romântica da grande obra concebida enquanto consequência, antes, corolário, da exaltação interior, que quase por milagre se manifesta no objeto construído, numa soberba supremacia do artista, senhor dos sentimentos sobre sua obra. Oposição da mesma natureza se encontra em "O Artista e o Artesão":

Há uma incongruência bem sutil em nosso tempo. Na história das artes, estamos num período que muito parece ter pesquisado e que, no entanto, é dos mais afirmativos, dos mais vaidosos, dos menos humildes diante da obra de arte. Há, por certo, em todos os artistas contemporâneos, uma desesperada, uma desapoderada vontade de acertar. Mas a inflação do individualismo, a inflação da estética experimental, a inflação do psicologismo, desnortearam o verdadeiro objeto da arte. Hoje, o objeto da arte não é mais a obra de arte, mas o artista. E não poderá haver maior engano[5].

---

3. T. S. Eliot, "Tradição e Talento Individual", 1989, p. 47.
4. *Idem*, p. 48.
5. Mário de Andrade, "O Artista e o Artesão", 1963, p. 32.

// COMENTÁRIO // 133

Ainda mais próximos de Mário de Andrade estão Paul Valéry e Alain. Próximos no tempo: os ensaios que se vinculam às questões de arte, técnica e artesanato desses dois autores datam, respectivamente, de 1935 e 1926. O de Valéry, "Notion générale de l'art", foi publicado pela primeira vez no número 266 da *Nouvelle Revue Française* (1º nov. 1935) e como *avant-propos* aos tomos XVI e XVII da enciclopédia francesa *Arts et littératures dans la société contemporaine*. O de Alain, *Système des beaux-arts*, foi livro editado por Gallimard em 1926.

Próximos também porque se encontram citados por Mário de Andrade e porque afinidades bastante diretas podem ser constatadas.

Nem Alain, nem Valéry polemizam contra o que quer que seja. Apenas expõem, tranquilamente. Mas, do ponto de vista histórico, ambos se situam no período que sucede às vanguardas experimentais mais ousadas – momento que ficou conhecido como o de "volta à ordem". De 1925 até a Segunda Guerra Mundial, não apenas as vanguardas se institucionalizam, até mesmo em funções por vezes mundanas ou decorativas (o *art déco* é bom exemplo), como também tentam se consolidar em processos "positivos", "construtivos". Elas *s'assagissent*, tornam-se bem-comportadas. É o momento de fases "neoclássicas" em vários artistas. É o momento em que também o clima é favorável à recepção de reflexões capazes de se debruçarem sobre os problemas da construção na gênese da obra de arte. Parece-nos também claro que "O Artista e o Artesão" se insere, desse ponto de vista, nas tendências de sua época, participando desse "retorno à ordem". Mário de Andrade, em 1938, procede à primeira etapa da revisão da modernidade, que avançará, de modo mais dramático, com "O Movimento Modernista" em 1943.

Valéry e Alain constroem reflexões que também vão por esse caminho. Cabe a pergunta: de que modo elas incidem sobre "O Artista e o Artesão"?

Mário de Andrade recusa o ensaio "Notion générale de l'art", de Valéry, a partir de sua quarta parte, quando o autor desenvolve a questão da inutilidade da obra de arte, ao dizer, nas primeiras ideias para "Esquerzo":

> E então a Estética inventou (invencionice idiota) que a arte era "desnecessária". [...] Não é só o sr. Afrânio Peixoto que considera a arte o "sorriso da sociedade" não. São todos! É o Picasso cubista, é o Stravinsqui da música pura, é Paul Valéry, é... são todos! Quase todos... (p. 152)

E o Mário de Andrade de "O Artista e o Artesão" não se interessa também pelas análises agudas e premonitórias do autor do *Cimetière Marin* a respeito das transformações da sensibilidade nos tempos da sociedade dos meios de comunicação de massa. Nem pelos aspectos de uma estética inter-relativa emissão/recepção, cujos esboços se encontram desenvolvidos no ensaio do francês. Mas ele provavelmente deve ter sido estimulado a formular sua tríplice definição das partes da técnica artística, ao determinar a separação entre técnica coletiva e técnica pessoal.

> Mas essa linguagem confunde duas características atribuídas ao autor da ação: a primeira é sua aptidão inata e singular. A segunda consiste em seu "saber", sua aquisição de experiência exprimível e transmissível. Na medida em que essa distinção é aplicável, conclui-se que toda arte pode ser aprendida, mas não toda a arte[6].

A passagem de Valéry não é longa, nem muito desenvolvida, mas Mário de Andrade devia ter o texto sob os olhos ao traçar sua aula inaugural. Os escritos possuem a mesma natureza: era de se esperar que, antes de escrever "O Artista e o Artesão", seu autor recorresse à leitura de "Notion générale de l'art". Aliás, salta aos olhos, com evidência, a relação entre a fórmula de Valéry, encontrada neste trecho: "toda arte pode ser aprendida, mas não toda a arte", e o conhecido início de "O Artista e o Artesão": "Que a arte na realidade não se aprende"[7].

Mas é certamente a leitura de Alain que nutre muito "O Artista e o Artesão". Todo o primeiro livro do *Système des beaux-arts*, consagrado a "De l'imagination créatrice", esmiúça as relações entre o imaterial e o material no ato criador. Da força do objeto[8] ao elogio do artesão:

> A ordem das coisas mais próximas é ainda mais escondida, principalmente para o espectador casual que só encontra a oportunidade, diante da visão das coisas, de perseguir fantasias difusas, inconsistentes e rapidamente perdidas em um círculo de discursos mecânicos.
> [...]

6. Paul Valéry, "Notion générale de l'art", 1957, s.p.
7. Mário de Andrade, "O Artista e o Artesão", 1963, s.p.
8. Ver o capítulo VI, "La puissance propre de l'objet", [s.p.], do primeiro livro publicado na obra de: Alain, *Système des beaux-arts*, 1953.

Pra isso serve a profissão; pois nossa ação encontra a ordem inflexível e até a coloca em destaque. [...] O artesão, seja ceramista, carpinteiro ou pedreiro, dá vida a um objeto mais bem-acabado, capaz de dar fim às ficções[9].

O capítulo VII, "De la matière", revela o quanto Mário de Andrade bebeu da fonte do *Système des beaux-arts*:

> Por ser evidente que a inspiração não dá forma a nada sem matéria, é necessário ao artista, na origem das artes e sempre, algum objeto primeiro ou alguma primeira obrigação de fato, sobre os quais ele exerça primeiro sua percepção, como a disposição e as pedras para o arquiteto. [...] Pelo que se define o artista de maneira totalmente diferente da fantasia. Pois todo artista é perceptor e ativo, e nisso ele é sempre um artesão. Frequentemente mais atento ao objeto que a suas próprias paixões. Quase um apaixonado por evitar paixões [...]. Enfim, a lei suprema da invenção humana é que só se pode inventar trabalhando. Artesão, antes de tudo[10].

Origina-se também em Alain a categoria "virtuosidade" de "O Artista e o Artesão" ("a facilidade favorece o artesão e prejudica o artista"), e ainda a desconfiança dos sistemas estéticos, diante daquilo que Mário de Andrade chama "arte-fazer".

Enfim, inserindo-se e renovando essa tradição de pensamento que valoriza o objeto feito e insiste sobre os aspectos concretos do fazer artístico, Mário de Andrade procede à crítica da produção artística brasileira contemporânea. É interessante perceber que, além da revisão das aberturas proporcionadas por "sua" modernidade, ele utiliza o "artesanato ético" para avançar sobre aspectos "novos" de outra modernidade que nunca foi sua:

> Mas, à medida que se examina mais profundamente esses técnicos pretendidamente obedientes aos mandos do material, ou esses abstracionistas pretendidamente obedientes aos efeitos estéticos das construções, ou esses sobrerrealistas pretensamente obedientes ao subconsciente, ao sonho, às associações de imagens, a gente percebe que quase todos eles, embora

9. Alain, *op. cit.*, 1953, p. 32.
10. *Idem*, p. 35.

sinceríssimos, são muito menos pesquisadores que orgulhosos afirmadores de si mesmos[11].

Aqui, a modernidade não é mais acusada de mistificação ou paranoia, mas de vaidade ou orgulho. A essas novas "desordens", o artesanato oferece um freio. Que fica, entretanto, restrito aos aspectos precisos da criação artística. Ele será dirigido, mais tarde, para outro lado, e com um alcance diferente, como veremos a seguir.

"Jornada Heroica" e "Artista e Sociedade"

De 1938, data da redação de "O Artista e o Artesão", a 1943, momento da publicação de *O Baile das Quatro Artes*, o pensamento de Mário de Andrade acentua, cada vez mais, a exigência de um empenho ético, social e político – na dimensão internacional que a Segunda Guerra lhe conferia. "O Movimento Modernista" bate seu *mea culpa* por meio de remorsos de classe, profundamente torturantes, num clima generoso e vagamente marxizante. Em 1943, "O Artista e o Artesão", reatualizado pela edição em livro, seria forçosamente atrelado a essa leitura – por seu próprio autor, inclusive. Assim, por exemplo, "O Maior Músico" dava o exemplo – ao mesmo tempo heroico e suicida – do perfeito "artista-artesão".

A publicação de *O Baile das Quatro Artes* deve ter causado, em 1943, enorme repercussão, percebido como obra maior de Mário de Andrade. Antonio Candido, em seu rodapé "Notas de Crítica Literária", na *Folha da Manhã*, consagra a ele dois longos e importantes artigos.

Diante do espírito digressivo, bem-humorado e pitoresco de "O Artista e o Artesão", esses textos impressionam pelo rigor e pela seriedade da meditação. A ordenação lógica, necessária, demonstrativa do pensamento, revela o universitário treinado: a diferença de geração (e de formação) entre Antonio Candido e Mário de Andrade significa também diferença de estilo.

---

11. Mário de Andrade, "O Artista e o Artesão", 1963, p. 31 (a passagem se refere aos artistas do Salão de Maio paulista).

Antonio Candido encarrega-se de fazer uma síntese do que seria o pensamento estético deste último Mário de Andrade. Que termina por nela se reconhecer, a ponto de remeter Sérgio Milliet ao seu pensamento por ela "elucidado", como diz a última frase de "Esquerzo". Uma atitude de respeito espantosamente humilde, que consiste quase em enunciar: "para saber com clareza o que eu penso, veja o que escreveu Antonio Candido". Antonio Candido, que possui "tão profunda compreensão intelectual do meu destino" (p. 151).

Essa humildade revela-se num aspecto episódico, mas muito significativo das relações de respeito entre o grande intelectual autodidata de uma geração mais antiga e o brilhantíssimo moço universitário que sabe das coisas. Antonio Candido deixa transparecer, passo a passo, ao longo de seu escrito, a admiração imensa, sincera, inteligente que dedica a Mário de Andrade. Mas, em dado momento – e numa única vez –, seu "sociologismo positivo", muito desconfiado dos essencialismos e certamente animado por certa vivacidade juvenil, levanta uma crítica, relativa ao termo "ser", empregado com frequência em "O Artista e o Artesão":

> Tal vocábulo implica um certo essencialismo realista (no sentido gnoseológico) que não é o da linha geral do seu pensamento. Atribuo-o menos à incoerência deste do que a um conhecimento deficiente do vocabulário filosófico; e me arrepio um pouco a ler coisas como: "Esta parte da técnica obedece a segredos, caprichos e imperativos do ser subjetivo, em tudo o que ele é como indivíduo e como ser social" [...]. Terminologia imprecisa, perigosa e, no caso, filosoficamente ininteligível (p. 179).

A frase de "O Artista e o Artesão" é perfeitamente compreensível para o "honnête homme" (e sua limpidez sobressai ao lado do "sentido gnosiológico" do "essencialismo realista"), embora não para aquele que se configura aqui, exemplarmente, como o "chato-boy" oswaldiano. Mário de Andrade acata a crítica injusta, de cabeça baixa, dando "a mão à palmatória" (p. 166), como ele mesmo diz em "Polêmicas"!

Mas o que nos interessa, fundamentalmente, é que a leitura cerrada e globalizadora de Antonio Candido coloca "O Artista e o Artesão" na perspectiva da transformação que se operava no pensamento de Mário de Andrade. Ela faz com que a ideia do artesanato, primitivamente concebida enquanto meio substancial do "arte-fazer", capaz de desviar o artista de um narcisismo estéril, passe a ser instrumento de certa consciência coletiva, é bem verdade um pouco confusa, cujo caminho parece atravessar uma espécie de corporativismo, uma união de "classe" (pp. 146-148). A interpretação de Antonio Candido para o problema do artesanato e da criação artística, não explicitada em Mário de Andrade, opõe o impulso criador – agente individualizador que isola o artista da sociedade – à "técnica e os processos artesanais", "força que tendem [*sic*] a ligá-lo ao conjunto dos seus companheiros, aos seus problemas corporativos, às suas soluções materiais"; "o artesanato, a técnica, se apresentam como força de integração grupal" (p. 176).

Essa interpretação não existe em Mário de Andrade. Nyi Erh mostra bem a confluência entre a dignidade da arte (que depende do conhecimento técnico) e a consciência política; mas não uma passando pela outra. Elas se encontram no terreno comum da radical honestidade da inteligência e da criação. Se "O Movimento Modernista", por um lado, repousa sobre a crítica do próprio individualismo, por outro exclui a questão do artesanato "objetivador". No máximo, poderíamos dizer que Antonio Candido associou duas coisas que, a menos que se considere um hipotético subterrâneo, estavam dissociadas.

Mas Antonio Candido propõe-se a ir explicitamente além dos enunciados de Mário de Andrade. Ele denuncia o virtuosismo, e a indulgência para consigo próprio – o "pesquisismo", como diz – do artista moderno, por este ser "desenquadrado socialmente", num mundo que não lhe propõe "ideal algum, fortemente enraizado na consciência coletiva". Drama do criador contemporâneo, inserido no filistinismo da sociedade burguesa.

Em suma, Antonio Candido consolida (construindo-lhe uma unidade) e faz avançar o pensamento de Mário de Andrade nas direções de um empenho social. O exegeta tornou-se condutor. A sucessão dos títulos é reveladora: "O Artista e o Artesão", "Artista e Sociedade".

Sérgio Milliet e "Esquerzo"

O comentário que Sérgio Milliet publica sobre *O Baile das Quatro Artes* (pp. 146-148), mas que se centra basicamente em "O Artista e o Artesão", parece superficial e, digamos, pequeno, sobretudo depois do esforço profundo de compreensão interpretativa de Antonio Candido, que revela no próprio ato intelectual o respeito admirativo.

Há certa implicância de Sérgio Milliet com Mário de Andrade. Este assinala os altos e baixos – não muito profundos nem violentos – da relação pessoal de ambos, nos primeiros parágrafos de "Esquerzo". E a implicância transparece por vezes em *Diário Crítico*: Mário de Andrade, o malabarista; Mário de Andrade, o bufarinheiro genial. As imagens, aliás, são recorrentes no *Diário* e no artigo:

> Mas Mário de Andrade? Ei-lo malabarizando como um bufarinheiro genial. Como brilham as estrelas. Como foge, dança embriagado nos seus próprios ritmos, dá saltos mortais, faz piruetas[12].

> Com efeito quase toda obra do pai de Macunaíma começa por uma série de pelotiquismos; mas o artista se esquenta, dança, rodopia, dá saltos mortais, e de repente cai em transe. (p. 148)

"Pelotiquismo", "gato por coelho", elogios sibilinos. O conjunto de reflexões estéticas de "O Artista e o Artesão" – particularmente relevante para seu autor, num momento raro de sistematização de seu pensamento, e num apelo ético – não é compreendido como tal. Mário de Andrade torna-se apenas um crítico, enquanto, na realidade, tratava-se de um texto ambicioso, texto acadêmico, uma aula inaugural. As noções que conceitua são tratadas com ligeireza (enquanto crítico, Mário de Andrade, segundo Milliet, deveria se submeter "às poucas definições aceitas por todos"), contestadas por meio de um sociologismo historicista que nem vale discutir aqui. Mas é verdade que Sérgio Milliet, introduzindo a noção de estilo que estava ausente da aula de Mário de Andrade, problematiza as definições contidas em "O Artista e o Artesão".

A resposta de Mário de Andrade surge nas primeiras ideias para "Esquerzo" (pp. 149-153). Todo espírito de habilidade polêmica se encontra ausente. É manifesto, por esse texto, que Mário de Andrade tem a intenção de discutir, sinceramente, as ideias. É a ocasião para que ele aprofunde a noção de estilo, distinta da noção de técnica pessoal. Existiria então um "estilo", cujo alcance é amplo (estilo gótico, por exemplo), que transcende o artista e é da ordem do coletivo. E existe um

---

12. Sérgio Milliet, *Diário Crítico*, 1981, p. 41.

estilo pessoal, que é, enquanto tal, intransmissível. Ele contém, no entanto, uma parte de técnica pessoal, passível de transmissão.

Mas, além dessas questões conceituais, Mário de Andrade se sente ferido pela leviandade do tratamento. Mais fortemente do que em "Esquerzo", esse primeiro esboço reivindica os seus direitos. Não é um crítico que escreve: é um professor de universidade. E ele não faz crítica: tenta atingir "um corpo orgânico de ideias", "uma 'estética' pedagógica", "uma filosofia da arte que eu me esforcei por adquirir" (p. 150).

Esse esboço nos revela, sobretudo, uma admirável passagem final, evocadora de formas populares de produção artística submetidas a um controle legal, burocrático, que exige pagamento para a autorização.

Mário de Andrade publica, enfim, "Esquerzo". A abertura é brilhante, um revide à acusação de "pelotiqueiro" pela demonstração de uma capacidade prodigiosa em fazer malabarismo com erudição – descantes, terças, diafonias, Pitágoras, Boécio. E esse início, que compara o intervalo de terça à relação de amizade entre os dois contendores, inaugurando assim o debate pela metáfora musical, serve-se daquilo que os jornalistas atuais chamariam de um "gancho" para vincular o artigo, que trata de questões estéticas gerais, às artes do som e, assim, a *Mundo Musical*. Ao mesmo tempo, Mário de Andrade insinua o que há de pessoal no fundo da discussão.

Em seguida, Mário de Andrade retoma a questão da identidade do conceito de técnica e de estilo, já anunciada no esboço de resposta (p. 149). Aqui, Mário de Andrade faz apelo a autoridades: Alain, Lalande, mas sobretudo Harold Newton Lee, "professor de filosofia da Tulane University", como sublinha, autor de *Perception and Aesthetic Value*, e ainda o arqueólogo W. Deonna, em sua obra *Les lois et les rythmes dans l'art*. Ambos os livros se encontram na biblioteca de Mário de Andrade.

É sobretudo a obra de Deonna que alimenta a argumentação de Mário de Andrade. A distinção entre estilo geral e individual encontra-se ali formulada, provável origem da contra-argumentação que se acha no texto de Mário de Andrade, que invoca o "estilo da Renascença" e o "estilo luís-quinze".

> O termo "estilo" é usado de várias maneiras na descrição da arte e do artista. [...] O primeiro uso é útil em generalizações históricas, como quando se fala do estilo bizantino ou do estilo renascentista. [...] a diferença entre o trabalho do grande artista e do trabalho de artistas menores reside

aqui: o grande artista atingiu um estilo único e individual que faz seu trabalho perdurar. Pode ser parodiado, mas não replicado por outros. [...] Se ele percebe coisas intensa e individualmente, e de um modo característico, isso se refletirá em um modo característico de manipular a técnica. A manipulação da técnica é frequentemente chamada de estilo, mas esta não é a essência do estilo que se revela quando dois artistas caem nos mesmos hábitos técnicos. [...] O estilo não pode ser atingido apenas por manipulação da técnica. Só pode ser obtido pela aquisição de modos característicos de perceber as coisas[13].

Assim, Sérgio Milliet oferece a Mário de Andrade a ocasião de desenvolver e fundamentar as distinções entre estilo e técnica. As necessidades da polêmica fazem com que o pensamento vá se delineando teoricamente, cada vez mais. Há mesmo uma observação muito interessante sobre a participação do assunto no estilo, contradizendo Sérgio Milliet (e também, aqui, uma passagem de Lee, que afirma o caráter "arbitrário" do assunto na criação artística). Esses desenvolvimentos são naturalmente enriquecedores, embora Mário de Andrade justifique a ausência do conceito "estilo" em "O Artista e o Artesão", por causa da parte fundamental de subjetividade que essa noção envolve. Ora, a preocupação da aula inaugural era, ao contrário, analisar e afirmar os aspectos objetivos do fazer artístico.

Tendo respondido à crítica, Mário de Andrade passa ao ataque, que se divide em duas partes:

1. procura em escritos publicados de Sérgio Milliet empregos imprecisos, ou nos mesmos sentidos que foram definidos em "O Artista e o Artesão", dos conceitos discutidos;
2. observação da redefinição da palavra "marginalidade" por Sérgio Milliet (no seu livro *A Marginalidade da Pintura Moderna*) e reivindicação do mesmo direito para si no que concerne a "artesanato".

13. Waldemar Deonna, *Les lois et les rythmes dan l'art*, 1914, pp. 170-171.

O Final da Polêmica

Sérgio Milliet responde num artigo curto, cheio de perfídias veladas, a começar pelo título – "Fui Bulir em Vespeira" –, induzindo a pensar que a vespeira seria o caráter irritadiço de Mário de Andrade; mas o texto vai esclarecer que: "Bem sabia que ia bulir em vespeira abordando o assunto intrincado da terminologia artística" (p. 153).

Trata a discussão de "tempestade em copo d'água", sublinha também ironicamente o título de professor que Mário de Andrade reivindicava, opondo-se a ele como "vulgar ensaísta" e "crítico" (pp. 153-154). No que concerne ao conteúdo do debate, retoma dois pontos: a questão da marginalidade e a questão da identificação de técnica e estilo.

Sérgio Milliet havia publicado há pouco seu *A Marginalidade da Pintura Moderna*. Antonio Candido, em seu "Sérgio Milliet, o Crítico", lembra a respeito do autor:

> [...] o modo crítico é o seu modo inicial de ver a vida e as obras. Por causa disso ele evita cristalizar-se numa doutrina e num método, como a maioria dos críticos se esforçam por fazer. Na verdade, ele foi o crítico mais sem sistema que houve em nossa literatura, e se orgulhava disso[14].

E essa incapacidade de sistematização revela-se desastrosa quando Sérgio Milliet tenta organizar uma concepção sociológica da arte do Ocidente, desde a pré-história até o período contemporâneo, em 84 páginas, através do conceito de marginalidade. O livro é extraordinariamente confuso em termos conceituais. As notas à margem encontradas no exemplar pertencente a Mário de Andrade são, por sinal, implacáveis. Mas Sérgio Milliet devia estar, bem entendido, profundamente convencido da importância do seu texto. E não admite ataques, defendendo-se por meio de observações que chegam a atingir uma ingenuidade muito provinciana: "Fica aqui bem claro isso que inúmeros sociólogos brasileiros e americanos entenderam perfeitamente e pelo que me felicitaram não raro sem reservas" (p. 154).

Sérgio Milliet afirma haver apenas empregado temporalmente um conceito sociológico destinado ao espaço. Mário de Andrade anota ideias para a retomada da discussão no texto manuscrito "Marginalidade" (pp. 155-157).

---

14. Sérgio Milliet, *Diário Crítico*, 1981, vol. 1, p. XVI.

E mostra a falha metodológica: Sérgio Milliet aplica o conceito não a um grupo, mas ao artista. Desenvolvendo uma das observações de sua marginália, vai mostrar que o conceito, tal como Sérgio Milliet o emprega, acaba transformando tudo e todos em "marginais".

Mas, logo em seguida, Luís Martins entra na polêmica com seu artigo "Um Livro e uma Exposição". Nele, Martins desloca a questão para o eixo da destinação da arte, e não da sua fatura. Mário de Andrade estava preocupado com a gênese do objeto (o artista devendo investir-se na construção desse objeto). Luís Martins preocupa-se com o problema dos fins da produção artística. Questão que interessa naturalmente a Mário de Andrade, mas não em "O Artista e o Artesão", a não ser de modo pressuposto. E fica, nas observações de Luís Martins, o vácuo: mesmo que a arte defina os seus destinos, a sua inserção no tempo por meio da "expressão", para usar seu termo, de que maneira ela chega a essa expressão?

Mário de Andrade responde às críticas de Sérgio Milliet em esboços bastante desenvolvidos, mas não publicados (pp. 161-170). Felizmente não publicados, poderíamos dizer. Mário de Andrade, muito ferido em sua suscetibilidade pelas acusações, escreve um texto de forte vigor polêmico, num bote de fera em presas pequenas demais.

Esses textos nos trazem, além da vibração estilística animada pelo calor da resposta, precisões teóricas e alguns dados sobre posições de Mário de Andrade nesse momento.

Em "Artesanato", ele desmonta a identidade proposta por Luís Martins entre artesanato e um aprendizado elementar, equivalente à alfabetização. Sobretudo, mostra aquela vacuidade que assinalamos antes: uma pretensa "consciência própria" expressiva não vem por si só. Não há artista "nobre", ao lado de artesão "vulgar":

> Luís Martins não vê utilidade para o artista num alto nivelamento intelectual que o controle e castigue. Artista é um deus de caspa e gravata-borboleta. Não carece de um artesanato severo que o moralize na criação. Viva a geração espontânea! O artesanato é uma escala pra mocinhas (p. 164).

Em "Polêmicas", Mário de Andrade dirige-se primeiro a Sérgio Milliet. E de um modo ainda mais ferido do que no texto precedente. Começa por desmascarar a atitude falsamente respeitosa do tom dos escritos, que esconde ataques ferinos, os falsos "salamaleques e elogios gordos ao contendor e profissões de humildade e desvalor", o minuete, "bailado de curvaturas e de sedas" (p. 165).

Os ataques vão num crescendo, numa grande veemência, com a força grave da expressão "eu acuso", repetida várias vezes.

Percebendo os excessos, Mário de Andrade cai em si, dizendo-se não detentor de verdades. E mostra que deu a mão à palmatória a diversas críticas. Principalmente às dos moços que "o compreendem": Carlos Lacerda, Álvaro Lins, Antonio Candido. Edison Carneiro também. Estes, sim, são os verdadeiros interlocutores. E aqui se revela, nesse momento de sua vida, seu papel duplo de grande homem, certamente visto já no bronze por essa jovem geração, mas que se inclina diante de um saber novo, de uma nova visão da vida, da arte, do homem, que estes jovens lhe parecem trazer.

E o texto se conclui retomando as observações a Sérgio Milliet sobre o fel contido nos seus textos. "Pelotiqueiro", "gato por lebre", brilho que esconde a verdade, as maldades encobertas. Conclusão de um grande desabafo, deve ter funcionado como alívio para o coração, mas estava fora de proporções dentro dessa polêmica, que teve, entretanto, o grande mérito de engendrar esse texto perfeito que é "Esquerzo".

// ANEXO

Antonio Candido, "Jornada Heroica"[1]

Pela segunda vez neste ano o sr. Mário de Andrade reúne em livro, escritos seus anteriormente publicados sob outra forma. Em *Aspectos da Literatura Brasileira*[2] tivemos ensaio e crítica literária. No de agora[3], temos estética, crítica de arte e folclore. De certo modo, *O Baile das Quatro Artes* tem uma importância *atual* maior que a do seu predecessor, sem que isto implique um julgamento de valor quanto ao respectivo conteúdo. É que encontramos nele uma unidade (quebrada apenas pelo estudo folclórico sobre o "Romanceiro de Lampeão") que não se encontra nos "Aspectos". E porque essa unidade se refere ao tema que ultimamente tem dominado a produção de Mário de Andrade. Quero referir-me à sua preocupação dominante de estudar e determinar o papel do artista em relação à arte e de ambos dentro da sociedade.

N'*O Baile das Quatro Artes* há seis trabalhos, quasi todos de circunstâncias: "O Artista e o Artesão", "Romantismo Musical", "Fantasia" de Walt Disney, "Romanceiro de Lampeão", "Cândido Portinari" e "Atualidade de Chopin" (duas lições inaugurais, uma conferência, um prefácio de catálogo, um artigo de jornal, um estudo). Neles, excetuado um, Mário de Andrade coloca, com mais ou menos evidência, o problema artesanal e a função da obra de arte. Este livro, portanto, graças à mencionada unidade que lhe une as partes, se situa na mesma linha de pensamento a que já devemos a conferência sobre o movimento modernista[4], pronunciada no ano passado.

Há muito que se vem notando no grande escritor paulista uma recomposição da sua atitude enquanto artista diante da vida. Recomposição

---

1. Publicado na *Folha da Manhã*, em 30 de maio de 1943, este texto não consta da pasta de Mário de Andrade sobre a polêmica, conservada nos arquivos do IEB. Trata-se de artigo publicado por Antonio Candido em seu rodapé "Nota de Crítica Literária", no jornal Folha da Manhã, ao qual Mário de Andrade faz referência em "Esquerzo" e nos esboços não publicados de resposta a Sérgio Milliet.
2. Mário de Andrade, *Aspectos da Literatura Brasileira*, Rio de Janeiro, Americ., 1972 (1943) [N. Antonio Candido].
3. Mário de Andrade, *O Baile das Quatro Artes*, 1963 (1943) – Mosaico, vol. 20, São Paulo, Livraria Martins, 1943 [N. Antonio Candido].
4. Mário de Andrade, "O Movimento Modernista", 1972 (Rio, C. E. B. Editora, 1942) [N. Antonio Candido].

tanto mais fecunda quanto tem a legitimá-la raízes sólidas na sua obra passada. Há nesta uma série de aspectos que explicam e justificam a preocupação hoje dominante em Mário de Andrade de analisar e explicar a posição do artista como criador, como artesão e como cidadão. Isto é, como indivíduo que se assenhoreia de uns dados meios de expressão a fim de se inscrever funcionalmente no conjunto das criações da sua época, a qual encontra, deste modo, a maneira de manifestar as múltiplas e por vezes vagas tendências componentes da sua trama espiritual. Não quero lembrar mais do que o "Ensaio sobre a Música Brasileira" (1926) para confirmar as raízes de que falei. Aí, quatro anos após o individualismo extremado da "Escrava que não é Isaura" (escrita em 1922), Mário de Andrade propunha o tema da arte antidiletante, que deveria buscar, na pesquisa do seu sentido nacional, o segredo da sua *função* definitivamente humana. Partindo desse distante "Ensaio", compreenderemos melhor as preocupações que levaram seu autor a reorganizar suas concepções das coisas. Essas preocupações me parecem enunciar-se nitidamente e encontrar as suas mais completas expressões na aula inaugural dos cursos de Filosofia e História da Arte, proferida em 1938 ("O Artista e o Artesão"), e na conferência sobre "O Movimento Modernista", de 1942. Entre uma e outra tomam lugar mais quatro obras, que estabelecem entre elas uma evidente ligação: "Cândido Portinari" (1939); "Romantismo Musical" (1941); "Fantasia" de Walt Disney, do mesmo ano e "Atualidade de Chopin" (1942). É no *Baile das Quatro Artes* e no "Movimento Modernista" que devemos, pois, buscar a estética de Mário de Andrade. E também a sua ética, em larga parte.

Exponhamos antes de comentar. Como ponto de partida da nossa excursão pela obra recente de Mário de Andrade devemos tomar "O Artista e o Artesão". Aí o autor começando pela afirmação de que a arte não se aprende, indica a necessidade imprescindível para o artista de dispor seguramente do aspecto artesanal que ela implica. Só assim lhe será possível se elevar a uma técnica própria através da qual apareça claro o objeto do seu trabalho e fique afastada a demasia de autocontemplação que leva ao crime fundamental de se propor a si mesmo como fim do trabalho artístico, relegando para segundo plano a realidade maior da obra criada e executada. Através do artesanato e da técnica é que se adquire a consciência do objeto e da sua sublime importância.

O estudo sobre "Cândido Portinari" exemplifica esta questão do artesanato e mostra como a superioridade do grande pintor paulista vem em grande parte da sua consciência técnica e do sentido funcionalmente brasileiro da sua pintura. No "Romantismo Musical", porém, é que encontramos um exame mais fundo do problema, o autor analisando e como que provando a sua teoria à luz dos fatos; mostrando como o romantismo foi uma fase de hiperindividualização da música que, passando a ser uma língua a exprimir sentimentos e estados de alma, representa como que uma hipertrofia do indivíduo, que coloca a sua verdade (individual) acima da verdade da arte (humana), descambando para o visgo do virtuosismo.

Na "Atualidade de Chopin" a questão se amplia. É uma meditação sobre a atitude e a situação do artista, na qual Mário de Andrade nos ensina que este se torna realmente grande quando, afirmando embora acentuadamente o seu individualismo, o faz no sentido do seu tempo. Por outras palavras, quando *realiza* o seu tempo através da expressão artística. Chopin foi isso, e se salvou do autismo romântico pela sua capacidade de realizar o seu momento na arte. Por isso é que Mário de Andrade o invoca no fim, mais ou menos à maneira por que Carlos Drummond de Andrade invocou Manuel Bandeira na sua "Ode" admirável: "Chopin está conosco porque em sua arte digníssima ele serviu a todos nós em nossa humanidade. Pois que o gênio dele apareça e nos guie. Que o exemplo dele nos firme a todos em nossas decisões, artistas, operários, mães, estudantes, chefes e soldados [...] Que Chopin nos apareça e nos conduza em nossa dignidade humana".

E aqui saímos do *Baile das Quatro Artes* para entrar no "Movimento Modernista", contemporâneo da "Atualidade de Chopin", que o toca de perto. Porque "O Movimento Modernista" é talvez, antes de mais nada, um pequeno tratado de ética artística: de ética do artista. Nele, Mário de Andrade aborda de frente o problema das relações entre artista e sociedade, entre artista e política.

Chegamos, com ele, ao fim da caminhada que acompanhamos ligeiramente desde 1938, e vemos o autor, a partir da página 71, entrar nas considerações mais justas, mais corajosas e mais nobres das que temos podido ler nos últimos tempos – condenando a própria atividade anterior, marcada por um individualismo ilusório, que compromete o papel social e o sentimento funcional da arte. "Vítima do meu individualismo, procuro em vão nas minhas obras e também nas de muitos companheiros, uma paixão mais temporânea, uma dor mais viril da vida. Não tem. Tem mais é uma antiquada ausência de realidade em muitos de nós" (73-74). E, pouco adiante, marcando ao artista e ao escritor seu dever: "Deveríamos ter inundado a caducidade utilitária do nosso discurso, da maior angústia do tempo, de maior revolta contra a vida como está" (74).

Portanto, de "O Artista e o Artesão" a "O Movimento Modernista", Mário de Andrade percorre um caminho que pode ser resumido como segue: parte da afirmação de que o artesanato é base para a realização integral do artista, que se eleva graças a ele a uma técnica apropriada. Mas o exagero do artesanato, isto é, o requinte técnico, leva ao virtuosismo, que pode comprometer a obra de arte, uma vez que lhe sobrepõe o próprio artista como objeto. Este virtuosismo, produtor de hiperindividualismo, desliga o indivíduo da realidade humana (social) que lhe compete exprimir e lhe serve de alicerce, e a arte passa a correr o perigo de se desfuncionalizar – o artista perdendo contato com o seu tempo e os temas que ele lhe propõe. A solução está em aprender o sentido da sua época e adaptar a ele os meios técnicos, a fim de que a obra se revista de uma larga e fecunda utilidade, que sirva de apoio aos que a ela se dirigem. O artista, assim, pode deixar de ser um criador mais ou menos gratuito para adquirir uma eficiência real, que lhe dê razão de ser em momentos como o nosso, em que todo o virtuosismo se torna uma traição.

De um modo geral, é essa a linha que julgo perceber através dos escritos que integram *O Baile das Quatro Artes* e do "O Movimento Modernista". Lembremo-nos do quanto de retificação eles comportam em face da atitude anterior de Mário de Andrade, para que possamos avaliar a sua heroica dignidade. Tendo construído uma obra enorme, pelo valor e pela extensão; podendo persistir calmamente na exploração dos temas descobertos, ou repousar sobre a glória adquirida, este homem de cinquenta anos retoma a pena para recompor a sua atitude diante da vida, num exemplo raro de dignidade e de coragem intelectual. As páginas de "O Movimento Modernista" em que o autor de *Macunaíma* confessa o quanto lhe parece sem sentido muito da sua obra passada e condena a atitude que lhe correspondia, são o mais belo exemplo que ele pode propor às gerações novas, que o veem encontrar firme e renovado, disposto a contribuir para a construção dos novos padrões de vida e de inteligência.

Qual o sentido dessa atitude de Mário de Andrade, é o que procuraremos determinar de mais perto no próximo artigo.

Antonio Candido, "Artista e Sociedade"[5]

Há muitos modos de se encarar a obra de arte e muitos ângulos para abordá-la. Falando de seu aspecto social, da sua função coletiva, não quero de modo algum afirmar que a isto se reduz a sua natureza e se limita o seu objetivo. Uma das coisas em que acredito, como de resto muita gente, é que as atitudes intelectuais têm mais ou menos significação segundo o tempo em que se inscrevem. No nosso, me parece fora de dúvida que o problema do condicionamento social da obra de arte e da sua destinação coletiva apresenta uma importância mais acentuada de que, por exemplo, o problema do seu significado religioso (no sentido largo), ou metafísico, ou simplesmente técnico. Porque os problemas aumentam e diminuem de valor segundo a nossa atitude intelectual em face deles. E a nossa atitude, neste momento, é ou deve ser a de vê-los sob o signo da participação, segundo o qual se define o seu sentido funcional. Nenhum absolutismo doutrinário, como se vê. Nenhum monismo estético. Senso histórico, tão somente.

Isto dito sobretudo para os apressados essencialistas e os radicalíssimos coletivistas, que veem na arte – uns, a manifestação exclusiva de algo essencialmente misterioso, passível apenas de identificação inefável; outros, uma secreção do meio social, cuja natureza se determina matematicamente se conhecermos este.

Quando falo em condicionamento social da arte, ou do seu objetivo social, entendo coisa bastante diversa. Ninguém vai afirmar que a produção de um artista seja fruto apenas das solicitações do meio, nem se vai querer que a sua atividade se reduza a um pragmatismo imediatista e circunstancial, como o que ditava os anúncios metrificados

---

5. Publicado na *Folha da Manhã*, em 6 de junho de 1943, este texto não consta da pasta conservada nos arquivos do IEB. É mais um artigo publicado no rodapé "Nota de Crítica Literária", no jornal Folha da Manhã, ao qual Mário de Andrade faz referência em "Esquerzo" e nos esboços não publicados de resposta a Sérgio Milliet.

de Maiakovski, os poemas africanos de Marinetti, e que leva o marechal Stalin a regular a natureza da produção musical russa. Disto pode sair arte, não há dúvida, em parto difícil e perigoso. Em geral, porém, saem *ersatz* dolorosamente contingentes, em que se viola e se mutila o ímpeto criador.

E isso nos traz ao assunto de hoje, que é o comentário das recentes teorias estéticas de Mário de Andrade. Porque em Mário de Andrade existe uma compreensão justa do problema exposto. Se não lhe apanha todos os aspectos, indica a solução, que consiste na construção, por parte do artista, de uma atitude que o integre no seu tempo, como se verá a seguir.

De acordo com o *roteiro* que tracei no artigo passado para as ideias de Mário de Andrade, estas se abrem por uma meditação sobre o problema artesanal e técnico. Porque através dos processos de *artefazer*, como diz ele, é que o artista "chegará fatalmente àquela verdade de que, em arte, o que existe de principal é a obra de arte" ("O Artista e o Artesão", em *O Baile das Quatro Artes*, p. 7). Ora, esta frase condiciona, por assim dizer, todo o pensamento estético de Mário de Andrade, rege todas as conclusões a que chega na obra citada e n' "O Movimento Modernista". Nem sempre de maneira explícita ou discursiva, mas implicada em todas as suas partes. Tentemos fazer o caminho que, a partir dessa frase, nos leva às últimas páginas de "O Movimento Modernista", isto é, à definição da posição social do artista. E o fazendo não me parece que se esteja violentando o pensamento do autor, nem mesmo o esquematizando, mas tão somente, procurando evidenciá-lo.

O contato com os meios materiais de produção artística; o trabalho de coorderná-los no processo de artefazer liga o artista à técnica do seu tempo, ou seja a todo um aspecto da cultura deste. Se o impulso criador da inspiração é, às vezes, (quasi sempre) a força que mais tende a segregar o artista da comunidade dos seus semelhantes – afirmando, como afirma, a sua mais íntima, pura e irredutível essência individual – a técnica e os processos artesanais são a força que tendem a ligá-lo ao conjunto dos seus companheiros, aos seus problemas corporativos, às suas soluções materiais. Através desta ligação ele vai se aproximar das soluções sociais, vai encontrar o seu tempo e participar da sua atividade criadora. Participar, isto é: se sentir parte, se sentir tomado pelo sentimento de *appartenance*, de *feeling together*, como dizem os sociólogos americanos, que é o sinal da existência social de um grupo. Ora, esta ligação determina o caráter objetivo da sua atividade; coloca necessariamente a obra de arte, e não o próprio artista, como objeto da criação. A sua consciência não se determina tão só pelo reflexo de si mesma em si mesma, mas pela sua imagem refletida que as coisas do mundo lhe mandam de volta. Ligado ao mundo pela sua qualidade de artesão, o artista cria no sentido do humano, e não mais do individual. Transcende esta condição básica que é o individualismo: e o artesanato, a técnica, se apresentam como força de integração grupal.

Esta integração depende do processo das misteriosas correspondências que o senso da técnica estabelece entre artista, objeto e grupo. Não consiste evidentemente num aniquilamento da personalidade diante da sociedade. Pelo contrário. Graças a ele o artista ganha consciência dos seus propósitos e chega ao estádio em que o quer Mário de Andrade: adquire uma atitude em face da vida, porque é uma pessoa humana consciente ante os valores que cria e graças aos quais organiza uma conduta que lhe permite – seja integrar-se harmoniosamente no seu grupo, seja apresentar-se frente a este numa atitude inconformada, de quem propõe contra uma aparência social fictícia, apodrecente, as profundas aspirações grupais. Torna-se um ponto de reparo que, graças à sua intuição divinatória, indica o verdadeiro sentido das relações humanas.

Integração ou rebeldia só tem sentido para o artista se fruto de uma atitude nascida da sua própria atividade sobre as coisas dentro da sociedade. Por isso diz Mário de Andrade que: "Faz-se imprescindível que adquiramos uma perfeita consciência, direi mais, um perfeito comportamento artístico diante da vida, uma atitude estética disciplinada, apaixonadamente insubversível, livre mas legítima, severa apesar de insubmissa, disciplina de todo o ser, para que alcancemos realmente a arte. Só então o indivíduo retornará ao humano. Porque na arte verdadeira o humano é a fatalidade" (*op. cit.* p. 28).

Daí a revolta de Mário de Andrade contra o virtuosismo, que tende ao jogo livre das disponibilidades individuais. Dele, faz uma análise penetrante em "O Artista e o Artesão", exemplificando-o em "Romantismo Musical" e analisando o seu sentido n' "O Movimento Modernista" – comprometido por ele em larga parte.

Com efeito, o hiperindividualismo que a virtuosidade implica aparece como um processo dessocializante, anti-humano, tendendo a agravar as distâncias e as incompatibilidades que concorrem dentro da sociedade, para o desnorteio e o desequilíbrio. É bastante o caso dos músicos românticos e dos modernistas brasileiros. Mário de Andrade fala "...dos perigos que (o virtuosismo) esconde, e que só mesmo uma verdadeira organização moral de artista pode evitar..." – e indica a sua causa, em várias passagens, no desfuncionalismo do artista, privado de uma visão estética das coisas e da arte: de uma filosofia do seu ofício, que o conduzisse a uma ética.

No entanto, me parece que não aprofundou quanto deveria ter feito esta análise do virtuosismo moderno. Há causas mais profundas que, ao mesmo tempo, justificam o artista contemporâneo. O desnorteio de princípios que o atira no pesquisismo extremado, característico do nosso tempo, é motivado pelo seu desenquadramento social. Desenquadramento em dois sentidos. De um lado, a sociedade confinando o artista nos domínios estreitos da autorrealização; de outro, não lhe oferecendo quadros nem lhe propondo ideal algum, fortemente enraizado na consciência coletiva, que seja objeto de arte. A fuga a esta limitação dupla acarreta a sua proscrição – quer fuja da atitude castrada de *clown* das classes dirigentes, quer se dirija a um grande ideal não chancelado por elas.

O drama desta fuga é a própria época que o força. A nossa é uma época de confusão dos estilos de vida, que ainda não catou os seus pedaços dispersos pelas necessidades da ultradiferenciação para deles e com eles levantar uma síntese profunda, que seja a razão ele ser deste tempo. As verdades entrevistas têm uma amplitude que as faz não caberem nas dimensões das castas e classes em que se fragmenta a sociedade, e este conflito fundamental, espécie de monstruosa modalidade moderna e coletivizada do problema da essência e da existência, se refletindo na organização da própria vida do artista compele-o para o puro jogo das experiências, isto é, da autorrealização num plano desprovido de significado ecumênico.

Libertada do virtuosismo, a criação artística se apresenta objetivamente, existindo num dado meio, junto de certa gente, para a qual, em última análise, não é necessária a existência individual do artista, separado da sua produção.

Assim, o que é importante, o que define a utilidade humana da arte é a atitude que o artista assume. A sua conduta social vai marcar a sua obra e justificá-la. O esforço grande, por conseguinte, deve ser o da criação de um certo número de valores que se proponham como diretriz ao artista. Nas obras que comentamos pode-se acompanhar o pensamento de Mário de Andrade neste sentido. E somos levados a constatações das mais importantes.

Se n' "O Artista e o Artesão" ele mostra a falência do artista exclusivamente subordinado ao próprio eu, demonstra n' "O Movimento Modernista" a sua falência ao se subordinar, nos tempos que correm, às aristocracias. Concluímos, nas páginas finais desta obra, que a humanidade do artista será tanto maior quanto mais larga for a humanidade que ele exprime. Preso dentro de si mesmo; correspondendo às exigências de uma elite, ele falha. Ultrapassando as condições individuais, erigindo-se contra as verdades de classe, ele alarga a sua esfera e se amplia até coincidir com o verdadeiro sentido do humano que, ele só, pode elevá-la à grandeza. Ao artista não cabe, nos dias de hoje, se tornar porta-voz das classes em conflito. Fazendo-o ele trai a sua missão, que é trabalhar pela resolução das classes numa fraternidade mais ampla, universal. Foi o que sentiu Mário de Andrade, lamentando a dependência em que ele ficou, ao lado dos outros companheiros de 22, das condições de um dado grupo social Os aristôs, como ele diz muito pernosticamente.

E assim chegamos onde me propus levar-vos, ou seja, ao comentário mais chegado das ideias de Mário de Andrade, procurando sistematizá-las, através da diversidade das suas manifestações. Uma vez aqui, é forçoso reconhecer que concordo com quase tudo que diz o cantor de *Macunaíma*. Discordo de certas expressões suas, que lançam alguma confusão no assunto. Por exemplo: do uso imoderado que faz do termo *ser*. A cada momento lemos: ser social, ser subjetivo, ser moral etc. Tal vocábulo implica um certo essencialismo realista (no sentido gnoseológico) que não é o da linha geral do seu pensamento. Atribuo-o menos à incoerência deste do que a um conhecimento deficiente do vocabulário filosófico; e me arrepio um pouco a ler coisas como: "Esta parte da técnica obedece a segredos, caprichos e imperativos do ser subjetivo, em tudo o que ele é como indivíduo e como ser social" (*op. cit.* p. 9). Terminologia imprecisa, perigosa e, no caso, filosoficamente ininteligível.

Mário de Andrade é uma grande consciência de homem e de artista. Todas as discordâncias que se possa ter com ele; toda a fraqueza que, a certa altura de sua obra, quase o ia levando para um maneirismo perigoso; toda a inquieta dispersão sob cujo signo se vem processando o seu trabalho criador – não podem tocar na realidade básica do exemplo que ele é de dignidade e de esforço intelectual. Sobretudo agora, quando ele procura dirigir a sua paixão pela beleza e pelo jogo estético no caminho difícil da eficiência social e humana. Não sei o que dirão disso os historiadores da literatura. Ao crítico, que vive de e para o presente é forçoso verificar que esta fase da obra de Mário de Andrade é de uma capital e decisiva importância para a orientação do nosso pensamento literário e artístico.

Sérgio Milliet, "O Baile das Quatro Artes"[6]

Quem não andava com saudades do Mário de Andrade crítico, do ensaísta que coloca ao serviço de suas paixões estéticas uma fecunda imaginação e um erudito conhecimento da leitura e da arte universais? Pois ei-lo que publica, após anos de silêncio exegético, dois volumes de comentários a assuntos artísticos, de análises e pesquisas literárias. Na sua longa ausência não perdeu aquela maneira quase paradoxal e sempre sutil de colocar o problema e de apontar a solução inesperada e brilhante a um tempo. Agrada-lhe o pelotiquismo das ideias, sente-se à vontade nele, algo pernóstico por vezes, grande mago quase sempre, capaz de tirar um coelho da cartola sem que ninguém dê pelo truque. Bem sei que muita gente se irrita com tais habilidades, mas a mim me parece que o verdadeiro crítico se caracteriza exatamente por essa desenvoltura com que vira no avesso as obras dos outros, lhes descobre as preciosidades ou os defeitos. Porque o coelho está realmente dentro

---

6. Artigo publicado em *A Manhã*, do Rio de Janeiro. Não traz data. Algumas passagens foram sublinhadas por Mário de Andrade em vermelho e azul. Em nossa transcrição, elas estão assinaladas em itálico. O texto foi incluído por Mário de Andrade numa pasta que reúne os artigos referentes à polêmica sobre "O Artista e o Artesão"; são arquivos do autor, conservados no Instituto de Estudos Brasileiros da Universidade de São Paulo (IEB-USP).

da cartola; o público não o vê e se espanta com a mágica. Mas o mago sabe o que faz. O mau crítico é o que se ilude e pensa tirar o coelho de uma cartola que contém apenas um gato. Às vezes os leigos vão no embrulho, porém os espectadores mais sabidos não "comem".

Ora, o *Baile das Quatro Artes*, que Mário de Andrade acaba de publicar, está cheio dessas revelações excelentes, mas, de uma feita, não é um coelho que sai da cartola e sim um gato, gorducho em verdade, de pelo bem tratado, mas um gato apenas. É quando o autor aborda o problema do artesanato e com excesso de sutileza confunde técnica com estilo.

Diz Mário de Andrade: "O artesanato é uma parte da técnica da arte, a mais desprezada, infelizmente, mas a técnica da arte não se resume no artesanato. O artesanato é a parte da técnica que se pode ensinar". E logo a seguir, definindo a técnica, acrescenta: "Mas há uma parte da técnica da arte que é por assim dizer a objetivação, a concretização de uma verdade interior do artista". E não contente ainda com se revelar tão especioso, Mário de Andrade subdivide esta última parte em "virtuosidade" e em "solução pessoal".

Eu não nego a sutileza do raciocínio com que explana suas razões, mas não concordo em absoluto com a adoção, pelo autor, de conteúdos pessoais para continentes com o destino predeterminado e certo. Já existe suficiente confusão na terminologia artística para que *não se sujeitem os críticos às poucas definições aceitas até hoje por todos.* Ora, entre essas figuras a da *técnica, considerada como "a parte material ou o conjunto de processos de uma arte". A técnica é o que se ensina de uma arte, é a parte pedagógica. Quando a técnica se torna pessoal, ou por não ter sido aprendida mas inventada, ou por ter sido modificada, estamos diante do "estilo", o qual é inerente à personalidade do artista. O que não impede a possível transmissão a outrem, a imitação, a vulgarização, a transformação em técnica. Artesanato é outra coisa; é classe profissional, está ligado à estrutura da sociedade e pode existir ou não, segundo as condições de trabalho, de economia em que vive o grupo. Na sociedade moderna do mundo ocidental já quase não se encontra o artesanato porque as condições atuais não permitem a sua existência.* Não tem função que o autorize a viver.

Argumentando com exemplos em favor de sua nova e estranha terminologia, Mário de Andrade cita uma anedota. Quero transcrevê-la por inteiro, não só para não lhe trair o pensamento mas ainda para que todos gozem *o estilo gostoso, a técnica, na opinião do autor:* "Sobre isso lembrarei agora uma boa e curiosa lição contemporânea. É o caso do pintor espanhol Picasso que, vendo um dia um pintor de paredes usar um pincel especial que facilitava e tornava mais rápida a maneira de imitar mármores, exprimiu o desejo de possuir um pincel desses. Lhe fizeram presente de um, e Picasso, depois de demonstrar alegria pela posse, utilizou-se do pincel de imitar mármore pra pintar os cabelos de umas figuras. Bem se poderá, por esta anedota, perceber a diferença que existe entre a técnica pessoal e o artesanato. Um pincel feito para pintar imitações de mármore serve para pintar imitações de mármore. Com ele, será mais fácil a um aprendiz aprender a pintar mármore em pintura, bem como, com o uso dele, terá o aprendiz facilitado o seu trabalho. É o artesanato".

Gostoso e absurdo. O que houve no caso foi simplesmente o emprego de uma técnica para fins diversos daquele a que se destinava, o que é comum em qualquer arte e que não destrói nem modifica o valor dos conceitos admitidos. Usando o pincel para imitação de mármore na fatura do cabelo, Picasso evidentemente inventou e fez estilo. Porque foi pessoal, porque agira em obediência ao imperativo de seu gosto e de sua sensibilidade; mas o processo em si permanece uma técnica, podendo como tal ser ensinada a qualquer artista. Em verdade a técnica se transmitia outrora pelo artesanato, isto é, através das organizações corporativas em que havia artesãos e aprendizes, oficiais e aspirantes ao ofício ou meio-oficiais. E com o desaparecimento, pela transformação da economia social, dos "guilds", as técnicas passaram a ser transmitidas pelas instituições de ensino. E mais nada.

Eis o gato do crítico. Mas há, no mesmo ensaio, coelhos admiráveis que o mago Mário de Andrade arranca da cartola com um gesto triunfante. Assim toda a parte final em que salienta a incongruência do nosso tempo: "Na história das artes, estamos num período que muito parece ter pesquisado e que, no entanto, é dos mais afirmativos, dos mais vaidosos, dos menos humildes diante da obra de arte. Há, por certo, em todos os artistas contemporâneos, uma desesperada, uma desapoderada vontade de acertar. Mas a inflação do individualismo, a inflação do psicologismo, desnortearam o verdadeiro objeto da arte. Hoje, o objeto da arte não é mais a obra de arte, mas o artista. E não poderá haver maior engano".

Este ensaio de Mário de Andrade, que tomo a liberdade de discutir, tem outro mérito mais importante ainda: o de constituir um como que retrato psicológico do autor. Com efeito quase toda obra do pai de

Macunaíma começa por uma série de pelotiquismos; mas o artista se esquenta, dança, rodopia, dá saltos mortais, e de repente cai em transe. Joga então a máscara fora, esquece a inteligência, a facilidade, o brilho, e diz as coisas essenciais. E a gente lhe perdoa o começo. Com que alegria e com que amor!

Texto manuscrito de Mário de Andrade, contendo as primeiras ideias para "Esquerzo"[7]

Duvido que você encontre em arte, umas "poucas" (dez?) definições "aceitas até hoje por todos".

Péssima definição de técnica, "conjunto de processos", o que é *processo* em arte! Há processos de técnica, há processos de estilo, há processos de sensibilidade e de pensamento, de sentir e de pensar.

Confusão de técnica com estilo. Quando falo em "técnica pessoal" do artista, "a objetivação, a concretização de *uma* verdade interior do artista, evitei falar em estilo, justo pelo que esta palavra tem de confusionista, de completamente pessoal pra cada um. O que é estilo? Vejamos Manuel Bandeira: ("..."). Ora eu nego que estilo seja apenas "técnica pessoal" como quer S. Milliet. Que não é "pessoal" apenas se prova por "estilo gótico", "estilo luís número tal" etc. Existe no estilo não apenas a "objetivação de uma verdade interior do artista", mas a "fatalidade" do artista ou duma época, fase, escola etc. não apenas aquilo de que o artista está *consciente*, mas também a sua fatalidade, aquilo que transcende a consciência dele, aquilo de que ele está inconsciente.

Não há maior confusionismo do que [ilegível] que cai S. M. quando diz que técnica pessoal se chama estilo e observa: "o que não impede a possível transmissão a outrem (de um estilo possível), a imitação, a vulgarização, a transformação em técnica". Não é verdade. Um estilo pessoal não pode nunca se vulgarizar e transformar em técnica. A repetição de um estilo histórico (fazer um arranha-céu... colonial!), será

---

7. As folhas que compõem este texto encontram-se em razoável desordem. Reconstituímos a ordem pela coerência do discurso. As indicações suplementares ao texto, inscritas na margem ou nas entrelinhas, estão inseridas entre // //. No verso da última página, existe uma observação rápida de Mário de Andrade, que incluímos no final, entre colchetes. O texto também foi incluído por Mário de Andrade na pasta que reúne os artigos referentes à polêmica sobre "O Artista e o Artesão"; são arquivos do autor, conservados no IEB-USP.

sempre imitação não criadora, plágio. – O que se pode justamente aproveitar, vulgarizar, generalizar, é a técnica pessoal, isto é, a parte objetiva de um estilo. No "estilo" de Machado de Assis e no "estilo" de Sérgio Milliet são denominadores comuns a simplicidade, a clareza, a ausência de brilho imagístico etc. mas o estilo de M. de Assis não é o estilo de S. M. Ambos são subservientes de gramática normal, nenhum dos dois se põe como problema a possibilidade de fazer marchar a gramática. Mas a sintaxe de M. de A. não é a sintaxe de S. M. O vocabulário de M. de A. não é o vocabulário de S. M. embora ambos tenham as 50 palavras da simplicidade e do aticismo. Esta é a objetivação técnica de uma verdade interior que torna diferentes a técnica pessoal de M. de A. e de S. M. Da mesma forma que a fatalidade interior de M. de A. lhe deu o humor inimitável, a linguagem bêbeda, o entrecortado do "estilo" de M. de A., e deu a melodia suave, o cepticismo afirmativo, a frase direta de S. M. Isto, esta diferença, jamais nunca não se transformará em técnica. Na técnica "que se aprende". Pra *repetir* essa diferença (espiritual), repetir o mesmo fraseado, a mesma gramática, a mesma sintaxe, o mesmo vocabulário do paradigma (?). E não seria aquisição técnica, mas influência pejorativa, imitação, plágio. Rembrandt tinha sua verdade interior. Pra realizar-se ele desenha desta maneira *pessoal*, escolhe uma paleta *pessoal*, usa uma pincelada *pessoal*, distribui pessoalmente o claro-escuro dando sistematicamente um terço pra luz e dois terços pra sombra etc. Esta é a técnica *pessoal* de Rembrandt, a parte objetiva de seu "estilo" que eu posso aprender a incorporar à minha técnica. E assim mesmo!... Já no desenho e na distribuição de claro-escuro entram fatalidades que ultrapassam a verdade consciente do artista. Esta fatalidade eu não posso incorporar à minha técnica. Si eu fizer isso estarei imitando. Plagiando. Foi esta distinção entre o todo "estilo" e a sua parte de objetivação exteriormente material (técnica pessoal) que eu acentuei e S. M. não quer ver. E sou obrigado a insistir: o artista que se inteira da técnica pessoal de outro artista, aprende; se a incorpora, corre o perigo de desistir de si mesmo; si a repete cai no perigo da virtuosidade gratuita.

Ora, embora não possa desenvolver aqui este meu pensamento, ele faz parte intrínseca de um corpo orgânico de ideias, de uma "estética" pedagógica, de uma filosofia da arte que eu me esforcei por adquirir. Filosofia não "pura", mas como S. M. reconhece em mim, graças a Deus! que eu "coloco a serviço de minhas paixões estéticas". Mas é sempre um corpo orgânico de ideias agenciadas num sistema, numa estética. Pois S. M. vem afirmando que é ruim isso dos "críticos" não se sujeitarem "às poucas definições aceitas por todos". Está claro que eu não tenho a menor pretensão de me considerar com iguais direitos aos de um Kant, de modificar os sentidos das palavras à minha vontade, ou mesmo aos direitos de um Tolstoi na sua "estética". Mas é direito de qualquer corpo orgânico de ideias usar as palavras no sentido que julga verdadeiro, desde que as conceitue. Isto eu não deixei de fazer. Ora donde vem S. M. me falar em "críticos", quando era um professor organizado que falava? E dentro de um corpo orgânico de ideias que não era livremente estético, mas era também "ético" como salientou Antonio Candido com tão profunda compreensão intelectual do meu destino?

E aqui entramos na outra palavra da minha terminologia, que S. M. desaprova, "artesanato". Não há dúvida que nas minhas críticas eu continuo – está claro! – empregando a minha terminologia de professor, mas além das diferenças não serem tão fundamentais assim, mas apenas "sutis" como quis dizer S. M. na sua crítica, eu sustento que talvez sejam esclarecedoras e úteis. Uma conceituação transitória e em trânsito das palavras que afinal acabaram perdendo completamente o sentido, de tantos sentidos vagos que tomaram. Acaso a semântica deixou de existir?

Ora S. M. nega que eu tenha direito de me utilizar da palavra "artesanato", a conceituando, lhe dando significado específico de uma arte da técnica, só porque a palavra já tem sentido sócio-histórico. Ora, como admiravelmente explica S. M., o "artesanato", o "artesão" deixaram de existir, "desapareceram", porque "as técnicas // sentido moral-social do artesanato // passaram a ser transmitidas pelas instituições de ensino. E mais nada". Ora muito que bem. Mas eu me pergunto que mal há que eu renove (renove apenas) o sentido de uma palavra e de uma qualificação do artista que não têm mais utilização prática e cotidiana, em vez de inventar uma palavra nova, "patapum"? Esta é a técnica mesma das ciências possíveis e das doutrinas novas. E com que desenvoltura o fazem! Será que eu não tenho mais o direito de reconhecer que o meu amigo S. M. é um homem culto, de uma forma de cultura "sociológica", só porque sociologicamente ele é muito menos "culto" que um selvagem da Austrália ou que um bororo?

E me deixem escapar a verdade/vaidade: mas que "artesanato" no sentido da parte proletária da técnica de arte era uma palavra que faltava prova esta minha aula sobre o "Artista e o Artesão". Percorra S. M. a nossa crítica de arte paulista, antes ou depois de meu estudo aqui. Ela foi imediatamente adotada pelos críticos e estetas, utilizada como direito, generalizada, e creio que transformada numa... técnica do pensamento estético.

Ora neste ponto, importa muito perguntar: si o artesanato histórico deixou de existir com as instituições de ensino vigentes, o artesão desapareceu? E o que importa mais: existe ou não existe na arte um fundo artesanal, um fundo operário, que as condições contemporâneas da indústria tendem a destruir? Qual o organista que sabe consertar seu órgão, qual o pianista que afina seu piano? qual o pintor que prepara sua tela e moe sua tinta? quantos escultores ignoram o talho direto? Quantos escritores conseguem conservar por 25 anos sua máquina de escrever. Compra-se outra. E o olio estala, a tela chupa. O órgão ficou imprestável e o piano continua desafinado vinte dias à espera do afinador gripado, enquanto o ouvido se escangalha.

Talvez seja isso em minha terminologia o que S. M., no seu ceticismo tão afirmativo, em sua concepção libertária do artista, menos queira aceitar. Como eu, ambos juntos, S. M. e eu estamos decididos, eu em minha posição de professor, ele em sua posição de crítico, a reverter o artista à sua "moralidade" perdida. Embora nossas "moralidades" possam num ou noutro ponto, divergir. Ora eu insisto e vou até consequências últimas que S. M. parece não querer aceitar: o que eu chamo de "artesanato" em minha terminologia é aquela base baixa de trabalho manual, de trabalho operário, que está na base mesma dos ofícios como das, meu Deus! chamadas "belas-artes", palavra também confusionista e que eu renego e odeio. Eu não exijo que o artista construa o seu órgão, mas que saiba como se constrói um órgão. Eu não exijo que o artista moa sua tinta, mas que saiba escolher entre as tintas industriais a que não estala. O que eu exijo é a coerência artesanal de profissionalidade que tanto "moraliza" o carpinteiro em sua carpintaria como o arquiteto em sua arquitetura. É o fundo coletivo do operário que o artista esqueceu, virando deusinho com estrela de gênio na testa. E então a Estética inventou (invencionice idiota) que a arte era "desnecessária". E porque um esteta a chamou de "jogo", os artistas imaginaram que ela era uma brincadeira. Não é só o sr. Afrânio Peixoto que considera a arte o "sorriso da sociedade" não. São todos! É o Picasso cubista, é o Stravinsqui da música pura, é Paul Valéry, é... são todos! Quase todos...

Engraçado... Quando os cantadores nordestinos, quando os negros do Tietê, quando os catireiros querem fazer Arte, arte da mais integral, também eles agora têm de ir com o Prefeito, tem de ir na Polícia, têm de ir nas "autoridades locais", pedir licença. Rolando chapéu nas mãos, cheios de dedos, eles falam difícil que vêm pedir licença pra fazer uma "brincadeira".

— Nóis queremo brincá um bocado, sim sinhô.

Até pagam, porque hoje as licenças são pagas, embora sejam gratuitas as licenciosidades do espírito. É muito, é muitíssimo divertido, é de morrer de rir: o negro paga licença ao governo para sambar, mas quando um artista não se incomoda com a vida e só vive das licenciosidades do espírito, o governo é que o paga! Oh meus amigos, é divertidíssimo! é de morrer de rir!

E os negros passam a noite na "brincadeira" deles. Os versos do canto o que dizem? Dizem "incongruências" dizem quase todos os "cultos" (não sociologicamente falando). Um diz que "não é dali, veio do Rio Fundo". Outro diz que "o boi apareceu morto na serra". Outro diz que o "engenho Madureira é mais belo do que o da Escada". Está se vendo: são coisas sem sentido, são "incongruências", são "besteiras", "sem a menor beleza poética" (sic) sem o menor interesse (de quem?). E os negros passam a noite sambando na "brincadeira". Depois... Durante... Há mortes, nascem amores, há o recém-nascido, o que veio do Rio Fundo roubou a mulher do Chico, há rixas, surgem amizades, há descanso, há infelicidade. Há vida nascida da "brincadeira".

Há "jogo". Mas nesses artesãos do samba e da cantoria, o jogo, a brincadeira é exatamente a brincadeira funcional do esteta, e não a brincadeira que os artistas "livres" fizeram. Livres do que! Os capitalistas, os governos pagam.

[*Sérgio Millet*
Si os menestreis profissionais se acabaram não posso mais chamar ninguém de menestrel, lhe aproveitando a significação lírica.
Si o artesanato – etc.
Eu não posso lhe utilizar a significação proletário profissional?]

Sérgio Milliet,
"Fui Bulir em Vespeira"[8]

Há tempos escrevi em *A Manhã*, do Rio, alguns comentários rapidíssimos acerca do último livro de Mário de Andrade, o *Baile das Quatros Artes*. Bem sabia que ia bulir em vespeira abordando o assunto intrincado da terminologia artística. Mas nada como uma tempestade em copo d'água para esclarecer as ideias. Discordei de meu muito amigo e admirado Mário e provoquei assim uma saraivada de lições aproveitabilíssimas. Dou o braço a torcer com referência a alguns dos nossos desentendimentos, mas revolto-me contra as razões apresentadas em relação a pelo menos dois pontos: o abuso do termo marginalidade, de que Mário me acusa, e o da sinonímia que eu teria estabelecido entre técnica e estilo. No que diz respeito ao conteúdo da palavra artesanato confesso ter empregado o termo outrora mais ou menos no mesmo sentido que o adotado pelo espertíssimo polemista. *Mudei de ideia e, por outro lado, como vulgar ensaísta não me cabia a responsabilidade a que, como professor, se obrigava Mário de Andrade. Eu tinha o direito de me dar um segundo sentido ao vocábulo, eu literato e crítico mais ou menos amador. Mário, porém, escrevia para seus alunos no intuito de esclarecer, de delimitar e de definir. Daí a responsabilidade enorme assumida e que não comportava sutilezas excessivas.*

Onde, porém, não aceito de modo algum essas sutilezas é quando Mário de Andrade me acusa de haver traído o sentido sociológico do termo marginalidade. Marginalidade, desculpem o pedantismo, é um processo social, de psicologia social, pelo qual o indivíduo é projetado à margem do seu grupo e se transforma em um inadaptado. A marginalidade fora estudada até hoje em função dos contrastes entre culturas no espaço. Nada mais fiz do que estudar o mesmo processo no tempo. Não mudei o sentido da palavra, não lhe dei outro conteúdo. Encarei-a apenas por um ângulo diferente. Fica aqui bem claro isso que inúmeros sociólogos brasileiros e americanos entenderam perfeitamente e pelo que me felicitaram não raro sem reservas.

---

8. A tréplica de Sérgio Milliet foi publicada em *O Estado de S. Paulo*, no dia 18 de junho de 1943, segundo anotação de Mário de Andrade, no recorte encontrado na pasta do IEB. As passagens assinaladas a lápis no texto aparecem em itálico em nossa transcrição.

Quanto ao estilo, não o confundi em absoluto com a técnica. Tão somente afirmei que a definição dada por Mário leva a confundirem-se ambos os vocábulos. E, meio de piada, (o que meu amigo e adversário compreendeu, mas fingiu macunaimicamente não perceber) citei um trecho característico de sua técnica (em verdade também de seu estilo). Sei muito pertinentemente que a técnica é parte do estilo, mas o que afirmo é que é parte transmissível, ensinável, embora pessoal, e não como conceituou Mário de Andrade: "a concretização de uma verdade interior do artista".

Ponho assim os pontos nos ii. Seria um não acabar de artigos entrarmos ambos no debate do que se deve entender exatamente por estilo. O problema ultrapassaria os limites jornalísticos do que vimos fazendo os dois e eu me recuso a contribuir para uma maior confusão, fatal neste momento em que o público começa enfim a se interessar pela arte boa que ambos defendemos. Se houve um mal-entendido fica sanado aqui, nesta "harmonizadora consonância". Que pena eu não poder usar imagens musicais! (Não entendo de música além do prazer que me dá e já fui corrigido de uma feita pelo mesmo caridoso espírito de Mário de Andrade; não vou forçá-lo a vir muito a contragosto apontar-me novos erros. Não quero expor demasiado o flanco, como aquele inconcebível crítico que se referiu publicamente à "escala cromática de Debussy"). Se me fosse permitido invadir a seara alheia eu falaria de acordes, de melodias e de orquestração e talvez, até, tivesse a oportunidade de empregar a palavra bemol, tão simpática, ou a palavra sustenido francamente pernóstica e, sobretudo, essa famigerada semifusa que soa a meus ouvidos assim como o pitecantropus dos paleontologistas.

Uma convicção confortadora tiro, entretanto, desta polêmica em que por certo levo desvantagem, tímido a sem brilho diante do admirável center-forward do "scratch" literário nacional: a de que já é possível discutir ideias em São Paulo sem xingar a família. Houve uma época de donos de assuntos em que, para jogar-se na polêmica, o indivíduo precisava antes adquirir um Smith and Wesson bem calibrado. Hoje os tiros são no máximo de retórica. Hoje é colmeia só, de abelhas caseiras cujas picadas curam o reumatismo. Inda bem.

Mário de Andrade, "Marginalidade"[9]

Marginalidade

Sérgio Milliet acha que não mudou nada aplicando no tempo a marginalidade aplicada no espaço, e considerando nela o criador considerado indivíduo, o que se considerou no grupo. Basta lembrar uma coisa: os homens marginais de um grupo, considerados sociologicamente em seu marginalismo, nós os provamos marginais e esta pode ter gravidade científica e utilidade prática, porque agem da mesma maneira. As reações e acomodações deles são várias mas sempre as mesmas. Os de tal caso agem deste e deste jeito, os negros destes modos, os judeus destes. E aplicada ao indivíduo e não ao grupo como S. M. fez? O engano fatal do Sérgio Milliet, foi que ele fez psicologia individual e nunca psicologia social como ele pretendeu fazer. Em vez de sociólogo, psicólogo. Ele não viu, como tinha de ver, como os artistas agiram da mesma maneira, mas como agiram cada um por si, conforme seu temperamento, tempo, espaço, gênio etc. O marginalismo, si marginalismo existe, consistiria apenas em distinguir quais os artistas que poderiam ser considerados marginais porque agiram das mesmas maneiras: e neste caso realmente sociológico teríamos que uns se acomodam, outros se revoltam totalmente, e creio que só. Porque o simples fato de deformar inconscientemente, como um Haydn a missa, um Mozart a ópera-bufa etc. não é fenômeno sociológico porque não se trata de um comportamento adquirido, mas fatal.

Bom mas si S. M. tem o direito de aplicar no tempo e para os artistas a "marginalidade" eu também posso fazer o mesmo para os grupos e as sociedades. O que me levaria a verificar que a sociedade europeia entre a Idade Média (que foi o Cristianismo em sua perfeição de ideal e rendimento de civilização, segundo S. M. e o sr. Tristão de Ataíde, tudo o mais até aqui é decadência do Crist. e da I. Cristã) a sociedade europeia ou mais largamente cristã ocidental é uma sociedade marginal, cada grupo racial, nacional etc. é grupo marginal, e cada idade e cada hominho um marginal. E agora sim bem sociologicamente porque nas reações, acomodamentos etc. todos se comportando das mesmas maneiras.

---

9. Texto manuscrito retomando a questão da marginalidade, evocada em "Fui Bulir em Vespeira", de Sérgio Milliet. Não nos consta que este texto tenha sido publicado. Possivelmente foi previsto para *Mundo Musical*, como parece indicar a referência a "Esquerzo" (p. 123), precedida por "No artigo anterior eu disse que [...]" (p. 157).

E si conservando a aplicação social de Park, em vez de ao *breed*, de grupo social, eu aplico ao grupo classista a marginalidade, eu tenho coisas ótimas. Eu provarei, supostamente, que a corporação dos sapateiros, na Ouro Preto dos setecentos, indo se instalar na rua dos Ourives, o contacto fez com que ourives e sapateiros se tornassem todos marginais. Ou que na São Paulo de agora a pequena burguesia de tal, na Barra Funda com a transformação das casas vizinhas em habitações coletivas, mudou-se para outro bairro mais classista por ter se tornado marginal. A marginalidade provocou a mudança! E tudo e todos somos baianos, porque a marginalidade se transformou na luta pela vida e no *signor relicato, anch'io sono baiano!*" da anedota.

... de empregar de maneira totalmente inusitada a palavra "marginalidade"...

Não disse mudar o sentido porque não sei suficientemente sociologia e conheço mal o assunto para discutir com Sérgio Milliet. Embora pelo que conheço e muitos que conhecem, me conserve a convicção de que houve distorção e distorção abusiva inaceitável. Daqui a pouco vou dizer porque (as razões que escrevi no artigo)

Mas, imediato, quero provar a minha afirmação. No artigo anterior eu disse que Sérgio Milliet "empregou de maneira absolutamente inusitada a palavra marginalidade". S. M. nega e explica que conservou o sentido. Eu disse que a maneira era inusitada e basta isso e as consequências pra eu provar aqui que ele não tinha esse direito. Diz ele no seu livro que em vez de empregar especialmente a palavra a empregava de maneira temporal. Pra que mais pra minha frase ser legítima. Ele fez o que ninguém tinha feito ou não? Ora então eu posso fazer o mesmo com qualquer palavra? Pois eu resolvo empregar a palavra "técnica" não no sentido objetivo mas subjetivo, não no campo material mas psicológico. E concluo, por exemplo, que em relação às exigências e tendências do público, o academismo é uma escola ou tendência verdadeiramente técnica, possuidora de técnica (pois satisfaz as exigências do público). E os maiores técnicos da música moderna, os únicos com "estilo" no sentido de "técnica pessoal" que S. M. deu à palavra são Franz Lehar na Alemanha, Puccini, Leoncavallo, Mascagni na Itália etc. Ou suponhamos que em vez de aplicar "técnica" no sentido especial eu a aplique no "temporal". Agora voltamos a chamar Giotto, por ex. de "primitivo" no Renascimento e seus maiores técnicos em Lucca fa Presto!

Luís Martins,
"Um Livro e uma Exposição"[10]

Aceitando, em princípio, a admirável lição de Mário de Andrade sobre a necessidade do artesanato para a formação técnica do artista, gostaria, entretanto, de fixar os limites em que ele deixa de ser um auxiliar preciso da técnica para se transformar em preocupação absorvente.

Artesanato, ensina Mário de Andrade, é a parte da técnica que se pode ensinar. *Enquanto é isto apenas, não vejo a razão de se lhe emprestar nenhuma importância maior do que a de se dar às crianças as primeiras noções do alfabeto, à mocinha que estuda piano os conhecimentos rudimentares da escala etc.* É claro que ninguém poderia pintar, ou esculpir, ou tocar trombone, sem conhecer alguma coisa dos materiais com que vai lidar – e essa alguma coisa é fácil de aprender e adquirir.

Toda a dificuldade a considerar me parece ser a delimitação dessa função didática. Porque, como bem reconhece Mário de Andrade, há uma parte da técnica da arte que é intransmissível, que não se ensina e cuja reprodução seria imitar. Haveremos, assim, de chegar sempre a um ponto em que o mestre transmite ao discípulo toda a parte da técnica ensinável – isto é, lhe proporciona os meios de conhecer, de tratar, de dominar o material que vai mover. Daí por diante o candidato a artista terá que caminhar sozinho.

Mas se artesanato é isto apenas, não vejo razão alguma para que se discutam as relações entre o artista e o artesão como um conflito de conceituações diferentes, porque é a coisa mais lógica, mais indiscutível que o segundo participe forçosamente da própria formação técnica do primeiro.

Não sei exatamente se a questão está assim bem colocada. Para falar com franqueza, não julgo muito importante o estabelecimento de uma classificação definitiva neste ponto (coisa variável segundo o modo pessoal de se encarar a questão) mas sempre se poderá dizer, com a mesma aparência de razão com que Mário de Andrade afirma o contrário, que artesanato e arte são coisas inteiramente diferentes, inconciliáveis e hostis. O artesão não participaria do artista, mas seria seu rival, ou melhor, seria apenas um artista frustrado.

---

10. Luís Martins entra na polêmica publicando um texto em *Folha da Manhã*, datado de 17 de junho de 1943 (data manuscrita de Mário de Andrade). Os trechos sublinhados a lápis estão em itálico. Este texto também faz parte da pasta guardada no IEB.

Eu estava neste ponto quando Sérgio Milliet me mostrou para ler um artigo seu que me escapara, criticando o livro de Mário de Andrade. Nele tratava justamente da questão do vocábulo "artesanato", que o autor de *Sal da Heresia* julga mal-empregado pelo autor de *O Baile das Quatro Artes*. Sérgio Milliet encara a questão sob um aspecto de terminologia artística e também aqui convenhamos que com uma bem convincente aparência de razão. Digo assim porque em coisas de arte já não ouso afirmar nada, tanto andam as palavras a serviço da inteligência humana prestando-se a todas as interpretações...

Deixando de lado, no momento, esta face da questão, aceitamos "artesanato" com o sentido que lhe dá Mario de Andrade. Como disse no princípio, para mim o essencial é delimitar a importância do "artesanato" (chamemo-lo assim) na formação técnica do pintor e do escultor. E ela me parece bem secundária, ou pelo menos atinente a uma fase preparatória, inicial, que se poderia chamar de pré-artística.

Uma questão semelhante à de se aprender a ler... De fato, o artista principia a existir quando adquire uma consciência própria, quando prescinde do ensinamento comum e se torna capaz de pesquisas "intransmissíveis", aquelas pesquisas que constituem a "objetivação, a concretização de uma verdade interior". Não importa que tenha antes passado por uma fase preparatória, rigidamente pedagógica, que também pode auxiliar o artesão a ser um hábil profissional, ganhando honestamente a vida.

Neste sentido, isto é, como aquisição de técnica, a pintura – como qualquer outra arte – tem que ser de fato individual. Mas será pelos detalhes da fatura que se poderá determinar o individualismo ou o coletivismo na arte? Não o será antes pela sua *expressão*? Não será principalmente considerando a obra de arte não como coisa a ser feita, mas como coisa concluída, não pela sua procedência, mas pela sua destinação, não pelos processos de sua fatura mas pela significação de sua totalidade, que ela é coletiva ou individual, é um fenômeno egoistamente privado do artista ou então uma ressonância múltipla e social?

Dúvidas e dúvidas que eu apresento modestamente a Mário de Andrade, sem intenção de contradizer seus luminosos conceitos, mas numa vontade muito humana de me esclarecer. Sei aliás que ele vai replicar a Sérgio Milliet. Assim vou ficando por aqui, aguardando seus argumentos para que então, da discussão dos dois ilustres escritores, acabemos conhecendo de uma vez por todas a significação desse famoso "artesanato", *que tem sido empregado por todos nós numa alucinante variedade de acepções*, acabando quase como um vocábulo possuidor de um excesso de significações, o que equivale a se dizer que é um vocábulo sem significação nenhuma...

As considerações acima me vieram à pena quase inevitavelmente, não apenas pela leitura do livro de Mário como também pelas reflexões ocorridas em torno da exposição de Clóvis Graciano, Rebolo Gonzales e Nelson Nóbrega, que tem constituído a nota mais expressiva da quinzena artística em São Paulo.

Trata-se de três artistas modernos, dos quais dois autodidatas. Entretanto – e já assinalei isto – todos três aprenderam pintura num esforço individual e contínuo. São três pesquisadores, três indivíduos que acreditam na técnica, não desdenhando a exploração de receitas e fórmulas como base para experiências pessoais. Não seria interessante estabelecermos até que ponto essas qualidades inerentes ao "artesanato" influíram na formação dos três jovens pintores?

Acredito que em proporções pouco importantes. Escrevendo para outro jornal, antes da inauguração da excelente mostra de arte, tive ocasião de dizer: "A pintura é para eles uma aprendizagem íntima, uma pesquisa cotidiana, uma conquista absolutamente pessoal. Pessoal e intransferível, como os convites de baile. E este é um dos caracteres mais ou menos constante do modernismo, o de ser pessoal e intransferível".

É verdade que eu também dissera que tinham aprendido com o esforço laborioso e humilde de uma prática de artesanato. Paciência! Confesso que empreguei aí o termo erradamente, considerando-o como técnica em sua totalidade.

Não foi, entretanto, aquela parte da técnica que se pode ensinar, ou aprender (parte da técnica que eles não aprenderam nem ensinaram), que deu a Clóvis Graciano, por exemplo, aquele senso agudo do movimento acrobático, ou a Rebolo um instinto inteligentíssimo, que o fez se procurar com sensibilidade na doçura das paisagens. E foi mesmo quando se pode soltar (processo ainda em andamento) de certos conceitos inibitórios da aprendizagem acadêmica, que Nelson Nóbrega se viu livre para as suas aventuras plásticas. Aliás, nota-se com facilidade que ele esteve muito tempo enclausurado, no abuso que está fazendo da liberdade, querendo se apossar ambiciosamente de todas as possibilidades ao mesmo tempo, o que lhe dá aquele ar perturbador de versatilidade satisfeita.

Aliás, vejo nos três pintores uma integração muito justa no seu tempo e na sua arte. Despidos daquela agressividade escarlate dos primeiros momentos combativos, eles não são "modernistas", porém "modernos", isto é, contemporâneos nossos, com os nossos problemas e nossas inquietações. Três verdadeiros artistas.

Esboços de respostas de Mário de Andrade a Sérgio Milliet e Luís Martins, "Artesanato" e "Polêmicas"[11]

Artesanato

Depois de ter respondido a Sérgio Milliet sobre a minha conceituação de "artesanato", vejo que também Luís Martins me chama à fala sobre esse mesmo bem-fadado "artesanato". Dele diz Luís Martins: "esse famoso *artesanato* que tem sido empregado por todos nós numa alucinante variedade de acepções, acabando quase como um vocábulo possuidor de um excesso de significações, o que equivale a se dizer, sem significação nenhuma". É melancólico ouvir isto e se ver jogado de cambulhada entre os que causaram a alucinação de meu amigo. Não caberia que ele me excetuasse? É certo que em meados de 1938, numa aula inaugural e pelo *Estado de S. Paulo* eu empreguei, por mim pela primeira vez, a palavra. Mas tomei o cuidado de a conceituar e jamais Luís Martins ou ninguém encontrará a palavra em escrito meu que não seja no conceito que eu lhe dei. Si a palavra vem sendo empregada "numa alucinante variedade de acepções", eu não tenho a culpa disso.

Eu nem sei, acho que não inventei a palavra, porque si não me lembro de a ter lido nunca em letra de fôrma, sou obrigado a confessar que ela existe em mim como coisa aprendida, vinda de fora pra dentro. Mas será que a palavra existe? Não a encontrei agora nos dicionários portugueses que pude consultar. Recorri ao dicionarinho italiano que possuo, e nada. No espanhol, nada. No *Petit Larousse*, nada. Então fui mais ao Littré respeitabilíssimo da Biblioteca do Conservatório, e

---

11. Existem dois esboços de respostas a Sérgio Milliet e Luís Martins, ambos manuscritos, intitulados "Artesanato" e "Polêmicas" ; eles estão guardados na pasta do IEB. No nosso conhecimento não foram publicados. "Artesanato" responde a Luís Martins, mas Mário de Andrade deve ter escolhido em seguida uma resposta conjunta aos dois autores. É assim que "Polêmicas" responde a Sérgio Milliet e Luís Martins, anulando, portanto, o já escrito "Artesanato".

nada também! Eu não posso guardar muita vaidade duma palavra que nem sei si inventei e que logo Luís Martins garante que "todos nós" estamos empregando numa alucinante variedade de acepções, mas se acaso ela principiou vivendo de vida muito viva depois de 1938, não é caso de perguntar si ela era necessária? Não era um conceito que estava nos faltando na terminologia artística?

Na sua resposta à minha resposta, Sérgio Milliet confessa ter usado "outrora" a palavra *artesanato* no sentido que eu dei a ela e ter mudado de ideia. Eu lastimo. Não por mim, que sempre inventarei outras verdades de que me inchar, mas por Sérgio Milliet que si ganha a glória de dar à palavra um sentido que, como o meu, não está dicionarizado, si ganha esta glória, perde um conceito. Porque de fato não sei como irá Sérgio Milliet dizer de hoje em diante uma coisa que lhe foi tão útil outrora, até no seu livro recente sobre a *Marginalidade da Pintura Moderna*. Mas decerto ele inventará palavra nova.

Bem. Eu no princípio imaginei não responder às dúvidas de Luís Martins sobre o que eu penso do artesanato para o artista, porque tinha de lhe confessar meio envergonhado que imaginava ter-lhe respondido às dúvidas, no mesmo discurso sobre o "Artista e o Artesão" que ele leu agora e lhe pôs dúvidas no espírito. Que hei de fazer! Eu sou um incompreendido! Mas a culpa deve ser minha.

Como eu disse que o "artesanato" é a parte da técnica da arte que se pode ensinar e transmitir de mestre a aluno, por duas vezes insiste Luís Martins em afirmar que não vê "razão de se lhe emprestar nenhuma importância maior do que a de se dar às crianças as primeiras noções do alfabeto, à mocinha que estuda piano os conhecimentos rudimentares da escala". E noutro passo, o artesanato (meu?) é "uma questão semelhante à de se aprender a ler". Pronto.

Pronto para Luís Martins. Eu só posso é lastimar que toda técnica ensinável numa arte, coisa que em todos os tempos exigiu vários anos de ensinos e estudos, nos ateliês e nas escolas, uma força profunda de vida, um exercício humano de humildade, um respeito social da obra de arte em suas exigências de transmissibilidade: tudo isto vira para Luís Martins "uma questão semelhante à de se aprender a ler". Então o intelectual pede apenas uma alfabetização, a técnica que vai pela gramática, pelas letras, pela filosofia e inclui necessariamente também a técnica do pensamento lógico? a técnica de saber pensar?

Eu não posso copiar aqui todas as passagens em que me refiro ao que chamo de artesanato no *Baile das Quatro Artes*. Mas por felicidade os alunos que me escutavam não pensaram abandonar os vários anos de técnica das artes que aprendiam, satisfeitos com oito meses de alfabetização preliminar.

E desse conceito que Luís Martins dá ao conceito que eu dei para "artesanato", decorrem todas as suas outras dúvidas. De nada mais vale para ele o ter eu dito que "fugir ao artesanato será sempre prejudicial para a obra de arte". (Por favor, me compreenda! "Para a obra de arte", e não, para o artista). De nada mais vale eu ter dito que "si o espírito não tem limites na criação, a matéria o limita na criatura" (obra de arte). De nada mais vale eu ter indicado o artesanato em sua honorabilidade proletária como elemento moralizador do artista e como base de obediência de grandes gênios como Michelângelo, Mozart, Goethe reprimidos por ele das "deformações do tempo ou das liberdades pessoais". Pois si o artesanato não passa de uma alfabetização preliminar!

Mas, olha, Luís Martins: você é um dos homens mais inteligentes que eu já conheci. Pois si as suas obras são frágeis é porque lhe faz falta decisiva o artesanato. O artesanato que não é apenas alfabeto mas também essa técnica de pensamento que vem coartar o limitado do pensamento.

E Luís Martins pergunta si, menos que pelos detalhes de fatura não será de preferência pela *expressão* que se poderá determinar o individualismo ou coletivismo na arte? E mais pergunta si não será principalmente considerando a obra de arte não como coisa a ser feita, mas como coisa concluída, não pela sua procedência mas pela sua destinação, não pelos processos de sua fatura mas pela significação de sua totalidade que ela é coletiva ou individual? Só posso responder: é.

E de nada vale eu ter insistido em que a técnica duma arte não é apenas o artesanato, mas também as técnicas históricas e a técnica pessoal. De nada valeu eu ter dito que o abandono da consciência artesanal (que é fenômeno de relação entre seres humanos) que levou os artistas à substituição da pesquisa humilde e servidora pela individualista noção de que é preciso pesquisar, à pesquisa pelo indivíduo e não pela obra de arte. De nada vale eu ter avançado até que "em arte a regra (artesanato) deverá ser apenas uma norma e jamais uma lei", com perigo de alunos, [ilegível] por obrigação de consciência. E de nada valeu eu ter dito que "ao artista cabe adquirir uma severa consciência artística que o moralize". Nada valeu de nada. De nada valeu afirmar que uma consciência perfeita da técnica que move a matéria limita o indivíduo no fenômeno de relação humana que é a obra de arte. Luís Martins duvida da alfabetização e da escala da mocinha. Para ele o artista só "principia a existir quando adquire uma consciência própria, quando prescinde do ensinamento comum". Prescinde ou ultrapassa? Mas Luís Martins duvida. A dúvida que ele tem é sempre a mesma da nossa controvérsia anterior. Luís Martins não vê utilidade para o artista num alto nivelamento intelectual que o controle e castigue. Artista é um deus de caspa e gravata-borboleta. Não carece de um artesanato severo que o moralize na criação. Viva a geração espontânea! O artesanato é uma escala pra mocinhas.

O artesanato nunca. É a virtuosidade que pode se tornar preocupação absorvente, a imitação gratuita e preciosa de técnicas de outrem. O artesanato, se Luís Martins mesmo diz que é "alfabetização" (não é só isto) não pode se transformar "em preocupação absorvente". Luís Martins já viu um escritor converter a sua passada e remota "alfabetização" em preocupação absorvente? A técnica, a parte da técnica que apelidei "artesanato" e que se ensina, obtida uma vez não se perde. E a gente se utiliza dela inconscientemente. Ninguém aprende duas vezes a tocar uma escala, ninguém aprende duas vezes que verde e vermelho combinam bem, ninguém aprende duas vezes que não se principia frase com pronome oblíquo. Me parece que a questão está liquidada.

Técnica artesanal não é só isso. Com que razão; sinão tirada de si mesmo e não do que escrevi, L. Martins equipara "artesanato", isto é, "a técnica que se pode ensinar" a como diz "dar as crianças as primeiras (sic) noções do alfabeto, à mocinha que estuda piano os conhecimentos rudimentares da escala"! De maneira que em seguida toda a gramática, toda a dinâmica pianística, toda a ginástica de nove anos, toda a sintaxe, e o vocabulário, tudo isto já, para Luís Martins, não é "artesanato" mais. Para ele, mas quem ele diz que disse isto sou eu. Paciência, sou um incompreendido!... Eu não disse isso, Luís Martins. E você não acha um bocado de filosofia, uma lógica, uma Psicologia, uma, até uma Metafísica, uma História da Filosofia, tudo isto seria "artesanato" de um escritor que deseja merecer este nome, simplesmente porque nos desenvolve a técnica de pensar?

Polêmicas

Não foi sem bastante melancolia que vi Sérgio Milliet, dando por terminada uma polêmica a que me levou, sair confortado dela por achar que "já é possível discutir ideias em São Paulo sem xingar a família". Naquele momento mesmo eu me via justamente no maior desconforto espiritual que se pode imaginar. E este desconforto ainda se acentuava mais no dia seguinte, ao ver Luís Martins discutir o conceito que dou a "artesanato".

A minha convicção é que ainda não atingimos um estado de inteligência suficientemente desapaixonado e impessoal, que permita uma polêmica que assuma os caracteres legítimos de uma pesquisa exclusiva da verdade. Sem dúvida algumas pessoas como Sérgio Milliet e Luís Martins já ultrapassaram de muito essa fase em que polêmica só acabava com xingação de família e música de pancadaria. Já conseguimos essa fase da polêmica de salão em que a discussão se entrelaça de muitos salamaleques e elogios gordos ao contendor e profissões de humildade e desvalor. A meu ver a polêmica no Brasil já terá, entre alguns eleitos, alcançado quando muito essa fase do minuete. Mas no meio deste bailado de curvaturas e sedas, não me parece que tenhamos alcançado essa isenção de espírito e liberdade de pensar que se aplica nada à dedicação que temos por nós mesmos, toda entregue às exigências da verdade e a essa glória de pensar com justeza.

Sim, eu saio da polêmica em que mal-avisadamente me meti, defrontando outra em que não pretendo me meter, no maior desconforto intelectual imaginável. Desprestigiado por amigos, ressentido, cheio de irritações, com vontade de negar o valor da verdade. Ou pelo menos o respeito à verdade alheia. E resolvi dar minhas razões. Começo com Luís Martins.

Não pretendo discutir as dúvidas nem as opiniões do autor da *Evolução Social da Pintura*. Se ele se satisfaz com [ilegível] fique com elas que são ótimas e resolva suas dúvidas como puder. Eu não posso, como Luís Martins me pede, pela razão boa e justa que Luís Martins me compreende. Não quero dizer que eu seja um incompreendido, Deus me livre. Nunca o fui e jamais o fui menos do que agora e justamente nos princípios da minha orientação artística e profissional, tão bem e tão lucidamente compreendido por um Carlos Lacerda, um Álvaro Lins, um Antonio Candido. Mas sou o primeiro a reconhecer que o meu pensamento é mesmo complicado, não sou nada claro e nada simples. E por causa disto não me faço compreender de Luís Martins.

No *Baile das Quatro Artes*, numa aula inaugural sobre "O Artista e o Artesão", para esclarecimento de técnica, do seu valor funcional, eu a dividi em três manifestações: o artesanato, a virtuosidade de conhecimento prático das técnicas históricas e a técnica pessoal.

[Aqui, Mário de Andrade interrompe o texto, deixando espaço no final da página. Retoma na página seguinte, no alto.]

Porque não são os rapapés mútuos, os elogios e minuetes que adiantam, principalmente quando estes elogios e louvores atingem a insistência pouco generosa e ainda menos discreta com que S. M. gaba o meu brilho. É possível que já tenhamos atingido esta fase minueteana da polêmica, mas por certo ainda não essa isenção do espírito e essa liberdade de pensamento que se aplica menos à dedicação que temos por nós mesmos que a obedecer às exigências da verdade.

E é disso que eu acuso Sérgio Milliet e Luís Martins nos artigos que recentemente escreveram discutindo ideias minhas. Se S. M. acha que já se está em condições de manter polêmicas no Brasil, eu o acuso de não estar nessas condições, porque se esquece repentinamente do valor das palavras, se esquece repentinamente da responsabilidade que adquiriu pelo seu valor e trabalho (professor e amador irresponsável) e por abuso de armas que não possui. Quanto a Luís Martins, apesar de toda a modéstia da posição em que ele se coloca, eu o acuso de imodéstia forte porque desrespeita o pensamento alheio em favor do seu próprio pensamento. É o que vou provar.

Mas primeiro eu me devo uma explicação aos meus leitores. Eu não me irrogo o favor excessivo de detentor da verdade. Não são, está claro, apenas Luís Martins e Sérgio Milliet os que discordam de ideias minhas. Ainda recentemente vários outros escritores, em igualdade de importância, com bondade ou sem ela, tem me acusado de erro. Acusado e pegado em erro. Por vária maneira e com promessa de o fazer em público quanto aos erros ou defeitos que o exigiam, entreguei a mão à palmatória.

Assim jamais pretendi me defender das acusações que me fez recentemente Antonio Candido a respeito da minha defeituosa aplicação do substantivo "ser", dourando sem piedade a sua acusação com um exemplo que é prova sobeja. Arre, que frase tonta! Bem pior foi a acusação de injustiça a respeito da sensibilidade poética de Tristão de Ataíde, que me fez Álvaro Lins. Aqui foi um engano, causado por ter escrito "outrora" uma verdade que deixou de ser a verdade inteira com o passar do tempo. Reconheço a injustiça e já prometi consertar a minha frase.

É dramática a acusação que me fez Edison Carneiro, afirmando que no meu estudo sobre Castro Alves, me faltara simpatia humana. É uma verdade profunda causada por uma preocupação defeituosa de justiça que, levado pela ideia de "revisão de valores em face do tempo" que me fora imposta, eu substituíra à clarividência do amor. Desrespeitei a adoração que tenho por Castro Alves, empedernido pela gelidez da Justiça, e o resultado triste é que fiquei mais cego que ela. Fiquei "longínquo", como disse Edison Carneiro. E essa é uma verdade triste para mim. (A anedota com Manuel Bandeira).

E é justamente a simpatia humana mais clarividente que justiça que move o ímpeto das minhas acusações contra Luís Martins e Sérgio Milliet. Vamos a elas.

A Luís Martins eu acuso de desrespeito ao pensamento alheio. No *Baile das Quatro Artes* eu tenho muitas páginas conceituando o artesanato e lhe salientando o poder corretivo para o excesso de individualismo do artista e do seu esquecimento do fenômeno de relação entre indivíduos sociais que é a obra de arte. Aí eu disse que...

[Espaço deixado pelo autor no original.]

Quanto a S. M. que deixei por último porque o meu ressentimento é mais grave, eu o acusei de esquecer repentinamente o valor das palavras. S. M. me acusou de conceituar errado as palavras "artesanato" e "técnica pessoal", ainda por cima com a firmeza do estilo simples que usa em curtas e nada céticas preleções definindo em decreto-lei o que sejam técnica, estilo (que ele confundiu inteiramente com técnica pessoal) e artesanato. Levei-o à parede, guardando para o fim das minhas considerações as provas de que S. M. "usa" (no presente) das minhas palavras no mesmo sentido em que eu as emprego. Não era possível a S. M. fazer mais do que entregar a mão à palmatória. Mas eis que o polemista se lembra da palavra "outrora" e vem dizendo que "outrora" usou mesmo da minha terminologia. Como no seu artigo não diz onde a empregou, o leitor compreende e aceita o "outrora" e todos temos o direito intelectual de progredirmos sobre o nosso "outrora". Mas sucede que essa terminologia do crítico eu tirei de *Fora de Forma* e de *Pintores e Pinturas*, obras (não as tenho aqui na fazenda) publicadas depois de 1937, creio que em 38 ou 39. Aliás sucede mais que num livro seu do ano passado, S. M. emprega a palavra "artesanato" num sentido tão ambíguo que não citei na minha argumentação e eu lhe peço que em consciência se diga si a empregou no meu sentido ou não. Em qualquer caso ficamos sabendo que para S. M. no ano da graça de 1943, primeiro semestre, um livro de 1938 foi publicado "outrora". De fato, são 43 800 horas que se passaram. No mínimo. O leitor que faça a conta dos segundos.

Acusei mais Serg. Milliet de esquecer repentinamente a responsabilidade que adquiriu por seu valor e trabalho. Eis a prova. No artigo em que não aceitava minha terminologia S. M. afirmou fazê-lo em nome dos críticos. Garantiu que a terminologia da arte já é bastante confusa "para que não se enfeitem os críticos (sic)... etc." E só falou em críticos. Eu, na minha resposta, um bocado aturdido com o brilhante esplendor das metáforas com que S. M. me enfeitava (e daqui a pouco direi quais), chamei delicadamente a atenção do meu amigo, que fora como professor de uma universidade que eu usara a minha terminologia *e a conceituara*. Boa ou má, minha terminologia estava sempre certa pois que eu definira o sentido em que empregava minhas palavras. O que fez S. M.? Lembrou-se que eu era professor, pois que eu o dissera. E criando imediatamente uma jerarquia que eu renego, não podendo se livrar da parede a que eu o cerrara, faz a seguinte pirueta. O autor do *Baile das Quatro Artes* tem obrigação de conceituar direito suas palavras, mas eu, Sérgio, não porque não passo dum amador, dum diletante. Eis o seu texto, para que os leitores julguem: "_ _ _ _ _ _". Agora, si algum leitor condenavelmente ignorante não souber quem é o diletante de arte S. M. eu lhe digo e proclamo como verdade [ilegível] e verdade [ilegível]. É ou foi (outrora?) um crítico profissional de artes plásticas; tem pelo menos três livros consagrados exclusivamente à crítica de arte; um deles é um trabalho arrojadíssimo de aplicação nova, felicitada por vários professores brasileiros e norte-americanos, de uma lei sociológica à história da arte; e numa escola universitária, a Faculdade Livre de Sociologia e Política de São Paulo, já fez um curso sobre pintura. E é este intelectual por muitas partes ilustres que me responsabiliza a mim por ser professor de universidade, se humildemente jogando à condição de simples amador. Julgue quem ler.

Mas o perigo é que eu pareço ter razão mas o que eu tenho é brilho. S. M. há de permitir que eu ponha na categoria generosa do minuete os elogios que ele faz a respeito do meu brilho. Além da insistência que pode ferir os excessivamente suscetíveis como eu, sucede que um leitor assíduo de S. M. (como eu) não poderá nunca se esquecer das várias vezes em que ele tem elogiado a simplicidade de estilo, a modéstia do dizer, a linguagem direta. É verdade que isto foi "outrora", reconheço, como naquela vez em que, elogiando o primeiro *Jornal de Crítica* de Álvaro Lins foi tal o ímpeto de S. M. em salvar a simpleza, que as metáforas e os brilhos tinham razão sobeja pra sofrer o repúdio. Mas isto é opinião pessoal do crítico e não estou longe de lhe dar razão, até contra mim.

Só que não convém, eu imagino, a quem é simples e direto (e francamente o elogio por isto, embora não pela sua escravidão a essa mesma gramática de que ele se acredita livre e eu não me acredito), o que eu não julgo necessário é que S. M. se pense na obrigação de, em polêmica, usar das armas dos seus contendores e de que não sabe usar. Infelizmente o homem é feito de massa tão pouco dúctil que só é simples quem pode. Da mesma forma que só é brilhante quem pode. Mas eis que um escritor de primeira ordem como Sérgio M. quer ser brilhante para polemizar com sujeito brilhante. Mas como não tem o uso e a sensibilidade das metáforas, símbolos, imagens e brincadeiras intelectuais. Então acontece que ele brinque sem avisar o leitor, enriquecendo o adversário com uma tolice. Mas como este revida na mesma ordem de brincadeira, eis que S. M. protesta, porque "estava brincando" (?) e o adversário sabia disso. É lastimável, mas o contendor precisava arrancar de si a tolice com que fora galardoado, porque se ele sabia, mil leitores não o sabiam e nem podiam perceber, porque não sendo brilhante, S. M. não pudera dar jocosidade suficiente à sua frase, e esta viera simples e direta, de seu natural. Porém, o contendor, acostumado às armadilhas do brilho e à possível desatenção do leitor, tomara o cuidado de avisar textualmente "Mas brinquemos um bocado" (?) no seu revide. Mas no revide ao revide S. M. disto se esqueceu. É lastimável.

Mas o pior é quando quem não é brilhante se atira aos bombardeios de metáforas. Então lhe sucede (com a máxima cordialidade eu reconheço!!) chamar a um amigo, seja crítico ou professor, de pelotiqueiro de ideias. Se ponha qualquer intelectual que acredite honesto em suas ideias, a imaginar que o chamem de pelotiqueiro da inteligência. Sempre com a máxima cordialidade, reconheço. E não é tudo. S. M. que não é propício ao brilho, ainda não observou que é muito defeituoso desenvolver as metáforas. No geral elas morrem, como a mosca azul, rotas, baças, nojentas, vis. As poesias do Sr. Cassiano Ricardo são bom exemplo disso, pois acontece também que metáfora que fere sem intenção de ferir, revolve a faca na ferida quando a não sabem desenvolver. Imagine o intelectual chamado de pelotiqueiro de ideias, que continuam dizendo dele que ao fazer as suas pelóticas (?) vai tirar um coelho da cartola e sai um gato. Eu acredito piamente que cegado pelo fulgor da sua imagem, S. M. tenha se esquecido, outrora, que existe um ditado ofensivo para os que impingem gato por lebre, que embirra em se assimilar a quem oferece gato por coelho. O desgracioso é o atestado de burro que se passa a quem, no domínio das ideias (que se supõe pensadas e repensadas) imagina apresentar um coelho e apresenta um gato, que ainda S. M. toma o cuidado de desenvolver, qualificando-o de "gordo e". Mas não foi isto, eu creio, o que S. M. quis dizer.

O que me interessa não é imaginar ofensas, onde elas não devem existir. Mas as provas que expus é que me levaram a dizer que nem Luís M. nem S. M. estão em condições de sustentar uma polêmica legítima. Ainda se estimam mais do que às ideias.

M.A. **// Pelléas et Mélisande**

// 24.6.1943

Quando num dos artigos passados eu disse que, tendo adquirido uma técnica harmônica de maravilhosa capacidade expressiva, em vez de avançar pela alma humana a dentro, Claude Debussy preferira devassar a natureza, eu não me esquecia desse monumento que é *Pelléas et Mélisande*. Pelo contrário, eu estava imerso no estudo dele e a minha frase o visava. Não há dúvida nenhuma que Debussy, tanto na sua lírica como no melodrama, pretendeu expressar, como ele mesmo diz, "a mudança continuada das comoções e da vida". De resto, si é certo que *Pelléas et Mélisande* prova abertamente esta intenção, o prova especialmente por um curiosíssimo antidebussismo. Porque somos obrigados a constatar que em momentos demasiado intensos da sua obra, como na forte cena em que Golaud maltrata Mélisande, ou nesse malestarento dueto de amor do quarto ato, Debussy nem sempre está dentro do milhor Debussy, nem dentro da mais estrita estética debussista.

Ora, si já na lírica, abandonando por completo a melodia sintética e fechada, Debussy divergia muito do conceito da canção, há que notar ainda outra divergência com que ele expressou musicalmente os seres humanos. Foi o que me fez dizer, num dos meus rodapés, que "o homem não lhe interessa muito enquanto Homo, embora o divirta e comova como fenômeno". Com efeito, se observarmos o teatro cantado em toda a sua evolução, verificamos que a expressividade musical obedece a um anacronismo fatal. Como a música por si mesma não pode nos dar imagens conscientes, a sua expressividade deriva de convenções diretamente ligadas ao período histórico que ela atravessa. De forma que si o seiscentista Carissimi exprime o bíblico Salomão, si o setecentista Gluck exprime a grega Ifigênia, ou Wagner uma valquíria nazista, todos o fazem anacronicamente, se utilizando dos sentimentos... musicais que no tempo dos autores são tidos como expressivos e comoventes.

Aqui poderão me redarguir: Mas como é que a nós, novecentistas, já adaptados a novas convenções, todas essas músicas nos comovem? A minha convicção é que si todas essas convenções passadas ainda nos comovem, não é apenas por nenhum ecletismo culto nem hereditariedade conservada, mas porque todas essas músicas estão construídas dentro da escala tonal harmônica. Afirmação que procurarei provar em estudos futuros.

Dessa escala harmônica, principalmente das suas harmonizações convencionais de escola, ninguém se libertou tanto como Debussy. Depois dele seria o atonalismo contemporâneo. Ora, da mesma forma vemos que o gênio busca tendenciosamente não reverter os seres que exprime às convenções expressivas do tempo dele, ainda tão nítida em César Franck e seus discípulos: Debussy foge quasi sistematicamente a isso. Com a sua sintaxe fortemente "anormalizada", escalas novas, acordes livres, repúdio às concatenações de escola, ele prefere exprimir seres de alguma forma anormalizados (sem intenção pejorativa), que ele cerca de novas convenções expressivas estranhíssimas. É, por exemplo, a ficção Watteau; são também líricas que ele vai buscar num tempo antigo, Charles d'Orléans e esse Villon que ele "anormalizava" ainda mais, como bem observou Koechlin a respeito da segunda das "Baladas", pelo anacronismo voluntário da escala utilizada, tornando-a mais medieval que renascente. E ora prefere os "Trois poèmes" de Mallarmé, de compreensão tão árdua, ora o mundo convencional e irreal do pré-rafaelismo com a "Demoiselle Élue". E enfim essa Grécia que lhe deu tantas obras-primas admiráveis, Grécia do Fauno incomparável, da infantil Bilitis, das "Danseuses de Delphes", de algumas "Epigraphes antiques", que ele exprime numa aura incontrolável, no mesmo instante em que Fauré convertia à expressão sentimental bem francesa e bem oitocentista, a sua Penélope.

Debussy foge do Homo. Ainda no fim da vida ele esboçava melodramas inspirados em Poe, "Le diable dans le beffroi", "La Chute de la Maison Usher". Eram novos mundos anormalizados de estranheza, que por serem "trágicos", não deixavam de se libertar do Homo cotidiano, de que Aida como Isolda, Almaviva como Fausto eram exemplos normais, apenas descotidianizados pelas paixões. E Debussy descobre *Pelléas et Mélisande*, que ele irá converter numa obra imortal.

O estudo do "Pelléas" não deixa de produzir um certo mal-estar. Examinando bem esse monumento solitário e incomparável, de grave e sugestiva música, se fica realmente em muita dúvida sobre a expressão realizada. Na verdade Claude Debussy se multiplica e não raro diverge de si mesmo. No milhor da sua expressividade, a música do Mestre é mais exatamente trágica do que dramática, mais dominada por uma ordem exterior de fatalidade, que desmanchada no delírio interior das paixões. Aliás, as milhores, as grandes obras-primas dele ilustram perfeitamente esta afirmação. São os espasmos da natureza: é o *Martírio de S. Sebastião*; são os interlúdios e as cenas mais reticenciosas do próprio *Pelléas*. Aí existe uma "realidade" que nós percebemos ser integralmente nossa, mas duma inaferrável profundeza. Cabe agora lembrar a frase aguda de Charles Morgan: "No interior do pensamento existe uma ação ainda mais profunda, que ele não pode traduzir; e no interior dessa ação uma tranquilidade em que não existe mais nem ato, nem pensamento, nem palavras, porque tudo aí está pensado e realizado". Nos momentos mais intensos, mais trágicos do seu melodrama, na cena imensa de Golaud com Yniold, na morte de Mélisande, na luminosa chegada de Pelléas no primeiro ato, em muitos outros passos, nos interlúdios, paira essa tranquilidade suprema.

Pelléas... É divertido observar que Pelléas é bastante "roubado" por Golaud, que desde o segundo ato se torna muito mais interessante e importante que o tenor. As duas cenas, pra mim maiores, em que Debussy atinge os acentos mais puros, mais trágicos e menos vulgares da sua musicalidade, são essas cenas em que Pelléas não aparece, a de Yniold e Golaud e a morte de Mélisande.

Pelléas ainda vence com bastante galhardia canora a cena dos cabelos, no terceiro ato. Mas na cena violenta de paixão, do quarto ato, não há dúvida que os seus gritos são do melodismo menos feliz do Mestre, o seu lado cruelmente frágil, em que ele não alcançava a elevação nem a novidade dos grandes melodistas franceses seus contemporâneos, Fauré, Duparc, Chausson, mas se deixava ficar do lado do outro terceto, Gounod, Bizet, Massenet.

Também a parecença de *Pelléas et Mélisande* com o *Tristão* não deixa de ser bem desagradável. Já os poemas se parecem demais como entrecho.

Mas talvez isto não fosse desagradável ao Mestre francês que embirrava com Wagner, pretendeu conscientemente ultrapassá-lo e até alimentou longo tempo a intenção de criar também um *Tristão e Isolda*, felizmente nunca realizado. Mas o lugar traiçoeiro em que, me parece, Debussy sentiu a influência mais imediata do rival, foi sempre nessa perigosa cena do quarto ato. Extasiados os amantes, transportados de amor, eles abandonam o recitativo analítico e se elevam à síntese da melodia-canto. E Wagner cria o cântico sublime "O sink hernieder, Nacht der Liebe", o momento mais genial de toda a sua obra. No *Pelléas* há um momento muito parecido, quando os dois amantes se confessam enfim o mútuo amor e se extasiam transportados. Debussy também inicia o seu cântico de êxtase apaixonado. Mas lhe brota da inspiração aquela frase terrível, "On dirait que ta voix a passé sur la mer au printemps", que a gente não saberá nunca se adotar pela sensualidade envultante ou se repudiar por banal. Mas o cântico não continua. Preso à sua estética de expressar instante por instante a variabilidade das comoções, Debussy retorna ao recitativo. Prisão estética ou incapacidade pra cantar?...

Já se pretendeu discutir (talvez o imaginando pejorativo!) a qualificação de "recitativo" dada à solução vocal de *Pelléas*. A Wagner, a Mussorgsqui, sim, me parece que o conceito do "recitativo" é inaceitável, e será muito mais acertado substituí-lo por "melodia infinita". Debussy também se utiliza desta melodia infinita (como na sua lírica em geral), especialmente nos momentos de intensidade dramática, as duas cenas de amor, a cólera de Golaud. E também no esplêndido monólogo de Arkel, "Maintenant que le père de Pelléas est sauvé", que evoca irresistivelmente, sem ter nada de parecido, a queixa do rei Marco, no segundo ato do *Tristão*. Mas no *Pelléas*, a base vocal construtiva de que Debussy se utiliza, é bem um recitativo, perfeitamente equiparável aos das outras manifestações da dicção sonorizada. É o mesmo canto sistematicamente silábico, a movimentação constante por graus e por terceiras, a repetição numerosíssima de sons de sustentação. Nem mesmo o som cromático, não raro de função modulatória, que é uma das características do recitativo debussiano, se pode dizer que é criação dele.

E este recitativo é uma das notáveis invenções do Mestre. Não é, não pretende ser realista, embora o músico se preocupe naturalmente em refletir musicalmente as inflexões interjetivas, as perguntas, os sustos. Também não procura caracterizar as diferenciações psicológicas dos personagens. Só o faz quanto a Mélisande, e não consigo me convencer si com total felicidade. Debussy já iniciara a criação de *Pelléas et Mélisande*, quando imortalizou tão genialmente a infantilidade de Bilitis. É estranho, chega a ser um pouco desagradável como Mélisande, com o seu recitativo, os balbúcios e ingenuidades de inflexão vocal, evoca a Bilitis das "Trois chansons". Mas a meu ver, o que imortaliza Bilitis, infantiliza um bocado artificialmente Mélisande, de quem talvez Golaud não estivesse de todo desarrazoado, quando lhe duvidou da "grande inocence"...

Nada impede. A fala sonorizada de *Pelléas* é uma das grandes criações do gênio. É a mais perfeita adequação da palavra ao teatro cantado, a única realmente em que a palavra não perde seus direitos de ser necessária e ser ouvida, nem se desmoraliza nas bulhas vaidosas da música. Neste sentido, *Pelléas et Mélisande* é um golpe prodigioso de força criadora. É incrível que justo naquele momento em que o teatro musical parecia devastado com os golpes soberanos do *Tristão* e do *Boris*, alguém conseguisse levá-lo adiante. Debussy o conseguiu. Mas nisto ele não estava mais apenas na solidão do seu gênio inventivo. Ele não cantara tão bem Itália e Espanha? Menos que a gaita do Fauno, lhe sopraram sempre nos cabelos revoltos as brisas do Mediterrâneo. Eram as brisas latinas que o "musicien français" escutou ainda e ninguém sabe onde sopram mais. Oh meus amigos! onde estarão as brisas latinas!... Marianne quebrou os braços caindo do alto da escada. Madonna Beatrice, amontada em Loge, deus do fogo, leva tombos hípicos épicos. E Dulcineia comodista, pela primeira vez narcotiza o Quijote nos braços, enquanto lá fora a infâmia maltrata o Bem. Oh meus amigos! vamos soltar as brisas do Mediterrâneo, aprisionadas na gruta do Cão!

J.C. **//** COMENTÁRIO

Interrompido em suas análises sobre Debussy pela homenagem a Elsie Houston e pelo interlúdio polêmico de "Esquerzo", Mário de Andrade retoma as reflexões prometidas sobre *Pelléas et Mélisande*. O estudo procede de uma análise minuciosa da partitura. É muito possível também que Mário de Andrade conhecesse a primeira e admirável gravação integral da ópera – embora ausente de sua discoteca – que Desormière realizou em 1942, com Jansen e Irène Joachim nos papéis principais.

A questão deixada suspensa pelos dois rodapés consagrados a Claude Debussy era: se o compositor não "devassa a alma humana", que significa *Pelléas*?

As respostas não serão absolutamente límpidas nem a trajetória do texto é demonstrativa. As associações, observações, as ideias que surgem dão a impressão da pena que corre livre, num improviso. Muitas vezes, os caminhos tomados não deixam de surpreender.

De início, Mário de Andrade vai lembrar que, nos momentos mais "intensos" do drama, Debussy não dá o melhor de si nem é, ortodoxamente... "debussista". Se excetuarmos sua forma paradoxal, a afirmação não é nova. Barraqué lembra a tradição de crítica dessas passagens: "Já foi notado, muitas vezes, que a admirável cena de amor e de morte, tão justa no plano dramático, apresentava musicalmente algumas fraquezas"[1].

É verdade que Barraqué assinala o interesse dessas partes ditas "fracas", considerando a estrutura não apenas musical mas dramática da obra:

> Certas inflexões, com as quais Massenet teria enriquecido algumas páginas de "Manon", como o célebre motivo do amor, parecem pouco dignas do gênio melódico de Debussy, mas, em sua neutralidade – íamos escrever banalidade – permitem que o drama sobressaia plenamente. O teatro pressupõe esse tipo de paradoxos[2].

Seja como for, para Mário de Andrade, quando Debussy trata das paixões de seus personagens, ele trai a si próprio. Entretanto, se em *Pelléas* Debussy rompeu com a melodia tradicional, rompeu também com a tradição das expressões convencionais do drama lírico. As passagens,

---

1. Jean Barraqué, *Debussy*, 1962, p. 131.
2. *Idem, ibidem.*

lembremos ainda uma vez, não são de muito fácil compreensão. Mas Mário de Andrade demonstra aqui certo impasse de Debussy diante das emoções humanas "normais". Como já enunciou nos artigos precedentes – e desenvolverá ainda neste –, Debussy é o cantor das "anormalidades". Pois o humano, o "normal", comovem por meio da música porque – e quando – "estão construídos dentro da escala tonal harmônica" (p. 182). Seria necessário concluir que Debussy comove "humanamente" quando não é mais Debussy, quando ainda não se liberou das formas tradicionais. Mas é somente aí que mostra ser capaz de "sondar a alma humana", de enfrentar claramente os problemas que são, para Mário de Andrade, os principais.

Temos, assim, o primeiro ataque, encontrado em *Mundo Musical*, aos caminhos instaurados pela ruptura com a tonalidade, que surgiram no século XX. É preciso lembrar que desde 1939 o grupo Música Viva, animado por Koellreutter, promovia concertos, editava revista, mantinha programa em rádio, introduzindo nos meios musicais brasileiros novas direções estéticas. Atonalismo e serialismo rondavam, e Mário de Andrade começava a reagir.

Mas, por ora, trata-se de *Pelléas*. Fuga às convenções expressivas, sintaxe "anormalizada": quando se volta para o homem, Debussy busca consequentemente o ser "anormalizado". E Mário de Andrade localiza, na obra, momentos de profundidade numa espécie de "ser" do homem que está além da psicologia. O compositor parece chegar às portas dos segredos dessa obra estranha, insituada, *no man's land* da arte lírica, para lembrarmos a expressão de Leibowitz. Portas que poderiam se abrir para uma perspectiva distante ao mesmo tempo da psicologia "sintética", herdada do romantismo, e da obsessão analítica, própria à modernidade – como vimos no momento em que Mário de Andrade se refere a Proust e Conrad. A "técnica" de Debussy, técnica do inacabado, do fragmento, situa os seres no inexplicado das relações humanas: Debussy não revela razões, instaura o desconhecido. Poderíamos dizer que não "devassa a alma humana" justamente para nos pôr diante de seu irredutível mistério. Naturalmente, este é um desenvolvimento que não se encontra em *Mundo Musical*: é possível pensá-lo, entretanto, a partir daí.

Mário de Andrade evoca uma possível "vulgaridade" debussista (menos do lado de Fauré, Duparc, Chausson – citados no artigo – e muito mais de Gounod, Bizet, Massenet) que envolveria o personagem de Pelléas, vulgaridade muito presente no dueto de amor do quarto ato. Que aliás sofreu tantas e tão injustificadas críticas de debussistas mais radicais do que o próprio Debussy, até que vieram as palavras consoladoras de Jankélévitch[3].

Mário de Andrade ainda sublinhará a célebre frase: "On dirait que ta voix a passé sur la mer au printemps", que se encontraria entre a sensualidade "envultante" e a banalidade. Observação da mesma natureza daquela que Proust fizera a respeito dessa passagem, considerando-a "digna" de Massenet: "... une phrase, 'On dirait que ta voix a passé sur la mer au printemps', qui serait adorable dans *Werther*"[4].

Mário de Andrade assinala ainda a proximidade entre *Tristão* e *Pelléas*. Apesar das voluntárias distâncias que Debussy desejou manter em relação a Wagner, ele próprio (e depois dele muitos outros) sabia o quanto o envolvia a sombra de Klingsor, como escreveu a Chausson, em 1893: "Parece o dueto de Fulano ou qualquer um, e sobretudo o fantasma do velho Klingsor, aliás R. Wagner, aparecendo na esquina de um compasso, então, rasguei tudo..."[5].

A presença de Wagner em *Pelléas* – assim como os limites dessa presença – já foi exaustivamente tratada por todos os especialistas em Debussy para que nós a retomemos aqui. Mas, em vez de mostrar os eventuais "motivos condutores" de *Pelléas*, Mário de Andrade, ao contrário, insiste sobre a grande originalidade da relação entre música e palavra nessa ópera. Nada de melodia infinita, mas uma espécie de recitativo silábico – "fala sonorizada", como diz. Alguns estudiosos se propuseram a indicar a origem dessa relação específica entre canto e palavra: o trabalho de Julia d'Almendra em *Les modes grégoriens dans l'œuvre de Debussy*[6] é particularmente convincente na demonstração da presença de plasticidade rítmica própria à salmódia no tratamento do texto de Maeterlinck por Debussy. Mas talvez a melhor direção, indicada, infelizmente de modo muito rápido, por Stroebel com base no próprio Monsieur Croche, em sua carta a Gluck, seja a da relação entre

---

3. "Porém, Debussy, apesar de seu pudor, era capaz de efusões líricas maravilhosas: o dueto de amor do quarto ato, em fá sustenido maior, é talvez a cena de amor mais sublime de toda a música; ela mexe conosco e abala até os fundamentos da alma. Eis o que Debussy poderia ter feito o tempo todo, se quisesse. Mas, em geral, ele prefere cortar rente" (Vladimir Jankélévich, "Debussy", 1977, p. 140).
4. Carta de Marcel Proust a Reynaldo Hahn, transcrita por Pierre Macherey, "Proust et Pelléas", 1977, p. 94.
5. Trecho transcrito em Heinrich Stroebel, *Claude Debussy*, 1952, p. 96.
6. Julia d'Almendra, *Les modes grégoriens dans l'œuvre de Debussy*, 1948.

as soluções de Debussy e a preocupação com a prosódia de Rameau. Diz Monsieur Croche:

> Cá entre nós, sua prosódia é bem ruim, ao menos quando faz da língua francesa uma língua de acentuação, sendo ela, ao contrário, uma língua de nuanças. [...] Rameau, que ajudou a formar seu gênio, continha exemplos de declamação fina e vigorosa que lhe serviriam melhor[7].

Stroebel escreve, a respeito desse texto, que se trata de uma justificação histórica do recitativo empregado em *Pelléas*. Reforçando essa posição, podemos lembrar que o autor das *Indes galantes* desfaz a ruptura entre recitativo e ária, abandonando o antigo recitativo "parlando", apoiado em acordes do cravo – tal como se procedia na ópera italiana –, e buscando adaptar a música à prosódia, antes, ao desenho próprio aos versos dos libretos: como é sabido, Rameau inventara mesmo um sistema complexo de notação musical, com muitas mudanças de compasso, para adaptar o discurso musical à palavra. E a ária não se constitui como um trecho isolado, mas se forma, ou melhor, desprende-se de um modo quase imperceptível do recitativo, num processo de "densificação", a um tal ponto que recitativo e ária passam a não mais possuir uma diferença de natureza, dentro da relação indissociável entre a prosódia e a frase musical. É exatamente esse o efeito obtido em *Pelléas et Mélisande*.

Mário de Andrade conclui com a ideia de que "a fala sonorizada de *Pelléas* é uma das grandes criações do gênio" (p. 185). Mas é preciso confessar que seu texto nos deixa ainda em expectativa. Se Debussy se dirige ao homem, tomado como fenômeno e "anormalidade", em que medida os personagens da ópera se definem assim? Seria por causa do caráter simbólico, insituado, desses seres de "vida extraterrena, lunar e um pouco lunática também"[8], como queria sua conferência de 1921, que citamos nos comentários aos artigos precedentes sobre Debussy? Mas não somente os traços de "realismo" do texto são evidentes (Maeterlinck constrói seu simbolismo baseado na banalidade do cotidiano, o que permitiu justamente a conhecida e irresistível paródia de Proust), como se trata de uma história de amor, nem mais,

---

7. *Idem*, p. 156.
8. Mário de Andrade, "Debussy e o Impressionismo", 1921.

nem menos "anormal" do que *Tristão*, por exemplo – que Mário de Andrade toma como exemplo de "normalidade".

Por outro lado, além da constatação da genialidade na invenção da fala sonora de Debussy, depois das reflexões que Mário de Andrade desenvolvera em toda a sua obra a respeito da relação música/palavra, estaríamos no direito de esperar pelo menos indicações para análises precisas dessa relação em *Pelléas*.

Mário de Andrade anuncia essa genialidade para depois dar uma guinada e tomar um caminho aparentemente estranho. Grande invenção, prodigiosa, o canto de *Pelléas et Mélisande*, pois que surge no momento, justamente, em que o teatro cantado se via invadido – devastado, diz o autor – pelos "golpes soberanos do *Tristão* e do *Boris*". Deparamos, no entanto, com a frase: "Mas nisto ele não estava mais apenas na solidão de seu gênio inventivo" (p. 185).

Pelléas, obra singularíssima, única. Debussy, o mais aristocrático e solitário dos gênios musicais. Quem lhe faz companhia? A resposta é inesperada: as brisas latinas, as brisas do Mediterrâneo. Debussy ainda as ouvia. Mas agora elas estão aprisionadas na gruta do Cão – o *führer* contra o qual não há mais Quixotes. *Mundo Musical* mostrará a Bela italiana equivocadamente fascinada pela Fera alemã. Descobriremos mais para a frente que as vanguardas musicais, promotoras da ruptura definitiva com a tonalidade (e não apenas distância tomada, como pareceria ser o caso de Debussy), particularmente Schoenberg, serão percebidas por Mário de Andrade como formas do "totalitarismo germânico". Nem, já vimos antes, abstração, nem "sobrerrealismo", nem, agora, dodecafonismo. Mário de Andrade não é homem de todas as vanguardas.

M.A. **// O Pontapé de Mozart**

// 1º.7.1943

Estive imaginando naquele pontapé famoso que Johannes Chrysostomus Wolfgangus Theophilus Amadeus Mozart recebeu do patrão por intermédio do conde Arco, e que o mais provável é nunca ter existido...

Mas Hyeronimus de Coloredo, arcebispo de Salzburgo, patrão de Mozart, era mesmo um coração pervertido, gostava de espezinhar o moço cheio de aspirações. Bastava olhar a cara dele, ossuda, cor de oliva, se tinha logo a sensação do erro em marcha. Os olhos, um era menor que o outro, espreitava. E assim daquela cor cinzenta vaga, olhavam pra dentro, escondendo a segunda intenção. Imagine-se Mozart, vinte e cinco anos, viciado na glória, sempre em dificuldades financeiras, gostando de mulher como ninguém, escravizado a esse homem ruim, cor de oliva, pra receber, quando recebia! um ordenadinho brasileiro. É lógico, se revoltou.

O Coloredo estava em Viena, onde fora na esperança de ser honrado com um convite lustroso. Mas não recebera o convite e ficara mais cor de oliva, o aspecto dele repugnava. Mozart em Munique, levava uma das suas obras mais fecundas, o *Idomeneu*. O sucesso público não fora muito grande, mas o músico sabia a importância do que inventara, o quarteto, os coros prodigiosos, o comentário sinfônico dos recitativos, a firmeza com que soubera fixar a psicologia das duas mulheres. E vivia de mulher em mulher, aprendendo música está claro. Rodeado de artistas ótimos, discutindo música, dormindo, respirando música dia e noite. Hyeronimus soube e mandou chamar.

Mozart ainda veio bem contente. Viena sempre era Viena, não sairia dela sem ter no bolso mil florins. Mas o arcebispo o maltratou de tal forma, de tal forma o prendeu à sua saia inexpressiva que o gênio se desesperou. E naquela conversa em que Mozart perguntou si o patrão não estava satisfeito, ah, meus amigos! o artista já saíra do salão que ainda escutava o oliva naqueles gritos saudosíssimos, "Femeeiro! Rabo de saia! Debochado!" e nos insultos profissionais "Miserável! Cretino! Parasita!"...

Mozart chegou na pensão aturdido mas de alma dourada. Aliás a pensão era da viúva Weber, e ali estava a namorada nova, Constança, que o conseguiu pra marido. Mozart se consolou no riso dela. Redigiu em caligrafia um mui respeitoso pedido de demissão. Nem resposta. Pedido novo. Nem resposta. Mozart resolveu ir ele mesmo levar a terceira carta "em mãos". Foi então que se deu o pontapé famoso. Coloredo bem que sabia dos pedidos irrecusáveis porque felizmente naquele 1781 já não se usava mais na Europa, aquela escravidão medieval que agora os escritores deram pra considerar como perfeição e culminância do Cristianismo e da Civilização Cristã! O arcebispo sabia sim e estava fulo. Mozart subiu a escadaria da Deutsches Haus, e encontrou logo no saguão o conde Arco servil. A troca de palavras se esquentou, ele confirmou ao factotum do arcebispo que se considerava demitido. Se voltou pra ir embora, porque diante de um qualquer conde Arco, ninguém tem obrigação de andar de costas. E foi então que recebeu "sobre os glúteos", como diz o *Sargento de Milícias*, um pontapé de cima para baixo.

Parece que estou vendo a cena... Mozart, de costas para o conde, vai descer as escadas. Recebe o pontapé. Com a dor, a patinha de Mozart que se movia pra descer, se ergue um pouco, se ergue mais, ô visagem feia! cresce, não para de crescer, virou uma pata enorme e coletiva, se ergue mais, não para de se erguer, e agora é Mozart, meus amigos, quem vai assestar um pontapé calamitoso na Arte, essa mulher tão vária. E o meu espírito para indeciso. Porque o que não tem dúvida nenhuma é que si Mozart recebeu um pontapé que as Constanças consolam, ele também dava um pontapé inconcebível. Era realmente a primeira vez que um músico funcionário se demitia dum serviço pra ir viver de que! De arte? De arte já vivia ele, bem ou mal. O importante pra Mozart era viver sem servir. E um crítico ótimo, Eaglefield Hull, percebeu finamente isso, quando afirmou que o pontapé de Mozart foi o primeiro gesto da individualização definitiva do músico. E pontapé por pontapé, eu não consigo saber si o dado por Mozart foi mais necessário.

Está claro que si se tratasse apenas de um rijo pontapé assestado pelo músico no patrão, até que eu gostava bem. É a mais incontestável das verdades que eu tenho uma simpatia decidida por quasi todos os pontapés assestados de baixo pra cima. Porém o certo é que o pontapé de Mozart não acertou no Coloredo não. Acertou na servidão e grandeza militares da Arte, essa mulher tão vária.

É curioso observar que realmente parece que Mozart carecia dessa liberdade de não servir a ninguém, para criar dentro de um certo gênero de música, a ópera. Na arte pura das sinfonias, dos quartetos, das sonatas, em plena servidão escrava, ele já criara obras-primas genialíssimas. Fora uma vaca de leite, produzindo música até diária, pra gozo de um Coloredo e seus convivas coloridos. Fora uma vaca de leite. E Haydn também fora uma vaca de leite para os Esterhazi. E Bach também para a Thomaskirche, e Palestrina também para a Capela papal. E Haendel também, e Lully também, tudo vaca de leite da música.

Porém Mozart parece mesmo que precisava não servir a ninguém pra atingir a sua genialidade na expressão psicológica individualista dos heróis teatrais. Até então o máximo que ele alcançara fora o *Idomeneu*, insustentável, embora cheio de invenções fecundas e passos geniais. Mas agora, nesse mesmo 1781, logo depois da troca de pontapés, Mozart "escolhe" um libreto só por sua vontade, escolhe um libreto esdrúxulo, e cria uma obra-prima imortal, o *Rapto no Serralho*. Guy de Saint-Foix observa muito bem que o *Rapto no Serralho* é a porta das grandes criações teatrais do gênio. Isso é um mérito? Creio que não. Justamente quando a ópera não "servia" mais, estava deturpada inteiramente da função social que em todos os tempos teve o teatro cantado, é que o Mozart não serviçal de agora se acomodava com ela. É certo que ele se perdoa inteiramente pela genialidade absurda que pôs nas criações novas. Se perdoa mas não consegue justificar a deturpação desumana do teatro cantado de então. Vos falarei sobre isto brevemente.

E estão por aí tudo as consequências funestas do pontapé que Mozart deu. Eu vejo esses artistas vacas de leite de dantes, na obrigação de compor música pra servir e não pra publicar. Ficava tudo em manuscrito, enchendo prateleiras de pó. Precisávamos de um papel pra embrulhar um pão, um chinelo? Este papel de música serve. E lá se ia um alegro de sinfonia, uma obra-prima. Às vezes não dava tempo pra compor tanta música diária. É o próprio Mozart que o prova. Ele ia na prateleira e recopiava com acertadas correções um rondó velho pra finalizar a sonata nova. E hoje possuímos duas sonatas terminando com o mesmo rondó. Eu vejo Haydn, coitado, a megera da mulher o atormentou tanto nesse dia que ele não achou tempo de compor a sinfonia que o príncipe exigira pra essa noite. E ele ia surripiar da prateleira empoada aquela sinfonia composta o ano passado, decerto o príncipe nem se lembrava mais dela. Vestia a libré enfeitada, distribuía as partes, dirigia. E desta vez, segunda audição insabida, o príncipe gostava mais, sorria. Que príncipe nada! quem está se amolando com príncipe! A obra-prima retocada se salvava, porque mais exigida agora. E Bach, montado por vinte e um filhos, tendo que ensinar a meninada do coro, e ainda compor semanalmente para o serviço divino, e ainda ensaiar, e ainda dirigir? E Lully com os seus Vinte e Quatro Violinos... do Rei?...

Mas veio um pontapé e tudo se embaralhou. Antonio Candido observava outro dia que de qualquer pragmatismo imediatista "pode sair arte, não há dúvida, em parto difícil e perigoso", mas "em geral, porém, saem *ersatz* dolorosamente contingentes, em que se viola e se mutila o ímpeto criador". Realmente é impossível pra mim, como artista, me imaginar sentando na minha secretária e friamente me dizendo: vou fazer uma balada a outubro, ou novembro. Mas até que ponto estaremos Antonio Candido e eu sofrendo ainda as consequências do pontapé que Mozart nos deu? O protestante Bach, precisando uns cruzeiros, me escreve uma missa católica, e o violento Haendel pega uma ária de amor e a transforma numa ária religiosa do "Messias". E são obras-primas imortais. E são obras-primas imortais as encomendas de retratos corporativos que os holandeses recebiam, e obras-primas imortais os quadros religiosos que Rubens e Rafael faziam no entremeio de farras e amantes.

O pontapé de Mozart não terá me atirado numa superstição? Eu não posso, eu não devo, eu não tenho o direito de criar uma sinonímia entre ser gênio e fazer arte. Dizer arte é nosso ofício cotidiano porque a arte tem de servir, é necessária à vida como o pão. E ser gênio é... pros outros. E a consequência monstruosa do pontapé de Mozart foi esta, ninguém faz arte mais pra servir, mas pra ser gênio e ser sublime. Que milhões de milhares de músicas, de poemas, de pinturas, de estátuas possivelmente admiráveis terão se perdido porque serviram e depois desapareceram porque não serviam mais? Chorar sobre isso não será ainda uma superstição do pontapé? Hoje qualquer musiqueco sem técnica nem nada, mas que por ter dado o pontapé no rei, ficou com o rei na barriga, hoje qualquer musiqueco escreve uma musiquelha, uns "Soldadinhos", um "Souvenir", e a proclama aos quatro ventos, a assina em todas as folhas, gasta o que não tem no copista e publica, publica,

publica. Ficou eterna a musiquelha do musiqueco. Antes do pontapé de Mozart qualquer músico sabia compor, qualquer barítono, qualquer clarinetista, porque era obrigação primária imprescindível conhecer a técnica da música. Antes do pontapé de Mozart, mesmo quando não compunha, o músico sabia compor. Depois do pontapé de Mozart, a técnica da música deixou de ter importância, substituída pela técnica do gênio. E hoje os artistas são todos uns habilíssimos técnicos da genialidade, mas a técnica da arte se desvalorizou substituída pela palavra formidolosa: Mensagem. Antes do pontapé de Mozart as vacas de leite diárias realizavam da mesma forma as suas sublimes mensagens, deformavam a missa como Bach ou a madona como Rafael. Haydn chorava porque, como o Jogral de Maria, adorava a seu jeito o seu Deus e o censuravam pelo jeito. E as mensagens aí ficaram sublimes, porque não havia tempo para matutar mensagens, o tempo só dava para obedecer tecnicamente ao material. E a obra de arte aí ficava, musculosa, sadia, defraudando religiões, dando pontapés em reis, mudando o tempo e os homens, porque as mensagens escapavam sempre dos dedos fáceis do operário. Eu não faço como o pai Leopoldo não. Eu não peço a Mozart que volte a Salzburgo e vá se escravizar ao Coloredo outra vez, isso é impossível. Mas já é tempo do artista preferir o Mozart cotidiano que serviu, ao Mozart que fez da vida um domingo, bancando estátua prematura no cume do Jaraguá.

J.C. // COMENTÁRIO

"O Pontapé de Mozart" é uma parábola que situa a posição histórica ocupada pelo artista (particularmente o músico), desde os fins do Antigo Regime. O estilo é de grande vivacidade e humor, mas retoma e acentua, em realidade, as questões graves tratadas em "O Artista e o Artesão", depois debatidas em "Esquerzo".

Mozart é concebido como símbolo de ruptura social, o compositor que, por primeiro, recusa o mundo do passado, onde era submetido a um patrão. Mas é também o símbolo de uma ruptura situada no interior do próprio processo histórico da criação artística. O pontapé que recebe do arcebispo de Coloredo – por intermédio do camareiro-coronel de Salzburgo, o conde Karl Arco – conhece um revide: Mozart, por sua vez, assenta um pontapé na arte, na servidão artística, e conquista a pura liberdade para suas criações de gênio.

O episódio biográfico de Mozart é célebre; Mário de Andrade faz referência a dois livros que possivelmente tenham lhe servido de inspiração mais direta. São eles: *Music: Classical, Romantic and Modern*, de Eaglefield Hull, e *Les symphonies de Mozart*, de G. de Saint-Foix. Os autores são citados no texto (pp. 192, 193) e as obras encontram-se em sua biblioteca.

O artigo de Antonio Candido, "Artista e Sociedade" (p. 174), que, vimos, possui uma posição tão importante na polêmica desencadeada por "O Artista e o Artesão", funcionou também como estímulo para "O Pontapé de Mozart".

Se Mário de Andrade reconhece que o pontapé significou para Mozart a liberdade necessária no avanço de suas invenções musicais, demonstra que ele trouxe também a sacralização da arte e a exigência feita pelos próprios artistas de serem reconhecidos como gênios – não mais a serviço de ninguém nem de nada. Ora, a União Soviética estava dando exemplos de artistas que deveram conter os impulsos criadores para submeter suas obras a uma ideologia cujos critérios estéticos eram fortemente normativos e delimitados. Mário de Andrade é indiscutivelmente sensível a essas questões trazidas às esquerdas pelos militantes comunistas. Ele retomará o problema de modo mais desenvolvido em seu texto sobre Shostakovich, escrito como prefácio ao livro de Victor Seroff.

Há uma passagem do artigo de Antonio Candido que Mário de Andrade cita parcialmente no momento central de "O Pontapé de Mozart". O trecho completo é o seguinte:

// **196**   //MÚSICA FINAL

> Ninguém vai afirmar que a produção de um artista seja fruto apenas das solicitações do meio, nem se vai querer que a sua atividade se reduza a um pragmatismo imediatista e circunstancial, como o que ditava os anúncios metrificados de Maiakovski, os poemas africanos de Marinetti, e que leva o marechal Stalin a regular a natureza da produção musical russa. Disto pode sair arte, não há dúvida, em parto difícil e perigoso. Em geral, porém, saem *ersatz* dolorosamente contingentes, em que se viola e se mutila o ímpeto criador (p. 175).

Mário de Andrade pergunta se essa postura de Antonio Candido e do artista moderno em geral não é consequência do pontapé de Mozart. Ela indica uma nostalgia pelos tempos em que o artista, sendo em realidade um artesão da arte, preocupado apenas com o imediato destino de sua criação, dominava profundamente a "técnica" exigida por sua produção. E, com isso, chegava a uma consequência não voluntariamente desejada: a obra, justamente por essa qualidade técnica, passava a viver além do seu tempo, e na independência do criador. Um outro artigo, "Scarlatti", revelará o perfeito exemplo desse gênio artesão *Ancien Régime*.

Nem o pretexto político – por meio da "mensagem" que o artista possa querer exteriormente fazer aderir à sua obra (processo que Mário de Andrade analisará com maior profundidade em seu texto sobre Shostakovich) –, nem a autonomia de uma genialidade reivindicada pelo criador compensam as fragilidades técnicas, artesanais, da obra de arte.

> E as mensagens aí ficaram sublimes, porque não havia tempo para matutar mensagens, o tempo só dava para obedecer tecnicamente ao material. E a obra de arte aí ficava, musculosa, sadia, defraudando religiões, dando pontapés em reis, mudando o tempo e os homens, porque as mensagens escapavam sempre dos dedos fáceis do operário (p. 195).

Se Mário de Andrade constata a impossibilidade de um retorno aos tempos nos quais o artista escrevia sob encomenda e subordinava seu espírito criador a senhores e celebrações, repudia a independência conquistada pelo artista moderno, exigindo que este sirva o "artefazer", isto é, o próprio objeto artístico. Que deve ser produzido sempre num cotidiano sem que se vise à sacralização, sem que o artista "faça da vida um domingo" (no texto "Carta de Alba", também de *Mundo Musical*, ele oporá os "domingos do palco" às "quartas-feiras da vida"). Elimina, portanto, "a sinonímia entre ser gênio e fazer arte". O texto leva mesmo à ideia de que não apenas inexiste essa sinonímia como, pelo menos na época contemporânea, as duas palavras são contraditórias e excludentes:

> Antes do pontapé de Mozart, mesmo quando não compunha, o músico sabia compor. Depois do pontapé de Mozart, a técnica da música deixou de ter importância, substituída pela técnica do gênio. E hoje os artistas são todos uns habilíssimos técnicos da genialidade [...] (p. 195).

A polêmica "Esquerzo" mostrara que o pensamento desenvolvido em "O Artista e o Artesão" não fora facilmente compreendido. Mário de Andrade vai ainda bulir com Sérgio Milliet quando escreve: "felizmente naquele 1781 já não se usava mais na Europa, aquela escravidão medieval que agora os escritores deram pra considerar como perfeição e culminância do Cristianismo e da Civilização Cristã!" (p. 192).

Como revela o texto "Marginalidade" (p. 155) e, mais tarde, "A Bela e a Fera", os escritores aludidos são Tristão de Ataíde e Sérgio Milliet. Com efeito, este último desenvolvera, em *Marginalidade da Pintura Moderna*, um gráfico sinuoso mostrando épocas de apogeu e de transição através de linhas ascendentes, de progresso, e outras descendentes, de decadência. O cristianismo está no "clímax", ao qual sucede uma linha descendente que chega à época moderna, de "transição". O esquema é, naturalmente, de uma enorme ingenuidade, e justifica largamente a ironia de Mário de Andrade.

Mas o que nos interessa é que Sérgio Milliet e Luís Martins mostraram o grau de incompreensão que podia atingir "O Artista e o Artesão". Depois do maior músico – Nyi Erh – e da maior cantora – Elsie Houston –, Mário de Andrade desenvolve, assim, mais um arquétipo, mais um símbolo de impacto através do texto jornalístico. "O Pontapé de Mozart", num achado felicíssimo, determina um divisor de águas que possui inegável justeza histórica e se transforma em marca de poderosa evidência, capaz de trazer consigo, esclarecendo-as, as discussões sobre o momento recente.

Resta ainda uma observação. Numa passagem, Mário de Andrade lembra, por meio de uma análise de Saint-Foix, que *O Rapto no Serralho* significou uma abertura para novos caminhos da criação mozartiana. Isto é, "logo depois da troca de pontapés", Mozart escolhe livremente um libreto e a partir dele constrói uma obra genial. Mas, diz estranhamente Mário de Andrade: "Isso é um mérito? Creio que não" (p. 193). É que a genialidade de Mozart se desenvolve numa obra que havia rompido com a "função social" do teatro cantado. São rápidas afirmações, muito insatisfatórias. Mário de Andrade o percebe perfeitamente, e promete voltar ao assunto. Ele próprio está, nesse momento, tentando conferir novamente uma função social ao gênero da ópera, através de *Café*. A retomada do assunto se fará no final do ano, com "Do Teatro Cantado" e "Psicologia da Criação".

M.A. // # A Carta de Alba

// 8.7.1943

Não, Alba, você está errada. Em música, você é o tipo da errada, embora a culpa não seja exclusivamente de você. Aliás, às vezes imagino que tudo está errado em nós todos, em mim, no seu marido, em você, nas nossas reuniões. Você decerto pôs reparo também que naquele dia vadiou um certo mal-estar no ambiente, por não termos feito música, você não ter tocado pra nós. Eu não tocaria nada, mas você já sabe que toco horrivelmente mal na frente dos outros, poucas vezes se terá visto inibição tamanha. Mas jamais abandonei meu piano porisso, o converti em força pessoal da existência. Ainda agora ganhei horas divinas repassando toda a obra de Debussy. Não largo não, nem do meu piano nem do meu harmônio, o qual, quando eu chego de fora, sujado pela noite, com dois ou três corais de Bach ou qualquer recitativo de Carissimi, me perdoa mais que eu mesmo e me permite dormir.

Mas você toca bem, Alba, seus músculos são obedientes, e o seu espírito o será também, si você conseguir vencer defeitos e vaidades, e condescender com a arte verdadeira. Que mal faz você errar uma nota, duas notas, três notas? Que mal faz você repetir diante de nós, uma passagem inteira que saiu defeituosa? Isso até dá motivo pra rir, pra comentários agradáveis no grupo, o assunto e a vida se enriquecem assim. Que mal faz tocar com música na frente, por não saber a peça de cor? Blanche Selva nunca tocou sem música na frente, dizem. E no entanto foi pianista grande.

E depois, você lê à primeira vista. Ponhamos que não lerá muito bem, lê apenas regularmente. Isso é o bastante, Alba, pra irmos os três, você, seu marido e eu, nem que seja um bocado aos trambolhões, cantarolando o segundo ato do *Barbeiro* ou o "Cântico de Ação de Graças", do quarteto de Beethoven. Depois solfejávamos, pra saber o que é, o "Hino das Nações Unidas" de Chostacovich, e acabaríamos a brincadeira com o último samba que saiu.

E si esse dia você não estivesse "em dedos", como se diz, pra nos dar os difíceis "Ponteios" de Camargo Guarnieri, tocava a "Toada Triste" dele, que é bem mais fácil, há tanta música fácil. Fácil e absolutamente sublime. Você acaso estará lembrada do Andante daquela sonata em dó, de Mozart, que abre o primeiro caderno da edição Germer? Não me lembro agora do número que Koechel lhe deu. Você decerto nunca mais pegou nesse Andante depois que fez o seu quarto ano de conservatório. Pois é tão maravilhoso como o que houver de mais maravilhoso em música.

E aqui principia o engano, sem favor nenhum, monstruoso engano. É que a pianista diplomada com distinção por um conservatório, tem que dar satisfação ao mundo e a si mesma, não da música, não da arte, mas do seu valor pessoal e de sua glorificação. A pianista com medalha de ouro tem que tocar música? Não. Tem que tocar difícil. E você visa logo a Si Menor de Liszt ou o "Gaspard de la Nuit" de Ravel. Não é música mais que você se percebe na função humaníssima de fazer, é dificuldade que você está na obrigação teatral de mostrar. E como a vida não lhe fornece mais as seis ou sete horas diárias da antiga aluna solteira; como agora você tem marido, cozinheira e almoços de amigos, você irá pouco a pouco abandonando o seu piano. O instrumento morto vai virar trambolho, por sinal que anti-higiênico, asilo de baratas. E o silêncio, um silêncio amargo, acotovelante, despeitado vai descer sobre o seu lar. Está errado, Alba! Você também é mais uma vítima daquele "Pontapé de Mozart" de que lhe falei na última vez.

Eu disse: a consequência mais terrível do gesto orgulhoso de Mozart, não querendo servir a ninguém mais, foi que a arte, a música também perdeu a sua cotidianidade de servir. E com efeito, logo em seguida, como salientei no *Baile das Quatro Artes*, o Romantismo iria erigir a virtuosidade por si mesma, a virtuosidade gratuita das improvisações na quarta corda sobre um tema de ópera, como finalidade, não da arte mais, mas do artista, desrespeitando a função da arte, mandando a obra de arte às urtigas. E as consequências foram terrivelmente funestas para a mais cotidiana, a mais serviçal das artes, justamente esta nossa música, que por enquanto ainda posso chamar de "nossa", mas aos poucos irá deixando de ser sua.

Vamos observar os conservatórios, que é donde parte o seu engano. Eles foram talvez os que mais sofreram as consequências do pontapé de Mozart, e são eles agora os mais criminosos no desvirtuamento da música. Eu sou incapaz de me esquecer que os conservatórios não se fizeram desta confusão já secular entre música e genialidade malabarística. Eu sei que eles nasceram muito antes disso e fizeram coisas horríveis. Teve até os destinados a castrar os órfãos do povo, e fabricar vozes tidas por lindíssimas, pra nobre escutar. Teve capelas que jogavam na rua, sem mais aquela, o rapazelho que mudava de voz, como sucedeu com Haydn. Aliás, não é nem pra ter saudade do passado nem pra elogiá-lo em detrimento do presente, que estou verificando coisas. É para aprender e me consertar. Pois mesmo nesses infames conservatórios de dantes, mesmo nessas capelas egoístas, mesmo nas pretensiosas e pernósticas corporações dos Mestres Cantores, a música era o principal. Quem saía de lá saía artesão bom, sabendo otimamente a sua técnica.

Observe agora os nossos conservatórios atuais. O mundo mudou muito, Alba. Depois do pontapé de Mozart é que a democracia chegou. É impossível recusar que tenha havido progresso na sociedade humana. O que avançamos não satisfaz, eu bem sei, está longe de satisfazer, mas o passo foi grande. E os conservatórios?... E as mil espécies de escolas musicais, será que seguiram esse progresso da sociedade, se democratizando também? A mim me parece muito duvidoso que a simples aparência de qualquer pessoa poder entrar nos conservatórios de agora e receber o que ensinam lá, seja um progresso. Na verdade só entra quem paga, ou, em certos conservatórios oficiais, quem se distingue pela genialidade posta à prova nos concursos.

Jamais em tempo algum os conservatórios se mostraram mais teocraticamente aristocráticos do que nas democracias. Eu sei que em qualquer época, sempre os mais espertos e de maior valor se distinguiram. Desde aquela primeira Schola Cantorum gregoriana, quando Carlos Magno quis levar o canto para os seus estados, os escolhidos pra partir foram dois músicos dos mais distintos. Mas a noção baixa do artesanato estava ali, moralizadora – e esses músicos dourados, mesmo os Bernacchi gordos, mesmo as briguentas primas-donas de Haendel, eram operários da música. Não quero dizer, Alba, que o artesanato seja suficiente pra moralizar integralmente o artista, isso não. Porém mesmo esses "virtuosi" intermediários mantinham ainda uma consciência profissional moralizadora: produziam música sempre na intenção de fazer milhor.

Mas depois do pontapé de Mozart (que você pode mudar pra outros pontapés, si quiser, pois o que importa é a esquina que o artista virou) depois do pontapé de Mozart, o princípio do deus-rei vingou definitivamente na religião dos conservatórios. Não é mais a música que os conservatórios visam, não é mais a produção, mas a seleção entre artistas, a coroação do rei, o natal do deus.

Tudo se processa por meio de anos divididos que carece percorrer em tempo certo. Quem percorre melhor ganha um prêmio, é o deusinho anual, celebrado como a filha de Perséfona a cada volta das trevas. No fim do curso marcado por leis, jejuns, estatutos, macumbas, vem o concurso, e agora é o grande prêmio. Incensam, fazem novena e te-déum ao deus novo. Quem é o deus novo? Não é o Músico não, quem se lembra do músico! O Apolo de cueiro se chama "pianista", "violinista", prima-dona. É o castrado novo, um ilusionista deformadíssimo, que chama os seus discípulos a 50 cruzeiros a poltrona, sobe no palco e executa a dificuldade mirabolante, a rapsódia, o trilo do diabo, o dó de peito. É o milagre da transfiguração, o deus chegou!

Os conservatórios não criam música, criam gênios, não visam a vida cotidiana, visam o palco, a multidão, o êxtase. Só se forma nos conservatórios quem toca tantos prelúdios e fugas, tantas sonatas, tantos estudos. Quem é formado por um conservatório está na obrigação moral e pública de tocar as peças dificílimas do repertório. O resto deprecia, rebaixa. O Andante de Mozart rebaixa.

E são milhares, viva a democracia! os que se formam nos conservatórios desse mundo. Todos bichos ensinados pra empinar num palco. Todos com o seu Rossini, seu Liszt, seu Paganini na unha ou no beiço. Mas o palco é exigente, Alba. O palco é dos domingos da vida e não das quartas-feiras. O palco exige o bicho ensinado, com toda a série penosa de restrições vitais, treino diário, dores físicas, jejuns, circuncisões. Como fazer do lar um palco, do marido e dos amigos a multidão? É impossível. E você vai aos poucos abandonar o seu piano. Aliás, são milhares, são milhões os que o abandonam, se conformando ilusoriamente com a vitrola e o rádio, palco novo.

Nada mudou, nada se transformou, está tudo certo, o rádio e a vitrola "sempre" existiram. Aquele primeiro teatro San Caetano, em Veneza, era o rádio. Champion de Chambonnières no seu cravo, era já vitrola. Até o rádio e a vitrola já estão produzindo outra vez novas vacas de leite, um quarto de litro em propaganda do Sabão Perigo e três quartos pra defender governos. E em todos os quatro quartos a música está de novo ajudando a mudar a ordem da vida. Ou a defender instituições aviltantes e sabões perigosíssimos. Nada mudou, nada se transformou. Rádio e vitrola são o palco eterno que sempre existiu e sempre há de existir.

Nada mudou, mas você mudou, Alba. E neste joga-joga, a única amargada é você, a única desfuncionalizada é você. Porque você virou público também, quando o seu destino, a sua força é fazer música, *fazer a música que o palco não faz*, tocar aquele Andante da sonata em Dó Maior que os bichos ensinados e lustrosos do palco não tocam, porque isso não é música pra domingo, não é música de palco, é música pra viver. Com ela é que você aguenta milhor seu lar, guarda milhor o seu marido, aprofunda milhor a nossa amizade feliz. No dia em que você tocar só pra palco, seu marido e seus amigos, deformados também, quererão "mostrar" você. Pois você não percebe o que há de familiarmente horrível, de vitalmente deformador nisto, Alba? Os virtuoses são nobres também, mas você não é de palco, Alba! Alba! por favor! toca esse andante pra nós! erra um erro bem grosso, bem da gente rir!... E amar.

J.C. // COMENTÁRIO

Ao lado de "O Pontapé de Mozart", "A Carta de Alba" forma um díptico. No primeiro painel, a discussão voltou-se para o compositor; no segundo, é o intérprete que está em questão: depois de tratar do gênio, Mário de Andrade discute agora o virtuose. Estamos ainda nas águas de "O Artista e o Artesão".

Em "A Carta de Alba", o autor delineia um caso exemplar, destinado a esclarecer e afirmar com mais força seu pensamento, assim como fizera com "O Pontapé de Mozart" – mesmo se aqui o tom do texto tenha algo da crônica, colocando em cena uma relação de amizade e partindo certamente de situações vividas pelo autor e pelos personagens evocados. Entretanto, o clima pessoal e cotidiano que o inspirou lhe confere o caráter perfeitamente adequado para aquilo que Mário de Andrade se propõe desenvolver.

Alba Figueiredo Lobo, pianista não profissional a quem se dirige a "carta", esposara o escritor Guilherme Figueiredo, amigo próximo de Mário de Andrade. A paixão de Guilherme pela música o fizera autor de uma *Miniatura da História de Música*, em 1942, cronista musical da *Revista do Brasil* e fundador da Orquestra Sinfônica Brasileira. Portanto, o artigo parte e se dirige a amadores, por ilustres que sejam. Ele desenvolve ideias já contidas na "Oração de Paraninfo", proferida por Mário de Andrade em 1935 e publicada em *Aspectos da Música Brasileira*, sob o título de "Cultura Musical".

"O Pontapé de Mozart" deixara o compositor "bancando estátua prematura no cume do Jaraguá". Agora, a questão é a do virtuose, do intérprete-ídolo, do músico que admite a si próprio apenas no seu estrelato. Por isso Alba e todos os que a envolvem – familiares, amigos – estão errados, como proclamam as primeiras orações da carta. Erro que Mário de Andrade já denunciara em sua oração de paraninfo de 1935:

[...] a culpa é dessa mocidade frágil? Não é. Não sois vós os culpados, mas vossos pais, vossos professores e os poderes públicos. O vosso engano proveio de uma incultura muito mais escancarada e profunda, em que a confusão moral entre música e virtuosidade está na própria base.

Os pais, inflamados de amor, desejam glória aos filhos. Está quase certo. Mas a glória preferida é que está errada. Os pais, violentados pelo amor aos filhos, não têm sacrifício que não façam para que estes alcancem a gló-

// 206 //MÚSICA FINAL

ria destinada. Está certíssimo agora. Os sacrifícios feitos é que foram improfícuos, porque o fim pretendido estava inicialmente errado.

Qual o pai que desejou tornar o filho um músico completo? Talvez nenhum. Qual o pai que desejou ver o filho um pianista ou cantor célebre? Talvez todos. Nós não andamos à procura da vida, e por isso a vida nos surpreende e assalta a cada esquina. Nós andamos apenas suspirando pela glória[1].

Isto é, os intérpretes querem se tornar estátua no Jaraguá, e os que estão à sua volta esperam a estátua. Por isso veio a recusa de Alba em tocar durante uma reunião, com a cumplicidade dos amigos na instauração de um mal-estar: Alba – pelo menos naquele momento – estava incapaz de virar estátua, de dar uma interpretação impecável, de cor, das peças de seu repertório. Mas as falhas, diz Mário de Andrade, fazem parte do cotidiano da vida, o "de cor" só é desdouro para as estrelas do teclado: lembra a lendária pianista Blanche Selva, que só tocava com partitura diante dos olhos. Essa evocação não é ocasional: grande pianista, mas grande musicóloga também, professora da Schola Cantorum, notável intérprete de Bach, Blanche Selva era o modelo da executante "séria", no oposto das "estrelas" do teclado.

Alba, no entanto, tem que "dar satisfação" do seu valor pessoal. Não da música, ou da arte, assinala Mário de Andrade – pois estas deveriam poder se inserir no cotidiano de uma vida que impõe seus direitos e não permite a consagração exclusiva aos exercícios que a grande virtuosidade exige. Um repertório menos difícil, a ideia assumida de que uma execução imperfeita não são desdouros, trazem a música para o dia a dia de que a vida é feita.

Essa posição já havia sido expressa numa passagem muito bela da "Oração de Paraninfo". Mário de Andrade justificava ali a existência de um conservatório destinado não a formar elites, mas um "enxame", como diz, por meio de um ensino defeituoso e limitado que seja, porém capaz de manter a presença da música na horizontalidade das existências anônimas.

Quereríeis talvez observar o fenômeno do Conservatório Dramático e Musical de São Paulo? Quem quer lhe conheça os estatutos e a constituição didática, se convencerá da finalidade popular da nossa casa. Pelos

---

1. Mário de Andrade, "Cultura Musical", 1965, pp. 237-238.

seus preços, pelas poucas credenciais de educação escolar que exige dos seus alunos é evidente que o Conservatório não se destina à formação de elites musicais refinadíssimas, porém à popularização da música. Compreendeis certamente o que significam esses enxames sonoros de diplomandos que o Conservatório solta anualmente sobre o corpo do nosso Estado. São já muitas centenas de artistas menores que se perderam na multidão nacional tocando e ensinando. Não me orgulha de ter saído das salas conservatorianas um Francisco Mignone, por exemplo. Porque na formação de um grande artista entra um sem-número de contingências e condições, todas de decisório valor. O que me orgulha sois vós, senhores diplomandos, é o enxame. O que me orgulha é a professorinha anônima do Bexiga ou da Mooca, a mulher de Taquaritinga ou Sorocaba, que ensina seu Beethoven ou, dormidos os filhos, ainda solta aos ouvidos da rua algum noturno de Chopin[2].

Nesse elogio ao enxame encontra-se a crítica àquele engano evocado anteriormente. Que tanto os instrumentistas quanto os conservatórios e o mundo que os envolvem cometem: confundir a glorificação pessoal com a arte que devem ensinar e produzir. Isso se encontra explícito tanto no texto de 1935 quanto no de 1943. E em ambos Mário insiste sobre a atitude significativa dos intérpretes: não têm a consciência de que fazem música, mas apenas de que se consagram a um instrumento, trampolim para a autocelebração.

Quem é o deus novo? Não é o Músico não, quem se lembra do músico! O Apolo de cueiro se chama "pianista", "violinista", prima-dona (p. 204).

Talvez estejais ainda lembrados da armadilha com que quase todos os anos inicio os meus cursos de História da Música... À pergunta que faço sobre o que os meus alunos vieram estudar no Conservatório, todos respondem, um que veio estudar piano, outra canto, outro violino. Há catorze anos faço tal pergunta. Não tive até hoje um só aluno que me respondesse ter vindo estudar música![3]

2. *Idem*, pp. 238-239.
3. *Idem*, p. 237.

É que todos eles se destinam, como diz Mário de Andrade, aos "palcos da vida", nos quais a música é um pretexto para o brilho pessoal. Mário de Andrade *versus* vaidade humana, combatendo pela causa do serviço à arte. Se "O palco é dos domingos da vida e não das quartas-feiras" (p. 204), ele defende a ideia, o princípio, de que a música deve existir também nas quartas-feiras. Quando, justamente, é o momento de "fazer a música que o palco não faz". E existe aqui, novamente, a "nostalgia" *Ancien Régime*, que já constatamos em "O Pontapé de Mozart". Não que, antes da Revolução Francesa, os "palcos da vida" fossem inexistentes, destinados que eram a exaltar estrelas e a se submeter aos "donos da vida" – numa cumplicidade à qual se acrescentou hoje o rádio e a vitrola. Mas é que, depois do romantismo (p. 202), a virtuosidade seria hipertrofiada, e a música apenas um ponto de apoio para a exibição do intérprete, independentemente de sua qualidade intrínseca.

O "Romantismo Musical" significara justamente a reflexão sobre esses pontos. "A Carta de Alba" acentua a necessidade de uma volta da participação da música na vida de cada um; e não apenas numa relação de exibições profissionais para um público passivo porque consegue ele próprio chegar ao palco.

Havia, em "O Pontapé de Mozart", a constatação de um "desvio" histórico e a proposta de uma abdicação do estrelismo virtuosístico diante da obra de arte a ser realizada. Agora, é o apelo a uma inserção da música no cotidiano, como participante do "ser" de cada um – e não apenas como uma atividade de exceção. Nessa perspectiva de "moralização" do intérprete teríamos, com Elsie Houston ou Blanche Selva, os exemplos de seriedade e serviço às obras, possíveis nos "palcos". "A Carta de Alba" volta-se para o outro lado, para a moralização de um cotidiano não profissional, não virtuosístico, que abandona a música porque não atinge o estrelato.

M.A. // Parsifal

// 22.7.1943

Eu imaginei que seria útil aos leitores recordar o entrecho do *Parsifal*, ópera em três atos de Ricardo Wagner, o grande compositor dos alemães. Trata-se de uma ópera bastante complicada, de que facilmente a gente esquece os detalhes, por causa da atrapalhação. É assim:

No alto daquela montanha havia um castelo completamente fortificado, que fora construído pelo guerreiro Titurel, que era um puro. Titurel não gostava de mulher, por isso ele era puro. Mas tinha um filho, Anfortas, que Wagner se esqueceu de esclarecer como é que era. É bom não esclarecer mesmo.

Titurel era dotado de muita pugnacidade, no sentido que Vierkandt dá a essa palavra, isto é, "vontade de prejudicar os outros". Uma vez em que ele tinha saído de casa na intenção de combater o que lhe aparecesse pela frente, estourou um clarão na estrada e ele levou um tombo do cavalo. Mas veio um Deus. Deus era favorável ao celibato dos padres, naquele tempo em que padre fazia o que queria, e porisso nesse instante mesmo, armou Titurel padre e cavaleiro. Depois falou assim:

— Prezado Titurel, sois puro. Ide formar a confraria dos padres-cavaleiros puríssimos e com ela defendereis o meu santo Gral e esta lança milagrosa, que estão correndo o risco de serem desacatados!

Titurel saiu dali muito ganjento e isso de fazer uma confraria, na Alemanha era facílimo. Num átimo ele formou uma cavalaria formidável, completamente fortíssima, e foram todos viver no castelo que, me esqueci de contar, se chamava Monsalvat. Mas dava tanto cavaleiro que logo a pugnacidade deles imaginou que estavam sofrendo de espaço vital.

Ora ao lado da sesmaria do Monsalvat, tinha um outro reino muito mais gostoso, era uma gostosura mesmo, cujo rei se chamava Klingsor. Klingsor era feiticeiro e bem que pretendera entrar na confraria. Mas fora recusado por motivos muito difíceis de dizer e que só mesmo na bulha da grande orquestra wagneriana a gente pode contar abertamente no segundo ato. É que não só ele não gostava de mulher mas... bom: o fato é que ele não podia gostar ao passo que a cavalaria de Titurel podia sim.

Pois foi mesmo o que sucedeu. Klingsor construiu aquele reino gostosíssimo, cheio de mulheres do Renascimento veneziano, que eram umas flores. Os cavaleiros vinham ardentes, quando chegavam das suas pugnas, e Klingsor os convidava pra dar uma chegadinha na casa dele. Os cavaleiros portavam naquele palácio muito mais sublime, mais higiênico e livre que Monsalvat, as moças vinham e quem disse dos cavaleiros voltarem nunca mais pra terra deles!

Então Klingsor concebeu a vingança suprema: fazer o próprio filho de Titurel cair na pândega. Mas Anfortas era de fato puríssimo, e ficou tão difícil que foi preciso o macumbeiro enfeitiçar a mulher mais formidável desse mundo, nada mais nada menos que a Herodíade do seu amigo Oscar Wilde, condenada a ser infernalmente gostosíssima porque dera uma risada de Jesus. Não sei porque Wagner mudou o nome dela, provavelmente por algum problema de canto, e ela ficou se chamando Kundry. O entrecho aqui se torna muito obscuro, como sucede em geral com as criações dos gênios grandes. Ninguém como Wagner pra saber que quanto mais obscuro mais genial. Eu sei que Anfortas fracassou como a maioria dos heróis dos romances brasileiros, mas não fracassou todinho como nós, e um dia foi questão dele voltar pra Monsalvat. Kundry não queria, Klingsor ofereceu muitas coisas, mas Anfortas gritava que não, que não! Principiaram dando sopapos, e afinal Klingsor roubou aquela lança milagrosa das mãos de Anfortas, e feriu fundo o pobre do moço, embaixo do mamilo esquerdo, dois centímetros mais ou menos ao lado do coração. Anfortas voltou pra Monsalvat sem lança e naquela desonra.

Ora tinha chegado a época do ano em que ele agora é que celebrava o mistério do Gral, porque Titurel estava muito velhinho e legara o reino ao filho. O mistério era muito necessário para os cavaleiros, porque chegava uma luz do céu e entregava pra cada um deles um pão e um pote de vinho. E essa comida é que dava pugnacidade a eles por

// **212** //MÚSICA FINAL

um ano, ficavam corajosíssimos e invencíveis na guerra, sofrendo barbaramente de espaço vital. Mas quando foi pra celebrar, Anfortas deu um grito wagneriano. Era que por castigo das safadezas que ele andara fazendo no cabaré de Klingsor, agora ele não podia celebrar o Gral sem dores iguais às de Jesus. E desde esse dia, Monsalvat ficou desonrado. Era uma luta medonha quando chegava o tempo da celebração do Gral, porque Anfortas fincava o pé e não queria, com medo das dores.

Aqui entra Parsifal. Parsifal era um rapazinho, o Puro Louco, como lhe chama o próprio Wagner. Não se sabe se ele fazia pinturas, porque o compositor se esqueceu de esclarecer este ponto importante, mas o fato é que vinha dum país vizinho, provavelmente a Áustria. Mostrava uma cara feroz, mas como os cavaleiros, ele só tinha era pugnacidade. Gostava muito de matar cisne, decerto pra montar, como o filho dele, Lohengrin que também aparece nas óperas montado no dito. Porque Parsifal, embora Puro Louco e detestando mulher como diabo água benta, também teve um filho, fato estranhíssimo e obscuro. Neste ponto só si entrar a psicologia na explicação, porque Wagner, como nós sabemos, se especializou toda a vida em gostar da mulher do próximo, de formas que, bom. O certo é que Titurel, Parsifal, e vários heróis do "Anel do Nibelungo" sempre tiveram filho dos outros.

Voltando ao assunto, Parsifal, informado por Gurnemanz, um padre leigo, do que estava sucedendo, sente fácil muito dó de Anfortas, e resolve ficar rei do Monsalvat, no lugar do outro. Mas Gurnemanz comenta que pra semelhante coisa, ele carece ir buscar a lança sagrada que está com Klingsor e curar a ferida do atual rei, com a sobredita lança.

— Isso é o de menos, canta Parsifal.

Então Gurnemanz pergunta:

— Sois judeu?

— Não, pela graça de Deus.

— Então vá.

Porém o feiticeiro bem que estava sabendo de tudo, lá no cabaré, e esperava preparadíssimo. Quando Parsifal entra no jardim, Klingsor primeiro manda as moças-flores, pra ver si Parsifal quer brincar com elas. É então que dá-se um bailado interessantíssimo, porque as raparigas se agarram às beijocas com o pobre Puro Louco, que ele até parece cantor mexicano de rádio. Mas ele vai saindo de rumba, elas agarram ele, rasgam toda a roupa dele, e Parsifal é obrigado a fugir na disparada pra culissa, nu e de cuecas, isto é, com umas peninhas de cisne.

Então é que vem a cena famosa do namoro de Kundry. Porém ela não principia logo se encostando no moço, até finge que não quer. Disfarçada, ela docemente pergunta porque ele não aprecia as mulheres. Parsifal fica meditabundo e conta que isso de mulher, ele só se recorda de uma, a mãe dele, que era muito boazinha. Daí Kundry principia falando e faz uma linda digressão freudiana, provando a Parsifal que se ele não gosta de mulher é apenas porque está sofrendo do complexo de Édipo. Ela diz tudo isso assim como quem não quer, vai fazendo uma carícia, acarinha daqui, acarinha d'acolá, faz cócega no bigodinho dele e afinal, sem querer, Parsifal, de gostoso, deita a cabeça nos joelhos dela, cantarolando em mi bemol. Mas Kundry modula pra dó maior, porque ele não é ruim não. Ela, que é muito inteligente, até tem dó do Puro Louco, mas está encantada por efeito da maldição que sofreu por caçoar com os outros. Interessado pela modulação, Parsifal cai em si menor, dá um bruto dó de peito, fugindo do colo da judia.

— Isso, comigo não! Eu cá sou Puro Louco!

Kundry perde a esperança e chama Klingsor em seu auxílio que logo aparece com a lança sagrada na mão. Atira a lança, que está presa numa cordinha, mas por milagre de Deus, a cordinha se move rápida e quando a roldana está bem azeitada, a lança fica dependurada bem por cima da cabeça de Parsifal, sem o ferir. Este desamarra a lança da cordinha e fica com ela. É a profecia que está se realizando. Mas o Puro Louco não se esquece do espaço vital exigido pelos cavaleiros de Monsalvat. Traça uma cruz bonita no ar, que por causa da grande emoção dele, sai toda gamada. Desaparece Klingsor, as moças, as flores, o cabaré, virando tudo num enorme campo de batatinhas. Mas Klingsor ainda teve tempo de amaldiçoar Parsifal que estava meio culpado com o gostinho que tivera nos joelhos de Kundry. De forma que ele se via condenado a vagar por esse mundo, sem achar o caminho de Monsalvat. E Parsifal sai por esse mundo. Vagueia pela Itália, vagueia pelo Japão, pela Finlândia, porta um bocado no Brasil, arranja lá vários amigos, até dar tempo que a vida se escoe desde a morte de Wagner, que não teve a felicidade de ver o terceiro ato de sua ópera.

Estamos no terceiro ato. O pano se levanta e enxergamos Gurnemanz ali, velhíssimo, porque se passaram várias dezenas de anos desde a morte de Wagner. A cena representa uma cervejaria de Munique, que fica nas terras de Monsalvat, palavra que em vernáculo significa Monte Salvador, um ova! Parsifal chega por acaso. Então Gurnemanz conta que Monsalvat está perdido e não se tem esperança mais de alargar o meridiano de Tordesilhas (sic: alusão clara à América Latina) porque Anfortas se recusou definitivamente a celebrar o Gral. De formas que os cavaleiros não recebem mais nem pão nem pote e perderam a pugnacidade duma vez.

— Isso não, berra o Puro Louco enfurecido, si vocês me deixam ficar rei desta meleca, eu vos prometo o domínio do mundo!

— Então vamos ver si os cavaleiros querem, responde Gurnemanz.

Isto era na Quinta-Feira Santa, e até chegarem lá, já estávamos na Sexta-Feira. É então que se dá a inesquecível página chamada "O Encantamento da Sexta Santa", em que todos os cavaleiros se ofuscam com a grandeza da música, se abobejam de maneira lastimável e ficam totalmente doidos. Naquela barulheira formidável de sinos, de toques de caixa, de clarins, Parsifal chega, deita uma cantata, bota a coroa na cabeça, mata Anfortas, batiza Kundry e grita:

— A terra de Klingsor já é nossa! Mas si vocês vierem comigo vos darei o mundo inteiro como espaço vital!

E o pano cai sobre a promessa do Puro Louco, enquanto os cavaleiros berram com furor:

— Mein Fuehrer! Mein Fuehrer!

J.C. // COMENTÁRIO

Oneyda Alvarenga se exprime da seguinte forma a respeito de "Parsifal", de Mário de Andrade:

> O entrecho do Parsifal é de tal maneira apresentado, que sem traição aos seus elementos básicos reais, a ópera de Wagner se revela mesmo uma legítima história nazista de avança na terra alheia e de preconceitos raciais. O todo mantém um tom de comicidade engenhosíssimo, conseguido com uma interpretação... psicológica dos fatos, com a exploração das obscuridades filosóficas de Wagner, com os ridículos cênicos da grande ópera e da simbologia wagneriana posta em movimento. E muito, também, com a maneira de contar o caso, jeito do contador popular de histórias de trancoso[1].

E este "Parsifal" é, essencialmente, isto. Uma sátira viva, um panfleto irônico, aparentado a certo espírito jornalístico que existia desde o século XIX – presente, por exemplo, no panfleto anônimo contra *Pelléas et Mélisande*, distribuído na noite de estreia da ópera, ou na acidez do próprio Monsieur Croche: paráfrases irônicas que o próprio Mário de Andrade conhecia bem. Wagner mesmo já havia sido muitas vezes vítima de paródias desse tipo, e é bem verdade que os entrechos solenes, míticos e obscuros de suas óperas se prestam particularmente a esse tipo de humor[2]. E está claro que Mário de Andrade deseja aqui, por meio do enredo de Wagner, uma acusação jocosa ao inimigo guerreiro.

---

1. Oneyda Alvarenga, *Mário de Andrade, um Pouco*, 1974, p. 86.
2. Transcrevo aqui, a título de exemplo, uma parte da legenda de uma história em quadrinhos, publicada no *Jornal Amusant*, em 10 de junho de 1893, um mês depois da estreia de *A Valquíria*, na Ópera de Paris. Ainda que o tom seja menos vigoroso do que o de Mário de Andrade, o espírito é, de modo manifesto, muito próximo:
"Teatro da Ópera
A Valquíria
Ópera em três atos de Richard Wagner
Havia uma vez um caçador chamado Hunding (Gresse) que morava em uma grande árvore com sua mulher Sigmound (madame Caron). Um dia, um desconhecido muito cansado (Van Dyck) entra sem ser anunciado e pede uma bebida. Enquanto Sieglinde o serve, o marido entra: 'Rapaz, diz ele, não vou com a sua cara; até amanhã às cinco horas e trinta e cinco você é meu hóspede; mas às cinco e trinta e seis lhe quebro a cara...' e para cima se vai, como um bom marido enganado.
Assim que ele sai, Sigmund (é o nome do desconhecido) não tem nada de melhor a fazer além de cortejar a sua bela anfitriã, que não se faz de pudica. Conversando, eles descobrem que são irmãos; mas sem que esse detalhe insignificante atrapalhe, eles vão ao bosque de Bagneux: colher morangos... vem abaixo o Teatro Livre!
No segundo ato, estamos na passagem de Saint Gothard onde encontra-se Wotan (Delmas), deus do sufrágio universal e pai dos dois amantes gêmeos. Sua mulher Fricka (madame Deschamps) lhe faz uma cena, achando que seus filhos estão se comportando de modo condenável. O deus,

Mas "Parsifal", embora não explicitamente, inaugura, em *Mundo Musical*, um binômio de oposições que Mário de Andrade vai estabelecer. De um lado o nazismo e a música alemã, vistos numa relação de indissociável afinidade; de outro, o fascismo, intrinsecamente desmentido pela música italiana. Este último aspecto será desenvolvido nos três textos seguintes: "Scarlatti" e os dois "A Bela e a Fera". Wagner será ainda vítima de um ataque irônico (numa complexidade maior do que a paródia de "Parsifal"), em "Os Tanhaeuseres".

que é um bravo, promete à mulher colocar ordem na situação e ela vai passear em uma carroça puxada por cabras.
Chega Brunilde a Valquíria (*mademoiselle* Bréval), um tipo de amazona com asas de pomba na cabeça: ela também é filha de Wotan (como semeou crianças, esse deus!) que lhe ordena matar Sigmund pelo bom corno Huding. Mas Brunilde tem uma boa armadilha para o irmão (que família!)...". Reproduzida em *L'Avant-Scène Opéra*, p. 16, jan.-fev. 1977.
É muito evidente que o texto de Mário de Andrade se vincula a essa linha paródica, nascida no jornalismo do século XIX.

M.A. **//** ## Scarlatti

// 29.7.1943

Já não me recordo bem, faz tanto tempo... Só me lembro vagamente que é na *Leda Senza Cigno* que um dia D'Annunzio entra no teatro e de repente principia chovendo na sala de concerto. Ele vai pra fugir, e nisso topa com Amarilis que também se abrigou sob uma pérgola de rosas. Nisto surge o cavaleiro Palamede em busca da pastora, ela se esquiva dele, fugindo na disparada pela chuva que está clara, marejada de sol. Palamede corre atrás, e D'Annunzio apesar da chuvarada, vai ver o que acontece. E é lá na escadaria que o moço pega a pastora, ela braceja rindo muito, sobe não sobe, perde o sapatinho dourado, perde a mosca do queixo, dá um grito, o que foi? Foram os colares de pérolas que rebentaram e é pérola por toda a escadaria. Vem o pavão engolir aquele milho, veem dez gatos brancos e eis que surge um bando de macacas cinzentas com sininhos de ouro no rabo, tudo brincando com pérolas. Amarilis não pode mais de alegria, senta num dos degraus e aplaude frenética... as sonatas de Domingos Scarlatti que um grande virtuose acabou de tocar. D'Annunzio se levanta e sai do teatro.

Me lembrei disso porque Francisco Mignone me contara pouco antes que ia reger uma Sinfonieta, feita com sonatas de Scarlatti, transpostas pra cordas. É certo que a música de Scarlatti, jamais me despertou imagens e sensações que não fossem puramente sonoras. Para mim Domingos Scarlatti é outra coisa, é um dos músicos mais irredutivelmente musicais que eu conheço. E é sobretudo um dos exemplos mais espantosos da técnica profissional moralizando a funcionalidade do artista. Neste sentido ele é mesmo excepcional, caso único de artesanato salvando o artista, em suas obras de arte, de uma finalidade menos digna, a que tudo no tempo o condicionava e a que o próprio homem Domingos não poude escapar.

Na vida, ele foi o que eram os músicos dessa primeira metade do século XVIII: um servidor das aristocracias dominantes. Logo depois de em moço tentar o teatro de Londres, se fixa na corte portuguesa, professor de infantas. Depois é a corte espanhola que o prende, onde ele viverá na cauda da princesa das Astúrias. É um cortesão. No princípio da vida ainda tentou o teatro do pai, mas era mesmo o cravo que o apaixonava, e acabou se dedicando inteiramente ao seu teclado. E hoje nós só lhe conhecemos e só nos podem interessar as suas sonatas.

Domingos Scarlatti era um cortesão. As suas dedicatórias repetem e o estilo servil daqueles trinta "esercizi per gravicembalo" que ele ofereceu a D. João V, "alla sacra real maestà di Giovanni v, il giusto ré di Portugallo, d'Algarve, del Brasile", assinadas por "l'umilissimo servo". Mas se lhe tocamos esses "esercizi", aos poucos vai nos surpreendendo uma música divina, que escapa ao sentido musical do século. Nela todo o formalismo ritualístico e cortesão da música setecentista desaparece.

Ele chama cada uma das suas peças de "sonata", mas já nisto há uma independência enorme, para esse tempo em que a arquitetura da sonata já se delineava bastante. São obras francamente monotemáticas e aí começa a perplexidade dos críticos. Esse filho do pai da ária da capo despreza o bitematismo prolongador. E uns lhe censuram a *reprise* "restringida muitas vezes a um simples epílogo". Outros campeiam em vão o segundo tema, como Fuller-Maitland no seu estudo monumental, suspeitando na liberdade dos episódios um segundo tema "cujas funções não foram totalmente percebidas pelo compositor"! O que é absurdo, se tratando da maravilhosa lógica de toda a obra do napolitano. Na verdade há muito mais bitematismo em certas cirandas de Villa-Lobos, em certas tonadas do chileno Humberto Allende, assim como nas danças aos pares do início da música instrumental. E se alguns, já pressupondo a "sonata" em sua futura imponência acadêmica, se assustam com as liberdades de Scarlatti contra a harmonia de escola, outros se assombram com o imprevisto e o imaginoso dos seus desenvolvimentos temáticos.

A mim me chega a ser difícil chamar de "desenvolvimento" à maneira com que Scarlatti "continua" os seus temas. Há nele uma ausência muito sadia, feliz, de qualquer tradicionalismo acadêmico. Chega a ser estranho como ele não "desenvolve". Esse napolitano parece ter pelo desenvolvimento de escola (em que o próprio Beethoven tantas vezes se esparrama), aquele mesmo horror que Debussy teria dois séculos mais tarde. E Scarlatti não tinha sob os olhos a experiência pavorosa que teríamos Debussy e nós todos. Há nele uma sensibilidade intelectual que não lhe permite nunca esquecer a dependência da obra de arte em sua vida pública. Não é o desenvolvimento temático que lhe baseia a construção, mas a continuidade. Nisto ainda ele antecipa Chopin e principalmente os modernos. A sua música se desenrola. Não se desenvolve.

E agora nos assombra como ele esgota os recursos do seu cravo. A sua liberdade contrapontística é deliciosa, um desprezo sorridente pelas vozes obrigadas. E é de ver como ele harmoniza, como ele "acompanha" as suas melodias. Ele finge ignorar esse preguiçoso baixo de Alberti em que mesmo Haydn e Mozart, Deus me perdoe, soçobraram. Em vez, é inesgotável a riqueza com que também busca quebrar os acordes, sem cair naquele arpejamento sistemático de que Couperin acusava os italianos. Mas foge também sempre do peso tão grosseiro do acorde que, no cravo, acaba depressa, feito um tombo. Scarlatti voltija sobre as cadências de harmonia com a elegância e a suspensão dos equilibristas da corda bamba.

A essência primeira da sua música, da sua base artesanal, está em que ele não pretendeu que o instrumento desse o som que ele, Scarlatti *queria dar*, mas obedeceu ao som que o instrumento *podia dar*. Não apenas as suas sistematizações e inovações, as notas rebatidas, os arpejos, os saltos vertiginosos, o cruzamento das mãos, as séries de oitavas, obedecem ao instrumento e o revelam. O que importa mais é a miraculosa glorificação do som curto, de que deriva toda a música dele, som fatal da percussão ou dedilhação da corda sonora. É o primeiro a se libertar da técnica de sopro do órgão e das polifonias instrumentais obrigadas. Nem imitou a escola dos arcos em pleno esplendor então. Nenhuma vaidade inveja na obra dele o canto sublime do violino bolonhês.

Scarlatti se expande em toda a rutilação quebrada e pipocante do som curto. Ele ignora o som longo e porisso não o sofisticou na ciência classista do ornamento, os mordentes, apoiaduras e trilos. E se tornou o possuidor mais assombroso do som curto. É o cravo. Não o cravo de classe, mais ornamental e maneiroso, em todo o seu ritual de mesureiro castrado. Ele desaristocratiza o cravo, da mesma forma com que Chopin e poucos mais desaburguesaram o piano. Nem todos podiam tocar cravo? Pois o tornemos o instrumento que todos possam ouvir. Nas mãos dos virginalistas ingleses, dos cravistas de França, do próprio igualmente genial Couperin le Grand, o instrumento se tornara de classe, sussurrado nos salões aristocráticos. Por direito consanguíneo, o cravo era posse de reis e príncipes, espécie de maracá sacro, tinha um deus dentro, proibido aos que não tivessem sangue. Pois Scarlatti o descobre e recompõe na sua virtuosidade integral. E o objeto caro, se torna também dificílimo. Salta do salão para o palco, donde todos o escutam. Scarlatti implica as multidões. E por isso as multidões o adoram.

Não quero dizer que o cravo não seja do salão principesco, como também o piano é da sala de visitas burguesa: são. Mas não o são intrinsecamente. Como instrumentos autônomos, acompanhadores, transcritores e solistas, eles implicam não exatamente a classe, mas a comunidade da família. E si o seu transporte pesado os despopulariza, os excluindo das festas de rua, si o seu custo os desproletariza, eles não são culpados da função de prestigiadores de uma classe. A culpa não é deles, mas dos compositores que os deformam.

Domingos Scarlatti não deforma nunca. Scarlatti obedece. E reinventa o instrumento apoucado em sua finalidade, o regenerando em toda a sua magnitude virtuosística. E o cravo se passou para o palco das coletividades. Quase todos os estudiosos de Scarlatti, preocupados com esse mistério da música dele, a dizem utilizando melodias folclóricas de Espanha e Nápoles. Malipiero consegue imaginar duas passagens "espanholas" nada convincentes. Temas folclóricos tinham sido usados e abusados pelos ingleses e franceses. Mas a intenção era dar a displicência do pitoresco... colonial a nobres de boa companhia. O folclorismo de Scarlatti é pura imaginação, como também o de Chopin. Não são folclóricos, da maneira com que se populizam bastardamente certos "sociais" de última hora. Mas é porque deu ao seu cravo a capacidade máxima, a intrinsecação perfeita e a técnica verdadeira, que a música de Scarlatti é também popular e adorada pelo povo. Por se libertar do rito classista e ser simplesmente humana, em sua universalidade incomparável.

J.C. // COMENTÁRIO

O desenvolvimento da oposição entre a música italiana e a alemã, que anunciamos no comentário precedente, não parece se fazer, de início, de um modo voluntário ou explícito. "Scarlatti" é sobretudo a demonstração do gênio-artesão *Ancien Régime*. O jogo dos opostos será determinado nos dois artigos de "A Bela e a Fera", que surgiram no impacto de um episódio da Segunda Guerra Mundial. Mas "Scarlatti" prepara em surdina esse terreno.

A abertura se faz com uma evocação, longínqua na memória do autor, de imagens que D'Annunzio, em *La Leda Senza Cigno*, associa a Scarlatti. É um episódio pastoral pouco solto, um improviso livre do devaneio, que possui o mesmo entrelaçamento tecido por Mário de Andrade em "Os Tanhaeuseres", embora ali de modo cáustico. Música enquanto pretexto para as errâncias livres do pensamento.

Se D'Annunzio permitia um belo início, Mário de Andrade deve logo acorrer com a afirmação de que Scarlatti é "irredutivelmente musical". E também perfeito artesão. "Servidor das aristocracias dominantes", apesar disso, por meio da fidelidade ao artesanato, ele produz uma dessas obras que transcendem o tempo, como afirmava o final de "O Pontapé de Mozart."

"Scarlatti" prolonga a demonstração de "O Pontapé de Mozart", pois, se o gênio de Salzburgo encarna, para Mário de Andrade, a ruptura, o napolitano é o exemplo acabado do artista-cortesão, que em nenhum momento pensa – nem sua época o permitia – numa autonomia diante dos poderosos. "Umilissimo servo", como assinava as dedicatórias, lembra Mário de Andrade.

Entretanto, dentro desses limites sociais e do gosto do tempo, Scarlatti teria sabido inovar, escapando das regras de escolas. Suas sonatas contêm, dizem os especialistas, liberdades com as regras harmônicas, e uma progressão imprevista, digamos rapsódica, que foge aos cânones dos desenvolvimentos convencionais. Haveria aqui a ideia de improviso, se ela não contivesse a noção de uma liberdade que faz pouco das estruturas. Pois se Scarlatti, como Debussy, foge das fórmulas previstas, constrói as obras por meio de uma continuidade que possui razões intrínsecas. "A sua música se desenrola. Não se desenvolve", diz Mário de Andrade (p. 221). Além disso, afasta os chavões dos acompanhamentos sistemáticos da mão esquerda, sobre os quais a melodia se pousa, mas inventa relações inéditas, "com a elegância e a suspensão dos equilibristas da corda bamba" (p. 221). Essa liberdade inventiva se generalizará, como veremos em "A Bela e a Fera", caracterizando a natureza do espírito italiano.

Mário de Andrade acentua ainda a "base artesanal" da arte de Scarlatti: um respeito sem falhas pela natureza do cravo, seu instrumento por excelência. Exclui as influências que poderiam vir do órgão, das cordas, capazes de melodias feitas de longos sons, para construir com o som "curto", pontual, de ressonâncias e dinâmicas reduzidas, próprias ao cravo. Nisto, ele obedece às leis e às fronteiras impostas pelo cravo, não fazendo com que sua vontade criadora ultrapasse os limites naturais dele. Desse modo, explora e revela o alcance do instrumento, num ato criador cujo caráter voluntário não é o da dominação, mas o de uma fraternidade com os meios materiais.

Scarlatti escapa aos limites de "classe". Pois, por um lado, não impõe ao seu instrumento um "estilo" que corresponda ao gosto, à expressão, da aristocracia (da mesma forma que Chopin não impõe um estilo "burguês" ao piano); por outro, extrai dele uma virtuosidade legítima – que impede a sua interpretação por amadores. E necessita da relação palco-público. Este último também legitimamente o adora. Desse modo, a obra de Scarlatti, sem que haja intenção no momento de sua gênese, adquire uma "universalidade incomparável" de obra-prima. Pela submissão artesanal à obra objeto, ele escapa à condição humana de "cortesão". A ideia de obra-prima adquire assim uma consistência, digamos, histórica, retomando o sentido próprio de suas origens: suprema obra do mestre músico. Maior, é claro, do que aquele que a fez.

Depois de "O Pontapé de Mozart", que revela uma época de desprestígio "artesanal" na produção artística e do surgimento dos gênios que se querem maiores que suas obras; depois de "A Carta de Alba", que faz o retrato do virtuose "desvirtuado" pela vaidade; percebe-se que Scarlatti – o criador-intérprete – configura-se como o perfeito e positivo exemplo. Não esteve preocupado consigo enquanto artista nem sai da posição de "umilissimo servo", não impõe, contudo, a seu instrumento um "estilo" de classe – extrai dele, por uma relação de natureza "artesanal", soluções novas, escapando das tradições de escola. Desse modo, as dificuldades de execução que sua obra apresenta não são meros *faire valoir* para o intérprete, mas surgem como que engendradas pelo processo criador que depende do caráter próprio ao instrumento. E, se essa situação impõe palco e público, ela se dá, portanto, numa perfeita legitimidade. Scarlatti, músico *Ancien Régime*, artesão mas criador genial, ultrapassa os limites de seu tempo não por ter se consagrado a si – como os artistas românticos –, mas a sua obra, concebida como um fazer respeitoso, capaz no entanto de levá-la a uma universalidade atemporal.

"Scarlatti" é também o único escrito de *Mundo Musical* que possui uma descrição "genética" minuciosa, debuxada por Mário de Andrade em carta a Moacir Werneck de Castro. Eis a passagem que parte do princípio de uma intuição ou "palpite", como diz o autor:

> O caso da análise do Sargento de Milícias eu, palavra, eu quase que apalpei a coisa chegando. Toda a minha vida achei besteira dizer aquilo "realismo" e até "naturalismo", no sentido crítico dessas palavras. Mas conscientemente nunca me amolei com a crítica estabelecida. Mas bastou me pedirem o estudo sobre o livro, a solução do problema, ou pelo menos meu "palpite" muito aceitável, surgiu feitinho na consciência.
>
> E casos como este são numerosos em mim. Amanhã sai um artigo meu do *Mundo Musical* sobre Scarlatti, que é um palpite danado. Dos mais discutíveis, reconheço, mas que pra mim é uma verdade clara. E franqueza, estudado com grande honestidade. Veja porém como se processou a ideia. Eu sempre tive uma admiração enorme por Scarlatti e conheço bem a obra dele de que possuo umas duzentas sonatas talvez. Mas o problema "cortesão", servidor classista dos príncipes, da obra (sic) dele me desagradava. Me desagradava mas jamais matutei sobre. Era uma verdade que me parecia indiscutível e pronto, o professor obedecia. Ora na sexta-feira passada o Mignone chegado me falou que ia executar Scarlatti no concerto próximo, transcrito pra cordas. Era a fagulha. Scarlatti transcrito para cordas! quando é tão exclusivamente teclado!... Bom: me lembrei de escrever o próximo artigo sobre ele. No dia seguinte tirei as obras dele e principiei tocando para colher ideias, ao mesmo tempo que fazia o meu imprescindível Zé Bento campear na biblioteca a bibliografia que escolhera pra ler, pelas fichas. Não li nada e ajuntei as ideias tocando. Mas relidas umas vintes sonatas percebi que não carecia mais disso. Então fui comparar o que pensara sobre, com o que os outros tinham pensado, lendo a bibliografia escolhida. E o palpite se firmou: a obra (sic, não ele) era de classe uma ova! Ela escapa de se tornar de classe e ter as consequências disso, como até a de Couperin tão genial, por aquele mesmo problema de moralização da obra de arte pelo artesanato, pela técnica, que eu palpitara no "Artista e o

Artesão". Veja só esses dois argumentos: 1 – a crítica unânime reconhece que ele obedeceu às exigências técnicas do instrumento, o reinventou, o descobriu etc. E o prova. 2 – toda crítica um bocado mais desenvolvida não deixa de insistir sobre o caráter "popular" da obra de Scarlatti, chegando a imaginar que ele empregou elementos folclóricos. *Mas não prova.* (Aliás a perplexidade da crítica sobre ser Scarlatti apreciado e compreendido por todos é deliciosa). Achei a, digamos, "minha", solução. Couperin, os cravistas franceses, os virginalistas ingleses nós sabemos que usaram de fato temas folclóricos. Mas todos deformavam instrumento e temas em todo um ritual amaneirado e bem-educado de salão aristô. Scarlatti obedece assombrosamente ao instrumento, repudia todas as deformações classistas e técnicas, é um antirritualista incrível pra época. E no entanto pessoalmente foi um cortesão como os outros e nem podia deixar de ser porque morria de fome. O que salva a música dele de se tornar de classe e um elemento a mais de distanciamento? A mim me parece incontestável que a obediência técnica ao material que tinha na mão o fez se expandir em toda sua esplendidez, que ele, o material, não é de nenhuma classe. Exemplo, reconheço: excepcional, de moralização, de humanização do artista pelo artesanato.

Assim são as minhas brilhaturas...[1]

---

1. Moacir W. de Castro, *Mário de Andrade*, 1989, pp. 206-207.

M.A. // A Bela e a Fera (I)

// 5.8.1943

Mussolini caiu, e agora que ele caiu, nós todos verificamos como ele estava predestinado a só cair. Bastou uma gotinha de água aliada na Sicília e o fantasma se dissolveu, mesmo que açúcar. Ou sal... Ou milhor, nem açúcar nem sal: vento. Mussolini era feito de vento. Esse mesmo vento imaginoso e inventivo que assoprava nos órgãos de Frescobaldi, tirando as elásticas formas livres, o Capricho, o *Ricercar*, a "Follia"... Mas eis que bateu um ventarrão de *follia* negra, e os livres órgãos itálicos pretenderam executar as estritas polifonias prepotentes da música de João Sebastião Bach. Não aguentaram, os canudos fizeram puf! Ou milhor: fizeram fiau! que é mais apito – característica específica do bel canto germânico.

Porque já principia sendo muito sugestivo a gente matutar misturando os problemas do órgão e do bel canto. Ora porque a prevalência tamanha do órgão germânico e porque essa escolha do bel canto de apito? Embora também genialíssimo, não é possível equiparar o órgão de Frescobaldi ao de Bach. E não penso que a inferioridade incontestável do primeiro derive apenas dele ter surgido um século antes do outro, quando ainda estava na infância a música instrumental. Bach é outra coisa, Bach é o próprio órgão. Ele tem aquela nitidez, aquele polido sem temor do sopro, só consequente por completo no rígido mundo das polifonias obrigadas. Sopro e germano são sinônimos, fixidez, clarim, apito, prepotência. É absolutamente inútil o latino desejar vencer o germano no órgão. Lhe sucederá sempre como quando Jean Louis Marchand fugiu espavorido de corte de Dresden na iminência de competir com Bach, ou meu Domingos Scarlatti teve que ceder diante de Haendel, no palácio do cardeal Ottoboni.

A diferença entre a música de Frescobaldi e a de João Sebastião Bach não é questão apenas de cem anos de progresso instrumental ininterrupto. Frescobaldi mesmo nas suas polifonias mais cerradas é um liberdoso, um espírito livre e improvisatório. A sua lógica de invenção sonora é eminentemente interior. Da mesma forma que Domingos Scarlatti é o antirritualista das cortes, mandando pela música plantar batata os seus reis, Frescobaldi é o antirritualista das religiões. Esse ferrarês muito católico que ensinou o Padre-Nosso ao vigário João Sebastião, jamais que reza um Padre-Nosso. Pois si ele não consegue rezar de cor!

É uma gostosura a gente surpreendê-lo no seu órgão matinal. Ele bem que pretende principiar a Ave-Maria que mamãe ensinou, mas logo a reza lhe brota incontida, em versos livres do coração, adeus Ave-Maria decorada! E o antirritualista desanda livremente a misturar linhas novas e fórmulas intuitivas, com a frescura dos seres matinais.

O órgão de João Sebastião Bach é vespertino. Mesmo nos seus prelúdios mais libertos, o órgão de Bach é o fatigado vespertino de um dia inteiro de conformismo e trabalho. Nada de muita invenção: economia. Bach reza de cor. E convém não esquecer que é reza protestante. Ele espelha essa religião com pouco diabo e louvável sentimento do dever, que jamais não inventou sequer uma oração fixa, nem de longe equiparável às incomparáveis poesias do Catolicismo. Ave-Maria, Salve-Regina, Glória, o Padre-Nosso, o Credo. O Credo é bem mais feio, aliás, e convém substituí-lo pelo Dies Irae ou pelo Stabat Mater, nesta enumeração incompleta.

João Sebastião Bach não é apenas o imensamente maior dos gênios musicais, ele forma na primeira e escassa fila dos grandes gênios humanos. Contra os argumentos com que, de resto o estou caracterizando e não diminuindo, é fácil evocar um "Prelúdio e Fuga em Ré Menor", e parece que as minhas afirmações caem por terra, desmoralizadas. Não caem não. O que acontece é que a genialidade é sempre infinitamente mais grande que os homens em que ela se digna habitar. Bach é imenso e é muita coisa, porque a genialidade habitou nele, mas observai-lhe a música do homem cotidiano. É música sim vespertina, é música econômica. Raríssimo ele alcança inventar uma melodia propriamente dita. Onde nunca em toda a obra dele as linhas flexíveis e largas dum Frescobaldi? A melódica de Bach é construída a poder de células rítmicas repetidas, de motivos e de temas. Bach reza de cor, fatigado: é a música da forma fixa. E o som ritual estratificado, polido e sem tremor do órgão esplende nele em toda a sua grandeza arquitetônica – único timbre que, além da orquestra, é psicologicamente arquitetônico – na fôrma da fuga, a mais econômica das formas-fôrmas.

Frescobaldi, mesmo vivesse no tempo de Bach, jamais seria como este a personificação da fuga. Porque é preciso ter coragem de dizer: ele não tinha o gênio do germano, mas era muito mais inteligente. E muito mais sensível. Si sopro e germano são sinônimos, Bach e fuga são sinônimos também. E quando ao sopro do órgão ele principia na fixidez obediente e conformista dos seus desenvolvimentos e imitações, soa a trompa de Oberon, soa a buzina de Siegfried, soa o apito de comando. Há nessas imitações inflexíveis a essência sonora do passo de ganso.

E como estamos no simbólico problema do apito, entra o bel canto germano a soprar. Conheceis, sem dúvida, esse som terrífico de apito, em que todas as vogais se empobrecem num "u" francês grotescamente guturalizado? Essa é na verdade a única arianização que o germano trouxe à arte de cantar italiana. É um som terrífico, que sobretudo na voz feminina, oh meus amigos! perfura os ares, se afinca no vosso ouvido em mandos apopléticos de ordem absolutamente estúpida e ditatorial. Domina tudo, vence tudo, escraviza e martiriza as mais possantes orquestras, como si fosse o próprio raio saído das unhas de Wotan. Eu sei que esse mesmo apito se sutiliza e ilumina raramente na arte duma Elisabeth Schumann, mas nem trago nas minhas intenções agora satirizar nem rebaixar a música germânica, estou falando a sério. O que eu venho imaginando é no nazismo profético que já estalava nessa polifonia estrita e obediente da música de Buxtehude e João Sebastião Bach. Que já estava nesse predomínio instrumental dos órgãos de sopro, tanto banda alemã como clarim de guerra e apito de comando. E por falar em banda alemã, não caberia aqui observar e comparar o que tem de obrigatório e militarista no seu exclusivismo desinteligente, em relação à liberdade inventiva do jazz-band? O jazz-band também é sopro, mas um sopro não conformista, que muito mais sensivelmente se adornou de cordas e percussão. E da voz. O que eu estou imaginando é no nazismo profético desse bel canto germanizado em apito relhante que vos marca. Bel canto de sopro, de sopro completamente assoprado, grito de Valquíria esturdiamente ensimesmada e autoritária por se acreditar filha postiça de deus.

Porque si a arte do canto germano é de sopro, a italiana é de cordas. É a diferença fundamental. O bel canto nascera de outro sensualismo, de outra generosidade. A virtuosidade vocal dos itálicos não provinha do som imperialistamente nítido dos instrumentos de sopro. O bel canto nasce do exemplo mais sensível dos violinos e violas trementes. É só depois da genialização das cordas de Bolonha que o italiano ordena o seu bel canto belo, única arte de cantar que a civilização europeia nos deu. E si o comparássemos também com os regougos da cultivada arte de canto japonesa... Mas basta de comparar com o cântico germano. É toda uma glória de ser beleza sonora, de ser paixão sem grito, e liberdade e audácia o que o italiano inventa. E logo, em sua volúpia transbordante, ele ameaça desvirtuar a perfeição maravilhosa que criara, e desvirtua mesmo, numa virtuosidade estabanada que enche as melodias de trinados, vocalises, dós de peito incríveis de perigo e brilhatura. Sem-vergonhamente gostoso.

E agora estou lembrando esse imprescindível dr. Burney, turista de todas as músicas, que nos deixou o testemunho dessa arte de cantar na Alemanha e na Itália do Barroco. É mesmo em Berlim que ele vai se assombrar com o nazismo do canto germano. O rei da Prússia, ele conta, não admitia de forma nenhuma que as lindezas italianas penetrassem no canto de ópera da sua corte. Era só Graun, só Agricola severos, nada de virtuosismos nem sensualidade. E parece que o dr. Burney pensava em nós quando comenta que "na casa de ópera como no campo militar, sua majestade é um disciplinário rijo, ao menor errinho ele marca pra sempre e censura brutalmente o culpado; e que algum cantor de suas trupes italianas (passar sem italiano quando nunca isso foi possível a alemão!) que algum cantor ouse se desviar da disciplina estrita, ornando, alterando a menor passagem, lá vem ordem, da parte do rei, de se jungir obedientemente aos sons estritos, sinão..."

Pois ainda não basta! Também o colorido expressivo ainda era repudiado em Berlim e na Alemanha em geral. Na Itália, já desde os meados do século XVII nós surpreendemos um Domenico Mazzocchi preocupado com a expressão, inventando jeitos de indicar o diminuindo e o crescendo nas suas partituras. Pois procurai semelhante preocupação no próprio Bach. Só raríssimo ele se lembra de fazer um piano, um forte, jamais um crescendo, jamais um esmorsando. Em Berlim, conta o dr. Burney nem sombra de um colorido, nada de expressão, nada de diminuindos nem de ralentandos. "Em muitas partes da Europa os músicos já inventaram e adotaram refinamentos de expressão que aplicam até nas músicas do passado, ele esclarece. Pois a escola de

Berlim ainda renega disso tudo, quase nem atende a pianos nem fortes. Nesta terra cada executante só parece preocupado em dominar os seus vizinhos nada menos que pela força (ótima alegoria...). E quando uma obra é executada com esta fúria irremissível, isso deixa de ser música, é barulho".

Assim já nos prevenia o dr. Burney dois séculos atrás. Não adiantou de nada, o barulho chegou sempre. E há de acabar vencendo a vida, si não botarmos um pianíssimo absoluto no caráter do germano.

M.A. // **A Bela e a Fera (II)**

// 12.8.1943

Alguns leitores poderão pôr em dúvida o que afirmo sobre o caráter nazístico dos instrumentos de sopro, bem como o predomínio do sopro na tendência musical dos germanos. Infelizmente não posso deixar por menos.

Eu creio que ninguém ousará negar desde logo a superioridade do órgão de Bach sobre todos os demais. Creio também que ninguém negará que à banda universal (originada já por si dos serviços militares, o que é luminosamente tendencioso), os germanos ajuntaram a anafada "banda alemã", insensivelmente só de sopro. O simples fato dela ser grupo instrumental de rua é argumento ridículo pra que a banda alemã seja negada em sua psicologia de predomínio. Nós todos sabemos que os nossos choros se amansam nos violões e cavaquinhos menos imperiosos, ninguém ignora o jazz, e, atualmente num emudecimento passageiro apenas, é que deixaram de luziluzir as vozes trêmulas das mandolinatas. Mas ainda vivem as guitarradas de Portugal.

E o coral humano, que também é sopro? Não há dúvida que o instinto coral é de muitas partes e muitas raças. Os espanhóis, os russos também são povos fortemente coralistas. Mas na Alemanha o coral sempre assumiu destino político ou intencionalmente arianizante. É conhecida a frase de Concenius garantindo que o coral protestante arrastara pra igreja reformada mais adeptos que os próprios sermões de Lutero. E ninguém inventará negar o papel assombroso de acendramento nacionalista desses milhares de corais masculinos em que o germano se ajunta ao germano pra cantar exclusivamente os seus cantos nacionais e religiosos, as Singakademie, Gesangverein, Sängerkreis, Liedertafel, Saengerbund que arrasam qualquer espécie de amabilidade. Abel Simon garante que será difícil aos franceses imaginar, pelas suas maneiras corais, o que sejam essas Liedertafeln, que "repousam sobre princípios sólidos e elevados, e têm finalidade social". Não é atoa que a primeira ideia delas nasceu da cabeça dum rei prussiano, Frederico Guilherme II, e justo quando estava nas suas preocupações mais militaristas, refugiado em Memel. E si lembrei o órgão de Bach, muito mais caracteristicamente carece não esquecer as tubas renovadas, de Wagner, no seu anseio de dominar o homunculus, pelo sopro virulento duma harmonia a oito partes.

Quanto ao lado comando, ordem, predomínio, do sopro em geral, eu creio que isso é caráter universalmente reconhecido e aplicado. Já está nas civilizações mais primárias, em que, si a percussão é exorcística, o sopro propicia e comanda as forças do além. É o sopro que domina os ventos e os dirige. Coisa que persevera nas massas populares civilizadas, com a buzina e o búzio dos nossos mares e das barcaças do São Francisco. É a gaita, é o sopro, na Índia como no Brasil, que domina as cobras. E carece não esquecer que na apologética do Cristianismo, si as cordas da cítara são o doce corpo de Cristo crucificado, como diz o bispo Nicet, si a percussão do timbale castiga a carne, como diz S. Gregório, a trombeta, a tíbia, o sopro são a própria voz de Deus Inapelável. O Verbo, senhor de todas as coisas.

Em qualquer raça, em qualquer tempo, em qualquer civilização, do sopro está deduzida a ideia do comando, da autoridade, do predomínio. É uma consequência natural, fisiológica da sua atuação. Os germanos adoram o sopro, são inexcedíveis nele, inventaram o canto de apito. Os alemães são nazistas. O sopro do germano é pré-nazista.

Mas eu lembrei, na semana passada, a excepcionalidade genial de uma Elisabeth Schumann no canto de apito, e o tema é bom pra nos reverter a um maior equilíbrio de compreensão. Essa é a causa mesma da grandeza falsa que damos à música germânica. Nós todos temos, sem botar reparo na facilidade, a tendência pra confundir grandeza musical germânica com a enormidade incontestável desses gênios dominadores que são Bach, Beethoven e Mozart. Pois ainda aqui se trata de um caso nazístico de predomínio indevido. É incontestável que, além desses, a Alemanha nos oferece mais uns três ou quatro gênios musicais esplêndidos. Ora, se quisermos nos equilibrar num juízo justo, e não na preguiça das generalizações apressadas, a Itália não só apresenta igual, sinão maior número de gênios formidáveis, como surge com o problema surpreendente dos *poetae minores*.

O que faz a cotidianidade humana da arte, o que faz a sua funcionalidade precípua de regeneração diária da vida, o artista de segundo plano, isso a Itália despeja sobre o mundo uma piracema inumerável de músicos deliciosíssimos. A Alemanha é exatamente o contrário. A Alemanha não tem, não pode ter compositores ótimos de segundo plano. Ela tem ou grandes gênios, ou músicos duma mediocridade insuportável. E o que é mais reles: todos militarizados na técnica, todos escrevendinho dentro de todas as regras aprendidas de cor, e no entanto inventando tecnicamente mal! Aliás esse desajeitamento técnico sucede até com os seus gênios formidáveis, com exceção de Mozart. Mas Mozart é "o maior de todos os italianos", como reconheceu o próprio Wagner.

E aqui interfere outro aspecto nazista do músico germano: o sofrimento indébito de espaço vital. Nem é sofrimento, é moléstia, espécie de moléstia contagiosa, a obsessão invasora. É mais que sabida essa moléstia do espaço vital com que a música germânica viveu sempre no aproveitamento da italiana. É a viagem tradicional à Itália, por demais repetida pelos próprios alemães, já Telemann falava nisso! E quando não vão, é Bach escutando a lição de Vivaldi, os segredos de Scarlatti e dos franceses também. É Beethoven descobrindo o seu plano genialíssimo na invenção ingratamente esquecida, desse admirável Clementi. É o próprio Wagner, o mais nazista de todos, fazendo esforços desesperados pra italianizar o seu "Tristão". E regenerados pela Itália, esses germanos foram sublimes. Mas um dia, (a consciência nazista estava chegando) se deu a germanização da música alemã. E desde então ela se tornou inaceitável ao mundo, convertida à reles grandeza de um Ricardo Strauss. Ainda poderá nos interessar um Hindemith e apenas. E vem a sombra mal-estarenta de Schoenberg, caso grave de consequências ainda nazistificantes, indo logo às do cabo em suas teorias, sem a menor delicadeza, sem a menor sensibilidade de inteligência, em que a regra é substituída pela ordem, pelo mando, pelo comando, o eterno fuehrismo germano.

Arre que gente desagradável em conjunto! Acaso já vistes uma dessas lojas que ameaçam dominar nossa falta de juízo, onde se vende objeto de arte "made in Germany"? Essa é a chocha mediocridade da música germânica de segundo plano. São colunas de pau pobre, recobertas

//A BELA E A FERA [II] //235

de ráfia propositalmente desfiada (é enfeite!) suportando um abajur de vidro fosco. São burrinhos e gansos feitos de barbante endurecido a colas de cor; são copos de madeira ou de barro; são metais grosseiros trabalhados a marteladas de Siegfried; são caixinhas pra cigarro ou cartas, feitas num papelão acomodatício, recobertas de estopa grossa mas pintada com margaridinhas. Em tudo se percebe o barato das obedientes monotonias, a invenção prenhe de leis morais mandadas, que nada mais são que uma cautela sorrateira e enganosa, ausência absoluta da liberdade, do última hora e do espontâneo. E sobretudo, dominadoramente o barro cozido, sempre grosso e rambles, disfarçado em vernizes foscos de cores lavadas, uns verdes descorados, uns laranjas brutais, uns azuis penosos. Tudo grosso, grosso como os dedos da Frau germana, dedos que param no meio, unhas encardidas, rescendendo a uma honestidade descida das ordens dum chefe imaginário. Tudo odioso, sem a felicidade de viver. Em tudo e por tudo nem sempre o mau gosto escancarado de um Toselli, de um Tosti, isso não! e jamais o bom gosto, a elegância, a elasticidade, a alegria, isso nunca! Mas sempre o similigosto, o semigosto aprendido de cor. Afora os seus cinco ou seis gênios, essa é a música germana.

Porque da mesma forma que é impossível separar o germano do nazismo, é impossível confundir o italiano com o fachismo. O fachismo foi o engano incandescente duma gesticulação. Os italianos tanto que gesticularam que acreditaram que eram Roma. Podiam da mesma forma se imaginar etruscos... E seria preferível. Mas Roma foi outra coisa. A Itália é a civilidade que se formou duma raça que coincidiu com o Cristianismo. Eu não compreendo porque andam afirmando por aí, como o sr. Tristão de Ataíde nos seus *Mitos*, que a Idade Média é a expressão suprema da civilização cristã. A Itália nunca teve Idade Média! A Itália repudiou o gótico, e do claro românico, do colorido bizantino, logo se passou para a amabilidade vivedora do Renascimento. E enquanto os menestréis nem podiam dormir nas cidades sombrias do norte e eram acolhidos como gente perigosa por toda a parte, Florença lhes afiançava praça livre onde podiam cantar à vontade. Essa é a Itália possuidora da inteligência mais sensível da Europa. Basta aproximar o órgão de Bach do de Frescobaldi pra compreender a sensibilidade da inteligência itálica. Basta aproximar o melodrama de Wagner do de Rossini ou de Verdi. Ou o cravo de Pachelbel, mesmo o de Haendel do de Scarlatti, e compreendereis de chofre o que é o segredo da inteligência sensível.

Eu quero insistir na assustadora grandeza do gênio musical alemão. É grande, eu juro. Mas será sempre assustador. Será sempre, carece não esquecer, uma posse indevida, com que nazistamente essa música a muitos parece superior apenas porque é formidável. É preciso não esquecer que os gênios não se medem nem se pesam, e que no gênio musical da Itália há uma sublimidade pelo menos igual e certamente muito mais rica, mais inventiva e mais completa que na música dos três bbb. Sobretudo, menos assustadora. Sobretudo infinitamente mais inteligente, e sensível nessa inteligência. Essa é a música que não pesa jamais, que não sacia com impertinência, que não "desenvolve" até o esgotamento. Esgotamento dos temas como dos ouvintes. Essa música inventiva sempre, de incomparável perfeição técnica, de inenarrável adivinhação do seu material. Música que jamais desobedeceu ao princípio sensível da música mesma, a melodia. Que criou a mais pura das melodias com o Gregoriano, e a mais suave com o Ambrosiano. Que inventou a melodia dramática, que descobriu o encantamento do bel canto, e um dia desceu da própria essência da Divindade, balsâmica e perfeita, na voz múltipla de Palestrina. Que criou a voz profunda e tremente dos violinos. Que descobriu a melodia fugitiva do som curto com o teclado de Scarlatti.

Essa Itália imortal por que eu choro nestes dias malditos. Itália que recebe o castigo merecido de uma ilusão insensata. Itália também da Abissínia. Itália que na Grécia, pela fanfarronice dum ex-socialista de borra, se cobriu de ridículo. Ridículo glorioso, valha a verdade, prova milhor da sensibilidade da inteligência italiana. Porque, meu maravilhoso Scarlatti o que o teu cravo nos segreda é a verdade luminosa de que o soldado italiano é ruim. Amen.

J.C. // # COMENTÁRIO

As Circunstâncias da Gênese do Texto

"Scarlatti" voltava *Mundo Musical* para a direção da música italiana. Quase concomitantemente à sua publicação acontece a queda de Mussolini, o que conduz Mário de Andrade à redação de "A Bela e a Fera", ensaio dividido em dois rodapés consecutivos.

Como é sabido, depois da sucessão de fracassos militares nos Bálcãs, na Grécia, na África do Norte e particularmente depois do desembarque das forças anglo-americanas no sul da Itália, Mussolini, minoritário no Grande Conselho fascista, é deposto e aprisionado no dia 25 de julho de 1943. São as derrotas italianas e a queda de Mussolini que levam Mário de Andrade a conceber diferenças entre a música alemã e a italiana, do ponto de vista de um "militarismo autoritário".

Avancemos logo: os dois textos intitulados "A Bela e a Fera" deixam uma grande impressão de mal-estar. Pois, para provar sua tese, o autor faz apelo a generalizações sem fundamento, a confusões certamente voluntárias, mas imperdoáveis, que levam a consequências duvidosas.

O "Nazismo" Congenital da Música Alemã: Disciplina e Obediência; Sopro e Autoritarismo. Oposição à Liberdade Própria ao Gênio Musical Italiano

A tese é que existe uma relação intrínseca – desde sempre – entre o autoritarismo e a música alemã. Desse modo, ela contém em si um "nazismo" latente. Essas características são demonstradas particularmente por meio de uma "natureza" da música germânica que se constitui a partir dos instrumentos de sopro e de uma "obediência às regras" revelada por seus compositores. A música italiana, ao contrário, nasceria das cordas e conteria em si um gênio improvisador feito de liberdade individual. O nazismo seria, portanto, uma expressão autêntica do gênio alemão; o fascismo, um acidente na história italiana.

Acompanhemos mais detalhadamente o raciocínio de Mário de Andrade. A música alemã se identificaria com a marcialidade dos instrumentos de sopro: "Sopro e germano são sinônimos, fixidez, clarim, apito, prepotência" (p. 227). Por essa razão, o órgão é o instrumento por excelência da música germânica; por essa razão, os alemães introduziram na arte do canto a emissão "de apito".

No que concerne ao órgão, Mário de Andrade busca demonstrar que em Bach – ressaltado o fato de que se trata de um dos grandes "gênios humanos" – a música é a da "forma fixa", oposta ao "liberdoso" Frescobaldi, de "espírito livre e improvisatório". Fôrma e forma, Bach e fuga: o raciocínio conclui por uma "fixidez obediente e conformista dos seus desenvolvimentos e imitações" (p. 229) na música do mestre de Leipzig. Isto é, do lado dos italianos, improvisação livre, límpida, matinal, espontânea; do lado dos alemães, obediência e disciplina, aprendizado feito numa laboriosa jornada que se termina: música vesperal. Assim, de Bach ao nazismo há apenas um passo... de ganso.

> Há nessas imitações inflexíveis [nas formas utilizadas por Bach] a essência sonora do passo de ganso (p. 229).

> O que eu venho imaginando é no nazismo profético que já estalava nessa polifonia estrita e obediente da música de Buxtehude e João Sebastião Bach (p. 229).

Mas o sopro autoritário não se limita aos instrumentos. Ele modifica o canto por uma técnica que deforma a grande tradição italiana do cantar. Técnica "de apito", como a denomina Mário de Andrade. Ela privilegia a emissão vocal feita com os lábios dispostos como num tubo (o que os franceses chamam de *son tubé*, em gíria de conservatório), e que está, com efeito, presente no canto alemão. Mário de Andrade cita Elisabeth Schumann. Poder-se-ia lembrar também, entre outras artistas ilustres, Lilli e Lotte Lehmann ou, mais perto de nós, Elisabeth Schwarzkopf.

A partir dessa característica técnica do canto, Mário de Andrade faz apelo, em benefício de sua tese, não a uma análise, mas a uma impressão retoricamente proclamada:

E como estamos no simbólico problema do apito, entra o bel canto germano a soprar. Conheceis, sem dúvida, esse som terrífico de apito, em que todas as vogais se empobrecem num "u" francês grotescamente guturalizado? Essa é na verdade a única arianização que o germano trouxe à arte de cantar italiana. É um som terrífico, que sobretudo na voz feminina, oh meus amigos! perfura os ares, se afinca no vosso ouvido em mandos apopléticos de ordem absolutamente estúpida e ditatorial. Domina tudo, vence tudo, escraviza e martiriza as mais possantes orquestras, como si fosse o próprio raio saído das unhas de Wotan (p. 229).

Mário de Andrade escrevera uma admirável crítica sobre Elisabeth Schumann em 1930. Ali, ele celebrava sua voz em termos poéticos e suaves ("Elisabeth Schumann, voz matinal, voz de calhandra, luz batendo no riacho de água límpida...", pp. 258-259). O contraste entre a reverência comovida de então ("Não estou fazendo poesia. estou rezando oração", p. 259) e a nova violência exaltada é espantoso. O que era "mistura de sabiá, luz matinal e seda" torna-se um apito de comando. É verdade que ele tenta, embora sem muito empenho, salvar, no texto de 1943, a sublime arte de Elisabeth Schumann, mas o mal está feito. Bach é pré-nazista; o grande canto alemão, um estridente grito de mando e de guerra. Órgão e voz estão solidarizados numa natureza autoritária.

A Itália é a antítese. O próprio canto italiano teria, segundo Mário de Andrade, nascido da suavidade das cordas:

O bel canto nasce do exemplo mais sensível dos violinos e violas trementes. É só depois da genialização das cordas de Bolonha que o italiano ordena o seu bel canto belo [...] É toda uma glória de ser beleza sonora, de ser paixão sem grito, e liberdade e audácia o que o italiano inventa (p. 230).

Pouco importa que esse canto tenha chegado ao "mau gosto" dos tenores de ópera: ele revelará sempre um prazer de ser insubordinável ao comando. Essa posição é naturalmente mais simpática: Mário de Andrade não precisa de muito para convencer o leitor. Ao contrário, as passagens sobre o autoritarismo musical alemão são maiores: as cutiladas são mais numerosas e perfeitas, para que o autor nos convença de suas razões.

A Conclusão de "A Bela e a Fera (I)" e a Fonte Principal do Texto

A conclusão da primeira parte de "A Bela e a Fera" faz apelo à *General History of Music*, de Charles Burney, redigida entre 1776 e 1789, com base em viagens de estudo pelo continente europeu. Burney pôde assim trazer testemunhos da corte de Frederico II da Prússia, da arte severa que imperava ali, da recusa dos músicos da corte, Carl Heinrich Graun, Johann Friedrich Agricola, às "lindezas italianas" de um canto melodioso e expressivo. Não cabe, evidentemente, discutir a "verdade" de todas essas afirmações, embora seja certo que a reputação de austeridade musical na corte prussiana fosse bem forte. Charles Burney se encarregou de divulgá-la: quando Georges Sand reconstitui o clima no qual se banhavam as artes musicais prussianas em *Consuelo*, é exatamente nesses termos que ela o faz – muito possivelmente inspirada no livro de Burney também. Entretanto, não é uma qualquer autenticidade das afirmações que conta: elas estão aqui empenhadas na demonstração retórica de uma ideia que se sacrifica ao paradoxo para se impor.

Notemos ainda que Mário de Andrade não teve realmente acesso ao livro de Burney, do mesmo modo que cita os muito obscuros Graun, Agricola etc. de segunda mão. O ensaio de *Mundo Musical* impressiona muito pela grande erudição: em realidade esta lhe veio prontinha do quarto volume de *The Oxford History of Music*, de J. A. Fuller Maitland, cujo exemplar em sua biblioteca possui marginália, embora não apareça citado nos textos "A Bela e a Fera" (a referência ao livro se faz a respeito de outra questão, em "Scarlatti"). Os episódios sobre Marchand, Bach, Scarlatti, Haendel, evocados em "A Bela e a Fera (I)", também se originam da mesma obra (vide Anexo).

A Segunda Parte de "A Bela e a Fera": Insistência sobre a Relação entre Sopro e Autoritarismo

Se até agora as afirmações sobre a música alemã podem ser acusadas apenas de leviana generalidade, no segundo texto, entretanto, elas procedem a confusões e conclusões bem mais graves.

// COMENTÁRIO // 241

Na semana seguinte, Mário de Andrade continua a discorrer sobre alemães e música, concentrando-se em dois pontos.

O primeiro prolonga a associação estabelecida entre sopro-autoritarismo-Alemanha. Na linha de suas preocupações a respeito dos efeitos dos sons sobre os ouvintes, Mário de Andrade constata haver uma espécie de natureza fisioantropológica determinando o indissociável binômio sopro/autoritarismo. "Em qualquer raça, em qualquer tempo, em qualquer civilização, do sopro está deduzida a ideia do comando, da autoridade, do predomínio. É uma consequência natural, fisiológica da sua atuação" (p. 234).

Ora, os alemães têm uma vocação para os instrumentos de sopro. A banda alemã, feita só de sopros, opõe-se às liberdades do *jazz*, aos choros "amansados" nos violões e cavaquinhos. Os corais alemães sempre assumiram um "destino político ou intencionalmente arianizante" (p. 233). E há ainda o órgão de Bach, no qual – não é mesmo? – se encontra "a essência sonora do passo de ganso". E também estão de prova as tubas dominadoras de Wagner.

Consequentemente: "Os germanos adoram o sopro, são inexcedíveis nele, inventaram o canto de apito. Os alemães são nazistas. O sopro do germano é pré-nazista" (p. 234).

A Mediocridade da Música Alemã

Depois da afirmação desse nazismo congênito, sem escapatória, Mário de Andrade pode passar ao segundo ponto e demonstrar que a grandeza da música alemã é falsa. Porque ela depende apenas de cinco ou seis gênios – e não mais – que a Alemanha teria dado ao mundo. Gênios destacando-se sobre um pano de fundo tecido por compositores absolutamente medíocres. E note-se que, nos textos de Mário de Andrade, Alemanha e germanos têm um sentido bem amplo, englobando também a Áustria. Podemos entender que esses cinco ou seis gênios (catando bem nos dois textos intitulados "A Bela e Fera" encontramos Bach, Mozart, Wagner, Beethoven e Brahms) souberam escapar à "militarização da técnica", às "regras aprendidas de cor", graças à sua capacidade criadora, e que os outros são "insuportavelmente medíocres", obedientes a formulazinhas.

Seria muito ingênuo pensar que Mário de Andrade acreditava mesmo nisso. A música germânica reduzida a "cinco ou seis gênios" é um absurdo imenso, e seria possível buscar em outros textos do próprio Mário de Andrade a afirmação contrária. Um dos mais ilustrativos é o que escreveu a respeito de um "Festival Wagner" (concerto consagrado exclusivamente a obras desse compositor), realizado em São Paulo, em 1933. A crítica é dirigida ao texto do programa, redigido por Fritz Steger.

> E o que dizer desta afirmação dionisíaca: "O que seria da Alemanha (sic), o que seria da música germânica sem o titã Wagner"? É inconcebível, mas lá está no sr. Fritz. Sem Wagner, a Alemanha seria enorme, amigo Fritz. A diferença seria pequena até, pra música alemã, que possui Schultz, Buxtehude, Keiser, Stamitz, Philipp Emanuel, Haydn, Schubert, Schumann, Wolf, Brahms, Hindemith... E nos oferece de inhapa o pequenino Beethoven, o minúsculo Mozart. E pra nocaute universal, empurra pra cima de nós o infinitesimal João Sebastião, um mundo apenas (p. 261).

Com a afirmação de que a música alemã é medíocre, reforçam-se os jogos paradoxais e a estratégia voluntária do raciocínio, a serviço de uma demonstração a qualquer preço.

A História da Música Alemã, Pilhagem, "Espaço Vital", Escola de Viena

Há mais, porém. A própria história da música alemã se revela intrinsecamente nazista. Pois os alemães – em sua mediocridade – sempre foram obrigados a invadir seara alheia, francesa ou italiana, na necessidade de um "espaço vital". Wagner, em particular, é visto como italianizante. Mário de Andrade já havia se referido ao autor de *Tristão* nestes mesmos termos, de modo mais esmiuçado, no artigo "Festival Wagner", anteriormente referido:

> E mais amargo ainda é o final do artigo [o de Fritz Steger, no programa do concerto], invocando absurdamente a essencialidade germânica de Wagner, que principiou no afrancesado judeu alemão Meyerbeer, e continuou

quasi toda a vida espiando, com visíveis desejos de apropriação, a luminosa melodia italiana (p. 261).

Portanto, os alemães pilham esses franceses e italianos, o que lhes permite atingir uma genialidade que não possuem. Mas com o século xx chegou a germanização consciente da música alemã. Caracterizada por... Schoenberg.

E vem a sombra mal-estarenta de Schoenberg, caso grave de consequências ainda nazistificantes, indo logo às do cabo em suas teorias, sem a menor delicadeza, sem a menor sensibilidade de inteligência, em que a regra é substituída pela ordem, pelo mando, pelo comando, o eterno fuehrismo germano (p. 235).

Nem sempre a atitude de Mário de Andrade em relação a Schoenberg fora esta. Flávia Toni, em seu *Mário de Andrade e Villa-Lobos*, revelou escritos de Mário de Andrade, do final dos anos 1920, nos quais o *Pierrot Lunaire* aparece como a "admirável invenção de Schoenberg"[1]. É verdade que Mário de Andrade coloca essas experiências dentro da noção de "quase música" – mas a expressão não possuía nenhum caráter pejorativo. A posição de Mário de Andrade era então um pouco intrigada e admirativa. É que naquele tempo as experiências modernas pareciam ainda se abrir para campos incertos mas fascinantes. Mais tarde, será a vez das certezas ideológicas.

O Caráter Cultural e Racialmente Repugnante dos Alemães

Não só toda a música alemã é nazista como, segundo Mário de Andrade, os alemães desagradáveis fabricam bibelôs grosseiros e de péssimo gosto, a "Frau germana" tem "dedos grossos", "unhas encardidas". Descemos a preconceitos físicos, a caracterizações corporais. É tudo "odioso, sem a felicidade de viver". Decididamente, "é impossível separar o germano do nazismo" (p. 236).

---

1. Flávia C. Toni, *Mário de Andrade e Villa-Lobos*, 1987, pp. 54 ss.

Dez anos se passaram desde aquele importante artigo sobre o Festival Wagner, no qual se lia: "Que diabo! Um ser humano já não terá mais direito de escutar algumas páginas dum gênio humano, sem se lembrar de germanismos *uber alles*, e fascismos horrendos?" (p. 261).

Em 1943, já não há mais o "humano", pois a natureza da música germânica possui "essência" fascista ou pré-fascista. A partir dos textos "A Bela e a Fera", não apenas a identidade de Wagner com o autoritarismo é indissociavelmente afirmada como a de todo o povo alemão, de toda a cultura alemã, de todos os músicos alemães.

Dois artigos de autores diversos, um assinalado por Mário de Andrade em seu fichário de referências (verbete fascismo), outro colecionado por ele em álbum de recorte, dão a medida dessa posição tão estranha e tão radical do autor de "A Bela e a Fera". Um data de 1933, o outro, de 1934, e ambos possuem caráter panfletário.

O primeiro deles foi escrito por Romain Rolland, publicado na revista *Europe*, em junho de 1933. Trata-se de uma proclamação violentamente acusadora contra o fascismo alemão. Mas Romain Rolland procede à distinção que Mário de Andrade destrói, separando o horror político da grande cultura alemã:

> É verdade que eu amo a Alemanha e que a defendi frequentemente contra as injustiças e a incompreensão do estrangeiro.
>
> Mas a Alemanha que eu amo e que alimentou meu espírito é aquela dos grandes Welburger – daqueles "que sentiram a alegria e a tristeza dos outros povos como a sua própria" (Goethe) – daqueles que trabalharam pela comunhão das raças e dos espíritos.
>
> Esta Alemanha está sendo pisoteada, ensanguentada e ultrajada por seus governantes "nacionais" de hoje em dia, pela Alemanha da suástica, que expulsa de seu seio os espíritos livres, os europeus, os pacifistas, os israelitas, os socialistas, os comunistas que pretendem fundar a Internacional do trabalho. Como vocês não veem que essa Alemanha é a pior inimiga da verdadeira Alemanha, – que a renega?[2]

É bem claro que Mário de Andrade está no oposto da distinção que Romain Rolland estabelece. Em "A Bela e a Fera" não há nem alemão, nem grande cultura alemã independentes do nazismo.

2. Romain Rolland, "À propos du fascime allemand", pp. 288-289, 1933.

O segundo texto colecionado por Mário de Andrade ao qual nos referimos trata da perseguição exercida pelos nazistas sobre os músicos de origem judaica. É intitulado "La Lista Negra de la Música en Nazilandia", assinado por "S.". No alto do recorte encontra-se, anotado por Mário de Andrade: "*El Sol*, 13-VII-34".

O artigo traz uma lista de músicos alemães então perseguidos: Klemperer, Walter, Busch, Schnabel, Feuermann, Frieder, Scherchen, Sachs. Dentre os compositores, destacam-se Schoenberg e Eisler:

> Discutido como poucos, e ainda nos termos de maior aspereza, Arnold Schoenberg é um dos dois ou três maiores compositores da atualidade e aquele com mais profunda influência no mundo musical. Mas não caiu no gosto dos nazistas, que o demitiram da escola mencionada, de modo que se viu obrigado a se refugiar em Boston.
>
> [...]
>
> Mas nada é comparável à vingança que os hitleristas perpetraram contra Hanns Eisler, um compositor da escola schoenbergiana que escreveu numerosas obras corais de inspiração comunista, dedicando-as à massa, ainda que sua textura seja pouco propícia para ele, mas que são de um vermelho vivo, Eisler foi mandado a campos de concentração, fustigado conscientemente e depois expulso. Assim poderá nos contar em sua música suas impressões (no mais estrito sentido, já que o chicote deixa marcas na pele) das SA-Kaserner[3].

Mário de Andrade não se conforma com as posições críticas que se poderia esperar – as que encontramos nos textos de Romain Rolland e de "S.". Promove uma identidade indissociável entre alemão e nazi, não poupa a cultura alemã, deixa de lado os próprios alemães perseguidos, explicitamente inclui Schoenberg nesse espírito do eterno autoritário alemão.

Em "Chopin", escreveria, pouco mais tarde: "nós hoje não estamos mais combatendo contra o nazismo, nós estamos combatendo contra a Alemanha..."[4].

---

3. S., "La Lista Negra de la Música en Nazilandia", 1934.
4. Mário de Andrade, *Música, Doce Música*, 1963, p. 380.

Três interpretações possíveis

Tudo isso nos deixa bastante perplexos hoje, e nos parece ao mesmo tempo absurdo e repugnante. É possível, entretanto, tentar algumas interpretações.

Eis a primeira:

Mário de Andrade, vivamente abalado pelos acontecimentos da guerra, radicaliza como ninguém suas posições e não hesita em se comprometer num artigo empenhado, no qual afirma que só existem cinco gênios musicais alemães, e envolve de cambulhada Schoenberg na "horda" alemã, fazendo dele, se não nazista, nazificante. Não tem escrúpulos em mostrar a "Frau Germana" como um ser monstruoso nem Bach como um precursor do passo de ganso, identificando alemães e cultura alemã com autoritarismo e nazismo. Isso nos revolta hoje porque não podemos compreender o clima de guerra de então. Valia tudo.

Eis a segunda:

Mário de Andrade se serve de uma situação de guerra para manipular paradoxos. O pretexto do empenho permite que o autor brilhe patrioticamente. Nesse caso, a deformação que ele faz da cultura musical alemã é indigna, assim como é indigno o nível ao qual se abaixou nos comentários sobre o *bric-à-brac* germânico. E, como ele não podia ignorar que Arnold Schoenberg era vienense, judeu e que naquele exato instante se encontrava exilado nos Estados Unidos, trata-se de uma ignomínia.

Eis a terceira:

Hans Koellreutter se encontra no Brasil desde 1936, agindo com grande esforço para a divulgação da música atonal e dodecafônica entre nós. Criou, no Rio de Janeiro, em 1939, o grupo Música Viva, reunindo jovens músicos e musicólogos, dos mais brilhantes que o Brasil possuía então – como Cláudio Santoro. Em 1944 seria a fundação do Música Viva em São Paulo. O grupo publicava uma revista desde maio de 1940 e mantinha uma série de programas na rádio MEC.

Ora, o dodecafonismo, projeto do espírito que se desvinculava das tradições da história da música, das tradições nacionais, das raízes culturais, de uma "modernidade" musical que evolui – mas não rompe com a tonalidade, como já vimos em *Pelléas et Mélisande* – era não apenas o oposto ao nacionalismo nazi como também o contrário daquilo que o autor de *Macunaíma* sempre pensara e pregara. Mário de Andrade, o papa do modernismo, estaria portanto condenando um antipapa de outra modernidade, Hans Koellreutter. Lembremos: os alemães, todos os alemães, são nazistas; Schoenberg, judeu em exílio, antinacionalista, pouco importa, é nazista. Do domínio musical passa-se para o domínio genérico de uma "natureza" cultural – e, por que não, racial. Não haveria, objetivamente, duas alternativas no que concerne a Koellreutter. Sentindo-se ameaçado nos seus projetos mais caros, Mário de Andrade ataca violentamente. Percebemos então, plenamente, o sentido do final do primeiro artigo intitulado "A Bela e a Fera", que propõe "botarmos um pianíssimo absoluto no caráter do germano":

Em Berlim, "[...] quando uma obra é executada com esta fúria irremissível, isso deixa de ser música, é barulho".
    Assim já nos prevenia o dr. Burney dois séculos atrás. Não adiantou de nada, o barulho chegou sempre. E há de acabar vencendo a vida, si não botarmos um pianíssimo absoluto no caráter do germano (pp. 230-231).

É significativa a posição, muito diferente, de Luiz Heitor Corrêa de Azevedo, num de seus rodapés de *A Manhã*, do Rio de Janeiro, datado de 1944, assinado com o pseudônimo de Luiz Edmundo, e colecionado por Mário de Andrade[5]. O artigo situa, como diz o próprio título, "Schoenberg no Brasil". Ele se refere principalmente a Cláudio Santoro, mas sua introdução retraça o problema com serenidade e ilumina bastante o texto de *Mundo Musical*. É conveniente citarmos algumas passagens, embora longas, desse artigo. Seu início dá mesmo a impressão de uma resposta indireta a Mário de Andrade:

Descanse o leitor inimigo dos "12 sons". Schoenberg continua em Los Angeles, na Universidade de Califórnia. Desde 1933, aquele ano famoso em que os homens de bem começaram a abandonar a Alemanha, encontramo-lo no país hospitaleiro que herdou os melhores despojos artísticos da nazilândia. Ele não está no Brasil, e nem é esperado no Brasil.
    [...]
    O que motiva o título deste artigo é a constatação de que as suas ideias, e até mesmo seu formalismo, durante muito tempo repudiado pelos compo-

---

5. Fundo Mário de Andrade, pasta R 34, guardada no Instituto de Estudos Brasileiros da Universidade de São Paulo (IEB-USP).

sitores brasileiros que, pela idade, poderiam ter sido seus discípulos, acabaram encontrando guarida na estética dos mais novos, dos recém-chegados à arena das nossas pugnas musicais. Schoenberg completou 70 anos no último mês de setembro. Sua revolução musical teve repercussão tardia; completou-se com a composição do Pierrot Lunaire, em 1912. Mas sobreveio a guerra e só na década de 1920 a 1930 é que os ecos dessa poderosa tentativa de transformação da linguagem musical tradicional fizeram-se ouvir pelo mundo, ultrapassando fronteiras culturais quase tão fortificadas como as linhas Siegfried e Maginot... Os nossos compositores da geração que surgiu nessa década, entretanto, – Gallet, Lorenzo Fernandes, Mignone e ou outros – não se deixaram seduzir pela gramática dos "12 sons". A inibição era mais que natural. Aquele foi o grande período de afirmação da música brasileira característica, verde e amarela, calcada na canção popular. Ora, canção popular e atonalismo são coisas que se repelem mutuamente. Não era possível ser, ao mesmo tempo, um artista de tendências nacionais e um discípulo de Schoenberg. Mais recentemente, passada a fase de combate dessa corrente musical, os seus próprios representantes mais autorizados timbram em desapegar-se do folclore, a senha é, novamente, o internacionalismo. Um internacionalismo, bem entendido, feito de ideias musicais consciente ou inconscientemente temperadas nas experiências que a precederam. Mesmo quando o compositor não está preocupado em produzir à maneira nacional, há no seu fraseado, em seus ritmos ou combinações instrumentais um sabor de coisa nossa, marcando com a fatalidade do instinto que nasce no fundo da alma, do indivíduo e de seu povo todas as suas páginas, cada um dos seus compassos. Mas essa liberação do artista, não mais adstrito aos cantares do povo, possibilitava a adoção da doutrina schoenberguiana. E a novidade tentou alguns dos mais jovens compositores brasileiros[6].

Mais à frente, referindo-se a Koellreutter, Luiz Heitor emprega os seguintes termos: "H. J. Kollreutter, foragido da Alemanha, apóstolo da doutrina dodecafônica", palavras que, é claro, trazem, intencionalmente ou não, um desagravo à violência antialemã e antidodecafônica de Mário de Andrade. Este, em seu comentário sobre Schoenberg, tentava atingir a penetração da modernidade da escola de Viena no Brasil, sem enfrentar a polêmica. Ela se configuraria clara e definitivamente apenas depois de sua morte, com a "Carta Aberta aos Músicos e Críticos do Brasil", de

---

6.   Luiz H. C. de Azevedo, "Schoenberg no Brasil", 1944, s.p.

Mozart Camargo Guarnieri, de 1950. Em "A Bela e a Fera" pode-se perceber o germe das posições que Guarnieri levaria a público, com muita veemência e a enorme repercussão que se sabe, em sua "Carta".

Distanciamentos e Aproximações

Mário de Andrade discutira a questão do conflito entre tradição nacional e "internacionalismo" (compreendido aqui, fundamentalmente, como a vanguarda dodecafônica ou atonal) num artigo de 1942 publicado em *O Estado de S. Paulo*, intitulado "Distanciamentos e Aproximações"[7]. Ele reage contra duas observações recentes e de peso: uma de Curt Lange[8] e outra de Copland, que se referiram a um atraso dos compositores brasileiros, por demais atrelados a um caráter fortemente folclorista de suas composições, e a grupos e compositores latino-americanos, "libertos da pesquisa nacionalizante":

> E na Argentina, no Uruguai, por várias partes da América, surgem grupos de compositores moços, não sei se direi... avançadíssimos, mas resolutamente convertidos à "música pura", despreocupados por completo de soluções técnicas nacionais para suas obras[9].

A defesa do "nacional" se faz, neste "Distanciamentos e Aproximações", em nome do... "popular" – e não mais na busca de um caráter brasileiro, como *Ensaio sobre Música Brasileira* propunha, em 1927. Isto é, o "nacional" significa a recusa do distanciamento entre a música das elites ("capitalista", como fora a de Debussy), experimental, estetizante, "pura", e a busca da transposição do fosso cavado entre o "popular" e o "erudito":

> [...] os principais, os mais legítimos compositores brasileiros, dentro da mais completa erudição técnica e sem a menor concessão ao gosto popular desvirtuado por interesses classistas, procuram diminuir as distâncias sociais entre a arte erudita e o povo.

7. Mário de Andrade, *Música, Doce Música*, 1963, pp. 361-367. (Este artigo se origina de um estudo menor – "Sonata" –, publicado em 1º de agosto de 1942 na revista *Música Viva*, de Montevidéu, cujo diretor era Curt Lange e o redator, Koellreutter.)
8. No que concerne ao debate com Lange, ver também "Nacionalismo Musical", em Mário de Andrade, *Música, Doce Música*, 1963.
9. Mário de Andrade, *Música, Doce Música*, 1963, p. 363.

[...]

Livres, arte erudita legítima, criações esplêndidas, isentas de qualquer "populismo" condescendente, essas obras perseveram, no entanto, como concepção e realização das formas populares da vida nacional[10].

Isto se constrói sobre a crítica das vanguardas "estetizantes". E essa crítica chega à denúncia política: experimentalismo, "arte pura" – posições distantes dos combates morais e políticos do tempo – é tudo quinta-colunismo:

E é deste ponto de vista [o da aproximação entre o popular e o erudito] que carece também compreender a música brasileira contemporânea, no seu contraste incontestável com os exemplos... místicos de um Schoenberg, de um Alois Haba e outros sectários do distanciamento social, a lição mais profundamente humana que podemos colher da obra de um Villa-Lobos (e não é atoa que o grande artista dedicou grande parte de sua atividade à formação de massas corais...), de um Luciano Gallet, de um Francisco Mignone ou Camargo Guarnieri ou Lorenzo Fernández ou Gnattali, não é nacionalismo patriótico mas uma sadia e harmônica fusão social entre a arte erudita e o povo. No sentido em que vai se processando a entidade brasileira e no estado em que ela se acha, qualquer "libertação" individualista, qualquer idealismo universalista, mesmo mascarado de psicologicamente nacional, na verdade é um dos mil e um aspectos da Quinta-Coluna.

[...]

Esse distanciamento atingiu tal e tão abstruso exaspero que é muito difícil estabelecer que função 'artística' (não falo 'estética', mas exatamente 'artística') podem exercer as criações exacerbadamente 'hedonísticas' de um Léger na pintura, de um Schoenberg na música, como de um Joyce na literatura[11].

A criação musical deve, portanto, ser:

Alegre, viva, sadia, livremente inspirada nas forças musicais nativas, e o povo brasileiro se reconhecerá nela, mas apenas naquilo em que ele é uma promessa de grandeza humana, naquilo em que ele é melhor. E diante das realidades atuais do mundo, eu acredito que deveríamos retornar a uma

10. *Idem*, pp. 364-365.
11. *Idem*, pp. 364-366.

concepção mais ética da arte. Como nos tempos da Grande Grécia. Tudo o mais é Quinta-Coluna[12].

"Distanciamentos e Aproximações" é o texto de maior importância para que se compreendam as direções que Mário de Andrade pode tomar nesses anos 1940. O título é por sinal sugestivo, se compreendido numa direção: onde se situa Mário de Andrade nesses tempos? Certamente distante das experiências de vanguarda. Muito próximo de posições ortodoxas comunistas. Arte moderna é decadência burguesa, mesmo degenerescência, diante do caráter "sadio" do nacional/popular; o pesquisador, inocente útil, quando não claramente quinta-coluna.

Mesmo na inocente suposição de que Mário de Andrade não visasse diretamente ninguém, é difícil imaginar que não percebesse o alcance de seus botes que, indiretamente, atingiriam todos os músicos alemães no Brasil, entre os quais Koellreutter. E isso independentemente de este último ter sempre revelado uma atitude de admiração por Mário de Andrade, mantido uma posição de interesse amplo por todos os compositores que se destacassem no panorama brasileiro – fossem quais fossem os caminhos que escolhessem – e de ter composto há pouco tempo música para o libreto de *Café*, de Mário de Andrade, ópera que foi apresentada com inegável sucesso em Santos, em 1996, além de ter sempre tecido os mais altos elogios ao autor do poema: "Mário de Andrade é, para mim, um dos maiores intelectuais brasileiros deste século [xx], porque representa uma ideologia de caráter integrador, nacionalista e universal, ao mesmo tempo"[13].

A questão que evocamos aqui está ainda por ser aprofundada. Seria desejável um estudo detalhado e objetivo do grupo Música Viva e da penetração da música atonal e dodecafônica entre nós – e das reações que então provocou, estudo do qual desconhecemos a existência. A leitura da revista publicada pelo grupo, além de alguns outros documentos, pode, entretanto, gerar as seguintes considerações.

Em primeiro lugar, tratava-se de uma "frente ampla", na qual fica evidente o desejo de não excluir qualquer setor da produção musical brasileira. Desse modo, o número 4 da revista, de setembro de 1940, continha um artigo "de capa" (artigo mais importante a respeito de

---

12. *Idem*, p. 365.
13. Hans-Joachim Koellreutter, "Surge em Nosso Tempo um Novo Diletantismo Musical", p. 5 ss., 1981.

um compositor, acompanhado por uma pequena obra anexada) de Luiz Heitor Corrêa de Azevedo sobre Camargo Guarnieri. Mas nesse mesmo número encontramos "A Dodecafonia – Horizontes Novos!", de Lopes Gonçalves, e o primeiro artigo da série Problemas da Música Moderna, de Nicolas Slonimsky, sobre a técnica dos doze sons. E o artigo de capa do número 6, de novembro de 1940, sempre de Luiz Heitor, é consagrado a Koellreutter. Isto é, o grupo não recusava a produção musical "nacionalista", que lhe preexistia no Brasil: ao contrário, dava-lhe destaque. Mas tentava, muito diplomaticamente, introduzir as novidades (para nós) da música da escola de Viena, dodecafônica ou atonal.

Esse tipo de atitude corresponde bastante à descrição que Luiz Heitor procede sobre Koellreutter, no artigo antes mencionado:

> Admirei sobretudo, nesse artista, discreto nas atitudes e sempre pronto à cooperação, o tato sutil com que ingressou nos círculos musicais do país que o acolheu, só formando amigos à sua roda, incapaz de inspirar ressentimentos ou ferir as susceptibilidades de quem quer que seja. E compreendi que não só a sua atividade seria possível, no Brasil, mas sobretudo muito útil para nós, e merecedora de todo o nosso incentivo[14].

Numa entrevista concedida ao jornal O Globo em 1944, Koellreutter, depois de acentuar o aspecto importante do trabalho de Música Viva e do seu próprio no que concerne à divulgação e ao estímulo da música contemporânea entre nós, trata de prevenir qualquer suscetibilidade que porventura possa vir a ser ferida:

> Considero pessoalmente muito importante o movimento intelectual vanguardista, que luta no Brasil por uma causa comum, e admiro sinceramente Portinari, Segall, Livio Abramo, Clovis Graciano, Goeldi, Mário de Andrade, Monteiro Lobato, Carlos Drummond de Andrade, Oneyda Alvarenga, o jovem poeta Rossini Camargo Guarnieri, Nelson Rodrigues, Cecilia Meireles, Jorge Amado, para citar apenas os nomes que me ocorrem no momento[15].

Todas essas precauções não impediram, como se sabe, que explodisse, em 1950, o nacionalismo em cólera (numa conjuntura muito favorável,

14. Luiz H. C. de Azevedo, "Hans-Joachim Koellreutter", pp. 1-2, 1940.
15. "Sabotado pela Crítica Reacionária o Movimento de Música Moderna", 1944.

por causa das diretrizes afirmadas pela esquerda comunista depois do Congresso de Praga de 1947) por meio da "Carta Aberta aos Músicos e Críticos do Brasil", de Camargo Guarnieri.

Mas a polêmica parece claramente iniciar-se aqui, com Mário de Andrade. Ela tem endereço e argumentação medida, quando o adversário é Curt Lange; ela é absurdamente feroz, quando o destino se dilui nos longes internacionais, e o objeto fica sendo o distante Schoenberg. Entretanto, conforme notava perfeitamente o jornalista na apresentação da entrevista de Koellreutter, o grupo passara de uma atividade confidencial, própria a um pequeno núcleo experimental (distância do público, trabalho beneditino, sem pressa de entrar em contato com os grandes auditórios), a uma atuação muito mais ampla. Em 1944, formar-se-ia mesmo um grupo paulista do Música Viva. Deve-se observar que os ataques à música da escola de Viena, feitos por Mário de Andrade, tornam-se veementes exatamente no momento em que o grupo alargava o campo de sua ação.

Note-se, porém, que não afirmamos, de modo nenhum, uma polêmica entre Mário de Andrade e Koellreutter. O primeiro não menciona jamais, nominalmente, o segundo. Este, além de uma visão muito aberta para todas as manifestações entre nós de qualidade e interesse significativo, revelou sempre, nos escritos de época que pudemos consultar, uma grande admiração por Mário de Andrade. Koellreutter, que em novembro de 1983 publicava no *Caderno de Música* o texto "O Ensino da Música Hoje", fundamentando seu raciocínio no pensamento de Stalin, sentiu-se atraído e desafiado por *Café*, a ponto pôr em música o poema de Mário de Andrade.

Seria essencial que tivéssemos a edição crítica dos escritos de Koellreutter nesse período. A série de artigos que redigia regularmente para a revista *Leitura*, por exemplo, desde outubro de 1943 até o final da década, é muito importante. A revista possuía um visibilíssimo colorido comunizante e recebia colaboração de destacados intelectuais, entre eles, ocasionalmente, Mário de Andrade. Nela, Koellreutter se revela todo o contrário de um formalista, associando sempre as preocupações propriamente musicais com as sociais. E seus escritos não raro faziam referência a Mário de Andrade, com quem convergia nesses pontos. Ele publicou mesmo, logo após o falecimento do autor de *Macunaíma*, uma sequência de cinco escritos cujo título é: "Sobre 'O Banquete' de Mário de Andrade". Nela, Koellreutter retoma – e desenvolve – vários pontos tratados por Mário de Andrade em *O Banquete*, mas de uma maneira que evita o confronto das questões intrinsecamente musicais para acentuar uma certa generalidade ética e "social". Como exemplo, a questão nacional: Koellreutter a toma e assume, mas no sentido amplo de uma colaboração com uma cultura nacional – e sem nenhuma referência a qualquer "brasilidade" das obras. "'Arte legítima, eficaz, funcional e representativa', exige Mário de Andrade do músico brasileiro, exigência que se dirige também ao artista estrangeiro radicado no país, o qual tem igualmente a obrigação de colaborar em prol da cultura nacional"[16].

Todas essas questões estão ainda por ser estudadas – esse período de nossa cultura permanece bastante ignorado. Mas, já pela leitura de alguns textos seus de época, pode-se dizer que a posição de Koellreutter tornava difícil a polêmica. Sua ausência completa de sectarismo, sua real atenção manifestada a todas as formas de produção musical, mesmo aquelas em princípio muito diversas de suas orientações primordiais – como revela, entre outros, o artigo altamente elogioso consagrado a Camargo Guarnieri[17], ou aquele sobre Shostakovich[18], em grande parte apoiado nas análises desenvolvidas por Mário de Andrade no prefácio ao livro de Victor Seroff –, seu "tato sutil" ao qual se refere Luiz Heitor Corrêa de Azevedo parecem evitar qualquer hostilidade ou radicalismo. Entretanto, a polêmica foi incontornável, eclodindo com a "Carta Aberta", de Camargo Guarnieri.

Algumas das questões tratadas neste comentário sobre "A Bela e a Fera" ressurgirão em "Número Especial" e "Do Meu Diário (B)".

De todos os modos, ainda que se ignore a situação brasileira, o afunilamento de "A Bela e a Fera" em direção a Schoenberg é muito claro. Mário de Andrade serve-se, portanto, do combate antinazi para atingir as experiências da escola de Viena. Curt Lange, no seu elogio póstumo a Mário de Andrade[19], se refere a "sua obstinação cada vez maior por não sentir outros ventos e de viver grudado a seu próprio mundo".

A escolha de uma das três interpretações que propusemos depende, é claro, da posição que se tenha face a Mário de Andrade. Uma admiração incondicional e afetiva tomaria a primeira. A concepção de um Mário de Andrade sacrificando muito, senão tudo, ao brilho (o "bufarinheiro

---

16. Hans-Joachim Koellreutter, "Sobre 'O Banquete' de Mário de Andrade", 1945.
17. Hans-Joachim Koellreutter, "Camargo Guarnieri", 1944.
18. Hans-Joachim Koellreutter, "Arte Dirigida", 1948.
19. Ver Instituto Interamericano de Musicologia, *Boletín Latino-Americano de Música*, 1946.

genial" de Sérgio Milliet, por exemplo) penderia pela segunda. Aqueles que acreditam hoje que Mário de Andrade bloqueou a evolução da música brasileira por conta de suas posições nacionalistas e que uma presença maior do dodecafonismo no Brasil teria sido benéfica escolheriam, está claro, a terceira.

Por nossa parte, acreditamos que, em graus diferentes, as três versões devam conter sua dose de verdade.

Uma Pedagogia Habilidosa

Há ainda um elemento a considerar, se nos interrogamos sobre o fato de que Mário de Andrade sustenta afirmações nas quais é impossível que acredite, como a que reduz a música alemã a cinco ou seis gênios. Aliás, evocando-se o clima da época, deve-se lembrar que a censura oficial havia proibido a execução de compositores alemães ou italianos, como informa Wilson Martins[20]. Se "A Bela e a Fera" mostrava que os últimos não eram, essencialmente, fascistas, há de se convir que o raciocínio sobre a mediocridade da música alemã corroborava o ponto de vista dos censores. De qualquer modo, é bem evidente que argumentação e retórica foram armados para defender, a qualquer custo, uma tese. Para que se compreenda a atitude do autor, preciso lembrar a longa carta escrita do Rio de Janeiro para Oneyda Alvarenga, no dia 14 de setembro de 1940. Trata-se de um texto importante, no qual as reflexões sobre o papel do crítico se colorem de um tom muito pessoal.

Ali, Mário de Andrade expõe sua estratégia para que a crítica tenha um papel fecundador e se oriente no sentido desejado:

> É que como toda pessoa que tem alma de professor, sou um notável artista de teatro. Eu represento pros meus alunos. [...] Ora, dona Oneyda, eu quero que a minha palavra "sirva", que minha crítica represente o máximo de rendimento didático. D'aí eu fazer muitos esforços, até os da representação teatral, pra me impor aos artistas[21].

20. Wilson Martins, *História da Inteligência Brasileira*, 1977-1978, vol. VII, p. 194.
21. Mário de Andrade e Oneyda Alvarenga, *Cartas*, 1983, p. 282.

E exemplifica com o caso das "Cirandas" e "Cirandinhas", obras que Mário de Andrade "provocou" em Villa-Lobos (episódio a ser retomado em "Villa-Lobos [1]", de *Mundo Musical*), através de "uma carta de pura mentira pro Villa", em que finge admirar Allende, "um chileno que eu fingia descobrir no momento". Conta ainda o mesmo tipo de estratégia empregada em artigo sobre uma exposição da Família Paulista: "A exposição do mês passado me espantou, é um pulo para a frente. E devo ter contribuído bastante pra esse pulo pois sei do efeito que o meu artigo produziu em Gregos e Troianos"[22].

O papel de "orientador estimulante" é naturalmente muito claro em *Mundo Musical*. Ele se caracteriza de modo extremado em "A Bela e a Fera". Percebe-se o porquê dos efeitos retóricos, do uso sem constrangimento de uma erudição emprestada ("muitas vezes, sem necessidade pessoal nenhuma, enfeito uma passagem com um berloque bem bonitinho, que eu sei, vai produzir um efeito decisivo no aluno"[23]), das falácias que surgem em seu raciocínio.

O Fascismo "Acidental" dos Italianos

O final de "A Bela e a Fera" é uma celebração entusiástica e relativamente rápida da "bela" italiana, em oposição à "fera" alemã. Ela funciona como efeito contrastante para o ataque aos alemães. O gênio italiano é mais rico, inventivo e completo do que o alemão, é gênio "da voz profunda e tremente dos violinos", da "melodia fugitiva do som curto" de Scarlatti. E essa sensibilidade "humana" trai os descaminhos pelos quais Mussolini – e ele sozinho, traidor do autêntico espírito itálico, o demagógico, enganador "socialista de borra" – havia conduzido os italianos. Cujo caráter nada possui de militar, como bem provam o cravo de Scarlatti e as derrotas que havia pouco tinham sofrido.

---

22. *Idem*, p. 283.
23. *Idem*, p. 282.

// ANEXO

Mário de Andrade,
"Elisabeth Schumann"[1]

A Cultura Artística ofereceu ontem mais um recital de Elisabeth Schumann. Todos os elogios devem ir à direção desta Sociedade, que soube proporcionar a S. Paulo momentos de arte tão admirável.

Pode-se fazer uma crítica fria e digamos científica sobre uma artista que nem Elisabeth Schumann? Sem dúvida que pode-se. A ilustre cantora dona Elisabeth Schumann possui um agradabilíssimo órgão vocal. Não é uma voz de grandes recursos sonoros quanto à sua qualidade e poderá observar-se nos graves uma diminuição sensível de intensidade e alcance. Mas a inteligentíssima virtuose soube trabalhar a voz que tinha e dotá-la duma técnica verdadeiramente excepcional. Sobretudo quanto à unificação dos registros, apresentando assim uma unidade raríssima de timbre. A maleabilidade da sua voz é também esplêndida, lhe permitindo efeitos de contrastes, portamentos, saltos e, por assim dizer, "fonação" do excessivo consonantismo da língua alemã, com perfeição extraordinária. Mas não apenas por essa técnica dona Elisabeth Schumann é excepcional, mas ainda pelos dotes de sensibilidade cultivada com que interpreta os seus autores... etc. e tal.

Não posso mais, morro de falta de ar nessa "procura de quintas" seca e inexpressiva. Bom foi o nosso tempo romântico em que a adoração das grandes cantoras produzia discursos histéricos no teatro e sonetos de louvação. Elisabeth Schumann tem voz de manhã clara. Mistura de sabiá, luz matinal e seda. Extraordinária! Nunca ouvi fusão mais hábil entre aquele timbre de sopro nítido, bem comum nas vozes femininas alemãs, com o tremolo apaixonado das vozes latinas. Ela dosa o tremer da voz que nem a manhã dosa suas cores. Mas quando sinão quando a voz da moça entardece. É quando, nas peças mais lentas, ela se eleva, se eleva num som puríssimo todo azul e derrepente brilha e treme, estrela Vésper! As sombras se emaciam numa preguiça perfumada. Estrela Vésper brilha, é linda, a noite inteira se abençoa numa paz divina. Elisabeth Schumann, voz matinal, voz de calhandra,

---

1. Recorte encontrado na pasta Artigos Meus sobre Música II, fundo Mário de Andrade, IEB-USP. Não contém indicações do jornal em que foi publicado. As passagens entre colchetes, ao final, foram manuscritas pelo autor.

luz batendo no riacho de água límpida... Elisabeth Schumann crepusculando, tremulando, silenciando, estrela Vésper... E depois digam que não é bom a gente adorar uma arte assim! Não porque sugere. Não estou fazendo poesia. Estou rezando oração. Elisabeth Schumann não sugere os momentos felizes do dia, ela é a própria felicidade nossa quando canta. Que gostosura!

[24-VII-30] [M. de. A.]

[1930]

Burney e a Música Alemã[2]

É um grande alívio descobrir que, na data da visita de Burney a Berlim, um protesto tinha sido realizado contra os excessos da ornamentação por alguém não menos poderoso que o autocrático rei da Prússia, que não permitia a apresentação de óperas, com exceção de Graun, Agricola e Hasse. "E no teatro da Ópera, assim como no campo, Sua Majestade I é um doutrinador tão rígido que se um único erro é cometido em um movimento ou evolução, ele imediatamente identifica, e repreende, o culpado; e se alguém nas suas trupes italianas ousar se desviar da rígida disciplina, adicionando, alterando ou diminuindo uma única passagem do papel que devem interpretar, uma ordem é enviada, de *part de Roi*, para que obedeçam estritamente às notas escritas pelo compositor, sob risco de consequências. Isso, quando as composições são boas e o cantor é relapso, pode ser um ótimo método; mas certamente acaba com todo o gosto e refinamento".

[Em seguida, o trecho que se refere à associação entre música alemã e barulho:]

Ele também destaca o curioso fato de que em Berlim a arte da dinâmica musical era ainda menos integralmente praticada do que em qualquer outro lugar. "Os músicos da Europa", diz ele, descobriram e adotaram certos refinamentos, na maneira de executar até mesmo a antiga música, que não são acolhidos na escola de Berlim, onde *pianos*

---

2. Aqui estão apresentados os principais trechos referentes a Burney mencionados em "A Bela e a Fera". Foram extraídos de J. A. Fuller Maitland, *The Oxford History of Music*, 1902, pp. 183 e 194.

e *fortes* são pouco populares e onde cada artista parece tentar superar seu vizinho somente com *volume alto*... Se eu tiver que contar apenas com minhas sensações, eu imaginaria que as performances musicais desses países desejam *contraste*; e parece não só haver notas demais nelas, mas tais notas são expressas com muito pouca atenção ao *grau* de força que os instrumentos, pela sua feitura, são capazes de atingir... Quando a peça é executada com tal incansável fúria, como eu algumas vezes ouvi, deixa de ser música; em vez de interpretação, o todo merece simplesmente o rótulo de *barulho*.

Mário de Andrade, "Festival Wagner"[3]

[181 – Sinfonismo Paulista]
Festival Wagner
[D. de S. Paulo 14-x-33]

O festival wagneriano realizado ontem no Municipal não principiou sem alguns inconvenientes. O primeiro se deu logo à entrada do teatro, onde não havia programas com os empregados do teatro. Poucos passos adiante, porém, estavam delicados escoteirinhos, dispostos aos pares. Um entregava o programa. O outro não dizia nada, mas estava com uma espécie de coadouro de cafeteira na mão. O coadouro continha muitos mil réis beneficentes. Não havia nada de mal nisso tudo.

Mas o espectador, de posse do programa, acabava por se indispor antipaticamente. Um programa *deutsch* cem por cento, em que até a maioria enorme dos anúncios estava traduzido para o alemão. E a indisposição do espectador acabava ficando também cem por cento, quando ele reparava que junto do programa-folheto havia uma folha solta com a tradução dos números do concerto em português. Eu creio que apesar dos fascismos de vária espécie com que as nações se iludem nos vãos sonhos da supremacia, ainda existe lugar no mundo para a delicadeza e a boa educação. Eu não lastimo que os alemães de São Paulo adorem a grande pátria alemã, tão cheia de grandezas passadas, e até presentes apesar de tudo, mas creio que seria um gesto de primitiva

---

3. Artigo publicado no *Diário de S. Paulo*, 14 out. 1933. Informações manuscritas estão entre colchetes.

delicadeza terem ajuntado a língua da terra à língua de Heine e de Thomas Mann.

No folheto havia um lamentável artigo do dr. Fritz Steger, "O que Wagner significa para nós", cheio de tristes verdades utilitárias mas não verdadeiras. Não me é possível analisar todo esse *bouquet* de afirmações amargosas e imperialistas, que se abrem pela simplória arrogância de afirmar que Wagner é "o maior compositor de todos os tempos". Não é não. O próprio amigo Fritz devia estar inquietado pelos remorsos, ao afirmar tamanha inutilidade, pois que logo vinha dizendo que muita gente se afastava dessa opinião. Mas logo decretava que "quanto maior um gênio, menor o número dos que se assenhoreiam do sentido dele", etc., etc., entre imagens e metáforas em que Wagner vira sol e *estrello* que nem Gloria Swanson e José Mojica.

E o que dizer desta afirmação dionisíaca: "O que seria da Alemanha (sic), o que seria da música germânica sem o titã Wagner?" É inconcebível, mas lá está no sr. Fritz. Sem Wagner, a Alemanha seria enorme, amigo Fritz. A diferença seria pequena até, pra musica alemã, que possui Schutz, Buxtehude, Keiser, Stamitz, Philipp Emanuel, Haydn, Schubert, Schumann, Wolf, Brahms, Hindemith... E nos oferece de inhapa o pequenino Beethoven, o minúsculo Mozart. E pra nocaute universal, empurra pra cima de nós o infinitesimal João Sebastião, um mundo apenas.

E mais amargo ainda é o final do artigo, invocando absurdamente a essencialidade germânica de Wagner, que principiou no afrancesado judeu alemão Meyerbeer, e continuou quasi toda a vida espiando, com visíveis desejos de apropriação, a luminosa melodia italiana. Aí vem citada uma palavra de Wagner exaltando liberdade e justiça. Aí vem lembrado o Lohengrin como "combatente da injustiça"... Tudo isso seria apenas absurdo si não fosse apenas ridículo, nos tempos que correm. E acabou por me deixar num estado iconoclástico de irritação. Que diabo! Um ser humano já não terá mais direito de escutar algumas páginas dum gênio humano, sem se lembrar de germanismos *uber alles*, e fascismos horrendos?

O concerto, enfim, conseguiu me libertar de tão péssimos princípios. A abertura *Fausto* é apenas mediocridade. Na segunda parte, a orquestra de São Paulo Orchestra Symphonica e a parte masculina da Liga Alemã de Canto Coral executaram muito bem o "Coro de Marinheiros" do *Navio Fantasma*. Na terceira parte, a abertura e a cena coral de Warburg foram muito apreciavelmente as melhores execuções da noite. O prof. Emmerich Csammer, a quem devemos muitas iniciativas, é um regente de gesto seguro, o que contribuiu enormemente para o bom andamento das execuções. Conseguiu mesmo uma verdadeira cor sinfônica, o que é muito de admirar no momento, pois que não possuímos orquestra. Os coros custaram um bocado a se fundir, mas foram em certos momentos excelentemente bem. O elemento feminino conseguiu timbres admiráveis no coro de Lohengrin. – M. de A.

M.A. **// Ao Dnieper**

//. 30.9.1943

Os russos estão de novo contemplando as barrancas do Dnieper. Até os jornais dizem que em alguns lugares eles o atravessaram, e é bem possível que no tempo curto que medeia entre o escrever desta crônica e a sua publicação, os ucranianos entrem na posse do seu rio.

Na espera ardente em que estou, lembro de me resguardar no cântico sublime que Mussorgsqui elevou ao Dnieper. Mussorgsqui não era ucraniano mas aderira com violência aos ideais libertários que percorriam a intelectualidade russa do seu tempo. De forma que, dentro do seu mundo da música, ele quis demonstrar o quanto lhe eram simpáticos os anseios políticos da Pequena Rússia.

E enquanto a repugnante censura tsarista proibia até o emprego por escrito do dialeto ucraniano, Mussorgsqui escolhe um poema dialetal, cujos livros tinham sido confiscados pelo governo, poeta por sinal que dos mais libertários, Chevtchenko, e lhe põe música aos versos. Derivam deste conjunto de circunstâncias duas obras-primas da canção russa: a dança cantada "Hopac" universalmente conhecida, e o por certo ainda mais belo cântico "Ao Dnieper". Composto em 1866, numa curta fase de três anos dedicados quase exclusivamente à canção, "Ao Dnieper" foi refeito por Mussorgsqui já nos últimos anos da vida, em 1880 ou talvez no ano anterior. Mas da mesma forma que o texto em que Mussorgsqui se inspirou, também o canto de libertação do Dnieper foi proibido pela censura, e nunca foi gravado em vida de Mussorgsqui. Calvocoressi afirma que o editor Bessel incluiu a canção no seu catálogo desde 1880, mas Riesemann garante que ela só foi gravada em 1907 e assim mesmo no estrangeiro. Em disco existe um recorde muito bom de "Ao Dnieper" interpretado pelo tenor Vladimir Rosing para a Parlophone. É o que estou escutando agora.

A peça vem cantada em russo e eu não entendo o russo... Eu não entendo estas palavras cujas sílabas me enchem de exaltadas interrogações de futuro, mas o cântico possante me domina e me obriga a entendê-lo. Mas por onde! por onde eu o compreendo assim tanto, si nem as formas rítmicas de compreensão musical ele emprega!...

Esse famoso problema da forma, tão vasculhado e discutido na lírica de Mussorgsqui. É certo que, na sua preocupação naturalista de representar o mais aproximado possível a verdade da vida, Mussorgsqui se liberta dos princípios rítmico-formais da canção, mesmo dos populares. Si os emprega quando isso coincide com o espírito dum texto escolhido, não só como forma, mas como conceito mais identificável de canção, raro Mussorgsqui se ajeita dentro dele. Ou permanece aquém da canção legítima (como na série do "Quarto das Crianças", na mal-estarenta "Sávichna") ou às mais das vezes a ultrapassa como nesta exaltação ao Dnieper e nos "Cantos e Danças da Morte".

É inútil sofisticar, Mussorgsqui tem suas formas, embora estas não sejam estratificáveis numa equação. Uma coisa que me deixa absurdizado é o número pequeno de pessoas, até de teóricos, que conseguem se libertar do preconceito do princípio de repetição, pra compreender o ritmo como toda e qualquer "organização" do movimento no tempo e no espaço. Desde que haja organização, mesmo sem repetição, há ritmo – o ritmo livre, cujas formas decorrem da natureza mesma de sua criação momento por momento. No seu pressuposto de retratar vividamente as inflexões psicoverbais dos textos, o processo oratório, o fraseado livre, o recitativo, a melodia infinita é a forma da maioria das obras do Gênio. Mas a todo instante é fácil, a quem quer se dispa da rouparia acadêmica, surpreender elementos formalísticos livres, de pura e essencial musicalidade, nestas canções.

Mesmo na série do "Quarto das Crianças" que logo o tornou universalmente célebre, e em que ele pretendeu realizar musicalmente a fala infantil. Confesso aliás meu pouco entusiasmo por essa suíte de sucesso. Considero bem fácil a sua concepção, mais espirituosa que artisticamente convincente, e de grande desequilíbrio estético, pela prevalência absoluta dos textos sobre a música. E então, quando cantada por certas senhoras que pretendendo imitar o balbucio puríssimo da criança, o degeneram nas inflexões mais torpes da imbecilidade, palavra de honra: chego a lastimar que Mussorgsqui tenha escrito essas canções sempre adoráveis. E sempre formalisticamente musicais também. Se veja a conclusão pianística da cena do gato, de pura finalidade formal. É lembrar ainda a formulinha pianística que conclui a evocação da princesa que espirrava tão forte a ponto de quebrar todas as vidraças do palácio. São elementos de livre formalística sonora, nada descritivos, inexplicáveis como realismo, e de simples necessidade musical de forma.

Os panegiristas de Mussorgsqui, sempre muito estomagados com a infinita riqueza formal das canções dele, se afobam em verificar que todas as vezes que um texto retorna ao sentido pelo menos psicológico em que estava no princípio, Mussorgsqui retorna também à melodia inicial, reinstaurando em numerosas das suas canções a forma A-B-A universal e eterna. Não tem dúvida. O que me parece discutível é que um texto qualquer, a menos que não se repita ipsis verbis, possa repetir um estado de sensibilidade exatamente o mesmo. Tanto mais a quem pretende reproduzir a verdade vivida, como Mussorgsqui e tanto atende à inflexão expressiva da palavra falada. Está claro que entre "me interessa", "me interessa muito" e "me interessa bem" a diferença expressiva é tão determinante que não há escolha possível. O artista estará aí fatalizado a obedecer à única expressão que representa o que ele realmente sente (e só pode ser uma delas) tanto para a sua psicologia de artista como para a do assunto. Infelizmente só pelas traduções, observo os casos em que Mussorgsqui emprega a forma A-B-A, e a explicação dos panegiristas me deixa bem cético. Nada implicava e sequer autorizava psicologicamente esse retorno duma linha ou duma estrofe. Na verdade Mussorgsqui está se aproveitando de similitudes apenas acomodatícias (ou mesmo nenhuma, como em "Piruchca" e nos "Cogumelos") pra mandar sua teoria às urtigas e construir em livre musicalidade.

Mas onde ele aplica o princípio de repetição com muita originalidade é no bisar uma frase ou um elemento rítmico-melódico enquanto o texto se desenrola sem repetição. Como técnica o processo é universalmente folclórico e aplicado para a formação das diversas quadraturas estróficas. A originalidade de Mussorgsqui está em aproveitar o processo, como elemento de construção itinerante, isto é, livre de qualquer intenção de arquitetura estrófica. Mas inaceitável como psicologia e como texto! Adeus naturalismo! Si ainda tratando do balbucio das criancinhas, e também no caso de falar um bobo ou ser um pobre que repisa o seu pedido ("Sávichna", "O Órfão") o processo seria explicável para a nossa condescendência com o Gênio: a verdade é que ele não precisa de condescendência nenhuma. Ele está livre, mesmo dos seus preconceitos, aceitando outros que lhe agradam ao instinto formal. Mesmo nas obras mais psicológicas, mais íntimas e recitadas, o processo se repete com abundância. Nas três primeiras peças do "Sem Sol", a gente surpreende esse paralelismo de significação musical exclusiva, até em progressões ("Entre Quatro Paredes") e ainda no admirável "O Feriado Bulhento Passou" que na verdade é o mais inesperado "Recitativo e Ária" que se possa encontrar.

Escuto o cântico "Ao Dnieper" e não lhe compreendo as palavras nem posso reduzir essas frases a uma arquitetura musical compreensível ao meu espírito. No entanto eu estou certo que compreendo tudo, ou diria melhor: compreendo o mais! Esse cântico me domina, me inutiliza em mim e não apenas eu me identifico com ele, como me surpreende uma comoção tão intensamente dinâmica, que logo à primeira frase eu sinto o meu gesto querendo se abrir no ar. E toda uma sugestão coreiforme, difícil de prender, vive em mim durante a obra toda. E esse é o segredo talvez de muitas das mais sublimes canções de Mussorgsqui.

Ele era um temperamento dramático, teatral mesmo, no sentido mais essencial e artístico do teatro cantado. E o teatro, é a transposição dos dramas vitais pelo gesto do corpo todo organizado em arte, que ele tende a criar. E daí a sua ilusão de estar reproduzindo a verdade da vida nas suas obras. Mas é especialmente no "Ao Dnieper", entre as canções da primeira fase, que essa dramaticidade ultrapassa o realismo do teatro para alcançar pela primeira vez esse êxtase coreiforme da palavra, texto e dança, como transposição suprema do drama da vida.

Depois dessa fase o teatro o dominou. Mas quando surrado de desilusões, Mussorgsqui se retira em si mesmo e volta à canção, essa essência coreica da sua expressividade se expande maravilhosamente. Chega a marcar mesmo algumas das canções tão inferiores sobre versos de Alexis Tolstoi, como no "Orgulho", cuja música menos caçoa da psicologia do orgulhoso, que lhe move a pompa grotesca da pança. Muito mais sutil e genialmente essa essencialidade coreica penetra mesmo a suíte tão íntima do infeliz "Sem Sol". Em principal na flexuosidade sugestiva da linha da "Elegia", na qual é de observar, aliás, aquela incrível arrebentação em acordes pianísticos com que termina o segundo dos dois movimentos mais rápidos. Aí, como que todo o nosso corpo se exaspera... em ársis, no desejo de abrir o voo do gesto organizado. E convém não esquecer ainda que na última página da suíte, Mussorgsqui se dobra ao ritmo composto, tradicional e coreograficamente obrigatório das barcarolas, para erguer o canto doloroso "Sobre o Rio". E enfim a espécie coreica da personalidade dele vai culminar nessa que está entre as mais formidáveis criações do canto humano, a suíte dos "Cantos e Danças da Morte". Não há nada que dizer. Como em "Ao Dnieper", a mesma angústia do corpo imóvel nos deixa insuficientes. Careceria dançar cantando esses milagres de arte humana.

E parece que Mussorgsqui sentia essa finalidade final, essa sublimação absoluta e suprema da arte da música. É quando na carta ao pintor Ilia Repin, exprimindo o seu ideal de traduzir a alma popular em música, ele confere que "si se consegue isso profundamente e se é verdadeiro artista, é caso então de realizar as danças festivas".

J.C. // COMENTÁRIO

"Ao Dnieper" inaugura uma série de três ensaios consagrados a Modest Mussorgsky. O primeiro está centrado na canção do compositor russo que lhe confere o título.

Pela clareza de seu andamento, por seu assunto definido, circunscrito, o texto é muito revelador dos meios postos em obra por Mário de Andrade para a percepção possível de um objeto musical.

Talvez seja interessante evocarmos aqui as "três dimensões" que Jean Molino detecta no objeto simbólico, às quais se refere também a música.

A primeira delas é a produção, o fabricar: "a música liga-se assim estreitamente à técnica, técnica da voz e do instrumento, técnica do corpo e do objeto"[1]. Trata-se de uma criação; essa natureza a impede de ser reduzida a uma explicação teórica, capaz de lhe esgotar o sentido. Molino faz aqui um apelo ao pensamento dos tomistas modernos, particularmente a Gilson:

> [...] de acordo com aquilo que os tomistas modernos foram praticamente os únicos a insistir, as artes do belo são artes poéticas. *Chamam ao ser uma realidade nova.* Concebe-se também que esta realidade não "signifique" diretamente nada, se por significação se entender a pura presença de um conteúdo explícito e verbalizável num "significante" totalmente transparente[2].

À dimensão poética (ou poiética, para empregar o termo de Molino, que se refere à ideia da emergência do objeto artístico ao ser), acrescenta-se a dimensão estésica, baseada no princípio da percepção.

O objeto musical é percebido pelo auditor, pelo participante na cerimônia ou no concerto, sem esquecer o próprio produtor. Mas, como sublinhou Valéry, nada garante que haja correspondência direta entre o efeito produzido pela obra de arte e as intenções do criador. Qualquer objeto simbólico supõe uma troca na qual produtor e consumidor, emissor e receptor, não são intermutáveis e não têm o mesmo ponto de vista sobre o

---

1. Jean Molino, "Facto Musical e Semiologia da Música", [s.d.], p. 134.
2. *Idem, ibidem,* grifo nosso.

// 268 //MÚSICA FINAL

objeto, o qual de modo nenhum constituem da mesma maneira. Convém portanto distinguir uma dimensão poiética e uma dimensão estésica do fenômeno simbólico[3].

Resta que, além do processo produtivo e da relação perceptiva, o objeto se configura como *objeto*, coisa, se se quiser, ser entre os seres, ou "matéria submetida a uma forma"[4]. Trata-se da dimensão objetiva, cuja análise solicitaria uma postura "neutra" – isto é, que tomasse em consideração fundamentalmente as relações forma-matéria.

Molino se move nas esferas de um projeto operacional e científico, ou seja, a constituição de uma possível semiologia da música:

> Em que consiste, pois, a análise da música? Consiste nesta dialética do trabalho científico que, partindo da análise "neutra" do material sonoro transcrito por uma prática social que é já uma análise, progride com a definição gradual de novos estratos de análise, seja integrando dados fornecidos pelas outras dimensões (produção e recepção), seja pondo em questão os instrumentos utilizados pela análise e tentando forjar novos instrumentos[5].

O modelo é a análise do "fato total", hipótese para a qual tende o esforço do analista, mas claramente irrealizável, na medida em que, como já foi visto, nenhum processo teórico reduz a obra a si mesma. É o próprio Molino que enuncia em epígrafe: a análise do fato musical é interminável. Isto é, não impossível, não forçosamente equivocada, mas sempre incompleta.

> A semiologia – se semiologia houver – [...] busca [...] somente, fazendo apelo a todos os recursos que lhe são oferecidos por todas as disciplinas que tratam seriamente do simbólico, levar a bom termo a análise. A música, ao mesmo tempo tão próxima e tão afastada da linguagem, não pode senão ajudar-nos a compreender isso e a compreender outras práticas simbólicas[6].

Não existe, naturalmente, em Mário de Andrade o projeto de uma semiologia, no sentido de uma organização teórica e metodológica, de

3. *Idem*, p. 135.
4. *Idem, ibidem.*
5. *Idem*, p. 158.
6. *Idem*, pp. 163-164.

// COMENTÁRIO // 269

um "sistema" prévio analítico, para o qual se dirige o pensamento de Molino. Mas suas análises com frequência fazem apelo a esses níveis cuja presença Molino determina como necessária, sob pena de uma visão distorcidamente parcial. O que é extraordinariamente interessante no comportamento analítico de Mário de Andrade, e tão exemplarmente revelado em "Ao Dnieper", é essa interpenetração das três dimensões. Nisso, ele se singulariza, fazendo, oitenta anos atrás, análises semióticas *sans le savoir*. E, como veremos, a evolução de seu pensamento nesse texto termina por dialogar com a zona do indizível, chegando ao domínio de uma metassemiótica.

Mas passemos "Ao Dnieper". O texto é escrito num momento de intensa vibração diante da reação soviética ao invasor alemão. Desde a primavera – europeia – de 1942 a situação se reverterá em favor dos russos, que, depois de sérios reveses, contra-atacavam. Enquanto Mário de Andrade escrevia – setembro de 1943 –, os russos conseguiam empurrar o fronte para o oeste, além do rio Dniepre (ou Dnieper, como grafa Mário de Andrade). Um mês depois, Kiev seria retomada. "Na espera ardente em que estou, lembro de me resguardar no cântico sublime que Mussorgsqui elevou ao Dnieper" (p. 263).

Com essa situação, Mário de Andrade retoma uma posição já anunciada em outros textos de sua obra: de que a disposição do ouvinte é determinante na apreciação de uma obra. Aqui, o estado de espírito exaltado, a febre da expectativa, fazem que o autor se volte para uma obra precisa. Temos, portanto, um fator pré-estésico, mas que se confunde já com a estesia plena, pois perdurará durante a apreciação da obra.

Esse estado preciso do espírito o leva a uma *escolha* específica: Mussorgsky, um compositor que "aderira com violência aos ideais libertários que percorriam a intelectualidade russa do seu tempo" (p. 263). Mais: vai buscar uma composição na qual Mussorgsky canta a Ucrânia, que justamente é campo de batalha no momento em que Mário de Andrade escreve. A obra tem ainda por tema exatamente o rio que está sendo disputado pelos dois exércitos.

Acrescente-se que as palavras são de Chevtchenko, poeta ucraniano de extração popular (nascera servo e fora emancipado em 1838), deportado para a Sibéria por sua participação em movimentos libertários, herói e mártir do povo ucraniano, escritor que marca o nascimento da literatura ucraniana e o despertar nacional do país. E que a melodia de Mussorgsky fora proibida pela censura, e não editada em vida do compositor.

Tudo isso instaura um clima heroico, de aspirações por liberdade, de um desejo muito concreto de vitória sobre o nazismo. A questão circunstancial do passado, o episódio guerreiro do presente, irmanados pelo tempo, incorporam-se num anseio de altas inspirações que passam pela História como constantes eternas. Mário de Andrade, entretanto, não adere apenas a esse entusiasmo, e sua análise de Mussorgsky não jorra como um grito puramente emocional, cuja origem se encontraria nos impulsos do momento e nos anseios eternos: isso seria não mais do que uma atitude comportamental frequente desde o romantismo. Mário de Andrade toma um recuo diante dessa perspectiva emocional e a coloca como *condição de percepção da obra*. É aqui que a atitude analítica se configura numa "consciência semiótica da percepção", ou, se se quiser, do condicionamento estésico, numa progressão que se afunila do episódio contemporâneo – guerreiro e coletivo – para a atitude de Mussorgsky – de resistência e individual –, até a manifestação concreta e muito precisa de um cântico. Este, embora historicamente particularíssimo, surge desse modo como o condensador das condições que o precederam. Obra de arte, apesar de situado no final do funil, ele ultrapassa o geral enquanto portador do universal.

Mário de Andrade não quer aqui o panfleto ou a declaração emotiva, a escolha retórica. O texto prossegue através de interrogações analíticas. A situação emocional e o poder da obra estão constatados numa relação muito humana, mas, pela sua sutileza, bastante misteriosa. E o mistério cresce porque se trata de uma canção – isto é, um gênero em que a música é semanticamente "direcionada", numa ligação estreitamente interdependente com a palavra. Ora, "A peça vem cantada em russo e eu não entendo o russo..." (p. 264).

A questão imperativamente proposta pela própria obra é clara, mas seu objeto, misterioso:

> Eu não entendo estas palavras cujas sílabas me enchem de exaltadas interrogações de futuro, mas o cântico possante me domina e me obriga a entendê-lo. Mas por onde! por onde eu o compreendo assim tanto, si nem as formas rítmicas de compreensão musical ele emprega!... (p. 264).

Retomemos: Mário de Andrade encontra-se num estado de vibração emocional que o leva a ter "simpatia" pela obra. Esta, por sua vez, exerce sobre ele um poderoso efeito "estésico". A atitude não é, portanto, apenas unilateral: não se trata de um esforço para valorizar um objeto artisticamente débil. Ao contrário, o seu poder é empiricamente constatado. A questão de como isso acontece, se nem as palavras nem a própria estrutura formal são compreensíveis, implica uma análise que parte da relação estésica e se desenrola incorporando os aspectos "poiéticos" e "neutros".

Na crítica que Nicolas Ruwet faz a Boris de Schloezer[7] temos uma postura francamente culturalista diante da tradição estrutural da musicologia, iniciada com Hanslick, e da qual Schloezer foi um dos representantes mais extremados. Ruwet lembra uma passagem escrita por Schloezer em *Introduction à J. S. Bach*:

> Desse modo, nada perco se ouço qualquer melodia cantada em uma língua que não conheço: ao contrário, minha compreensão da obra se dará em condições mais favoráveis, e de fato eu não serei tentado a separar dela as palavras nela contidas para desvendar-lhes o significado[8].

Ruwet mostra como a perspectiva de Schloezer é de uma abstração ideal que esquece a existência de uma forma da expressão perfeitamente configurada culturalmente, a qual associa palavra e música numa relação dialética, na qual o texto não é, de modo algum, dispensável:

> Se realmente o texto ideal a ser musicado é o mais absurdo, o menos significativo, aquele que se reduz a um puro jogo verbal, por que os músicos têm sempre tanto cuidado ao escolher textos e libretos ou até mesmo ao escrevê-los eles próprios? [...] a perspectiva adotada por Boris de Schloezer se choca com um fato inquestionável, que ela tende a tornar incompreensível: a própria existência e a onipresença da música vocal, seu prestígio universal...[9]

Ruwet vai francamente na direção de um partido que leve em conta o estudo das culturas nas quais os fenômenos musicais se desenvolvam, e conclui com a ideia de que o trabalho concreto pode abrir as portas para uma relação nuançada, complexa, dialética:

---

7. Nicolas Ruwet, "Fonction de la parole dans la musique vocale", 1972.
8. Boris de Schloezer *apud, idem*, p. 42.
9. Nicolas Ruwet, "Fonction de la parole dans la musique vocale", 1972, pp. 42-43.

Para resumir, diremos que tentar fundar uma estética, definir uma poesia autêntica ou uma percepção musical autêntica antes de ter abordado as questões: o que é linguagem, o que é música ou cultura é colocar o carro na frente dos bois. A estética pressupõe (e deve se basear em) uma antropologia[10].

Para que ela [a significação da música vocal] receba um conteúdo mais concreto, seria necessário determinar de maneira mais precisa qual é o lugar da música vocal no conjunto dos sistemas simbólicos [...] Isso coloca uma série de problemas que só podemos esperar resolver multiplicando e aprofundando análises do gênero deste presente esboço a respeito do Dichterliebe, e também fazendo apelo à etnomusicologia[11].

Com Mário de Andrade estamos no campo dessa posição. Sua etnomusicologia pressupõe (e isso é claro no que concerne ao ritmo – como se pode constatar de "Terapêutica Musical" até "Músicas Políticas", também de *Mundo Musical*) uma articulação sociopsicológica, suas análises se fazem na confluência dialética da "estesia", da "poiética", do "objeto", levando em conta, fundamentalmente, as relações culturais. Tudo isso é "intuitivo": Mário de Andrade não precisou esperar as formulações de Ruwet ou Molino para desenvolver essa prática analítica, e não dependeu de uma estética para fazê-lo, numa precedência que corresponde à proposta por Ruwet. Se ele conhecia bem a tradição "formalizante", inaugurada por Hanslick, esta certamente só lhe serviu de estímulo para tentar abarcar o fenômeno musical na complexidade da cultura.

Dessa maneira, quando, tentando decifrar o enigma que "Ao Dnieper" lhe propõe, Mário de Andrade enereda pela questão da "forma" em Mussorgsky, demonstra a inter-relação dos diversos planos que essa ideia de forma pressupõe.

Uma primeira constatação na "poiética" do compositor russo: os princípios rítmicoformais da canção se encontram abandonados; de início, a abordagem nos leva a perceber que o naturalismo dessa música instaura a ruptura.

Isso não significa que a forma desapareça; apenas ela não é "estratificável numa equação". Ela repousa numa concepção muito aberta de

10. *Idem*, p. 47.
11. *Idem*, p. 69.

ritmo – ritmo livre, emergindo na plástica da "poiética", ou melhor: "o ritmo livre, cujas formas decorrem da natureza mesma de sua criação momento por momento" (p. 264). Ritmo que parte das "inflexões psicoverbais do texto", mas que pode incluir momentos puramente livres, de pura invenção "formal".

A ideia de "ritmo livre" passa a ser a base do desenvolvimento do texto. Ritmo, diz Mário de Andrade, não é um princípio de repetição, é "toda e qualquer 'organização' do movimento no tempo e no espaço" (p. 264). É essa dinâmica de uma "construção itinerante" que nega a estrutura formulável, explícita, e envia Mussorgsky para além do naturalismo. Mas que se impõe de um modo "psicofisiológico". Naturalmente, esse modo é muito mais complexo do que a violência hipnótica dos ritmos populares sobre as consciências, como demonstrava "Terapêutica Musical", texto de 1936: "Mas os negros, as magras negras velhas lá ficavam com suas danças macias, lá ficariam horas, lá ficariam a noite inteira, cada vez menos leitores, cada vez mais corpóreos"[12].

Por complexo que seja, o ritmo domina corporeamente o ouvinte Mário de Andrade, que passa a uma constatação "estésica":

> Escuto o cântico "Ao Dnieper" e não lhe compreendo as palavras nem posso reduzir essas frases a uma arquitetura musical compreensível ao meu espírito. No entanto eu estou certo que compreendo tudo, ou diria melhor: compreendo o mais! Esse cântico me domina, me inutiliza em mim e não apenas eu me identifico com ele, como me surpreende uma comoção tão intensamente dinâmica, que logo à primeira frase eu sinto o meu gesto querendo se abrir no ar. E toda uma sugestão coreiforme, difícil de prender, vive em mim durante a obra toda. E esse é o segredo talvez de muitas das mais sublimes canções de Mussorgsqui (p. 266).

Assim, a "estesia" passa a ser constatada a partir do efeito produzido no analista, que se entrega a uma estrutura incompreensível racionalmente (regida apenas pelas leis secretas de uma "poiética"), mas cujo efeito percebe, e que é de uma natureza próxima ao das danças populares encantatórias.

Próxima, mas não idêntica. Deve-se concluir que o ritmo "livre" de Mussorgsky se impõe ao ouvinte, mas seu caráter de livre e misteriosa

---

12. Mário de Andrade, "Terapêutica Musical", 1972, p. 19.

elaboração induz a um estado "coreico", que engendra uma autêntica dramaticidade, porque "o teatro, é a transposição dos dramas vitais pelo gesto do corpo todo organizado em arte, que ele tende a criar" (p. 266).

Há de se lembrar a constante "coreica" da poesia – e do ser – em Mário de Andrade, tal como assinalou Roger Bastide:

> Esta poesia não é uma simples emanação da alma, tende a se objetivar em gestos, em movimentos exteriores, em geometria colorida, tende para o ballet. [...] Na vida sentimental de Mário de Andrade, tanto seus momentos dionisíacos como seus momentos tenebrosos se tornam samba, coco, inventam novos passos, e sua obra nos toma pelos músculos, pelas vísceras[13].

O próprio Mário de Andrade invoca Bastide numa carta a Carlos Lacerda, de 5 de abril de 1944, ao explicar uma passagem de "Carro da Miséria":

> Porque "zabumba"? A explicação é facílima em mim: é a constância coreográfico-dionisíaca que atravessa toda a minha poesia, e pra qual o Roger Bastide já chamou a atenção. Em quase todos os grandes momentos extasiantes, na dor ou na alegria, eu "me dissolvo em dança"[14].

E assim somos conduzidos a uma percepção do caráter dramático presente no espírito criador de Mussorgsky: "Ao Dnieper" alcança "pela primeira vez esse êxtase coreiforme da palavra, texto e dança, como transposição suprema do drama da vida" (p. 266).

O apelo à experiência corporal, indizível teoricamente, indica os caminhos insondáveis de uma "poiética", mas põe o dedo sobre o "segredo": a capacidade de uma criação rítmica sem regras formuladas ou formuláveis. A "compreensão" está, portanto, longe de ser intelectual, teórica. Ela existe de outro modo, "metassemioticamente", na experiência corporal, que leva a um silêncio cheio de conhecimento situado para além da teoria, para além da linguagem:

---

13. Roger Bastide *apud* Mário de Andrade, *71 Cartas de Mário de Andrade*, [s.d.], p. 89.
14. Mário de Andrade, *71 Cartas de Mário de Andrade*, *op. cit.* [s.d.], p. 89.

E enfim a espécie coreica da personalidade dele vai culminar nessa que está entre as mais formidáveis criações do canto humano, a suíte dos "Cantos e Danças da Morte". Não há nada que dizer. Como em "Ao Dnieper", a mesma angústia do corpo imóvel nos deixa insuficientes. Careceria dançar cantando esses milagres de arte humana (p. 267).

Além desses aspectos ligados ao procedimento compreensivo de Mário de Andrade diante da melodia de Mussorgsky, é preciso assinalar uma questão menor, mas de interesse. No artigo seguinte, a perseguição de Mussorgsky pela censura constitui-se em um importante momento retórico, que permitirá a Mário de Andrade exaltar o caráter libertário da obra do compositor. Mas o ponto de partida, a proibição de "Ao Dnieper" pelos censores tsaristas, é falso. Isso Mário de Andrade não podia saber, no entanto. Suas fontes são duas: o livro de Oskar von Riesemann sobre Mussorgsky e a edição inacabada do estudo de Calvocoressi sobre o compositor.

Embora o livro de Calvocoressi não exista na biblioteca de Mário de Andrade, este só poderia conhecer a edição incompleta da obra, pois a revista e completada por Gerald Abraham data de 1946. Ora, nesta última, Abraham retoma justamente essa discussão, examinando as afirmações de Riesemann (que datam de 1926) e estabelecendo claramente sua falsidade:

> Chevtchenko (1814-1861) foi um ardente nacionalista ucraniano cujo patriotismo acabou por mandá-lo para um batalhão penal em 1847, e a canção de Yarema é um chamado mobilizador por uma Ucrânia livre, ainda que Oskar von Riesemann esteja errado em dizer que a canção de Mussorgsky "não pôde ser publicada na Rússia durante o regime tsarista, devido a dificuldades com a censura". (Na verdade, passou pelo censor em 11 de maio de 1888, e foi publicada no mesmo ano.)[15]

Fica, portanto, claro que a obra não foi censurada. Mas, publicada em 1888, ela é póstuma, pois a morte de Mussorgsky data de 1881. A informação vem corrigir a edição anterior de Calvocoressi, que, segundo o texto de Mário de Andrade, afirmava a publicação da melodia em 1880.

---

15. Michel Calvocoressi, *Modest Mussorgsky*, 1944, p. 77.

Desse modo, a edição de Calvocoressi de 1946 esclarece o erro de Riesemann no que concerne à censura, e seu próprio, na edição anterior, no que concerne à data de publicação da melodia.

Mário de Andrade, traçando em seu retrato de Mussorgsky esse perfil de mártir libertário, prefere, diante de escolhas naquele momento de idêntico valor, pender por aquela que acentue a opressão tsarista sobre a criação livre: "Calvocoressi afirma que o editor Bessel incluiu a canção no seu catálogo desde 1880, mas Riesemann garante que ela só foi gravada em 1907 e assim mesmo no estrangeiro" (p. 263).

É de se notar que o texto da melodia, desconhecido por Mário de Andrade, corresponde bem à ideia da resistência heroica descrita. Entretanto, a ausência desse componente fundamental para a compreensão da obra, que é a compreensão das palavras, esconde naturalmente aspectos "direcionais" detalhados. E a secreta ironia das coisas faz que o poema de Chevtchenko nos revele que o heroísmo libertário traduzido em música levanta-se contra o inimigo invasor polonês, mas proclama ainda um violento... antissemitismo. Ele enuncia com exaltação:

> E os cossacos entoarão sem medo a livre e selvagem canção da Ucrânia
> "De nossas margens livres, judeus e poloneses fugirão!
> O Dniepre levará seus ossos, seus malditos ossos!
> Do sangue polonês, do sangue judeu que corre, o mar distante se embriagou!" (p. 279).

Levado por seus heroicos impulsos d'alma, Mário de Andrade cai numa esparrela.

J.C. // ANEXO

Poema de Chevtchenko sobre o rio Dniepre (ou Dnieper), colocado em música por Mussorgsky, em duas traduções: a francesa de Calvocoressi[1] e nossa tradução livre

Sur le Dniepr
Hoi! Toi Dniepre! Entends Dniepr!
Dniepr au lit immense.
Hoi! Toi Dniepr aux flots profonds!
Combien de sang Cosaque vers la mer lointaine
Roula dans tes flots houleux!
Pourtant, pourtant tu n'a pas pu l'abreuver l'avide mer!
Attends, tu boiras bien. Attends et sois tout
    prêt, ô majestueux Dniepr!
Attends! Dieu prépare à l'Ukraine un beau festin!
Un festin terrible.
De rouges, rouges torrents de sang couleront.
Bientôt renaitront Cosaques, Hetmans aux
    splendides parures
Et comme autrefois, l'Ukraine revivra!
Au loin, par la steppe, aux remparts de nos
    pères, la hache brillante
Effraiera 1'ennemi.
Alors les Cosaques entonneront sans crainte la libre
    et sauvage chanson de l'Ukraine:
De nos rivages libres, Juifs et Polonais fuiront!
Oui le Dniepr emportera leurs os, leurs os maudits!
Du sang polonais, du sang juif qui coule, la
    mer lointaine s'est grisée!
Halte ô Dniepr! Entends, ô Dniepr!
Le moment n'est pas loin, tu seras rassasié!
Halte ô Dniepr! Halte ô large Dniepr!

1. Marcel Marnat, *Moussorgsky*, 1978.

Sobre o Dniepre
Hoje! Tu, Dniepre! Escuta, Dniepre!
Dniepre do leito imenso.
Hoje! Dniepre das águas profundas!
Quanto sangue cossaco para o mar distante
Correu nas tuas águas revoltas!
No entanto, no entanto, não pudeste saciar o mar.
Espera, tu beberás bem. Espera e esteja pronto,
 ó majestoso Dniepre!
Espera! Deus prepara para a Ucrânia um belo festim.
Um festim terrível.
Vermelhas, vermelhas torrentes de sangue correrão.
Logo renascerão cossacos e *hetmans* [seus generais]
 e seus esplêndidos ornamentos
E como outrora a Ucrânia viverá!
Ao longe pela estepe, nos muros de nossos
 pais, o machado brilhante
Aterrorizará o inimigo.
E os cossacos entoarão sem medo a livre e
 selvagem canção da Ucrânia
De nossas margens livres, judeus e poloneses fugirão!
O Dniepre levará seus ossos, seus malditos ossos!
Do sangue polonês, do sangue judeu que corre, o
 mar distante se embriagou!
Para, ó Dniepre! Escuta, ó Dniepre!
O momento não está longe, tu serás saciado!
Para, ó Dniepre! Ó grande Dniepre!

M.A. **// Mussorgsqui**

// 7.10.1943

Na semana passada eu contei que o cântico libertário que Mussorgsqui erguera "Ao Dnieper" fora proibido pela censura. Não foi essa a única vez em que o grande cantor se viu às voltas com a censura tortuosa dos donos da vida. Da sua canção cômica "O Seminarista", esta então apenas uma brincadeira, primeiro foi a censura religiosa que impediu a gravação. Alguns admiradores de Mussorgsqui arranjaram que a obrinha fosse publicada em Leipzig, mas quando chegou na alfândega, a outra censura, a do governo proibiu que "O Seminarista" fosse posto à venda, pra não desagradar à popice reacionária.

Mas o caso cruel mesmo, foi o do *Boris Godunov*, por certo um dos desgostos que levaram Mussorgsqui à vida paroxística dos últimos tempos. O drama obtém um sucesso enorme desde o primeiro dia, e se tornam numerosas as suas representações durante a temporada. O povo principiava gostando de ir ao teatro e escutar-se a si mesmo naqueles coros formidáveis de força dramática. Desta vez não houve censura franca não. Mas na temporada do ano seguinte ninguém não falou mais em representar o *Boris*. E nunca mais o representaram enquanto Mussorgsqui vivo.

Não houve censura aberta, mas os filhos da Candinha diziam que uma voz muito alta, uma voz altíssima, a voz mais alta de todas as Rússias se amolara de escutar tanto povo em cena, cantando seus tormentos e aspirações. Podiam sair do palco e vir cantar na rua – o que ainda era um bocado perigoso naqueles tempos em que as ditaduras não tinham a técnica de hoje pra desperigar o povo, dessangrá-lo e assim ficar bem fácil da gente levar o país à felicidade. E o *Boris Godunov* desapareceu.

O que foi o desgosto de Mussorgsqui talvez nem doesse tanto, deve ter sido antes um assombro. E o músico como que se amedronta. Toma o partido de fugir. Tudo se dissolvia mesmo no Grupo dos Cinco, e Mussorgsqui abandona São Petersburgo, vai pro interior, vai viver com novos companheiros e principalmente se inundar daquele povo do campo a que ele aderira e que resolvera cantar. As más línguas principiam falando que ele dera pra beber. Era verdade. E os amigos da véspera tomam ares compungidos.

Na verdade a dissolução do Grupo dos Cinco se deu quasi apenas como cenáculo. Não se reuniam mais, e si ainda havia certa unidade de vistas, não havia mais paixão por nenhum ideal. Todos estavam se colocando regularmente bem na vida, e já não tinham mais vontade nenhuma de trocar por qualquer ideal inovador a nova consideração pública de que andavam gozando.

O sintoma negro disso, que deixou Mussorgsqui quasi desesperado foi a "traição" de um dos Cinco, César Cui, na crítica que publicou sobre o *Boris Godunov*. Mais ou menos o caso inqualificável de certos amigos de Graça Aranha que lhe elogiavam a "Viagem Maravilhosa" nas leituras que ele fazia, e vieram depois publicando críticas impiedosas quando o livro saiu. O golpe foi horrível, eu sei. Até comigo Graça Aranha se abriu, embora não devesse depor muita confiança em mim, depois do desentendimento passageiro mas bem áspero que se dera entre nós.

Está claro que Mussorgsqui não esperava nada da crítica passadista dum Laroche e nem mesmo da nulidade dourada dum Tchaicovsqui. Mas Cui era amigo dele, pertencia ao Grupo dele. De mais a mais conhecia de cor o melodrama, como os outros, página por página, muito ouvido nas seratas musicais em que todos se encontravam semanalmente em dois salões de São Petersburgo. E a opinião entusiasmada dos... Quatro repercute nas cartas de Mussorgsqui.

Riesemann transcreve frases dessa crítica do amigo urso. Se é certo que Cui louva a ópera, a maltrata com injustiças críticas da maior malvadez, lhe censurando, por exemplo, os recitativos, a mistura do cômico e do trágico, a confusão dos pensamentos musicais, a incapacidade para os desenvolvimentos técnicos. Tudo isso é assombroso, mas o que deixa a gente absurdizado é quem conhecia a apaixonada e longa elaboração do melodrama a que Mussorgsqui se dedicara exclusivamente por cinco anos, quem sabia que o *Boris* fora escrito quasi inteiro em duas versões diferentes, quem sabia quanto Mussorgsqui escutava os outros e refazia as suas obras pelas sugestões dos amigos, negar amadurecimento ao *Boris*, autocrítica severa ao seu autor e falar em criação apressada, pronta a se satisfazer consigo mesma! "Traidores sem coração" escrevera Mussorgsqui. E foi se esconder no mato. Mas parece que o mato não bastou. O desgosto era sutil e intelectual por demais pra que a companhia da gente do povo lhe pudesse dar algum alívio mais completo. E Mussorgsqui principia se escondendo na bebida também.

O mais provável é que a desilusão com esses amigos tenha sido apenas a tal de gotinha que faz a taça transbordar. Na verdade a vida de Mussorgsqui desde moço que vinha sendo insuficiente, ele não amou. Parece que a verdade é que amou sim, e amou demais, e tanto que lhe morrendo em moço a bem-amada, Mussorgsqui nunca mais amou. No entanto soube cultivar as amizades femininas. É amargo, mas as suas canções de amor são raríssimas e estão longe de ter na obra dele a importância das peças infantis, das ucranianas, das evocações da morte e do isolamento do "Sem Sol".

No entanto ele não fora feito para tamanha misantropia. Em rapaz, o cadete alegre e de maneiras delicadas era o quindim das damas. Toda a vida as crianças o adoraram e ele se esquecia no meio dos filhos dos amigos. É sabido mesmo que os textos deliciosos do "Quarto das Crianças" foram colhidos por Mussorgsqui diretamente do linguajar infantil. Quanto aos amigos, depunha uma confiança quasi irrefletida neles, seguindo qualquer sugestão, obedecendo a qualquer conselho. Stasov então, o "generalíssimo" como dizia Mussorgsqui um bocado servilmente pra meu gosto, é sabido que lhe sugeria até assuntos para canções. Os esplêndidos "Cantos e Danças da Morte" são temas sugeridos por Stasov, e cujos versos Mussorgsqui pediu a um amigo novo, o jovem poeta conde Cutúsov. Com o qual acabou rompendo também. Outro amigo desses tempos de misantropia frenética foi aquele pintor Ilia Repin, que lhe fez o inacreditável retrato da Galeria Tetriacov. Debaixo dos olhinhos líquidos do ébrio, vem aquele nariz inchado e rubro, pintado no álcool baixo dos botecos.

Tudo isso também coadjuva a compreensão apaixonada que eu tenho de Mussorgsqui. Aristocrata de origem, Mussorgsqui permaneceu sempre aristocrata de espírito e de ação, independente até das teorias que imaginava praticar. Os seus caracteres morais, ou melhor, os caracteres morais que lhe faltam são os que mais frequentemente faltam a uma alma aristocrática. Mussorgsqui é bom e indefeso, e da mesma forma que ignora como se guarda dinheiro e descuida da herança, confiante em excesso, também se entrega ao vício que o mata e tem um desprezo enorme pela vida. E pela reputação.

Ainda vem da sua natureza aristocrática a incapacidade para o artesanato da sua arte. Jamais conseguiu se dedicar a um aprendizado honesto e aos quarenta e dois anos morre com o "Tratado" de Berlioz na cabeceira. Era tarde... As leis aprendidas o deixam na maior irritação, tem ódio das fugas de Rimsqui e dos terceiros atos obrigatórios de um César Cui. E é deliciosa aquela vez que, em moço e apesar do entusiasmo, vira de supetão muitas páginas de uma sinfonia de Schumann, porque "ali principiavam as matemáticas". Jamais ele pôde se sujeitar a qualquer disciplina. Do tempo dele, entendia-se. Vuillermoz foi quem disse melhor quando afirmou que Mussorgsqui "tinha o senso da incorreção genial". É extraordinário: das "incorreções" de Beethoven, dos "erros" de um Debussy é que se fazem as leis novas que irão dirigir por algum tempo. Mas as incorreções de Mussorgsqui são insolúveis e permanecerão sempre altivamente incorreções. Geniais.

E nisto vai o íntimo sentido revolucionário da personalidade de Mussorgsqui e de obras tão complexas de significado como o *Boris Godunov*. Temos que verificar: embora convivendo com o povo russo, Mussorgsqui está longe de ser um homem do povo, de se identificar com o povo, e nem sequer se poderá afirmar que tenha amado o povo. Se é certo que as suas teorias realistas o levavam a não escolher apenas o que o povo apresentava de nobre e de infeliz, não há dúvida que por vezes se percebe em Mussorgsqui uma complacência excessiva com o lado grotesco das pessoas do povo. "Sávichna" não será apenas doloroso: tem todo o sentido duma impiedade.

Mussorgsqui vive mas não se conforma de viver. Ele se vê obrigado a aceitar a vida mas não a compreende: a vida fere o seu instinto aristocrático, a delicadeza do seu coração, a sensibilidade da sua inteligência. E por isso ele se aplica a traduzi-la no "realismo" persuasivo da música, mas se revolta sempre, e com muita frequência lhe acentua os lados grotescos e ruins.

Há uma força vital, imensa e sofredora, que ele observa desde a infância, é o povo. E na sua revolta contra as mentiras sociais que o cercam, como nos conta o irmão dele, Mussorgsqui chega a aceitar o mujique como "um ser humano legítimo". Ele percebe a fonte eterna de aperfeiçoamento e de grandeza humana que se preserva no povo e põe a sua esperança no povo. No caso: no povo russo. E se resolve a aceitar o povo.

Mas tudo o que vê, tudo o que vive no povo também lhe maltrata os instintos aristocráticos. E os ridículos, os grotescos dos homens populares são pintados por ele, da mesma forma que a grandeza e o sofrimento. Mussorgsqui aceita mas não se identifica e muito menos se conforma. Então ele inscreve na testada do seu *Boris Godunov* em que um tirano infame e assassino vai ser substituído por outro tirano igualmente infame: "drama lírico popular". Popular! É que enquanto os tiranos brigam pela volúpia de mandar, o povo está sofrendo pavorosamente as fomes, as pestes, as guerras, a escravidão. Porém Mussorgsqui reconhece que o próprio mujique bestial é um ser humano legítimo. Mussorgsqui não sofre as desgraças do povo, mas se decide a aderir a ele. O gesto dele não deriva de amores instintivos, de nenhuma voz de classe. Tem toda a grandeza individual duma escolha e duma adesão.

Mussorgsqui é um aristocrata que adere às forças populares do futuro, e o seu significado ultrapassa os domínios estéticos e mesmo sociais dos problemas de nacionalização artística. Ele não foi apenas o gênio que veio duma vez dar uma totalidade nacional à música russa. Esse sacrificado à imbecilidade dos seus contemporâneos e ao pudor acadêmico dos seus próprios amigos, nos aparece hoje como um primeiro clarão da Rússia dos nossos dias. Porque na verdade, e conscientemente, ele adere à Rússia e ao seu destino. Esse é o sentido "revolucionário" do *Boris Godunov* e de *Kovantchina*.

J.C. // COMENTÁRIO

Referindo-se aos três ensaios de *Mundo Musical* sobre Mussorgsky, Oneyda Alvarenga, no seu texto "Sonora Política", diz o seguinte:

> Há o caso claríssimo, por exemplo, dos três artigos sobre Mussorgsqui: "Ao Dnieper", "Mussorgsqui", "Boris Godunov". O primeiro é um estudo essencialmente técnico onde vem analisada, com maestria, a lírica de Mussorgsqui. Os dois outros tratam do sentido revolucionário da obra do grande compositor russo. A escolha desse músico é, evidentemente, uma resultante não só da sua admiração pelo artista, mas da conjugação desse a outros dois fatores: a valorização da experiência social da Rússia, que ele considerava a mais humana das experiências que o mundo já viu, e a concordância com o seu caso pessoal, a simpatia por um irmão nas contradições e no sofrimento. Excluindo-se o que situa o compositor no quadro atual da Rússia, o que ele escreveu então sobre Mussorgsqui é o mesmo que dissera de si próprio, pelas palavras do compositor Janjão: o artista, aristocrata de origem e de espírito, não consegue se identificar com o povo nem amá-lo realmente, mas o aceita pela percepção de que ele é "a fonte eterna de aperfeiçoamento e de grandeza humana" e por isso põe a esperança no povo[1].

As observações feitas por Oneyda Alvarenga sobre os motivos de interesse que Mário de Andrade teria por Mussorgsky são, *grosso modo*, verdadeiras, mas teriam de ser nuançadas. Mussorgsky anuncia a Rússia contemporânea, como conclui o rodapé ("nos aparece hoje como um primeiro clarão da Rússia dos nossos dias", p. 285); ele é porém um artista cujas soluções "formais", antes, "poiéticas", fascinam *per se*. Por outro lado, é muito claro que existem cruzamentos entre o compositor e os problemas que preocupam Mário de Andrade nesse momento. Vale a pena esmiuçá-los aqui.

O texto dá conta fundamentalmente da trajetória biográfica do compositor, inspirada de perto na obra já citada de Calvocoressi[2]: as dificuldades com a censura, explícita ou não, a "traição" de César Cui (aqui, a identidade pessoal com o texto é bem sugerida pela evocação de um

1. Oneyda Alvarenga, "Sonora Política", 1974, p. 82.
2. Michel Calvocoressi, *Modest Mussorgsky*, 1944.

episódio acontecido com Graça Aranha e testemunhado por Mário de Andrade), a misantropia do músico.

Mas vai além. Primeiro porque afirma, logo no início, que, com *Boris Godunov*, "O povo principiava gostando de ir ao teatro e escutar-se a si mesmo naqueles coros formidáveis de força dramática" (p. 281). Pouco importa a duvidosa verdade histórica desse "povo" frequentando a ópera. O que conta é o fato de nos encontrarmos diante do germe de um projeto do próprio Mário de Andrade: a composição de *Café*, sobre a qual ele se estenderá em *Mundo Musical*. A posterior reflexão sobre *Boris Godunov* nos leva ao rodapé "Psicologia da Criação", que se encontra na gênese de *Café*.

Depois, porque surge, com Mussorgsky, a configuração do "artista aristocrata". Mário de Andrade-Janjão-Mussorgsky, como disse Oneyda Alvarenga. "O Movimento Modernista" mostrara o caráter inconsciente e divertidamente aristocrático de um momento na trajetória do autor de *Pauliceia Desvairada*. Agora, é a condenação a uma "aristocracia" inevitável, dolorosa porque sabida. As firmes tomadas de posição diante das responsabilidades políticas contemporâneas, reveladas por vários textos de *Mundo Musical*, trazem consigo, escondidas, as incertezas e angústias do criador "livre". É Janjão, fora de todas as ordens.

Note-se que não se trata de "artista burguês". Oneyda Alvarenga, no seu estudo, termina por não fazer diferença entre "aristocrata" e "burguês" – o que não é o caso de Mário de Andrade, nem ao observar Mussorgsky, nem ao se referir a si próprio. Ele não se percebe assim. Pois, senão, teria eliminado a *manifestação* de sua subjetividade condenavelmente "burguesa", como faria qualquer artista ou esteta militante, porta-voz de partido. Ou, pelo menos, teria a visto como doença torturante e condenável, que deve ser sanada. Se Janjão confessa: "Eu sou de formação burguesa cem por cento, você esquece?"[3], ele pertence, como artista, a uma aristocracia do espírito, na qual essa distância em relação ao público burguês se completa com a atitude *outlaw*, que é também aristocrata, porque desdenhosa das leis comuns.

Pude desenvolver, juntamente com Luiz Carlos Dantas, uma análise mais detalhada dessa compreensão do artista moderno – suprema subjetividade dolorosa, crítica e sem lugar no mundo – na introdução a *O Banquete*, assinalando o quanto ela deriva da semente plantada pelo

---

3.   Mário de Andrade, *O Banquete*, 1977, p. 66.

século XIX, em particular pelo romantismo. É importante notar que Mário de Andrade não renuncia a essas posições, e que, em última instância, existe ainda, em 1943, o recuo instaurado pela "Ode ao Burguês" entre a sociedade e o espírito mais sensível, "artístico". Mário de Andrade não se identifica com o burguês, e não abdica da ideia aristocrática do artista. E não evita as contradições, expondo-as com clareza.

Assim, não se trata de modo algum de um "mea-culpa" do burguês "engajado" incapaz de abolir seus vícios ideológicos congenitais. Significa antes uma constatação de dilaceramento, difícil, contraditória, que não se resolve; a não ser pelo martírio do criador. O que se acorda com a vocação sacrifical de Mário de Andrade. Através da aristocracia e do martírio, Mário de Andrade se irmana com Mussorgsky.

Mussorgsky tem o espírito aristocrata, que recusa o burguês e que só pode aderir ao povo por um ato voluntário. Lembremos, entretanto, a passagem da carta escrita a Paulo Prado, e que já foi citada no comentário de "O Maior Músico":

> Há sobretudo uma voz no sangue, meu pai que foi operário, e depois de subido, continuando numa cotidianização operária de ser, sempre fazendo atos que eram como pedra, objetivamente falando. O que existe de aristocrático em mim, principalmente este safado gozo de viver e a atração de todos os vícios, sei que não me dá paz – e essa parte é obrigada a ceder diante da voz de meu pai[4].

Em realidade, a imagem de Mussorgsky pode ser vista no texto de Mário de Andrade como o seu ser artista aristocrata. Identificação, certamente, mas apenas de uma parte de si. Mussorgsky, aristocracia de espírito e de ação, independente das próprias teorias – ou, se se quiser, das próprias intenções.

É claro que a aristocrática incapacidade para o artesanato, apontada em Mussorgsky, corresponde também à atitude desprendida de responsabilidade material que Mário de Andrade detecta nas experiências modernistas e que agora, com "O Movimento Modernista" e "O Artista e o Artesão", critica.

Mais complexa é a relação entre Mussorgsky e o "povo", de quem é cantor. Significativamente, se Mário de Andrade anuncia as origens

---

4.   Paulo Duarte, *Mário de Andrade por Ele Mesmo*, 1977, p. 126.

aristocráticas de Mussorgsky, não menciona que o avô do compositor se casara com uma de suas servas, e que o músico reivindicava essa mestiçagem social em sua origem – episódios que estão presentes em todas as suas biografias:

> O avô de Modest, Alexey Mussorgsky (1758-1827), casou-se com uma de suas criadas, Irina Egorovna. À luz do grande amor do compositor por seu povo, bem como do entendimento que tinha do povo, alguns biógrafos conferem importância ao fato de haver uma proporção de sangue camponês correndo em suas veias. Há uma referência ao fato em uma carta de Mussorgsky a Golenishchev-Kutuzov: "O que se poderia esperar do neto de um senhor de terras aristocrata e sua criada?" – obviamente uma alusão a uma piada leve que os dois partilhavam[5].

Essa informação – que o próprio compositor reivindica para afirmar seus vínculos populares – Mário deixa de lado. Porque ele precisa de um Mussorgsky puramente aristocrático, para a firmeza e a clareza do raciocínio que quer desenvolver sobre as relações entre o criador e o "povo". Elas incidem sobre as exigências atuais que Mário de Andrade descobre e assume. Aqui, ele retrata em Mussorgsky a situação ambígua e dilacerada (tão próxima do compositor Janjão):

> Ele percebe a fonte eterna de aperfeiçoamento e de grandeza humana que se preserva no povo e põe a sua esperança no povo. No caso: no povo russo. E se resolve a aceitar o povo.
> Mas tudo o que vê, tudo o que vive no povo também lhe maltrata os instintos aristocráticos (pp. 284-285).

Se os aspectos artesanais não se configuram como um problema para Mussorgsky, a adesão ao povo o transforma. Ou, se a preocupação com a forma – que, aliás, como vimos em "Ao Dnieper", o leva a uma singular liberdade – o deixa "aquém" do Mário de Andrade de 1943 (embora ele seja "salvo" por sua suprema genialidade), poderíamos dizer que sua adesão ao "povo", tal como nos mostra o texto, o leva "além": "Mussorgsqui não sofre as desgraças do povo, mas se decide a aderir a ele. O gesto dele não deriva de amores instintivos, de

---

5. Michel Calvocoressi, *Modest Mussorgsky*, 1944, p. 1.

nenhuma voz de classe. Tem toda a grandeza individual duma escolha e duma adesão" (p. 285).

Assim, "ele adere à Rússia e ao seu destino" não porque "goste" do povo – e Mário de Andrade procede a análises convincentes de suas obras, mostrando o lado impiedoso, caricatural, grotesco que, nelas, o povo pode tomar –, mas porque o assume como força vital dentro da história.

Neste ponto, surge, clara, a importância para Mário de Andrade do estudo feito por Igor Glebov[6], citado em "Boris Godunov" (p. 298). Glebov insere, de modo politicamente muito ortodoxo, Mussorgsky na história, como precursor da "ordem nova", instaurada na União Soviética do século xx, e insistindo no fato de que é o povo o verdadeiro herói de *Boris Godunov*. Essa perspectiva não será indiferente à concepção de *Café* de Mário de Andrade – ali, os personagens individualizados, "subjetivos", são eliminados em nome da grande epopeia coletiva. Essas questões vão se precisar nos artigos sucessivos.

O que importa por ora é a versão proposta por Glebov de um Mussorgsky preocupado com o "problema social", numa reforma da ópera que traz uma ação dramática baseada na luta de classes:

O personagem principal do drama popular de Mussorgsky, de acordo com as concepções e ideias do autor, é o próprio povo[7].

Deste modo, entre 1868-1874, uma reforma na ópera foi traçada por um músico russo e permaneceu despercebida na Europa. Graças a essa reforma, não apenas os procedimentos habituais da ópera, tal como os vemos em Wagner, são suprimidos, mas a ideia da ação dramática, sempre concebida como um "meio" para as aventuras do herói ou como a expressão do instinto sensual e do combate às paixões, é completamente modificada. Mussorgsky ultrapassou Wagner: ele coloca claramente o problema social na base de sua obra e dá à ópera o nome de drama musical popular, no sentido de que não é o assunto o princípio primeiro da ação, mas a dinâmica e a dialética da história, a luta dos elementos sociais no organismo político. Duas energias opostas combatem: a ordem moribunda que oprime e o elemento da destruição que é são e espontâneo e que não teve tempo de

---

6. Igor Glebov [pseudônimo de Boris Assafiev, ou Asafiev], "Moussorgski, musicien dramaturge", 1928.
7. *Idem*, p. 219.

encontrar as formas da nova ordem. A luta de forças sociais, eis o princípio da ação dramática de Mussorgsky. O amor e a morte, a alegria e a infelicidade, o nascimento e a perda dos indivíduos servem apenas como episódios secundários[8].

Não é preciso insistir sobre a inspiração direta dessa passagem no final de "Mussorgsqui". Mário de Andrade vê aqui configurado um belo modelo de situação definitiva e clara e procura sinceramente para si uma igual. Mas a procura significa a consciência do não ter. E essa consciência ele não esconde. O Tietê, que se confunde com o destino do poeta de "Lira Paulistana", o que é?

> E o pai Tietê se via num suspiro educado e sereno.
> Porque é demagogia e tudo é demagogia[9].

> Eu tenho medo... Meu coração está pequeno, é tanta
> Essa demagogia, é tamanha,
> Que eu tenho medo de abraçar os inimigos,
> Em busca apenas dum sabor,
> Em busca dum olhar,
> Um sabor, um olhar, uma certeza...[10]

Demagogia é uma palavra obsessiva em "A Meditação sobre o Tietê". Ela ressurge, com valor francamente positivo, no prefácio de Mário de Andrade para o livro de Victor Seroff. É quando a análise se refere a certos finais compostos por Shostakovich, exaltantes e triunfalistas, apoiados em melodias amplamente desenhadas. Eis as passagens:

> O que hesita muito nesses finais, não é propriamente a imaginação criadora, mas a solução demagógica adotada frequentemente pelo artista, de refrescar ou excitar a consciência comunista do ouvinte soviético, com a intromissão súbita, durante o final, duma melodia cancioneira, fortemente dinâmica e eufórica, de imediato caráter populáresco.
> [...]

---

8. *Idem*, pp. 242-243.
9. Mário de Andrade, *Poesias Completas*, [s.d.], p. 362.
10. *Idem*, p. 364.

Ora, o princípio de euforia, de triunfalidade, de apoteose, nos finais de obras longas, é elemento psicológico, terapêutico até, universalmente reconhecido e estatuído, que a gente rastreia com facilidade mesmo dentro do mais cetíneo Debussy. A solução formal de Chostacovich, de acentuar populistamente os finais, é didática. É uma demagogia. Mas os dicionários ainda não aceitaram, todos, que "demagogia" seja apenas a repulsiva mácula pejorativa crítica burguesa de arte. Esta aliás é umas das muitas máscaras de superstição com que a arte e a crítica conformistas do capitalismo se fingem magoadas e superiores, diante de qualquer manifestação mais ardentemente social ou simplesmente humana. Está claro que a problemática de Chostacovich havia de aceitar conscientemente elementos ditos "demagógicos" pela efeminada epiderme burguesa. O que carece verificar é que desses elementos demagógicos utilizados por ele, uns são legítimos, muito bem inventados, outros são menos legítimos e menos felizes, e outros aborrecíveis e repudiáveis[11].

O prefácio à obra de Seroff é certamente o texto mais ortodoxamente empenhado de Mário de Andrade, do ponto de vista das perspectivas comunistas de então. Ele sinceramente tenta compreender e assumir aquelas posturas estéticas e ideológicas – e julga, como se percebe pela passagem, dentro desses parâmetros, sem uma interrogação sobre o seu valor. A demagogia não é ruim "em si". Ela não é forçosamente "enganadora" dos povos; ela é a "condutora". Se ideologicamente respeitável e artisticamente elevada, não deve ser repudiada, sob pretexto de uma liberdade artística, que Mário de Andrade assinala aqui como "burguesa". E, claramente, Mário de Andrade toma a postura demagógica. Ela se confirma, em outro momento, momento de poesia "engajada" do "Carro da Miséria", por meio da análise que o próprio autor propõe numa carta ao dedicatário Carlos Lacerda:

Bem, eu creio que mereço um esclarecimento. Se eu digo que tanto a motivação das duas revoluções, como a conclusão final socialistizante do poema, são mentiras, e mesmo que se reconheça que ambas são mentiras honestas, há que distinguir entre uma e outra. É que a conclusão não é apenas uma mentira "honesta" – até, psicologicamente, ela é muito menos honesta que a motivação falsa – mas é uma mentira-verdade. É uma

---

11. Mário de Andrade, "Chostacovich", 1945, pp. 19-20 (ver também Apêndice, nesta obra).

antecipação apenas. Eu mentia enquanto garantido em mim de que aquilo era uma verdade futura, uma convicção a que fatalmente, tanto pela inteligência raciocinante como pelo senso moral, eu havia fatalmente de chegar. E de fato cheguei. A esta consciência muito "sentida", muito "vivida" de atualmente, de que não só um socialismo, meu Deus! comunístico tem de ser a mais próxima forma social do homem, mas que eu devo, modestamente devo, sem nenhuma vanglória e sem nenhuma "esperança" de beneficiamento pessoal, combater por. Mesmo errando, mesmo dando paus por pedras, mesmo cinquentão e desajeitado, mesmo com minhas paupérrimas possibilidades, combater por. Friamente e cá pra nós apenas. Sem esse ar de estar pleiteando posições futuras, que é o mais desgraçado ranço que se apega a gente de meu jeito e idade, quando pega a "simpatizante". Eu sei que vocês não concordam porque eles enfim são úteis, mas sempre tive um horror físico aos simpatizantes. Acho que, no fundo, ser simpatizante, é um jeito mui sensato de se salvaguardar no gostoso. Mas isso deve ser porque nunca fui sujeito de meias medidas[12].

Ou, ainda, na carta a Moacir Werneck de Castro, de 11 de março de 1944:

Hoje, falar um pouco mais alto sobre pátria, bandeira, barrete frígio, etc. virou "demagogia". Hoje atacar em nome de um ideal que é o que nos dá a visão da vida e porque nos sacrificamos, virou 'sectarismo'. E assim vão os bem pensantes, os "universitários" (outra palavra que jamais significou os filhos da puta que hoje se escondem nela, e significou sempre luta), os conformistas criando tabus, e a gente ficando vítima deles, e porque não quer fazer demagogia enfraquece o calor das paixões, e porque não quer ser sectário bambeia a flecha que vai matar e cai no chão. Vocês moços, que se fixaram numa ideologia, eu acho que devem fazer crítica sectária e noto serem vítimas do sentido-tabu que 'eles' deram à palavra. Sem mesquinhez mas sectária. De resto é sectária e é feliz que seja assim[13].

Chopin e Debussy, já vimos, se opunham, um na univocidade "demagógica" dos sentimentos românticos, outro nas estruturas analíticas de uma sutilíssima invenção. No entanto, na análise sobre Shostakovich,

12. Mário de Andrade, *71 Cartas de Mário de Andrade*, [s.d.], pp.83-93.
13. Fundo Mário de Andrade, material guardado no Instituto de Estudos Brasileiros da Universidade de São Paulo (IEB-USP).

o "setíneo Debussy" é também arrastado na correnteza da demagogia. O crítico sabe, no entanto, o quanto demagogia significa fachada. E o poeta pinga a lágrima nas águas do rio.

Boa e má demagogia, legítima, ilegítima, tudo é demagogia, diz "A Meditação sobre o Tietê". O poeta, contemporâneo do crítico, trai a situação de desconforto. Na versão oficial da musicologia soviética, Mussorgsky soubera perfeitamente aderir à história, por meio dessa escolha voluntária de colocar em cena "as massas", numa atitude que indica, ao mesmo tempo, o bom caminho histórico, intelectual e artístico. Mário de Andrade procura esse caminho, tentando vencer o aristocrata de si com a boa demagogia. Mussorgsky teria palmilhado sem o buscar.

Há algo ainda a notar: a passagem final do texto, em que o papel nacionalizante da arte de Mussorgsky – "o gênio que veio duma vez dar uma totalidade nacional à música russa" (p. 285) – é associado à sua "adesão às forças populares do futuro". Ela indica a associação entre o "nacional" e o "popular", desenvolvida no artigo "Distanciamentos e Aproximações", que retomaremos adiante.

M.A. // # Boris Godunov

// 21.10.1943

Todos sabem suficientemente a complexidade de circunstâncias que acabaram fixando a existência de dois *Boris* bem diversos: o *Boris Godunov* não conformista e cheio de "erros" composto por Mussorgsqui e o *Boris Godunov* conformista e limpo de erros, reeducado por Rimsqui-Córsacov. É inútil comentar esse caso que é uma das anedotas mais pantafaçudas da história da arte. Não vale mais nem insultar Rimsqui como foi espontâneo um tempo, nem condescendentemente explicá-lo como depois foi moda. Si Rimsqui-Córsacov parece ter tido a intuição da diferença irredutível que havia entre o seu próprio valor já excepcional e o gênio de Mussorgsqui, naquela frase em que ele confessa adorar e odiar ao mesmo tempo *Boris Godunov*, a verdade é que foi suficientemente idiota para "consertar" o melodrama do amigo, mas não o foi bastante para destruir os originais. E com isso o *Boris* de Mussorgsqui, o que Mussorgsqui docilmente aceitou para a primeira representação e deixou como versão definitiva, se salvou.

Definitiva talvez, não porém a versão mais verdadeira. Isso também é coisa bastante sabida. O *Boris Godunov* já tivera uma primeira versão completa, muito diversa da definitiva, e que fora recusada para representação. Como diferença radical basta lembrar que a versão definitiva incluía todo um ato novo, o ato feminino, exigido pelos censores teatrais para que a prima-dona existisse. Uma ópera sem prima-dona, isso nem Wagner com todo o seu hitlerismo fora capaz de imaginar! Mussorgsqui imaginou. O *Boris Godunov* verdadeiro não tem prima-dona nem fala de amor. Por outra: fala sim. Mas fala apenas para nos contar que Xenia, a filha moça do tsar, será uma eterna viúva, inconsolada, porque o noivo lhe morreu. É tristonho verificar esta alusão de Mussorgsqui ao seu próprio e único caso de amor. Ele também foi pela vida o viúvo eterno sem consolo porque a priminha morreu. Pois o obrigaram a uma prima-dona e a um dueto de amor, e o ato polonês aconteceu. Mas apesar das suas possíveis belezas há de ser sempre um intrometido, sem eira nem beira, causador de mal-estar. O *Boris* verdadeiro não tem mulher bonita nem amor.

Mas qual enfim o assunto do *Boris Godunov*? A pergunta não é ociosa tanto mais que a mim me parece que o assunto verdadeiro só se impôs à consciência de Mussorgsqui, depois de escolhido para libreto (e, está claro: como assunto) o drama de Puchquim contando a história do tirano Boris. Esclarece um dos biógrafos, um ou mais de um, não me recordo, que durante a feitura do melodrama (ou depois) é que Mussorgsqui acrescentou ao título o subtítulo "drama lírico popular". É sabido que Mussorgsqui teve algum tempo ao menos a intenção de realizar pelo teatro musical a história da Rússia. Daí a escolha do poema dramático de Puchquim e em seguida a concepção bastante tumultuária da *Covantchina*. Essa foi, de resto, uma primeira e incisiva forma com que o gênio de Mussorgsqui se distinguiu bem dos outros seus amigos do Grupo dos Cinco... Ele sempre conservou a sua música puramente russo-eslava, e não deve ser esta uma das razões menores da integridade humana que vibra nas obras dele. Com exceção das duas peças do caderno de viagem à Crimeia, ao passo que os seus companheiros de grupo debandavam assanhados em busca das blandiciosas monodias orientais. Mussorgsqui se inundava dos cantos populares da Rússia europeia.

Esse caráter exclusivamente russo-europeu distingue muito Mussorgsqui dentro do Grupo dos Cinco. Nos outros há frequentemente uma procura de acomodação de linhas de espírito e organismo oriental dentro do formulário da música erudita europeia, e a obra deles respira não raro diletantismo e gratuidade. Sobretudo nesse extraordinário lapidador tão delapidador que foi Rimsqui-Córsacov. Se percebe a presença desfavorável do pitoresco, sensação que jamais nasce mesmo da página mais leviana de Mussorgsqui. Nem mesmo nos seus pastichos e caricaturas musicais.

Mussorgsqui é um russo sem orientalismo, um russo europeu. Como os seus companheiros de grupo, ele também vai buscar as fontes populares para regenerar a sua música, mas o canto que escolhe é o que vem escutando desde a infância nos campos próximos e nas ruas e tavernas de São Petersburgo. Esse era um canto bem mais amoldável à lição harmônico-tonal da música artística europeia, que aliás ele trataria com tão varonil desprezo, no seu horror aos formulários acadêmicos. E desse canto do povo ele se impregna até uma absoluta e incomparável integração.

Nisso Mussorgsqui não tem preconceito nem teoria. Todos os processos de popularização da música erudita ele emprega, e as suas canções são exemplos disso. Usa o tema tradicional folclórico ("Hopac" a parte coreográfica de "Trepac"); outras vezes emprega linhas de tal forma "tradicionais" que os exegetas hesitam em afirmar se inventadas por ele ou folclóricas de verdade. Por vezes é maravilhosamente adequada a explosão duma frase de sensível caráter popular em meio da melopeia mais aristocraticamente livre e pessoal. Como no "Tédio" (n. 4 da suíte "Sem Sol") a linha dita em uníssono pelo canto e pelo piano. Mas é principalmente o espírito da música popular eslava que ele assimila nas suas obras, e estas se tornam essencialmente popularescas.

Pois, quanto ao *Boris Godunov* se a intenção intelectual e estética de Mussorgsqui era celebrar pelo teatro o panorama dramático da história da Rússia, em vez, a sua intuição artística o impulsionava a se dar a finalidade de rapsodo do povo e a definir pela música a alma complexa do povo. Eu que vivo lendo estes romances "populistas" brasileiros em que a larvaridade dos autores pinta como seres populares uns fantasmas falsos que em vez de simples são simplórios, em vez de paralógicos, são estúpidos e boçais, ah! como eu gosto daquela frase de Mussorgsqui numa das cartas a Stasov, em que ele verifica que as próprias "multidões como os indivíduos, apresentam sempre traços sutis, difíceis de observar". E acrescenta: "Descobrir esses traços, aprender a lê-los pela observação e pela hipótese, estudá-los a fundo, nutrir com eles a humanidade como se fossem o alimento fortificador, este é o dever, o prazer supremo". E com efeito o povo cresce e domina o dramazinho pessoal do tirano Boris.

A carta a Stasov é datada de outubro de 1872 e quatro meses antes Mussorgsqui terminara a primeira versão do *Boris* com a cena da revolta dos camponeses no Cromi. Hoje nós podemos confrontar essas duas versões, graças à monumental edição soviética das obras completas de Mussorgsqui. Mas não apenas isso, P. A. Lamm, que dirigiu a edição, pôde perseguir nos manuscritos de Mussorgsqui todos os cortes realmente inconcebíveis a que o Gênio se sujeitou para conseguir a representação teatral. É sabida aliás, a docilidade com que Mussorgsqui acedia às "sugestões" dos seus amigos, mas parece incrível, como nota Igor Glebov no estudo comparativo em que procura descobrir a verdadeira significação artística do *Boris Godunov*, parece incrível que Mussorgsqui tenha aceitado fazer cortes pequenos que não encompridavam nada a execução, mas escamoteavam o sentido verdadeiro da obra.

E este sentido é assombrosamente revolucionário. Custa mesmo a crer que, munido apenas do liberalismo dos jovens russos do seu tempo, "mais de instinto que de cultura", como diz o sarcasmo de Laroche, Mussorgsqui tenha definido com intuição tão genial, as forças revolucionárias do seu povo. Os autores insistem no afirmar que o verdadeiro herói de *Boris Godunov*, não é o tsar mas o povo. Não há dúvida. Porém só agora com o restabelecimento dos cortes, o povo adquire no melodrama o seu sentido de força revolucionária. E agora sabemos porque tem tanta gente do povo aplaudindo, "berrando" na cena da coroação do tsar. Pudera, esse aplauso popular não passa de uma ordem dos boiardos, sob a ameaça de surra policial. Como isso é dos nossos dias! E Boris passa coroado e triunfal. Mas, como reflete o coral popular de um pequeno mas decisório corte: "Se mandam a gente berrar, pois berremos. Por que não berrar"?...

Outro corte de significação decisória é a cena diante da catedral de Basílio, no quarto ato. Agora o povo não aguenta mais, já deixou o lar familiar da casa pelo lar coletivo da praça, está revoltado e só espera o chefe para seguir. Este já vem vindo por detrás da cidade, é Demetrio, que tanto pode ser falso como verdadeiro. Esta é aliás, uma das invenções mais asperamente "críticas" da concepção de Mussorgsqui. O chefe que vem é falso ou verdadeiro? Mussorgsqui nos diz que é falso. Mas faz o povo dizê-lo verdadeiro. A dúvida paira. O grande diácono lançou o anátema sobre o chefe que vem. Mas o povo lhe ri na cara. "É assim. Pois ele pouco está se amolando com o anátema! o povo grita, ele vai nos ajudar! ele arrebentará com os herdeiros de Boris! Ele já está em Cromi!"

E chegou o momento da grande burla de Rimsqui-Córsacov. Muda a ordem das cenas, marcada por Mussorgsqui, e o melodrama acaba com a morte de Boris estraçalhado pelo remorso. Morte moral, que satisfaz as consciências acomodatícias, o mal foi castigado. E a gente vai para casa, até simpatizando com o tirano que morreu tão bonito no palco, e dorme "o sono da inocência descuidada e calma" como dizia Carlos Augusto, meu pai.

Mas no Mussorgsqui verdadeiro, nada disso. A morte de Boris não passa de um episódio que resolve o caso do "segundo personagem da ópera", como já disse não me lembro quem. De modo que essa página genial fica apenas como cena intermediária. E Mussorgsqui termina o seu melodrama com a revolta dos camponeses em Cromi. E o pano cai enquanto ainda nos convulsionam esses formidáveis corais do primeiro personagem sublevado, avançando sobre o Cremlim. Os jovens liberais que assistiam a essas representações de 84, ficavam alucinados, contam. Saíam do teatro e erravam noite a dentro, cantando os corais revolucionários pelas ruas da futura Petrogrado.

Riesemann refere que um dos críticos do tempo considerou o *Boris* como um mau presságio para o futuro artístico da sua pátria. Artística e humana.

J.C. // COMENTÁRIO

Mário de Andrade, apoiado no livro de Calvocoressi[1], no ensaio de Glebov[2], já citados, e num artigo de Calvocoressi, "La Révélation de Boris Godunov"[3], desenvolve, nesse rodapé, uma reflexão sobre as vicissitudes que presidiram as origens de *Boris Godunov*.

Mussorgsky, objeto de interpretação privilegiada proposta pelos soviéticos, tornara-se um herói do materialismo histórico, precursor dos sublimes destinos proclamados pelo regime de então. Era uma distorção evidente: "Longe de ser o populista e materialista progressista que os críticos de música soviéticos o tornaram, Mussorgsky era, ao que tudo indica, um pensador histórico profundamente místico e pessimista"[4], no dizer de Caryl Emerson e Robert William Oldani, cujo livro é essencial não apenas para a compreensão das complicadas vicissitudes pelas quais a ópera passou, mas ainda para um enfoque contemporâneo do compositor.

Essa distorção convinha à sensibilidade e às intenções de Mário de Andrade. Ele serviu-se de uma bibliografia estreita, que ia na mesma direção. Incorpora alguns equívocos, algumas afirmações errôneas, fruto da pressa demonstrativa e das deduções precipitadas, capazes de deformar mesmo alguns fatos documentados. Isso já acontecera no início do rodapé precedente, "Mussorgsqui", quando Mário de Andrade afirma que *Boris Godunov* foi apresentado apenas numa temporada: "Desta vez não houve censura franca não. Mas na temporada do ano seguinte ninguém não falou mais em representar o *Boris*. E nunca mais o representaram enquanto Mussorgsqui vivo" (p. 281).

Emerson e Oldani nos trazem as informações verdadeiras. *Boris* conheceu representações sucessivas em São Petersburgo de 1874 a 1879; por ocasião da morte do compositor, em 16 de março de 1881, a ópera foi retomada, e mantida na temporada seguinte, de 1882. Em Moscou, ela foi depois apresentada em 1888 e 1890.

Com algumas interrupções, a ópera está, portanto, presente em teatros russos durante dezesseis anos. Seu sucesso de público não foi,

1. Michel Calvocoressi, *Modest Mussorgsky*, 1944.
2. Igor Glebov [pseudônimo de Boris Assafiev, ou Asafiev], "Moussorgski, musicien dramaturge", 1928.
3. Michel Calvocoressi, "La révélation de Boris Godunov", 1928.
4. Caryl Emerson e Robert W. Oldani, *Modest Musorgsky & Boris Godunov*, 1994, p. 11.

no entanto, excepcional. Os autores referidos controlaram as vendas de bilheteria, e raras vezes as apresentações eram feitas diante da casa lotada, muito longe do "sucesso enorme" obtido desde o primeiro dia, como afirma Mário de Andrade.

A situação se complica ainda mais pelo modo com que Mário de Andrade apresenta as sucessivas versões.

Lembremos as etapas. Mussorgsky compusera uma primeira versão terminada em 1869, que não continha o ato polonês e se encerrava com a morte de Boris. O Comitê dos Teatros Imperiais a rejeita, e em 1874 uma nova versão surge, com o terceiro ato, polonês, que permitiu a inclusão de uma prima-dona. Além disso, nesse *Boris* remanejado, a posição das cenas do quarto ato é modificada: a primeira, da excomunhão, é eliminada, Boris morre, e só depois a ópera termina, com o povo revoltado, apoiando o falso Dmitri que Mário de Andrade chama de Demétrio. Essa solução teria sido sugerida ao compositor por alguns amigos[5]. A versão, embora recusada pelo Comitê dos Teatros Imperiais, depois da execução de alguns fragmentos significativos em público e de seu grande sucesso, foi representada no Teatro Marinsky em 1874. Até 1928, existia publicada apenas sua redução para canto e piano.

Em 1896, Rimsky-Korsakov retoma a partitura, corta e recompõe passagens inteiras, além de reorquestrá-la. Nesta versão, a cena da morte de Boris é restabelecida no final. Enfim, entre 1906 e 1908, ele revê a versão anterior, eliminando as passagens que compusera, restaurando as de Mussorgsky, mas mantendo sua orquestração e a ordem das cenas precedentes. É esta a partitura mais conhecida, que obteve desde logo um grande sucesso internacional.

Esses deslocamentos e modificações de cenas inteiras a que nos referimos (além de muitas outras alterações de diversa importância) são possíveis sem prejuízo dramático mais evidente porque *Boris* se inscreve na linhagem dos vastos afrescos musicais criados pela grande ópera histórica francesa, cujo primeiríssimo exemplo é *Guilherme Tell*, de Rossini. Não é casual que Mário de Andrade tenha também escrito, como veremos adiante, um longo artigo sobre esta última obra.

O gênero da *grand opéra* não se desenrolava segundo as necessidades rigorosas de uma ação dramática, com uma ordem estrita, exigida por uma trama densa. É o oposto, por exemplo, de um *Rigoletto* ou de

---

5.   Michel Calvocoressi, *Modest Mussorgsky*, 1944, p. 38.

uma *Tosca*, nos quais a sucessão de episódios se encadeia, fazendo que a ação progrida de um modo fulminante. São antes quadros cênicos, com um aparato de cenários e figurantes, com uma presença forte do coro – que insere, na trama, a repercussão dos acontecimentos sobre o "coletivo". Nessas obras, cada cena possui tão forte unidade que com frequência acabam por se constituir num todo coerente, bastante autônomo. César Cui, em um artigo crítico[6], ressalta justamente esse aspecto em *Boris*. Também, como os assuntos são sempre ambiciosos, tais óperas tendem a tomar vastas dimensões, tornando-se bem longas. O caso de *Boris* é, aliás, bastante comparável ao do *Don Carlos* de Verdi, do qual existem igualmente hoje várias versões, com supressão ou inclusão de atos inteiros. Uma análise comparativa mais detalhada mostraria, inclusive, que alguns cortes definitivos de *Don Carlos* foram operados em trechos que possuem a mesma natureza subversivamente social dos excluídos de *Boris*: é assim, por exemplo, com o coro dos famintos do ato de Fontainebleau.

Na questão da censura, denunciada por Mário de Andrade no artigo precedente, há um contraponto que pode ser estabelecido se fizermos apelo a seu texto sobre Shostakovich, prefácio para o livro de Victor Seroff[7]. Em "Mussorgsqui", a abjeta censura tsarista é pintada com suas tesouras cerceadoras. No caso de "Chostacovich", com o fracasso ideológico de *Lady Macbeth de Mtsenzk*, a denúncia do jornal *Pravda* e a necessária punição de Shostakovich são consideradas como justas. Mário de Andrade, invocando a noção do novo *éthos* comunista, isto é, dos registros morais em que as obras se inserem, faz que a ópera de Shostakovich se inclua naquele que induz "a práticas sociais pervertidas e pervertedoras" (p. 560). Em nome do *éthos* próprio à sociedade "ideal" da União Soviética de então, a prática da censura não é condenada. Porque à nossa existência burguesa esse *éthos* escapa por força, individualistas contemplativos que somos. Dos escritos de Mário de Andrade, o prefácio sobre Shostakovich, como já foi assinalado, é o texto que mais se pauta pela adesão aos mandos da estética soviética de então. Desse modo, é compreensível que haja a repulsa pela censura tsarista, em nome de todas as liberdades, mas que, ao contrário, Mário de Andrade demonstre plena aceitação do controle ideológico

---

6. Gustave Kobbé, *Tout l'Opéra*, 1980, p. 491.
7. Mário de Andrade, "Chostacovich", 1945 (ver também Apêndice, nesta obra).

exercido na União Soviética de Stalin sobre Shostakovich. Esse gênero de atitude naturalmente não foi o único de seu tempo.

Em "Boris Godunov", Mário de Andrade busca reencontrar a verdadeira concepção de Mussorgsky. Em primeiro lugar, diz ele, trata-se de uma tragédia que se concentra nas relações entre o poder e o povo, em que não cabem situações amorosas – o que faz do ato polonês um enxerto supérfluo.

Em seguida, é a natureza "nacional-popular" da música que surge assinalada. Mussorgsky não cede às seduções de uma inspiração orientalizante, fácil e pitoresca: ele busca fontes populares, mas as que conhece "autenticamente", ouvidas de infância, empregando-as sem fórmula fixa *a priori*, de um modo genial. E consegue assimilar o espírito das massas, tornando suas composições essencialmente populares.

Também o projeto original de *Boris* está em ser uma ópera na qual o povo toma o lugar do principal personagem. As edições críticas do século xx, estabelecidas por Pavel Lamm, com base nas quais as análises de Glebov e Calvocoressi se desenvolvem, permitem assinalar a presença do povo – diminuída na versão final de Rimsky-Korsakov – e, segundo Mário de Andrade, seu sentido "assombrosamente revolucionário" (p. 298). Os dois exemplos de corte, citados nos parágrafos seguintes do rodapé, são extraídos da análise de Igor Glebov. É esse texto que, de todo modo, dirige a visão que Mário de Andrade tem de *Boris Godunov*.

Em seguida, a questão da ordem das cenas no final da ópera. É muito evidente que o final com a morte de Boris valoriza demais o personagem central, e, ao contrário, a acentuação se faz sobre a revolta popular. Mário de Andrade se refere ao efeito das representações de 1874 (um pequeno lapso, no seu texto, as dá como de 1884) sobre os jovens liberais da época, exaltados com a força dos corais.

O *Boris* revolucionário de Mário de Andrade é, portanto, um misto da primeira e da segunda versão, isto é, eliminando o ato polonês, recuperando as partes corais cortadas, mas também adotando a ordem estabelecida pela segunda versão nas duas cenas derradeiras. Trata-se da visão proposta por Igor Glebov em sua análise: Mussorgsky mostrando o povo em revolta, inserindo-se na história da luta de classes, precursor da Rússia contemporânea. E, como poderemos ainda verificar, *Boris*, assim percebido, está na origem de *Café*, ópera empenhada nos caminhos revolucionários, ópera sem aventura individual, ópera que faz do povo, por meio das massas corais, o personagem principal.

É bem evidente, entretanto, que esta é apenas uma leitura da ópera, e bastante parcial. Ela esquece a fortíssima constituição do personagem central, suas relações angustiadas com o poder e com a culpa, os vínculos da fragilidade do homem com a fragilidade da infância. A visão "pré-comunista" de Boris esquece ainda que, na versão terminada pela cena da revolta (na qual o povo é mostrado em fúria irracional enceguecida), a última palavra fica com o Inocente, que está longe de confiar não apenas no povo ou nos grandes como na própria história futura, feita de "escuridão e de noite, sem esperança de aurora", como ele diz nas últimas palavras do libreto.

Mais ainda, como Mário de Andrade conhece a partitura de Lamm apenas por meio dos artigos de Glebov e de Calvocoressi, ele é levado pela interpretação oficial que se impunha então:

> A partir dos anos 1920, esses acadêmicos soviéticos começaram a interpretar este compositor como um profeta do socialismo, enfatizando suas afinidades com "o povo" a ponto de excluir outros aspectos de sua personalidade criativa. Para racionalizá-lo como um herói populista soviético, foi necessário pintá-lo como uma vítima da Sociedade Imperial. Desse modo, esses acadêmicos sustentaram que o censor tsarista interferiu na criação e na produção de Boris Godunov; isso não aconteceu. Além disso, eles sustentaram que a revisão da ópera, vista como um enfraquecimento, foi imposta a Mussorgsky por tediosos burocratas dos teatros imperiais; parece que não foi assim[8].

A análise de Mário de Andrade no que concerne à organização da sequência das cenas é, por razões "interpretativas", falsificadora dos fatos. O rigor é abandonado em benefício de uma leviandade retórica. Senão vejamos: a primeira versão, de 1869, rejeitada, não continha o ato polonês e efetivamente terminava com a morte do tsar. Mas isso por uma boa razão: a cena popular da floresta de Cromi ainda não havia sido composta! Isto é, a primeira recusa do Comitê dos Teatros Imperiais levou Mussorgsky a criar não apenas o ato polonês (que, dito de passagem, contém, entre outras admiráveis invenções, o musicalmente

---

8. Caryl Emerson e Robert W. Oldani, *Modest Musorgsky & Boris Godunov*, 1994, p. 80.

notável personagem do jesuíta Rangoni) como ainda aquele ato das multidões, que Mário de Andrade considera supremamente revolucionário!

Mussorgsky decide, ele próprio, suprimir da primeira versão a cena diante da Catedral de S. Basílio porque sua manutenção significaria uma repetição de situações, já que ele concebera – com o mesmo sentido e reempregando, por sinal, alguns elementos da cena da praça – o conjunto muito mais ambicioso da floresta. A versão soviética "filológica" de Lamm iria saturar a partitura, incorporando o máximo da primeira com o máximo da segunda, produzindo uma obra interminável, que não corresponde nem ao espírito da primeira, nem ao da segunda[9]. Mais ainda, repetindo a cena de São Basílio e de Cromi, combinadas com a morte de Boris num gigantesco final, essa versão torna reiterada a presença das multidões, indo no sentido das interpretações soviéticas. A filologia leva ao crime, dizia Ionesco. Aqui, em todo caso, ela conduz à falsificação ideológica.

É verdade que Rimsky-Korsakov, em sua revisão destinada a popularizar a obra, inverte a sequência e faz Boris morrer no fim. Sua versão, no entanto, nada tem em comum com as apresentações da ópera nos tempos de Mussorgsky – que, lembremos, imaginou em sua primeira partitura, de 1869, um final com essa morte, modificando-a, em 1874, depois das exigências do comitê.

Mas Mário de Andrade não se detém em detalhes fatuais. Nos jornais, ele exibe voos condoreiros e erudição rápida. A eloquência da interpretação, o tom bombástico, substitui o rigor, e ele se faz o arauto das interpretações populistas soviéticas.

Pode-se perceber o povo em Mussorgsky de outra forma. O compositor Sergey Slonimsky escreveu, em 1989, em plena era da *glasnost*, sua visão:

> Essas óperas, sem apoteoses de espécie alguma, são notáveis pelo comportamento imprevisível, ambivalente de pessoas e de multidões inteiras que não se submetem a qualquer monitoramento pacífico, sistemático ou controle. Personagens inesperados e grupos inteiros irrompem do grosso da multidão e submergem de novo nela. A multidão cresce ou se dispersa diante de nossos olhos; brigas e conflitos se deflagram alimentados por notícias, boatos ou fofocas. Você se sente não num auditório ou lendo no-

9. *Idem*, p. 36.

tas musicais numa página, mas na multidão viva de hoje, na rua em meio a grupinhos irados ou de pé em alguma imensa, inevitável fila, esperando por artigos essenciais. Para a pessoa não agressiva, as cenas populares em Khovanshchina (e naturalmente em "Kromy" também) possuem um perigo nada pequeno. Existem consideravelmente mais agrupamentozinhos nessas cenas do que existem estratos ou classes de sociedade. E cada um deles, embora obedientes às autoridades, quer sujeitar ou apavorar os outros. Dentro desses grupos, praticamente todos estão prontos, caso surja a chance, para tomar a liderança e dominar os outros. Cada um contra todos e todos contra cada um! [...] Em Boris, o povo muitas vezes une medo, necessidade, ira e um simples desejo, compreensível para todos, de viverem como seres humanos. Mas eu repito, cada grupo quer se tornar uma oligarquia, chegar ao topo, enriquecer-se. Em Khovanshchina esses grupos do povo já estão eles mesmos guerreando entre si. É isso que é tão aterrador[10].

10. *Idem*, p. 177.

M.A. // # Concursos

// 28.10.1943

Recentemente se realizou um concurso de romance aqui no Brasil em que se apresentaram pelo menos dois grandes nomes consagrados da literatura nacional. E a um outro concurso de obras técnicas se apresentava uma personalidade tão elevada como Sérgio Buarque de Holanda. Eu me pergunto se seria possível imaginar um concurso musical que congregasse os nossos compositores já consagrados, e onde víssemos juntos, em suas forças admiráveis e diversas, um Villa-Lobos, um Francisco Mignone, um Lorenzo Fernández, um Camargo Guarnieri... Mas logo eu percebo que isso não é possível. E me assusto: porque!

Eu não sei por que motivo a noção dos concursos musicais foi se desvirtuando por completo nesta terra. Ou por outra, desconfio que sei sim. Isso deve ter derivado da vaidade ultra hiper arqui e superfenomenal dos senhores virtuoses. Toda a gente sabe a que está reduzido o concurso de virtuoses no Brasil. É uma das manifestações mais assombrosas do cafajestismo nacional. Toda a gente perde a cabeça e a dignidade, e uma súcia de bacantes enfuriadas estraçalha os orfeus. Envergonha. Eu só me admiro é que exista ainda gente com ingenuidade suficiente, ou sanha partidária, que aceite participar dessas batalhas de cortiço. Quer como concorrente, quer como membro do júri, quer como carneiro da assistência.

Sou obrigado a confessar: no princípio, mas muito no princípio da minha vida musical tomei parte, como membro do júri, num concurso desses. Concurso aliás particular, sem importância, numa escolinha de música. Mas foi de moral definitiva pra mim. As provas eram três e o juiz x torcia pelo concorrente José, enquanto o juiz z protegia o concorrente Pedro. Terminada a primeira prova, em que José, coitado, tinha ido bem mal, ao cantar das notas, surgiu um oito impossível pra ele. O juiz torcedor de Pedro não se conteve, pulou: – "Um oito pra José!" Vai, o juiz x muito cinicamente murmurou: – "Eu achei que ele mereceu oito". – "É assim!" resmungou o juiz que torcia pelo Pedro. Veio a segunda prova em que os dois concorrentes foram muito mal. O juiz de José ainda só lhe deu um nove, mas o de Pedro, entronizou o afilhado num dez definitivo. O juiz de José abriu uns olhos de sangue pro céu e tomou Deus por testemunha. Veiu a prova final, a "Segunda Rapsódia" de Liszt, já se imagina. Cantaram a nota do juiz de Pedro a Pedro, mais um dez... já se imagina. Mas quando foi cantar a nota que o juiz de José dera a José, o secretário engasgou.

— Vamos! diga a nota!

— ... Cento e quarenta e dois!

— Mas como! as notas vão até dez!

— Mas eu dei cento e quarenta e dois, e pronto!

O concurso foi anulado e eu nunca mais tomei parte em concurso de virtuose. Mas si quiserem saber a verdade completa, a verdade rotunda e nacional, oh meus amigos! si nunca mais aceitei ser juiz de virtuoses, não foi porque me exemplassem aqueles virtuoses nem juízes, mas porque, mísera folhinha tomada do vendaval, do meio pro fim, daquele futebol, eu também me percebi torcendo por José! Fiquei pra sempre horrorizado.

Bem, mas eu estou me referindo a seres mais racionais, os compositores. E ainda me sobra uma coisa a esclarecer para os mal-intencionados. Está claro que não englobo nisso que estou chamando de "virtuose", personalidades como Antonieta Rudge e poucas mais. Com estas ficamos sempre no terreno da Música. O que eu chamo aqui de "virtuose" é aquela coisa que defini e acusei na minha *Pequena História da Música* e no *Baile das Quatro Artes*. E dos concursos destes *virtuosi* é que muito preconceito e feiura espirra sobre os concursos de obras musicais, impedindo que participem destes os compositores consagrados.

O pior de todos esses preconceitos é que perder significa prova de inferioridade. A tolice é tamanha que me custa escrever que ela exista, existe. Aqui me cumpre logo fazer justiça aos compositores: a irracionalidade é menos deles que desses que vivem sapeando a música de fora, dos torcedores, dos amadores em mal de assanhamento endêmico, e principalmente dessa casta de "artistas" que vivem de fazer arte por intermédio dos que a fazem, o piolho. Cada arte tem seu piolho. É o leva e traz cor de tudo, que vive na cabeça dos artistas, que chupa qualquer pudor de justiça, coça as vaidades, transmite a urticária das intriguinhas e lança a epidemia dos julgamentos e execuções.

E o compositor se vê entalado nesse bestiário de sapos e de piolhos. Eu que os conheço sei que tal dos nossos compositores consagrados era capaz de chegar a um companheiro de alturas e falar: – "Vou concorrer com você no concurso de sonata e vou ganhar, o meu Allegro está daqui!" Ao que o outro secundaria: – "Mas eu te pego no Andante!" Ambos sadios, leais, capazes de reconhecer o valor dos outros. Mas, e os piolhos? E os sapos? E toda uma reputação lenta de cimentar que ficará abalada, com todas as consequências morais, sociais e financeiras desse abalo?... Pelo menos em música, entre nós, a consagração não impõe ao artista uma consciência mais dramática da sua responsabilidade, impõe uma máscara. Desque consagrado, o artista vê-se obrigado a representar.

Eu estou mascando semelhante conversa mole porque agora se abriram dois concursos a que seria muito bom que todos os nossos grandes compositores comparecessem. Com piolhos, pulgas, sapos e tudo. Um deles é latino-americano, organizado pela RCA Victor Division, da Radio Corporation of America, sob o patrocínio da Chamber Music Guild, de Washington. O prêmio é de vinte contos para um quarteto de cordas sem tamanho nem forma determinados. A RCA Victor do Rio, Caixa Postal 2726, dará todas as informações aos interessados.

O outro concurso que nos interessa mais de perto, é o Prêmio Luiz Alberto Penteado de Rezende, instituído pelos irmãos desse rapaz que morreu em plena promessa de compositor. A "Resenha Musical" de São Paulo, pela sua Caixa Postal 4248, dará informações completas. Haverá dois prêmios, um de dez, outro de cinco contos para os dois melhores trabalhos. Estes serão vazados na forma da sinfonia, com três ou quatro movimentos, mas sinfonias de espírito moderno e caráter brasileiro, usando temática de livre invenção do compositor, sem utilização direta do folclore. A alta responsabilidade do Departamento de Cultura patrocina o concurso.

É impossível negar a estes dois concursos um caráter tal ou qualmente conservador: um exige o grupo fixo do quarteto de cordas e o outro a forma da sinfonia. Parece mesmo que um compositor se rebelou danado contra a escolha da sinfonia, afirmando ser impossível a um compositor vivo escrever sinfonias mortas. Contra semelhante pretexto pra não concorrer, basta lembrar Chostacovich, o mais legitimamente "artista" dos compositores vivos, o mais integrado na vida do seu tempo, o que mais imediatamente participa da vida do seu país. Enfim o que mais faz da sua arte um elemento de vida e não de sobrevivência. Pois Chostacovich já compôs sete sinfonias, que são exemplos dos mais importantes da música viva. De resto, não há necessidade mais de defender a forma da sinfonia, escolhida para o concurso. Andrade Muricy já o fez, com argumentos decisivos num dos seus ótimos folhetins do *Jornal do Comércio*.

Eu estou imaginando também que um certo caráter conservador é próprio dos concursos, e quem percorra até a série dos instituídos pela benemérita Elizabeth Coolidge, verificará que embora a milionária seja bastante intoxicada de modernidade, os seus ideais sempre se acolchoavam de um certo conservadorismo. Senão, pobres juízes! Aos melhores juízes talvez não caiba acertar no futuro, mas ter aquela natureza com que Sainte-Beuve soube errar e soube acertar nos seus "Lundi". Segunda-feira, dia profético, lema de juízes e da crítica, dia não de coroar, mas de principiar o trabalho...

Ora que coisa pândega deve ter sido aquela fabulosa tarde dos Jogos Píticos, em que Sacadas de Argos entrou no recinto de Apolo, assoprando no aulos grosso e pondo em debandada a capela flébil das cítaras! E ainda mais aquele Walter de Stolzing, doido bastante (estava enamorado) pra concorrer com as mil regrinhas das tabulaturas, munido apenas do seu canto aprendido com o chilro dos passarinhos! Bom, mas o primeiro fato é quasi único e o segundo é... ficção. Não, senhores artistas: é preciso saber as regras para então poder errar, ultrapassando as regras. Quem erra sem saber que está errando é inocente. Ou falcatrueiro. Quando Beethoven falou que não tem regra que não deva ser esquecida em benefício da arte, ele proclamou uma superação, e não uma covardia.

E aqui nos surpreende uma verdade. Os compositores brasileiros têm medo da sinfonia. São raras, embora nobres documentos, as sinfonias nacionais. O temor é explicável embora não se deva justificar porisso. Não se trata, bem sei, de uma questão de competência que não pode ser alvitrada a respeito de vários dos nossos compositores atuais, mas de uma espécie de preguiça ou de fadiga preliminar, diante do esforço estético que exige atualmente a criação duma sinfonia. Esforço que não

// **310**   //MÚSICA FINAL

é sobretudo técnico, mas espiritual. Porque há um "espírito" da sinfonia, uma psicologia da sinfonia, que faz com que diante da "Júpiter", da mesma "Pastoral", da "Ré Menor" de Cesar Franck ou da "Quinta" de Chostacovich, a gente saiba, em plena calma sensitiva, que está vivendo a integridade mais generosa da sinfonia. No entanto é muito menos a forma que as irmana, que o espírito. No entanto este espírito ainda veio se transformando com o tempo!...

Eu creio que este problema é o que desanima os nossos artistas mais conscientes. E de fato, se observarmos as obras de caráter brasileiro que obedecem à forma de sonata, verificaremos que as mais das vezes elas sossobram como espírito no *Finale*. Não são finais de sonata, são danças! Na verdade, embora já existam uns poucos exemplos satisfatórios, o alegro brasileiro sem espírito coreográfico ainda está para nascer.

E este é sem dúvida um dos méritos grandes do prêmio Luiz Alberto Penteado de Rezende. O compositor que morreu sem ter vivido vem convidar os seus colegas ilustres à solução de problemas importantíssimos da música de seu país. Eu insisto em que todos os nossos compositores compareçam a este concurso. Vamos pôr a piolhice do concurso, da concorrência, da vitória ou da derrota de lado. Pensemos nos dísticos que os ingleses adotaram para os seus concursos musicais. Eis o mais conhecido de todos: "Faça o melhor que você pode e se rejubile se alguém ainda fez melhor". Ou a frase de *sir* Walford Davies, também muito repetida: "Nosso fim não é ganhar o prêmio nem vencer um rival, mas avançarmos todos no terreno da excelência". Vamos a ver se desta vez a sinfonia avançará entre nós pelo caminho da excelência.

J.C. // COMENTÁRIO

"Concursos" é um rodapé bastante circunstancial, em que Mário de Andrade anuncia dois concursos de composição. O primeiro, latino-americano, organizado pela RCA Victor Division, sob o patrocínio da Chamber Music Guild, era de quarteto de cordas. O grande prêmio caberia a Camargo Guarnieri; Cláudio Santoro obteria uma das menções honrosas.

O segundo, o Prêmio Luiz Alberto Penteado de Resende, determinava a forma da sinfonia; seu vencedor seria, ainda uma vez, Camargo Guarnieri.

O início do rodapé de Mário de Andrade estabelece uma hierarquia de maturidade entre os intelectuais e os escritores, de um lado, e os músicos, de outro. Se concursos de ensaios ou romances parecem-lhe poder dignamente ocorrer entre nós, percebe o caso da música como bem mais infeliz.

Primeiro, aborda o virtuose, cuja relação com o mundo passa por uma vaidade irracional que leva de cambulhada público e juízes. O autor ilustra as situações com uma história hilariante, pretensamente verdadeira e autobiográfica.

A questão dos virtuoses, que surge várias vezes em seu pensamento, é particularmente tratada, em *Mundo Musical*, em "A Carta de Alba", e ainda em *O Banquete*, além da *Pequena História da Música* e de "Romantismo Musical", aos quais o próprio autor faz referência nesse rodapé.

Segundo, vem o caso dos compositores, "seres mais racionais". Eles sofrem uma contaminação engendrada pelos virtuoses. Mário de Andrade os incita ao abandono da vaidade pessoal e ao empenho num confronto que, segundo ele, só poderá beneficiar a arte da música.

Constata ainda o caráter conservador dos concursos, que impõem formas historicamente estabelecidas. Não se levanta contra esses critérios. De um lado, assinala a fragilidade da formação de certos compositores brasileiros, incapazes de dominar essas formas tradicionais – ou de penetrar-lhes o espírito. De outro, verifica a persistência dessas formas – o que, de um ponto de vista histórico, é rigorosamente verdadeiro: além de Shostakovich, que ele cita, Prokofiev, Bartok, entre muitos outros, demonstravam que elas vigoravam esplendidamente até a Segunda Guerra Mundial. O desconhecimento das formas (isto é, das regras), ou a ruptura com elas pelo gênio individual e independente, é da ordem da proeza única ou da ficção (p. 310). É no *Da música* de Plutarco que pesca a exceção histórica por meio de Sacadas de Argos[1], à qual acrescenta o fictício Walter von Stolzing, dos *Mestres Cantores*, de Wagner.

Isso tudo, naturalmente, está de acordo com a exigência de base "artesanal" (é preciso conhecer as regras para superá-las); com sua perspectiva de inserir as obras numa tradição que deve ser ao mesmo tempo respeitada e renovada (a recusa da tábula rasa, demonstrada em sua oposição a Schoenberg); com o apelo à integridade moral do artista, diante das vaidades que o mundo pode suscitar.

---

1. Plutarco, *De la musique*, 1900, pp. 23-23.

M.A. //   # Do Teatro Cantado

// 4.11.1943

Outro dia Carlos Lacerda iniciava um dos seus incisivos artigos contra as insidiosas desconversas do nosso tempo, tirando do teatro cantado a imagem da inutilidade. Ele principiava assim: "O que mais impressiona na ópera é a sensação do vazio, do irremediavelmente solitário que nos assalta enquanto o tenor toma fôlego, os sopranos trinam e os baixos abaritonados urdem um coro de assustar criança. Tanto grito pelo palco, tanta solidão pelo chão" (*Diário de Notícias*). E qual de nós, realmente, já não terá sentido esse vazio, essa deformação monstruosa de uma das mais humanas, mais eternas e generosas formas de arte, o teatro musical? E não será possível reverter a ópera ao seu destino exato?... Mais uma "reforma da ópera", dirão satisfeitos consigo os que sabem um bocado de história da música. Mas não se trata exatamente de reformar a ópera, não é a ópera a culpada, os culpados são os artistas. São os artistas que se esquecem facilmente do seu destino humano e de que a arte tem de servir a uma coletividade, virtuosisticamente deslumbrados pelas suas ambições pessoais. Afinal das contas a ópera não conta apenas três séculos e meio, nem começou com aquela *Eurídice* ou com quem primeiro se lembrou do subtítulo "*opera in musica*". "Ópera" já foi aquele primeiro cortejo representado e cantado com que uma primeira sociedade primitiva ensinou a seus membros e fortaleceu neles, as suas instituições.

Mais ou menos por 1933 ou 1934, sendo então crítico musical do *Diário de S. Paulo*, eu já estava exausto de tanto dar murro em faca de ponta, com a violência dos meus ataques à ópera e às temporadas líricas. Por esse tempo veio fazer temporada, e temporada pretensiosa em pleno Teatro Municipal, uma companhia lírica brasileira, fiquei desanimado.

Era, como são todas as nossas companhias líricas, uma dessas, menos tentativas, que miragens desordenadas, mistura doentia de vaidade, ignorância, pretensão desmedida e sonho ingênuo, sem nenhum profissionalismo legítimo. E esta era decerto a sua maior credencial de perdão. Se ajuntara ao léu do acaso, com esses elementos cantarinos que tanto um vive de barbeiro como outro de professor de canto, italianos, semi-italianos, filhos de ex-tenores, emissores de firmatas, fermentados na pobreza, incapazes de qualquer consciência do próprio desvalor. Na verdade, não eram os "profissionais" da ópera, essas organizações líricas estrangeiras, nascidas exclusivamente para a exportação deslavada e cinicamente antiartística da sensualidade sonora.

E eu ia de novo ter o desgosto de atacar, de espezinhar, de ofender. Ia com ciência fácil maltratar, irritar, desprezar aqueles seres mais infelizes que ruins. Disseminar a inquietação, a raiva, o ódio mesmo. Sem utilidade nenhuma. E ainda por cima, ia eu mesmo aguentar todo um mês a mais de inquietações, cartas anônimas, ameaças, e principalmente essa sensação tão dolorosa pra mim, de me fazer antipático. Positivamente não valia a pena. Resolvi receber a coisa com essa displicência fatigada e caridosa de quem resolve aceitar, por aristocracia, os infinitamente pequenos. E sobretudo com bom humor. Me divertir à larga e ao possível, certo de abandonar o teatro assim que o gozo do ridículo e da tolice alheia principiasse me fatigando. Como se vê, eu me desmoralizara muito.

Na intenção. É certo que me diverti bem. Quando Mimi foi contar a vida que levava no primeiro ato, e Rodolfo decerto imaginando isso muito "boêmio" se aproximou dela dando um pulinho com a cadeira (pulo que mais tarde me inspiraria a cavalhada dos jornalistas, do libreto do *Café* de que tratarei em breve), ou quando a música dos Aimorés, no terceiro ato, era aquela mesma bandinha com a mesmíssima indumentária da marcha triunfal da *Aída*, e mil coisas assim, eu era tomado de frouxos de riso celestiais. Mas aos poucos os problemas do teatro cantado se impunham a mim, me empolgavam, eu já não ria mais, eu não desprezava mais ninguém, e ao mesmo tempo que, embora ainda desconfiado, eu me convertia à ópera como valor estético, me perseguia como prodigiosamente grave a importância social dela.

Não da ópera exatamente. Do teatro cantado. Na verdade a ópera sempre existira, como falei atrás, e estava na base mais importante das forças que ordenam as sociedades. A ópera só tomara este nome no dia e no tempo em que, desrespeitando os seus princípios mais profundamente humanos e gerais, de definição coletiva de cultivo dos heróis, dos mitos da natureza, de rito e comemoração religiosa ou nacional, ela se tornara numa arma ostensiva de classe dominante. Ópio do povo, distanciamento dos ricos. Na verdade, a ópera já com este nome era uma coisa odiosa. Mais odiosa que ela apenas a dança "clássica", monstruosidade infamante, cujo espetáculo principal jamais se realizou no palco, mas no Foyer de la Danse. Onde ficara em tudo isso a sublimidade sobre-humana da dança!...

Mas a "ópera" era uma coisa muito maior e mais grave que ela mesma! Afinal das contas não existe artisticamente absurdo nenhum em se falar cantando, pois que arte é sempre uma transposição e uma convenção. O problema era descobrir que frases, que estilos convencionais podiam ser transpostos em canto, sem que se desse absurdo ou ridículo. (E de fato este se tornaria um dos problemas estéticos mais angustiosos, que já tive a vencer na minha vida, quando foi para escrever os textos do libreto do *Café*). Nada havia de absurdo no teatro cantado, ou então o desenho, a pintura, a própria poesia são absurdos. A tragédia grega, em seus tempos mais altos, fora inteiramente cantada, e parece que só um defeito físico de Sófocles o levou ao realismo de falar falado. Ainda mais: o fato da tragédia dionisíaca ter sido inteirinha cantada não era de forma nenhuma uma invenção grega. O teatro cantado é um princípio universal, espontâneo, forma artística essencial da sociedade humana. Nós vamos encontrá-lo em civilizações extraeuropeias, é o teatro medieval, são os mistérios, as farsas, as paixões. E é finalmente o teatro popular por toda a parte e o nosso. São os areitos mexicanos e as nossas danças dramáticas, as cheganças, as congadas, o bumba meu boi. E terminamos verificando que todo teatro mais socialmente funcional, (o que vale dizer: todo teatro verdadeiro) é teatro musical, é teatro cantado. É... é ópera.

E eu disse atrás que não só me perseguiam esses problemas da força artística essencial do teatro cantado, mas que aos poucos, embora ainda cheio da desconfiança, eu me convertia à ópera como valor estético. Aqui o problema não cabe mais nesta crônica e da maneira com que eu o imagino irá atrair sobre mim toda a cólera dos fáceis inimigos da ópera. Mas deixem que eu diga: a ópera, mesmo a "ópera" já com este nome é uma grande coisa. Não há dúvida que ela tem sido sem-vergonhamente deformada, posta a serviço de interesses particulares e baixos, porém ela corresponde a um dos valores mais misteriosos da música, um dos valores em que ela mais atua sobre as coletividades. Senão, não poderia viver.

Existe uma música teatral, uma música dramática, com seus caracteres próprios, da mesma forma com que existe uma música específica da canção, outra do quarteto de cordas, outra da sinfonia e assim por diante. E fazer um quarteto de cordas com música de canção não é apenas um desacerto, é uma barbaridade. E então os refinados da música, os inocentes do Leblon e os sabichões da quinta aumentada afetam desprezar a música dramática porque ela é banal e porque é um absurdo dizer isso cantando. Banalidades, sensualidades musicais aviltantes, larvaridades baixas nós vamos encontrar em quartetos, em sinfonias, em poemas sinfônicos, em canções até de um Schubert, embora mais raramente, mas com espantosa frequência na obra de Tchaicovsky, que é o Leoncavallo da sinfonia, de Saint-Saens, de Mendelssohn, de dezenas de outros que se dedicaram mascaradamente aos... valores eternos da música. Porque assim como tem poetas que só se dedicam a Deus e à Amada Ausente enquanto a vida sangra, também há músicos que só escrevem quartetos. Mas o problema artístico da música é, com efeito, mais trágico, e talvez o exponha um dia aos meus leitores, se é que os tenho ainda! com a biografia dum músico estrangeiro que estou acabando de escrever.

A música dramática, só por si não é mais "banal" do que qualquer outra. Mas, com efeito, por ser teatral, ela é mais didática, ela é mais interessada, ela é mais imediata. Ela tem que dominar o seu público imediatamente e mandá-lo, organizá-lo, fazer dele alguma coisa unânime, coletiva. Pra isso ela não precisa ser banal, mas tem de ser dinâmica e ser fácil. Nem é banal o coro do *Nabuco* que moveu gente. Nem os corais do *Boris*. A ópera se avacalhara quando, deixando de servir a princípios humanos mais gerais e populares, fora deformada num exclusivo instrumento de classe. Marco da Gagliano, nos inícios mesmos da "*opera in musica*" não a determinara como um "divertimento para os príncipes"?...

Não havia necessidade nenhuma de "reformar" a ópera mais uma vez, como Gluck ou como Metastasio, ou como Wagner. Todas as reformas tinham sido inócuas e servido apenas a interesses particulares de gênios incontestáveis. O erro fundamental de um Gluck, como dum Ranieri de Calzabigi e também de um Debussy, fora pretender nobilitar, elevar os mesmos assuntos de todos os outros (era sempre o confucionismo dos "valores eternos"...), quando o que carecia era escolher outros assuntos. Como Wagner fizera e porisso fora tão arianamente eficaz. Era preciso apenas observar as fontes mesmas do teatro cantado universal e buscar assuntos contemporâneos que tivessem para nós o mesmo interesse e a mesma possibilidade de coletivização e ensinamento. O *Café*! A imagem pulou. Não seria possível acaso tentar uma ópera de interesse coletivo, tendo como base de assunto o café?...

M.A. **// Psicologia da Criação**

// 11.11.1943

Como eu contei da última vez, as minhas preocupações dos problemas do teatro musical, tinham me levado a concluir que a desmoralização normal da ópera não derivava de forma nenhuma de defeitos artísticos ou mais particularmente estéticos, mas de deformações vindas de fora para dentro, interesses dominadores de classe, interesses traiçoeiros de artistas. Não eram defeitos de origem, próprios do teatro cantado, mas vícios adquiridos em caminho. E porisso, não havia necessidade nenhuma de "reformar" a ópera mais uma vez, lhe dar uma concepção estética nova, mas apenas lhe observar as origens, voltar às fontes e aos exemplos populares e tradicionais em que o teatro cantado preservava mais genericamente as sociedades, visando-lhes sempre as instituições básicas. Não era a ópera que tinha de ser reformada, a escolha dos assuntos é que carecia ser mais humanizada, por assim dizer. O teatro sem amor, o grande teatro sem amor de todas as verdadeiras épocas do teatro social, porque o amor está na base das instituições familiares, não porém exatamente das da sociedade. Só nesse ponto das minhas cogitações me veio de supetão aquela primeira ideia criadora: não seria possível tentar uma ópera de interesse mais social tendo como base de assunto o café?...

Aqui eu seria certamente imperfeito se quisesse dar uma concatenação lógica aos elementos de ordem estética e de ordem artística que logo se impuseram a mim. Não eram muitos, ou pelo menos não foram muitos os que sobraram daquele turbilhão convulsionante de imagens, de ideias, de juízos que me arrebatavam, numa volúpia sublime. A música, feia ou bonita nem lembro, me incomodava, deixei o ato em meio, fui andar na rua, ver se conseguia me organizar um bocado. Na verdade, desde início, dois princípios, um de ordem estética, outro de ordem artística, se impuseram e fixaram em mim, derivados dos dois elementos da primeira ideia criadora: 1º – ópera de interesse coletivo; 2º – o "Café". Ordem que estabeleço agora apenas para clareza de exposição.

A noção "ópera coletiva" tivera uma resposta imediata, que será talvez a originalidade mais atrevida da minha criação. Não se tratava apenas de fazer um libreto que pudesse interessar coletivamente uma sociedade, mas que tivesse uma forma, uma solução técnica derivada do conceito mesmo de coletividade. Uma ópera coral, concluí. Um melodrama que em vez de lidar com indivíduos, lidasse com massas; em vez de solistas virtuosísticos que sempre foram o elemento principal de desmoralização artística, convertidos a semideuses de culto na Grécia, como a semideuses de ouro em nossos dias: em vez de solistas, coros; em vez de personagens solistas, personagens corais. Enfim uma ópera inteira exclusivamente coral. Está claro que a audácia de semelhante solução estética e a complexidade dos seus problemas técnicos me aturdiam, o perigo da monotonia me assustava, mas a decisão estava bem fixada em mim. Não era aquele o instante de resolver problemas.

Quanto à solução artística (eu distingo aqui como em muitos meus escritos destes últimos anos, "estético" como referente exclusivamente aos elementos de beleza da obra de arte, e "artístico" como referência mais direta e geral à arte como instrumento de comunicação entre os homens) quanto à solução artística do assunto a própria história mais recente e dramática do café se impunha como convite. A crise de 1929, a revolução de 30. É óbvio que desde logo afastei repugnado qualquer ideia de cantar historicamente uma revolução determinada. Sem que pusesse consciência nítida nisso, o que me determinava mais profundamente era aquele eterno e universal princípio místico de "morte e ressurreição" do deus da natureza, do sustento tribal, que está na base duma infinidade de tradições e costumes etnográficos e folclóricos, atingindo mesmo certas formas da sociedade civilizada. E talvez seja a própria inspiração primeira de todo o teatro cantado, na Grécia, na Ásia, na Idade Média e fundamenta as nossas danças dramáticas de origem não erudita, os congos, o bumba meu boi, os cordões de bichos e, já eruditamente, os pastoris religiosos. Princípio que eu disse "místico" porque este foi o aspecto em que ele se universalizou nas sociedades primitivas e adquiriu feição didática (teatral...) mas que está na base das próprias formas econômicas e institucionais das sociedades. Mesmo nos tempos policultores mais acertados de agora, e apesar de institutos, de armazéns reguladores e o diabo, se pode dizer que a oscilação da economia paulista determina-se pela morte e ressurreição ânua do café. E com efeito, no meu libreto futuro, eu poria várias frases na voz coral popular que implicassem a noção inconsciente e transcendente de morte e ressurreição. Mas isto já é exegese. O importante, o que se impunha a mim naquele instante, era a tradução de toda essa mística complexa num princípio mais claro e apreensível a todos: desde que depereceu o produto que faz a riqueza normal duma terra, vem a insatisfação pública que acaba se revoltando e mudando o regime.

Isso bastou para que um primeiro enredo se impusesse imediatamente. Aí, com muita lógica conclusiva, o que surgiu primeiro, foi o final do último ato: uma cena triunfal de revolução vitoriosa. O efeito fácil duma apoteose apenas um segundo me preocupou esteticamente. É preciso não confundir o fácil com o banal, como fazem os pedantes, e eu queria elementos fáceis, que pudessem servir com imediateza ao público. As outras cenas seriam enchidas por choques de classes, provocados pela depressão econômica, choques rurais e urbanos, uma cena de porto, uma cena de cafezal. Preciso aproveitar a bonita composição plástica dum armazém abarrotado de pilhas de sacas de café... Mas está tudo muito soturno, muito trágico e devo desfatigar o público de vez em quando... E si eu fizesse uma cena pândega, caçoando com as nossas câmaras de deputados, ótimo!

Surgiu a ideia do primeiro ato, que não tem nada que ver com câmara de deputados, mas vinha deduzida da preocupação de divertir um bocado o meu público e não acumular elementos dramáticos. A bem dizer a inspiração, o instante sublime da criação se acabara. Porque, de passagem, eu sustento a teoria velha da "inspiração", embora os avanços da psicologia me permitam analisá-la "até certo ponto", e até certo ponto muito íntimo lhe penetrar o mecanismo. É evidente que si eu não estivesse perseguido pelo remorso daqueles dias de desmoralidade em que me rira duns infelizes, não me tivesse preocupado com a regeneração do teatro musical, não estivesse por aqueles tempos escrevendo um romance que girava em torno do café; é evidentíssimo que si por aqueles anos eu não estivesse estraçalhado por preocupações a respeito de ideologias políticas, eu não teria aquela "inspiração". Nada impede que fosse uma inspiração instantânea, em pleno teatro de hórrida ópera, e fosse sublime. Porque este ainda é outro ponto em que discordo dos que consideram a criação um "parto dolorosíssimo". Nem doloroso nem parto. Mas não é lugar aqui pra distinguir entre criação e todos os demais processos de "enchimento" e polimento, honestíssimos e necessários, que completam a obra de arte. Estes é que são de fato muito penosos. E era o que já estava sucedendo comigo.

Como eu disse, o momento inspirado da criação se acabara, meu espírito se fatigara no turbilhão vivido um quarto de hora. E agora eu já estava compondo. A preocupação de não fatigar muito o público em cenas dolorosas me trouxera aquele primeiro ato. Seria o cafezal, uma cena graciosa de colheita, as crianças trazendo o almoço dos colonos, rodas tradicionais infantis, brinquedos de rapazes e garotas se namorando. E apenas uma leve melancolia pra terminar o ato: a retomada da colheita após o almoço com o coral a quatro vozes de velhos e casados, denunciando a falta de pagamento e as primeiras dificuldades e angústias.

O segundo ato sim, seria todo dramático, uma primeira cena no armazém, com os estivadores sem trabalho, o porto não exportava mais café. E uma segunda cena, a discussão na sede da fazenda, entre as massas dos colonos e o fazendeiro, preparando o estouro próximo da revolução. Principiava me entusiasmando outra vez. E si logo repudiava a imagem sonora do fazendeiro (por ser solista) e o substituía por uma Comp. Cafeeira s. a., um grupo de donos entregando por dívida a fazenda aos comissários, entre a grita dos colonos exasperados, ao mesmo tempo me trabalhava a preocupação estética de se tornar por demais fatigante um melodrama inteirinho coral. E me surgiu nos olhos e me solicitou o ouvido uma mulher, engraçado, uma mulher que eu enxergava se erguendo e principiando a clamar, era a Mãe – a receptora de todos os sofrimentos. Um solo vasto, a Mãe contando as desgraças vivas, que eu enxergava muito bem na sua mancha colorida, dramática e solitária, toda cercada de gente, dos lados, por baixo, por cima, gente gesticulando. Aquela visão me fez voltar a imagem da câmara dos deputados, em anfiteatro, e a Mãe (pobrezas da lógica...) era uma deputada trabalhista que tomava a defesa do povo contra todas as bancadas com as galerias no fundo aplaudindo num coral de bagunça formidável. A coisa viera bem graduada, eu imaginava: esta primeira cena do terceiro ato era mais forte, mais preparatória que a discussão na fazenda. E a cena da revolução coroava logicamente a peça, com o seu hino de apoteose triunfal.

Essa foi a primeira concepção do "melodrama" *Café*. Já estava me repugnando dar ao meu libreto o subtítulo "ópera" tão desnorteador, e o substituía por "melodrama"... Mas chegado a esse ponto, não pude mais continuar em ideias nem juízos. Tudo fora principalmente imagem, me era impossível continuar criando ou enchendo enredo dramático, eu estava todo convertido a imagens. Somente isso, a preocupação derivada das minhas ideias sobre teatro, que tem de ser, preliminarmente e sobretudo, espetáculo, uma coreografia plástica, despreocupada de realismo, tendendo à formação de visões plásticas. O espetáculo é uma seriação de quadros vivos, em que cada quadro vivo, correspondente a um momento dramático que se quer salientar, se movimenta em seguida e vai formar novo quadro vivo. E cada quadro vivo, correspondente a cada momento importante de significado do enredo, tem todas as exigências de um quadro de pintura: exige composição e equilíbrio (este especialmente dinâmico no seu ritmo, pois que o quadro é vivo e vai se movimentar para a formação de outro novo) de cores, de volumes, de claro-escuro. Só ecoava em mim agora o sentimento plástico. E com efeito, a primeira e única coisa que "escrevi", chegado em casa, foram os desenhos dos cenários, ou milhor, dos cinco momentos principais das cinco cenas do melodrama. O resto ficava pro dia seguinte.

J.C. // COMENTÁRIO

Os dois textos aqui referidos formam uma contiguidade indissociável, e não apenas pela continuidade do assunto como também pela articulação estabelecida no final de um e no início do outro. Mário de Andrade primeiramente analisa a importância do teatro cantado para justificar seu projeto de escrever uma ópera. Em seguida narra a gênese e o desenvolvimento desse projeto no seu espírito.

Mário de Andrade e a Ópera

Numa entrevista a Mário da Silva Brito, publicada no *Diário de S. Paulo*, em data muito próxima dos dois textos que tratamos aqui, encontramos o seguinte diálogo sobre *Café*:

> — E o que vai ser?
> — Uma ópera.
> — Uma ópera?!
> — Isso mesmo[1].

O espanto do entrevistador não é sem razão. A ópera era vista pelas gerações iconoclastas da modernidade como um gênero grandiloquente, arcaico, fora de moda, de muito mau gosto: símbolo do antimoderno. Mário de Andrade, inserido nesse movimento de renovação das artes como nenhum outro, altamente autorizado pelo seu caráter de musicólogo ilustre, tinha-se mesmo sobressaído numa celeuma, atacando sem piedade as temporadas líricas, numa série de artigos de 1928, reunidos sob o título de "Campanha contra as Temporadas Líricas" e editados mais tarde em *Música, Doce Música*, na seção reveladoramente denominada "Música de Pancadaria".

São críticas violentas e sem piedade. Manifestações pseudoartísticas, de "classe", antinacionais, as temporadas líricas decididamente se configuram nesses escritos como um grande mal, como impostura para o espírito e como dinheiro público mal-empregado.

---

1. Mário de Andrade, *Entrevistas e Depoimentos*, 1983, [s.p].

Paulo Duarte, no seu *Mário de Andrade por Ele Mesmo*, transcreve um artigo inédito de Nino Gallo, que conta um episódio significativo sobre a atitude do autor de *Macunaíma* em relação à ópera. Isso acontece em 1938, no Teatro Municipal de São Paulo, durante a representação de uma *Traviata*, cantada por Bidu Sayão.

Foi num desses intervalos que dei com Mário muito bem posto numa casaca magnificamente talhada, encostado numa parede de mármore, sozinho a contemplar aquela massa de pinguins adultos que, em pequenos grupos, procuravam dar-se ares de homens bem-educados.

Ao ver-me, também metido numa casaca, dentro da qual, para entrar, eu tinha sacrificado meu jantar, abriu sua boca enorme, de ponta a ponta, no mais completo e acolhedor de seus sorrisos.

Eu, que vinha com a alma deliciosamente embalada pela suavidade das melodias verdianas, fui ao seu encontro com o mais espontâneo:

— Maravilhoso, Mário, v. não acha?

— Horrível, meu caro, horrível, foi a resposta que feriu, como que fisicamente, a minha sensibilidade mediterrânea[2].

Nino Gallo conta, agradecido, como Mário de Andrade lhe ensinou os trajetos bem pensantes da música "elevada". Foi, diz ele, "um marco no caminho de minha evolução". E, no mesmo sentido, se servir um testemunho pessoal, lembro-me de um texto emoldurado e pendurado na parede da antiga Discoteca Pública de São Paulo, ainda sob a gestão de Oneyda Alvarenga. Ali dizia-se que a música de câmara era superior à sinfônica, e sobretudo à ópera – e os ouvintes eram incitados a deixar um pouco de lado as formas consideradas mais baixas, para se elevar ao empíreo do quarteto de cordas. Isso naturalmente provém do mesmo espírito presente em Mário de Andrade, espírito moderno e sofisticadamente intelectual, que via na ópera um inimigo. Quer do ponto de vista da defesa sincera de uma arte digna, quer no jogo mundano dos paradoxos e das contradições, quer na pedagogia dos neófitos, a ópera devia ser combatida.

Como então explicar essa reviravolta, cujo efeito foi a derradeira produção poética de Mário de Andrade, o libreto de *Café*?

---

2. Paulo Duarte, *Mário de Andrade por Ele Mesmo*, 1977, [s.p].

Certamente, o ódio e o desprezo pela ópera, exigidos por uma postura intelectual moderna, não deviam ser de coração em Mário de Andrade. São muitas as indicações, em seus textos, de fascínio e afeto em relação a esse gênero. Suas primeiras críticas musicais revelam a atenção apaixonada. Transcrevemos uma delas no Anexo (p. 350), sobre a *Manon*, de Massenet, datada de 1919. Aliás, note-se ali, precocemente, a percepção de uma obra de arte inserida numa "raça" e a ideia de que o gênio é, desse ponto de vista, menos relevante que o artista menor: Berlioz, assim, interessa menos que Massenet. Mas, sobretudo, é muito evidente o enorme entusiasmo por uma representação de lenda, na qual atuavam Vallin, Schipa, Crabbé, e onde o minueto era dançado nada menos que por madame Pavlova!

Naturalmente, trata-se de um escrito de extrema juventude, feito por um Mário de Andrade pré-moderno. Mas ele nos indica o quanto de amor pela ópera podia ter seu autor.

Em 1928, é o conjunto de acerbas críticas que forma "Música de Pancadaria". Mas é também o ano da elaboração do libreto de *Pedro Malazarte*, ópera-scherzo de Mário de Andrade, que seria em seguida posta em música por Camargo Guarnieri.

A Temporada de 1933

Em 1933, apresentam-se em São Paulo quatro companhias diferentes de ópera. Duas no Teatro Municipal: a primeira, nacional; a segunda, italiana, de altíssimo nível (cujo elenco incluía Muzio, Sayão, Favero, Dalla Rizza, Stignani, Gigli, Galeffi, Baccaloni); as outras no Cassino Antártica e no Teatro Santana. Nesse ano houve, ao todo, 38 óperas diferentes. Mário de Andrade certamente assistiu à maioria desses espetáculos – ele faz referência a vários deles, particularmente em "Psicologia da Criação", contando a gênese de *Café* – e deixou críticas em jornais sobre alguns.

Esse excepcional ano lírico o marcou. E sua atitude, nas críticas daqueles espetáculos, muda muito de tom em relação às precedentes, de 1928. Não se trata, evidentemente, de uma rendição incondicional. Mas à violência dos ataques vemos substituída uma condescendência interessada, atitude que ele próprio definiu em "Do Teatro Cantado" da seguinte forma: "Resolvi receber a coisa [os espetáculos da tempo-rada de 1933] com essa displicência fatigada e caridosa de quem resolve aceitar, por aristocracia, os infinitamente pequenos" (p. 316).

Uma crítica sobre a mesma *Manon* de Massenet, agora mais madura e refletida do que aquela dos priscos tempos, revela o amor inalterado de Mário de Andrade. Ele demonstra que a ópera de Massenet é uma pequena obra-prima e conclui:

> Acho *Manon* uma dessas coisas... indiscutíveis. Pouco importa saber si é pobre, si é amaneirada, si isto e mais aquilo: será sempre uma gostosura. Não impressiona, a gente sai do teatro sem pensamentos profundos, ou, mais acertadamente, sem pensamento nenhum. Mas diverte. E ópera em si já é uma coisa tão absurda, que bem se pode afirmar que divertir é sua única finalidade. E por tudo isso, *Manon* é uma obra-prima (p. 353).

"Ópera em si já é uma coisa tão absurda"... A inflexão favorável ao gênero é compensada pela qualificação, bastante coerente, por sinal, de sua natureza "absurda". Mas a inflexão favorável principiara: ela chegaria à própria contra-argumentação contida em "Do Teatro Cantado":

> Mas a "ópera" era uma coisa muito maior e mais grave que ela mesma! Afinal das contas não existe artisticamente absurdo nenhum em se falar cantando, pois que arte é sempre uma transposição e uma convenção. [...] Nada havia de absurdo no teatro cantado, ou então o desenho, a pintura, a própria poesia são absurdos (p. 317).

Em seguida, a crítica sobre *Madame Butterfly* (transcrita no Anexo) traz a historinha acontecida com o maestro Chiaffarelli: "E agora estou recordando o digno professor Chiaffarelli. Com sua velhice experiente, ele me disse uma vez, num sorriso de meia ironia: – Você inda há de fazer justiça a Puccini e gostar da *Bohemia*, da *Tosca* (p. 354)".

Se Mário de Andrade não se dobra inteiramente à profecia, se, ao tecer elogios a *Butterfly* e a Puccini, entremeia-os de ambíguas maldades, a lembrança do professor ilustre era o caminho para uma conversão que surge narrada em "Do Teatro Cantado". Ela se dá justamente como consequência da frequentação dos espetáculos de 1933. No início, o crítico decidira apenas rir deles. Depois, a atitude muda.

Mas aos poucos os problemas do teatro cantado se impunham a mim, me empolgavam, eu já não ria mais, eu não desprezava mais ninguém, e ao mesmo tempo que, embora desconfiado, eu me convertia à ópera como valor estético, me perseguia como prodigiosamente grave a importância social dela (p. 316).

É claro que os grotescos das montagens provincianas não são perdoados. Assim, o pulinho do tenor (trata-se de Reis e Silva), que inspiraria a cavalhada dos jornalistas em *Café*, e o episódio dos Aimorés vestidos de egípcios são ridículos que Mário de Andrade não esqueceria. Narrados em "Do Teatro Cantado", eles afloram já na crítica à ópera *Força do Destino*, de 1933, na qual encontramos ainda um estranho cenário para a *Norma*: "Mas que gostosura sobrerrealística a gente perceber que um palácio do tempo dos druidas já apresentava um teto em caixotões retos da Renascença italiana e estava todo enfeitado com gobelins do século XVIII! (p. 356)"

Pouco importa. Esse ano de 1933 serviu como uma espécie de laboratório, no qual Mário de Andrade amadurece intelectual e instintivamente sua relação com a ópera. É assim que – apesar dos pesares – pode afirmar, no artigo sobre a *Força do Destino*, que "eu verifiquei que estou gostando de ópera" (p. 355).

Mário de Andrade e Carlos Gomes

Esse "gostar condescendente", gostar apesar dos pesares, já é um passo significativo. Mas relações mais íntimas e profundas podem ser percebidas quando consideramos a importância que Carlos Gomes tomou para Mário de Andrade. O artigo sobre a *Força do Destino* (ver Anexo) dá indícios dessa importância. Mário de Andrade não hesita em considerar essa ópera de Verdi como "envelhecida", e francamente inferior à *Fosca* – obra sobre a qual Mário de Andrade escreveu uma de suas mais belas e completas análises musicais. "A ópera é que envelheceu por demais, essa ópera, *Força do Destino*. Em compensação temos a *Fosca* hoje, que não envelheceu e é admirabilíssima" (p. 356).

O interesse que Mário de Andrade possui por Carlos Gomes é indiscutível. Visto superficialmente, pode parecer paradoxal. Mas vale aprofundar: ele nos revelará traços importantes das atitudes de Mário de Andrade diante da ópera.

O caso de Carlos Gomes em nossa cultura é bastante complexo e nem sempre percebido com todas as implicações que seriam necessárias.

Em primeiro lugar, há frequentemente uma simplificação que vem por meio de um olhar nacionalista, desenvolvido, aliás, por nossa própria modernidade. Carlos Gomes, o italiano, artista que ignora as fontes nacionais em sua música.

É preciso lembrar, no entanto, que a carreira do compositor se passa em dois países: o Brasil e a Itália. Uma tal situação – a de uma dupla pátria – é delicada. A vida e a obra de Carlos Gomes não são como as de Offenbach ou Lully, para quem escolhas definitivas permitiram uma integração indiscutível numa cultura de adoção. Carlos Gomes também não é comparável a outros artistas brasileiros, pintores ou músicos de talento que iam a Paris ou a Roma para se aperfeiçoar e que, orgulhosos de alguns sucessos menores, voltavam ao país para exercer suas artes com prestígio. Seu caso é *sui generis*.

Porque Carlos Gomes triunfou na Europa, na Itália, em Milão, isto é, no lugar por excelência da ópera. E isso transforma a sua viagem europeia, viagem de formação e de aprendizagem, em uma espécie de viagem de iniciação. Pois, tendo vencido a prova do Scala, Carlos Gomes toma, aos olhos dos brasileiros, as proporções de um mito. Sobretudo porque não corta os laços com sua cultura de origem.

É verdade que sua música é estritamente europeia. Ele nem sequer se serve de temas folclóricos ou indígenas para dar cor local às suas obras. Entretanto, o *Guarany* era, de início, um romance e um assunto brasileiros, mesmo se coristas e protagonistas, fantasiados de índios, cantassem em italiano diante de belos cenários de um exotismo impreciso. O que não impediu que os brasileiros se reconhecessem profundamente nessa música.

Isso porque o caso Carlos Gomes pressupõe a ideia de uma "cultura nacional" que, boa ou ruim, pouco importa, é perfeitamente indispensável para a compreensão de seu ser e de sua obra. Lembremos que os começos de sua carreira se fazem nos prolongamentos de um romantismo vinculados à ideia da independência e da formação de uma "nação brasileira". Sentimentos fraternos difusos, construção de um passado distinto do de Portugal, busca de uma especificidade – tudo isso se situa no domínio do imaginário, das sensibilidades, do simbólico, evidentemente, mas não deixa por isso de marcar profundamente a cultura brasileira.

O indígena se torna o ancestral legítimo, autóctone, heroico e não comprometido com a história colonial. O manto imperial, como lembrou Alexandre Eulalio, era feito de penas de tucano, tornando-se assim o símbolo da transmissão dos poderes do ancestral indígena mítico ao soberano atual independente. Vesti-lo significava, portanto, eliminar, com um gesto, trezentos anos de colônia. José de Alencar foi, naturalmente, o supremo cantor dessas origens lendárias brasileiras.

Os fatos de cultura ligados à questão do caráter nacional foram inúmeros durante o século XIX. Como mostrou Luiz Heitor Corrêa de Azevedo[3], a chegada do jovem Carlos Gomes ao Rio de Janeiro coincide com a eclosão de um movimento efêmero, mas importante na história da música brasileira: a criação de uma Ópera Nacional. Alejo Carpentier[4] já sublinhou a vaga de óperas nacionalistas como fenômeno latino-americano, consequência dos romantismos locais, em particular no México, em Cuba e na Venezuela. No Brasil, a Imperial Academia de Música e Ópera Nacional oferecia um alicerce bem sólido e concreto para o desenvolvimento dessa corrente musical, cujo fim era fazer cantar óperas em língua nacional e dar "pelo menos uma vez por ano" uma ópera de autor brasileiro. E é para a Ópera Nacional que o jovem Carlos Gomes escreve, em português, as suas duas primeiras obras para o teatro: em 1861, *A Noite do Castelo*, e em 1863, *Joana de Flandres*.

Os assuntos dessas óperas não eram brasileiros, mas, de uma forma ou de outra, o indianismo teria surgido nos programas da Ópera Nacional, se ela tivesse ido um pouco além de seus rápidos anos de existência. As altas qualidades criadoras de Carlos Gomes fariam que a eclosão se desse na Itália, em Milão, no Scala, com *Il Guarany*.

Foi assim que *Il Guarany* conferiu ao indianismo uma existência internacional – para maior orgulho da cultura brasileira.

É muito evidente que essas configurações demonstram o quanto a questão da música brasileira não pode ser resolvida por meio de um caráter intrínseca e formalmente "nacional". O indianismo, criação

---

3. Luiz H. C. de Azevedo, "As Primeiras Óperas", 1936.
4. Alejo Carpentier, "América Latina en la Confluencia de Coordenadas Históricas y Su Repercusión en la Música", 1977, p. 16, em que Carpentier assinala o papel de Carlos Gomes. Ver também as passagens consagradas aos compositores cubanos de ópera (Manuel Saumell, Gaspar Villate) em Alejo Carpentier, *La Música en Cuba*, 1988.

literária de um romantismo em busca de seus fundamentos nacionais, encontra suas raízes mais profundas na Europa – Chateaubriand sendo, evidentemente, o modelo maior. Nobre e forte, o *bon sauvage* torna-se a própria imagem do Império e do caráter brasileiro. Carlos Gomes faz o indígena cantar em italiano, pouco importa, ou tanto melhor: esse caráter brasileiro é assim afirmado internacionalmente.

Em verdade, o Brasil havia sido atingido pelo romantismo internacional – como acontecera também na cultura de outros países –, e o romantismo estimulara justamente a exacerbação dessa nacionalidade que começava a se afirmar. Com Carlos Gomes há um movimento de retorno, extraordinariamente prestigioso, que reforça a posição do compositor no interior de sua cultura de origem. Gênio "maior do mundo", diria Mário de Andrade.

Justamente, gênio. Carlos Gomes, em Milão, aproxima-se de um movimento artístico lombardo, a *scapigliatura* (de *scapigliati*, descabelados) – último sobressalto de um romantismo paroxisticamente exaltado –, que produziu obras inspiradas, inflamadas, "geniais", como a abertura de *Il Guarany*, como o "Quale Orribile Peccato", da *Fosca*.

Comparemos com as posturas de Mário de Andrade. Coerente com seu projeto de formação de uma cultura profundamente brasileira, ele recusou qualquer viagem à Europa a fim de preservar sua especificidade nacional de perturbações estrangeiras. Considerava também que o papel do gênio é quase nocivo à formação da cultura de um país, pois o gênio se lhe aparecia como a afirmação de uma individualidade isolada, contrariando assim a expressão coletiva. Em sua poética, o papel do Tietê – rio que, ao se distanciar do oceano, avança terra adentro – é simbólico, pois arrasta o poeta para longe das "tempestades do Atlântico", que evocam ao mesmo tempo a efervescência do espírito criador genial e a travessia para a Europa. Carlos Gomes, o compositor de óperas, "arcaico", e também o inspirado, cuja vocação para a genialidade começava com a própria cabeleira *scapigliata*, o ítalo-brasileiro torna-se a imagem oposta, o "contraposto" de Mário de Andrade.

Acrescente-se que, como já foi assinalado no comentário a "O Maior Músico", Carlos Gomes é ainda o exemplo do criador que trai sua missão. É essa a conclusão da análise da *Fosca*, realizada por Mário de Andrade para a *Revista Brasileira de Música*, no número celebrativo ao centenário do compositor[5]. Carlos Gomes, estimulado pela recepção brilhante à sua primeira obra italiana, *Il Guarany*, lança-se na composição de *Fosca*. Se, em *Il Guarany*, ele havia desdobrado sua inspiração fecunda e desenvolta, seu extraordinário talento para inventar melodias e colorir a orquestração, na *Fosca* sua ambição artística se faz mais consciente e a obra é, musicalmente, muito mais densa do que a precedente. *Fosca* é, indiscutivelmente, uma ópera admirável. Mas foi um meio sucesso. E Carlos Gomes, um pouco assustado, decide reconquistar seu público com *Salvator Rosa*, obra que seria menos "complicada", menos "difícil" que a precedente: ela obtém fulminante sucesso de público. Fato já suspeito, para um moderno das vanguardas. O próprio compositor dizia: "O *Guarany* para os brasileiros, *Salvator Rosa* para os italianos, e a *Fosca* para os conhecedores". Frase razoavelmente infeliz, pois autoriza de fato um desprezo a *Salvator Rosa*, desprezo injusto para uma composição que brota de um diálogo aprofundado com *Don Carlos* de Verdi e que em nada é inferior às outras óperas de seu compositor.

Injusta ou não, essa parábola do criador que perde a alma artística para conquistar seu público é, evidentemente, oposta a todos os princípios éticos que Mário de Andrade sempre exigiu do artista – já foi assinalado como Carlos Gomes se torna a "imagem em negativo" do chinesinho Nyi Erh.

Poder-se-ia, portanto, esperar da parte de Mário de Andrade uma atitude de franca hostilidade, de desdém, de ironia corrosiva, como de resto não se privou Oswald de Andrade, chamando Carlos Gomes de "operista imbecil". A partir do movimento modernista, a posição de Gomes é profundamente contestada. Primeiro, ele é um compositor de óperas, gênero empoeirado e pomposo. Em seguida, como a modernidade foi acompanhada por uma clara vontade de alcançar as fontes nacionais verdadeiras, "autênticas", os indígenas de Carlos Gomes, cantando em italiano, pareciam evidentemente uma insuportável caricatura. Acrescente-se que ele era a maior glória da cultura "tradicional" brasileira, ótima razão para ser atacado e ridicularizado.

Não é essa, entretanto, a postura de Mário de Andrade. Já nos tempos heroicos de 1922, quando Carlos Gomes era uma das *têtes de turc* favoritas dos jovens modernistas, encontramos em Mário de Andrade

---

5. Mário de Andrade, "Fosca", 1936.

uma atitude crítica que tenta seguir os caminhos radicalmente iconoclastas de alguns de seus companheiros (notadamente Oswald de Andrade), mas ameniza seu trajeto particular[6]. Um pouco ao modo de "os mestres do passado", que, se pertenciam ao passado, eram, antes de mais nada, mestres:

> Não há dúvida. O Brasil ainda não produziu músico mais inspirado nem mais importante que o campineiro. Mas a época de Carlos Gomes passou. Hoje sua música pouco interessa e não corresponde às exigências musicais do dia nem à sensibilidade moderna. Representá-lo ainda seria proclamar o bocejo uma sensação estética. Carlos Gomes é inegavelmente o mais inspirado de todos os nossos músicos. Seu valor histórico, para o Brasil, é e será sempre imenso. Mas ninguém negará que Rameau é uma das mais geniais personalidades da música universal... Sua obra-prima, porém, representada há pouco em Paris, só trouxe desapontamento. Caiu. É que o francês, embora chauvin, ainda não proclamou o bocejo sensação estética[7].

Mais tarde, em 28 de junho de 1936, Mário de Andrade publicaria no *Jornal do Commercio* do Recife um artigo sobre Carlos Gomes, em realidade extraído da longa passagem consagrada ao compositor em seu *Compêndio de História da Música* (que, reformulado em *Pequena História da Música*, veria essa parte suprimida). O artigo conclui do seguinte modo:

> E nós, os que já estamos tomando posição de veteranos dentro da vida contemporânea brasileira, nós temos que fazer justiça a Carlos Gomes. Deixemos a caçoada, o debique, a indiferença, a descompostura degolante para os moços.
>
> Porque de fato, a mocidade não carece de justiça para ser útil, ser verdadeira e funcionar bem. [...] Nós hoje não temos que fazer o que Carlos Gomes fez. Só o exemplo da vida e das intenções dele é que pode valer um bocado. A nossa música será totalmente outra, e dela os traços de Carlos Gomes têm de ser abolidos. Se os moços o desprezarem, muito

---

6. Para a polêmica mantida sobre Carlos Gomes nos tempos da Semana de Arte Moderna de 1922, ver "Carlos Gomes versus Villa-Lobos", em José M. Wisnik, *O Coro dos Contrários*, 1977, pp. 80 ss. Os polemistas veementes foram, de um lado, Oswald de Andrade e, de outro, Oscar Guanabarino.

7. Trecho da revista *Klaxon*, n. 1, citado em José M. Wisnik, *O Coro dos Contrários*, 1977, p. 81.

bem! porque as exigências da atualidade brasileira não têm nada que ver com a música de Carlos Gomes. Mas além dessa atualidade moça, tão feroz, existe a realidade brasileira que transcende as exigências históricas e passageiras das épocas. E nesta realidade Carlos Gomes tem uma colocação excepcional[8].

Carlos Gomes em verdade exerce sobre Mário de Andrade uma poderosa atração. É uma espécie de diabo tentador, pois encarna aquilo que é execrável, segundo o autor de *Macunaíma*, mas, no fundo, tão secretamente sedutor. O campineiro está sempre presente nos textos de Mário de Andrade, é referência, citação, metáfora, suas qualidades são acuradamente percebidas e exaltadas.

É assim que busca "salvar" a "brasilidade" do compositor no manifesto-programa que foi *Ensaio sobre a Música Brasileira*, de 1928. Por um prodigioso esforço de análise, ele tenta encontrar na música de Carlos Gomes algo de íntima e autenticamente brasileiro – no sentido que o concebiam os modernistas –, detectando um espírito nacional que se revelaria pouco a pouco no interior da história da música de nosso país:

Na obra de José Maurício e mais fortemente na de Carlos Gomes, Levy, Glauco Velasquez, Miguez, a gente percebe um não sei quê indefinível, um ruim que não é ruim propriamente, é um ruim esquisito pra me utilizar de uma frase de Manuel Bandeira. Esse não sei quê vago mas geral é uma primeira fatalidade de raça badalando ao longe[9].

Otto Maria Carpeaux formula lapidarmente:

Mário de Andrade, reconhecendo as notáveis qualidades musicais do compositor, quis "salvá-lo": fez esforço para demonstrar a autêntica brasilidade de Carlos Gomes. [...] Não se compreende, aliás, por que o compositor, homem de seu tempo e de fortes convicções nacionais, não teria o direito de exprimir essas convicções na melhor linguagem que conhecia: a de Verdi[10].

---

8. Mário de Andrade, *Compêndio de História da Música*, 1929, pp. 163-164.
9. Mário de Andrade, *Ensaio sobre a Música Brasileira*, 1962, p. 17.
10. Otto M. Carpeaux, *Uma Nova História da Música*, 1967, p. 234.

Mas se o esforço de Mário de Andrade para buscar as características formalmente brasileiras de Carlos Gomes não chega a um resultado convincente, ele não é menos significativo de um interesse sincero e profundo. As grandes qualidades da obra do campineiro não podiam passar despercebidas a Mário de Andrade. Mas é sobretudo o caráter complexamente emblemático que Carlos Gomes toma diante de Mário de Andrade, nessa relação amor-recusa, que ilustra, de um modo particular e poderosamente vinculado à poética do autor de *Macunaíma*, o mesmo tipo de vínculo que este último manteve com a ópera. Nuançadas as posições contrastantes, as ligações – que nunca desapareceram – ressurgem, e *Café* está prestes a eclodir.

A "Boa Ópera"

Um ataque de Carlos Lacerda à ópera (citado no início de "O Teatro Cantado") marcou Mário de Andrade, pois ele o evoca também no artigo sobre *Guilherme Tell*, que está no Anexo (p. 356), escrito dois meses depois dos textos de *Mundo Musical* que analisamos aqui. É uma reação viva, sentida, diante da incompreensão de dois intelectuais modernos (porque, em "Guilherme Tell", a Carlos Lacerda vem associado Guilherme Figueiredo) que não conseguem incorporar a ópera a seus universos mentais: "Eu até não gosto de dizer, mas me dói quando vejo certos amigos, como o feroz Guilherme Figueiredo e o mais feroz Carlos Lacerda, maldando tanto da ópera e a xingando de muitos nomes feios" (p. 359).

Mas a ópera é "coisa grande". Essa grandeza é reafirmada várias vezes, tanto em "Do Teatro Cantado" quanto em "Guilherme Tell": "Mas a 'ópera' era uma coisa muito maior e mais grave que ela mesma" (p. 317); "Mas deixem que eu diga: a ópera, mesmo a 'ópera' já com este nome é uma grande coisa" (p. 317); "A ópera é uma coisa grande, e não tem culpa dos que a desnorteiam" (p. 359). O "desnorteamento", compreende-se facilmente, é o desvirtuamento "social" do gênero. "Didática", "interessada", "dramática", a ópera tem poder de intervenção social (nos dois textos, "Do Teatro Cantado" e "Guilherme Tell", os exemplos históricos se sucedem: *Nabucco*, *Boris*, *Masaniello*), que se opõe aos brilhos fáceis de melodias sedutoras, mas que não serve a uma coletividade, torna-se uma "arma ostensiva de classe dominante" (p. 317).

Por isso, se Mário de Andrade propõe uma reforma da ópera, ela não pode ser estética, mas ética, uma reforma que distancie a ópera do melodismo fácil, bem como de outros projetos reformadores, como o de Wagner, capaz de intervir política e coletivamente, mas como um instrumento francamente dominador:

> E ninguém poderá nunca pesar todo o poder deletério que Wagner teve sobre o povo ariano, já de si passivo e servil, o qual "compensou" a sua obediência, subserviência, escravidão e miserabilidade dentro da pátria, com a "sublimação" nazista de raça eleita e ex-futura dominadora do mundo, França e Bahia (p. 360).

A reforma ética proposta não levanta *a priori* problemas formais, mas incide sobre a escolha de novos assuntos. "Como Wagner fizera e porisso fora tão arianamente eficaz" (p. 319). Significa também esquecer o curto período de existência da ópera – "inventada" apenas no século XVII – e mergulhar nas profundezas das origens do "teatro cantado", que sempre existiu, desde os tempos mais recuados, e do qual a ópera é apenas uma das manifestações – com frequência a menos fiel aos genéticos primórdios "coletivizadores" (p. 322).

Esse mergulho nas origens – que faz emergir a tragédia grega, exemplo primordial e ótimo do teatro cantado – funciona no texto de Mário de Andrade como um meio "enobrecedor" da ópera, diante de olhos cruelmente "modernos" e impiedosos, como os de Carlos Lacerda. Ele leva também à concepção de uma ópera *pas comme les autres*: *Café*.

Boris e a Gênese de *Café*

Mário de Andrade faz apelo à ideia da volta à pureza do teatro cantado, corrigindo-o dos "vícios adquiridos em caminho", reencontrando a origem sem defeitos. Porém, se esse nobilíssimo retorno é a proposta explícita, voluntária, pode-se também perceber em *Café* algumas origens mais imediatas.

Uma delas – certamente a mais forte – é *Boris Godunov*. A reedição crítica, histórica, da obra do compositor fazia-se na União Soviética a partir dos anos 1920 – grande acontecimento do qual Mário de Andrade estava inteirado graças aos textos de Calvocoressi e da análise de Glebov, datada de 1928. Essa análise se insere na releitura soviética da obra do grande músico russo. Já no artigo "Mussorgsqui", de *Mundo Musical*, pudemos constatar como ela dirige a visão que Mário de Andrade propõe de *Boris*. Ela recai também sobre a concepção de *Café*.

Desse modo, a questão da reforma da ópera tornava-se não "mais uma", mas uma reforma radical, apoiada em princípios éticos e sociais. Lembremos a passagem crucial do texto de Glebov:

> Deste modo, entre 1868-1874, uma reforma na ópera foi traçada por um músico russo e permaneceu despercebida na Europa. Graças a essa reforma, não apenas os procedimentos habituais da ópera, tal como os vemos em Wagner, são suprimidos, mas a ideia da ação dramática, sempre concebida como um "meio" para as aventuras do herói ou como a expressão do instinto sensual e do combate às paixões, é completamente modificada. Mussorgsky ultrapassou Wagner: ele coloca claramente o problema social na base de sua obra e dá à ópera o nome de drama musical popular, no sentido de que não é o assunto o princípio primeiro da ação, mas a dinâmica e a dialética da história, a luta dos elementos sociais no organismo político[11].

Recapitulemos ainda: *Boris* havia sido concebida como uma ópera sem prima-dona, o que quer dizer, sem amor. Diante das exigências dos diretores de teatro de São Petersburgo, Mussorgsky foi obrigado a compor o ato polonês – mas com isso teria desvirtuado um tanto o sentido original de sua obra. Mário imita o primeiro *Boris*: "O teatro sem amor, o grande teatro sem amor de todas as verdadeiras épocas do teatro social, porque o amor está na base das instituições familiares, não porém exatamente das da sociedade" (p. 321).

Assim, *Café* não trará enredos amorosos individuais: se o amor surge ali, é coletivamente, nas multidões moças, nas quais, de fato, ele se transforma em erotismo animal fecundador ("As moças solteiras estão de vestido vermelho, cor sexual de quem deseja homem na vastidão dos campos"[12]), nas quais "as fontes da vida" não se vinculam a

---

11. Igor Glebov [pseudônimo de Boris Assafiev, ou Asafiev], "Moussorgski, musicien dramaturge", 1928, pp. 241-242, 1928.
12. Mário de Andrade, "*Café* – Concepção Melodramática", em *Poesias Completas*, 1966, p. 132.

nenhum sentimentalismo, mas a uma renovação cíclica, ao recomeçar da vida que se exprime no recomeçar das estações, das colheitas.

Além disso, a análise de Glebov percebe na ópera de Mussorgsky – na versão de 1874, que lhe serve para o raciocínio – a diminuição da importância dos personagens. A alteração da ordem das cenas do último ato, na versão de Rimsky-Korsakov, nega um princípio fundamental, presente na versão de 1874, esta de Mussorgsky.

> Em consequência, o povo não é tratado como a força criativa da tragédia que se desenrola. Rimsky fez com que a cena de Cromy fosse seguida pela cena da morte de Boris; colocando esta última no final da ópera, Rimsky coloca o centro de gravidade da tragédia na consciência do tsar, considerado deste modo como assassino pelo povo[13].

Passagem que corresponde exatamente à seguinte, encontrada em "Boris Godunov":

> E chegou o momento da grande burla de Rimsqui-Córsacov. Muda a ordem das cenas, marcada por Mussorgsqui, e o melodrama acaba com a morte de Boris estraçalhado pelo remorso. Morte moral, que satisfaz as consciências acomodatícias, o mal foi castigado. E a gente vai para casa, até simpatizando com o tirano que morreu tão bonito no palco, e dorme "o sono da inocência descuidada e calma" como dizia Carlos Augusto, meu pai.
>
> Mas no Mussorgsqui verdadeiro, nada disso. A morte de Boris não passa de um episódio que resolve o caso do "segundo personagem da ópera", como já disse não me lembro quem. De modo que essa página genial fica apenas como cena intermediária. E Mussorgsqui termina o seu melodrama com a revolta dos camponeses em Cromi. E o pano cai enquanto ainda nos convulsionam esses formidáveis corais do primeiro personagem sublevado, avançando sobre o Cremlim (pp. 298-299).

É bem claro que Mário de Andrade, propondo sua "reforma da ópera" – a verdadeira, a mesma que Glebov detecta em Mussorgsky –, decide "radicalizar" em relação a Boris e eliminar o "personagem secundário", colocando em cena apenas as massas corais, que figuram, antes de tudo, "o primeiro personagem sublevado". Era tirar as devidas consequências

---

13. Igor Glebov, *"Moussorgski, musicien dramaturge"*, p. 220, 1928.

da percepção apresentada por Glebov a respeito de *Boris*: "A luta de forças sociais, eis o princípio da ação dramática de Mussorgsky. O amor e a morte, a alegria e a infelicidade, o nascimento e a perda dos indivíduos servem apenas como episódios secundários"[14], indica a análise de Glebov. Ela resume o projeto de Mário de Andrade também – que, como dissemos, apenas radicaliza, eliminando os indivíduos e chegando à concepção de uma "ópera coral".

> A noção "ópera coletiva" tivera uma resposta imediata, que será talvez a originalidade mais atrevida da minha criação. Não se tratava apenas de fazer um libreto que pudesse interessar coletivamente uma sociedade, mas que tivesse uma forma, uma solução técnica derivada do conceito mesmo de coletividade. Uma ópera coral, concluí. Um melodrama que em vez de lidar com indivíduos, lidasse com massas; em vez de solistas virtuosísticos que sempre foram o elemento principal de desmoralização artística, [...]: em vez de personagens solistas, personagens corais. Enfim uma ópera inteira exclusivamente coral (p. 322).

Os Vínculos de *Café* com a *grand opéra*

As evidentes afinidades entre a obra de Mussorgsky e a gênese de *Café* desdobram-se num vínculo que liga o poema dramático à tradição da ópera histórica – da *grand opéra* – e que é testemunhado pelo artigo sobre *Guilherme Tell* (ver Anexo). Mário de Andrade parte do comentário incluso no segundo volume, recém-publicado, do excelente *História das Grandes Óperas e de Seus Compositores*, de Ernest Newman[15].

Um elemento importante é a ideia da concordância entre os "climas sociais" da época de Rossini, tal como é relatado por Newman[16], e dos tempos vividos então por Mário de Andrade, quando a "liberdade e a democracia eram idealizadas e os tiranos malvistos" (p. 358).

Isso seria, no entanto, apenas uma relação geral de princípios libertários entre os dois termos, se não houvesse pontos comuns precisos

---

14. *Idem*, p. 243.
15. Ernest Newman, *História das Grandes Óperas e de Seus Compositores*, 1951, vol. II, pp. 179-204.
16. *Idem*, p. 181.

que refazem os caminhos traçados pela análise de *Boris*. Tomemos, primeiramente, Mário de Andrade:

> O que interessa observar é que justo nesse segundo ato da revolta, que é o mais inspirado e genial, se deu o que, em gíria de teatro, é um ator ou personagem "roubar" a importância de outro mais principal. Com efeito, na imponência coletiva da conjuração, o herói da ópera, Guilherme Tell, desaparece, confundido com os outros inconfidentes que o cercam e mesmo o dirigem intelectualmente. Como bem observa Newman, "seria melhor que o compositor e os libretistas trouxessem o grande movimento nacional para o frontispício da peça". Porque o herói legítimo da criação de Rossini, Newman confere, "é o povo suíço" [...] (p. 359).

Já por essa passagem, constata-se a identidade entre "o primeiro personagem" – isto é, o povo – de *Boris* e o herói da criação de Rossini, que ressurge com absoluta plenitude no projeto de *Café*. Essa identidade é aliás explicitada no texto de Newman, citado de maneira truncada no artigo de Mário de Andrade:

> Os verdadeiros heróis da obra de Rossini são, sem dúvida, Guilherme Tell e o povo suíço; teria sido melhor que o compositor e os libretistas trouxessem o grande movimento nacional para o frontispício da peça, como o fez Mussorgsky no Boris Godunov[17].

Boris e *Guilherme Tell* – as duas obras se irmanam nessa incorporação das massas populares que lhes conferem o primeiro plano. Não é casual que elas surjam concomitantemente sob a pena de Mário de Andrade, quando trata do teatro cantado e da gênese de *Café*. Elas possuem um verdadeiro elo histórico. *Guilherme Tell* de Rossini foi a primeira de *grand opéra*, e seu modelo acabado.

O gênero da *grand opéra* trazia consigo a ideia de um espetáculo suntuoso, no qual os conflitos dramáticos entre os poderosos se enlaçavam com o que poderíamos chamar "a coletividade". Era a história, vista não como crônica anedótica, mas como grande afresco. Como é sabido, esse gênero eminentemente francês teve seus mais ilustres representantes em compositores então de muito sucesso, mas cuja arte

17. *Idem*, p. 197.

não resistiu ao tempo. Meyerbeer e Halévy, *Os Huguenotes, A Africana, O Profeta, Robert le Diable, A Judia* são os exemplos por excelência desses autores e dessas obras.

Esse gênero, no entanto, começara de maneira perfeitíssima com *Guilherme Tell*. Rossini soubera fazer a transição da antiga ópera séria para a ópera moderna, histórica, iniciando o estilo em 1829. Com essa obra, ele estava, *de facto*, reformando o gênero ópera. Diz Newman: "Um novo tipo de assunto para a ópera estava entrando na moda; o público achava-se cansado da mitologia clássica e queria ver no palco a vida do seu próprio tempo ou qualquer cousa que se lhe correlacionasse"[18].

Se a posteridade imediata de *Guilherme Tell* – a obra de Meyerbeer e outros – não sobreviveu, é preciso considerar que ela conheceu, no tempo, um sucesso prodigioso, dominando, como modelo "estético", a produção de óperas. A influência do modelo sobre Wagner (apesar do ódio que esse compositor nutria pelos autores franceses do gênero) é absolutamente incontestável; Verdi também sucumbiu a ele, e não em obras menores: *As Vésperas Sicilianas, Don Carlos* e *Aida*. Mussorgsky, com *Boris* e *Kovanchina*, individualizadas enquanto imensas obras-primas, não deixa de dever, historicamente, a essa corrente, iniciada por *Guilherme Tell*.

Desse modo, a reflexão que Mário de Andrade desenvolve sobre o teatro cantado o leva a extrair dessas óperas históricas, coletivas, libertárias um princípio diante do qual elas haviam chegado (particularmente com o exemplo de *Boris*), mas não haviam levado à sua extrema consequência: o da eliminação dos personagens individuais em benefício das coletividades corais. Como lembra Newman, isso era impossível no século XIX, pois "no tempo de Rossini as principais atrações da ópera eram ainda o primeiro soprano e o primeiro tenor"[19], isto é, a execrável "virtuosidade", abominada por Mário de Andrade.

Em última análise, *Café* pode ser visto como um derradeiro avatar das mais altas formas engendradas pela *grand opéra*, sobre o qual atua uma consciência social e política plena, fazendo que fiquem eliminados os personagens, em benefício das massas corais.

Das reflexões sobre a ópera, a partir das temporadas de 1933, passando pelo *Boris Godunov* analisado por Calvocoressi e Glebov e pelo

---

18. *Idem*, p. 181 (também citado por Mário de Andrade em "Guilherme Tell", no Anexo, p. 358).
19. *Idem*, p. 197.

Guilherme Tell, a gênese de *Café* surge entretecida numa teia que envolve inspiração, cultura, consciência criadora. Mas Mário de Andrade faz ainda apelo à "eternidade" do teatro cantado, do qual a ópera é apenas um dos ramos. Garantindo a nobreza do gênero – já que a ópera, em fim de contas, continua abalada pelo descrédito sofrido diante da modernidade – está a tragédia grega.

Schiller e a Tragédia Coral

Esta referência, estabelecida por Mário de Andrade, toma um sentido maior se voltarmos ainda às origens da *grand opéra*.

A *grand opéra* tem, no seu subsolo, a reforma dramática proposta por Schiller. Naturalmente, na sua transposição para o teatro lírico, o projeto intelectual primeiro encontrava-se diluído em seu rigor, ambição e nuanças, mas alguns princípios gerais, engendrados por esse projeto, se mantinham. Não é acaso que *Guilherme Tell* seja uma transposição do drama de Schiller para a música. Ele não trazia apenas a novidade do assunto, como quer Newman, mas a novidade do tratamento, e a novidade do que se poderia chamar de perspectiva. Esses conflitos entre razão cívica, ou razão de estado, e interesses individuais, em que a "coletividade" intervém por meio de massas corais, é um dos princípios schillerianos que estão na origem do gênero da ópera histórica. E o papel que o coro toma no drama histórico moderno é justamente enunciado por Schiller num prefácio escrito para a peça *A Noiva de Messina*, de 1803, e intitulado exatamente "Acerca do Uso do Coro na Tragédia". Uma passagem traz a ideia da recuperação do coro da tragédia grega, fortemente minimizada pela tragédia francesa moderna:

> Como se sabe, a tragédia grega originou-se do coro. Mas assim como ela, historicamente e com o correr dos tempos, se emancipou dele, pode-se dizer também que, poética e espiritualmente, nele teve sua origem, e que, sem essa pertinaz testemunha e esse esteio da ação, ter-se-ia feito dela uma obra poética totalmente diversa. A abolição do coro e a redução desse poderoso órgão sensível à figura de um modesto confidente, figura essa sem caráter de enfadonha repetição, não representou, pois, de forma alguma,

a notável melhora da tragédia de que se gabavam os franceses e seus arremedadores[20].

Schiller diz que o coro, na tragédia antiga, é "natural": "As ações e os destinos dos heróis e reis são já de si coisa pública, e o eram ainda mais naqueles singelos tempos primordiais. Conseguintemente, na tragédia antiga, o coro era mais um órgão natural, que provinha da própria forma poética da vida real"[21].

Ora, no mundo moderno – mundo, para Schiller, quase de uma banalidade baudelairiana *avant la lettre* –, a interação entre poesia e "real" desapareceu. A grandeza dramática deve ser inoculada na história política moderna pelo poeta (o registro do poético sendo "o ponto neutro entre o ideal e o sensível"); o coro, dilatando o particular, permite justamente a obtenção dessa grandeza, feita de reflexão transformada em poesia:

O coro mesmo não é nenhum indivíduo, senão que um conceito geral. Mas esse conceito é representado por uma poderosa massa sensível, que impõe respeito aos sentidos com sua presença maciça. O coro abandona o estreito círculo da ação para se estender ao passado e ao futuro, a longínquas épocas e povos, a todo o humano em geral, a fim de colher os grandes resultados da vida e revelar as doutrinas da sabedoria. Fá-lo, no entanto, com a inteira força da fantasia, com a ousada liberdade lírica, avançando até os mais altos cumes das coisas humanas como que com passos de deuses – e o faz, em sons e movimentos, acompanhados de toda a força sensível do ritmo e da música.

Assim, ao isolar a reflexão da ação, o coro *purifica* a poesia trágica, enquanto que, justamente através desse isolamento, provê de força plástica a própria reflexão.

[...]

Só o coro confere ao poeta trágico o direito a essa salvação do tom, que empolga o ouvido, que ativa o espírito, que dilata toda a alma[22].

Com *A Noiva de Messina*, Schiller ilustrava a importância do coro, tratando um tema moderno com a gravidade e a grandeza poética da

---

20. Friedrich Schiller, "Acerca do Uso do Coro na Tragédia", 1964, p. 70.
21. *Idem, ibidem.*
22. *Idem*, pp. 72-73.

tragédia antiga. É também o exemplo mais forte da recuperação coral, recuperação que perpassa em sua obra e se dissemina pela produção da *grand opéra*. Schiller sabia, no entanto, das dificuldades de se compor uma peça apenas com massas corais. Ele percebe claramente a dinâmica da alternância entre os personagens – mesmo poucos e solenes – e o coro, que permite a sequência de conflitos violentamente passionais, e de "considerações serenizadoras". Ritmos diversos, diversidade nas situações: não há dúvida que Mário de Andrade deveria se assustar com "o perigo da monotonia" em uma peça exclusivamente coral. Schiller não dá jamais o passo em direção a uma tragédia coral, nem o faz a *grand opéra*. É uma nova leitura da história, a história das lutas de classe, que faz Mário de Andrade destruir os perfis.

Forças históricas postas em ação dramaticamente: estamos num clima de símbolos, de generalizações, perfeitamente coincidentes com os princípios de uma estética soviética muito datada. O próprio solo feminino, a voz do lamento, do desespero, é um recurso corrente nesse universo: basta lembrar o solo feminino da cantata *Alexander Nevsky*, de Prokofiev. Entenda-se: não se trata de afirmar que Mário de Andrade plagiou aqui ou ali, mas de constatar uma coincidência poética, advinda de uma atmosfera específica, comum a certas obras.

Poder-se-ia lembrar que o personagem de Isabella (do elenco reduzidíssimo de *A Noiva de Messina*), nos seus clamores maternos diante das massas corais, possui algo desse desespero solitário, imenso, arquetípico (Mário de Andrade, em *Café*, transforma a Mãe numa Verônica – e, portanto, numa Pietà – com as palavras "Falai se há dor que se compare à minha" – *dolor sicut dolor meus*). Mas Isabella não deixa nunca de ser um personagem que possui um sofrimento singular. Se como que acena para o simbólico, para o geral (a generalidade dos sentimentos maternos), ela nunca o atinge, nunca se transforma em A Mãe, sofredora por um povo crucificado – como a de *Café*.

Retomemos: desde o início dos anos 1930, reflexão sobre a ópera, reflexão sobre Mussorgsky e *Boris Godunov*, vínculos com *Guilherme Tell* e com o princípio libertário das óperas. Compenetração das forças dinâmicas da história: luta de classes e revolução, a serem traduzidas por um projeto de ópera coral, dentro de um clima estético vinculado à União Soviética de então. Resultado: *Café*[23].

---

23. Mário de Andrade insiste, em carta a Antonio Candido e Francisco Mignone, na inspiração buscada nos "bardos celtas" para a escrita de *Café*: "Procurei me inspirar na tragédia grega, reli

A Boa Demagogia

Mas outra peça coral, destinada à execução impossível nos jardins do Teatro Municipal, já existia, escrita por Mário de Andrade nos tempos da modernidade jovem e heroica. Nela, a solista era "Minha Loucura". Essa forma musical – oratório – estava, portanto, presente no poeta. Poderíamos pensar que *Café* se inscreve num veio que já fizera emergir as embriagadoras "Enfibraturas do Ipiranga". Se assim for, o oratório da juventude e a ópera do fim coincidem no fecho de um círculo.

Naturalmente, as "Enfibraturas" são eclosões de uma lírica pessoal, subjetiva. É um poema que mantém afinidades de gênero – e por meio de algumas soluções poéticas constantes que não cabe aqui analisar – com *Café*, afinidades que se encontram, pois, nos dois extremos temporais da produção de Mário de Andrade. Mas esses dois extremos se situam em duas "visões de mundo" muito diversas. *Café* incorpora toda a maturação e as preocupações novas que viemos aqui elencando, querendo-se obra exemplarmente engajada.

Desse modo, aquela "boa demagogia" que já mencionamos a respeito de "Mussorgsqui", tão claramente explicitada no prefácio de Mário de Andrade para o livro de Victor Seroff sobre Shostakovich[24], deve ser assumida pelo criador que deseja inculcar um cunho de consciência política na sua obra. Isso sem se preocupar com a "efeminada epiderme burguesa"[25], que recusa pundonorosamente o epíteto "demagógico".

É assim que, em "Do Teatro Cantado" e "Psicologia da Criação", Mário de Andrade parte de uma concepção "coletivista" da ópera:

---

textos, nada. Shakespeare e nada. As danças dramáticas folclóricas colhidas por mim, nada. Até que o simples acaso de um pouco antes ter relido a tradução de Ossian feita lindamente por Otaviano, me lembrou os bardos celtas. Mas os legítimos, não Ossian. E foi o deslumbramento. Nem se pensava mais na discussão. Chegara tipicamente, no mais romântico sentido, a Inspiração! Ora uma passagem, ora um poema, sem nexo, sem ordem, sem conexão. Às vezes nem podia terminar a leitura de um poema, deixava o livro para escrever. Me inspirei, plagiei deslavadamente, anatolefrancemente. [...] E disso tudo, pouca coisa ficou. Terá ficado um substrato mais que a realidade dos poemas – e ninguém nunca se lembraria dos bardos celtas e dos meus plágios, se eu não o confessasse. Mas é que hoje ando assustadoramente apaixonado pelo mistério de criação artística pra não confessar lealmente estas coisas, como já fiz, a pessoas várias. Eu devo o meu *Café* aos bardos celtas" (Mário de Andrade, *71 Cartas de Mário de Andrade*, [s.d.], pp. 56-57 e 104). Nos elementos da gênese de *Café* encontram-se, portanto, também esses "bardos celtas". Eles não são mencionados, porém, em *Mundo Musical*, e não cabe aqui, de qualquer modo, esgotar todos os componentes da criação da "Tragédia Secular" de Mário de Andrade.

24. Mário de Andrade, "Chostacovich", 1945.

25. *Idem, ibidem.*

A música dramática, só por si não é mais "banal" do que qualquer outra. Mas, com efeito, por ser teatral, ela é mais didática, ela é mais interessada, ela é mais imediata. Ela tem que dominar o seu público imediatamente e mandá-lo, organizá-lo, fazer dele alguma coisa unânime, coletiva. Pra isso ela não precisa ser banal, mas tem de ser dinâmica e ser fácil. Nem é banal o coro do *Nabuco* que moveu gente. Nem os corais do *Boris*. A ópera se avacalhara quando, deixando de servir a princípios humanos mais gerais e populares, fora deformada num exclusivo instrumento de classe (p. 318).

Um comentário extraído de carta endereçada a Antonio Candido, datada de 18 de janeiro de 1943, reforça essa ideia:

Teatro é fundamentalmente e essencialmente povo, e se um de nós, ressequidos de cultura e erudição, é mais ou menos refratário a essa funcionalidade educativa do teatro, eu não queria e não quero esquecer que fiz uma obra voluntariosamente popular. Pra povo. Pouco importando mesmo a possível perfeição estética dos versos[26].

Compreendemos então a gênese da conclusão do primeiro ato de *Café*, que vai se articular com a ideia da "boa demagogia":

Aí, com muita lógica conclusiva, o que surgiu primeiro foi o final do último ato: uma cena triunfal de revolução vitoriosa. O efeito fácil duma apoteose apenas um segundo me preocupou esteticamente. É preciso não confundir o fácil com o banal, como fazem os pedantes, e eu queria elementos fáceis, que pudessem servir com imediateza ao público (p. 323).

A passagem se superpõe claramente à seguinte, extraída do prefácio ao livro de Victor Seroff (já citada em "Mussorgsqui"):

Ora, o princípio de euforia, de triunfalidade, de apoteose, nos finais de obras longas, é elemento psicológico, terapêutico até, universalmente reconhecido e estatuído [...]. A solução formal de Chostacovich, de acentuar populistamente os finais, é didática. É uma demagogia. Mas os dicionários ainda não aceitaram, todos, que "demagogia" seja apenas a repulsiva

---

26. Mário de Andrade, *71 Cartas de Mário de Andrade*, [s.d.], p. 54.

mácula pejorativa que está tomando no verbo assustado da crítica burguesa de arte[27].

Mário de Andrade sabe, entretanto, que caráter circunstancial engendra essa "boa demagogia", e sobretudo que sacrifício enorme ela impõe diante de subjetivismos "burgueses". Sacrifício às "imperfeições voluntárias", como ele mesmo diz, exigidas pelo empenho político:

> Há de ser sempre amargo ao artista verdadeiro, não sei si artista bom, mas verdadeiro, sentir que se esperdiça deste jeito em problemas transitórios, criados pela estupidez da ambição desmedida. [...] Então, estarão bem definidas e nítidas pra todos as grandes palavras do verbo. Terá fraternidade verdadeira. Existirá o sentido da igualdade verdadeira. E o poeta será mais verdadeiro.
> Então o poeta não "quererá" ser, se deixará ser livremente. E há de cantar mandado pelos sofrimentos verdadeiros, não criados artificialmente pelos homens, mas derivados naturalmente da própria circunstância de viver. Me sinto recompensado por ter escrito esta épica. Mas lavro o meu protesto contra os crimes que me deixaram assim imperfeito. Não das minhas imperfeições naturais. Mas de imperfeições voluntárias, conscientes, lúcidas, que mentem no que verdadeiramente sou[28].

Esse texto, datado de 15 de dezembro de 1942, articula a visão autorreflexiva sobre a gênese de *Café* com os textos que vêm a seguir em *Mundo Musical*: "Elegia" e "Ra-ta-plã". Escritos que exigem dos artistas esse mesmo sacrifício modelarmente expresso em *Café*.

---

27. Mário de Andrade, "Chostacovich", 1945, pp. 19-20.
28. Mário de Andrade, "*Café* – Concepção Melodramática", em *Poesias Completas*, 1966, p. 399.

// ANEXO

Mário de Andrade,
"Temporada Lírica"[1]

A Manon de Massenet, é bem uma das expressões mais perfeitas e mais puras do gênio francês. A graça, a distinção unidas a uma vaga névoa de sentimentalismo...

Eça que tanto se aproveitou da lição francesa, sob um certo ponto de vista naturalmente, disse a frase que melhor define a índole gaulesa: "sob a nudez forte da verdade o manto diáfano da fantasia". E, como cronista, Fradique Mendes foi sempre assim: o meio-termo, a verdade que se recata, a mulher nua que se recobre do véu. A música francesa que é toda de cambiantes finas e delicadas, apresenta a rudeza dos embates da vida sob uma aparência piedosa de visão e fantasia – falamos da música representativa, que frisa o gênio da raça, que nasce com as "bergerettes", e com altos e baixos passa pelas criações de Rameau, Gluck, César Franck, Massenet e outros ainda, para atingir Chausson, Fauré e finalmente Debussy. Essa música nunca atingirá o realismo filosófico e possante da alemã e muito menos se comprazerá com o verismo bambo e puccinesco de certas bandas de aldeia, onde dominam pratos e tambores, com arrebiques de flautim. Sob esse ponto de vista, a *Manon* nos interessa muito mais que a própria música de Berlioz, muito menos característica, muito menos representativa, muito menos francesa. Enfim, porisso mesmo que deriva de um gênio mais possante e mais audaz. A música francesa aflora a dor, ligeiramente tristonha, mas foge logo a rir ligeiramente; dizima a verdade crua para vesti-la com as roupagens da ironia ligeira: como que usa espartilho e pó de arroz. Poder-se-á dizer que seja inferior, por isso? Absolutamente, não. Ninguém nunca dirá que sob o espartilho não possa palpitar um coração quebrado de amar, nem que a dúlcida camada do pó de arroz não venha sulcar lágrimas.

A sra. Ninon Vallin, após dois anos em que embora fazendo parte da companhia lírica do Municipal, se absteve de cantar, apresentou-nos ontem a figurinha amorosa e variável de Manon Lescaut... E como

---

1. O artigo não traz data no álbum de recortes III, conservado no IEB-USP, mas pelo espetáculo ao qual se refere, é possível datá-lo de 1919. Ver Paulo O. Castro Cerquera, *Um Século de Ópera em São Paulo*, 1954, p. 25.

um "bibelô" de Sèvres, como uma marquesa de Lancret, fez-nos viajar por uma desejada Citera, amostrou-nos com um brilho de lágrima um pedaço áspero da vida e evaporou-se, menos infeliz que bem-aventurada, beijando a boca amada. Ninon-Manon viveu para cantar, cantou para morrer – cigarra com a mais fresca das vozes deliciosa e pura, afinadíssima, educada.

O sr. Schipa, vencendo galhardamente os acúleos da província (sic, por pronúncia) francesa que lhe é tão adversa, apresentou-nos agora uma voz menos pura, menos feminil, mais quente muito mais humana, infinitamente melhor. Não encanta mais pelo carinho sensual de um timbre fascinador; perturba, comove, com os acentos mais masculinos e fortes que emite.

O sr. Crabbé, sempre finíssimo artista e adorável cantor.

A sra. Pavlova esvoaçou leve, levíssima, irreal sobre o tablado, dançando airosamente o airoso minuete. Todos os demais artistas muito bem. Bravo! – M.A.

Mário de Andrade, "Teatro Lírico – Iniciou-se Ontem, no Municipal, a Temporada Italiana de Ópera com 'Manon' de Massenet"[2]

Não me lembro bem si foi Pierre Lasserre que, estudando a personalidade de Rostand, teve uma observação muito feliz que cabe perfeitamente a certos autores menores. Como é evidentemente o caso de Massenet. Dizia o crítico que, certos autores de pequena envergadura como que vivem à espera dum assunto que coincida com todas as pequenas possibilidades deles; e que si, por acaso, encontram esse assunto, essas pequenas possibilidades se ajuntam e se demonstram todas com tal efusão e integridade que a obra se torna grande, digamos a palavra; se torna obra-prima. Há de fato vários casos assim. É perfeitamente o *Cyrano de Bergerac* de Rostand. É, na ópera, o caso de Puccini com a *Bohemia*, e ainda mais tipicamente o caso de Massenet com esta deliciosa *Manon*.

---

2.   Artigo publicado no *Diário de S. Paulo*, 11 jul. 1933.

Massenet é um músico de voo bem rasteiro. Dotado duma musicalidade extraordinária, os seus dons se reduziam porém a uma melodia fácil, sem profundeza nenhuma. Além disso ele foi sempre uma dessas inteligências satisfeitas de si, sem nenhuma curiosidade, e jamais procurou ir mais longe do que a pequena altura que lhe tinham granjeado seus dons naturais e um ensinamento muito escolar. Escrevia bem, instrumentava bem, fazia tudo bem, sem a mais mínima preocupação de chegar ao melhor, nem ao ótimo. A impressão que se tem, lhe estudando a obra, é que Massenet era duma enorme, não apenas modéstia, mas verdadeira humildade. Era sim, mas carece não esquecer que a humildade muitas vezes não passa dum dos muitos disfarces da preguiça intelectual. E neste sentido é que se deve compreender a característica mais viciosa deste gentil. Massenet foi um grande preguiçoso intelectual. Nunca, por isso, passou dum compositor de bem abalizada mediocridade, criador de melodias fáceis, agradáveis, timbradas duma tal ou qual melancolia bastante sensual. Muito repetida e reconhecível, a melodia dele, não é que venha impregnada fortemente de personalidade, como por exemplo, a de Chopin, que também é muito reconhecível em quase tudo o que escreveu. Não é por ter muita personalidade que a melodia de Massenet é facilmente reconhecível, mas porque ele se repetia, por preguiça, usando sempre duma dúzia de arabescos graciosos que criou pra uso próprio e que sabia de efeito seguro sobre o grosso do público.

Mas um dia Massenet encontrou Manon. O assunto se coadunava admiravelmente com os dons dele. Além disso, a obra do padre Lescaut é tipicamente uma obra menor, apesar de admirável. Basta compará-la com a *Princesa de Cléves*, de Madame de Lafayette, pra se perceber o quanto a *Manon Lescaut* é um livro menor. Nenhuma profundeza; uma psicologia facilmente perceptível pelos gestos, sem precisão de análise interior; e principalmente aquela particularização dos personagens, pela qual nós não nos sentimos vivendo neles, mas nos limitamos a observá-los vivendo. E tudo tingido de graça, de melancolia. Perfeição de fatura, equilíbrio, sobriedade, banalidade quasi disfarçada. Era Massenet.

E com efeito, ainda auxiliado pelo excelente libreto de Meilhac, Massenet inventou uma obra-prima. Manon, Des Grieux, o primo Lescaut, personagens fáceis, de paixão fácil, facilmente perceptíveis pelo seu exterior, de dramas facilmente afloráveis à epiderme, foram admiravelmente bem pintados pela música graciosa, melancólica e sensual.

E ainda aquela perigosa elegância de linha e de harmonias dos franceses, ajuntada à segurança dos efeitos teatrais que Massenet possuía incontestavelmente, lhe deram essa joia deliciosa, flor do teatro lírico francês. Acho *Manon* uma dessas coisas... indiscutíveis. Pouco importa saber si é pobre, si é amaneirada, si isto e mais aquilo: será sempre uma gostosura. Não impressiona, a gente sai do teatro sem pensamentos profundos, ou, mais acertadamente, sem pensamento nenhum. Mas diverte. E ópera em si já é uma coisa tão absurda, que bem se pode afirmar que divertir é sua única finalidade. E por tudo isso, *Manon* é uma obra-prima.

Infelizmente pouco se viu dessa obra e seus caracteres com a representação de ontem. Ouviram-se belas vozes e belíssimos sons, mas foi quasi que só. Uma prodigiosa ignorância de estilo fez da leve melancolia massenetiana uma tragédia tremente. É preciso não botar Shakespeare em Massenet. O delicado músico fica assim dolorosamente diminuído e até ridículo. Quem primou nessa falta de gosto foi o sr. Gigli, que além do mais, não tinha o físico de Des Grieux, que ficou grosseiro, violento e vulgar. A cena do jogo no 4º ato esteve insuportável de movimentação. Pra compensar, o célebre tenor nos deu o presente de alguns sons maravilhosos. A sua mezza voce é dum encanto excepcional. E que agudos brilhantes.

A sra. Favero em Manon esteve bem melhor que seu famoso parceiro. É uma artista que sabe pisar num palco e se mover. Possui ainda uma voz clara, fresca, moça, que é uma perfeita delícia. A cena de sedução esteve extraordinária. Foi talvez o momento mais empolgante na noite. Aliás, todo o terceiro ato foi excelente. Aí o drama se violentava mais e porisso os bravos cantores estiveram à vontade. – M. de A.

Mário de Andrade,
"Teatro Lírico – 'Madame
Butterfly' de Puccini"[3]

O assunto da *Madame Butterfly*, bastante feliz como assunto pra divertir, é uma espécie de tema passe-partout. Primeiro foi romance, depois virou teatro, depois virou ópera e acabou virando cinema. E ainda se

---

3. Artigo publicado no *Diário de S. Paulo*, 12 jul. 1933.

pode dizer que virou opereta também, porque o caso da *Geisha* é visivelmente inspirado na invenção de Luther Long.

Não conheço nem pretendo conhecer o romance, e não conheço o drama. O assunto é, realmente operístico, e minha impressão mais secreta é que da ópera, do filme e da opereta, a melhor criação, desculpem, é a de Sidney Jones. Lamento muito alguém ter dito já isso antes de mim, e foi nada menos que Fausto Torrefranca na sua formidável catilinária contra Puccini. Eu não tenho contra Puccini o mesmo ódio nacional de Torrefranca. Este se erguia contra o autor do que ele chamou de "melodia pendular", em defesa da arte italiana que ameaçava ser confundida com o internacionalismo vulgar de Puccini e mais veristas.

Evidentemente, esse ódio nacional eu não posso ter, que nenhuma pátria me delegou direitos de lhe defender a tradição artística. Defendo apenas a nossa artezinha brasileira, coitada! porque isso, com delegação de direitos ou sem ela, posso fazer. Assim, Puccini não me horroriza mais como horrorizava nos tempos da juventude, quando as ilusões da idade imberbe inda me davam forças pra não ser condescendente com o que não adianta nem atrasa. E agora estou recordando o digno professor Chiaffarelli. Com sua velhice experiente, ele me disse uma vez, num sorriso de meia ironia: – Você inda há de fazer justiça a Puccini e gostar da *Bohemia*, da *Tosca*. Essa frase de que nunca me esqueci, sempre foi uma profecia pela metade. Hoje eu creio que faço justiça a Puccini, os seus incontestáveis dons de dramaticidade belicosa, de que Torrefranca chamou de "ária do urro". Mas da *Tosca*, paciência, nunca pude gostar, e creio que já agora é tarde pra que algum dia venha a mudar de opinião. No entanto mesmo da *Tosca* nas suas árias mais célebres, posso dizer o que penso de certas melodias bem achadas, como a "Serenata" de Toselli, a de Schubert, a meditação de "Thais", a "Primavera" de Grieg, a "Felicidade" de Barroso Neto. São coisas fatais, são coisas indiscutíveis e o melhor é a gente não se erguer contra elas porque então passará a vida inteira raivando. O que não vale a pena. Fazem parte do que eu chamo de "melodia digestiva", ótimas de ouvir por algum sexteto, enquanto se come e se conversa nalgum salão de jantar.

A *Madame Butterfly* si, segundo a opinião de Torrefranca, não vale tanto como a *Geisha* de Sidney Jones, sempre é uma ópera agradável de ouvir, e das melhores coisas de Puccini. Está claro que irrita muito a gente saber que o compositor esteve sinceramente disposto a fazer música asiática, e andou buscando melodias populares japonesas pra autenticar a niponice da sua invenção musical, ele possui bastante do que chamamos de "chinoiserie", de chinesice. Quanto a ter dado cor local à sua Chô-Chô-Sam, creio que isso foi pretensão excessiva do maestro. Deu cor local ao *Tabarro* e talvez à *Bohemia* porque boêmios existem em todas as cidades do globo. E que isso lhe dê satisfação e paz.

A representação esteve bastante homogênea com a sra. Dalla Rizza em Chô-Chô-Sam, a sra. Trilia em Suzuki, o tenor Ziliani em Pinketon e o sr. Damiani no cônsul americano. A companhia parece vir dotada de bons artistas, ou melhor, de boas vozes pro segundo plano. E mesmo a orquestra, arrebanhada exclusivamente entre os professores daqui, está dando satisfatoriamente conta do seu recado.

A sra. Dalla Rizza guarda com galhardia todos os seus dotes de simpatia. A sua voz agradável conserva-se quasi inteiramente a mesma e os seus dons de dramaticidade são realmente de primeira ordem entre cantores de ópera. Conseguiu com isso levar sem desfalecimento sua pesadíssima parte da apaixonadíssima Chô-Chô-Sam. E no terceiro ato comoveu profundamente.

A estreia do tenor Ziliani foi excelente. É um artista ainda moço, que se move no palco e possui uma voz muito agradável de timbre e rica de som. Não creio que, apesar de moço, o sr. Ziliani possa progredir muito sobre o que é atualmente. Tanto a sua voz como a sua maneira de interpretar indicam um desses artistas que atingem com rapidez o cúmulo das suas possibilidades. Enfim, apesar de moço, o sr. Ziliani é o oposto do que chamamos em crítica de promessa auspiciosíssima. Esta minha opinião pode ser falsa com a leve profecia que se inclui nela e isso só o tempo demonstrará. Mas, caso o sr. Ziliani se conserve na sua arte atual, assim como ela é, já lhe permite ser um excelente tenor.

M. de A.

Mário de Andrade,
"Música – Teatro Lírico"[4]

Ontem, a companhia lírica do maestro De Angelis levou a *Força do Destino*, de Verid (sic, por Verdi), e eu verifiquei que estou gostando de ópera. Não tem dúvida que esta nova fonte de prazer nem sempre se

4. Artigo publicado no *Diário de S. Paulo*, 24 dez. 1933.

relaciona com a Música com maiúscula, porém eu já cheguei àquele estado sábio de... de epicurismo estético que tira das obras de arte, não o prazer que elas querem dar, mas o que elas podem dar. E é principalmente por isso que a ópera me diverte muito agora.

Este ano da constituinte nova foi o ano da ópera e de vários dós de peito. Nada menos de quatro companhias estiveram aqui em São Paulo, além da, não direi de primeira ordem, mas de ordem imediata, que canta na Capital da República. Isso me permitiu toda uma série de prazeres inefáveis. Que gozo estético por exemplo, se escutar um agudíssimo de soprano ligeiro que aparece na conjuração dos Aimorés do *Guarany*, toda vestidinha à moda egípcia! Que ventura dramática a gente ouvir a sra. Piave Bellussi cantar o "Quale orribile peccato", da *Fosca*! Mas que gostosura sobrerrealística a gente perceber que um palácio do tempo dos druidas já apresentava um teto em caixotões retos da Renascença italiana e estava todo enfeitado com gobelins do século XVIII! Isso é a ópera, tudo isso é ópera e é delicioso inefavelmente.

E quando uma ópera não consegue mais interessar a gente, como não conseguiu me interessar ontem a *Força do Destino*, a gente deixa a ópera em meio. Não faz mal não. Isso não ofenderá nem a sra. Piave Bellussi que esteve ontem como sempre admiravelmente humana, nem a Companhia do maestro De Angelis. A ópera é que envelheceu por demais, essa ópera, a *Força do Destino*. Em compensação temos a *Fosca* hoje, que não envelheceu e é admirabilíssima. E mesmo quando a gente abandona o teatro, sai sempre feliz. Sai, não direi musicalizado mas sai cantorizado, isso, cantorizado. Nesse estado de dar a tônica no agudo que é a psicologia imediata da ópera.

M. de A.

Mário de Andrade, "Guilherme Tell"[5]

A oferta que a Livraria Globo me fez da sua tradução da *História das Grandes Óperas*, de Ernest Newman, me levou a buscar nesse livro necessário o caso de *Guilherme Tell*. Era natural que eu agisse assim, e não satisfeito apenas com a leitura, ainda fosse batucar no meu piano

---

5. Artigo publicado no *Correio da Manhã*, 6 fev. 1944.

a cena admirável da conjuração dos Cantões Suíços, no segundo ato. Como ninguém deve estar esquecido, os Estados se reuniram, decidiram se rebelar contra o tirano Gessler que infamava a terra, e no último ato da tragédia, depois de tantas vergonhas e sofrimentos aguentados, acabaram instituindo essa invejável República Suíça, a mais exemplar das democracias. A frase talvez tenha ficado um bocado comprida, eu bem que podia suprimir o rabinho dela, que afirma ser a "Suíça a mais exemplar das democracias". Mas não posso tirar, é isso mesmo! Era fatal que eu acrescentasse esse rabinho querido, tão fatal como ter procurado o *Guilherme Tell* para conforto do meu espírito neste momento. Porém por hoje estou exausto de todas essas minhas inquietações angustiadas pela democracia. O domínio que me ofereceram neste jornal é o jardim da música e eu só quero falar mas é da música.

Estou me lembrando primeiro de meu pai, que aliás adorava o *Guilherme Tell* e tudo quanto era Rossini. Lembrando, não por causa desse gosto dele, mas pelo provérbio com que logo ele explicava, si estivesse presente, a força que me impeliu a buscar o conforto do *Guilherme Tell*. O velho, decerto sem pôr reparo no autoelogio, costumava se ocultar num provérbio, para justificar as poucas amizades que escolhia e preferia, e nos afirmava que "uma flor procura outra". Pois foi o que se deu. E si eu não tenho nenhum jeito pra flor nesse mundo, não tenho também a menor possibilidade nem vontade de tirar a do meu provérbio, para não diminuir o *Guilherme Tell* nem meus amigos de Minas Gerais.

Si neste momento do escrito ainda eu conto com alguém triste que me leia, estou imaginando o espanto em que ficou, vendo esta entrada triunfal de Minas Gerais na ópera do *Guilherme Tell*. Pois é mui fácil de explicar, e vos garanto que nossas Alterosas fazem figura digníssima junto às alterosas da Suíça. Não sou desses brasileiros que cultivam a mania da inferioridade, graças a Deus, e a história de Minas, cheia sempre de inconfidentes, é igual à da Suíça, com seu Fuerst, com seu Mechtal, seu Guilherme Tell, seu Arnold, e demais inconfidentes também.

Assim, não tem nada de estranho que se ajuntassem nas minhas preocupações de conforto espiritual, a ópera de Rossini e as nossas Minas Gerais. Mas, no meu caso, além da justificativa de ordem crítica que deixei logo aí atrás, tinha outra de sentimento e muito ressentimento. Nada mais justo do que o meu estado atual de sensibilidade se afinar pela ópera rossiniana, pois tanto eu como Rossini vivemos em climas sociais perfeitamente idênticos. Ernest Newman descreve muito bem o espírito do tempo que levou Rossini a escolher o assunto do Guilherme Tell. "Um novo tipo de assunto, comenta o crítico, estava entrando na moda: o público achava-se cansado da mitologia clássica e queria ver no palco a vida do seu próprio tempo ou qualquer coisa que se relacionasse. As ideias liberais também andavam no ar, como resultado da fermentação política e social da época. A liberdade e a democracia eram idealizadas e os tiranos malvistos" (sic). Como está se vendo, seria difícil descrever o clima do tempo nosso com palavras mais comedidas e acadêmicas do que essas que Newman adivinhou para explicar o que obrigou Rossini à escolha do seu assunto. Nada mais natural portanto, fica provado e duas vezes provado, do que o sentimento de atirar meus braços pedintes de socorro à energia do herói suíço.

Mas eu escrevi atrás, numa frase bem bonita, que as minhas razões eram "de sentimento e muito ressentimento" e aqui é que entram as Minas Gerais. O sentimento me levava ao *Guilherme Tell* e o ressentimento a Minas. Não sei si será indiscrição contar, talvez me chamem de impertinente entrando por particularidades da vida íntima que não têm nenhum interesse público, mas agora é tarde pra recuar. Conto o ressentimento. Não vê que eu tinha planejado passar uns quinze dias sem conta certa em Belo Horizonte com os meus amigos mineiros, mas uma doença tão indiscreta como eu me forçou a desistir do projeto, seria tão bom!...

Seria tão bom passear por Belo Horizonte agora, oh inocentes de Pampulha, e concordar cordato com a boniteza seis a zero dessa supracitada Pampulha que, num átimo, virou o Butantã de lá. Cá e lá... Mas felizmente Belo Horizonte é gostosa com Pampulha ou sem Pampulha, Belo Horizonte é todinha gostosa, e mais gostosa que ela, no Brasil, só Belém do Pará.

Essa Belo Horizonte com Pampulha e sem Pampulha mas com meus amigos, é que eu planejava viver, doença não deixou. Noites de bar, escaldantes de humanidade, de prazer e sofrimento, em que eu iria escutar de perto esses corações amigos de artistas, de poetas, de intelectuais, nos seus anseios de arte, nas suas angústias de existência, em suas revoltas, suas esperanças e ilusões. E desilusões. E eu havia de lhes dizer, não na tipografia fria mas com a fala de boca donde sai o beijo, havia de lhes dizer que eu sofro com eles, vivo com eles, estou com eles, me enobreço deles... Ah meus amigos, nesse mundo horroroso ainda tem gente que conforta a gente!... Que tudo a doença me roubou!

Pois é. Quem entende um bocado de psicanálise, já está me explicando fácil como beber água. Ressentido por não poder levar meu coração nem minha fala de boca aos meus amigos de Minas Gerais, eu "transferi" como diria Sigmund Freud si estivesse vivo. Eu transferi, cantando nos ares solitários desta rua Lopes Chaves, os corais ardentes do "Guilherme Tell".

Está claro que eu não vou contar agora o assunto da ópera, todos o conhecem. Quem não conheça, compre o folheto dela, desses que vendem no *hall* dos teatros. O que interessa observar é que justo nesse segundo ato da revolta, que é o mais inspirado e genial, se deu o que, em gíria de teatro, é um ator ou personagem "roubar" a importância de outro mais principal. Com efeito, na imponência coletiva da conjuração, o herói da ópera, Guilherme Tell, desaparece, confundido com os outros inconfidentes que o cercam e mesmo o dirigem intelectualmente. Como bem observa Newman, "seria melhor que o compositor e os libretistas trouxessem o grande movimento nacional para o frontispício da peça". Porque o herói legítimo da criação de Rossini, Newman confere, "é o povo suíço", no caso representado pelos que o dirigiram, e se tornaram a inteligência e a consciência do povo infeliz. Porque são estes chefes, como representantes da inteligência livre, os que protestam, na ópera, os que se revoltam e têm de sofrer as consequências do seu não conformismo. Sofreram mas acabaram encontrando o seu Rossini, em cuja música eles serão sempre louvados em seu gesto e tornados inesquecíveis à gratidão popular.

Eu até não gosto de dizer, mas me dói quando vejo certos amigos, como o feroz Guilherme Figueiredo e o mais feroz Carlos Lacerda, maldando tanto da ópera e a xingando de muitos nomes feios. A ópera é uma coisa grande, e não tem culpa dos que a desnorteiam. Newman conta a repercussão pública enorme que causou essa conjuração dos inconfidentes montanheses. "Poucas cenas de ópera, ele diz, nos princípios do século XIX comoviam tanto os auditórios como essa Convocação dos Cantões". Mussorgsqui ainda conseguiu embrabecer mais o seu público, e a juventude de São Petesburgo saía do teatro cantando pela rua os corais revoltados do *Boris Godunov*. E carece não esquecer Verdi, com o *Nabuco*, levantando o seu público e lhe dando uma consciência coletiva e libertária. E carece não esquecer o *Masaniello*, de Auber (isto eu ainda não sabia, li em Newman) que em Bruxelas "originou motins que terminaram com a expulsão dos holandeses da

Bélgica". E ninguém poderá nunca pesar todo o poder deletério que Wagner teve sobre o povo ariano, já de si passivo e servil, o qual "compensou" a sua obediência, subserviência, escravidão e miserabilidade dentro da pátria, com a "sublimação" nazista de raça eleita e ex-futura dominadora do mundo, França e Bahia.

Tudo isto é ópera também, e ela não tem culpa dos interesses menos artísticos que às vezes a desorientam de sua destinação coletiva e popular. E por isto até mesmo os artistas verdadeiros e não conformistas se veem obrigados a... se conformar. Newman comenta com bom humor que mesmo querendo Guilherme Tell e o povo como heróis da sua ópera, Rossini teve que se sujeitar a um primeiro soprano e a um primeiro tenor. Mais doloroso ainda deve ter-lhe sido aquela cláusula do contrato do *Barbeiro*, que o obrigava a se conformar com todas as modificações de sua música exigidas pelos senhores cantores, palavra de honra! E Wagner não teve que acrescentar um baile no "Tanhaeuser" por causa do Foyer de la Danse? E Mussorgsqui não teve que defraudar, com um ato inteiro de amor, as revoltas populares de Boris?...

Mas nem tudo está perdido. Mesmo se conformando a um soprano inócuo e a um ato de amor, Rossini e Mussorgsqui, numa arrancada de símbolos, nos confortam e armam nosso braço. E tantas vezes também nós não temos, os do nosso cartaz de democracia e liberdade, também nós não temos que nos conformar com as exigências impostas pelo tempo e pelo meio em que vivemos? Temos sim. E então somos compelidos a cantar uma ária vocalizada, em vez da marcha mais franca e leal. Ária "da capo" como se diz em italiano. Para que não nos cortem a cabeça, digo eu em brasileiro.

M.A. **//** # Elegia

// 18.11.1943

Meu pobre compositor.

Recebi sua carta e o primeiro sentimento que ela me deu foi de indignação. Mas com esse sentimento eu ainda nobilitava você, porque fazia de você alguém que merecesse julgamento e castigo. Logo depois meus braços se desarmaram e os sentimentos que me ficaram foram apenas dó e lástima. É uma grande pena, meu amigo, tudo o que acontece com você, sua alma pobre, seus olhos cegos, seus ouvidos surdos. Você não vale a pena. Mas interrompo assim mesmo as minhas confissões sobre a "Psicologia da Criação", não faz mal. Pois si você não vale a pena, tem outros que ainda valem.

Outro dia Camargo Guarnieri deu uma entrevista muito importante sobre as misérias e defeitos da nossa vida musical. Tudo o que ele falou está certíssimo, as queixas que soltou são justas. Apenas não pude concordar com ele quando afirmou mais ou menos (não tenho a entrevista dele aqui), como era possível ao compositor ter sossego bastante pra criar, se está preocupado em dar sustento à família?... Nisto é que eu apenas não concordo integralmente com o grande compositor. E é neste ponto que teremos exatamente que distinguir entre o artista gratuito e o artista participante, entre o artista "camélia branca" e o artista homem, entre o artista "torre de marfim" e o artista vida coletiva, enfim: entre o artista-estético e o artista-artista.

Será realmente preciso o sossego material pra que se possa criar obras de arte? Absolutamente não, toda a história humana o prova. Pelo contrário, é no seu sentido menos interessado, no seu sentido de maior liberdade criadora que nós vamos perceber nos fundamentos das belas artes, o constrangimento, o não conformismo, a aspiração duma vida milhor. O que nos permite afirmar, sem medo do sentimentalismo, que a arte é sempre uma filha da dor. Neste sentido Beethoven nos dá o maior dos exemplos, quando no meio das suas desgraças, e ainda por cima sofrendo de mania de perseguição e se acreditando abandonado dos amigos, esquece tudo o que é material e solta o brado imenso da "Nona Sinfonia", celebrando a amizade entre os homens. Mas Beethoven nunca foi uma camélia branca, e aliás estou ofendendo as camélias, Beethoven não era um estetiqueiro, era um artista. Pois ainda tem exemplo maior, de que ia me esquecendo, o dos operários. Não é também (e, meu Deus! sempre) no meio de bravas dificuldades materiais que um operário faz muitas vezes uma obra de arte ("obra de arte" insisto) do maior filigranado e perfeição, e ajusta uma delicadíssima pecinha mecânica que uma diferença de quarto de milímetro inutilizava? O operário e Beethoven se elevam e igualam aqui na mesma destinação.

A arte, a arte verdadeira é sempre um instrumento de comunicação entre os homens. A obra de arte é sempre uma prova de insatisfação, sempre uma queixa. Queixa toda especial, não esqueço, que pode muitas vezes ser até alegre e pregar o futuro duma vida milhor. E é porisso que toda obra de arte deriva de uma fatalidade do artista, de uma necessidade irreprimível. Pouco importa si feita em seis dias, como o *Barbeiro de Sevilha* ou si eternamente inacabada como a Gioconda. Pouco importa, si fruto de encomenda ou si derivada de uma livre (livre!...) inspiração interior. Neste sentido toda e qualquer obra de arte legítima é sempre obra de circunstância.

Pois bem: Si você está sofrendo fome, anda com a barriga e o bolso vazios e está esperando primeiro encher bolso, barriga e matar sua fome pra depois compor, pintar seu quadro, escrever sua poesia, você jamais fará uma obra de arte legítima. A obra de arte legítima não espera por você. Você é que, si for artista, tem de esperar por ela. E ela chega a qualquer hora, nos tempos de sossego como nos de dor, especialmente nos de dor. E você tem que lhe dar tudo, lhe dar especialmente o seu sossego. E até si for preciso, a fome dos seus filhos.

E com efeito, si você espera sossego pra compor, é muito mais razoável, muito mais compreensível e humano que nesse momento da barriga cheia, em vez de "ter" a sinfonia, você tenha uma indigestão. Mas é a sua cabeça, a sua preguiça, a sua ignorância, ou a sua máscara que está indigestada de caraminholas ilegítimas, meu compositor errado.

Faça ao menos como Camargo Guarnieri, dê entrevista, esbraveje com verdade, se queixe com razão. E si quer ser mais discreto, a sua arte está aí. Peça pão e se revolte por intermédio da sua arte. Ela foi feita pra isso e você se comunicará da mesma forma. E si ainda quer ser mais discreto, si quer sublimar o seu sofrimento, faça como Beethoven. Os amigos me abandonam? Pois vou celebrar a amizade!

Aqui entra o lado ignaramente irônico da sua carta. Você se referindo a afirmações minhas, das vezes em que eu falei que o músico deve fazer obras de arte que participem da vida coletiva, me pergunta: "Mas como eu posso celebrar os sublimes ideais democráticos com uma serenata pra violino e piano? Como eu posso exigir liberdade de pensamento por meio dum minueto? Como posso pedir um emprego na Central do Brasil (que mau gosto!) por meio duma melodia em ré maior modulando para a dominante"?...

Deixo de parte a burrice involuntária dos seus exemplos. Evidente que os sublimes ideais democráticos ("ideais", não me refiro a certas práticas históricas) não podem ser celebrados nem por serenata nem a violino e piano, isso exige a grande cantata, a ópera, o poema sinfônico, a sinfonia. Porém as suas perguntas implicam de fato um dos problemas mais complexos da música, o da "pureza" estética do som musical, o não fornecer ele imagens conscientes, enfim a incompreensibilidade musical. Mas Chopin deixou de lado problemas estéticos, quando arrebentou nos gritos imortais do seu "Estudo", ao saber da queda de Varsóvia. Chostacovich pouco esteve se amolando com filosofices de arte quando celebrou a defesa de Leningrado na "Sétima Sinfonia". Você dirá: mas nós só sabemos que se trata da tomada de Varsóvia e da defesa de Leningrado pelas biografias e confissões dos artistas.

Não há dúvida nenhuma! Mas si essa compreensibilidade consciente não é a função artística da música instrumental, o que você não poderá jamais é interpretar no "Estudo" como risadas o que chamei de gritos, nem a quasi terrífica potencialidade humana da "Sétima" como descrição do rosal da praça Floriano. O que importa, e esta é a especificidade artística da obra de arte, o que importa não é Varsóvia nem Leningrado, mas o que ambas representam nas escravidões insuportáveis, nos heroísmos sublimes. E si a música instrumental é de fato desumanamente pura, pois nos utilizemos dos elementos externos que a humanizam! Antes de mais nada, existe a voz que destina a música e as músicas. E com efeito, em épocas como a nossa, a música devia se

// ELEGIA // 363

tornar quasi que exclusivamente vocal, si os compositores musicais fossem um bocado mais conscientes do seu destino de artistas. Mas há outros elementos que só podem repugnar ao grã-fino esteticoide. Há os títulos, há os prefácios, há entrevistas nos jornais. E eu quero ver quem ainda tem a "pureza" de negar que o simples fato da gente saber que um quadro é de Rembrandt ou uma sinfonia é de César Franck, já não é um elemento... estético que nos ajuda, com muita razão, humana, a gostar do quadro e da sinfonia!

Mas o que mais me assombra na sua carta, meu amigo, nem é o assunto dela, mas a existência dela neste momento tão trágico da nossa vida humana! Como é possível que você possua uma alma tão isolada, um coração tão pobre, uma arte tão mentirosa que você fique bem calmo no seu canto, imaginando uma serenata pra violino e piano e um minueto! Acaso não há desilusões que te esbofeteiem, não há angústias que te impeçam qualquer arte de calma! Não há dores enormes varrendo a face da terra neste instante! Acaso o fantasma do fachismo já foi definitivamente vencido? Acaso não percebes que esse monstro de dez cabeças ainda nos ameaça por vária forma? Como é possível que a tua arte ainda não tenha estourado no sarcasmo dum "Esquerzo Antifachista" ou milhor e mais dinamicamente na "Marcha da Guerra"?...

Mas si o teu temperamento não é fogoso, és um... linfático, ao qual repugnam as "demagogias", incapaz dos ritmos e clarinadas da "Marcha da Guerra", em vez do futuro, olha o presente e plange a tua "Marcha Fúnebre"! Acaso não sabes que o Brasil está em guerra? Acaso não consegues imaginar o que é a guerra? Acaso não lês jornais, acaso não vais no cinema, acaso nunca perdeste um filho, um irmão, um amigo para que o teu coração não soluce, os teus olhos não se encham de lágrimas e não visiones na tua revolta, o que é essa mocidade que se sacrifica pelos seus ideais e é estraçalhada por todos os campos de luta do mundo?... Como é possível que existas entre tão elevados sacrifícios e ainda não tenhas escrito a tua "Marcha Fúnebre"!... E si és refinado demais para o ritmo coletivo das marchas, pois pega do relho múltiplo da grande orquestra e zurze a cara dos teus ouvintes com os lamentos doloridos da "Elegia", com os soluços desesperados do "Treno", celebrando o sacrifício insuportável dos que morreram.

E ainda, si acaso o sofrimento vivo do presente é demasiado rude para o teu antirrealismo sublimador, pois apega-te aos grandes símbolos eternos e solta no ar o alarma do teu "Maneros", a deploração de Lino, o cântico mágico do "Ditirambo". Tudo isso celebra moços que foram sacrificados também, deuses moços, representando o trigo, a fecundidade, o futuro, e que, para desgraça dos homens, o inverno matou. Mas então se ergueu o cântico coral dos artistas, deplorando a morte e clamando pela ressureição do deus moço. E a primavera ressurgiu, e Osíris, e Dionísio e Perséfona, e com eles o trigo, a fecundidade, o futuro.

Porque disso não se tenha dúvida: toda essa mocidade sacrificada na luta terá que ressurgir. Não estou me aproveitando não da imagem fácil dos discursos de cemitério. Desgraçadamente o que morreu está morto e não voltará mais. O sacrifício dele foi completo. Nada fez hesitar o braço do nazista. És tu que hesitas, meu compositor de gavotinhas. Vamos, cria vergonha! cria humanidade em teu coração deserto! Inicia imediatamente o teu "Maneros"! Agarra os soluços dos violinos, o alarma assustado das trompas, o queixume dos oboés, e exige a ressurreição do deus moço que morreu! E ele ressurgirá. Mas ele agora está morto, é um deus apenas, é uma estrelinha do céu... Ele vai ressurgir é no trigo, na fecundidade, no futuro.

J.C. // COMENTÁRIO

Neste rodapé, Mário de Andrade responde a uma carta (suposta ou verdadeira), na qual um compositor teria recusado os princípios da arte empenhada. Interrompe assim a série (para nunca mais retomá-la) da "Psicologia da Criação", que contava a gênese de *Café* no seu espírito, a fim de exortar os compositores a uma posição de empenho por meio da música, diante do mundo.

Evoca uma entrevista de Camargo Guarnieri na qual o compositor diz que as contingências do cotidiano impediriam o artista de criar: "como era possível ao compositor ter sossego bastante para criar, se está preocupado em dar sustento à família?..." (p. 361).

A partir disso, Mário de Andrade estabelece uma oposição entre o "artista-estético" e o "artista-artista", ou ainda entre o "gratuito" e o "participante", opostos que reforçam sua concepção derivada do romantismo, como já foi evocado, instaurando claramente os seguintes termos:

1. a arte é "filha da dor", das asperezas da vida; diante disso, as dificuldades materiais constituem mesmo uma boa condição para que se realize a obra;
2. ela exige o heroísmo; o artista tem de lhe "dar tudo", até a fome dos seus filhos;
3. sem patrão, livre, num certo sentido, *outlaw*, o artista deve se submeter às exigências de compromisso com o tempo.

Não é sem razão que os exemplos derivam do momento romântico: Beethoven, cantando a amizade quando os amigos lhe haviam abandonado, Chopin, rebentando "nos gritos imortais do seu 'Estudo', ao saber da queda de Varsóvia" (p. 363). A ele se acrescenta Shostakovich, celebrando a defesa de Leningrado em sua Sinfonia n. 7.

Esses elementos inserem-se na trajetória à qual já nos referimos suficientemente: de "O Pontapé de Mozart", isto é, da liberdade do artista, da submissão à arte e ao empenho político. É o perfeito exemplo de "O Maior Músico".

A exortação se faz veemente. Diante dos fascismos e do mundo em guerra, "pega do relho múltiplo da grande orquestra e zurze a cara dos teus ouvintes com os lamentos doloridos da 'Elegia', com os soluços desesperados do 'Treno', celebrando o sacrifício insuportável dos que morreram" (p. 364), ordena ele ao músico, usando uma eloquência adjetivada que mais uma vez nos remete ao universo do romantismo: "lamentos doloridos", "soluços desesperados", "sacrifício insuportável", "gritos imortais", "soluços dos violinos", "alarma assustado das trompas", "queixume dos oboés" – bela retórica romântica, feita daquela "boa demagogia" que se delineou nos últimos artigos. Até mesmo a evocação "demagógica" do operário:

> Não é também (e, meu Deus! sempre) no meio de bravas dificuldades materiais que um operário faz muitas vezes uma obra de arte ("obra de arte" insisto) do maior filigranado e perfeição, e ajusta uma delicadíssima pecinha mecânica que uma diferença de quarto de milímetro inutilizava? (p. 362).

A arte desce como uma fatalidade, como uma necessidade para o "ser artista", numa intuição, numa "inspiração" romântica, à qual o artista "verdadeiro" sacrifica até o que lhe é mais precioso.

Tudo isso confirma, de maneira cristalizada, as posições normativas de Mário de Andrade. Mas o texto vai além, e nos traz elementos interessantes ligados à semântica musical. Pode-se partir da afirmação geral: "A arte, a arte verdadeira é sempre um instrumento de comunicação entre os homens" (p. 362). Trata-se, porém, da comunicação de uma queixa, de um descontentamento diante da "realidade" do mundo (e por isso é, ontogenicamente, "obra de circunstância").

Mas como associar à música as significações militantes?

Surge aqui a questão da "'pureza' estética do som musical", o fato de que ele não fornece "imagens conscientes". A música, "em si", é "incompreensível". Mas, para Mário de Andrade, a percepção nunca é do som "em si". Ele vem sempre carregado de poderes psicofisiológicos e sentidos culturais. Esse tema, antigo em Mário de Andrade, enunciado desde "Crítica do Gregoriano" (de 1928) e desenvolvido em "Terapêutica Musical" e "Romantismo Musical" (respectivamente, de 1937 e 1941), constitui-se sempre em instrumento de suas análises musicais. Em "Elegia", sua posição é crucial, pois aqui ele se articula com a exigência de empenho político: é o momento por excelência da síntese entre a semântica e o político.

A "incompreensibilidade musical", empregando os termos de Mário de Andrade, é apenas uma concessão. Se ele a admite, é na necessidade

// COMENTÁRIO // 367

da argumentação. Som puro? Seja. Existem, todavia, elementos artificiais que se atrelam legitimamente às obras: as atitudes individuais dos artistas, as biografias, a história. Ou ainda, "os títulos, [...] prefácios, [...] entrevistas nos jornais". E mesmo o prestígio do nome do artista, que faz que o ouvinte ou espectador tenha uma atitude de disponibilidade favorável diante da obra:

> E eu quero ver quem ainda tem a "pureza" de negar que o simples fato da gente saber que um quadro é de Rembrandt ou uma sinfonia é de César Franck, já não é um elemento... estético que nos ajuda, com muita razão, humana, a gostar do quadro e da sinfonia! (p. 364).

Junto a esses elementos extrínsecos à música – mas evidentemente legítimos –, existe, claramente, a percepção (natural, "fisiológica", ou cultural, pouco importa) de que a física traz consigo a delimitação de grandes campos semânticos. São impossíveis de serem negados e possuem significação coletiva:

> Mas si essa compreensibilidade consciente não é a função artística da música instrumental, o que você não poderá jamais é interpretar no "Estudo" como risadas o que eu chamei de gritos, nem a quasi terrífica potencialidade humana da "Sétima", como descrição do rosal da praça Floriano (p. 363).

Dessa forma, quer "por natureza", quer por efeito cultural (plenamente incorporado, como "segunda natureza", é claro), mesmo na música instrumental existem forçosamente formas coletivas de expressão, inalienáveis. Os jogos de virtual associação que a mente pode estabelecer com os sons possuem delimitações gerais. É esse caráter geral que faz que o episódio circunstancial seja ultrapassado, seja universalizado no sentido de que é portador: "O que importa, e esta é a especificidade artística da obra de arte, o que importa não é Varsóvia nem Leningrado, mas o que ambas representam nas escravidões insuportáveis, nos heroísmos sublimes" (p. 363).

Essas ideias, que já compunham o pensamento musical de Mário de Andrade havia muito tempo, vêm agora reforçadas pela leitura de uma obra de Aaron Copland, à qual ele confere grande atenção, pois a cita, de modo destacado, nos rodapés seguintes. Ela toca em pontos particularmente sensíveis – a questão da "estética da recepção", o modo como o ouvinte percebe a música – e corrobora as ideias expostas antes:

> A música expressa, em diferentes momentos, serenidade ou exuberância, arrependimento ou triunfo, fúria ou deleite. Expressa cada um desses humores, e muitos outros, numa incontável variedade de sutis nuanças e diferenças. Pode inclusive expressar um estado de significado para o qual não há palavra adequada em nenhuma língua[1].

Esses "humores" dos campos semânticos sonoros, entretanto, não possuem, por si próprios, clara definição – um tema da Nona Sinfonia, diz Copland, transmite uma sensação de força e poder, mas não diz apenas *uma* coisa:

> Temas ou peças não precisam expressar uma única emoção, evidentemente. Tome-se, por exemplo, o primeiro tema principal da Nona Sinfonia. Ele é claramente formado por elementos diversos. Não diz apenas uma coisa. Ainda assim, qualquer um que o escuta tem uma sensação de força, uma sensação de poder. Não é um poder evocado simplesmente porque o tema é tocado em alto volume. É uma força inerente ao próprio tema[2].

Ao lado dessa passagem, Mário de Andrade anota, a lápis, o célebre exemplo do livro de Hanslick, segundo o qual basta mudar o verbo para que se altere, de oposto a oposto, o sentido sentimental, alegre ou triste, da melodia: "*J'ai perdu mon Euridice... J'ai trouvé...*" [Eu perdi minha Eurídice... Eu encontrei...][3].

Mas, se seguirmos "Elegia", suas conclusões são diametrais em relação às do autor de *Do Belo Musical*, de quem Mário de Andrade está, mais do que nunca, longe. Em vez de deduzir uma intangibilidade do caráter puramente sonoro da música, que se reduziria a uma estrutura, Mário de Andrade atribui um papel orgânico à união da palavra com o som musical: a primeira tem a função de "dirigir" a segunda, de dar aos vastos e imprecisos campos semânticos sonoros um norte, um caminho claro, definido. Faz então apelo à música vocal como sendo a forma por excelência de uma arte sonora que se quer empenhada.

1. Aaron Copland, *What to Listen for in Music*, 1939, p. 13.
2. *Idem*, p. 15.
3. Édouard Hanslick, *Do Belo Musical*, 1994.

A palavra, associada a esses grandes movimentos da alma provocados pela música, "destina", dirige o sentido do som. Em tempos que exigem o empenho do artista, diz ele, "a música devia se tornar quasi que exclusivamente vocal" (pp. 363-364). Essa afirmação naturalmente nos remete às origens de *Café*, isto é, daquilo que seria o grande exemplo do projeto poético e musical engajado. E talvez se possa encontrar uma antiga e nobre legitimação para a assertiva (e para o projeto) na tradição grega, em *Da Música*, de Plutarco – texto recorrente em *Mundo Musical*.

Logo no início, o antigo tratado lembra que existem duas ciências cujo objeto é a voz: a gramática, fixadora pela escrita dos sons da linguagem, e a música, que, por meio dos cantos, celebra os deuses que conferiram aos humanos, e apenas a eles, uma voz articulada.

Se, no entanto, o compositor não quiser se encaminhar pela música vocal, é preciso tomar as grandes formas exaltantes: "a grande cantata", "a ópera" (duas formas que implicam a utilização da palavra), "o poema sinfônico" (forma que deriva de um texto), "a sinfonia" (única forma, nesta série, que poderia ser chamada "pura", mas Beethoven e Shostakovich são excelentes exemplos de compositores que deram a ela uma "destinação" semântica). Ou então os "lamentos": "elegias", "trenos", "marchas fúnebres", "deplorações", "cânticos". Ou, enfim, as formas nas quais a ironia é possível: os *scherzi*. Não há mais lugar para a "serenata para violino e piano", para o "minueto", naturalmente – para quaisquer formas de música "pura".

Mário de Andrade esmiuça mais essas questões, acrescentando alguns aspectos circunscritos, na série Músicas Políticas, como veremos adiante. Mas caberiam ainda algumas observações sobre a questão do "sentido" dos sons, das relações entre palavra e música, constantes primordiais das preocupações de Mário de Andrade.

Com ele, estamos à distância da tradição formalizante, inaugurada claramente por Hanslick no século XIX, e que acabou por engendrar uma posteridade triunfante. Essa perspectiva – na qual os meios da realização e os fins, em última análise, se confundem – eliminava toda postura cultural, todo vínculo com uma qualquer "teoria dos afetos", que até então presidia e dignificava os destinos da produção musical.

Apesar da vaga formalizante que até hoje conhecemos, alguns textos ilustres prolongaram, em nosso tempo, a especulação estética sobre a semântica sonora, conferindo-lhe um caráter mais sistemático e rigoroso.

É o caso de Hugo Riemann e, sobretudo, Combarieu, em particularmente três obras que trazem numerosas anotações de Mário de Andrade: *Elementos de Estética Musical*, do primeiro; *La musique, ses lois, son évolution* e *Les rapports de la musique et de la poésie*, do segundo.

Não se trata aqui de estudar as articulações entre o pensamento de Mário de Andrade e esses textos – assinalemos apenas sua inserção nessa linhagem. Pudemos, no artigo "Mário de Andrade, Introdução ao Pensamento Musical", estudar suas análises sobre *Fosca* e mostrar como a preocupação semântica presidia a leitura de algumas partituras, como a de *Tristão e Isolda*, por meio das anotações nelas contidas. Revelavam-se princípios analíticos (bastante próximos, aliás, dos exemplos encontrados em *Les rapports de la musique et de la poésie*) muito sutis, que destrinçavam particularmente as relações som musical/som articulado. Dizíamos então:

> Um elemento extramusical que se incorpora à música mais organicamente que o título é o emprego do texto poético. Este, se diminui a possibilidade do domínio do ritmo sobre o ouvinte, "dirige" melhor a emoção significadora. E com isso perde bastante de sua clareza conceptual. Ou melhor: há uma dupla perda e um duplo ganho. O texto perde em clareza, fica mais opaco, mas em contrapartida ganha uma intensidade expressiva mais forte, dada por todos esses poderes daimônicos da música; a música perde em domínio mas ganha em atividade expressiva, porque agora vem ligada a indicações de significados que ela mesma se encarrega de atenuar, mas que não anula. A música torna mágica a palavra, a palavra torna a música positiva[4].

O sentido e a música, a palavra e o som, sem dúvida se unem. Essa compreensão permitiu a Mário de Andrade suas brilhantes análises no domínio da ópera – e não apenas ali. Ela mostra-se decididamente, em "Elegia", como o instrumento metodológico por excelência capaz de permitir ultrapassar a si própria e atingir uma normatividade que se quer militante. Marco definidor, "Elegia" proclama a união de uma perspectiva semântica ao empenho político: é a propriedade semântica da música instaurando a condição de possibilidade do político.

---

4. Jorge Coli, "Mário de Andrade", p. 118, 1972.

M.A. // **Ra-ta-plã**

// 20.1.1944

Si fôssemos dar um balanço no que tem sido o esforço de guerra da música brasileira, imagino que havíamos de ficar bem envergonhados. Eu estou falando de música, porque esse é o meu destino aqui, porém si algum puro das outras artes quiser botar a carapuça na cabeça não faça cerimônia. Pois é verdade: o Brasil está em guerra. O Brasil, para grandeza nossa, se decidiu a combater o nazismo, e é de cabeça levantada que nós hoje podemos nos afirmar ao menos filiados às Nações Unidas.

Está claro que a nossa responsabilidade é imensa, nem estou contando novidade nenhuma, e que todo o nosso esforço atual deve estar organizado num esforço de guerra. Todo o esforço? Todo. Parece absurdo o que eu acabo de afirmar mas não é não. O que precisamos é distinguir sem lancinâncias (desculpem) e não imaginar que esforço de guerra seja exclusivamente xingar Hitler nem afiar a paraibana. E aqui a música principia.

Eu creio que entre as nossas altas personalidades artísticas quem pelo que sabemos de realizações artísticas, mais se preocupou com o problema da música na guerra e na vida de guerra do Brasil, foi a grande pianista Madalena Tagliaferro. Aqui em São Paulo e creio que no Rio de Janeiro também, ela fez uma conferência muito inteligente sobre alguns aspectos menos corrosivos do problema. É o que se sabe. Em todo caso é preciso não esquecer também a contribuição musical para a guerra de alguma das nossas rádios, assim como podemos jurar com muita unção que todos os nossos virtuoses e compositores estarão sempre felizes em concorrer para festivais beneficentes, ou pra obtenção de fundos de pesquisas e outros fundos. E si mais alguém ou mais alguma contribuição esqueci, peço desculpa. E aqui a música se acaba.

E eu me pergunto com desolada malinconia si não era justamente aqui, depois de reconhecida como elemento de prazer e descanso, que a música devia principiar o seu esforço de guerra... Para então se justificar em seu prazer, e fazer com que este reentrasse dignamente no seu esforço de guerra também. A frase ficou retorcida, mas vamos a ver si a esclareço mais.

Ah, meus amigos! creio que nunca esquecerei aquele momento de "corda vuota", em que o grande artista se indignava porque andavam por aí chamando de "desconversa" os assuntos a que ele mesmo dedicara toda a vida, ao mesmo tempo que exigiam dele um "estado de guerra" que era impossível ele sustentar dentro de si. E murmurou muito azedo:

— Eu sei muito bem que estamos em guerra e no entanto... no entanto a vida continua...

Mas a nossa conversa caiu. Eu não pude responder nada, porque a visão da morte de repente me abafou. Foi também num momento desses, em que a vida apenas continuava, que o soldado novo se descuidou da trincheira, foi pegar a borboleta e morreu... Isto ainda pode ser ficção, mas si um povo em guerra se puser também inteirinho imaginando que a vida continua e se distrair com ela, eu juro que esse povo está destinado a morrer. Felizmente não era o caso do Brasil, eu estava pensando naquele silêncio em que ficáramos os dois. E o que ressoava mais sinistro em mim naquele instante era a própria contradição das palavras que aquela clarividência angustiada se vira obrigada a pronunciar. Pois então ele não reparava, o grande artista, que si num momento a gente se vê obrigado a reconhecer essa verdade boba de que "a vida continua", é porque tudo mudou!

Esta é a situação. A vida continua, mas tudo mudou. E para que a vida tenha o direito de continuar com justificativa e dignidade, é forçoso que ela se condicione a todo instante a uma consciência ativa e agente de que tudo mudou. E é neste sentido que não me parece que a música brasileira esteja correspondendo ao seu destino artístico.

Falo "artístico" e não restritamente "estético", de "beleza", entendamos bem. É bem possível que neste momento a música brasileira esteja compondo por aí um sublime Trio pra timbale, rabecão e castanheta. É possível que algum virtuose inédito ande realizando neste instante um genialíssimo recital de bandolim. Mas como eu poderei me entregar com direito a essa beleza e descansar no prazer divino da música, si todo prazer e essa beleza não continuam agora, apenas por *sobrarem* de tudo quanto mudou? Porque esta é a verdade mais irretorquível: a vida que continua não pode agora ser mais do que uma sobra da vida que mudou.

O esforço musical de guerra, a contribuição das artes musicais para auxiliar um povo em sua marcha para a guerra, tem mil e um aspectos diversos, muitos deles inteiramente insuspeitos do leigo que apenas escuta música e a ordenha para se alimentar de esquecimentos. Este leigo quando muito imagina logo que a gente deve mesmo continuar dando concertos, executando muita música "fina" pelos rádios, em tempo de guerra, porque isso sossega o espírito inquieto, "distrai", é um sedativo para os nossos nervos contorcidos de tanto torcer pela esquiva Democracia.

Eu até não sei porque me lembrei agora daquele grito agônico e tão sublime do samba: "Ai meu Deus, que saudades da Amélia! Aquilo sim é que era mulher"!... Porém esta citação também serve pra nos conduzir ao problema mais virulento do esforço musical de guerra: a contribuição dos compositores. Dos outros problemas talvez fale outro dia, embora queira confessar desde já que o que está se fazendo nos Estados Unidos é prodigioso e me enche da maior admiração. Por hoje, esse problema dos compositores basta para mostrar a quem ainda está me lendo que isso de fazer música pura, si é necessário em tempo de guerra, também pode ser muito bom quinta-colunisno. É preciso justificar essa continuidade da vida, contribuindo do outro lado a criar uma tensão musical combativa, mais permanente, eficiente e necessária que sonatas, prelúdios, minuetos, brometos e sinfonias. Tanto de Mozart como de Schubert. Essa tensão, essa contribuição musical para criar no público uma disponibilidade para a guerra e outra qualquer luta, só pode ser obtida pelas obras novas dos compositores vivos. Haverá algum compositor vivo no Brasil?...

Aqui entra no assunto o problema danado da liberdade da criação artística. "Como você quer que eu componha uma obra musical antinazista, uma cantata de exaltação das Nações Unidas, ou que evidencie de qualquer forma a colaboração brasileira na vida do mundo em luta, *si eu não sinto isso!*"... A verdadeira resposta a uma argumentação dessa, o jornal não publica. Podemos apenas, de passagem, constatar que estamos lidando com uma espécie de fenômeno, de monstrinho de egoísmo, de suficiência e de incapacidade vital.

Estou me lembrando daquela frase ridiculamente honesta do poeta argentino Marcos Fingerit, confessando que "não acreditava na poesia chamada de tendência social"... Tudo isso deriva dum confusionismo lastimável (caso não seja proposital e covarde) que já comentei em *Mensagem*. Não é a poesia, não é a música, não são as artes que têm "tendências" nem ideias, quem tem ideias e tendências é o homem. O homem é que é um bicho de tendências sociais, e é lógico que pela poesia e por todas as artes ele manifeste as suas tendências naturais. Não é a poesia que deverá ser de "tendências sociais", o homem é que simplesmente é social.

De maneira que todas as suas criações coletivas, sejam elas um trem pra quinhentos viajantes ou uma charrete de um lugar só (mas que conduz de um lugar para outro) refletem fatalmente essa socialidade. As artes e principalmente as artes da palavra, que são, reconheço, as mais confidenciais de todas, podem confidenciar até uma dor de amor e uma esperança de salvação no céu. Mas por serem fatalmente um fenômeno de relação entre seres humanos, elas congregam ou desagregam, arregimentam, ajuntam. E queiram ou não queiram os artistas, todo fato congregacional, toda arregimentação é na prática uma ação política. O confusionismo principal do artista é, no fundo, esse sentimentalismo muito conhecido de paternidade: o pai e a mãe pretendendo totalitariamente governar o filho toda a vida. O artista se confunde com a obra de arte que procriou, e imagina que ela é ele. Mas é!... A obra de arte funciona inteiramente liberta do artista. E é por isso que muitas vezes uma obra de arte politicamente bem orientada pode ter sido feita por um crápula. O artista pode ser um canalha completo como pode não se meter em políticas: mas a obra de arte é sempre política.

De resto, isso da gente em arte só fazer "o que sente" é um confusionismo estético que tem pouco mais de um século e já se acabou. Ainda recente, no seu *What to Listen for in Music*, Aaron Copland afirmou o dever proletário do músico dedicar tantas horas diárias à composição. Máquina que não trabalha, enferruja. Deus me livre negar os valores da inspiração, os direitos da sensibilidade, da liberdade de criação e outros troféus bastante gostosos que o século passado nos deixou! Mas o que é preciso, antes de mais nada, é que o artista mantenha (ou finja!) bastante noção do seu dever profissional, pra não estar recebendo todos os benefícios que a sociedade lhe fornece, feito um reizinho hereditário sem "viver" os dramas dessa sociedade, sem "sentir isso". Sem pagar. Não: o artista de hoje quer apartamento, telefone, democracia, emprego público, vizinhança boa, a Imortal Ausente, e sosseguinho pra compor a sua sinfonia, o seu surrealismo, a sua arte pura e sem mistura. E composta a sonata, ainda quer aplauso e o amor de todos! Mas havemos de concordar que semelhante artista é um mumbava bem pouco consciente. Ou decente. Nos tempos de dantes, o músico compunha diariamente, tivesse ou não tivesse essa inspiração, que hoje serve de disfarce pra covardias e egoísmos. E como agia proletariamente e possuía o seu artesanato, sempre lhe saíam da arte obras admiravelmente bem-feitas, até perfeitíssimas, que funcionavam em vida. É bem de imaginar que Bach não devia estar por aí suando da inspiração, protestante como era, quando se dispôs a compor uma missa católica pra agradar um príncipe e receber uns bagarotes. Mas saiu a Missa em Si Bemol! E o mais provável, aliás, é ter ele composto bem maior número de missas, pra Dresde, missas catoliquíssimas, que se perderam. Destino verdadeiro e perfeito de obra de arte que agiu politicamente um tempo e depois desapareceu. Porque deixou de agir. Mas o artista de hoje – me refiro a O Tal, o da inspiração – não quer agir: quer ficar; não quer viver a cotidianidade da vida: quer a celebridade depois da morte. É um necrófilo.

O que concluir destas considerações mixordiosas mas apaixonadas? É bem simples. O compositor "puro" é um errado e um pernicioso que devia ser expulso da República. Ele tinha obrigação de saber que a arte presta serviço (e sempre também serviço político) e que da mesma forma honesta como o sambista sentiu saudade da Amélia e serviu, ele sentirá saudade da Democracia e fará seu hino às Nações Unidas, sua Marcha para a Vitória, seu Esquerzo Antinazista. Ele devia compreender as forças básicas da arte, que não se dependuram nas alturas frágeis do esteticismo (a beleza é uma consequência…), mas se afincam nas paciências do trabalho cotidiano. E o resto? O resto é literatura.

J.C. // COMENTÁRIO

Depois da conclamação em termos amplos em favor da música empenhada a que procede no rodapé "Elegia", Mário de Andrade prolonga a questão em "Ra-ta-plã", agora circunscrevendo-a. O Brasil está em guerra. O que significa "esforço de guerra" do ponto de vista musical?

Trata-se de uma situação em que a exigência de empenho torna-se precisa e incontestável, tocando em fibras antigas da vocação sacrifical de Mário de Andrade: basta lembrar o livro poético de seus primórdios, Há uma *Gota de Sangue em cada Poema*, escrito durante a Primeira Guerra Mundial (1914-1918).

Nesse momento em que o Brasil participa de um novo conflito mundial, Mário de Andrade constata que muito pouco foi feito dentro do domínio das artes no sentido do esforço de guerra. Esse "muito pouco" não é apenas quantitativo. Mário de Andrade levanta uma questão substancial, pois nos diz que se deve atrelar "a vida" ao esforço de guerra. Não há "vida" de um lado e "guerra" de outro: a solução do problema "guerra" passa a ser condição fundamental para a permanência da própria vida.

Um dos pontos fundamentais de "Ra-ta-plã" é a insistência nas posturas obsessivas: a crítica à arte pura e a constatação da natureza social e política da música.

> As artes e principalmente as artes da palavra, que são, reconheço, as mais confidenciais de todas, podem confidenciar até uma dor de amor e uma esperança de salvação no céu. Mas por serem fatalmente um fenômeno de relação entre seres humanos, elas congregam ou desagregam, arregimentam, ajuntam. E queiram ou não queiram os artistas, todo fato congregacional, toda arregimentação é na prática uma ação política (p. 376).

Este "na prática" implica uma objetivação do "produto artístico". A obra de arte é um "objeto" instaurado pelo sujeito criador que independe dele em sua trajetória pela cultura. Essa objetivação que dissocia artista e obra – como o próprio autor indica em "Ra-ta-plã" – já havia sido discutida numa entrevista de 1939 para *Mensagem*, quinzenário de Belo Horizonte, sob o título significativo de: "A arte sempre foi uma coisa social"[1]. Ela consagra a autonomia operacional do objeto artístico e traz consigo o princípio do artesanato, meio "objetivador" dessa autonomia da obra.

"Ra-ta-plã" faz surgir posições que parecem romper com a tradição romântica, a qual alimentara profundamente as concepções de Mário de Andrade, sobretudo no que concerne à sua concepção de artista criador. Isso seria paradoxal, pois não apenas Mário de Andrade sempre dera a impressão de se movimentar num terreno derivado da tradição do século XIX no que concerne ao artista, como conscientemente o romantismo está presente de modo muito forte em suas preocupações, como em Chopin e, principalmente, no ensaio "Romantismo Musical"[2].

Agora, há rupturas: elas são basicamente duas.

A primeira é a que recusa a ideia da arte como bálsamo. Vimos sua afirmação em "O Maior Músico": "é guerra contra a guerra de nervos, é ensalmo para o combatente exausto" (p. 38).

Nós pudemos mostrar, com o auxílio do prefácio à *Petite Fadette*, de Georges Sand, de que forma essa função de "boa" gratuidade, em que o artista, frágil, alivia a sociedade dos males que sofre, é um modo claramente empenhado. Mas em "Ra-ta-plã" essa forma de empenho surge ambiguamente. Primeiro, com a questão um pouco desconsolada:

> E eu me pergunto com desolada malinconia si não era justamente aqui, depois de reconhecida como elemento de prazer e descanso, que a música devia principiar o seu esforço de guerra... Para então se justificar em seu prazer, e fazer com que este reentrasse dignamente no seu esforço de guerra também (p. 374).

Mário de Andrade declara que "a frase ficou retorcida, mas vamos a ver si a esclareço mais" (p. 374). No entanto, o texto não prossegue com maior clareza. Pode-se perceber seu encaminhamento para a negação da fórmula exposta antes:

> A vida continua, mas tudo mudou. E para que a vida tenha o direito de continuar com justificativa e dignidade, é forçoso que ela se condicione a todo instante a uma consciência ativa e agente de que tudo mudou. E é neste

---

1. Mário de Andrade, *Entrevistas e Depoimentos*, 1983.
2. Mário de Andrade, "Romantismo Musical", 1963, pp. 35 ss.

sentido que não me parece que a música brasileira esteja correspondendo ao seu destino artístico (p. 374).

E "que ela se condicione a todo instante a uma consciência ativa e agente" – o "ensalmo" parece não ser mais possível:

> Mas como eu poderei me entregar com direito a essa beleza e descansar no prazer divino da música, si todo prazer e essa beleza não continuam agora, apenas por sobrarem de tudo quanto mudou? Porque esta é a verdade mais irretorquível: a vida que continua não pode agora ser mais do que uma sobra da vida que mudou (pp. 374-375).

E enfim:

> O esforço musical de guerra, a contribuição das artes musicais para auxiliar um povo em sua marcha para a guerra, tem mil e um aspectos diversos, muitos deles inteiramente insuspeitos do leigo que apenas escuta música e a ordenha para se alimentar de esquecimentos. Este leigo quando muito imagina logo que a gente deve mesmo continuar dando concertos, executando muita música "fina" pelos rádios, em tempo de guerra, porque isso sossega o espírito inquieto, "distrai", é um sedativo para os nossos nervos contorcidos de tanto torcer pela esquiva Democracia (p. 375).

Estamos, portanto, diante da nítida negação do "ensalmo". Mário de Andrade quer agora a música "ativa e agente", capaz de levar ao combate, estimulante ou comovente, pelas grandes formas que enunciara em "Elegia". A entrada do Brasil em guerra parece ter sido uma causa de radicalização, e Mário de Andrade evita os caminhos que poderiam dar lugar à "gratuidade" em arte. O "ensalmo" deve ser evitado, pois ele pode ser apenas um pretexto. Como são pretextos as artes "livres", "gratuitas", contra as quais ele se arma com veemência.

A outra ruptura é a associação entre o artista e o operário. Quando, em "O Pontapé de Mozart", Mário de Andrade se pergunta se ele ou Antonio Candido (p. 194) não estariam sofrendo as consequências do pontapé ideológico de Mozart, porque não concebem o artista trabalhando sem a liberdade da inspiração (naturalmente romântica e pré-mozartiana), ele ainda não deu o passo que assimila o artista ao operário, que reivindica a disciplina criadora dos mestres do *Ancien Régime*.

Realmente é impossível pra mim, como artista, me imaginar sentando na minha secretária e friamente me dizendo: vou fazer uma balada a outubro, ou novembro. Mas até que ponto estaremos Antonio Candido e eu sofrendo ainda as consequências do pontapé que Mozart nos deu? (p. 194).

Se "O Pontapé de Mozart" libertava a arte do gênio, "Ra-ta-plã" a liberta da inspiração. Talvez seja este um dos motivos pelos quais Mário de Andrade se interesse tanto, agora, pelas "psicologias da criação", que permitem indagar a respeito dos meandros secretos dos fundamentos da criação artística. É claro que ele não faz "tábula rasa" dos "valores da inspiração, os direitos da sensibilidade [...] e outros troféus bastante gostosos que o século passado nos deixou!" (p. 376). Mas é "confusionismo estético", que "já se acabou" (p. 376). Há aqui a vontade – que opera, se não na ordem do possível, pelo menos na do nostálgico – de identificar o artista com o operário, por meio do modelo pré-romântico.

Todas essas posições se ordenam no combate à "arte pura" ("O compositor 'puro' é um errado e um pernicioso que devia ser expulso da República" – p. 377). O artista deve disciplinar os seus meios criadores, deve viver o cotidiano da vida e fazer da sua arte um trabalho como os outros, deve conceber a arte como "objeto", não deve se preocupar com elocubrações estéticas, mas concentrar-se num "fazer" muito empírico, que lhe permita "gritos agônicos", como os de Ataulfo Alves por Amélia, deixando-se apenas "ser", dentro do "fazer". Basta substituir, por exemplo, Amélia pela Democracia (p. 377).

As duas rupturas com o romantismo são, contudo, apenas aparentes. Pois elas se fazem por radicalizações... românticas. A participação num tormento absoluto das dores do mundo, sem descanso; a nostalgia da volta ao comportamento *Ancien Régime*, à perdida disciplina da criação, são impulsos heroicos das moralidades incólumes, e não programa metodológico. É heroico para o artista de hoje abandonar sua liberdade, é heroico sacrificar-se, mesmo suicidar-se artisticamente, para o bem da obra de circunstância. São exílios de si próprio, patéticos esforços nostálgicos, sacrifícios pela "causa". *Parole pneumatiche*, como diria Fogazzaro.

✕

M.A. // Os Tanhaeuseres

// 10.2.1944

Aaron Copland salienta no *What to Listen for in Music*, essa atitude muito comum dos ouvintes que "se deixam ouvir" música. De modo que imergem num estado de espírito instintivo de reflexões pessoais, provocadas pela encantação sonora. Não é que não gostem de música, pelo contrário, gostam tanto que até na quarta-feira os três amigos jantaram apressado pra pegar ao menos o fim do concerto mensal de Mentira, a simpática cidadezinha da Alta Paulista. Mas eram dos tais de que fala Copland, nem bem colcheia chorava, logo partiam pra um entressonho dirigido pela música e a propósito dela.

Pois apesar do automóvel do governo, às ordens de Felix de Cima que era subprefeito de Mentira, mal sentaram a orquestra rezou o motivo inicial do *Tanhaeuser*. "Marcha dos Peregrinos" ciciou o milionário Johny Mendelssohn. Alargou a narina pra gozar mais e se ajeitou mal-educadamente na poltrona. Felix de Cima também foi pra se escarrapachar, mas a severidade do tema o corrigiu. "Governo é governo, pensou, tem de ser altivo embora com um arzinho generoso". E como a segunda tercina instigasse a conclusão do tema, Felix de Cima concluiu que o homem público deve tomar uma atitude de quem concede. Mas concede o que! o povo já tem tudo! até já vamos cuidar da falta de meiguice, conceder o que mais! E como, depois do salto de oitava, soassem os dois sons rebatidos enérgicos, símbolo sonoro da escravidão como já provei num estudo, caiu Felix de Cima em si e advertiu no sufragante: Mas concede, hein!...

O pintor Jó, que por ser artista era pra lá de intelectual, estava noutro sonho. Sorrira do Johny, marcha dos peregrinos... Era o tema da Salvação pela Graça, como diziam os bons comentadores, toada duma grande expressividade católica. Ele não praticava, está claro, mas as religiões têm uma grande beleza estética. Só o Protestantismo é seco por demais. Por causa disso Wagner fora "também" (sic) um incompreendido. O sucesso dos *Huguenotes* pouco antes fora alcovitado como triunfo para os protestantes de forma que pra compensar principiaram falando que o *Tanhaeuser* era uma espécie de Contrarreforma musical, bestas. O quê que Wagner tinha com religião! A inspiração é livre e está acima do Bem e do Mal. A arte é uma divina mentira, como afirmam os filósofos.

E por causa da divina mentira se lembrou que viera fazer uma exposição em Mentira, a simpática cidadezinha da Alta Paulista, porque o subprefeito garantia uma encomenda oficial e o amigo Johny sempre havia de comprar um quadro dos caros. Até fizera o quadro enorme de peixes porque o milionário gostava muito de pescar. E com ar paterno, como convinha à música religiosa, que se ouvia, murmurou no ouvido de Johny: "Não diga assim, meu irmão. Fale que é o tema da 'Salvação pela Graça'. Johny sorriu desapontado. Já estavam excitando a orquestra as tresquiálteras quebradas das cordas, e justamente excitado, o milionário principiou imaginando que desejava salvar todo o mundo pela Graça. A religião é uma bela coisa! Careço visitar o ministro protestante que chegou, diz-que tem muita influência em Santa Catarina... Eu sou católico, mas é por causa do contrato de madeira, bobagem! não sou católico nada! Religião é pro povo.

Os violinos se arrepelavam nas tresquiálteras, como gemidos, pio, pio, pio, enquanto o Tema do Arrependimento se arrependia com prazer. Tema do Arrependimento! pipilou o milionário, todo se arrependendo em música, que gostosura! O subprefeito é que ficou muito surpreendido (era ignorante, o pobre! só chegara até o terceiro ano de grupo). Não gostou do tal do Tema do Arrependimento, que besteira! se arrepender do quê! Porém as notas rebatidas davam mesmo ao pintor Jó um certo arrependimento: diabo! será mesmo que a arte é livre?... Eu também me interesso pela vida, mas como homem, não como artista. Eu bem sei que tá tudo errado (a música era uma barulheira embrulhada) precisamos derrubar esse governo! Felix de Cima é meu amigo de infância e nem se incomoda! Quer tudo pra ele...

Nisto a gemidagem descendente das cordas se transformou num frêmito sensual que subia, subia. Eram volúpias de mão, gemidos, beijos, toda uma alcova de sensualidade titilando na orquestra. Que será isso, hein? perguntou Felix de Cima sensualizado, com medo que os vizinhos percebessem. O milionário também já não se aguentava mais de tanta ventura, cotucou Felix de Cima: "Chegou a hora da pândega! Isso é Vênus que está brincando com Tanhaeuser no Venusberg, espia só!" Os dois riram. O pintor mandou um olhar de censura aos amigos. Eram uns ignorantes que não sabiam escutar música direito, virar Wagner numa safadeza... Grande gênio... Só se preocupara com os Valores Eternos, Deus, Pátria, Família, família não! Pra quê família! A família do artista é o universo.

Johny é que estava bem preocupado. Tinha aquele Mendelssohn no nome porém era canadense, gerente da Herodinamic Money is Time, e nunca aprendera o alemão. O que significava "Venusberg"? E com vergonha de perguntar ao pintor que era pra lá de intelectual, perguntou ao subprefeito. Felix de Cima suspirou: "Isso decerto é alemão, Deus te livre!" E espevitado pela marchinha do tema da Glorificação de Vênus, acostumado a perguntar tudo como os que mandam, instintivamente, se inclinou sobre Johny e indagou do pintor o que era Venusberg. Jó que, também sensualizado, estava imaginando como passaria o resto da noite, saiu lá dos seus mundos musicais e explicou: "É Monte de Vênus". Felix de Cima e Johny caíram na risada. O pintor ficou danado. "Calem a boca! Esse era o título primitivo da ópera, mas obrigaram Wagner a tirar porque toda a gente principiou maliciando, fosse comigo!" Mas a advertência foi inútil, o milionário e o subprefeito riam cada vez mais. Pchiu! Pchiu! escutou-se. O subprefeito, tomado de pavor, obedeceu logo como era costume dele. Ficou estarrecido, num sério imperial. O milionário custou mais porque não tinha educação. No fundo, como falam mesmo dos milionários, no fundo Johny era um bom sujeito, muito simpático, beberrão, mão-aberta. Até construíra um pavilhão pra doença de unhas no Hospital porque sofria das unhas, coitado, tinha unheiros frequentes.

A marchinha marchava pipilante e o pintor irritado por ela, ecoava que ele não mudava o nome da ópera, aguentava a mão. Arte não tem malícia e não dá satisfação pra ignorância das turbas! Felizmente eu não careço mudar nome de nada, só faço natureza-morta. Eu sou pela Arte Pura, não conspurco a Beleza estética! (sic) Nunca! (Vênus amava com fúria na flauta) nunca interessarei o meu pincel, tenho sensibilidade! Bom, é verdade que Felix de Cima vai me encomendar um quadro sobre a "Fundação de Mentira" mas isso já faz dez anos, não é arte social, é pintura histórica. Vou fazer como na Renascença, pinto a cara do Felix no bandoleiro Lanterna que fundou a cidade, Felix vai pensar que é elogio (a marchinha espevitada estava cada vez mais espertinha e aguda), mas é caçoada cá por dentro, eu sou malandro. A cara do Johny não boto não, parei com os ricos, são uns infames, parei! E é canadense, o Brasil é dos brasileiros como escreveu Monroe. De mais a mais, isso não é a "minha" arte, é preciso distinguir o homem do artista em mim, "minha" arte é só a natureza-morta. Serei sempre impoluto na natureza-morta! A "Fundação de Mentira" (Vênus estava se finando nos decrescendos) é malandragem minha, eu também preciso comer. Quem vai pintar isso é o homem, não é o artista.

"Que beleza!" suspirou Johny Mendelssohn quando, terminada a farra da Bacanal, principiavam de novo na orquestra os motivos religiosos. Estava se lembrando: Tanhaeuser vivera um ano com Vênus mas depois se tornara bom e subira pro céu. Johny foi se sentindo bom, generoso, carecia ir pro céu. E enfim o totalitarismo das trompas atacou o tema da Redenção pela Graça, atingindo o máximo de luzimento comemorativo. Vou... E se decidiu: Vou construir um pavilhão novo pra pesquisas de calos, no Hospital de Mentira! (Sofria muito dos calos, quando anunciava chuva). E não se aguentou, naquela inundação musical, falou quase alto: "Se chamará 'Pavilhão pra Pesquisa de Calo na Infância Desamparada Johny Mendelssohn'!" Estava abafado com a música formidolosa, daria cem! duzentos mil cruzeiros! mas queria a união! nada de greve! todos unidos! o Cruzeiro do Sul, ele, a música, as criancinhas, coitadinhas! Felix de Cima não tinha importância, nem Jó que só pintava abacaxi, esses é fácil. Mas hei de comprar um quadro dele por dez contos!

O pintor escutou "dez contos". O milionário era tão ingênuo que pensava alto. Ia sorrir amarelo; o outro até murmurava dinheiro sem querer, e você, Jó, sempre em dificuldades. Porém aquela música ditatorial o salvava, o anulava, o escravizava. E o convencia. Que "Tanhaeuser" genial, puxa! os alemães são formidáveis, vencem mesmo essa guerra, é o maior povo da terra (se lembrou daquela alemãzinha) que música! Quem produz um Wagner tem de dominar mesmo pela grandeza, pelo Amor, pela Religião! Não domina pela ferocidade alemão feroz! juro pela minha honra que eles são incapazes de matar uma criancinha! isso é Mentira, a simpática cidadezinha da Alta Paulista! Aqui só dá milionário canadense, judeu, sírio: só alemão vindo governar isto é que Mentira endireita! É pau, eu sei, tem essa história de pátria, ora bolas! Eu nasci é na Europa, arte não tem pátria, Goethe não falou que só nasceu quando viu Roma? Gosto de alemão, são muito amáveis, por exemplo aquela alemãzinha. A música se alçava ao máximo. As trompas dirigiam tudo germanicamente, com mão de ferro, dando sonhos de grandeza. As cordas redobravam as tresquiálteras quebradas, pio! pio! pio!... pio! pio! pio!... Mas o pintor traduzia o "pio" por "Sou Eu! sou Eu! sou Eu!... sou Eu! sou Eu! sou Eu!... Hão de me fazer justiça!... Mas é pau mesmo isso de alemão com japonês virem governar a gente... Bom! felizmente ainda não estão governando e por enquanto a gente pode ficar sossegado. Si eles vierem mesmo, então paciência: haveremos de ver como é que é.

Felix de Cima estava completamente eloquentizado pelo béstia nazista dos metais. Também escutara os "dez contos", é isso mesmo! embrabeceu. Comigo é na batata! Hão de subir meu ordenado pra dez contos, tará, senão faço eles pagarem o imposto das máquinas novas, hei de salvar Mentira, pio, pio, pio... A fanfarra se esbrodolava. Eu é que devia ser prefeito! Tará! arcebispo, tarará! Imperador, pio, pio, pio!... Diabo de alemão genial que música sublime! E querem que a gente entre na guerra, uma ova! Os Estados Unidos, o Canadá, vá (como é que se diz, é "vá" ou "vão"...) mas comigo não, violão! Bem Jó estava falando na janta que comunismo, nazismo, democracia, tudo é o mesmo. Ele é pela arte pura. Não sei o que é mas estou com ele. E na apoteose catastrófica de toda a orquestra berrando, surgiu no sonho tarará de Felix de Cima um cavalo branco com um barrete frígio em cima piiiio!... E o acorde final estrondava enquanto o subprefeito jurava que de hoje em diante, assim como Jó era pela Arte Pura, ele havia de ser pela Política Pura, indiferente às contingências e superior aos partidos, taráaa!...

Levaram cinco minutos aplaudindo o maestro, que era um maestro muito bom e estrangeiro. Depois saíram. O pintor foi num cabaré modesto, arranjar com quem acabar a noite e a vida. Johny Mendelssohn foi visitar Lalázinha, naquele bairro escondido. O subprefeito foi dormir.

J.C. // COMENTÁRIO

> Pois eu, acho que não sou melômano de verdade. Tem certas ocasiões em que vou num concerto e me fatigo enormemente, como faz pouco ouvindo a "Júpiter". De repente já não presto atenção a coisa nenhuma, e o espírito traidor principia imaginando casos desvairados. Foi o que me sucedeu no concerto do pianista de ontem. Sucedeu sim. Nem bem estávamos pelo meio da segunda parte, dedicada impreterivelmente a Chopin, coitado! meu espírito pulou o muro e andou vagamundeando pela fantasia um despropósito de milagres (p. 452).

Na seção "O Pianista de Ontem", no texto "Do Meu Diário (A)", de *Mundo Musical*, Mário de Andrade caracteriza assim sua "disponibilidade" enquanto ouvinte. Caso se queira fazer apelo à autoritária e desagradável classificação de Theodor Adorno, em seus "Types de comportement musical" – os adjetivos vêm sobretudo (mas não apenas) por causa do princípio classificatório que determina uma progressão de excelência, do "mau" ao "ótimo" ouvinte, este último se confundindo com o próprio autor da classificação, naturalmente –, caso se queira, dizia, fazer apelo a essa classificação, Mário de Andrade seria catalogado, segundo seu testemunho, no número 4: o *ouvinte emocional*.

> A música lhe serve essencialmente para liberar instintos habitualmente recalcados pelas normas da civilização, frequentemente de exutório para uma irracionalidade [...]. Esse tipo vai daqueles em quem a música, seja qual for sua natureza, provoca ideias e associações de imagens, até àqueles cujas experiências não são outra coisa do que um vago sonambulismo, um *doping*. [...] Por vezes eles se servem da música como recipiente para suas emoções, por vezes, é através de um processo de identificação que retiram as emoções nas quais se perdem[1].

"Os Tanhaeuseres" utiliza exatamente esse tipo de ouvinte, para satirizar os pensamentos apresentados em três vozes: do pintor, do político e do milionário. Para tanto, Mário de Andrade parte de suas experiências emocionais e da obra *What to Listen for in Music*, de Aaron Copland:

---

1. Theodor W. Adorno, "Types de comportement musical", pp. 12-13, 1972-1973.

// 388 // MÚSICA FINAL

O surpreendente é que muitas pessoas que se consideram amantes de música qualificados abusam desse aspecto da audição. Elas vão a concertos para se esquecerem de si mesmas. Usam a música como consolo ou como escape. Entram em um mundo ideal em que não se precisa pensar nas realidades da vida cotidiana. Claro que também não estão pensando em música. A música permite que saiam em direção a um lugar de sonho, sonhando por causa e a respeito da música, mas sem nunca exatamente ouvi-la[2].

A evocação de Copland, situada no início de "Os Tanhaeuseres", significa a citação de um texto lido recentemente, mas que se une a preocupações muito antigas. Mário de Andrade sempre tomou a música no sentido mais amplo de seu espectro cultural. Esse ponto de vista faz com que ele a considere numa relação interativa com o ouvinte – não no sentido de classificar os ouvintes segundo um grau de excelência, como mais ou menos capazes de apreenderem uma "verdadeira" "essência" musical, mas no de indagar sobre as relações efetivas, concretas, entre música e ouvinte. Desse modo, desde pelo menos 1930, graças a "Terapêutica Musical", sabe-se como essa perspectiva "antropológica" é ampla, recuperando, com muito destaque, as relações fisiológicas dos seres humanos diante dos sons musicais.

E "Terapêutica Musical" se refere a essa "escuta ativa" de um modo fascinado:

A música, mesmo a pretensa música descritiva, não nos fixa em imagens e assuntos limitados, em vez, pela sua vacuidade intelectual, nos deixa num vazio que nós ativamente preenchemos com os elementos da nossa própria sensibilidade. A música provoca pois, em nós, verdadeiros estados ativos e assombramento, estados ativos de milagre e de mistério, estados duma disponibilidade incomparável, não apenas propícios a qualquer aceitação, mas exigindo ativamente qualquer aceitação[3].

Voltando à ininteligibilidade do som, temos ainda que reconhecer que dessa sua própria qualidade, lhe vem o seu grande poder sugestivo. O ser biológico, colocado em nova cenestesia pela poderosa rítmica sonorizada, se

---

2. Aaron Copland, *What to Listen for in Music*, 1939, pp. 10-11 (a passagem foi sublinhada por Mário de Andrade).
3. Mário de Andrade, "Terapêutica Musical", 1972, p. 20.

// COMENTÁRIO   // 389

põe a pensar no que quer, como diz Sacha Guitry. A imaginação é fecundada pelo som e surge a ronda convidativa das imagens[4].

Sublimes mistérios esses, divinos, daimônicos, da participação do ouvinte na trajetória dos sons; transformam-se, porém, em "Os Tanhaeuseres", na emergência do grotesco mundo interior dos três personagens, que se situa entre o ridículo e o sórdido. O texto desenvolve as preocupações semânticas na música, caras ao autor, desde a significação literária atribuída aos temas pelo compositor até as recorrências culturais coletivas, afirmadas pela história ("dois sons rebatidos enérgicos, símbolo sonoro da escravidão" [p. 383] – caráter estudado em "Dinamogenias Políticas"[5] e retomado mais tarde em "Músicas Políticas", de *Mundo Musical*), passando pelas mais hilariantes associações de ideias, em que os interesses pessoais, o estímulo erótico, os oportunismos desavergonhados, os álibis culturais grandiloquentes se sucedem em torrente, por meio de um estilo muito livre, perfeitamente adequado ao caráter de improviso.

"Os Tanhaeuseres" pertence, sob certo aspecto, à série de *O Banquete*: o episódio se passa na mesma cidade de Mentira, e um dos personagens, o italiano político Felix de Cima, é uma das vozes de *O Banquete*. O milionário canadense Johny Mendelssohn e o pintor Jó poderiam ser vistos aparentemente como os equivalentes de Sara Light e de Janjão. Mas só aparentemente: Sara Light possui uma finura cultural que eleva o diálogo em *O Banquete*, e Janjão, sinceramente deslocado no mundo da produção artística, não possui nada do oportunismo de Jó. Se *O Banquete* colocava em cena o drama do sentido da produção artística, "Os Tanhaeuseres" fustiga satiricamente o refúgio da arte pura, o grande ponto a combater para Mário de Andrade.

4. Idem, p. 24.
5. Mário de Andrade, *Música, Doce Música*, 1963.

M.A. // # Músicas Políticas (1)

// 24.2.1944

Às vezes é bem difícil a gente encontrar um título. Foi o que me sucedeu aqui, "Música de Guerra" era pouco, "Música Social" era demais. Então me socorri desse ótimo *Pequeno Dicionário Brasileiro da Língua Portuguesa*. Só não gosto dele é no título, que ficava milhor si convidasse a gente pra um "Pequeno Dicionário da Língua Nacional". Assim também não machucava o patriotismo honrado dos nossos manos portugueses, nem mentia uma "língua brasileira" que de fato não existe, é mito. Assim como "língua portuguesa" é mito bom pra acobertar os escritores brasileiros conformistas, "língua brasileira" é mito usado nas "políticas" dos totalitários embuscados.

Porque foi a palavra "Política" que eu campeei pra ver si me servia no título. Essa é uma palavra boliçosa que eu jamais consegui saber o que é, neste país. E veremos que tenho razão quando se entrançar neste rancho de artigos o que o nosso cantador diz das políticas. Campeei o verbete e achei este conselho: "Ciência do governo dos povos; arte de dirigir as relações entre os estados; astúcia". Decerto loquaz por se lembrar das políticas, o dicionarinho dizia mais. Mas isso me basta pra qualificar estes artigos sangrentos sobre músicas de guerras, de revoluções, e das manhas matreiras dos que amontam no posto de comando só pra mandar nos irmãos José do Egito.

Muito que venho incitando os músicos a tomar partido nos acontecimentos políticos da vida, não só de boca, mas pela criação musical. Alguns "puros" imaginam que isso é insultar a música, não é. É simplesmente um dever. Música e política, arte e guerra sempre andaram juntas. Esse valor imprescindível da música na dinâmica da guerra é confirmado pelos conflitos atuais. Ainda em 1942, o major Bronson confessava que os americanos "estavam aprendendo, como ingleses, russos e chins já tinham feito, que a música era um dos elementos vitais pra um exército em combate. A música é um dos requisitos básicos para o povo que se determina a suprir seus soldados com todas as armas de guerra". Nisso aliás a sabedoria grega nos dá um exemplo bom, que Plutarco revela, com o "Kastoreion Melos" dos lacedemônios. Este hino de guerra se dirigia ao deus Cástor, que era músico e militar, dualismo belígero-musical de que o nosso Império está cheio com o enxame de militares que se celebrizaram na composição de modinhas. Eu imagino que o deus Cástor não perdia tanto tempo assim na toada dos "nómoi" do amor. Os peãs que ele inventava deviam ser como esse dos lacedemônios, de guerra, de ódio e vitória.

Em todo caso talvez entre na diferenciação entre a ferócia musical do deus Cástor e a brandura imperial dos nossos guerreiros, uma tendência de raça também. É esquisito. Os nossos cangaceiros nordestinos não entram em luta com os volantes nem investem com as cidadinhas dormidas sem se utilizar do canto. Mas em geral cantam doçuras, como aquela "Mulher Rendeira" que registrei no meu "Ensaio", predileta de Lampião nas suas brigas feras. Como é que se pode matar gente cantando uma doçura dessas! Pois tenho mais. Uma vez eu consegui colher quatro músicas dos índios Terenas, caso dos mais curiosos de minha vida musical, um dia ainda conto. Mas sabem o que dizia o canto de guerra terena? Dizia meiguices tristonhas, que em nossa língua choram mais ou menos assim:

Saudades, muitas saudades
Saudades, muitas saudades no coração;
Saudades, muitas saudades dos meus parentes,
Saudades, muitas saudades da minha terra!

E o coro respondia "Birró potineim! Birró potineim" significando "Vou-me embora! Vou-me embora!"

Mas é que nunca um texto decide do valor das músicas políticas, só por si. Ele só importa virilizado em melodia. O canto de guerra, é doloroso dizer, se inclui no gênero dos cantos de trabalho, pois são os trabalhos da guerra que ele ajuda a levar. E a dinâmica mais vibrante da música é que decide. Kurt Adler observa com agudez que as canções de guerra são representativas do homem-massa e não dos chefes, e por isso refletem sobretudo a "vontade indomável de liberdade" do homem popular. Os cânticos guerreiros que ficam, não são em geral os que contam as guerras injustas de opressão. "Os que permanecem populares através dos séculos são os que dizem o combate à tirania e à escravidão". É sintomático não ter ficado nenhum hino popular celebrando Napoleão, ao passo que nasceram vários das liberdades nacionais que ele fez perigar. Como o canto austríaco de "Andreas Hofer". A "Brabançonne" também nasceu então, da liberdade belga, para a qual contribuiu muito, como conta Newman, a ópera *Masaniello* de Auber. Kurt Adler vai longe demais, afirmando que se deu "evolução" nos textos dos cantos guerreiros, que substituíram seus gritos de ódio ao inimigo por mais dignas expansões do sentimento de liberdade. As guerras modernas, como provarei nestes artigos, têm produzido gritos bem justos de ódio, insulto e de sarcasmo, na Rússia, na Espanha, contra o nazismo. Felizmente. Tem casos em que o perigo humano é tão grave e iminente que é preciso odiar.

Por tudo isto se vê logo que é muito difícil saber porque um canto político, de guerra ou de paz, se populariza e outro não. O que fica de assentado, creio, é que si ditaduras e opressões também fazem política com música, a música não pactua e se recusa a fazer política com esses. As canções deles não se popularizam, não conseguem se tornar tradicionais. Mas o problema é complexo. É óbvio que a música, pra ter efeito nas políticas, se reveste de textos inteligíveis, mas o valor do texto não é nunca bastante para que uma cantiga seja aceita pelas massas. Nem siquer exigem beleza. Alguns mesmo são ruins e muita gente vive resmungando contra o verso do Hino Nacional, esquecida da maravilhosa Marselhesa, cujo texto é detestável. Quanto à música, ela o que precisa é descobrir o misterioso dinamismo do som. Do som e não apenas do ritmo. Karl Buecher constatou muito bem, a respeito dos cantos de trabalho, que não é o ritmo exclusivo que ordena a dinâmica do gesto coletivo, mas sim esse ritmo revestido da melodia. Este é o segredo. E também o desespero dos compositores. Ritmo era mui fácil adotar os violentos e movimentados. Mas isto não é de forma alguma suficiente, nem mesmo necessário pra que os cantos heroicos dinamizem as massas.

Os cantos nacionais, ou guerreiros às vezes até são lentos, solenes. Como no caso musical mais dramático da guerra atual, quando os noruegueses cantaram o "Ein' feste Burg". Este é um dos cantos mais "prussianos" que existem, inventado por Lutero para o serviço do seu culto. Já era conhecido dos noruegueses, desque generalizado, no início do séc. xvii, nos exércitos de Gustavo Adolfo. E foi sublime na invasão de agora quando os nazistas ordenaram o fechamento da catedral nacional de Trondheim. Os noruegueses revoltados reviraram o cântico alemão num hino antinazista e o cantavam na frente da catedral. Quer dizer: eles estavam de costas para o templo, de frente para o opressor. Como sempre há de ser.

Não foi o ritmo lento. Não foi o texto, cuja simbologia era mais próxima dos exércitos de Deus. Foi tudo isso, mas particularmente o segredo alimentar da música. O som, a melodia é que tem de descobrir a linha que irá mover os corpos e aquentar os corações. Deriva deste mistério um dos fenômenos mais estranhos dos cantos políticos, a sua "peregrinação" duma terra a outra, dum campo ao campo inimigo. Já é muito comum o fato de aproveitarem, sobre texto novo e dirigido, as melodias já populares, folclóricas ou de autor conhecido. O princípio é politicamente universal: "dirigir" o texto novo, protegendo ele com a música de melodias já provadas nos costumes. E por causa desta aprovação popular invencível, as canções políticas fazem as mais inesperadas peregrinações. Como é o caso da Dixie. Contam que Lincoln comentou não terem apenas capturado o exército rebelde, mas a "canção rebelde" também. Mas a verdade é que a Dixie dos sulistas, que agora os nortistas estavam adotando também depois de escutá-la dos sulistas, já era uma canção originariamente nortista, que os sulistas tinham adotado. E a Dixie se incorporou à nação inteira.

Caso meio desagradável de falar é o "Nós somos da pátria a guarda", hoje "Canção do Soldado Paulista" chamada. Dona Mariza Lira mostra nos "Cânticos Militares" que o autor do texto se amofinou com o nome ficado. De primeiro era "Capitão Cassulo", que é bem mais lindo como título, não há dúvida. Mas sucedeu que não pegou, e o outro pegou porque os paulistas é que adotaram o dobrado esplêndido. Meu Deus! como o cantávamos, conscritos, voluntários, ali pelos princípios do sorteio militar!... E "Canção do Soldado Paulista" ficou. Si o autor do texto se lembrasse da Marselhesa, não protestava. Teria sido, não mais delicado, que o foi até demais no protesto, porém mais discreto. A Marselhesa também não foi criada por marselheses nem pra eles. Mas se espalhou da boca plural marselhesa, na marcha sobre Paris. E Marselhesa ficou. Sem protesto de autor, nem pruridos regionais dos... dos turcos.

Por falar em Brasil há um caso divertido de canto nacional que peregrinou até aqui, já contei isso não lembro onde. O hino nacional holandês, também canto de guerra porque os hinos nacionais nascem frequentemente das guerras, não é holandês de nascença. Era sim uma canção francesa dos soldados de Condé, que incorporados posteriormente aos soldados de Nassau, a difundiram na Holanda. E a canção francesa se tornou hino nacional holandês que um belo dia Koch Gruenberg veio colher em disco, cantarilada pelos índios do extremo norte brasileiro!

Dos nossos dias temos alguns casos extraordinários como esse do "Ein' feste Burg". Ainda se explica uma canção comunista, a "Lado a Lado" se ver adotada pelos socialistas alemães, muito mais popular entre eles que na Rússia, até que a república de Weimar lhe deu o basta.

Irmãos! as nuvens escuras já se afastam,
Na luz próxima há de estar a liberdade!
Nós estamos avançando sobre o passado,
É lá na frente que o futuro ensolará!

Texto bom de se amar... Texto universal. Mas é milhor mudar de assunto. Só quero lembrar outra vez o caso de Lili Marleen. Foi uma toada meiga alemã, feita pra acalentar nazista no descanso. O poema bem liederesco cantava assim:

Defronte das barracas, bem junto ao portão de entrada,
Tinha um lampeão, e si acaso se conserva ainda em pé,
Junto dele havemos de nos encontrar de novo sob a chuva,
Como daquela vez, Lili Marleen, como daquela vez.
O lampeão conhecia bem os teus passos, tão delicados, tão leves,
Por ti ele arde sem parada mas já se esqueceu de mim;
Si acaso eu não voltar mais, quem ficará contigo sob a chuva,
Contigo, Lili Mairleen? Contigo, Lili Marleen!

Lançada por uma cançonetista, imposta pela esposa de Goering que a consagrou num teatro de Berlim, passada para a bocarra delatora dos rádios, a canção foi parar nas trincheiras inimigas. O ouvido escutava a música boa, mas quem sabe alemão! só o dr. Pontes de Miranda. Transportaram o texto para as duzentas línguas antinazistas, e descobriram que havia nele o lampeão de Lili Marleen, um lampeão! Era o lampeão-forca das revoluções libertárias. Ele já estava no "Ça ira", quem poude nunca se esquecer! mandando "les aristocrates à la lanterne"! Era o lampeão-forca da Revolução Francesa. E dependuraram Hitler nele. Como um dia há de ser.

M.A. // # Músicas Políticas (II)

//2.3.1944

Hoje eu vou começar uma análise dos elementos técnicos das músicas políticas, principalmente dos hinos nacionais e guerreiros. Estes é que somam a maioria, embora não sejam os únicos. As canções satíricas, nascidas de personagens e fatos políticos, formam um campo imenso que nos artigos de agora não pretendo explorar. Só estudei um pouco mais atentamente os hinos nacionais e os de guerra, que se entrelaçam muito, pois são numerosos os hinos nacionais que nascem de guerras.

Sobre isto, aos exemplos que dei na semana passada, é fácil acrescentar outros. O hino nacional sérvio, o búlgaro, o "Kairos Adelphoi" dos gregos. E o tcheco, muito antigo, datado do princípio do século xv, e que foi a princípio um canto de combate dos hussitas. Dizem que quando cantado a primeira vez, o inimigo se tomou dum susto tamanho que caiu na confusão, e os "renegados" de João Huss venceram o primeiro dia de batalha quase sem derramar sangue. Também o "Star-Spangled Banner" assim como o "Yankee Doodle", nasceram ambos da guerra de independência. E não nos esqueçamos desses hinos tão principais, a Marselhesa, ex-"Canto do Exército do Reno", o Garibaldino que se revela pelo nome, e o "Die Wacht am Rhein" dos alemães, surgido na luta enfim mais justificável pela posse do Papai Reno, "Nous avons eu votre Rhin allemand"...

O Brasil, como está se vendo, faz boa figura de paz ante esses hinos cruentos. O Nacional veio à luz sem derramar sangue, concordando nisso com os grandes movimentos políticos nacionais. Em todo caso, a respeito do Hino Nacional dou a palavra a Caldeira Filho, que é quem mais lhe conhece a história e a vida mansa.

Mais ainda por causa do Brasil, estou me lembrando de escoceses e irlandeses, cujos hinos nacionais também nasceram das suas eternas brigas de independência contra os ingleses. Imagino o leitor sarapantado, indagando o que tem o Brasil a ver com isso. Tem, por causa do nosso "lero-lero" atual. Associação de imagens, infelizmente, e não de fatos. Ninguém ignora a expressão "lero-lero" que se generalizou na boca brasileira pouco depois do Estado Novo, não posso precisar a data bem. Donde que veio? É verdade que já tínhamos a palavra portuguesa "léria" e seu mais útil plural "lérias" pra indicar o palanfrório, a lenga-lenga e as mentiras provavelmente políticas. O "lero-lero" podia nascer delas. Mas então cabe perguntar donde que vêm as lérias. Antenor Nascentes resolveu não se amolar com elas no *Dicionário Etimológico*, e não socorre este seu amigo fiel e admirador. O Morais nada. Figueiredo xinga as lérias de popularismo, e o meu querido dicionarinho *Brasileiro da Língua Portuguesa* nem isso. Decerto desconfiou. Pra bancar o erudito, ainda posso lembrar que em Portugal teve uma dança chamada "Terolero" com T, enumerada por D. Francisco Manuel de Melo, no *Fidalgo Aprendiz*.

Que a palavra é populismo, eu acho que é, mas não é portuguesa de nascença nem se originou das exigências da conversa fiada. Nasceu da música, ou melhor, das relações mais íntimas entre palavra e música, da própria natureza do canto: é um neuma. Quer dizer aqui: uma espécie de tatibitatismo, de silabismo sem sentido, e deriva da necessidade vocalizadora de encher com sílabas o canto, quando o texto acaba e a melodia ainda continua. É um elemento "respiratório" para o cérebro que improvisa de maneira que vem das próprias origens indevassáveis do canto. É identificável ao "ai-lairai" das modas caipiras, ao "mironton-mirontaine" de Malbrouch, ao "bumba-bumbê" dos nossos negros. Aquele "Oh pátria amada, idolatrada, salve, salve" do Hino Nacional, com que Nepomuceno preencheu o pedacinho de música deixado sem texto por Duque Estrada, no fundo é um silabismo, um enchimento já com sentido lógico para evitar as vocalizações muito difíceis sobre vogais, como nos cantos tropaicos.

Já pelos exemplos que citei, e ainda o "liô" dos tiroleses e dezenas de outros exemplos, se percebe que nos lero-leros musicais, as consoantes preferidas pra silabar são o L e o R. Isso nos bastava para explicar a léria, a dança do terolero e o lero-lero atual dos brasileiros. Mas aqui a Irlanda entra na ronda, porque léria e lero-lero não parecem neumas originários dos povos latinos. Nem a Itália, nem a Espanha, nem a França nos ajudam aqui. Portugal andou muito nos namoros ingleses, e por aí teria suas conversas fiadas com os irlandeses. Já contei no artigo passado que os cantos políticos costumam peregrinar até o campo inimigo. Ora os irlandeses, desde a rebelião de 1641, tinham uns gritos de chamado de que os ingleses se apropriaram, é costume deles! Tomam tudo quanto é palavra alheia e enriquecem a deles. Eu, quando lancei a notícia falsa de que ia escrever uma *Gramatiquinha da Fala Brasileira*, me lembro muito bem que pensei e até escrevi a frase inicial do livro que jamais seria escrito: "Pertencem à fala brasileira todas as palavras de todas as línguas do mundo". Pois me inspirei nos ingleses, me inspirei neles. Arre! que eu me perco em divagações! Ora os ingleses, como eu ia dizendo, tomaram o aboio irlandês e o empregaram num hino revolucionário, com texto de lord Wharton e música de Purcell. É a canção "Lilliburlero", em que o poeta respeitou no refrão o neuma irlandês, que diz exatamente "lero-lero, lilliburlero", repetindo o lero-lero várias vezes. Se o neuma não é latino, como eu desconfio, o mais provável é que os portugueses o tenham tomado dos irlandeses, via Londres.

Numa análise dinâmica das músicas políticas (digo "dinâmica" porque é essencialmente a exigência psicofisiológica do dinamismo que as origina; e as classifica como cantos de trabalho) é possível distinguir e estudar em separado três elementos: o ritmo, a melodia e o texto. Parece haver redundância nisso porque a rítmica é elemento intrínseco da palavra como da música. No problema dinâmico não é exatamente assim. Sobretudo parece certo que o ritmo poético não tem o menor interesse na colaboração dinâmica dos hinos. Uma observação interessante a fazer, para a nossa língua, é a reação "erudita" dos poetas que se dignificaram na criação de textos hínicos. Imediatamente eles buscaram ritmos poéticos mais dinâmicos, imaginando que isso seria propício às músicas, como é o caso dos versos de nove e onze sílabas, os mais movimentados que possuímos. O de onze ocorre bem posto por Osório Duque Estrada em apenas dois versos do Hino Nacional, porque o restante das frases musicais exigia uma bossa em decassílabos e redondilhas. O mais usual é o de nove sílabas, que ocorre no "Hino à Bandeira" de Bilac e no da Proclamação, de Medeiros e Albuquerque. Não nego a beleza destes hinos, mas o ritmo poético adiantou foi nada para a criação dinâmica das músicas, porque o que fizeram os compositores? Comeram sílabas na ársis (impulso) inicial da melodia, pra obter o ritmo musical independente. Até prejudicando o poder fisiológico-dinâmico dessa ársis, que se valoriza melhor com uma batida só, bem empurrante, como nos casos principais do Hino Nacional e da Canção do Soldado Paulista. Eles não: foram obrigados a criar um empurro mais pachorrento de duas batidas, menos convincente. Dar palmadas nas costas duma pessoa em geral não comanda ninguém, o melhor é dar-lhe logo um pontapé, como fazem com mais observadora prática o Hino Nacional e a Canção do Soldado. A ársis de início é elemento essencial na rítmica dos hinos, e são raros os que principiam sem ela. O que leva ao seu emprego sistemático é a precisão dinâmica dum impulso inicial.

Outra constância rítmica que a meu ver deriva exclusivamente da dinâmica fisiológica, é a repetição absoluta da binaridade. Na imensa maioria os ritmos políticos são binários, o dois por quatro em principal e o seu duplo quaternário. Nada mais espontâneo que isso, porque os hinos políticos, tanto mais os nacionais e os de guerra, são cantados caminhando, avançando contra o inimigo da coletividade, tanto externo como interno. É a binaridade do passo que condiciona essa binaridade rítmica. É o "um-dois, um-dois" com que os instrutores dilaceram os ouvidos dos conscritos calouros.

A ternaridade é rara, sobretudo a ternaridade franca e valsista do três por quatro. Mas sub-repticiamente ela se intromete nas tercinas e também nos compassos compostos binários, o seis e doze por oito. Do ternaríssimo nove por oito não me lembro agora de caso nenhum.

Outras constâncias rítmicas não creio derivadas exclusivamente da dinâmica fisiológica, parece que o espírito entra nisso também. Como no caso tão sutil dos finais. A grande frequência é, começo em ársis mas final na acentuação decisória da tésis (repouso). É sintomático: não só o fim das melodias, mas as suas frases em geral são na maioria masculinas, terminando na acentuação forte do pé marcial que para e finca no chão. Não há dúvida. Como os hinos nascem de guerra e a infinita maioria dos cantos políticos são "contra" alguma coisa, a gente precisa emperrar mesmo, fincar o pé, e não ser como esses conformistas que acham que "contra a força não há resistência", há sim! É preciso não ceder nem desanimar no paraíso indecente das acomodações. Há de haver sempre resistência contra as forças escravocratas e os donos da vida. Ora tudo isso está no acento forte da tésis com que os hinos acabam na maioria. Esta constância da terminação masculina é um valor complexo, físiopsíquico. Não só a gente afinca o pé no chão e não arreda caminho, "no pasarán!", como se convence espiritualmente do valor da resistência, e recusa os convites conformistas do desânimo. E da arte pura. Salvé thesis!

Enfim só tenho mais uma observação a fazer, não, duas. A respeito de tercinas, me esqueci de contar uma coisa que, não sendo exclusivamente brasileira, é particularmente nossa. Conto pra terminar hoje. Aliás veremos um exemplo já muito brasileiro de tercina num hino ainda inédito nosso, que estudarei quando tratar da participação dos músicos paulistas nas lutas políticas atuais. Mas não é disso que eu quero falar. Assim como a tercina dinamicamente se define como um elemento contraditório que abranda o excesso de violência da binaridade, e mesmo por isso não é muito frequente nas músicas políticas, há um outro elemento balanceado que funciona também como a tercina, é a síncopa. É a nossa brasileiríssima síncopa de colcheia entre duas semicolcheias, tomando um tempo do dois por quatro. Ela acontece às vezes nas músicas políticas dos outros países, principalmente nos americanos, e superabunda em nossas marchinhas e marchas de rancho, do Carnaval. Pois também aparece com frequência vasta nos dobrados militares brasileiros, a principiar pelo brilho estupendo com que se bamboleia toda, no primeiro compasso logo, da Canção do Soldado Paulista. É uma delícia aí. Logo pra principiar, o brasileiro recebe o pontapé duma ársis forte e sai gingando sincopado, ôh filhos da Mamãe Preta das sanzalas!

Não tenho mais tempo. Na próxima vez terminarei esta análise rítmica, com o caso empolgante do ritmo da escravidão.

M.A. // # Músicas Políticas (III)

// 9.3.1944

Para terminar com estes estudos sobre a rítmica dos hinos políticos, iniciados no último artigo, quero analisar o caso delicadíssimo dos ritmos, não sei como diga para os que não conhecem técnica musical, dos ritmos "sacudidos". Me explico e exemplifico. Quem canta a primeira frase do Hino Nacional, observa logo que ela não se move pela divisão do tempo em batidas iguais, mas por sacudidelas compostas de um valor de tempo menor e outro maior, um menor e outro maior, e vai assim. Repara mais que o valor menorzinho ocorre nas ársis não acentuadas e o maior nas acentuações melódicas, até desnaturando um bocado os acentos normais da frase falada. Já estudei aliás a dificuldade que o brasileiro tem pra cantar isso, nos meus *Namoros com a Medicina*.

Esse é um caso rítmico-melódico interessantíssimo de esmiuçar, também derivado das exigências mais complexas da dinâmica psicológica interferindo na do corpo. Esse ritmo sacudido, que nas melodias das músicas políticas se expõe mais traduzido por uma semicolcheia em ársis seguida de colcheia em tésis, assumiu na música erudita um valor descritivo muito desagradável, que também já estudei em *Música, Doce Música*. É que os compositores, sempre que pretendem exprimir uma fatalidade má que nos subjuga, um decreto perverso do destino, uma punição que nos escraviza, se utilizam muito desse motivo rítmico. Ele poderia mesmo se chamar "motivo da escravidão", pois em geral é a escravidão que descreve. Nós o vamos encontrar no *Schiavo* do nosso Carlos Gomes, para acompanhar a personagem do escravo, repetido quase como um "leit-motif" vagneriano. E ele é mesmo um motivo condutor que Wagner também inventou, sem conhecimento disso por parte de Carlos Gomes, para significar a escravidão dos nibelungos, na

"Tetralogia". Ainda outra ocorrência sublime desse motivo da escravidão vem no primeiro tempo da "Sonata ao Luar", que nada tem de bandícies lunares, como já se sabe. O primeiro tema se utiliza desse mesmo ritmo, que dá para ele um valor doloroso, tão trágico de fatalidade e abatimento.

Ora não é de espantar que um motivo internacionalmente reachado como de escravidão e fatalidade, seja ao mesmo tempo o motivo rítmico mais incansavelmente utilizado pela dinâmica entusiasmante dos hinos políticos! A análise porém explica o fato claramente, eu creio. É que a música interfere aqui e salva tudo, modificando psicologicamente o sentido de destino, de fatalidade do ritmo em si. A melodia vem, e sem tirar o valor "fatalidade" do motivo, lhe desanuvia o abatimento e escravidão, o transformando num sentimento de entusiasmo e de confiança, é admirável.

E de que modo ela modifica a dinâmica do motivo? É bem simples: fazendo a melodia subir num ímpeto ascencional. O motivo da escravidão, em Carlos Gomes, em Wagner, em Beethoven, em Monteverdi ("Lasciatemi morire"), ainda perseguível em Mussorgsqui e outros, é sempre, absolutamente sempre, revestido melodicamente de sons rebatidos. Assim, é o som repetido, insistido que dá ao motivo rítmico a sua leitura de abatimento e escravidão. Mas também não é só o argumento da repetição do mesmo som que faz essa leitura, como prova a frase famosa de "destino", na Quinta Sinfonia de Beethoven, coincidente com a tradução radiográfica de "vitória". Tantas concordâncias, aliás, provam claro que essas expressões rítmico-melódicas, destituídas de palavras, não são mero acaso, mas realidades expressivas profundas que a música consegue dizer, mesmo sem o auxílio intelectual da palavra. Tudo isto não pode ser uma simples coincidência ocasional, não só porque ainda eu podia citar mais alguns exemplos, como porque estou citando um caso em que a subconsciência popular, em músicas políticas provadas e aprovadas, concorda com gênios verdadeiros, dos que mais souberam traduzir pela música as necessidades humanas. Para mim não há dúvida e não insisto. Mas quero ainda chamar a atenção dos conhecedores para o caso esplêndido de Verdi, significativo de sarcástico, de trágico, de cômico, de dolorosíssimo, do "lará, lará" que precede a ária de Rigoletto, no segundo ato, "Cortigiani Vie Razza Dannata". O motivo rítmico é o mesmo, e já mostrei que ele modifica o seu sentido de abatimento sem perder o de fatalidade, fazendo a melodia subir. Pois obrigado pela sua comicidade de bufão, mas desgraçado pelo rapto da filha, entre pândego e trágico, o canto de Rigoletto repete interminavelmente o ritmo da fatalidade, mas a linha ora sobe, ora desce, entre decisão e abatimento, como dum furor desnorteado que não sabe o que fazer. Na realidade é preciso estudar mais Verdi. O gênio dele não é boniteza vocal só, como imaginam os levianos.

Assim, o motivo rítmico em questão é mesmo significativo de fatalidade, de Fatum. Quando revestido dum som só que se repete ele assume a tradução das fatalidades escravas, se torna um verdadeiro símbolo intelectual, uma palavra de escravidão. Mas quando a melodia sobe, ele traduz o ímpeto, o entusiasmo e a decisão. E com efeito, é ascendente, por graus, por pequenos saltos de terças, e ainda com muita frequência em saltos largos que ele ocorre milhares de vezes em todas as músicas políticas, sejam hinos de guerra, nacionais ou comemorativos.

Estudemos agora a melódica dos cantos políticos. Um primeiro caso de valor mais psicológico que fisiológico (embora eu não esteja empregando aqui uma oposição alma-corpo, e reconheça que o espírito é diretamente condicionado pela matéria) é a escala-modo em que as melodias são construídas. É enorme a supremacia da tonalidade "inteira" do Modo Maior. Grifei "inteira" porque pela sua maior frequência, isso me parece significativo e de interesse. Reparem: é sabido que as melodias folclóricas são construídas de poucos sons, muitas vezes cinco. É isto mesmo, cinco ou seis, na tonalidade Dó Maior, que pelas suas exigências cadenciais harmônicas exige, ou pelo menos implica maior número de sons. Mas as melodias extraeuropeias, mesmo não sendo de povos primitivos, se contentam de menos sons. Já o pentafonismo, que não é privativo de chins, de pré-colombianos nem de afronegros, mas universal, é escala muito frequente, e não insiste nada em mostrar seus cinco sons, se satisfaz com quatro ou três. E são numerosíssimas as melodias tetracórdicas, se construindo sobre quatro e menos sons consecutivos.

Por tudo isso verificamos que o fato das melodias políticas empregarem frequentemente os sete sons da tonalidade, e ainda a enriquecer de cromatismos, alguma significação de exigência dinâmica há de ter por força. Eu creio que tem mesmo. Devemos em todo caso reconhecer que os cantos políticos, mesmo quando se utilizam de melodias tradicionais sobre textos "dirigidos" novos, quase sempre são semieruditos, obras urbanas e alfabetizadas. Obras apenas "popularizadas", às mais das vezes de autor desconhecido. Ora estes autores cultos ou semicultos urbanos, dotados de mais recursos técnicos, é natural que construam melodias de mais recursos sonoros. Isso não há dúvida e tem de ser levado em conta. Mas como é que esses cantos ricos se popularizam, se o canto popular é naturalmente mais pobre! Me palpita que esses compositores não criam também por acaso, mas dominados por intenções e comoções que exprimem. Nessa exabundância sonora das músicas políticas há que ver uma afirmação de plenitude vital, de coragem, de força das coletividades que as cantam. A pobreza espiritual, moral, a solidão individualista, não são características dos que lutam e amam com vigor. Si as melodias políticas são ricas de sons é porque elas traduzem a amplitude dos que desejam viver na idoneidade social do homem. Mas o pum-pundonor futricante dos frouxos se camufla de arte pura e chama-lhes "demagogias"... Tudo agora é "demagogia" para a cautela acomodatícia dos bem-pensantes! Não. A riqueza sonora dos hinos é ainda um sintoma de plenitude e liberdade a acrescentar à observação literária de Kurt Adler a que já me referi.

O Maior domina em absoluto. São raras as melodias políticas que se esperdiçam no tristonho Modo Menor. Ainda não se conseguiu explicar satisfatoriamente porque este modo nos deixa uma sensação universalmente reconhecida de tristeza. O Menor sempre dificultou a arquitetura nítida das formas fixas, a fuga, a sonata; e mesmo a constante oscilação Menor Maior das peças tanto folclóricas como semieruditas, já demonstra fraqueza construtiva dele. O Menor é ruim material. A explicação mais convidativa da sua tristeza, é mesmo essa, creio lembrada pela primeira vez por Combarieu, da sua deficiência harmônica na concepção tonal da escala. Concepção exclusivamente cristã, europeia, não se esqueça, pois que, como escala modal, o Menor ocorre na Grécia. É o Dórico, que não tem nada de triste e foi reconhecido pelos tratadistas da Antiguidade como expressivo da força nacional e adstrito à juventude. O harmonicamente irresoluto Menor não satisfaz à exposição clara da tonalidade harmônica e por isso é repudiado pelos cantos da guerra e das nações.

Esses são os elementos mais gerais e mais curiosos de observar no dinamismo melódico. Outros há, mais fáceis, que se explicam por si mesmos e que basta enumerar. Assim, as melodias são bem resolutamente quadradas, dinamismo rítmico-melódico espontâneo da binaridade marcial. Outros que também derivam da dinâmica da marcha são a frequência das frases ascendentes, contrastando com a melódica folclórica que geralmente desce; e as frases subirem numerosamente por graus e saltos de terça, ou, quando a harmonia mais raramente permite, por cromatismos de passagem. Tudo isso é muito lógico. Si a melodia "sobe", já está usando metaforicamente o verbo "subir" que não compete à música; e ninguém nunca dirá que a melodia "avança" si acaso ela desce. Bourgués e Dénéréaz já estudaram bastante bem esse fenômeno, pondo em relevo que a passagem dum som mais grave para um mais agudo ativa a dinâmica do corpo. E si as melodias políticas avançam por graus ou o menor salto de terça, é cristalino que essa é a dinâmica que mais se equipara ao passo a passo com que avançam as massas, e as vontades voluntariosas, pouco sentimentais.

Está claro que o salto ascendente de quarta ou quinta, mesmo saltos maiores e o harmônico dominante-tônica frequentam bem as melodias. Mas não são os mais numerosos, nem devem ocorrer seguidos. Isso também é perfeitamente explicável. O salto grande é dinâmico por demais e desnaturava a fisiologia normal do passo a passo da marcha. Marchar aos pinotes e aos passos anormais, como o ganso germânico, só pode convir a doidos intoxicados de mania de grandeza. De modo que o salto grande é utilizado apenas como valor de impulsão, como convite ao entusiasmo do espírito e do corpo. Ele explode, decide a massa, mas logo cede lugar aos passos normais com que a marcha avança, por graus e por terças.

Quanto ao som final do canto ou o instrumental acompanhante, ele não sugere nada. É evasivo por demais, pra nos garantir qualquer coisa. O canto acaba com enorme frequência no repouso firme da tônica, e não raro nas regiões médias e graves do registro vocal. O que pode-se verificar disso é que as melodias políticas são, não apenas tonalmente, mas psicologicamente conclusivas e afirmativas, refugando qualquer negativismo dissonante pra acabar, e também as evasividades indecisas da mediante e da dominante. Isto, pelo menos no Brasil, parece bem sintomático, pois aqui a música popular mostra decidida preferência por estes sons, mais vagos tonalmente, pra acabar.

M.A. // ## Músicas Políticas (IV)

// 16.3.1944

Para terminar com os problemas de melódica nesta análise técnica das músicas políticas só me lembro de mais uma verificação. Com isso entramos também na análise final, a da poética, que com esta observação se entrelaça. Ela me parece aliás de grande importância melódica. Talvez descubra uma parte vasta do segredo indevassado de tal canto político se popularizar e outro não, apesar de notoriamente mais belo e de texto mais forte. É que se estudamos a melódica dos hinos nacionais e guerreiros que conseguem de fato uma popularidade espontânea e não imposta, logo ressalta a sua facilidade enorme de entoação. É preciso que não se oponha nenhum escolho à garganta que emite o som musical. Insisti na redundância porque se trata duma exigência exclusivamente de emissão sonora. A dicção silábica, pelo contrário, se utiliza não raro de dificuldades e artifícios de silabação, como o "lilliburlero", o "Yankee doodle dandy", e outros exemplos. E não só nas canções satíricas. Os lero-leros silábicos exprimem principalmente bom humor, confiança em si: é um valor brincalhão que ajuda a expulsar o receio e os agouros.

Esse tatibitatismo dos textos melodizados também dá origem a outros lero-leros, que não são nem de caráter neumático nem de caráter tropaico, isto é, de enchimentos apenas silábicos ou com frases compreensíveis. Uns são bem-humorados mas outros não. Do gênero dos bem-humorados estão os nossos "taratatchim", "bumba" e o gostoso "Laranja da China, abacate, cambucá e tangerina". De mau humor me lembro do tão erudito "Dá que ouçamos tua voz" de Medeiros e Albuquerque, no Hino da Proclamação. O homem comum não usa nem entende esse imperativo do verbo dar, e além disso Leopoldo Miguez desatendendo às exigências da garganta sonora, a obriga a um recuo, dificultando pela colocação na linha melódica a emissão bem alerta da vogal em "Dá". O resultado é que esta emissão levando já por si a um "dá", não só as pessoas populares, mas os escolares interpretam o imperativo do verbo como contração de preposição e artigo. Deste jardim burlesco dos textos mal interpretados é também aquele caso do "Japonês da pátria é filho", por "Já podeis, da pátria filhos", bem desagradável de falar por se intrometer nele a inocência infantil que a nenhuma raça pertence. Ouvi dizer que assim cantavam o Hino da Independência as crianças japonesas (e as brasileiras!) da zona de colonização nipônica no sul do Estado. Não creio que o caso seja significativo pra crianças, mas é possível desconfiar da inocência falsa dos pais. Não sei.

Mas como dizia, o que as músicas políticas requerem mesmo é a facilidade vocal e não verbal. O texto pode estar dificultado por verbalismos, porém não o escapamento do som na garganta. Os saltos difíceis, os intervalos perigosos como os aumentados, os cromatismos fáceis de desafinar, nada disso vem nos cantos de guerra ou glorificação. Está claro que se por exemplo o "Chee Lai" dos chineses nos apresenta certos escolhos melódicos difíceis de transpor, esses escolhos o são para nós e não para os chineses. A liberdade é tão irredutível que parece não se divertir nem com as peias vocais. A garganta que entoa a liberdade não se coloca numa naturalidade "adquirida" nem na boca mais fechada do bel canto erudito. A liberdade é irredutível, não se ajeita a definições de escolas nem dos avatares da democracia. Quem entoa a liberdade distende a garganta, ergue o queixo e bota a boca no mundo, ascencional, como quem quer subir. É sempre aquele valor tanto dinâmico como simbólico de "subir", que já lembrei no artigo anterior. Sobe a melodia, sobe a cabeça. E com isto entramos num caso tão sutil como gracioso da poética das músicas políticas.

A noção da liberdade é geral, já sabemos. Ela vem, pra falar só no Brasil, em nossos hinos principais, o Nacional, sua primeira versão do Sete de Abril, o da Independência, o da Proclamação, o da Redenção, o de Sete de Setembro. Mas nem sempre a palavra "liberdade" é invocada. Muitas vezes está implícita na noção mais objetiva da terra possuída, da terra nossa. Não da "terra minha", mas exatamente da "terra nossa", quinhão de mundo pertencente à coletividade. É a coletividade que exige não ceder o que pertence a todos, pois até a noção do sacrifício pessoal é das mais conscientes, expressa claro na decisão de morrer pela pátria e pelo povo.

Ora a noção, ou o instinto, ou o sentimento, nem sei o que! da liberdade, tem uma consequência fisiológica, ou desta é que vem o sentimento da liberdade – meu caro James, não sei! não consigo saber! – que também se define pela noção do verbo "subir". Como já observei, tudo sobe fisiologicamente nos hinos nacionais e guerreiros, a garganta se distende erguida, o queixo sobe, o olhar sobe, a melodia sobe. Pois a liberdade também sobe e abre as asas sobre nós. E surge disso toda uma abundante simbologia, uma terminologia da liberdade, toda ela derivada do valor dinâmico das alturas. É o gesto fatal da cabeça erguida, do olhar para o alto, instintivos nos sentimentos de confiança e de fé. Ninguém sente fé espiando pra baixo, ninguém sente confiança encostando o queixo no peito.

Pois do gesto instintivo de confiança e fé, que é erguer a cabeça, o busto, o corpo, e a que pertence também a emissão do apelo nascem os mais numerosos símbolos e imagens dinâmicos da liberdade. Quando que ela "abre as asas sobre nós"? É "nas lutas, nas tempestades". E deriva da tempestade que ensombra do alto, a simbologia quase obrigada das forças malevas. É a noite, é o raio, o trovão e sobretudo as nuvens escuras. Ao passo que a liberdade é o "céu de anil", é o raiar da aurora boreal, invocada em cânticos nórdicos. E mais as asas, o voo, os pássaros, o "pálio de luz desdobrado", as estrelas. E, já só pra nós, o Cruzeiro do Sul. Não estou longe de acreditar que o fato de quase todas as religiões colocarem a libertação das peias terrestres num paraíso "celeste", é consequência fisiológica do erguimento do corpo nas aspirações supremas.

Assim de cabeça erguida, tanto as escurezas escravas como os clarores da liberdade foram achados no céu por todos nós. Por mim? Não, por nós. O raro "eu" que aparece é símbolo de "nós". Eis outra observação importante sobre a poética das músicas políticas. De toda a nossa parentela consanguínea ou espiritual, o laço mais escolhido é o da fraternidade, o irmão, o amigo, o companheiro, o camarada. O pai é raro. A mãe e a irmã são também pouco nomeadas, assim como a amante e a esposa, mas estas mais. A mãe aparece muito, mas como símbolo da "terra nossa", é a mãe-pátria, a mãe-terra. E assim a mulher legítima, não raro seguida de seus filhos, pra implicar sempre a terra nossa, o lar. E é deste jeito que aparecem também os filhos, como "filhos da pátria",

//MÚSICAS POLÍTICAS (IV) //411

entre nós, no Hino Nacional, no da Independência, no da Bandeira, no Guaicuru. E na Marselhesa universal.

É engraçado... Não quero comentar, mas se o irmão e seus sinônimos no sentido extensivo de coletividade, habitam menos os hinos brasileiros que os europeus (o que parece ainda argumento da nossa desastrosa desintegração individualista), os nomes coletivos gentílicos ocorrem muito mais entre nós, "sou brasileiro, com orgulho o digo" ou "brava gente brasileira". Mas por toda a parte, quase não se invocam os "patriotas". Imagino que o povo se "invocou" com eles, e desconfia da palavra e dos que se resguardam nela. O patriota foi posto de lado.

Eu não estou fazendo nenhuma estatística numérica destas minhas observações sobre a técnica das músicas políticas. Mesmo assim, não creio que nenhuma delas se invalide pela infalibilidade falível dos números. Andei apenas anotando as constâncias mais fixas nos livros de que me socorro, o Grove, o Riemann, a enciclopédia Lavignac-Laurencie, as coleções patrióticas de Adler, de Bantock, de Mariza Lira ou respigando no Friedenthal ibero-americano, no Moeller europeu, e no que Villa-Lobos ajuntou nos seus coros. E ainda nas coleções de discos revolucionários russos e espanhóis, esta ouvida com mais atenção. É bibliografia escassa, eu sei, mas fiz questão de confessá-la para os que desejem controlar o que não cuidei de numerar completamente.

Uma verificação que não me desagrada é a menor referência ao inimigo, principalmente de insulto ao inimigo, nos hinos brasileiros. A alusão ao inimigo aparece também entre nós, no Hino da Independência, por exemplo, no Sete de Abril, ou no "Vitória ou Morte", da guerra do Paraguai. Mas insultante mesmo é só este último. A ofensa é mais comum nos hinos europeus, e a guerra atual está fecunda em palavras de ódio e insulto. É a consciência desesperada do perigo humano que corremos, agora mais que nunca na história do homem.

Falei em vitória ou morte... As antíteses são frequentes para açaimar a noção do dever. Vitória ou morte, independência ou morte, guerra e paz. Esta última é curiosa. Se a evidência da guerra é muito denunciada sozinha, mesmo entre os brasileiros pacifistas (Hino Nacional, o da Proclamação, o da Independência, o Hino de Guerra, do Paraguai, com música de Francisco Manuel), a paz é relativa na poética dos hinos. Quase surge apenas para reforçar a dinâmica da valentia, nessa geminação guerra-paz, "quer na guerra, quer na paz", "ou na guerra, ou na paz".

Ninguém hesita em morrer pela pátria. Se alude muito a heroísmo, porém, contrastando, se o símbolo da paz é mais um dinamismo antitético que um valor convincente por si mesmo, já os símbolos da vitória e da glória, aliás mais belígeros que pacifistas, surgem sós. Ninguém se lembra de enunciar as nojentas antíteses deles. Morre-se muito pela pátria, mas obedecendo àquele princípio universal de magia, que manda não pronunciar as palavras chamadoras do mal, do Diabo, da cachaça, das doenças etc. mas substituí-las por eufemismos e outros processos de permutação, é raríssimo comparecerem em toda a sua abjeção, palavras como "derrota", "vergonha", "infâmia". "Nossa" derrota, é claro, pois a do inimigo, ainda por magia simpática, é mil vezes chamada.

Falei em símbolos da vitória e da glória e vejo que ainda tenho uma ficha derradeira comigo, sobre o "símbolo augusto da paz". A bandeira comparece muitas vezes invocada nos hinos nacionais ou de guerra. E será sintomático? O país que conta maior número de hinos destinados a ela são os Estados Unidos. Desconfio que os norte-americanos são a gente mais embandeirada do mundo. O que será sempre apenas gracioso, se não chegar a ser nunca um perigo. Esperemos que não, para que possamos todos, os que são puros e populares e os que já superaram o falso refinamento semiculto que manda desprezar os símbolos, os hinos nacionais, barretes frígios, e cruzeiros do sul, esperemos poder mais continuadamente olhar com fé e peito cheio, nossas bandeiras alimpadas drapejando em nossos céus. É sintomático: a bandeira também é um dinamismo de "subir" e liberdade, porque para os que estão com os pés na terra nossa, ela plana sobre eles, e é só de cabeça erguida que a podemos olhar. Sucede todas as vezes que, nas festas das bandeiras, armam uns palanques mui altos para os políticos e demais donos da vida. De forma que atrepados em andaimes frágeis, eles ficam mais altos que as bandeiras e as espiam de cima pra baixo, queixo afundado no peito, ar de arrependimento. Como tudo isso é simbólico, meu Deus!...

J.C. // COMENTÁRIO

O Tempo dos Cantos de Guerra

Os hinos nacionais, as músicas exaltadoras, os cantos da efervescência heroica eram parte considerável do clima de guerra. "A guerra ensina a cantar, é uma fatalidade...", constatava Mário de Andrade em "São Cantos de Guerra"[1]. Toscanini cristalizara, com um exemplo ilustre, a vibração participante, por meio sua execução, em dezembro de 1943, no *Inno delle Nazioni* [Hino das Nações], de Verdi. Aos hinos inglês, francês e italiano, o grande maestro acrescentara o dos Estados Unidos e o da União Soviética (na época, a *Internacional*), numa adaptação de sua própria autoria. A Orquestra Sinfônica NBC, o Westminster Choir e o solista Jan Peerce se entregaram de corpo e alma a uma interpretação eletrizada, que foi transmitida pelo rádio e difundida por filme e disco.

É nessa atmosfera geral que surgem os quatro textos de "Músicas Políticas". Artigos "sangrentos sobre músicas de guerras, de revoluções, e das manhas matreiras dos que amontam no posto de comando só pra mandar nos irmãos [...]" (p. 391), eles fazem convergir preocupações antigas do autor, que se revelam em estudos anteriores. É preciso lembrar também que, nos anos 1930, os regimes totalitários internacionais e, entre nós, o Estado Novo haviam colocado em valor os cantos coletivizadores, corais e patrióticos. Eles penetravam fortemente não apenas na vida escolar, mas também na vida cultural do país.

O Amálgama Sonoro

Da análise do ritmo e de sua ação dinâmica sobre o ouvinte, que encontramos no início de "Terapêutica Musical", de 1937, deriva a reflexão sobre a ideia da "dinâmica do som", desenvolvida nas partes I e II de "Músicas Políticas". Mário de Andrade só concebe a música enquanto um todo – a eventual decomposição em elementos possui apenas função de recurso analítico artificial. E, percebendo que nem a rítmica das palavras, nem a rítmica propriamente musical explicam por si sós a adequação e a permanência de um canto capaz de mover multidões, busca

---

1. Mário de Andrade, *Música, Doce Música*, 1963, p. 368.

uma categoria ao mesmo tempo mais ampla e mais adequada – a ideia da "dinâmica do som", rótulo de um mistério que Mário de Andrade deseja sem dúvida penetrar. Porque, atrás das análises de "Músicas Políticas", podemos perceber a vontade de descobrir a fórmula dos cantos que vingam.

> Não foi o ritmo lento. Não foi o texto, cuja simbologia era mais próxima dos exércitos de Deus. Foi tudo isso, mas particularmente o segredo alimentar da música. O som, a melodia é que tem de descobrir a linha que irá mover os corpos e aquentar os corações ("Músicas Políticas i", p. 394).

É esse amálgama que Mário de Andrade tentará perceber, mostrando, em "Músicas Políticas", os "bons ritmos" para esses cantos, as "boas melodias", e como ambos se associam em efeitos psicofisiológicos sobre os ouvintes. Se as concepções sobre o ritmo encontram um eco mais amplo em "Terapêutica Musical", elas se articulam também ao texto mais circunscrito – e mais antigo: 1930 – intitulado "Dinamogenias Políticas", também publicado em *Música, Doce Música*. Nele, Mário de Andrade analisa as frases cantadas pela multidão que, em São Paulo, recebia Getúlio Vargas e João Pessoa.

O Tema da Escravidão

Encontramos em "Dinamogenias Políticas" o mesmo princípio do amálgama dos elementos rítmicos e melódicos num cadinho "físico", mas, além disso, a notável análise do "tema da escravidão" (mencionado em "Músicas Políticas (iii)", p. 403). Isto é, de como um motivo rítmico passa a ter um valor significante no interior de uma cultura de Ocidente: caso semelhante, embora mais específico, ao da associação tradicional do modo maior com as formas exaltadas ou otimistas do ser. Essa análise se iniciara anteriormente, em "Dinamogenias Políticas":

> Quanto ao aparecimento da célula rítmica semicolcheia-colcheia nos dois documentos que estou estudando agora, ela também é interessantíssima. Essa famosa célula, tem sido usada pelos músicos, sempre que querem significar a fatalidade abatida, a escravidão. Não tenho tempo agora pra folhear minha biblioteca e dar exemplos numerosos. Mas me lembro de dois que

são absolutamente típicos: Wagner a utilizou pra criar o tema da escravidão dos Nibelungos, na Tetralogia. E Beethoven quando quis, no primeiro tempo da Sonata ao Luar, exprimir o abatimento, a aceitação da fatalidade fatal mesmo, irremovível, também se serve desta mesma célula rítmica. Agora estou me lembrando que também Monteverdi se utiliza dela no famanado Lamento de Ariana, na frase "Lasciatemi morire!" Os valores de notas estão aumentados para colcheia-semínima, porém o movimento rítmico continua o mesmo, sabem disso os que entendem de ritmo musical. Agora as recordações desse motivo rítmico, empregado como expressão psicológica, estão me afluindo à memória. Só lembro mais a documentação de Carlos Gomes, gênio muito maior do que se supõe. No Guarani e no Escravo, as passagens de Pery, de Ilara, de Iberê, secundando a Dão Antonio de Mariz, quasi toda criada nesse ritmo. No Escravo, numa das primeiras cenas, quando o conde acaba de ler a carta delatando a revolta dos escravos, a orquestra bate em fortíssimo essa célula rítmica. E o tema que acompanha Iberê, e com o qual ele entoa as palavras "Libero nacqui al par dei tuo signor" também finaliza com essa mesma batida da escravidão e da fatalidade[2].

A ideia do impulso inicial da ársis, do finca-pé final da tésis (o tempo binário marcado pelo pé levantado e pelo pé no chão, como indica Plutarco), caracterizadores desses cantos guerreiros, encontra-se também em germe nas "Dinamogenias".

O Individual e o Coletivo

Por meio de todos esses elementos, pode-se perceber que Mário de Andrade não propõe, para explicar esses cantos guerreiros e patrióticos nos quais as coletividades se reconhecem, nem uma teoria "populista", que veria interesse apenas nos aspectos ou origens populares dos grandes cantos coletivos, nem – aparentemente – uma teoria "demagógica", que perceberia esses cantos numa relação unilateral, de cima para baixo. Observa-se um entrecruzamento dialógico: tais cantos são propostos por compositores eruditos, ou semieruditos, e recusados, aceitos ou transformados pela coletividade que os adota. Eles podem não

2. Mário de Andrade, "Dinamogenias Políticas", 1963, p. 110.

ser mesmo, em origem, cantos guerreiros ou patrióticos; eles podem mesmo migrar e se metamorfosear. O caso prodigioso do hino holandês cantado pelos indígenas da etnia Terena – Mário de Andrade já o havia estudado em 1934, na conferência "A Música Popular e a Música Erudita", publicada em *O Estado de S. Paulo*, e depois o retomado no artigo "As Canções Emigram com Extraordinária Facilidade..." para o jornal *A Cidade*, em 14 de novembro do mesmo ano – e a história da canção "Lili Marleen" – bem esmiuçada num texto escrito pouco antes de "Músicas Políticas": "São Cantos de Guerra", publicado originalmente no *Correio da Manhã*, em janeiro de 1944, e posteriormente fazendo parte de *Música, Doce Música* – são as ilustrações mais significativas desse aspecto. Veremos, entretanto, que a "demagogia" está situada por trás dessa dicotomia.

É preciso ainda lembrar que o princípio dessas análises sobre a relação entre o "individual" e o "coletivo" já esboçava seu nexo num texto bastante antigo, de 1926, intitulado "Crítica do Gregoriano":

> O que faz a intensidade concentrada da arte popular é a maneira com que as fórmulas melódicas e rítmicas se vão generalizando, perdendo tudo o que é individual, ao mesmo tempo que concentram em sínteses inconscientes as qualidades, os caracteres duma raça ou dum povo. A gente bem sabe que uma melodia popular foi criada por um indivíduo. Porém esse indivíduo, capaz de criar uma fórmula sonora que ia ser de todos, já tinha de ser tão pobre de sua individualidade, que se pudesse tornar assim, menos que um homem, um humano. E inda não basta. Rarissimamente um canto de deveras popular, é obra dum homem apenas. O canto que vai se tornar popular, nesse sentido legítimo de pertencer a todos, de ser obra anônima e realmente representativa da alma coletiva e despercebida, si de primeiro foi criado por um indivíduo tão pobre de individualidade que só pode ser humano – e que riqueza essa! – o canto vai se transformando num pouco ou muito, num som, numa disposição rítmica, gradativamente, e não se fixa quasi nunca, porquê também a alma do povo não se fixa[3].

Uma nota de rodapé a este trecho concluirá com uma referência à melodia do hino nacional:

---

3.   Mário de Andrade, "Crítica do Gregoriano", 1963, p. 32.

Si esta melodia esplêndida não fosse oficializada, e não conservasse por isso a sua forma erudita, de certo já muito se teria modificado no povo. E ainda outra pergunta fica: si não fosse oficializado e por isso repetido sempre, o hino de Francisco Manuel se tornaria mesmo popular?... Duvido[4].

Nos idos de 1926, Mário de Andrade está preocupado com as marcas de um espírito coletivo sobre a criação artística. Trata-se do pressuposto para que essas inflexões constituíssem os componentes de um espírito nacional, que surgia para ele como questão maior. De lá vem a ideia preponderante de uma dissolução do individual no coletivo. Agora, em 1944, trata-se das formas de interação, de circulação, isto é, os mecanismos que permitiriam o sucesso "coletivo" de um canto. Pois não basta fabricar um belo canto: é preciso levar em conta as leis que o fazem aceito ou recusado pelas multidões. O texto de 1926 revela a continuidade da atenção de Mário de Andrade sobre esses pontos; o de 1944, mais completo e refletido, mostra a inflexão nova que eles passam a tomar.

O *Bricolage* do Saber

A série Músicas Políticas, apesar da estrutura geral bastante clara, corre por meandros que possuem o espírito do improviso: idas, vindas e digressões. Trata-se de um ensaio livre, em que a direção do projeto não impede as associações e ideias complementares que vão surgindo sob a pena. Essa forma flexuosa é alimentada pelas incursões exploratórias do autor em setores da cultura que lhe interessam; os butins assim recolhidos formarão constelações de sentido e coerência no interior de seu pensamento. Mário de Andrade caracteriza seus caminhos de trabalho:

Sei, juro que sei que estes ensaios valem pouco. Valem aliás o que verdadeiramente sou: Aquela "pachorra investigadora" que a crítica sutil de Gilberto Freyre decidiu de minha literatura. Minha maneira de trabalhar é assim: Vou lendo, desgraçadamente sem muito método, aquilo que pelo seu autor ou seu assunto me dá gosto, ou responde às perguntas de meu ser

4.   *Idem*, p. 33.

muito alastrado. Como desde muito cedo tive memória pouca mas estimo ter resposta pronta às minhas perguntinhas, tomei o hábito virtuoso de fichar. Os anos, não eu, reuniram assim um regular deserto de fichas. Apelidei "deserto" aos meus fichários, não vaidoso do número das minhas fichas, incomparavelmente menos numerosas que os grãos de areia de qualquer prainha, quanto mais deserto. Disse "deserto" mas foi por causa das miragens. Há os que me chamam de culto apenas porque tenho alguma paciente leitura. Há momentos em que me acredito seguro de um assunto, apenas porque sobre ele tenho cento e vinte fichas. Perigosas miragens...[5]

"Músicas Políticas" ilustra o *bricolage* das leituras "sem muito método" que se reúnem em um conjunto bastante intuitivo, mas com belos achados. É que as fichas vêm alimentar preocupações contínuas, constantes, que são meditações de uma vida.

Uma Ensaística Musical Psicofisiológica

O texto resulta então numa análise ensaística semântica, "semiótica" – como quer que a chamemos –, capaz de envolver vários registros da apreensão musical, da mais física à mais simbólica. Notável é o percurso traçado que parte da descrição do papel do ritmo: importância nula, ou quase, da rítmica contida nos textos poéticos; preponderância do ritmo binário, derivado do passo humano (ársis como impulso de início e tésis como estabilidade conclusiva). Tudo isso envolve relações francamente fisiológicas. Mas eis que o "tema da escravidão" projeta esse fisiológico para o simbólico: determinada célula rítmica significando, dentro de nossa cultura, submissão, obediência, fatalidade. Como tal célula se encontra na cantilena de Rigoletto (aqui o raciocínio se concentra num exemplo bem circunscrito), descobrimos uma intrínseca propriedade da melodia, que justamente esse exemplo revela: as melodias "descem" ou "sobem" – numa relação em que o efeito físico se encontra com a percepção semântica. Encontro "natural" e inevitável em nossa cultura.

---

5. Mário de Andrade, *Namoros com a Medicina*, 1972, pp. 6-7.

Pois bem – as afirmações de liberdade se fazem, nos cantos aqui estudados, por meio de um desenho melódico ascencional. Mas que não é, justamente, apenas melódico; é todo físico, todo corporal, projetando a liberdade na "dinâmica das alturas": "É o gesto fatal da cabeça erguida, do olhar para o alto, instintivos nos sentimentos de confiança e de fé. Ninguém sente fé espiando pra baixo, ninguém sente confiança encostando o queixo no peito" (p. 411).

Nas associações simbólicas, Mário de Andrade constata presente nos hinos, além da palavra "Liberdade" e outras imagens, um derradeiro emblema: a bandeira. Bandeira e Liberdade são coisas do alto, que plainam sobre nós. Estamos aqui, portanto, em convergências inesperadas, em que os objetos de análise possuem as naturezas mais diversas. Entretanto, tudo é música. E aos sons dos cantos de libertação surge a perfeita metáfora final:

> É sintomático: a bandeira também é um dinamismo de "subir" e liberdade, porque para os que estão com os pés na terra nossa, ela plana sobre eles, e é só de cabeça erguida que a podemos olhar. Sucede todas as vezes que, nas festas das bandeiras, armam uns palanques mui altos para os políticos e demais donos da vida. De forma que atrepados em andaimes frágeis, eles ficam mais altos que as bandeiras e as espiam de cima pra baixo, queixo afundado no peito, ar de arrependimento. Como tudo isso é simbólico, meu Deus!... (p. 413)

E claro que nos encontramos no domínio dos grandes símbolos propulsores herdados do século XIX, das "palavras pneumáticas", como dizia Fogazzaro, pela boca de um revolucionário de 1848; palavras saídas com força dos pulmões, que embriagam e movem multidões. Mas o fascínio aqui vem do fato de que entramos no domínio das indagações sobre a natureza desses mecanismos.

Muito evidentemente, Mário de Andrade não rejeita tais símbolos por meio de uma crítica "ideológica" dos processos simbólicos. Fica entendido que a posição de Mário de Andrade é a mais francamente "ideológica" possível, percebida por ele próprio de modo agudo; percepção que se revela perfeitamente pela "boa demagogia" – e como estamos próximos aqui do "otimismo histórico" pregado pelo realismo socialista! Mas a sua compreensão dos fenômenos musicais não desdenha a recuperação do "pneumático" – do corpóreo, dos impulsos "viscerais". E isso torna suas análises fascinantes – a anos-luz de uma forte tradição formalista, de uma especificidade "estrutural" irredutível dos fenômenos musicais, que fora inaugurada por Hanslick.

Mário de Andrade, leitor de Hanslick: foi para dele se afastar. Curiosamente, os exemplos que desfilam sob sua pena, em Músicas Políticas, possuem a mesma natureza dos presentes em *Do Belo Musical*: somente, nesse ensaio ilustre, eles servem para mostrar o que não é a verdadeira música.

As Afinidades Antropológicas

O pensamento musical de Mário de Andrade – configurado nas análises dos textos que comentamos aqui – leva-nos por caminhos que são os de uma compreensão totalizadora da percepção musical. Totalizadora no sentido em que a tomou Claude Lévi-Strauss em *Le cru et le cuit*, que parte "da observação empírica dos acordos coletivos cujas propriedades, de um algum modo solidificadas, lhe são tornadas explícitas por incontáveis sistemas concretos de representações"[6].

Irracionalismo? Certamente não. Pensamento "objetivado" em que a racionalidade é alargada: "espessa", "palpável", "intuitiva", no interior do próprio objeto: "Nós não pretendemos, portanto, mostrar como os homens pensam dentro dos mitos, mas como os mitos se pensam dentro dos homens"[7].

Daí a música, na transcendência lévi-straussiana da oposição entre sensível e inteligível através do nível maior dos signos. Em duas dimensões:

Uma é fisiológica, logo natural; sua existência se associa ao fato de que a música explora os ritmos orgânicos, e que ela torna assim pertinentes as descontinuidades que permaneceriam de outro modo em seu estado latente, como que afogadas na duração. A outra grade é cultural; ela consiste em uma escala de sons musicais, cujo número e distância variam de acordo com culturas[8].

6. Claude Lévi-Strauss, *Le cru et le cuit*, 1964, p. 19.
7. *Idem*, p. 20.
8. *Idem*, p. 24.

Mas além da convenção das escalas e da ordenação dos sons musicais numa cultura, existe o poder musical de estimular emoções comuns em indivíduos da mesma cultura: Lévi-Strauss faz apelo a Baudelaire quando este diz que a música "sugere ideias análogas em cérebros diferentes". E Lévi-Strauss propõe três níveis de produção musical, segundo suas relações com os estatutos da cultura:

> Bach e Stravinsky surgirão então como músicos do "código", Beethoven, mas também Ravel, como músicos da "mensagem", Wagner e Debussy como músicos do "mito". Os primeiros explicitam e comentam em suas mensagens as regras de um discurso musical; os seguintes reportam; os terceiros codificam suas mensagens a partir de elementos que já são da ordem da narrativa[9].

Mário de Andrade com certeza não negaria tal classificação. Num Bach, num Scarlatti, o que se destaca é o caráter artesanal das construções; num romântico, um Beethoven ou um Chopin, a qualidade do discurso emotivo; num Debussy, e já o vimos bem, a construção fragmentada, que refaz o mundo com base em elementos que são, em suas unidades, já semânticos, ou seja: "elementos que já são da ordem da narrativa".

Alguns pontos comuns unem Mário de Andrade e Lévi-Strauss, talvez fortuitos, talvez não: o desamor pela música serial, a vocação antropológica. Mas, sobretudo, a ideia de um pensamento que não se reduz aos mecanismos de algumas operações abstratas, mergulhando nas exigências do corpo e nas relações que os homens mantêm com o sensível, num processo de compreensão mais vasto, complexo e concreto do que aquele que a racionalidade transparente pretende instaurar. Mundo de liberdades e músicas "pneumáticas", no que esta palavra tem de fisiológico e de espiritual.

Contudo, se o processo analítico é pertinente e fascinante, toda essas vastas construções compreensivas se afunilam, para Mário de Andrade, num ponto sobre o qual repousam: o da boa demagogia. Isto é, as análises não transformam o fato psicossemanticomusical, de per si, num fato positivo: elas dependem da bandeira para a qual o queixo se ergue. O compositor é um "demagogo": um condutor de

9. *Idem*, p. 38.

povos. O teórico esmiuça técnicas estratégicas interrelativas da produção e da recepção musical – e o faz admiravelmente. Porém, não o faz no sentido de compreendê-las apenas, ou de desmontá-las diante do emprego ideológico. Ao contrário, as assume – já o vimos – ideologicamente: como tutoras do bom caminho. Mas não há dúvidas de que elas são possíveis também no "mau" caminho: afinal de contas, a boa demagogia depende de quem a percebe assim. Nessas escolhas, ou melhor, nessas qualificações, é bem claro que os princípios do "bom" e do "mau" se anulam diante da identidade dos processos demagógicos. "Lili Marleen" pode, realmente, com muita facilidade, passar de um campo ao outro. E a irracionalidade emerge aqui – não exatamente na interrelação música-ouvinte, mas no atrelamento político dos seus poderes.

M.A. **//** # Tropo de Semana Santa

// 6.4.1944

Domingo de Ramos. Eu quis me dispor ao estudo das liturgias musicais da Semana Santa. Mas não iria desta vez buscar os Evangelhos... Me sinto prodigiosamente afastado deles nas minhas preocupações destes dias de cólera, "dies irae"... Pretendi foi rever esses hinos admiráveis, essas sequências sublimes, o "Pange Lingua", o "Stabat Mater", o "Victimae Paschali Laudes", em suas músicas mais legítimas.

Faz muito que não retorno ao canto gregoriano e às vezes me agitam curiosidades novas. Em principal, com o espírito mais amadurecido de agora, me interessava estudar a expressividade psicológica dele. Imagino possuir elementos mais poderosos de ausculação agora, estou sobretudo bem livre da marca ditatorial da tonalidade harmônica, depois que tive convívio mais cotidiano com as escalas orientais. Talvez eu devesse fazer toda uma revisão ao que já escrevi, em estudos antigos, sobre a expressividade do cantochão. Talvez esses estudos não sejam mais apenas "antigos" em mim, sejam também "envelhecidos". Mas não posso.

Não pude. Ando assombrado na alma e está rugindo em mim o vento das destruições. O cinema me persegue com suas visagens, e as notícias dos jornais. Essas praias das ilhas do Pacífico, é inaceitável pela razão, tantos milhões de coqueiros... Quando os aliados desembarcam já não tem mais um só coqueiro incólume, tudo foi destruído. E então Monte Cassino, onde estariam nesta hora cantando as músicas gordas de melodia... Mas tudo foi destruído pelos alemães e pelos japoneses.

Porque esta é a razão, esta a verdade. Quem por meio da máquina ianque anda destruindo os coqueirais do Pacífico, são os japoneses. E se acaso os canhões aliados destruírem Roma quem inflamou esses canhões foram os alemães.

Chega a ser inimaginável ao que estávamos destinados se não tivéssemos reagido, sempre tarde, mas não demasiado tarde. O que não arrasariam, o que não escravizavam esses possessos, na ilusão maluca de que a humanidade são só eles! O rabo dessa gente belicosa, não é a razão lógica, como parece à primeira vista, diante da "lógica" da guerra, mas o interesse prático. E em última análise, o interesse prático é uma normatividade tão irracional como ter amígdalas ou ser formiga operária.

Estive lendo uma vez, numa revista, a evolução histórica ("involução" devia dizer) do cavalheirismo, do respeito ao inimigo, desde o Cristianismo até os "farrapos de papel" e outras arianices de agora. Não é a razão lógica, é o interesse prático que manda as infamantes irracionalidades atuais! Afinal das contas, como será possível classificar na escala dos seres vivos, esses alemães, esses japões, essas epidemias humanas! São germes epidêmicos. A raiva me domina. E eu me pergunto se não será questão duma profilaxia decisiva, duma operação cirúrgica, duma extirpação dessa gente, cuja "raça" é ser prática! Prática como cupim, como um gambá. E que não deixará jamais de ser epidemia! Arre que eu me sinto cada vez mais o anti-Dorothy Thompson – essa babalaô que conseguiu elevar o bom senso a estado de doidice! A democracia não tem apenas os seus mascarados, tem também os seus cabeludos, desgraçadamente. E eu temo que o gládio da alegoria não consiga se reconhecer bisturi definitivo, quando chegar o dia do castigo.

Ah!... Dies magna et amara valde... Dia imenso e talvez amargo... Que dia vai ser esse horroroso... Dies, illa, dies irae, calamitatis et miseriae... Oh que dia horroroso vai ser esse dia em que o mundo se estorcerá de espavento ante a decisão do castigo final, tão necessário no século, como o proclamado por David e pela Sibylla...

Dies irae, dies illa.
Solvet saeculum in favilla:
Teste David cum Sibyllae.
Quantus tremor est futurus,
Quando Judex est venturus
Cuncta stricte discussurus!

Porque então há de ser de chocalho e reco-reco o tremor que arripiará os culpados, casta nazifachista maldita, quando vier o grande Julgador para pesar as ações de todos, dos revoltados como dos conformistas, dos que se disfarçam de inocentes e dos que se sabem infames.

Então há de soar a tuba formidanda. Não vai ser nenhuma fanfarra gostosona, isso não! há de ser a tuba formidanda. A cava tuba rouca há de ir cavar os esqueletos emboscados nas profundas dos sepulcros caiados, nos escombros dos campos de batalha, no asfalto alto das cidades da retaguarda. E ninguém não poderá se camuflar de incapacidades físicas nem de incapacidades psíquicas, de universitarismo ou puerícias, nem de saudosismo nem de antissaudosismo, a cava tuba rouca há de acordar os dormidos mais fictos e a todos diante do Julgador ajuntará.

Tuba mirum spargens sonum
Per sepulchra regionum,
Coget omnes ante thronum.

Mas quem será o Julgador? o Julgador inefável quem será?...

Até a morte vai ficar pasma de assombro, mors stupebit et natura. Até a morte vai ficar pasma e a natureza, enxergando o grande Julgador que jamais não teve nem terá um nome, e não se chama José nem Carlos nem Hermenegildo e muito menos se chamará Barros, Trumpfeld, Menendez ou Smith, porque será apenas a miraculosa e renascida essência da vida. A miraculosa e renascida essência da vida, isso será em todos o inflexível Julgador. E tudo ficará assombrado, quando todos os criminosos estiverem responsáveis diante do Julgador. E num livro com índice no princípio, estarão inscritos os crimes dos alemães, dos japoneses, dos italianos e de todos os povos totalitários, de todos os racistas, e de todos os detratadores do direito dos povos e do povo.

E o grande Julgador sentará na sua cadeira elegante e todos estarão de pé. E então principiará o julgamento gélido, cheio de sangue redentor e da morte alimpadora, então principiará o julgamento gélido. Todo crime oculto nas teorias entorpecentes há de aparecer acordado ao som da tuba rouca, e nada há de ficar sem seu castigo, nada sem sua vingança.

Quid sum, miser, tunc dicturus?...

Porém não será este o momento da minha humildade. Eu repudio a humildade que seria uma humilhação. Se é certo que me sinto depauperado e misérrimo, miserável e culpado, arrastando comigo a cauda de pavão dos séculos, se me sinto culpado dos meus e de mim, e ficarei mudo sem vanglória, eu, misérrimo: que direi vós, criminosos dos crimes do mundo? vós nazistas, vós fascistas, vós totalitários, racistas e ditadores, ad ostentationem, vós alemães, vós italianos, vós japões... que direi vós ante o Julgador da tremenda majestade?...

Com fadiga imensa o homem tem arrastado através das idades a sua cruz, com fadiga imensa. Foi coisa que durou milhões de séculos, se fixar enfim essa noção livre e abstrata de solidariedade que faz desaparecer o senhor, que faz desaparecer o dono, que faz desaparecer o protetor como o predestinado, que faz desaparecer a própria máscara do "solidário", para que todos sejam um. Mas quando principiou-se a irrigar a solidariedade, tudo se convulsionou num repentino nome velho, e foi o "duce" e foi o "Fuehrer", palavras que não são daqui. E outra vez a solidariedade ia desaparecer no histerismo possesso das raças diz que escolhidas pelo patusco Wotan das favorescências e das vorticências. Era bach macarrão e fukushima shima-shima piciquileiteando as maleitas das bastardias, me entendam se quiserem! me siga quem puder!

Ingemisco tanquam reus.
Culpa rubet vultus meus!

Me sinto réu também, eu sei, desse delito e me deploro. A consciência da culpa avermelha minha face como a bofetada. Mas a inconformidade veio. Embora tardonha, a inconformidade veio, nem tudo estava perdido, oh inefável Julgador! E não foste feito escravo ainda mais uma vez, mas foste o Julgador! E em breve irás fazer a apartação.

E de um lado ficarão os bons, e do outro lado ficarão os maus. E de um lado ficarão os de boa vontade, e do outro lado ficarão os de má vontade. E de um lado ficarão os insolentes que berraram, que amedrontaram, que mataram e destruíram pela sua decisão e consciência e por sua vontade expressa, enquanto, mísero e solente, à solidão minha insolúvel, eu voltarei chorando.

Lacrymosa dies illa
Que resurget ex favilla
Judicandus homo reus.

E de novo há de se impor a verdade sobre a terra e sobre os homens. E então ninguém mais não perguntará onde que está a verdade. E então a paz há de salmodiar longamente entre os homens. E entre todos os homens, pouquíssimos serão os com vontade de ter má vontade. Porque na diária chamada matinal dos agrupamentos humanos, por longo tempo, por imenso tempo, quem sabe se para todo o tempo, na chamada matinal dos agrupamentos humanos, alguns nomes ficarão sem resposta.

– Alamão?...

Depois do dia da ira, na diária chamada matinal dos agrupamentos humanos, alguns povos não responderão.

J.C. // COMENTÁRIO

A Intolerância e os Jovens

"Ando assombrado na alma e está rugindo em mim o vento das destruições" (p. 425). Na Semana Santa, passara pelo espírito de Mário de Andrade retomar os estudos sobre o canto gregoriano, publicados em 1926 – imperfeitos, segundo ele, "por conceituação defeituosa de 'harmonia'", como anotou em seu exemplar de trabalho de *Música, Doce Música*, e que Oneyda Alvarenga transcreveu na edição definitiva. Mas "não pôde". Como diz Oneyda Alvarenga, numa frase pesada de significações: "A guerra e as preocupações político-sociais devastavam a sua vida"[1].

E o texto toma o caminho da grande retórica veemente, intercalado por trechos do *Dies Irae*, réquiem aterrador. Mas é também o momento de mea-culpa, revelando os tormentos de um Mário de Andrade obcecado por um passado de vaidades – "arrastando comigo a cauda de pavão dos séculos" –, culpado e criminoso de inconsciência complacente, "apocalíptica", meio desarmado diante de "vocês moços, vocês que se fixaram numa ideologia"[2], como escreve a Moacir Werneck de Castro, buscando um pouco o papel de figura de proa numa embarcação que não comanda, consolado porque "embora tardonha, a inconformidade veio" (p. 428).

Não são mais possíveis as desculpas, as "camuflagens" do "universitarismo ou puerícias" (estamos aqui próximos de um artigo brutal de Carlos Lacerda, "A inteligência amestrada faz piruetas"[3], que se opõe à cultura jovem e universitária, considerada ridiculamente estéril e pretensiosa), dos conformismos e inocências: tudo é infâmia.

O grito de cólera não é contra as ideologias, os governos, os exércitos. É contra as culturas ("Era bach macarrão e fukushima shima-shima piciquileiteando as maleitas das bastardias, me entendam se quiserem! me siga quem puder!", p. 428), contra os povos, contra as raças.

A violência é aterradora:

---

1. Mário de Andrade, *Música, Doce Música*, 1963, p. 27.
2. Moacir W. de Castro, *Mário de Andrade: Exílio no Rio*, 1989, carta de 11 mar. 1944.
3. Carlos Lacerda, "A Inteligência Amestrada Faz Piruetas", 1941.

Afinal das contas, como será possível classificar na escala dos seres vivos, esses alemães, esses japões, essas epidemias humanas! São germes epidêmicos. A raiva me domina. E eu me pergunto se não será questão duma profilaxia decisiva, duma operação cirúrgica, duma extirpação dessa gente, cuja "raça" é ser prática! (p. 426).

"Tropo de Semana Santa" chega a vertigens inesperadas. O tom é bombástico, o narrador se confunde quase com o juiz, decretando que alemães, japoneses, italianos não terão salvação no juízo final: é o tom das profecias do Velho Testamento – de onde certamente boa parte da inspiração deve ter-lhe vindo. Mário de Andrade, profeta implacável da voz de Deus, vencedor dos pecados de uma juventude "alienada", se transfigura na cólera divina, fulminando do alto do seu rodapé da *Folha da Manhã*.

A retórica veemente do texto ababela as culturas, os povos e as formas totalitárias de seus governos. O vocativo "– Alamão?..." final está entre a vingança e o insulto. Já vimos como essas intencionais confusões se processaram entre "A Bela e a Fera": nada aqui de lúcida reflexão, como a do notável texto de Mário Pedrosa, "A Resistência Alemã na Arte", de 1947.

Pode-se indagar de que modo e por que um homem com tamanhos laços afetivos com a cultura germânica, como era o caso de Mário de Andrade, tenha chegado a tomar posições públicas de um radicalismo tão violento e cego. Pode-se indagar, simplesmente, como qualquer intelectual de seu porte tenha sido levado a assumir tais atitudes de confusão, em nome de um empenho aliado. Sem pensar sequer na repercussão sobre indivíduos isolados que, entre nós, tinham então a infelicidade de serem italianos (os mais poupados por Mário de Andrade), japoneses, ou alemães (os mais odiados).

Naturalmente não há resposta. É possível lembrar a posição diante de uma juventude mais "esperta": universitária, de esquerda, quando não francamente comunista. Em "Música Universitária", que faz parte de *Mundo Musical*, Mário de Andrade dirá: "Eu fui aquele que viu" – uma nova cultura, uma nova juventude, surgirem entre nós. Diante dos jovens, convencido por eles, desejoso de estar entre eles: o radicalismo talvez tenha por isso se afirmado. Aliás, em 1946, no seu elogio póstumo, Moacir Werneck de Castro já o disse magistralmente:

Mais do que quaisquer outras influências pessoais, foi sem dúvida o contato dos moços que determinou a atitude política – num sentido amplo – de Mário de Andrade.

[...]

Penso que no mais fundo do ser ele desejaria entrar de cheio naquela espessa e poderosa torrente, criar novas harmonias para o avassalante coral do povo, sentir a sua viva consciência de artista caminhando na frente para iluminar os caminhos do futuro[4].

O contato com os jovens deve ter pesado grandemente para esses radicalismos. Embora, claro, tal resposta seja insuficiente: não caberá a nenhuma ou a várias (em conjunto) explicações de qualquer ordem trazer todas as chaves para que se entendam essas escolhas tão radicais, esses combates de intolerância com intolerância, essas retóricas grandiloquentes. Fica a constatação, apenas, dessas posições difíceis.

Dorothy Thompson

Sejam quais forem as razões – vontade de transformar-se em profeta apocalíptico diante dos jovens, ingenuidade, sinceridade, demagogia pessoal ou coletiva –, a atitude de Mário de Andrade nesse momento de guerra é a de uma extrema intolerância para com os inimigos. Sua metáfora é científica, sanitária, higiênica, eugênica: na escala dos seres vivos, alemães, japoneses são "epidemias humanas", "germes epidêmicos", cuja "raça" deve ser extirpada por meio de operação cirúrgica.

Não é preciso mais para perceber que Mário de Andrade produz argumentos semelhantes aos de seus inimigos – aqueles mesmos argumentos que o nazismo não teve escrúpulos em empregar. Poder-se-ia justificar, por meio da militância guerreira, esses excessos, invocando certa inconsciência. Mas é o próprio Mário de Andrade que nos proíbe, quando se situa "cada vez mais o anti-Dorothy Thompson – essa babalaô que conseguiu levar o bom senso a estado de doidice!" (p. 426).

É preciso refletir. Dorothy Thompson (e essas referências eu retiro da ótima biografia *American Cassandra*, escrita por Peter Kurth, e que me foi aconselhada por Michael Hall) foi uma jornalista correspondente

---

4. Moacir W. de Castro, *Mário de Andrade*, 1989, pp. 158-159.

na Alemanha, capaz de incomodar a tal ponto o regime com seus "furos" que foi expulsa do Reich em 1934 por ordem pessoal de Adolf Hitler. Era a primeira vez que isso acontecia com um correspondente estadunidense, fato que projetou sua celebridade.

Dorothy Thompson teve um papel muito importante na propaganda antifascista; ela era ouvida por ministros e presidentes. Winston Churchill diria dela: "Liberdade e humanidade são seus gratos devedores".

"Liberdade e humanidade" – o traço mais forte da poderosa militância de Dorothy Thompson parece ter sido a tolerância. Ela batalhará ao mesmo tempo pelos refugiados judeus e contra o sionismo, lutará pela paz durante a Guerra Fria e, com a evolução dos acontecimentos da Segunda Guerra Mundial, suas posições pela liberdade e pela humanidade se evidenciam. É esse o momento criticado por Mário de Andrade.

Vale a pena transcrever o início do capítulo XIV da biografia escrita por Peter Kurth:

> Dorothy acreditava, como jornalista e como ser humano, que "em todos os assuntos sociais e políticos nada é menos louvável que consistência. É uma virtude apenas na mente de fanáticos – daqueles que, tendo chegado a conclusões, são incapazes de depois... mudá-las. Todas as consistências são tolas excetuando aquelas centradas em caráter. O caráter centrado na verdade vai se mostrar inconsistente em relação a dogmas e ideias". Tendo começado a guerra como a inquestionável principal agitadora dos Estados Unidos contra os nazistas, Dorothy chegaria ao fim do conflito, em 1945, como a mais forte voz estadunidense em defesa do povo alemão – na busca de uma "paz sã, racional e razoável", ou seja, na nação que Hitler deixou em frangalhos. [...] [Dorothy explica]: "Deixe-me ser clara desde já: Não sou nem pró nem anti-Alemanha, como nação e como povo, sob todas as circunstâncias, passadas, presentes e futuras. E se fosse, minhas antipatias pessoais, experiências e preconceitos não influenciariam, espero, o que eu devo dizer. Eu sou pró-humanidade. Pró-razão"[5].

Definindo-se a si próprio como anti-Dorothy Thompson, Mário de Andrade revela o quanto era incapaz de compreender uma atitude

---

5. Peter Kurth, *American Cassandra*, 1990, p. 358.

humanista, que isolava a ferocidade do nazismo, sem confundi-la com a de uma nação. Há algo de patético na fúria desses rodapés escritos por Mário de Andrade – cujo alcance efetivo sobre os fenômenos de guerra era evidentemente muito pequeno, sobretudo se contraposto às posições da jornalista estadunidense. Mais, a escusa da ingenuidade, do desconhecimento, a justificação da intolerância por razões patrióticas encontra-se seriamente abalada, na medida em que o próprio Mário de Andrade conhece posições dessa ordem e, explicitamente, se distancia delas.

"Tropo de Semana Santa" parece-me um escrito revelador de um ser fragilizado que encontra forças no papel de passionário. Essas fragilidades, de origens diferentes, puderam-no conduzir a consequências por vezes turvas.

M.A. // # José Maurício

// 20.4.1944

O mulato padre José Maurício Nunes Garcia foi o maior compositor de música religiosa que o Brasil já possuiu. No caso, a medição do "maior" não é impertinência, nem nasce de gostos pessoais discutíveis. É certo que o muito maior contato internacional e conhecimento histórico da música, empluma as composições religiosas de alguns dos nossos compositores atuais com as máscaras da Escola e a compostura da religião, mas é dança totêmica, nada mais. Dentro do bicho fingido tem um cidadão profano que nem nós.

A música do padre-mestre é também duvidosamente mística, eu sei, mas a diferença se impõe. Ele era um músico religioso banhado de profanidades, ao passo que os nossos compositores vivos que fazem missas católicas, são músicos profanos banhados... de profanidade também. O caso do compositor José Maurício foi de fato um caso artístico de funcionalidade profissional, de condicionamento mútuo de tempo histórico e religião. Era um problema da vida social do compositor brasileiro. O problema do compositor contemporâneo, como Villa-Lobos com suas missas, por exemplo, é um problema não exatamente artístico, mas estético, de diletantismo antiprofissional, de quem se pergunta nos ócios: Como será que se faz música religiosa? É um problema da fantasia individual do indivíduo. Nem chega a ser problema. É feito a curiosidade do viado que jamais comeu macuco, mas escutando o caçador piar macuco, vai ver o que é. O resultado é tomar às mais das vezes com uma carga de chumbo fino que não mata mas dói bem.

Este aliás é o engano básico de noventa e nove por cento da música religiosa que muitos compositores ainda fazem por aí. Não nasce da profissão, nasce da veleidade. Que coisa dolorosa, que coisa mesmo trágica, ôh meus amigos, a condição do artista do Romantismo pra cá! São profissionais que recusaram a profissão. E em vez de fazerem profissão diariamente e se banharem de artesanato, deixam tudo pra quando a inspiração chegou. Sofisma puro. Sofisma puro pra não se amolarem com a vida humana. Si a gente fosse destrinçar das obras deles, tudo quanto nasceu de interesses outros que o da inspiração livre, até ficávamos envergonhados de nós... José Maurício ainda vinha de tradições artísticas mais legítimas, e se salvou. Toda a nossa música religiosa, mesmo a atual, é inferior ao que conhecemos dele.

Conheço pouco. Volta aqui o lamento anual pela incúria dos nossos governos, ciosos sim de brasilidade teórica, mas pouco ciosos dos brasileiros reais. O que há de melhor publicado, se deve à dedicação de Alberto Nepomuceno, duas missas, e de Luiz Heitor Corrêa de Azevedo, no tempo em que organizava a *Revista Brasileira de Música*. Os manuscritos conservados na Biblioteca do Conservatório daqui são bem precários, cópias provavelmente imperfeitas. É o que conheço.

Bem, ainda existe a melodia da modinha "Beijo a Mão que me Condena", salva por Melo Morais Filho nos "Cantares Brasileiros", e repetida por Brito Mendes, hoje tão raro como o primeiro, e que eu também repeti no estudo que fiz sobre ela. É o que conheço da música profana do compositor. A "Abertura", também existente, da hipotética ópera "Zemira" nunca foi executada aqui, em vida minha. E o resto se perdeu.

O caso da modinha é meio complicado, e posso acrescentar mais algumas complicações achadas depois que a estudei. Na coleção do "Trovador", "nova edição correta" que é de 1876, v. II, p. 81, o texto dessa modinha vem indicado como "poesia do dr. José Maurício Nunes Garcia (que foi filho do compositor e médico ilustrado) e música de sr. R. S. P. M.". Poucas páginas depois vem o lundu "Não te Rias, Oh Menina" do mesmo médico júnior. E no v. IV, p. 15, vem mais, sempre só texto, a modinha "Marília, si me amas", indicada como "poesia e música do falecido padre mestre José Maurício Nunes Garcia", e na p. 52, o lundu "Gentil Anália" por J. M. N. Garcia, sem dr. nem padre. Que mixórdia será essa? Talvez mixórdia só. Melo Morais Filho conheceu certamente o médico ilustre, autor também de modinhas, as "Mauricinas", monumento que pretendeu erguer à memória do pai. A julgar por uma que possuo e a opinião de Afonso de Taunay, que mais abalizadamente as conheceu a todas, é monumento feito os bronzes das nossas ruas: vale é nada.

Não posso dizer sobre o valor do padre José Maurício mais que os elogios discretos que já lhe fiz noutros escritos. Foi compositor de suavidade, invenção melódica apropriada e elevada, por vezes vibrando em dramaticidade pouco mística. A constância mais sensível da sua personalidade musical confirma o temperamento do homem, doce, humilde, sem dramas de crenças nem êxtases celestiais. Não há coragem no homem, não há arrebatamentos no músico. Nem os da humildade que uma vida afinal não muito difícil evitou, nem os da pureza que ele não soube conservar no corpo. Ficou muito dentro do seu tempo e pouco dentro de si mesmo. Nitidez, sonoridade vocal muito boa, escritura de pouca feição católica, salientando por demais a melodia conceptivamente harmônica, desprovida do caráter congregacional religioso da polifonia estrita.

Congregacionalidade classe dominante, entenda-se. É engraçado e sintomático. No tempo em que a religião cristã se debatia ainda, oprimida pelas classes dominantes pagãs, ela só pôde criar o uníssono coral que atingiu a sua significação suprema no cantochão gregoriano, quando o Catolicismo alcançou o máximo do seu poder criador. Mas alcançar o máximo é se deteriorar na decadência. Não houve decadência propriamente, mas houve a transformação fatal do Renascimento, porque o Catolicismo deixara de ser um princípio revolucionário agente, e se assentara, em domínio e descanso descuidoso, na cátedra de pedra de Pedro. Fizeram cátedra nova que era de ouro. E a forma desse ouro mandão foi, não unir, não fundir numa fusão já agora impossível, mas conclamar as duas forças celestes do Bem e do Mal e as várias forças terrestres, e congregá-las. Isso foi a polifonia: reunir em congresso desde a perfeição sublime das quatro vozes democráticas de homens e mulheres, até as trinta e seis vozes da brilhação barafundosa. Era o Diabo, meus amigos, que também entrava no congresso. E foi dele que se deduziu a gostosa melodia solista, acompanhada de acordes, de antemão obrigados a dizer Amen. Pois até não se chamavam "acordes"!...

Foi quando chegou o nosso José Maurício. Às vezes ele bem quer ser polifônico, mas o movimento das partes é canhestro, e nas obras copiadas do Conservatório vêm erros brutos, inaceitáveis em quem escreveu um "Tratado de Composição". Toda a obra dele é eminentemente harmônica e mesmo acordal. Mas nisso a culpa não era dele. As religiões cristãs estavam se dissolvendo, perdido o caráter de verdade dominante, anterior. E a música religiosa com elas. José Maurício ficou muito dentro do seu tempo e pouco dentro de si mesmo... Por isto, e reconhecendo preliminarmente, como faz Luiz Heitor, que o classicismo musical não representa a religião cristã "útil", acho que este faz muito bem concluindo que o padre mestre "era um clássico".

Para nós, ele foi sobretudo um colonial. Nisto, embora mulato da maior mulataria, escuro e pixaim, ele nada representa, ou pouco, o valor "negro forro" das nossas idiossincrasias raciais. Busco em vão por onde se o possa dizer uma forma qualquer de luta, um prurido mesmo longe de revolucionaridade ativa, ou um "marginal". É verdade que o marginalismo é bem seio de Abraão, e se o coitado se rebela diz-que é marginal, se se acomoda diz-que é marginal da mesma forma... Eu gosto mas é daquela observação antiga de Porto Alegre, intrigando que os interesses temporais é que levaram José Maurício ao sacerdócio, porque "o hábito substitui a idade, o nascimento, a riqueza, o saber". Isto concorda muito com a afirmação do padre-mestre ter sido um "espírito prático", feita pelo filho dele, e posta em relevo por Luiz Heitor, que é quem mais sabe do padre músico. José Maurício foi um mulato sem os problemas da mulataria. Nem externos, nem internos. E a música dele também.

De modo que alcançando os primórdios do Império e frequentando, frequentando pouco, o paço do seu aluno Pedro I (que desfazia no ensino do padre-mestre com a má recomendação do Hino da Independência) José Maurício não representa os problemas do Brasil, senão como colono. Socialmente ele não foi um brasileiro nato e muito menos as vozes d'África. Das necessidades da Colônia ele é a saudade, o *longing* do colono. O espírito prático dele percebeu que servir à sociedade constituída era melhor que servir à sociedade nascente, e foi o que ele fez.

É certo que escreveu modinhas, as "modinhas brasileiras" famanadas muito no Tejo e um pouco no Tâmisa. Mas ainda nisso era a saudade lusa do colono que ele satisfazia. As modinhas até mais anteriormente coloniais que Martius recolheu, eram bem mais nossas que a dele. Esta respira maior erudição e maior protocolo. E nisso, no espírito e na realização, se integra nas modinhas portuguesas de salão, mais enfatuadas, como as que o Grove, Moeller e outros reproduzem.

Não esqueço não que escapam alguns brasileirismos à inspiração do padre músico, mas é como sem querer. Ele é servilmente um provedor das exigências artísticas, não da Colônia brasileira, mas do colono português. É a saudade, são as recordações nunca deixadas pelos imigrantes com ida e volta, é a pátria do "outro lado do mar sagrado" que ele representa. E por isso foi o que produziu. E por isso foi muito amado do rei velho. E por isso o europeiamente célebre Marcos Portogallo enxergou nele um rival. E por isso compôs música religiosa, duas óperas, e os "Divertimenti" para a banda do "Foudroyant".

Principalmente música religiosa. O que ainda quer significar violentamente música do colono e não do colonizado. José Maurício é o anti-inconfidente típico. Por isso se tornou o confidente do colono. Ele escuta os interesses políticos do colonizador, que ensina compungido ao escravo e ao mestiço dominado que o reino deles, escravos e mestiços, não é deste mundo não. E que mundo de delícias, huris e batucadas, vai ser esse do céu que lhes promete José Maurício! Tem vozes extasiantes de *evirati*, tem clarineta e tem flauta, tem violoncelo e violino, tem órgão, trompa e fagote, tem oboé e todo o fulgor. Quando D. João VI viu isso, mesmo ele que estava descolonizando a Colônia por necessidades culturais da Corte guanabarina, não se conteve: esqueceu o mulato escuro, esqueceu tudo. E tirando do peito do Visconde de Vila Nova da Rainha a comenda da Ordem do Cristo, embranqueceu com ela o sangue do confidente.

Afinal das contas, com todas estas considerações, vai parecer pra muita gente que eu estou falando mal do padre José Maurício. Eu não estou falando mal de ninguém não, tenho mais que fazer. Eu até admiro muito o padre compositor e guardo certo orgulho nacional do que ele compôs. Em 1930, no centenário dele, eu concluía a minha contribuição dizendo que ele não ultrapassara o que faziam, em música religiosa, os italianos do tempo, e que isso universalmente era pouco. É o que eu penso. Mas posso alargar a conclusão, com o ângulo de vista oposto. E se o que fez o músico, do ponto de vista universal foi pouco, do ponto de vista nacional foi muito.

J.C. // COMENTÁRIO

José Maurício morrera num 18 de abril, em 1830: o aniversário sugere o motivo do escrito de Mário de Andrade. Em 1930 ele dedicara ao padre músico um artigo (editado em *Música, Doce Música*, ao qual faz referência na p. 439), verdadeiro primor biográfico, comparável, numa escala menor, à sua biografia do padre Jesuíno do Monte Carmelo. Perfeito encadeamento, elegância estilística, verdade do personagem caracterizado, o primeiro texto se concentra na trajetória da vida e da obra do compositor.

No rodapé de 1944, a perspectiva é a do levantamento de questões.

A primeira, logo no segundo parágrafo do texto, é a que poderíamos chamar "verdade religiosa". Naturalmente, em José Maurício e outros compositores do tempo, o caráter religioso das obras era vinculado às funções sociais da religião; isso lhes conferia um caráter de necessidade. Necessidade verdadeira do espírito, necessidade engendrada pela situação do artista no *Ancien Régime*. Do romantismo para cá, constata Mário de Andrade, do célebre pontapé em diante, o artista perdeu os laços que o uniam a essas funções mais legítimas, flutuando nas experiências estéticas de "diletantismo antiprofissional", em que a música religiosa é produzida pela curiosidade do espírito criador.

A segunda questão é a da situação do estudo da obra de José Maurício – questões da incúria oficial. Aqui, Mário de Andrade introduz algumas precisões (ou dúvidas) no que concerne à composição de algumas modinhas.

A terceira é a da situação histórica de José Maurício – questão mais importante, que suscita vários desenvolvimentos. Um dos pontos destacados é a reflexão sobre os corais religiosos. Mário de Andrade traça, num parágrafo, um escorço histórico fulminante: o gregoriano seria o canto de união, surgido de "um princípio revolucionário agente", dá lugar a um canto de domínio, coral conclamador (poder-se-ia dizer demagógico, no sentido em que Mário de Andrade vem usando esta palavra), polifônico, do qual sairá a sedutora melodia sobre acordes, que levam ao amém, ao "acordo".

Outro ponto é o da "revolta", ou antes da ausência dela, ausência de uma qualquer ruptura com a ordem, de um traço qualquer de negritude se afirmando na civilização branca. "José Maurício foi um mulato sem os problemas da mulataria. Nem externos, nem internos. E a música dele também" (p. 438).

Foi o "anti-inconfidente típico". Parece claro que estamos diante de uma exigência romântica a um artista do *Ancien Régime* – foi essa posição, aliás, que permitiu a análise de um Scarlatti que "desaristocratiza o cravo" (p. 221).

Outra exigência insatisfeita é a da "brasilidade" das composições de José Maurício. Na perspectiva do que seria uma formação da música brasileira, esses traços, para Mário de Andrade, são fundamentais – e José Maurício não os possui.

Muito diferente do mais modesto padre Jesuíno do Monte Carmelo – ao qual Mário de Andrade consagra, nesse mesmo momento, o célebre estudo, padre provinciano que deixava perpassar em sua obra negritude e bisonhices "brasileiras" –, José Maurício é fundamentalmente um europeu, trazendo aqui as nostalgias da cultura internacional, isto é, da cultura d'além-mar. Além disso, compositor de obras religiosas, ele pactua com o colonizador, trazendo o ópio do povo para o colonizado, através de um céu muito *Ancien Régime*, muito barroco: "E que mundo de delícias, huris e batucadas, vai ser esse do céu que lhes promete José Maurício! Tem vozes extasiantes de *evirati*, tem clarineta e tem flauta, tem violoncelo e violino, tem órgão, trompa e fagote, tem oboé e todo o fulgor" (p. 439).

Músico oficial, recebendo encomendas entusiásticas de reis, este José Maurício, visto pelo prisma de um nacional-marxismo ingênuo e decepcionado, faz brilhar inda mais o antigo escrito, de 1930, tão admirável que Mário de Andrade o chama no final do rodapé, para desfazer os excessos da cobrança de 1944.

M.A. // # Número Especial

// 18.5.1944

O *Boletín Latino-Americano de Música*, dirigido pelo ilustre musicólogo uruguaio Curt Lange, vai dedicar o seu número próximo à música brasileira. Para semelhante empreitada, o ministro Gustavo Capanema obteve uma verba de auxílio, gesto de fecunda compreensão. E além disso, teve a ideia de nomear uma Comissão, composta por Villa-Lobos, Manuel Bandeira, Renato Almeida, Andrade Muricy, Luiz Heitor Corrêa de Azevedo, Lorenzo Fernández e Brasílio Itiberê, para acompanhar os trabalhos do prof. Curt Lange, e auxiliá-lo nas suas possíveis dificuldades aqui. Não é possível que com semelhante primeiro time, aliás "scratch", o Boletín não saia o melhor que possa. As dificuldades que terá de vencer, e os defeitos que não poderá sanar, não dependem nem de Curt Lange, nem da Comissão.

Não há ninguém, imagino, se interessando honestamente pela música em S. Paulo, que ignore quem seja Curt Lange e o seu Boletín. Este, com os poucos números que tirou, é uma obra já indispensável para o conhecimento da música das Américas, e realmente uma garantia do que podemos fazer, nós americanos, no campo ainda incipiente da nossa musicologia. E tudo se deve à dedicação desse homem extraordinário que é Curt Lange. Hoje ele dirige, como merece, o Instituto Interamericano de Musicologia, fundado por indicação da Oitava Conferência Internacional Americana de Lima, mas apesar da largueza dos seus conhecimentos musicais e dos seus estudos de musicologia, eu creio que a maior glória do mestre, está na criação do Boletín.

A Comissão organizou um programa teórico de sugestões para o número especial, e depois disso Luiz Heitor Corrêa de Azevedo já esteve em S. Paulo, apalpando mais de perto as possibilidades da nossa contribuição. Conversamos sobre o assunto, e eu creio não trair o pensamento da comissão, que me parece excelente. Um número assim, de divulgação internacional, pensa a Comissão, deverá conter a paisagem mais completa possível das manifestações musicais brasileiras, de forma a servir de consulta informativa e geral, e também de orientação de estudos aos estrangeiros que desejarem conhecer a música brasileira. Esta foi dividida em quatro seções: 1ª – Etnografia e Folclore; 2ª – História; 3ª – Ensino; e 4ª – Vida Musical. As seções foram distribuídas entre os membros da Comissão que as devem orientar. Mas preliminarmente a Comissão elaborou o esboço do plano para desenvolvimento das seções. É o seguinte: 1º – *Etnografia e Folclore*, atribuída a Luiz Heitor e Brasílio Itiberê: A música dos indígenas brasileiros; Os instrumentos de música dos índios brasileiros; A música do negro brasileiro; Os instrumentos de música do negro brasileiro; A música popular brasileira; Instrumentos de música populares no Brasil; Estudos sobre os diversos gêneros de música popular brasileira. 2º – *História*, ao cargo de Renato Almeida: Música colonial; A ópera no Brasil; A música sinfônica brasileira; A música de câmara no Brasil; A música para piano no Brasil; O canto em português no Brasil; O advento do nacionalismo na música brasileira; O período contemporâneo; Estudos sobre os principais compositores brasileiros. 3º – *Ensino*, ao cargo de Villa-Lobos e Lorenzo Fernández: História do ensino musical no Brasil; O ensino profissional da música no Brasil; A música nas escolas brasileiras; Estudos sobre os grandes educadores musicais. 4º – *Vida Musical*, sob a orientação de Andrade Muricy: História da vida musical brasileira; A organização oficial; Orquestras, bandas militares e particulares; Sociedades musicais; Rádio; Fonografia, Bibliotecas musicais; Estudos sobre os grandes intérpretes brasileiros do passado e de hoje; Musicologia e crítica musical.

Não sei se a Comissão desejaria ver divulgado um apenas "esboço", mas ele nada tem de defeituoso. Nem se quer afiançar que sobre tantos assuntos, o Boletín conterá estudos, mas na verdade, tal como está, esse esboço de plano foi muito firmemente traçado e contém a sugestão para um conhecimento enciclopédico da música nacional. Ah se pudéssemos conhecer abalizadamente tudo isso!... Mas há coisas que, pela incúria de muitos e pela justa infância em que ainda vai no Itororó a nossa musicologia, nem tão cedo poderemos saber com suficiência, nem nunca poderemos saber mais. Porque se perdeu.

Um dos angustiosos mistérios é a música que se fez na Colônia. Sem dúvida é muito fácil afirmarmos, que predominou a música religiosa, mas como foi a profana? E mesmo a religiosa, qual foi? É impossível que nos arquivos das matrizes, das ordens monásticas e das ordens terceiras não tenha ficado alguma coisa. As cartas jesuíticas são abundantes em nomear o "canto de órgão" que se fazia no primeiro século, mas como seria esse canto coral? É impossível que não tenha sobrado aí, na papelada dos jesuítas, exemplares desses corais. A simples comparação com o que então se fazia, mesmo nas capelas mais pobres europeias, não pode nos sugerir muita coisa. Por outro lado, é impossível se tratar das simples séries paralelas de quartas ou quintas, do órgano primitivo medieval, e nem mesmo do "organum duplum" ou "triplum" dum mestre Leonino, de Perotino, ou de outros trecentistas da Escola de Paris. Já estávamos no século xvi, e não só o espírito musical do tempo era muito outro, como toda essa música estava morta e enterrada, e foi só com o desenvolvimento da musicologia, no século xix, que ela principiou vindo a lume outra vez.

A não ser que o ilustre padre Serafim Leite S. J. nos desenterre também dos arquivos que maneja, alguns exemplos desse "canto de órgão" do primeiro século, há de buscar, não no órgano histórico europeu, mas noutras partes, o que poderia ser o coral dos nossos jesuítas. No México houve livros de música religiosa impressos no século xvi. Pelo menos um ainda existe, o *Graduale Dominicale* de 1576 e talvez seja boa fonte de estudos e sugestões para nós. Também lá os areitos foram aproveitados, da mesma forma que entre nós a cantoria dos índios, provida de textos católicos. Ou talvez com os próprios textos dos índios, pois que estes, da mesma forma que os primeiros escravos negros, concorriam nas procissões com as danças e cantos de sua propriedade, jongleurs de Notre Dame... Talvez também os primeiros passos de realização musical fornecidos aos meninos europeus entregues por suas famílias às capelas, possam dar exemplos desse canto de órgão ainda inexplorado. E por falar em "órgão", palavra que também se usou no plural para designar o instrumento, carece observar que disso parece ter nos ficado um exemplo raro, na chamada Serra dos Órgãos... Mas deixo este problema para os que o possam tirar a limpo.

A música religiosa colonial ainda está por ser estudada. Além do padre Serafim Leite, outro estudioso que tem consigo a superioridade de ser especialista em música, é frei Pedro Sinzig, já lembrado pela Comissão, e que também manejou os arquivos musicais dos franciscanos. A sua colaboração me parece das mais aconselháveis. Mas qual seria a música profana erudita? Aqui as pesquisas talvez sejam mais fáceis, não só porque essa música devia ser fatalmente a mesma que se fazia em Portugal, como porque talvez uma pesquisa em inventários e testamentos, possa revelar os instrumentos de música mais costumeiros nos solares coloniais. E os instrumentos nos levariam aos repertórios ibéricos do tempo. Nos inventários dos bandeirantes paulistas, a colheita de Alcântara Machado foi mínima. Citam uma guitarra de Catarina d'Horta, e várias "violas", entre as quais aquela muito rica de Sebastião Paes de Barros, que foi avaliada em dois mil-réis. Mas ainda aqui precisamos entrar pela semântica adentro, para definir exatamente o que seriam essas violas, se instrumentos de arco, talvez violinos legítimos, que na terminologia desse século xviii ainda se chamavam também de violas na própria Itália, ou se já violas de cordas duplas dedilhadas, como as dos nossos violeiros caipiras de agora. Que o cravo familiar viveu também aqui, é indiscutível pelo menos para o século xviii. Conheço referências a ele, é verdade que já oitocentistas, mas ainda coloniais. É provável que se fizesse então muita música de cravo por aqui, pois que antes disso, já se tem notícias de senhores pernambucanos que mandavam vir mestres de música franceses para ensinar os escravos a suavizar com doce música a vida das casas-grandes. E também Pyrard de Lavalle afirma que "desde princípios do século xvii, existiam [falha no texto] conforme os costumes dos grão-duques europeus". Dando de barato que Lavalle não tivesse muita prática de grão-duque, a quase mentira dele é um auxílio forte para se aceitar a indicação do tal nunca assaz misterioso Conservatório de Música, existente em meados do Setecentos, na fazenda jesuítica de Santa Cruz, perto do Rio. Não se chamaria por certo "conservatório" como afirmou levianamente Adrien Balbi, no *Essai statistique*". Mas que era no mínimo, uma capela, *mutatis mutandis* à feição dos costumes dos grão-duques, grão-párocos, grão--finos, com todas as consequências didáticas e interpretativas duma capela, não me parece possível recusar. Tanto mais que foi normal na Colônia, o título de "mestre de capela".

A cada passo topamos com vazios no conhecimento da música do Brasil, que ainda será preciso preencher. E as falhas que o número especial do Boletín tiver, não dependerão dos que o dirigiram e orientaram, mas da nossa musicologia incipiente e da ausência constante de referências musicais nos viajantes e cientistas que nos estudaram, na Colônia. E no Império. E nas diversas repúblicas por que vamos velozmente passando, por filológico amor das nomenclaturas. Eu creio que ainda não é tempo de se conseguir um conhecimento mais profundo e profuso da nossa evolução musical. Só muito por alto, e assim mesmo só no sentido sociológico e não no tecnicamente musical, é que a podemos conhecer. Na minha contribuição sobre os estudos de Folclore no Brasil, para o futuro *Handbook of Brazilian Studies*, eu verificava que, passada graças a Deus a fase das generalizações levianas, já estávamos entrados francamente no período monográfico, das comunicações especializadas que só mais tarde permitirão generalizações idôneas. Na música, me parece que nem nesse período monográfico já estamos. A carência dos estudos técnicos é absoluta, e mesmo quanto à evolução histórica quase nada sabemos de sossegadamente positivo. Ainda faz pouco, o sr. Mario Donato se rebelava com razão, pela afirmativa muito generalizada entre os "musicólogos" nacionais, de que Carlos Gomes não fora protegido pelos nossos governos quando foi sim, e bastante. O único engano do Sr. Mario Donato, eu creio, foi chamar de "musicólogos" aos amadores de música, apaixonados pela genialidade do grande campineiro. Eu não conheço semelhante afirmativa na pena de musicólogos legítimos, mais exercitados nos métodos da musicologia moderna, como um Luiz Heitor Corrêa de Azevedo, uma Oneyda Alvarenga, um Caldeira Filho. Na verdade, um excepcional Carlos Gomes foi protegido pelos nossos governos, embora o desleixo destes na proteção dos artistas e das artes em geral, seja dos menos esclarecidos, não há dúvida. Carlos Gomes, como também José Maurício, se foram protegidos no começo de suas carreiras, isso se deve mais a manias de monarcas D. João VI e Pedro II, que a uma orientação esclarecida e sistematizada. São fatos em que o acaso das manias coincidiu com o justo. E até que ponto a proteção do fim da vida, foi menos proteção legítima, que um resultado da coqueluche do povo brasileiro, que considerava Carlos Gomes o gênio "maior do mundo?..."

J.C. // COMENTÁRIO

O rodapé é consagrado ao anúncio do volume do *Boletín Latino-Americano de Música* dedicado ao Brasil, que seria publicado apenas em 1946, um ano depois da morte de Mário de Andrade. Francisco Curt Lange iria ali lhe dedicar uma comovida e lúcida homenagem; nele sairiam "As Danças Dramáticas do Brasil".

Mário de Andrade faz um balanço rápido dos estudos musicológicos no Brasil, constatando as lacunas, propondo caminhos metodológicos, sobretudo percebendo a passagem para uma história da música brasileira mais monográfica e rigorosa – história que se desenvolveria justamente graças a Curt Lange e seus seguidores (Jaime Dinis, Régis Duprat, Olivier Toni, Dutra de Morais e outros).

M.A. // # Do Meu Diário (A)

// 25.5.1944

Canidé-June – É bem conhecido entre os nossos compositores modernos, o nobre canto da arara-caniné, que Léry diz ter colhido entre os índios do Brasil, e está publicado em algumas das edições do seu livro. Esse canto já foi mesmo utilizado por vários dos nossos músicos, como justificação um pouco apressada da brasilidade das suas obras. Por Villa-Lobos, por exemplo, e por Lorenzo Fernández. Ora Fétis, na sua *Histoire générale de la musique*, edição de 1869, que o Conservatório possui, no primeiro volume, pg. 14, reproduz esse canto da arara-caniné. Mas não só escreve "Canidé Jouve", como o naturaliza "colhido entre os selvagens do Canadá". Mas ajunta indicações bibliográficas, confessando que tirou o documento do *Dictionnaire de musique*" de J. J. Rousseau, edição de 1768, prancha IV; e, numa indicação meio dúbia como texto, ainda parece indicar que "esse mesmo canto é retificado pelo P. Kalen, na sua *Reis door NoordAmerica*, edição de Utrecht, 1772, prancha 7".

Não conheço esse último livro, mas é muito possível que o P. Kalen tenha se apropriado do exemplo exposto por J. J. Rousseau, omitindo qualquer indicação bibliográfica, pra dar a entender que o cântico fora recolhido por ele mesmo, Kalen. Estes roubos eram bem comuns entre os viajantes mais antigos.

Tenho o *Dicionário de Música*, de Rousseau, e com efeito encontro nele o "Canidé-June", explicado como "canção dos selvagens do Canadá". Aliás vem na prancha N, que é mesmo fácil de confundir com IV, principalmente quando o tipo já está gasto e imperfeito. Foi o que sucedeu a Fétis. Mas certamente houve algum engano de Rousseau, ao indicar o canto dos nossos índios como coisa alheia, pois não é possível imaginar, mesmo reconhecendo o apaixonado do temperamento dele, que tivesse interesse em mentir, dando aos "selvagens" do Canadá, o que Léry escutou dos do Rio de Janeiro.

Ou talvez o engano não seja dele, e sim do padre Mersenne, de cujo livro Rousseau confessa ter emprestado as suas "duas canções dos selvagens da América", que vem nessa prancha N. Arre, quanto empréstimo! Mas o padre Mersenne eu não possuo, nem o pude encontrar nas bibliotecas daqui, isso também era demais. E aliás, é bem possível que ele confesse que tirou o canto de outro, que tirou de outro, que tirou de outro...

De tudo isto se poderá discutir a autenticidade ameríndio-brasílica do "Canidé-June"? Não creio. O que tem de contestável, no caso, é Léry ter guardado de memória o seu canto, e em principal os processos de grafia musical do tempo dele. No resto, eu creio que não há dúvida possível, pois não só Léry é anterior ao padre Mersenne, como a palavra "canidé", repetida até pelo P. Kalen, que "retificou" (?) o documento, autentica a brasilidade do cântico. Aliás, contando este achado ao Prof. Luiz Heitor Corrêa de Azevedo, ele me deu uma interpretação nova do título do "Canidé-June", que não só me parece provável, mas a verdadeira. Para Luiz Heitor houve engano de impressão, ou interpretação falsa pelo tipógrafo, do manuscrito de Léry. Não se trata da incompreensível palavra "june", mas de "jaune", amarelo, a "canidé jaune", a arara-amarela que acho ainda mais bonita que a vermelha.

Tapera da Lua – Entre os contos etiológicos, inventados pra explicar as manchas da lua, existe aquele dos índios brasileiros, floreado por Afonso Arinos nas *Lendas e Tradições*, com o título meio incompreensível de "Tapera da Lua". A irmã se apaixona sexualmente pelo mano, e envergonhada do incesto só lhe frequenta a rede na escureza da noite. Mas desejoso de saber quem é essa muito amada que lhe dá tanta felicidade, o rapaz todo se pinta de urucum e jenipapo de forma que essa noite a visitante se mancha com a pintura. Ela sente o cheiro da tinta, foge, mas já está marcada. E pra esconder a delação das marcas e a vergonha, ela principia atirando setas e mais setas ao céu. E assim se formou uma possível escada de setas, por onde a moça subiu, se transformando em lua. E si a lua se reflete assim no espelho das lagoas, é porque está se mirando, mirando, pra ver si já se apagaram as manchas que tem no rosto.

Afonso Arinos terá tirado a lenda, da *Pátria Selvagem* de Melo Morais Filho. Mas donde este a tirou é que não sei, ou não me lembro neste momento.

No livro de W. Thalbitzer, "Légendes et Chants Esquimaux du Groenland", tradução de Hollatz-Bretagne, edição Ernest Leroux, Paris, 1929, que é o tomo XLV da "Collection de Contes et Chansons Populaires", na pg. 154, vem a lenda "O Sol e a Lua". Ora a primeira parte desta, única que nos interessa aqui, explica as manchas da lua, de maneira perfeitamente idêntica à do conto de Melo Morais Filho e Afonso Arinos. Sucede porém que entre os esquimós groenlandeses, a lua é que é um homem e o sol a sua irmã. Ambos tomavam parte nos brinquedos de solteiros da tribu, lá na casa das festas, inverno chegado. Ora no brinquedo de apagamento das luzes, quando a escureza se fazia, o irmão lua, que tomara amor pela mana, agarrava o sol e a beijava toda. A irmã sol desconfiou porém. Sujou os dedos de fuligem, e quando o irmão lua chegou pra beijar, a irmã sol marcou a lua na cara. "São as manchas da lua", os esquimós explicam.

Mas si não sei ou não me lembro donde Melo Morais Filho tirou a sua lenda ameríndia e brasílica, não posso imaginar num embuste dele ou de ninguém. Nem acho precisão de invocar o processo das "lendas migratórias" para explicar a identidade das duas lendas. Se trata dum pensamento elementar muitíssimo plausível, e até lógico. Que sol e lua são irmãos, ou marido e mulher, é ideia primitiva muito generalizada entre as culturas naturais, bem como a ideia de que ambos se amam e se perseguem, coisa que deriva naturalmente da sucessão dia e noite. Que as manchas da lua sejam machucaduras consequentes desse animismo planetário é uma derivação quase lógica.

O Pianista de Ontem (sem data) – Muitas vezes eu principio matutando que não gosto muito de música, não... Pois é: tenho visto muito melômano diz-que verdadeiro que escuta música como sapo come mosca e a gente pratica o ato da respiração. Naturalmente, inconscientemente, eternamente. Gostador de música deve ser que nem aquele marquês Gritti, referido por Franz Werfel, marquês esse que tinha assistido a nem sei quantas quinze mil óperas, e entendia historicamente de primeiras representações e cantores como meu amigo Lins do Rego entende de futebol e futeboleres. Assim são os melômanos que eu conheço, capazes de escutar sem fadiga nenhuma, a batelada de discos da Missa em Si menor de João Sebastião Bach, ou meu querido e admirado poeta Murilo Mendes que escuta e reescuta cinco vezes seguidas uma sinfonia de Mozart. Imagino o melômano tipo, que depois de escutar sem parada, nem pra ir lá dentro, as trinta e duas sonatas pra piano de Beethoven, ainda fosse capaz de escutar em seguida a estopada mística do *Parsifal*.

Pois eu, acho que não sou melômano de verdade. Tem certas ocasiões em que vou num concerto e me fatigo enormemente, como faz pouco ouvindo a "Júpiter". De repente já não presto atenção a coisa nenhuma, e o espírito traidor principia imaginando casos desvairados. Foi o que me sucedeu no concerto do pianista de ontem. Sucedeu sim. Nem bem estávamos pelo meio da segunda parte, dedicada impreterivelmente a Chopin, coitado! meu espírito pulou o muro e andou vagamundeando pela fantasia um despropósito de milagres.

Imaginei uma terra em que tudo andasse divergindo da verdade. Por exemplo, o professor chegava na aula e ensinava: "Meus queridos (!) alunos, Dante Aliguieri foi um escultor genial, suas obras principais, que nos ficaram da invasão dos hunos, foram a telegrafia sem fio e a pomada Onken". A gente chegava num restaurante e pedia ao ministro das relações exteriores: "Estou com sono e só tenho cinco horas pra comer; me dá bem depressa uma galinha choca". Na verdade, pedir uma galinha choca, em nossa intenção significava fazer a barba, porém, apesar disso, o ministro das relações exteriores trazia um projeto de bangalô neocolonial. Pegava-se um táxi, mandando tocar pro Brás, e o táxi ia parar nas Perdizes, ao passo que o destino da gente seria Santo Amaro. Nesse país, o governo mesmo se chamava "desonesto", mas porém era honestíssimo. Machado de Assis era carniceiro, e Carlos Gomes crítico literário.

Pois si acaso o pianista de ontem visitasse esse país, qual seria o título dele? "Pianista", não tem dúvida nenhuma, pianista.

Trutas – É voz popular urbana do Brasil, chamarem a mentira de "truta". Candido de Figueiredo, nem o *Pequeno Dicionário Brasileiro da Língua Portuguesa* não registram este possível brasileirismo popular. Colho em Mario Lamenza, *Provérbios*, 1941, pg. 27, o seguinte provérbio, certamente português: "A truta e a mentira, quanto maior melhor". Houve assimilação muito provável, feita por brasileiro que não conhecia o peixe.

Aliás é curioso observar que a truta-peixe frequenta bem o rifonário de Portugal. Pelo menos já achei ela mais em dois provérbios, até esta página 72 em que estou, do livro acima. Uma vez como não interessava, não anotei e estou com preguiça de procurar agora, mas nesta página 72 o provérbio diz, "Com uma sardinha, comprar uma truta", em que de novo se envolve a mesma noção de engano, de passar a perna, de mentira enfim.

Eis que o mesmo livro de Mario Lamenza, na página 161, me sugere a etimologia popular que facilitou a caminhada semântica da truta-peixe para truta-mentira. É o provérbio:

Não tem letras
Sem tretas.

que eu desconfio conhecer noutra versão:

Não há letras
Sem tretas.

Mas não estou bem lembrado. O importante porém é a palavra "tretas" que, no plural quer dizer "palavreado para enganar", nos ensina o *Pequeno Dicionário Brasileiro*, e todos sabemos. Dois provérbios da truta-peixe a irmanavam à mentira e à noção de enganar. As tretas eram e são enganosas. O povo urbano do Brasil viu na truta portuguesa, as tretas, e imaginou que tudo era uma coisa só. E principiou dizendo "truta" pra indicar a mentira, e a boca dos que, como eu, são incapazes de descrever a vida sem a enfeitar.

J.C. // COMENTÁRIO

Três rodapés, publicados espaçadamente, recebem este título e compreendem textos curtos, de natureza bastante diferente. Muitos deles dispensam comentário, ou porque se configuram como anotações sobre alguns pontos muito particulares de erudição – não musicais, como "Tapera da Lua" e "Trutas", ou musicais, como "Canidé-June" –, ou porque são peças humorísticas, cuja razão de ser é evidente de per si, como o ironicamente surrealizante "O Pianista de Ontem".

M.A. // # Do Meu Diário (B)

// 5.10.1944

Excesso de Inteligência – O que se percebe de mais necessariamente constante em Debussy, na sua obra, na sua maneira de agir, nos seus escritos como nas suas *boutades*, é uma inteligência excessiva. E não será talvez essa inteligência excessiva que torna a música francesa tão parca, não digo de grandes músicos, mas pelos menos desses músicos deslumbrantes, que nos dominam e apaixonam perturbadoramente?...

A música francesa apresenta, como nenhuma outra escola, uma coleção admirável de músicos inteligentíssimos, por certo das inteligências mais completas e harmoniosas que a história dos músicos apresenta. Não me lembro mais quem foi que disse, mas nunca me esqueci de ter lido uma vez num ótimo crítico musical que Berlioz é o músico mais inteligente que se conhece. Não me preocupo de saber se ele é o mais inteligente de todos, mas se campeio entre os músicos criadores que denunciem por suas obras, essa mesma inteligência vigilante da criação, e sua definitivadora, só lhe posso encontrar rivais na música francesa. E desde a inteligência prodigiosa de um Rameau, primeiro codificador da harmonia, até Koechlin, seu codificador mais lúcido dos nossos dias, é todo um desfilar de inteligências esplendidamente ricas de tudo isso que é a complexidade intelectual. E é engraçado, a história da música francesa é a que enumera maior número de estrangeiros que a ela aderiram e nela se realizaram. E todos eles manifestam, senão a mesma naturalidade, pelo menos a aspiração a essa inteligência lúcida e lógica, um Lully, um Grétry, um César Franck, um Honegger, um Gluck, e mesmo um Meyerbeer. E não haverá dúvida nenhuma que foi com o auxílio do espírito de França, que Rossini criou a sua obra mais "inteligente", o *Guilherme Tell*. Um Bach, como o próprio Monteverdi ou Mozart, e um

Beethoven, um Chopin, um Mussorgsqui, um Victoria, um Rossini, se os comparamos mesmo a artistas menores como Saint-Saens e Massenet, como aqueles nos parecem musicalmente pouco inteligentes em suas obras, inçadas de defeitos, de cacoetes e desequilíbrios. E despudores também. Um Bach então, Deus me perdoe se não chega a ser pobre de espírito, de tal forma aplica o seu receituário e se despreocupa do equilíbrio arquitetônico, com uma falta de inquietação que escandaliza qualquer análise desapaixonada.

A meu ver Debussy também sofreu desse excesso de inteligência que não deixa de ter seus inconvenientes. Construiu todo um instrumento original de expressão sonora, mas ao se ver possuidor desse instrumento tão assombrosamente dotado de forças de sugestão e capacidade de análise humana, talvez a sua consciência excessiva da "realidade" da música o tenha atemorizado e reposto em discreção. E por isso ele se resolvesse a experimentar primeiro o instrumento maravilhoso que construíra, na descrição do mundo exterior, ou das almas estranhas e exóticas, incontroláveis pela nossa psicologia normal. O momento histórico, é certo, o aconselhava a isso também, paisagismo impressionista, simbolismo ocultista e os incontroláveis como um Rimbaud. Mas por outro lado, sabemos que Debussy alimentou por muitos anos, o desejo de compor um *Tristão e Isolda*, heróis muito mais psicologicamente controláveis por nós que *Pelléas et Mélisande*. Não só por já musicalmente explicados por Wagner, como por mais simbólicos das paixões humanas sexuais. E isso de Debussy se arriscar a um novo *Tristão e Isolda*, de que até trabalhou alguns esboços, é audácia tamanha, sobretudo num francês de inteligência sensível, que só pode derivar da convicção arraigada de ser possível um *Tristão e Isolda* melhor. Eu dou graças a Deus desse *Tristão* n. 2 jamais ter se realizado. O engano de Debussy, se engano existiu, estava, em relação ao instrumento tão sensível e sugestivamente aprofundador que possuía, no escolher, para analisar psicologias humanas secularmente heroicas, como um Tristão e uma Isolda. Não era um Tristão mas um Charlus que lhe competia revelar pelo milagre da música. Não era Isolda, mas a princesa de Clèves. E com efeito, Massenet, tão menor que ele, já fizera com Manon uma obra-prima. Parece mesmo que o gênio francês não se acomoda muito bem, na arte, tanto com o heroico como com o genialismo. Mas estou certo que é exatamente porque tanto os geniais entre os criadores, como os heroicos entre os personagens, são sempre um bocado primários.

Equívocos – Esse mundo imundo em que vivemos. Os fachismos e os totalitarismos rondam por aí tudo... E como essa gente é cuera pra despistar. Nossa! O jeito mais propício de que abusam descaradamente é se encarapitar num camarote "purista" na vida como no pensamento. E assim purificados pelo Deus-Rei, pelo internacionalismo da Kultur, pela liberdade da Arte Pura, despistam e corroem, como se ninguém não percebesse na pele branca da ovelhinha pura, as orelhas do asno interior.

Este um despista, fingindo ignorar a significação verdadeira, se acaso falamos em "povo" no sentido racial, dizendo por exemplo que Mozart é representativo do povo austríaco. E o despistador vem clamando que não! que Mozart representa impérios e arquiduques, não foi um representante do "povo". Como está se vendo, o fachista substituiu o povo-raça pelo povo-classe, pra se acreditar distribuidor de palmadas nos que deviam lhe dar bofetes. Esses outros então, porque se desvenda os processos subterrâneos das nações fortes e totalitárias que procuram dominar as mais fracas, com melhor experiência gestapista, por todos os meios possíveis, surgem conselheirais, desvendando mais equívocos, apelando para a universalidade do ser humano. Como se o homem já pudesse ser humano e universal neste mundo imundo de capitalismos e colônias. Mais outros enfim, não: são os que preferem o purismo puro na batata. Parecerão até mais leais. Como não podem fazer confissão pública do credo lá deles, em vez de se alçarem a desvendadores de enganos, preferem mudar de ofícios. E são os escritores de ficção que sem mais sem menos viram exclusivamente cientistas só: são os romancistas que de supetão se entregam a... obras pias e apostólicas (e romanas): são os poetas que se entregam com seriedade científica tanto aos valores eternos como ao jogo de basquete. Estes como está se vendo, apenas se camuflam, não muito prejudiciais. Mas todos se invertem no purismo, despistando em nome da liberdade sacrossanta da arte ou em nome da universalidade do pingue-pongue. Equívocos são eles.

Brasileiro, Brasílico, Brasiliano, Brasiliense – Brigam por causa de nos chamarmos "brasileiros" e querem à força que mudemos nosso nome pra "brasiliano" ou "brasiliense"... Antes de mais nada, isso não se faz. Havemos de ser eternamente brasileiros, muito embora a palavra tenha nascido pra designar os que trabalhavam no pau-brasil. E acaso não estaremos até hoje trabalhando sempre em pau-brasil... para os outros? Não sei. Mas pra reforçar o "brasileiro", há outros exemplos bons e legítimos no vernáculo popular. Se não me engano alguns já foram arrolados até, mas estou pensando em dois, um nacional, outro português, que não vou procurar agora os livros sobre a língua para examinar se estão lá. Se já estiverem, o leitor que me desculpe. No Nordeste chamam "brejeiro" aos que nascem ou vivem na zona do Brejo, na Paraíba. E Leite de Vasconcellos conta no *De Terra em Terra*, que são nomeados "charnequeiros" os que nascem na região da charneca. Não há mal nenhum que chamem de brasileiros os que nascem no Brasil. E até os que vivem nele e dele se enriquecem como a brasileira de Prazins e muitas outras e outros "brasilianos" de terras que não é possível enumerar. Afinal das contas a linguagem tem lógicas suspeitas que ultrapassam qualquer lógica gramatical.

Crônica no Estilo em Moda – Ontem encontrei-me às 16 horas, na esquina do Clube Gaúcho, com a grande pianista Pituca, de quem sou muito amigo e fui o primeiro a louvar pelo seu talento. Perguntou-me ela donde eu vinha, e respondi confidencialmente que acabara de sair do escritório do célebre especialista em moléstias de fígado dr. Moraes y Morales, sob cuja sabedoria me trato agora de uma longa existência conservada em álcool. Aliás a minha enfermidade não causa inquietação nenhuma nem ao meu médico nem às pessoas de minha família, e se fui ao escritório, devemos isso apenas a uma verruga nas costas que está me incomodando bem estes dias.

Isto eu confidenciava a Pituca, enquanto fazíamos juntos o rápido percurso que vai do Clube Gaúcho até a casa de chá A Mais Próxima, recém-inaugurada, onde chegamos precisamente às 16 horas 38 minutos e 13 segundos. Não me agradou muito o número dos segundos, pois sou regularmente supersticioso, mas consolei-me verificando que até nos instalarmos na mesa que a minha amiga escolhera, passar-se-iam os segundos suficientes pra afastar de nós qualquer mau agouro.

Depois de instalados perguntei a Pituca donde ela vinha, e a grande virtuose me confessou que acabara de fazer as unhas. Profundamente inquieto, embora sem conhecimento mais experiente do caso, fiz parte a Pituca das minhas reservas sobre o polimento das unhas em pianistas. Surgiu assim rápida discussão que ameaçando não chegar a nenhuma verdade conclusiva, decidiu-nos a sair apressadamente de A Mais Próxima. Paguei os chás em meio, e depois de alguma procura devida à falta de gasolina, sempre achamos um táxi que aceitou levar-nos à moradia da maravilhosa pianista Antonieta Rudge, que também me honra com a sua amizade. Lá chegamos aliás acompanhados de Olegario Mendes de Seide, sem favor algum o mais delicioso causeur que conheço, e mais do pediatra Chiquinho S. L. encontrados em caminho. Chico S. L. interessou-se tanto pelo problema que abandonou a clientela à espera dele, para nos auxiliar em nossa interessante pesquisa.

Infelizmente a grande Antonieta não estava em casa. A noite descia rápida sobre os escolopêndrios e redodendros da avenida Brasil, que estava rósea ao sol cadente. Muito indecisos, resolvemos telefonar. Partimos para o botequim vizinho, o Leva e Traz, onde estavam já 3 operários deglutindo o seu aperitivo, e "telefonávamos, telefonávamos", como no verso do poeta Manuel Bandeira, que possuo em primeira edição. Dessa forma conseguimos convocar vários amigos, como o arquiteto modernista Flávio de Carvalho, a jovem escultora P. G. que muito promete e o jóquei Ciba. Sentimos muito não convocar também o famoso compositor Villas-Boas, mas como todos sabem ele reside no Rio, no belo apartamento 20 da avenida Beira-Mar, 365, fone 44-3244.

O lugar do rendez-vous foi uma boite em Ibirapuera, onde nem bem chegados estabeleceu-se a discussão. Mas, a não ser o jóquei Ciba que não opinou por estar um pouco enfermo, não conseguimos chegar a um acordo. Uns encaravam o difícil problema do ponto de vista moral, que não era o meu. Já bem mais dentro do meu espírito argumentava Flávio de Carvalho, insistindo em decidir primeiro se o polimento ressecava as unhas ou não. Com efeito concluía o crítico literário deste jornal, Antonio C., que me pediu para lhe conservar o incógnito, no caso do polimento das unhas provocar prejuízo às tais, como quebraduras súbitas, rachaduras longitudinais e até mesmo laterais, é óbvio que deve ser abolido entre as pianistas e os "pickpockets". Como fazer!

Não podíamos inquietar mais ninguém dado o adiantado da hora, e a Discoteca Pública estava fechada. "Ah! exclamou o ortopedista Chiquinho em alta voz: vamos radiografar com resposta paga ao célebre regente Stokowski!" Partidos em direção do telégrafo, encontramos o gasogênio de Zezinho Pereira Castro, belo sportsman, amigo de infância de Pituca (sendo de notar que ambos tiveram a mesma ama de leite) que se prontificou levar-nos ao destino. Lá esperamos "in loco". Precisamente às 5 horas e 13 (o treze nos perseguia, como se está vendo) da madrugada tínhamos a resposta enfim. Dizia: "Queridos lembrados amigos. Indeciso consultei general Wain. Resolvido: Polimento unhas indiferente. Escutem onda 13 meu sublime concerto 14. Abraços". Só então nos dispersamos inteiramente satisfeitos. Agora vou me deitar. Hoje não lerei nenhum dos poemas dos bardos celtas, lidos no original. Hesito entre um e dois cobertores porque a manhã está fria, mas provavelmente aquecerá ali pelas 9 horas e 30 minutos.

J.C. // COMENTÁRIO

Dos quatro tópicos que compõem este rodapé, um é ponto específico de erudição ("Brasileiro, Brasílico, Brasiliano, Brasiliense"), outro ("Crônica no Estilo em Moda"), uma brilhante paródia de jornalismo mundano, envolvendo personagens reais e imaginários na discussão de um assunto irrisório.

"Excesso de Inteligência" já se inseriu, como complemento, aos comentários voltados a Debussy, nos inícios da série de *Mundo Musical*.

Merece referência detalhada o tópico "Equívocos".

"Equívocos"

Lido isoladamente, ele é incompreensível, pela confusão ideológica que chega a afirmações como "o fachista substituiu o povo-raça pelo povo-classe", e também pelo fato de que se dirige colericamente a quintas-colunas, "fachistas", indefinidos, que podem se encontrar *partout et nulle part*. As acusações são atabalhoadas, e não sabemos a quem elas se dirigem.

Duas cartas, publicadas por Moacir Werneck de Castro, revelam um endereço: Otto Maria Carpeaux.

Tocamos aqui num episódio cuja história não foi ainda reconstituída: a do repúdio por parte de grupos intelectuais brasileiros ao grande intelectual europeu. Falta-nos ainda quem nos traga uma análise completa sobre a questão.

Pelos numerosos artigos que pudemos consultar, a reação de certos intelectuais brasileiros à presença de Otto Maria Carpeaux no Brasil foi violentíssima, atingindo muitas vezes o fundo da indignidade.

O Homem que Sabia Demais e a Independência Partidária

Otto Maria Carpeaux chegou ao Brasil em 1939, fugindo ao nazismo contra o qual se opusera na Áustria. Senhor de uma cultura universal vastíssima, das mais extraordinárias que jamais existiram entre nós, espírito independente de partidarismos – foram paradoxalmente essas duas qualidades que mais exasperaram seus inimigos dos primeiros tempos.

Antes de mais nada, o homem que sabia demais. Seus conhecimentos ao mesmo tempo profundos e vastos, esse sentido da proporção na cultura, do "lugar das coisas" – que falta tanto a um meio mais provinciano como o do Brasil, um pouco autodidata, um pouco ingênuo –, causaram irritações profundas. Depois, as distâncias tomadas em relação a quaisquer partidarismos provocaram particularmente o ódio dos comunistas e simpatizantes. Álvaro Lins, num artigo do *Correio da Manhã* – jornal carioca que por primeiro acolhera as colaborações de Carpeaux entre nós –, enumera o rol das acusações infames; dentre as quais a de fascista[1].

Carpeaux foi envolvido numa série de polêmicas. Com Bernanos, por exemplo, cujo pretexto foi uma nota escrita na *Revista do Brasil*, na qual Carpeaux condenava traduções literárias realizadas não a partir dos originais, mas de outras traduções francesas. A razão verdadeira era a acusação (numa "campanha bem organizada", diz Carpeaux) de "simpatia ou ligações com o fascismo" – o que Bernanos não se privara de proclamar.

Ou a polêmica sobre Romain Rolland – a mais rumorosa de todas. Correra a notícia, em 1943, da morte de Romain Rolland, que teria sido vítima dos nazistas (ele faleceria em 1944, na aldeia de Vezelay, para onde se retirara em 1938). Carpeaux escreve uma nota a respeito, publicada na *Revista do Brasil*, em dezembro de 1943[2], em que assinala, fundamentalmente, três coisas: (1) Romain Rolland foi um homem de rigor moral, mas (2) escritor medíocre, pelo menos desde a Primeira Guerra Mundial, isto é, após *Jean-Christophe*; (3) Romain Rolland era homem de "ideologia vaga, mistura ingênua de socialismo e pacifismo, jacobinismo e feminismo, cosmopolitismo e utopismo. Era – *horribile dictu* – um 'pequeno burguês'"[3].

---

1. Os artigos que pudemos arrolar sobre a questão são os seguintes: Moacir W. de Castro, "O Inimigo Póstumo de Romain Rolland", [s.d.]; Otto M. Carpeaux, "Disciplina de Espírito", 13 fev. 1944 (gentilmente comunicado por Zenir Campos Reis); *idem*, "Discussão e Terrorismo", 16 abr. 1944 (gentilmente comunicado por Zenir Campos Reis); *idem*, "A Morte de Romain Rolland", dez. 1943; Galeão Coutinho, "A França e o Fenômeno Carpeaux", 24 fev. 1944; Guilherme Figueiredo, "Nossa Senhora da Glória", 11 jun. 1944; Carlos Lacerda, "A Inteligência Amestrada Faz Piruetas", ago. 1944 (gentilmente comunicado por Nelson Aguilar); *idem*, "A Lição de Romain Rolland", nov. 1943; *idem*, "O Complexo do Barril de Pólvora", [s.d.]; *idem*, "Sinceridade e poesia", maio 1942; Álvaro Lins, "A Glória e Seus Mal-entendidos", 7 maio 1944.
2. Otto M. Carpeaux, "A Morte de Romain Rolland", dez. 1943.
3. *Idem*.

Ora, Rolland, simpático ao regime soviético desde 1930, tornara-se o grande intelectual do Ocidente que o stalinismo mandava venerar. E, diante daquelas afirmações – que o tempo revelaria tão lúcidas –, os intelectuais pró-comunistas se erguem. Carpeaux bulira em vespeira – mas explica com clareza as razões de tê-lo feito:

> Esta última emoção cresceu até o paroxismo, a propósito de uma nota minha sobre Romain Rolland; chegou a perturbar até o raciocínio de uns poucos adversários honestos, e em outros acrescentou a ignorância à má-fé. Silenciaram que me curvei perante a atitude humana, isto é, antifascista de Rolland, e só protestei contra a idolatria: a atitude mais heroica não é capaz de transformar romances medíocres em obras-primas (desta vez, estou de acordo com toda a séria crítica francesa); e o barulho de duzentos manifestos não me impedirá de dizer: Rolland era representante honesto de uma ideologia vaga, tipicamente pequeno-burguesa; e fanáticos que chamam 'fascista' ao mínimo desvio de sua própria 'linha geral', não têm o direito de explorar a sua memória, só porque o prêmio Nobel lhes parece publicidade eficiente. Se houve, naquela discussão, um defensor da pureza da ideologia, fui eu. E prometo solenemente aos leitores, aos amigos e aos inimigos que continuarei assim. Aquela mistura de motivos literários, políticos, propagandísticos e até comerciais é um horror[4].

O Ódio

É preciso assinalar aqui a extraordinária coragem desse intelectual, recém-chegado a um país estranho e que não hesita diante dos confrontos que julga legítimos, que não pactua com os que então *tenaient le haut du pavé* da inteligência brasileira. E é preciso também evocar a tempestade de violência escrita que então se abatia sobre ele, ora ridicularizando seu saber, ora acusando-o de cumplicidade com o nazifascismo. Assim, por exemplo, Galeão Coutinho:

> Um dia desses, o sr. Otto Maria Carpeaux nos concedeu a honra insigne de anunciar que ia prosseguir na sua missão cultural entre o gentio. Como pertenço ao número daqueles que precisam desbastar a crassa ignorância,

---

4. Otto M. Carpeaux, "Discussão e Terrorismo", 16 abr. 1944

remissa aos autores mais inteligíveis, e como o romancista José Lins do Rego dá ao sr. Carpeaux o título reverencioso de Mestre, foi com a mais humilde disposição de espírito que meti o dente na prosa carpoana. Desta vez não investiu contra o "best-seller" literário, contra Sinclair Lewis, Upton Sinclair, Steinbeck, Michael Gold, John dos Passos, isto é, os escritores enfileirados no combate ao fascismo e ao antissemitismo; não, desta vez o sr. Carpeaux, com aquele tom de Aristarco suficientíssimo que todos lhe conhecemos, investe contra a França[5].

Guilherme Figueiredo também escreveria sobre Carpeaux, e ainda Moacir Werneck de Castro. Mas a principal peça acusadora é um longuíssimo artigo de Carlos Lacerda, de uma ignomínia ímpar. É preciso lê-lo integralmente, na sua mistura do fel, do veneno insidioso, da intriga de comadres, citando pessoas para jogá-las contra a vítima, contando mexericos de corredores, não hesitando diante das vulgaridades. Quando todas essas lamentáveis histórias que envolveram Otto Maria Carpeaux forem passadas a limpo – e é necessário que elas o sejam, para que a nossa própria história intelectual e cultural se complete –, revelar-se-á por inteiro o triste escrito de Carlos Lacerda. Por ora, o que nos parece necessário é dar o tom do ódio, para que possamos situar "Equívocos". Assim, bastam alguns trechos desse "O Complexo de Barril de Pólvora – o sr. Otto Maria Carpeaux, Gênio Balcânico", publicado no *Diário Carioca*.

Com a vinda para o Brasil de grande número de imigrantes, veio também, já que muitos dentre os melhores preferiram os Estados Unidos, o México e a própria Argentina por mais conhecidos ou mais acessíveis, a escória intelectual europeia, aqueles falsos profundos, aqueles nevrosados camundongos, a inteligência superfina dos que pela demissão do seu dever e pela deformação da sua capacidade deixaram que se atirasse na maior abjeção a inteligência da Europa.

Entre estes, o sr. Otto Maria Carpeaux, diligente burocrata e escasso escritor na Áustria ao que parece, pois no Brasil ninguém lhe conhecia o nome antes do advento desse monstro de sabedoria na literatura nacional[6].

---

5. Galeão Coutinho, "A França e o Fenômeno Carpeaux", 24 fev. 1944.
6. Carlos Lacerda, "O Complexo do Barril de Pólvora", [s.d.].

O tom é constantemente o mesmo: além de escória, nevrosado, camundongo, seguem-se outros epítetos: venal, falso refugiado ("padeceu", diz Lacerda, "sob o poder de Adolf Hitler"), verdadeiro fascista. É nesse clima que Mário de Andrade se manifesta.

Mário de Andrade e Otto Maria Carpeaux

Antes da questão que engendrou "Equívocos", a atitude de Mário de Andrade é a de uma irritação comedida, como revela uma carta de 23 de fevereiro de 1944 a Moacir Werneck de Castro:

> Esse Carpeaux... Outro dia fiquei bastante contrariado porque o Bernanos escreveu um artigo muitíssimo fraco contra Carpeaux e o resultado é que este ripostou de palanque, com argumentação muito mais firme e deu duro. Me doeu porque se não consigo morrer de amores pelo Bernanos, está claro que entre os dois meu coração não balança nada e vai todo pro francês e galo. Ainda não li a sujeira do Carpeaux na Rev. do Brasil, mas já no artigo contra o Bernanos, vinha sujeira, ele atribuindo o escrito do outro a manobras de comunistas contra ele, Carpeaux. Fiquei danado. Você não leu o artigo? Saiu nos Diários Associados, que agora o sr. Carpeaux é a persona gratíssima de toda a literaturice brasileira, é assombroso. É o representante único, a alegoria, o símbolo solar da sabença e da cultura! Está claro que um não sei se vício 'democrático' adquirido ou instinto natural me deixa impossível de negar algum valor e bastante originalidade de pontos de vista em alguns, só alguns artigos dele sobre escritores estrangeiros. Mas até isso garantem que é aproveitamento do alheio, se não plágio! Não sei, ninguém ainda provou convincentemente. Mas tudo quanto o Carpeaux diz sobre artistas brasileiros não só é besteira, mas me deixa desesperado pelo tom de suficiência com que ele descobre a pólvora e distribui bombons, fico desesperado[7].

Essa atitude, entre a irritação e a cautela, se confirma na carta de Mário de Andrade a Álvaro Lins, de 17 de abril de 1944:

---

7.   Moacir W. de Castro, *Mário de Andrade: Exílio do Rio*, 1989, pp. 215-216.

Não há dúvida também de que se tornou antipático, entrando assim com um ar triunfal de quem vinha descobrir a pólvora para os coitados dos botocudos. Mas isso dava uma caçoadinha apenas, que o iluminasse no altar em que se colocou, e mais nada. Como influência política fachistizante não imagino que ele possa ter a menor importância, apesar da burrice inacreditável (e que portanto não é burrice, mas descendência de origens mais profundas) do granfinismo universitarista (universitarismo falso, bem entendido) em que ele se colocou para julgar Romain Rolland[8].

Mário de Andrade escreveria um artigo sobre Romain Rolland em 23 de abril de 1944 (inicialmente publicado no *Correio da Manhã*, hoje em *Música, Doce Música*), artigo de desagravo, sem se referir diretamente a Carpeaux, entretanto.

Chopin Patriota

Em setembro de 1944, Mário de Andrade publica um artigo sobre Chopin, assinalando a ereção de um monumento ao compositor no Rio de Janeiro, escultura de Zamoyski oferecida à cidade pelos poloneses. Nesses tempos de guerra, em que a Polônia invadida sofria o jugo da ocupação nazista, o ato se revestia de significação altamente simbólica. Mário de Andrade envereda pelo caminho da arte empenhada: "Já não sei exatamente ao certo, nem tenho mais a convicção fácil e aparentemente lógica de que a música precisa nos comover exclusivamente pelo valor estético do som"[9].

Chopin aparece como o grande cantor da Pátria.

Pátria! [...] Se os dicionaristas tivessem um bocado mais de pudor decerto haviam de evitar nos seus dicionários essa palavra de milagre, "encruzilhada" de macumba, voz sacral mágica, inevitavelmente humaníssima, que faz a gente cair no santo, chorar, beijar a terra, amar os companheiros apesar, e praticar esse ato absolutamente estúpido que é sacrificar a vida e morrer[10].

8. *Idem*, p. 218 (nota 1).
9. Mário de Andrade, "Chopin", 1963, p. 379.
10. *Idem, ibidem*.

Estamos aqui novamente diante da tradição romântica das palavras pneumáticas de Fogazzaro. Mas morrer pela Pátria, lutar pela Pátria, significa ter uma Pátria como inimigo. Então Mário de Andrade exprime aquilo que estava latente em "A Bela e a Fera": não se está combatendo uma ideologia, mas uma Pátria; não se trata de nazifascismo, mas de alemães:

> De maneira que é inútil e muito perigoso a gente se enganar com as palavras: nós hoje não estamos mais combatendo contra o nazismo, nós estamos combatendo uma 'pátria' tão humanamente legítima, e tão socialmente ilegítima como todas as outras[11].

Pátrias que são vividas por meio de relíquias, de alegorias, de estátuas. O cantor polonês de uma Pátria oprimida se ergue contra um destino injusto que se repete. Ele é o sumo profeta revoltado: "E nem sou escultor e devo estar imaginando errado, mas se fosse eu havia de imobilizar Chopin do mesmo gesto do Moysés de Miguelanjo – aquele gesto irritado, revoltado, quebrando as pedras da lei"[12].

Descontado o fato de que Michelangelo não representou seu Moisés quebrando irritadamente nenhuma pedra da lei, mas sentado e apoiado sobre elas, é bem claro que nos encontramos imersos em plena retórica dos símbolos.

O Chopin de Otto Maria Carpeaux e a Cólera de Mário de Andrade

No dia 28 de setembro, Otto Maria Carpeaux escreve na *Folha da Manhã* um longo artigo intitulado "Equívocos Chopinianos" (ver Anexo). Trata-se de uma fina análise que tece as relações entre Chopin e a cultura polonesa. Carpeaux reconhece naturalmente o valor simbólico do compositor para a Polônia, mas elucida a posição de Chopin diante da aristocracia polonesa, como sua expressão, ligado ao povo pelo do interesse que por este o romantismo havia desenvolvido. E,

---

11. *Idem*, p. 380.
12. *Idem, ibidem*.

inserindo-o na produção cultural da Polônia, mostra como foram mantidos os valores da aristocracia até o século xx, valores de um passado aristocrático. Uma aristocracia arcaica, dificilmente adaptável ao presente, trazendo consigo fantasmas:

> A crítica de Wyspianski, romântico ele mesmo, não é precipitada. Respeita plenamente os símbolos nacionais do passado; mas deles que se tornaram fantasmas, não espera a salvação. Tem consciência do fato de que o passado – passou: a Polônia será salva só como uma nova Polônia. E o poeta profetizou bem: a Polônia que se libertou em 1918, era uma nova Polônia. Apenas, era incapaz de repelir as forças do passado feudal que se apoderaram, outra vez, da nação, confundindo a conservação da nacionalidade com a conservação dos privilégios feudais – tentativa que acabou, sabemos todos em que horrores, dos quais esperamos muito, sairá a Polônia do futuro.
>
> Realmente, há duas Polônias: uma que foi, e outra que será. A Polônia que foi, criou aquela esplêndida literatura romântica, texto a que a música de Chopin acompanha; a outra, terá que criar a sua civilização, já não a da aristocracia polonesa e sim a do povo polonês (pp. 480-481).

O resumo que apresentamos foi extremamente sumário diante da riqueza do texto de Carpeaux, e fica bem claro que não temos nenhuma possibilidade de discutir as premissas e os desenvolvimentos nele contidos, por completa ignorância da história e cultura polonesas. Mas que nos permitam aqui uma lembrança: a do admirável filme de Andrzej Wajda, *Lotna*. Nele, o cineasta põe em cena o último ato heroicamente suicidário dessa aristocracia a que Carpeaux se refere: a investida, no primeiríssimo momento da invasão, contra as tropas alemãs armadas do modo mais moderno, por uma cavalaria de sabre em punho. Que espantosamente vence a primeira batalha graças a um heroísmo delirante, para ser imediatamente – e com ela, o país – arrasada.

Diante desse artigo, Mário de Andrade o toma para si e desabafa em cólera com Moacir Werneck de Castro, numa carta datada de 30 de setembro de 1944:

> Mas o pior foi esse filho da putinha do Carpeaux que escreveu aqui na Folha um artigalhão chamado "Equívocos Chopinianos", sem citar o nome de ninguém, está claro. Os equívocos eram um equívoco. Andaram falando "por aí" que Chopin representava o "povo" polonês, enquanto o que ele

era mesmo na batata era um representante da aristocracia polonesa. Esse filhinho duma putazinha fez equívoco de propósito, vendo no que a gente falava povo-raça, o sentido povo-classe-massa. Esses fachistas de merda nem sequer têm a dignidade do silêncio[13].

Então nasce a nota "Equívocos", em *Mundo Musical*.

É preciso notar que não existe no texto de Carpeaux nenhum elemento que possa ser tomado como remota alusão seja a "Chopin", seja a "Atualidade de Chopin". A questão principal, que Mário de Andrade levanta tanto na carta quanto em "Equívocos" (da mistura entre o "povo-raça" e o "povo-classe"), é absurda. Em primeiro lugar porque Mário de Andrade não se refere nunca a Chopin como representante de um povo qualquer – salvo numa breve passagem de "Atualidade de Chopin" (escrita dois anos antes), em que o "povo" é abandonado em benefício da Pátria e da universalidade:

E nacional, racial, sofrendo com sua gente, curtindo a saudade inata e animal da terra em que nasceu, o que há de mais simbólico é que justo nos seus gritos de maior revolta, nos seus soluços de maior dor, como esses que sabemos, a heroica Fantasia, os Estudos em Mi e Dó Menor, eles nada têm de exclusivistas, de folcloricamente nacionais. E certo, como sabem todos, que a Polônia vibra, chora, clama e se debate por toda a obra de Chopin. Edouard Ganche vai mesmo afirmar que é na situação e na escravização da terra natal que está "o princípio espiritual e sensitivo" dos próprios noturnos. Mas quem de nós sente isso! A arte de Chopin se transcendentaliza e se universaliza[14].

Mesmo aqui, Chopin não é vinculado a nenhuma ideia de povo, mas de "Polônia" – tomada como Pátria e como lugar da raça. Mário de Andrade percebera Chopin por meio de sua relação com a Pátria polonesa; Carpeaux não a nega, mas a vincula à cultura aristocrática, que terminava naqueles dias da Segunda Guerra Mundial. Mário de Andrade – invocando uma noção que não empregara: "povo" – se vê atacado em algo que os seus textos não continham.

---

13. Moacir W. de Castro, *op. cit. Mário de Andrade*, 1989, pp. 224-225.
14. Mário de Andrade, "Atualidade de Chopin", 1963, p. 164.

Afora qualquer intenção possível, o que realmente o estudo de Carpeaux coloca em xeque na perspectiva de Mário de Andrade – perspectiva do lugar-comum, associador do heroísmo, da Pátria e da nacionalidade – é o fato de que essa perspectiva romântica signifique uma qualquer solução para o futuro da Polônia martirizada. Idolatrar um Chopin romântico é, para Carpeaux, apenas uma... idolatria. Evidentemente, fazendo a análise do lugar-comum Chopin-Polônia, ele se refere não de modo específico ao texto de Mário de Andrade, porém ao que pensa a opinião pública "quase unanimemente" (p. 476). Com isso, ele pinga o ponto-final em qualquer exaltação panfletária. E também em qualquer princípio de posição romântica como saída – posição da qual Mário de Andrade nunca se desvencilhou e que forma mesmo uma base no prolongamento da qual ele se move. O desentendimento e o conflito eram inevitáveis.

Quando Carpeaux afirma a ligação congênita do compositor com a aristocracia polonesa, está colocando o problema numa perspectiva histórica, sem nenhuma generalização. Ele não está opondo a aristocracia (em geral) ao povo (em geral) – está falando das relações da aristocracia polonesa com a cultura que esta engendrou, e da qual Chopin faz parte. Mário vê outra coisa no dito de Carpeaux: Chopin é o "representante" da aristocracia, portanto, não representante do "povo". Ele pode assim, por exemplo, substituir, em "Equívocos", Chopin por Mozart (já que o artigo não tinha, formalmente, endereço certo, era melhor evitar a citação evidente por demais). Ora, essa substituição, na perspectiva de Carpeaux, é impossível, devido à sua análise circunstanciada à cultura polonesa. Comparar os dois artigos é estabelecer um diálogo de surdos.

Mas a comparação foi um episódio que permitiu, além da crítica às posições neorromânticas de Mário de Andrade, também a crítica da cultura nacional pela cultura internacional. A comparação revela a diferença dos tipos de cultura entre Carpeaux e Mário de Andrade. O primeiro, já o dissemos, possui um saber internacional ("o internacionalismo da Kultur", que exaspera tanto Mário de Andrade), uma erudição perfeitamente dominada (de que dá largamente provas em "Equívocos Chopinianos"). Mário de Andrade – como ele próprio indicara na introdução a *Namoros com a Medicina*[15], que já citamos no comentário a "Músicas Políticas" –, ao contrário, é um autodidata. Genial autodidata

15. Mário de Andrade, *Namoros com a Medicina*, 1972.

que seja, mas sempre com o lado *bricolage* do saber que isso supõe. E formado apenas nos limites provincianos da cultura brasileira. Mais do que em qualquer outra situação, é confrontando a *Pequena História da Música* (de Mário de Andrade) com *Uma Nova História da Música* (de Carpeaux) que as diferenças saltam. O livro de Carpeaux situa problemas e autores em equilíbrio e importância, articula as obras com situações culturais mais vastas por meio de frases breves mas decisivas, completa tópicos com bibliografia fundamental sobre cada um. O de Mário de Andrade é, no mínimo, de grande irregularidade no seu plano de concepção, ensaístico em seus capítulos, retoricamente sedutor em sua linguagem.

Não é muito difícil perceber aqui um Mário de Andrade ameaçado. Ele construíra, no meio brasileiro, sua imagem de intelectual com nitidez, e dessa imagem fazia parte essencial sua imensa cultura e erudição. Porém, é suficiente limitarmo-nos a *Mundo Musical* para percebermos o quanto tais cultura e erudição eram irregulares, o quão frequentemente construíam-se por meio de leituras rápidas e circunstanciais, além de dispensarem muitas vezes, sem cerimônia, o rigor. O culto Mário de Andrade sabia também blefar dentro de um horizonte cultural provinciano. E Otto Maria Carpeaux, por todas as suas características de formação e de origem, evidentemente se configurava como um possível e ameaçador desmascaramento.

O papa da modernidade brasileira já confrontara-se com heresias que também o ameaçavam – assim como, conforme já vimos, o caso das "outras" vanguardas que ele tentava fulminar com seus raios de Júpiter tonante. Agora, surgia um antipapa, que parecia, por várias razões, muito poderoso. Mário de Andrade tendia a fechar-se sobre si, ao mesmo tempo que buscava oferecer um papel de mentor para uma juventude que o fascinava. Fixava-se na atitude heroica de uma estátua de bronze, por ele mesmo esculpida. Mas ele próprio devia sentir a fragilidade dessa imagem através de fissuras muito numerosas.

Entre, de um lado, a biografia dramatizada em que consiste a maior parte de "Atualidade de Chopin", a eloquência veemente de "Chopin", e, de outro, a finíssima análise sobre Chopin e a cultura polonesa de "Equívocos Chopinianos" vai um mundo. Como assinalava Francisco Curt Lange em sua bela e nuançada homenagem póstuma ao grande brasileiro, inscrita no *Boletín Latino-Americano de Música* de 1946:

// COMENTÁRIO   // 471

Muitas das afirmações jornalísticas de Mario de Andrade têm o selo da imperfeição ou da contradição, próprias de suas funções e crias de um espírito curioso, que se ajustava a determinados acontecimentos ou fases da vida cultural de sua terra. Algumas vezes encontramos nele algo de híbrido, impossível de conciliar, que foi precisamente a consequência de nunca ter conhecido a Europa e de não ter podido, com outra experiência, modificar alguns pontos de vista. No entanto, confessamos que gostamos de Mário de Andrade tal como passou por sua bela vida, porque sua obstinação cada vez maior por não sentir outros ventos e de viver grudado a seu próprio mundo fez com que entrasse para a história da cultura de seu país como uma das figuras mais peculiares, e também mais autênticas, da rebeldia contra a inércia e o convencionalismo[16].

A Questão do Fascismo

O leitor contemporâneo desses textos que envolvem a polêmica com Otto Maria Carpeaux não pode deixar de se surpreender diante da facilidade com que neles surge o epíteto "fascista" e congêneres. Mário de Andrade não faz exceção. Schoenberg já lhe trouxera algumas vezes a oportunidade. A ele acrescenta-se a ideia de arte pura, chamada amiúde de "quinta-colunismo". Agora, a acusação recai sobre Carpeaux. Ela é feita em carta, e, quando vem a público, é velada pelo anonimato do endereço. Mas seria ingênuo supor que os meios intelectuais de então não soubessem a chave da charada. Com todas as precauções de disfarce, o título significava evidente referência. E, naturalmente, o adversário sabia que se tratava dele.

Tudo isso não deixa de ser extremamente inquietante. Em primeiro lugar, pelo altíssimo grau de intolerância. Todos os que não pensam como nós, ou como eu, todos os que não estão conosco, ou comigo, são fascistas. Já assinalava Álvaro Lins, no seu artigo de defesa a Carpeaux: "E se ficasse generalizado o hábito de dar (em face de rivalidades literárias ou raivas pessoais) o título de 'fascistas' aos homens livres e honestos – então os fascistas autênticos acabariam sendo campeões democráticos"[17].

16. Instituto Interamericano de Musicologia, *Boletín Latino-Americano de Música*, 1946, p. 34.
17. Álvaro Lins, "A Glória e Seus Mal-entendidos", 7 maio 1977.

Em segundo lugar, há o fato de que, para um estrangeiro, ser chamado de fascista era, então, concretamente muito perigoso. Entre outros, Wilson Martins[18] destaca, durante o período da guerra, as bibliotecas alemãs e italianas destruídas pela polícia, as perseguições várias, entre as quais o caso de Curt Nimuendajú, que, perturbando os seringalistas do Alto Solimões com seu trabalho entre os Tukuna, é simplesmente denunciado como nazista e encarcerado.

Nos dois casos, o da intolerância ideológica e o do desprezo pela situação do estrangeiro acusado, configuram-se atitudes que naturalmente nada justifica. Mesmo que Carpeaux fosse aquele poço de vaidade e de suficiência assinalado em algumas críticas, mesmo que seus contemporâneos não soubessem enxergar a qualidade de seus escritos, é claro que esse tipo de denúncia ou insinuação pública é descabido. Que a má-fé de um Carlos Lacerda a isso se prestasse é ainda concebível. Que Mário de Andrade estivesse envolvido numa tal polêmica é mais surpreendente.

É verdade que há uma obsessão, em seus últimos textos, que suspeita de tudo. "Chopin" traz, recorrente, a frase "Os nazismos andam por aí..." pontuando o texto. A "arte pura" – ao mesmo tempo, na história de Mário de Andrade, fantasma do passado e demônio do presente – é sempre identificada ao fascismo disfarçado: quinta-coluna.

Quinta-coluna: essa expressão aparece com frequência também nos textos de Carlos Lacerda – uma vez, pelo menos, aplicada mesmo a certas atitudes de Mário de Andrade (artigo "Sinceridade e Poesia"). Havia, por sinal, da parte de Lacerda em relação a Mário de Andrade, o que hoje se chamaria uma espécie de "patrulhamento ideológico"[19]. Por seu lado, como é sabido, Mário de Andrade nutria por Carlos Lacerda respeito e admiração, a ele tendo dedicado seu livro de poemas *O Carro da Miséria*. Está ainda por ser feita a história das relações entre o Mário de Andrade desse período e os moços, a nova geração intelectual, diante da qual ele se encontrava numa posição ambígua, um pouco mentor, um pouco ingenuamente fascinado, por vezes francamente ultrapassado pelos acontecimentos... ideológicos. E, quando for retraçada essa história, para trazer alguma compreensão do último período de Mário

---

18. Wilson Martins, *História da Inteligência Brasileira*, 1977-1978, vol. VII, p. 194.
19. Ver também Carlos Lacerda, "A Inteligência Amestrada Faz Piruetas", ago. 1941.

de Andrade, deverá ser não apenas intelectual, mas biográfica, pessoal, e isso da maneira mais ampla possível.

Nacionalismo *versus* Universalismo

O tom paranoico de "Equívocos" reforça-se pela multiplicação dos alvos: Mário de Andrade atira em várias direções que não possuem chave decriptadora na carta a Moacir Werneck de Castro. Um desses alvos é mencionado assim:

> Esses outros então, porque se desvenda os processos subterrâneos das nações fortes e totalitárias que procuram dominar as mais fracas, com melhor experiência gestapista, por todos os meios possíveis, surgem conselheirais, desvendando mais equívocos, apelando para a universalidade do ser humano. Como se o homem já pudesse ser humano e universal neste mundo imundo de capitalismos e colônias (p. 457).

A oposição entre universal e nacional forma os polos da polêmica entre os compositores nacionalistas e os que faziam apelo a uma vanguarda internacional. Como lembramos, a polêmica se dá em termos comedidos e respeitosos entre Curt Lange e Mário de Andrade.

Num artigo em que se refere às perspectivas de Curt Lange, Koellreutter escreveu:

> A transformação social pela qual o mundo atualmente passa, não deixará, certamente, de influenciar a expressão artística de nossa época. O artista criador se preocupará com os problemas do 'homem' independente de raça, religião e nacionalidade. Desaparecerão, na arte, os elementos que separam em favor dos que unem e a arte será a mediadora entre os povos na evolução da história humana.
>
> A linguagem sonora, idioma universal, parece-me a arte predestinada a cumprir esta tarefa. E já se movimentam forças entre os jovens compositores deste continente, em cujas obras – de atitude francamente americanista – as ideias pessoais, a imaginação criadora, conhecimento da evolução musical e ética espiritual substituem a imitação servil e o disfarce à ma-

neira europeia de temas indo-americanos ou afro-americanos de medíocres produções de música 'folklórica'[20].

Mário de Andrade, é claro, recusava também um nacionalismo de pacotilha. A regra absoluta, entretanto, para ele, é que o universal passava pelo nacional. Não chegara ainda a hora, contudo, de o compositor brasileiro deixar de ser "nacionalista" para ser "simplesmente nacional", como ele escrevia em *Aspectos da Música Brasileira*[21]. Ali, afirmava que os músicos brasileiros que interessavam eram "os que pesquisam sobre a coisa nacional. Os outros, não se consegue descobrir um que possa deixar ao menos um cromossomazinho de talento para os filhos"[22].

Num texto como "Distanciamentos e Aproximações"[23], não paira a menor dúvida quanto às posturas firmes de Mário de Andrade, que incluem ataques ideológicos (quinta-colunismo) em virulência antiuniversalista. É muito provável que a polêmica lhe tenha conferido um tom mais exacerbado nas suas proclamações nacionalistas dos últimos tempos.

20. Hans-Joachim Koellreutter, "Panamericanismo Musical", jan. 1944.
21. Mário de Andrade, *Aspectos da Música Brasileira*, 1965, p. 34.
22. *Idem*, p. 33.
23. Mário de Andrade, "Distanciamentos e Aproximações", 1963.

// ANEXO

Otto Maria Carpeaux, "Equívocos Chopinianos"[1]

Erigiram, no Rio de Janeiro, um monumento a Chopin; e, acontecendo isto na hora em que os sofrimentos do povo polonês atingem o auge, é natural que as celebrações em honra ao grande músico se transformem em homenagem ao povo infeliz do qual ele era uma das glórias nacionais. Ora, o fato de que Chopin é um dos maiores músicos de todos os tempos está certo, e não está menos certo que o seu povo martirizado merece todas as simpatias; mas embora seja Chopin um artista genuinamente nacional, a relação entre os dois fatos não está tão certa como a opinião pública pensa quase unanimemente. Ao contrário, penso que há nessa relação um certo equívoco. Equívoco em torno de Chopin e, por consequência, equívoco em torno do povo polonês também. Considerando bem os fatos, o equívoco parece até maior, o caso parece estar mais perto de nós outros do que se acreditava, envolvendo as grandes questões do passadismo e do modernismo em literatura, das realizações e soluções sociais do futuro.

Será bom resumir rapidamente os fatos. A música polonesa conta com uma contribuição importante à música universal, pela particularidade do colorido nacional, bem eslavo e às vezes oriental, e pelo grau do requinte técnico, pelo qual a música polonesa estava sempre ligada à evolução da música ocidental; dão testemunho disso os nomes de Moniuzko, criador da ópera nacional *Haika* e, doutro lado, de Szymanowski, um dos líderes do modernismo musical europeu. Estilisticamente, Chopin está entre eles: o seu romantismo nacional aproxima-o de Moniuzko, e, do outro lado, ele provém duma complicada filiação europeia antecipando evoluções ulteriores e bastante modernas. Sobretudo, Chopin é mais do que aqueles dois grandes talentos: é o gênio da música polonesa, representando-a perante o mundo. Esse papel representativo de Chopin baseia-se também no seu entusiasmo pela causa da sua nação: é quase impossível pensar em Chopin sem lembrar as revoluções heroicas às quais alude mais de uma vez em suas composições, e sem lembrar do martírio secular do povo polonês,

---

1. Artigo publicado na *Folha da Manhã*, 28 set. 1944.

de modo que hoje, mais do que nunca, a marcha fúnebre de Chopin parece o verdadeiro hino nacional dos poloneses. Chopin e a Polônia constituem um conjunto inseparável, digno de todas as admirações e simpatias. Contudo, o conjunto não é tão inseparável como parece, e a separação do fato musical e do fato nacional talvez seja capaz de fazer compreender melhor um e outro.

Chopin está acima de qualquer crítica destrutiva: não assim os seus interpretadores. A música de Chopin está historicamente incluída na primeira fase da tradição pianística europeia, entre Clementi e Liszt, fase da virtuosidade técnica que os estudos, noturnos, valsas, "scherzi" e concertos do polonês não desmentem; e os interpretadores, sempre ávidos do efeito brilhante, gostam de exagerar as qualidades exteriores da música chopiniana, conferindo-lhe o aspecto de superficialidade elegante. A sutileza de Chopin é interpretada como fragilidade mórbida, equívoco para o qual contribuiu a tradição biográfica do músico tísico cheio de nervosismo e amores infelizes à maneira de seus contemporâneos Byron e Musset. Até a um polonês bem autorizado Przybyszewski, Chopin aparece como modelo de decadência. Mas já não se acredita nisso. Também outros contemporâneos seus, mais fortes, um Shelley, um Keats, foram antigamente interpretados como decadentes frágeis, enquanto hoje lhes admiramos a imagem concreta sem "sensibleries" confusas. Chopin é também concreto. A ornamentação riquíssima, antes de origem oriental do que ítalo-francesa, acompanha muito caracteristicamente os fortes ritmos nacionais da sua melodia; a herança do pai francês do músico manifesta-se mais no fino senso arquitetônico, arredondando qualquer das pequenas peças, transformando-as em estruturas bem organizadas. Dentro dessa arquitetura, era possível passar impunemente além das fronteiras da harmonia tradicional antecipando, às vezes, *Tristão e Isolda* e Debussy. Impunemente, quer dizer, sem sacrificar à evolução estilística do romantismo europeu a essência nacional dessa música. Chopin é romântico, está certo; mas não no sentido de polir motivos nacionais para o gosto dos salões parisienses, e sim no sentido de revelar a expressão musical da sua nação pelos meios da expressão do romantismo ocidental. Chopin é essencialmente aristocrata: aristocrata de formação europeia que se aproxima conscientemente de seu povo eslavo.

Esta última expressão define Chopin como membro (ou servidor admitido) da sua classe: da aristocracia polonesa, de formação europeia, dominando o país, então inteiramente feudal, defendendo a nação de camponeses contra o opressor russo, representando-a perante a Europa, chamando a atenção do mundo inteiro pelas suas atitudes de revolucionário nacionalista. Para essa aristocracia, Chopin era e continua um aliado de valor incomparável; porque a sua música não precisa ser traduzida para ser compreendida.

A língua de Chopin entende-se em toda parte. Não acontece, porém, o mesmo com os seus contemporâneos e companheiros de luta, os grandes poetas do romantismo polonês. O mundo conhece bem os nomes de Mickiewicz, Slowacki e Krasinski, sem ter ideia exata da sua arte. É pena que o domínio da língua polonesa não faça parte da cultura geral: a literatura polonesa é uma das mais ricas. Deve, porém, a sua fama quase exclusivamente àqueles três grandes, e não sem razão. A literatura polonesa dos séculos passados tem apenas importância restrita, puramente nacional, e a da segunda metade do século XIX e a do século XX até hoje não conseguiram libertar-se completamente da influência poderosa do romantismo nacional. A música de Chopin assemelha-se aos palimpsestos medievais: atrás das notas musicais aparece outro texto, muito significativo.

O que é comum àqueles três grandes poetas é a capacidade épica, o espiritualismo exaltado, e a fé messiânica. Todos eles distinguem-se em poemas de tamanho grande que pretendem sintetizar os sofrimentos e as esperanças nacionais. Mickiewicz até conseguiu, em *Pan Tadeusz*, o único poema do século XIX que merece o apelido de epopeia nacional. Ao mesmo tempo, os três grandes românticos, tão diferentes entre si, estão unidos por um espiritualismo excessivo, fantástico, bem fundado na situação desses aristocratas que tinham perdido todos os seus bens e até a própria nacionalidade. A capacidade épica baseia-se na estrutura social da Polônia de então, estrutura arcaica, feudal, dentro da qual as camadas e classes da nação constituíam uma hierarquia rigidamente organizada, o que parece uma condição social do gênero literário "epopeia". E quando a opressão estrangeira conseguiu deformar aquela estrutura, servindo-se dela para os seus próprios fins, esta sobreviveu no reino dos fantasmas como doutrina poética, como espiritualismo algo herético. A conclusão desse espiritualismo é a fé messiânica: a única, aliás, capaz de pôr um fim imaginário aos sofrimentos da atualidade. O martírio do povo polonês, absurdo perante o tribunal da História, recebeu um sentido profundo quando interpretado como caminho de purificação do povo que seria destinado a ser o Messias de todos os povos do mundo. Mickiewicz e Slowacki, vivendo inteiramente no reino dos fantasmas, chegaram a essa conclusão que o místico Towianski pregou. Krasinski, porém, está um pouco à parte; possuía um forte sentimento de classe, sabia-se aristocrata polonês e católico; todavia, a sua fé na sobrevivência dos ideais dum conde polonês não era inabalável. Na *Comédia Não Divina* profetizou a revolução social: estava apenas convencido que a aristocracia polonesa defenderá, como última reserva, o Papado e a organização feudal do seu mundo. Krasinski toca o "finale" fúnebre dos "allegros" exaltados e "adagios" dolorosos dos seus companheiros. E a síntese supraverbal da poesia de todos os três é a música de Chopin.

Chopin não é o músico da Polônia; é o músico do romantismo aristocrático polonês. E apesar da influência poderosíssima desse romantismo sobre a nação inteira, a aceitação não é unânime. Depois da última revolução romântica, em 1863, surgiu uma forte reação racionalista, que se chamou "positivista"; e desde então, toda a literatura e civilização polonesas podem ser interpretadas como luta entre os remanescentes do romantismo e tentativas de renovação social. O romantismo polonês, apoiando-se na estrutura feudal da nação, prolongou extraordinariamente a sua existência, fato de que dão testemunho igualmente o grande poeta Norwid e o chato romancista Sienkiewicz. O romantismo aristocrático passou pelas transformações exteriores mais surpreendentes, sem perder a sua substância: está presente no ruralismo classicista de Reymont e no revolucionarismo exaltado do seu antípoda Zeromski, no decadentismo de Berent e no pilsudskianismo de Kaden-Bandrowski. O maior romance polonês da nossa época, *Noites e Dias* de Maria Dabrowska, última epopeia decadentista, foi escrito quando os herdeiros do romantismo aristocrático, os "coronéis", o traíram, aliando-se, por medo do socialismo russo, ao inimigo alemão. Ainda hoje, esse romantismo obstinado não está de todo desarraigado da consciência nacional polonesa.

Talvez só mesmo um romântico fosse capaz de desmascará-lo. Stanislaw Wyspianski é o último autêntico romântico polonês. Não é possível retratar em poucas palavras esse grande poeta, dramaturgo, pintor, figura como da Renascença. Aqui só se fala da sua peça *O Casamento*, que desde a estreia em 1901 não deixou de emocionar profundamente as consciências.

O Casamento se passa numa aldeia da Polônia; casar-se-ão um poeta aristocrático e uma moça aldeã, realizando assim o sonho dos românticos de uma união entre a aristocracia e o povo; assim como em *Pan Tadeusz*, epopeia da libertação nacional, representantes de todas as classes, até o judeu, se encontram, assim também na peça de Wyspianski assistem ao casamento simbólico os representantes da nação inteira. Não deve faltar ninguém: convidam também o "homem de palha". Chama-se, assim, na Polônia, ao invólucro de palha com que se protegem as roseiras durante o frio invernal: símbolo da Polônia que espera. Convidam o "homem de palha" que está silencioso no jardim enevoado – "o homem de palha" aparece na casa. Entra cambaleante e começa a tocar o seu violão rouco, e os sons chamam uma multidão de fantasmas que enchem a sala, todas as grandes figuras da história polonesa, e entre as quais também não faltam os aristocratas que traíram a pátria. Afinal, aparece o rapsodo mítico Wernyhora, supremo representante do romantismo nacional; em grandiosa visão, resume todas as esperanças históricas. Nossa senhora de Czenstochowa, patrona e rainha da Polônia, ela mesma convocará o "Sejm", a assembleia histórica; já pateiam os cavalos do exército de libertação; é preciso que todos se reúnam para esperarem o sinal, a chamada pela "corneta de ouro" – e todos se reúnem, senhores e camponeses, esperando em exaltação religiosa... mas a corneta de ouro não chama e não chamará: foi perdida na floresta por um imbecil que buscava plumas de pavão. Todos estão como que estupefatos; então, o "homem de palha" volta a tocar sua dança melancólica, e todos rodam em volta do fantasma – poderia ser uma "polonaise" de Chopin.

A crítica de Wyspianski, romântico ele mesmo, não é precipitada. Respeita plenamente os símbolos nacionais do passado; mas deles, que se tornaram fantasmas, não espera a salvação. Tem consciência do fato de que o passado – passou: a Polônia será salva só como uma nova Polônia. E o poeta profetizou bem: a Polônia que se libertou em 1918, era uma nova Polônia. Apenas, era incapaz de repelir as forças do passado feudal que se apoderaram, outra vez, da nação, confundindo a conservação da nacionalidade com a conservação dos privilégios feudais – tentativa que acabou, sabemos todos em que horrores, dos quais esperamos muito, sairá a Polônia do futuro.

Realmente, há duas Polônias: uma que foi, e outra que será. A Polônia que foi, criou aquela esplêndida literatura romântica, texto a que a música de Chopin acompanha; a outra, terá que criar a sua civilização, já não a da aristocracia polonesa e sim a do povo polonês. Os sofrimentos que esse povo suporta não se podem justificar por imaginárias esperanças; mas compreendem-se amargamente, acompanhando uma grande transição social.

A música de Chopin, porém, subsiste; subsistirá ainda quando os sofrimentos nacionais, dos quais nasceu, serão esquecidos. E nessa convicção reside uma grande lição para nós outros. O povo polonês terá que esquecer política e socialmente o seu passado: mas isto não significa esquecê-lo de todo. Não se esquece impunemente uma herança cultural. O fato de que aquele romantismo nacional já não é capaz de dirigir os destinos da nação, não implica em que os seus símbolos, cristalizados em obras de arte, ficassem obsoletos. Nenhum italiano, sempre consciente de que Dante lhe criou a língua e a literatura, está na obrigação de escolher entre guelfos e gibelinos, e o francês tampouco renunciará a Racine, poeta do *Roi-Soleil*, porque é impossível seguir a política monarquista do miserável Maurras. Há nisso a fronteira nítida entre o "modernismo" razoável e o "futurismo" absurdo. É possível e até preciso honrar o passado, servindo ao futuro. Mas é preciso traçar nitidamente a fronteira. O monumento a Chopin honra o passado da Polônia; o futuro da Nação será acompanhado de novas sinfonias ainda inauditas.

M.A. // ## Música Universitária

// 12.10.1944

As associações de estudantes andam se mexendo mais ultimamente, no sentido de agregar a prática das artes aos seus estudos... mais sérios? Ponhamos apenas, mais sistemáticos. Não há dúvida que isso é um progresso em nossa terra, pois si as faculdades de Direito sempre guardaram o cultivo obrigatório da literatura, em particular da poesia, as outras artes a bem dizer jamais existiram no espírito coletivo dos nossos estudantes. Eu fui aquele que viu, com a fundação da nossa benemérita Faculdade de Filosofia, eis que de repente numerosos estudantes principiaram frequentando concertos, não perdendo mais exposições e amando o teatro sem ser pela causa sexual de torcida por cômicas e cantantes. Eu fui aquele que viu. Não era mais o caso esporádico de algum estudante "maníaco", que por acaso gostava de música ou de paisagem. Mas si não era ainda, nem é, uma espontaneidade geral e tradicional, sempre é já uma exigência coletiva de cultura e de vida que se normaliza. O resto virá depois.

Já está vindo. Recentemente era um grêmio cultural da Faculdade de Medicina que fazia um inquérito entre professores e artistas sobre quais os meios de exercer as artes nessa faculdade. E mais recentemente se inaugurou com um concerto, o Departamento de Cultura Musical da Faculdade de Filosofia, Ciências e Letras. O melhor da festa a meu ver, a melhor música do dia foi cantarem todos e quero esperar que não com muita obediência teórica, o Hino Universitário, com texto de Guilherme de Almeida e melodia de Paulo Klemig. A ideia foi ótima, o texto é lindo, a melodia bem bonita. Mas si os hinos também se fazem de encomenda, jamais pegam de encomenda. Não sei qual o destino desse, sobre o que não pode influir a opinião de ninguém, mas seria justo que agora os estudantes lançassem hinos novos todos os anos, e mesmo vários por ano, até que um pegue, jamais se decidirá porque, e se tradicionalize feito uma víscera, um fígado da Faculdade. Decerto eu disse fígado porque andei algum tempo preocupado com o meu. Ponhamos: coração.

A fundação do Departamento Musical, é uma ideia esplêndida. Quem o dirige é o acadêmico Lineu Schützer, o que é uma garantia de entusiasmo e continuidade. Conheço de algum tempo Lineu Schützer e sei a dedicação apaixonada que tem pela música e pela coexistência dela no espírito dos seus colegas. Lineu Schützer é desses úteis professores sombras, que não só vão a concertos mas levam os outros também. A entrevista que ele deu sobre as intenções do Departamento de Cultura Musical, é aguda, honesta e de grande interesse.

Por ela se verifica que existe um grupo de estudantes na Faculdade de Filosofia seriamente disposto a se preocupar de música e convicto de que ela deve ser, não apenas enfeita culto ou farrista de horas vagas, mas elemento normal na vida do indivíduo, um fígado. Mais que isso, pelo que se deduz da entrevista, a música é uma arte que merece de moços e estudantes interesse especial.

Que em relação à literatura, a música mereça de universitários uma atenção mais consciente e predeterminada, não há dúvida. Não porque seja preferível à literatura, está claro, não existe arte preferível ou melhor, mas porque a literatura já está normalizada no espírito do homem culto e do estudante do Brasil. Em todo o caso, não sei si a música deva merecer de estudantes que se desejem harmoniosamente cultivados, preocupação mais especial que as artes plásticas, talvez deva sim... Deverá, pelos seus efeitos e possibilidades específicas, pelo seu poder de coletivização, pelas férias de pensar que proporciona tão eficazmente ao espírito, pelas suas forças terapêuticas enfim.

Além disso, importa muito reconhecer que de todas as artes, e depois da literatura, a música é a que mais permite ao moço praticá-la sem muitas exigências longas nem responsabilidade técnica; e, mais que a literatura, ela é completa nisso de coletivizar e desenvolver a consciência unânime. Aí o acadêmico Lineu Schützer viu muito bem, logo preocupado de formar corais. Mas por que não, eu me pergunto, outros conjuntos de pequena e rápida aquisição técnica, choros, jazes, operetas, revistas do ano? E mesmo os agrupamentos só por si já cômicos e... irresponsáveis, todo o enorme e divertidíssimo clownismo musical, e os corais de assobio, as bandinhas de instrumentos inventados, pentes, pratos, serrotes?...

Deste ponto de vista é que eu discordaria talvez de Lineu Schützer. Toda a entrevista dele respira o pressuposto de que só a música séria, a música erudita, a "música fina", como andam falando por aí, representa a fisionomia da cultura musical. Preliminarmente isso é um preconceito e, particularmente não é legítimo nem útil, no caso de estudantes universitários. No concerto inicial do Departamento, tinha por exemplo, a "1812" de Tchaicovsqui, por sinal que em transcrição. Ora com quase 40 anos de experiência e estudo musical, eu não consigo me convencer que esse autor e essa abertura sejam mais música séria, ou "fina", que "O Que É Que a Baiana Tem" ou "O Vendedor de Amendoim", duas obras-primas. Música popularesca, apenas urbana e semierudita, extrafolclórica, mas obras-primas.

Deus me livre negar a existência de Tchaicovsqui e a funcionalidade artística da "1812", embora lhes garanta a dubiedade de valor. O que eu insisto é sobre o preconceito de música fina, que deforma, e mesmo destrói por completo justamente aquela essência coletivista e terapêutica da música. E que ela tem quase tanto como o béstia acadêmico (oh, os béstias geniais de Álvares de Azevedo!...), e muitíssimo mais que qualquer das outras artes.

Eu imagino, de preferência, que o Departamento Musical deveria se preocupar nos seus concertos, com o "cultivo da música" – o que implica, mas não quer dizer exclusivamente música fina. E tantas vezes finória e desnorteadora... Que é o caso de um Tchaicovsqui na sinfonia, como de um Leoncavallo na ópera. E é com a maior seriedade e com toda a convicção que eu afirmo considerar muito mais universitária e culta em música, a pessoa que aprecia *também* uma criação de Cab Calloway, a outra que cai em êxtase fatal e antedatado sempre que escuta qualquer obra de João Sebastião Bach. Tanto um Bach como um Verdi, humaníssimos, escreveram muita música péssima, banal, insensível, formalista, transitória e de receituário acadêmico. Tudo está, como cultura legítima, em discernir. Tem obras dos Revelers e sambas que também são péssimos; e si cientificamente não tem canto folclórico que se possa dizer péssimo, muitos deles são esteticamente horríveis.

Discernir. E em se tratando de cultura musical de universitários, discernir implica uma orientação especial. Minha primeira vontade nisto, seria justo misturar e contrastar. Num concerto de e para estudantes, o simples contraste entre a cuidadosa execução de uma obra-prima de Mozart pelo Quarteto Haydn, a execução à matroca de peça a dois pianos por alunos da Universidade, alguns corais folclóricos brasileiros, e um final cômico com orquestrinha de gaitas ou qualquer "lever de rideau" musical; a meu ver, seria muito mais a Música, e muito mais música culta que, vamos e venhamos, um concerto de sobrecasaca, mesmo otimamente executado, só de obras de Bach, Mozart, Beethoven gigantes.

Por que negar que duas horas de sobrecasaca é sempre uma espécie de chateação? Tanto isso é verdade que o comércio musical, que é psicólogo esperto, retira a sobrecasaca em meio dos concertos, veste o "short" esportivo das chamadas peças mais leves e pra acabar se desnuda no "maillot" lantejoulado das peças meramente virtuosísticas. É verdade ou não que isso representa 99% da música "fina" dos teatros e recitais? O não discernimento está nos que investem apenas com as temporadas de óperas com *Tosca*, *Rigoletto* e *Manon*, e aplaudem os concertos sinfônicos e os recitais principiados por Bach ou a "Júpiter", entremeados com Chopin ou a "Dança Macabra", e terminados com "Islamei", aberturas de "Mestres Cantores", e alguma brasileirice de inhapa. Há comércio de sambas como há comércio de sinfonias. E macacos me mordam si essa "lei" de programação, peça pesada na primeira parte, peças mais leves na segunda, peças levíssimas e final virtuosístico, não é uma desonestidade.

Ao passo que não haverá preconceito nem desonestidade nenhuma, mas felicidade, cultura, vida, vitalidade, em esboços de programas como o que eu imaginei, desculpem. Mas defendo a minha imaginação. Tudo no meu esboço, mesmo a execução a dois pianos que foi a trancos e barrancos, é do melhor. Porque ninguém negará que em Arte, não está implicada apenas a manifestação da Beleza, mas a complexidade da vida. A execução ruim foi do melhor, porque ajuntou um interesse particular humaníssimo e feliz à música: a amizade. Ou inimizade até! Tomei o cuidado de esclarecer que a execução péssima seria de estudantes da universidade, e não do Quarteto Haydn (hipótese impossível) ou de alunos de professor particular, que os outros estudantes não conheçam. E todo um mundo de arte, de Arte sim, insisto, se ajuntou ao pressuposto de beleza da música a dois pianos. Mundo mais humano e feliz, do que esse incontestável, de interesses perigosos, que todos ajuntamos, de atenção e gozo antedatado, diante dum quadro que nos dizem ser de Rubens, ou de um templo grego. São as mães e parentes dos executantes que ouviram tudo com o coração. São os amigos, companheiros, e mesmo colegas desconhecidos das pianistas que escutaram de braços abertos, ou na simples torcida de grupo, amizade, camaradagem. E os desafetos, os invejosos, os contra, escutaram também com a preocupação difícil da justiça, ou com a paixão voluptuosa das raivas e antipatia: não gostaram. Afinal das contas tudo isto é a Beleza também, quem sabe o que é a Beleza!

Eu vou até garantir que a execução à matroca dos dois pianos, mas de música fina, em contraste com a execução muito boa do Quarteto Haydn, vai despertar mais cultura de música séria, que um concerto só de quarteto. Vai dar mais contundente consciência do que seja a música erudita. Vai despertar, não a fadiga desta, mas a saudade, a aspiração, o aperitivo, o desejo de ouvir mais. Mas este mais não virá no concerto. "Continua na próxima vez". A suave, a larga permanência das coisas que o espírito exige, si de fato cultivado.

O resto do meu esboço se justifica por si. Mas eu insisto sobre as revistas do ano, as operetas, o teatro musical. Dizer-se que algumas obras-primas da arte derivaram disso, como a *Ester* de Racine, como a *Dido* de Purcell... Nós estamos sofrendo a influência incontestável dos Estados Unidos, nosso irmãozão mais rico e mais forte. Acho invencível essa influência incontestável, "são os do Norte que vêm"... Mas cultura é discernir: há que discernir. Temos que recusar com energia a exterioridade ianque, desde a cultura em pílulas dos digestos totalitários, que não pertence à paciência nossa tropical, até certos modos de toalete e proceder, que tornam inconsolavelmente ridículos caipiras, cabeças-chatas e olhos negros. Temos que insistir na cultura europeia, especialmente na francesa; já experimentada, que nos refreia o tropicalismo; desconfiados da exabundância e das morais que nos insinuam pocket books, romances de 600 páginas predeterminadas e versos de perigoso e racista pan-americanismo. Mas os Estados Unidos são milionários de coisas ótimas e influências úteis. Entre estas, aquela vida musical viva das suas universidades, jazes, improvisações deliciosas, operetas, revistas anuais. E porque não poderá acaso um Guilherme de Almeida nos prover de uma *Ester* nossa, ou Camargo Guarnieri duma nova *Dido*? E o mérito dessa glória se repartirá entre o artista que espera e o Departamento de Cultura que o obrigou a ser grande.

J.C. // COMENTÁRIO

Testemunho do grande intelectual quinquagenário diante das mudanças de comportamentos culturais acarretadas pela criação da Faculdade de Filosofia – "Eu fui aquele que viu" –, "Música Universitária" traz também um tom "vitalista" de amor pela música e pela prática musical. Mário de Andrade irrita-se com a expressão "música fina" que Lineu Schützer emprega em sua entrevista (ver Anexo), e com o projeto um pouco sério e composto demais por ele apresentado. Diante de uma juventude mais "moderna" e mais culta, o recital de cordas com sobrecasaca parece antes um formalismo "de classe" do que visceralmente ("um fígado") vivido na fraternidade do fazer e ouvir música no prazer da camaradagem.

Deriva daí um princípio que então prega: o da mistura de gêneros. Nesse clima de festa, segundo Mário de Andrade, os concertos universitários deveriam adquirir efeitos de contraste, que provocassem estímulo no auditório. O que significa naturalmente crítica ao projeto solene de Schützer e da "música fina". Há certamente uma dose de autoritarismo (naturalmente muito menor do que o terrível final de "Terapêutica Musical", com uma programação para as rádios que parece página de romance de Orwell), ao exigir que os jovens... sejam jovens, que abandonem "1812" por "O Que É Que a Baiana Tem".

Mas a mistura de gêneros traz um princípio classificatório, que se completa com "Popular e Popularesco", de "Do Meu Diário [c]". Lineu Schützer falava de música fina e de música folclórica: "E nas melodias suaves e lentas do nosso folclore, expressão da alma cabocla, simples e rústica, triste e ingênua, há um valor musical que não devemos menosprezar" (p. 491).

Parece-nos que até então não haviam surgido, pelo menos com clareza, no pensamento de Mário de Andrade outros termos além desses dois, popular e culto. O estudo mais significativo a respeito talvez seja, justamente, "A Música Popular e a Música Erudita", conferência proferida em 1934 para a Sociedade de Cultura Artística e publicada em *O Estado de S. Paulo*. Mário de Andrade está preocupado com a interpenetração das manifestações musicais populares (num sentido que não compreende a cultura de massa) com as eruditas. De um lado, a penetração de reminiscências eruditas nas manifestações populares (casos como o do hino holandês registrado por Koch-Gruenberg e outros);

// **488**   //MÚSICA FINAL

de outro, naturalmente, a presença da música popular na criação erudita, através do nacionalismo musical.

Agora, entretanto, surge um terceiro termo – o "popularesco":

> Deste ponto de vista é que eu discordaria talvez de Lineu Schützer. Toda a entrevista dele respira o pressuposto de que só a música séria, a música erudita, a "música fina", como andam falando por aí, representa a fisionomia da cultura musical. Preliminarmente isso é um preconceito e, particularmente não é legítimo nem útil, no caso de estudantes universitários. No concerto inicial do Departamento, tinha por exemplo, a "1812" de Tchaicovsqui, por sinal que em transcrição. Ora com quase 40 anos de experiência e estudo musical, eu não consigo me convencer que esse autor e essa abertura sejam mais música séria, ou "fina" que "O Que É Que a Baiana Tem" ou "O Vendedor de Amendoim", duas obras-primas. Música popularesca, apenas urbana e semierudita, extrafolclórica, mas obras-primas (p. 485).

Trata-se, diz Mário de Andrade, apenas de discernir a qualidade, dentro do universo ao qual cada música pertence. Mas alguns meses depois ele sentirá a necessidade de caracterizar o que distingue o popular do popularesco pela ideia de moda. O popular pode morrer, mas não "sai da moda", por não estar vinculado à civilização e ao progresso. O popularesco pode, por essa via de progresso dos costumes, matar o popular.

O popularesco pode voltar à moda e possui uma natureza museológica – embora, ao contrário do popular, não a "mereça". Ele pode se fixar e penetrar o universo do mundo erudito – como as composições de Nazareth.

Mário de Andrade mostra-se assim fascinado por aquilo que se poderia chamar hoje de as contribuições da cultura de massa. Às quais, no último parágrafo de "Música Universitária", ele associa os Estados Unidos. Estamos longe da salada traiçoeira de *O Banquete*. As revistas, operetas, teatro musical, *jazz*, formas mais "leves" de cultura, são capazes, diz Mário de Andrade, de engendrar as mais altas obras-primas. Se a França pode nos ser um antídoto antitropicalista, e antiperigos americanos, é possível recuperar o que há de bom na fatalidade da influência americana. Perspectiva "realista", diante do totalitarismo apocalíptico da salada, que deixava o compositor Janjão triste e "desistente"? Adesão verdadeira a essa presença inevitável mas sedutora, apenas com certa melancolia no coração, diante da incapacidade de ver o "irmãozão" ser vencido e da destruição do "tradicionalismo sacral dum vatapá de negros, ou de cuscuz-paulista vindo através de vinte séculos árabes"[1]? Não se saberá nunca. Essas reflexões chegam tardiamente em Mário de Andrade e, por sua morte, nem *O Banquete*, nem *Mundo Musical* se concluirão.

---

1. Mário de Andrade, *O Banquete*, 1977, p. 162.

// ANEXO

"Solene Instalação do Departamento Universitário de Cultura Musical"[1]

Grande concerto sinfônico-coral, hoje, no Teatro Municipal – Palavras do diretor da notável organização artística ao DIÁRIO DA NOITE

O Grêmio da Faculdade de Filosofia acaba de fundar, nesta Capital, o Departamento de Cultura Musical, de que é diretor o sr. Lineu C. L. Schützer.

Iniciando suas atividades artísticas em São Paulo, dará ele, hoje, no Teatro Municipal, o seu primeiro concerto.

A propósito de cultura musical nos meios universitários e do programa que a nova instituição que orienta pretende desenvolver – o sr. Lineu Schützer nos prestou as seguintes informações:

A Boa Música no Brasil e os Universitários

Era com tristeza que eu sempre via a indiferença da classe universitária, em nosso país, em geral, pela boa música. Esse desinteresse é ainda grande e com isso a nossa gente cresce e se forma sem a necessária cultura musical. E amiúde se ouve falar: Brasileiro não tem gosto para a verdadeira música; só dá para futebol e samba... Mas isto não é verdade. O Brasil já se tem representado magnificamente em terras estrangeiras. Se nem sempre são compositores renomados, são, pelo menos, dotados de acentuada capacidade musical.

E nas melodias suaves e lentas do nosso folclore, expressão da alma cabocla, simples e rústica, triste e ingênua, há um valor musical que não devemos menosprezar.

Mas como entrar em contato com a música fina, se ela constitui privilégio apenas de uma minoria, que só ela lota os teatros, apesar dos preços quase proibitivos?

---

1. Artigo publicado no *Diário da Noite*, 20 jul .1944.

O Rádio e a Música

E o nosso rádio, principal responsável por uma situação verdadeiramente deplorável, continua ainda importando música sem valor e a divulgar composições que absolutamente não exprimem a alma brasileira, que é mais apurada e superior. E se a nossa gente aceita essa música, não é por encontrar nela algo de nosso e de bom. É porque, de manhã à noite, não há outra cousa a ouvir...

O Que Visa o Departamento Universitário

O trabalho do Departamento Universitário de Cultura Musical é vasto e árduo. Começamos dando aos universitários brasileiros a oportunidade de tomar contato com a música fina, e nela se educar. Não é exagero de patriotismo afirmar que há no Brasil muita gente capaz de uma vida artístico-musical mais elevada. E é com essa gente que contamos. Devemos, também, empreender uma campanha nacional contra o sentido anticultural de muitas emissoras. E eu não estou sozinho, há muita gente que pretende o mesmo e já tem trabalhado nesse sentido.

O Concerto de Hoje

Esta noite, teremos a oportunidade de apresentar ao público paulistano, em primeira audição, o Hino Universitário de Guilherme de Almeida e Paulo Klemig.

Haverá, em seguida, uma sessão solene, presidida pelo prof. Jorge Americano, reitor da Universidade de São Paulo, devendo falar, nessa ocasião, em nome do Departamento de Cultura, o conhecido poeta Corrêa Junior.

A terceira parte está a cargo do Coral Paulistano, conjunto artístico já bem conhecido e apreciado pela nossa plateia.

As entradas para esse concerto estão sendo distribuídas aos universitários no Grêmio da Faculdade de Filosofia, à Praça da República. A entrada é franca e o público será admitido nas possibilidades de lotação do teatro.

M.A. // # O Perigo de Ser Maior

// 19.10.1944

A notícia de que Villa-Lobos partiu para uma nova viagem, desta vez intercontinental, me fez correr um frio na espinha. Meu Deus, que novos absurdos e tolices ele fará e dirá, em que novas comicidades não se meterá por aí!... Porque eu sou brasileiro, não posso não sentir instintivamente como brasileiro. E a gente fica assim um tanto desajeitado de saber que é Villa-Lobos em pessoa, e não a sua música apenas, que o vai confessar por essas terras americanas, e dar um exemplo forte (tudo em Villa-Lobos é forte) da nossa espécie musical. Villa-Lobos é um forte. Villa-Lobos é oito ou oitenta. E somos forçados a reconhecer que mais numerosamente ele não se deixa ficar no oito das discreções e das sabedorias, em vez, prefere o oitenta dos espalhafatos, dos espetáculos, das teorizações nascidas em cima da hora.

Enfim, Villa-Lobos não é objeto de exportação diplomática. Não quero dizer com isto que eu goste de diplomáticos e diplomatas. A astúcia só me causa desgosto e desprezo. É extraordinária a ingenuidade dos astuciosos imaginando que os outros não estão percebendo fácil que eles fazem um esforço danado, por exemplo, para formar frases dúbias que tanto podem significar uma coisa como outra. O que eu sei é que em arte, a astúcia é sempre aviltante do indivíduo que a pratica, e o nosso Villa-Lobos não é astuto, graças a Deus. Já a malícia é mais viril e mais fecunda. Mas em geral sucede que os artistas a empregam com os outros e na análise da obra alheia, se esquecendo as mais das vezes de exercerem a malícia em relação a si mesmos. Mas afinal das contas nem sei bem porque me vieram na lembrança a malícia e os astutos. Reconheço lealmente que a diplomacia não deve ser apenas isso, embora eu jamais tenha imaginado no que venha a ser a diplomacia.

Em todo caso fica dito o meu pensamento: Villa-Lobos não é objeto de exportação diplomática, e eu o preferia tombado pelo Serviço do Patrimônio Histórico e Artístico Nacional. O SPHAN já está com esse encargo dificilíssimo e insolúvel de lidar com Ouro Preto, cidade viva e ao mesmo tempo amortecida por um tombamento justo que a tornou monumento nacional imutável. Pois não fazia mal que tombasse Villa-Lobos, vivo e Deus queira que por muitos anos, e ao mesmo tempo transformado em inatingível monumento nacional. Ora pois, como estou de paciência e positivamente isto não é artigo de crítica, vamos a ver como seria possível tombar Villa-Lobos.

Eu por mim dava a ele duas residências fartas, uma de inverno na ilustre cidade do Rio de Janeiro, e outra de verão, no mais climático e aprazível planalto de Goiás. Seriam evidentemente residências fechadas, em que ninguém poderia entrar, nem muito menos Villa-Lobos sair. Só teriam acesso ao monumento tombado, quer dizer, a Villa-Lobos, funcionários do SPHAN adrede instruídos, com muitos exames do DASP, e aposentadoria generosa depois de dois anos de trabalhos forçados. Bom, nas duas residências teria todos os instrumentos possíveis e imagináveis deste mundo e do outro, rádios, vitrolas, papagaios e todas as músicas do passado e de hoje, para que ele pudesse compor completamente diferente, como é do gozo dele, depois que se desiludiu das influências de Debussy. E o monumento tombado só teria por obrigação compor, compusesse à vontade.

É certo que isso não basta para a psicologia do grande músico, e é sabido que em solidão canário deixa de cantar. O SPHAN proporcionaria ao canário furibundo todas as possibilidades e todos os incentivos canoros. É aqui que entram os funcionários de trabalhos forçados. No Rio, centenas de vivandeiras aprazíveis e complacentes, "quais loiras, quais morenas" como diria o verbo velho, o aplaudiriam sem cessar, e o resto. Em Goiás seriam centenas de cantadores, cururueiros de Piracicaba, cegos de Catolé do Rocha, candombleseiros do Salvador, coqueiros de Areia Preta, cantadores amazônicos de chulas etc. etc., sendo que me esqueci, no Rio, dos sambistas do Bar Nacional e dos negros do morro.

Não basta ainda, porque poucos artistas carecem tanto de auditório como Villa-Lobos. Auditório para aplaudir as suas músicas e para engolir as suas afirmações. Mas seriam todos absurdamente surdos, porque não acredito que o mais perfeito e daspeado funcionário não fosse contar logo adiante o que o formidável criador dos *Choros* diz demais. Surdos, mas não de todo mudos, porém. Com língua de prata fonográfica, saberiam repetir sempre um "Muito bem!", um "É isso mesmo", um "Está certo", mesmo quando Villa-Lobos falasse que é maior que Beethoven, ou dissesse estar estudando os maravilhosos oratórios de Mozart, ou se referisse aos piano-fortes do século xii. E lhe daríamos até um conservatório colosso, mas este com alunos surdos, mudos, cegos, sem mãos e paralíticos, em que ele fizesse muitos discursos, dirigisse desafinados coros colossais, desse concertos em homenagem a todas as oposições que subissem, e criasse cátedras de Terapêutica Musical.

Aqui já não estou gostando muito de mim, porque no meu ideário vieram lembranças tristes, e a maldade me enrugou. Eu gostava era daquele Villa-Lobos de antes de 1930, que ainda não aprendera a viver. Que vivedor maravilhoso ele era então! Fazia uma malvadeza colérica, sem nem de longe saber que estava fazendo uma malvadeza colérica, saía bufando da casa que o hospedava, grosseiro, mal-educado, e logo estava em plena rua se espojando no chão, esquecido, puro, anjo, pasteurizado, brincando com uma criança que passava... Pobre, numa dificuldade reles de dinheiro, ganhava uma bolada boa, tinha dívidas a pagar, mas convidava a gente pra um restaurante, onde acabava gastando não só o que ganhara, mas uma quantia que os outros precisavam completar. Fazia uma improvisação no violoncelo, completamente ruim e mal executada, ou se arrepelava porque lhe tocavam errado a "Lenda do Caboclo", exemplificando ao piano de maneira horripilante, pra logo estar ganhando horas empinando papagaio, e vir jogar na pauta os esboços duma Ciranda ou de qualquer outra obra-prima. Depois tudo mudou e não é bom falar... Mas preciso sempre que se afirme que muitos, que a maioria dos músicos verdadeiros do Brasil, repudiam, até envergonhados, quase todos os escritos "com palavras" publicados por Villa-Lobos desde então. Desde as suas entrevistas até os seus opúsculos de diretor de serviços públicos. Mas nada impedirá, nada, que ele seja o criador de numerosas obras-primas musicais, de uma produção imensa que é quase toda do maior interesse de estudo e execução, um dos compositores mais fortes, não digo perfeitos: fortes, do mundo contemporâneo. Apenas, como pessoa, Villa-Lobos não é objeto de exportação nacional.

Ainda recente, quando a pianista chilena Hermínia Raccagni executou lindamente as "Impressões Seresteiras", eu me pus a imaginar. Será preciso que algum dia, mas esta vida me dá tanto trabalho, eu estude a manifestação erudita com que os nossos compositores vivos trabalharam a valsa de caráter brasileiro... Mas Villa-Lobos eis que chegou de sopetão com estas turvas "Impressões Seresteiras" e... e que força! Será melhor? Por certo que não é melhor. Mas talvez a gente possa dizer que é maior.

As "Impressões Seresteiras" têm instantes que chegam a ser detestáveis. A forma, por pouco que não é monstruosa, tanto na obediência fácil e mesmo servil ao corte do rondó, como pela incapacidade mesma, incapacidade técnica, de valorizar ou de renovar esse corte. Que não é ruim por si mesmo, é humano e de todos os tempos e culturas. Mas o que irrita mais são certas improbidades nos divertimentos, mero esparramamento virtuosístico em que, bolas! ainda não faria definitivo mal que o compositor quisesse expor piano e pianista em seus terremotos de milagre, porém não é nada disso não: o compositor é que escravizado ao seu mundo, a gente percebe que não tinha nada a cantar. O osso para o pianista, pouco osso aliás, não passou dum caroço de elocução musical. Não chega a ser uma injunção pianística, é apenas estrambólico. E estamos a mil léguas daquele Villa-Lobos prodigioso das Cirandas, das Cirandinhas, de Prole do Bebê, dos Carnavais, em verdade o único compositor contemporâneo que, depois de Debussy, conseguiu renovar o piano, e tirar dele possibilidades insuspeitas. Possibilidades e efeitos, diga-se de passagem, de que muito compositor estrangeiro já se aproveitou. No Brasil não. Entre nós a influência de Villa-Lobos é minúscula. Porque os compositores nacionais muito dignos de vaidade e vento se exigem eu-sou-eus irredutíveis, esquecidos que a escola é qualquer coisa de mais humano e necessário, que um Brasil flou, pingado de sardas individuais.

Sim, mas com seus possíveis defeitos, que valsa maior não são essas "Impressões Seresteiras"! Logo a melodia meiga e sensual nos envolve, é brasileira? Por certo que é bem menos caracterizadamente brasileira que as inventadas por outros compositores nacionais, em suas valsas. Lorenzo Fernández, Clorinda Rosato, Radamés Gnattali são muito mais imediatamente brasileiros nas melodias valsistas que inventaram. E o mesmo se dirá de quase todas as *Valsas de Esquina* de Francisco Mignone, que explorou admiravelmente o assunto da valsa brasileira em tantas modalidades; e também da valsa de Camargo Guarnieri. Algumas destas valsas são das obras mais perfeitas e deliciosas da pianística nacional.

A melodia das "Impressões Seresteiras" não será das mais características nem será das mais raras, das mais originais. Por pouco que não se dirá banal. Não é banal, mas é vulgar. Não nos põe na espera da caça fina, não nos põe no espevitado espírito da crítica que saboreia: se diz apenas e logo faz com que nos esqueçamos de nós e nos envolve. E depois dela vem o dilúvio. Uma torrente diluvial de gritos extemporâneos, de curtas e admiráveis tempestades em mar de sargaços, e súbitas calmarias em que o canto volta meigo e manso e nos envolve outra vez. Onde o equilíbrio? Não existe. Mas o tonto seria requerer equilíbrio numa obra que tira talvez a sua maior força de convicção, do seu desequilíbrio genioso. É estranho esse mundo contraditório da arte... Se às valsas de Camargo Guarnieri ou de Gnattali, se a algumas das *Valsas de Esquina* faltasse equilíbrio de forma e concepção, elas se estragariam. Mas as "Impressões Seresteiras" ganham por seu desequilíbrio. Qualquer equilíbrio conceptivo ou formal lhes faria perder o que elas têm de mais intrínseco, de mais inexplicável e misterioso em seu valor. Força que nos arrasta destruindo, que machuca mas deslumbra. E convence. Quando as "Impressões Seresteiras" acabam, nós não estamos mais naquele mundo contemplativo que decide o bom do ruim, mas naquele Josafá que separa os homens bons dos ruins. Quem é bom entrega os pontos, aplaude, ama e perdoa. Quem é ruim torce o nariz e estraga a nossa vida, feito os pernilongos das águas paradas. Dos charcos.

Pois é: cheguei onde desde o princípio desta crônica eu pressentia que iria chegar. Com Villa-Lobos não é questão do bom e do ruim, mas de homens bons e de homens ruins. Villa-Lobos diz muita tolice e pratica outras tantas. Está certo verificar sempre que ele não é objeto totalitarista de exportação diplomática. Não é um pocket book, isso não! Mas Villa-Lobos é compositor. A música dele anda impressa. E decide que ele está entre os mais fortes compositores da atualidade. Quem, por essas Américas finas e grossas, tirar da pessoa dele conclusões de valor ou qualificação, do Brasil ou mesmo dele: que se enforque.

M.A. // # Villa-Lobos (I)

// 25.1.1945

Eu creio que não se deu aqui no Brasil a devida importância e repercussão ao ótimo estudo da obra de Villa-Lobos, publicado por Lisa M. Peppercorn no número de fevereiro do ano passado de *The Music Review*. Esse estudo, intitulado "Alguns Aspectos dos Princípios de Composição de Villa-Lobos", terá algumas imperfeições, mas além de ser um modelo de objetividade, é duma imparcialidade e paciência muito difícil de se manter diante do grande compositor.

Lisa Peppercorn principia com uma pequena inexatidão, atribuindo a celebridade internacional de Villa-Lobos ao reconhecimento do seu valor pelos Estados Unidos. Isso não é exato nem cronológica, nem criticamente. Em música a hegemonia internacional dos julgamentos de valor ainda não passou para os Estados Unidos, embora o nosso formidável aliado já guarde independência suficiente pra se decidir pelos seus próprios gostos. Cronologicamente a repercussão internacional de Villa-Lobos nasceu em Paris, na atenção dos seus músicos e suas revistas ao compositor brasileiro, desde a segunda vez que Villa-Lobos esteve lá. Da primeira, parece que o matuto se deixou levar demasiado pela sua megalomania, tão bem expressa e interpretada pela sra. Peppercorn no primeiro parágrafo do seu estudo. E carece não esquecer ao lado desse aplauso parisiense, a adesão de virtuoses internacionais da importância de Arthur Rubinstein, a quem Villa-Lobos deve imenso, à dedicação desse outro grande pianista que é Tomás Terán, e aos estudos de Henri Prunnières. Estes estudos chegaram mesmo a fazer com que o compositor brasileiro fosse aceito e honrado dentro do seu próprio país... E enfim, diante dessa adesão parisiense, a grande editora internacional Max Eschig, também de Paris, resolveu-se a lançar o compositor brasileiro, o que contribuiu decisoriamente para o conhecimento e vulgarização da obra dele. Villa-Lobos estava definitivamente lançado. Isso ele deve pois a Paris, que mantinha então o dever de firmar consagrações no mundo.

Lisa Peppercorn inicia o seu estudo com uma prova muito pormenorizada de que Villa-Lobos rearranja frequentemente as suas obras em soluções instrumentais completamente diversas das em que elas foram originalmente concebidas. A documentação comprovante, fornecida pelo estudo é de deixar a gente estomagado. Assim, se fica sabendo que Villa-Lobos concebeu um bailado, que se chamaria *A Evolução do Aeroplano*, cujas três partes seriam apenas transcrições de peças antigas, sendo a primeira, "Inquieta", um arranjo sinfônico do último tempo da "Suíte Característica" pra cordas; a segunda, uma antiga "Valsa Mística" pra piano; e a terceira, a "Mariposa na Luz", escrita originalmente pra violino e piano, e em seguida já arranjada e incluída na sua admirável *Fantasia de Movimentos Mistos*. Muito mais divertido ainda é, na coleção sinfônica da *Descoberta do Brasil*, estarem introduzidas até duas canções muito antigas, intituladas "A Virgem" e "Cascavel", sendo que esta ainda se conservou "Cascavel" nos tempos menos asfaltados do descobrimento, ao passo que a "Virgem" se dissolveu num mais possível "Adágio Sentimental".

Se nos assusta um bocado ver peças concebidas, ao menos pelo que indica o título, dentro de uma determinada ordem de sentimentos, e depois dirigidas a outra ordem de sentimentos muito diversa, carece não esquecer que Villa-Lobos tem no passado, exemplos ilustres em que se apoiar. O caso mais escandaloso é aquele conhecido, de Haendel, que se limitou a adaptar palavras novas de unção religiosa a uma antiga ária de amor sexual. Não posso aqui nem censurar nem louvar Villa-Lobos e Haendel. Talvez mais escandaloso ainda seja, por exemplo, o caso de João Sebastião Bach, um luterano, escrever missas católicas, mas nem de longe quero tocar nestes assuntos. Deus me livre. Isso nos levaria mais uma vez ao insolúvel problema de saber se a música exprime os nossos sentimentos ou não. E ainda mais, se os exprime a ponto de os tornar inteligíveis. Toda a gente que me lê, sabe que eu penso que não, mas que reconheço e aceito os elementos anestésicos que podem nos identificar com o sentimento que uma obra musical é suposta representar. Na verdade essas adaptações de Villa-Lobos ou de Haendel não me assustam nada, e aceito muito menos o cinismo de Bach. Pelo menos sob o ponto de vista moral.

Porém o caso dessas sucessivas transcrições que Villa-Lobos faz duma obra sua, não é fenômeno individual. É manifestação contemporânea muito frequente, de que já dei notícia na minha *Pequena História da Música*, ao tratar da musicalidade dos nossos dias. O valor timbre, é uma das pesquisas e um dos fatores determinantes da música atual. Chegou-se mesmo a falar numa "música de timbre", cuja concepção essencial e orgânica não fosse mais a melodia rítmica, com suas consequências polifônicas e harmônicas, mas o timbre. Egon Wellesz salientou porém a consequência contraditória dessa música conceptivamente de timbre. É que tamanha experimentação com os timbres levou os compositores a reconhecer que "os instrumentos podem apenas aproximadamente realizar a sua imagem sonora interior". Nasceu disso, continua o grande crítico germânico, um "ceticismo instrumental", que levou os compositores a reinstrumentarem frequentemente as suas obras, pra que estas se adaptassem às circunstâncias do momento. E para documentar esse ceticismo instrumental, eu já lembrava na *Pequena História*, o caso das diversas remanipulações pra conjuntos instrumentais a que Villa-Lobos sujeitara o seu "Momo Precoce", que originalmente fora uma série de peças pianísticas.

Mas, sem nenhuma censura expressa, Lisa M. Peppercorn nos dá uma informação importante, que aliás não é exatamente verdadeira. Inquieta com esses arranjos muitas vezes feitos sobre obras... ainda não escritas, e visivelmente informada pelo próprio compositor, o crítico nos conta que "Villa-Lobos chama a isso reescrever uma obra; sendo interessante também que essas músicas são datadas do ano em que foram espiritualmente concebidas e não do momento em que são realmente compostas". Eu tenho a ideia de que essa foi a explicação inventada por Villa-Lobos no momento, pra justificar as suas audácias, mas desde muito me sinto na obrigação de duvidar das datas com que o grande compositor antedata muitas das suas obras, na presunção de se tornar genial pioneiro em tudo.

No número de *Música Viva*, dedicado a Villa-Lobos, a que o autor do *Amazonas* forneceu a relação das suas obras, estas vêm acompanhadas cuidadosamente das datas em que foram, ponhamos, "espiritualmente" ou espiritistamente concebidas. Por desgraça nem isso é verdade, e custa a crer que o artista se arrojasse a semelhantes ilusões. Aí Villa-Lobos coloca certas obras brasileiras dele na década de 1910 a 20, como as *Cirandas* e as *Cirandinhas*, que foram muito posteriormente tanto compostas como concebidas. Posso pessoalmente garantir isso, porque sei quem solicitou de Villa-Lobos umas peças pra piano, sugerindo até a forma bitemática, já então empregada às vezes pelo compositor, mas sem conceituação definida, e até lhe lembrando a solução do chileno Humberto Allende, nas suas deliciosas *Tonadas*. Desse pedido resultou coisa muito diversa, é verdade, a série genial das *Cirandas*, sem dúvida um dos pontos culminantes da obra villalobiana.

Em todo caso, uma afirmativa pessoal é de frágil garantia, e vale muito mais argumentar com as datas e a própria psicologia do compositor. É facílimo buscar nos jornais os primeiros concertos de obras de Villa-Lobos, no Rio de Janeiro, em principal o dedicado à sra. Santos Lobo, de pouco anterior a 1922. E ainda mais as obras orquestrais, de conjunto de câmara e os solos de piano, executados em São Paulo, em fevereiro de 1922, durante a Semana de Arte Moderna. Aí se encontrarão a sinfonia *A Guerra*, o *Quarteto Simbólico* com adjunção de vozes femininas, e peças, si não me engano como essa joia que é "Alegria na Horta". O que havia de mais brasileiro de tudo eram... as *Danças Características Africanas*, cuja temática o compositor por aquele tempo informava ter colhido numa passagem por Dakar, mas que mais tarde, por um leve esquecimento, ele contou ter ouvido duma tribo de africanos reasselvajados que encontrou numa das suas viagens de exploração aprendidas em Hans Staden, pelo interior do Brasil.

Ora é muito fácil de compreender que em ocasiões como a Semana de Arte Moderna ou num concerto dedicado à sua primeira grande protetora, Villa-Lobos buscasse apresentar o que tinha de mais seu, de mais excepcional e de melhor. E de mais brasileiro, num caso como o da Semana de Arte Moderna, em que se tratava, na consciência de todos os participantes dela, de trazer ao Brasil a mensagem de remodernização das suas artes. Não é crível nem admissível pois, que o compositor escolhesse para se apresentar, nos momentos então mais decisivos da sua carreira, inéditos cheios de europeísmos sintáxicos e mesmo debussismos vocabulares, muito fáceis e numerosos de achar em todas as obras aparecidas nos concertos de Villa-Lobos até pelo menos 1923. E realmente é desta data, é logo após a Semana de Arte Moderna, que o compositor principia se preocupando com a solução nacional de sua música, e se atira ao aproveitamento do folclore. Infelizmente, embora muitas datas possam estar certas nessa nomenclatura da obra de Villa-Lobos, o conjunto é uma inverdade que não deve ser tomada a sério. E tem razão Lisa M. Peppercorn ao indicar que, na autobiografia de Villa-Lobos "às vezes é difícil descriminar entre Dichtung und Wahrheit", isto é, entre poesia e verdade.

Não posso por hoje comentar a parte principal do estudo de Lisa Peppercorn, o que farei na semana próxima. Mas diante de tantas irregularidades que o próprio compositor se encarrega de ainda iluminar com a sua megalomania que a ninguém mais engana, o crítico de *The Music Review* verifica que não é possível discernir na obra do compositor qualquer coisa que se possa chamar legitimamente uma evolução. O fato de remanipular constantemente obras que ainda estavam em esboço e outras já compostas, o fato de datar uma obra do momento em que foi possivelmente imaginada, mas só a compor vinte anos mais tarde não permite "a existência de nenhuma linha contínua, e ninguém poderá predizer como será a obra próxima de Villa-Lobos". "Há promessas que não se cumpriram, floradas sem os botões prévios. Por mais interessantes e fascinantes que sejam muitas das suas composições, há uma falta curiosa de crescimento natural nelas. Suas obras mais lindas não são construídas sobre o alicerce das obras da mocidade. Não são os picos de uma serra, mas antes colunas singulares avançando livremente sobre um segundo plano de composições menos individuais."

Não sei si o crítico terá exatamente razão. Há sempre uma evolução na obra de Villa-Lobos, até com duas ou três fases bastante nítidas. Uma primeira fase de caráter europeu em que o artista se coloca sob o signo do Impressionismo e se inspira nas soluções de Debussy. Além de sinfonias e de música religiosa tecnicamente dispersiva, o que caracteriza essa fase é a obra de câmara, os primeiros quartetos e trios, as peças de canto ou de piano. Direta repercussão harmônica e mesmo melódica da música francesa, aparecimentos raros da escala por tons inteiros, acordes evasivos. Depois dessa fase, o artista encara o problema da música brasileira em que tinha feito apenas raras incursões no canto, como a "Viola". Isso o leva a uma harmonização muito mais franca e tonal, em que o valor funcional da dissonância adquire maior realidade como aspereza e percussão. Villa-Lobos se coloca sob o signo da música anti-impressionista moderna, em que predomina nele a lição instrumental de Stravinsqui. A serrania se alteia e apresenta os seus maiores picos. É a fase da plenitude, sem que se possa dizer que haja maturidade. Villa-Lobos jamais esteve de posse duma técnica que se possa dizer "madura", organizada, refletida e fixa. Mas surgem então as Cirandas, as peças vocais de caráter brasileiro, a série monumental dos *Choros*, logo após a remanipulação do *Amazonas*, o quinto Quarteto etc. Com a revolução de 30 a vida do compositor se transforma por completo e isso lhe afeta a obra e a psicologia. Villa-Lobos se torna um artista condutício, anexado aos poderes públicos, bem pago, não mais exatamente brasileiro mas nacionalista. E enfim empregado público. Isso faz lhe baixar de golpe a produção, que se torna de muitas caras, conforme os ventos sopram. Os ventos da inspiração urbana. Há porém dentro dessa barafunda mixordiosa, uma obra pública de enorme interesse e que representa sempre uma grandeza. É a coleção de pecinhas educativas editadas pela municipalidade do Distrito Federal. Durante vários anos raro o compositor apresenta uma obra nova de criação livre. Tudo são obras didáticas e remanipulação por vezes das mais abusivas, como o afresco sinfônico da *Descoberta do Brasil* que é de 36-37. Mas enfim Villa-Lobos se fixa em Bach, como solução talvez um pouco desesperada, e volta a produzir livremente. É o novo ponto culminante, das *Baquianas* em principal, sem mais aquela plenitude e maestria irretorquível da fase brasileira, mas apresentando sempre obras de muito interesse e algumas de grande valor. Villa-Lobos é o grande compositor brasileiro. Si é uma pena que, com a sua personalidade a que não se pode dar confiança, ele não tenha revestido a sua obra daquela autoridade que a tornasse uma lição nacional e um valor ético, não há dúvida que ele já produziu algumas obras que estão entre as mais altas e significativas da música contemporânea.

M.A. // # Villa-Lobos (II)

// 1º.2.1945

Termino hoje os comentários ao excelente estudo sobre "Alguns Aspectos dos Princípios de Composição de Villa-Lobos", publicado por Lisa M. Peppercorn, no número de fevereiro do ano passado de *The Music Review*.

Uma verificação verdadeira do crítico é a extrema irregularidade da cultura musical de Villa-Lobos, que além dum quase autodidata, é violento, apaixonado e por natureza incapaz de sistema. Lisa Peppercorn julga ver nisso a fraqueza apresentada pela obra villalobiana, como forma. Na opinião de Lisa Peppercorn as obras mais pessoais de Villa-Lobos são as que mantêm qualquer conexão com o material folclórico brasileiro. Nas outras, embora reflitam sempre o individualismo do autor, falta muito a sua intensidade característica e o seu vigor. Parecem denunciar o homem sôfrego de provar a sua habilidade em todos os gêneros, embora só em alguns deles se sinta em casa e possa se expandir no que tem de melhor. A este grupo sem ligação com o folclore, pertencem as sinfonias, o Concerto pra violoncelo, os trios, os quatro primeiros quartetos, a *Suíte Sugestiva* e a ópera *Izaht*. Se procurará inutilmente por toda a obra sinfônica de Villa-Lobos, o que seja uma estrutura dinâmica: tudo é episódico e segmentado. Motivos desconexos que se seguem uns aos outros sem continuidade; virtuosismos exibicionistas por seções desconjuntadas; e uma ausência total de fusão disso num todo orgânico. Mas seria difícil de achar a razão dessa inabilidade que Villa-Lobos tem de pensar por todos orgânicos. A melódica folclórica e popular, curta por natureza, deverá ter alguma influência nesse segmentarismo, bem como a música russa – sendo de notar a influência particular de Tchaicovsqui. E não tem dúvida que Villa-Lobos se tornou consciente da sua espécie de dificuldade em conceber a estrutura formal das obras. Daí a insistência com que ele repetiu serem os seus *Choros*, e *Serestas*, "uma forma nova de composição musical". O que não parece bem a Lisa M. Peppercorn, porque é elevar uma fraqueza a virtude.

Na realidade é muito difícil saber o que Villa-Lobos sabe, quero dizer: onde ele se afasta voluntariamente das formas preestabelecidas e processos formais de desenvolvimento duma ideia, e onde ele se afasta disso por ignorância e incompreensão, ou incapacidade pessoal. Em geral nas peças maiores, que exigem maior severidade de estrutura, quase jamais Villa-Lobos consegue manter uma forma orgânica e lógica. Porém, mesmo nisso não me parece possível reconhecer simploriamente uma ignorância ou incapacidade de desenvolvimento temático. A sra. Peppercorn acha que o frequente segmentarismo e consequente ausência de desenvolvimento temático em Villa-Lobos deriva, ou se protege, do fato das suas obras serem de concepção horizontal e tratamento linear das partes (polifonia), e do pensamento musical dele se manifestar por linhas melódicas e efeitos de timbração.

Não sei, confesso que essa explicação não me satisfaz. Conceptivamente, muito embora Villa-Lobos possa ignorar isso, a ausência de desenvolvimento temático é um dos caracteres de toda uma enorme corrente da música contemporânea, e se defende esteticamente muito bem. Não é o caso, está claro, da "fuga" pra violoncelos, nas *Baquianas*, em que não existe fuga nenhuma, e não passa dum trecho com imitações. Mas pra compensar, o *Amazonas* que é de longa duração, se apresenta com uma lógica e uma audácia admiráveis de desenvolvimento temático. Deste ponto de vista considero mesmo *Amazonas* duma perfeição muito rara.

Outra obra longa, talvez a mais bela do nosso grande compositor, cuja arquitetura me parece sem falha conceptiva nem enchimentos vazios de conteúdo musical, são os *Choros n. 10*, intitulado *Rasga Coração*. Lisa M. Peppercorn parece reconhecer isso também, quando verifica que a música de Villa-Lobos se processando por uma acumulação de ideias, uma fantasia rica, uma imaginação sempre pronta, apta a trabalhar por sensações e episódios e não em planos preconcebidamente elaborados (o que talvez possa explicar o desajeitamento da estrutura) de alguma maneira "permitiu ao compositor a criação de uma interessante forma organicamente livre, sobretudo nos *Choros n. 10*. Não há dúvida que os *Choros n. 10* são uma forma livre, embora baseados naquele esquema imposto por Beethoven na Nona Sinfonia: orquestra com intromissão dos coros para a parte final. Muito próximo da solução villalobiana estaria o *Outubro* de Chostacovich, que embora intitulada "sinfonia" é, como os *Choros n. 10*, num movimento só. O *Outubro* é de 1927; o "Rasga Coração" é anterior a essa data. Houve mera e aliás longínqua coincidência de concepção esquemática. Mas esta, si me permitirem, me parece como lógica arquitetural, bem superior à de Beethoven e de Mahler. Nos *Choros*, sobretudo no "Rasga Coração", embora não haja exatamente "uma forma nova de composição musical", Villa-Lobos consegue, dentro da peça de longa cronometragem, um acomodamento perfeito da sua imaginação criadora com as exigências estruturais da obra de arte. Si esta estrutura é simples, parcelada, mas reunida por reexposições e acenos a um tema principal, raro um vazio, raro um enchimento virtuosístico gratuito. Como é muito o caso, infelizmente, do "Rude Poema" e das "Impressões Seresteiras". E ainda, as suas peças curtas, os solos de piano principalmente, são por vezes de uma grande perfeição estrutural. Haja vista os *Choros n. 5*, também chamados menos satisfatoriamente *Alma Brasileira*. Não só a forma dessa obra-prima é muito perfeitamente conseguida, como o seu tecido temático é duma unidade e duma contextura esplêndida. E até mesmo inteligentemente sutil em certas soluções. Não há um só elemento melódico que esteja solto e sem razão.

Na verdade eu creio que teremos de buscar outra explicação mais plausível que a simples ignorância. Não creio que Villa-Lobos deixe de ter o conhecimento suficiente dos princípios do desenvolvimento temático que lhe sejam realmente úteis para a expressão da sua individualidade. Mas a sra. Peppercorn também reconhece, como já desde muito indiquei, que a digamos "inspiração" de Villa-Lobos é curta, julgando ela que isso lhe veio em parte da sua prática do folclore, cujos documentos são normalmente curtos. Por mim eu creio que a personalidade criadora de Villa-Lobos se expressa, por tendências íntimas, muito melhor dentro das formas estruturalmente de pequena duração no tempo. Como é o caso tão característico de Schumann, cuja genialidade não consegue de fato, por mais subservientes que sejamos à superstição da genialidade, se manifestar satisfatoriamente nas obras estruturalmente monumentais.

Não é possível elogiar como perfeição formal de desenvolvimento temático as sinfonias, as peças pra conjuntos de câmara que Schumann nos deixou. Essas obras se sustentam, está claro, mas por outros motivos que a estrutura formal. Mas em compensação, não é possível encontrar forma mais "idêntica" a Schumann que o seu *Carnaval*, que os seus *Estudos Sinfônicos*, que as *Danças da Liga de Davi*, ou que as *Cenas Infantis*. Eu creio que o caso de Villa-Lobos é exatamente o mesmo de Schumann. A expressão formal em que a personalidade dele floresce com maior identidade, é a seriação das peças curtas, que não exijam desenvolvimento temático, e cuja estrutura interna se concreta em elementos rítmicos, dinâmicos e melódicos. Não é exatamente a inspiração melódica que é curta, incapaz de melodias completas e frases longas. Haja vista a "Canção do Carreiro", certas linhas dos quartetos anteriores à fase brasileira, e, dentro desta, certas frases esplêndidas da obra pianística, nas "Impressões Seresteiras", nos *Choros n. 5*, nas *Saudades das Selvas Brasileiras*.

Assim, carece distinguir: não é propriamente uma ausência de imaginação de linhas melódicas longas, o que caracteriza a personalidade criadora de Villa-Lobos, mas um exato abandono, ou incapacidade, se quiserem (embora ela não seja pejorativa, mas caracterizadora), de aproveitamento dessas invenções temáticas em desenvolvimentos arquiteturais de forma. Villa-Lobos não é um formalista, no sentido tradicional desta palavra. A psicologia arroubada dele, não lhe permite obedecer a formas prefixadas, nem sugar um tema até o seu esgotamento total. Si talvez uma noção mais presente das exigências orgânicas da obra de arte lhe fosse útil, do que ele não pode ser acusado é de "formalista", que será o maneirismo mais perigoso e visível de Camargo Guarnieri. Este sim, é um formalista: é o que tem entre nós a maior capacidade, mais cultivadamente fecundada para o desenvolvimento temático; mas que também é o que mais se expõe aos perigos de maneirismo, e de esvaziamento de conteúdo, a que nem Beethoven escapou. Isso eu considero muito simpático na música e na psicologia de Villa-Lobos. Há uma generosidade esplêndida na obra dele, um total desprendimento de qualquer economia pequeno-burguesa, a volúpia descuidada de todas as aventuras e de todas as sinceridades explosivas da imaginação criadora. Nego sempre que tudo isto deva ser norma de conduta pra ninguém. Mas Villa-Lobos é assim. Com todos os defeitos incontestáveis que isso lhe distribuiu por quase toda a obra, isso não deixa de ser uma das senhas mais poderosas que nos permitem penetrar nela, compreendê-la e vivê-la, em todo o seu, para nós brasileiros, inestimável valor.

Um ponto em que ainda eu oporia as minhas dúvidas ao veredito de Lisa M. Peppercorn é quanto ao fato de Villa-Lobos manifestar influência particular de Tchaicovsqui. Talvez haja mesmo alguma contradição na sra. Peppercorn afirmar isso e insistir sobre o "experimentalismo orquestral" do artista, o seu "senso impressionante dos efeitos cromáticos e dos timbres sinfônicos", e enfim ele ser todo cor, timbre, e som, como ela conclui. Ora tudo isto o aproximaria muito mais de Berlioz e sobretudo de Rimsqui-Corsacov, cuja lição (não quero dizer influência direta, mas tendências sinfônicas) cuja lição eu creio foi fecundadora da estética sinfônica de Villa-Lobos – um colorista, como reconhece muito bem o crítico de *The Music Review*. Ora Tchaicovsqui, é sinfonicamente um clássico, e um formalista mesmo, quanto a desenvolvimento temático. No pior sentido da palavra. Como concepção sinfônica, ele se opõe às coloraturas e aos efeitos de timbre, como valores por si mesmos. A orquestra dele continua aquela estética "linear" dos grandes clássicos alemães, menos preocupada com a variedade das timbrações instrumentais, do que com a clareza arquitetural das linhas mestras.

Tchaicovsqui, um formalista em todos os sentidos, eu creio que não teve a menor influência sobre Villa-Lobos, embora coincida às vezes com este na demagogia. Villa-Lobos é, como diz muito bem Lisa M. Peppercorn, todo cor, timbre e som. Essa a consequência mais insistente da sua sensualidade musical. E é nesse sentido que algumas das suas obras maiores, os *Choros n. 10*, o "Uirapuru" pelo que me afirmam musicistas em que deponho confiança, e mesmo o *Amazonas*, se apresentam como momentos culminantes do grande compositor e da música brasileira.

J.C. **//** COMENTÁRIO

Em *Mundo Musical*, Mário de Andrade consagra três rodapés a Villa-Lobos: um em outubro de 1944 e dois outros no começo de 1945.

O Gênio e o Desconfiado

O interesse de Mário de Andrade pelos artistas menores e sua desconfiança dos "gênios" sempre foram atitudes constantes nele. Na sua ideia da formação de um espírito nacional por meio de uma espécie de inconsciente artístico coletivo, o autor menor seria mais eficaz para essa tarefa: sem as "deformações" trazidas pela individualidade original do gênio, o artista menos dotado produziria uma obra mais perpassada pelo coletivo.

O título do primeiro rodapé poderia induzir o leitor a imaginar que a questão tratada seria essa. Não é exatamente o caso. No final do texto, a partir do oitavo parágrafo, Mário de Andrade procede à análise de "Impressões Seresteiras", obra de 1936, que faz parte do *Ciclo Brasileiro*. Antes, desenvolve a crítica, algo semelhante pelo seu conteúdo àquela feita ao *Quarteto n. 5*, de 1931 (também conhecido como *Quarteto Popular n. 1*), numa carta a Prudente de Moraes Neto – embora esta última seja bem mais minuciosa, e sobretudo de uma virulência ímpar:

> Essa vontade de servir a toda a gente é que faz toda a imoralidade repulsiva do Quarteto – e que em Ronald, no Guilherme, sempre repugnou a você. O Villa se escondeu. Se disfarçou. Quer conciliar as coisas, e, pois que tornou-se um sistematizado lambedor de cus, lambe os ditos do acadêmico criticante como do burguês ouvinte, do modernista embandeirado como do passadista louco para se rever no novo. É um quarteto "gostoso". E o Villa jamais não foi "gostoso". Os instrumentos estão tratados com um carinho que jamais, estragador de instrumentos e vozes, o Villa teve. Estão bem nas suas tessituras propícias, bem como nos seus defeitos brilhantes ou amáveis. Pra soarem bem, como ordena a Academia, e agrada a todos, artistas verdadeiros como o público boçal.
>
> [...]
>
> "E qual a criação? Na realidade pequeníssima. [...]. Mas no Villa-Lobos o academismo novo dele é apenas uma resultante de desígnios que, moralmente, são tidos por inconfessáveis.

[...]

Em resumo: obra falsa. Academismo esplêndido, técnica admirável, forma excelente, nenhuma invenção, disfarce de passadismo, sensualidade epidérmica, e a tal da banalidade sutil – dom de russos e franceses. Será uma obra-prima. Mas é uma obra-prima falsa. Que musicalmente me repugna[1].

Os Perigos do Academismo

Essa passagem traz à tona a velha obsessão de Mário de Andrade em relação ao academismo, e particularmente ao "academismo de si" (a repetição gratuita de fórmulas já experimentadas pelo próprio artista) – que ronda com constância as páginas de *O Banquete*. Sua análise das "Impressões Seresteiras", se não é tão minuciosa quanto a do Quarteto, acentua o caráter virtuosístico[2], destinado a agradar intérprete e público. Assinala também a gratuidade vazia em "O Perigo de Ser Maior":

> Mas o que irrita mais são certas improbidades nos divertimentos, mero esparramamento virtuosístico em que, bolas! ainda não faria definitivo mal que o compositor quisesse expor piano e pianista em seus terremotos de milagre, porém não é nada disso não: o compositor é que escravizado ao seu mundo, a gente percebe que não tinha nada a cantar (p. 496).

O "maior" corre o risco do conformismo ao seu próprio gênio. Entretanto, a genialidade do Villa-Lobos das *Cirandas*, *Cirandinhas*, *Prole do Bebê* é incontestável, segundo Mário de Andrade. Por conta dessas peças ele teria sido "o único compositor contemporâneo que, depois de Debussy, conseguiu renovar o piano" (p. 496). Genialidade internacional, que os compositores "menores" brasileiros, entretanto, voluntariamente desconhecem, cada um querendo ser gênio no seu canto. Villa-Lobos poderia ser o chefe de escola brasileiro – a ideia de escola está naturalmente ligada ao princípio da produção coletiva.

Note-se que, com seus defeitos, as *Impressões Seresteiras* inserem-se na perspectiva de algo que Mário de Andrade detecta como um "gênero nacional": a valsa brasileira. E diferentes do *Quarteto n. 5*, no que elas guardam de desequilíbrio:

---

1. Flávia C. Toni, *Mário de Andrade e Villa-Lobos*, 1987, pp. 40-44.
2. Esse caráter virtuosístico também foi sublinhado por Souza Lima, numa perspectiva mais detalhadamente técnica. Ver *Comentários sobre a Obra Pianística de Villa-Lobos*, 1976.

Mas as "Impressões Seresteiras" ganham por seu desequilíbrio. Qualquer equilíbrio conceptivo ou formal lhes faria perder o que elas têm de mais intrínseco, de mais inexplicável e misterioso em seu valor. Força que nos arrasta destruindo, que machuca mas deslumbra. E convence (p. 497).

Veremos nos dois rodapés seguintes, e também em outros escritos anteriores, de que modo Mário de Andrade incorpora a ideia de irregularidade na compreensão da obra de Villa-Lobos.

A Fala de Villa-Lobos

Mas o máximo perigo de ser maior, neste texto, são menos as questões de gênio individual contra a mediocridade coletiva, ou do academismo de si, do que um ponto mais circunstancial. Villa-Lobos é personagem brasileiro de projeção internacional. E, além de sua música, ele infelizmente fala, dá declarações.

Guilherme Figueiredo conta, em "O Villa-Lobos Que Eu Vi e Ouvi", que escrevera um texto sobre o compositor exatamente no mesmo sentido, dizendo, entre outras coisas: "Aliás, o mal do sr. Villa-Lobos não está propriamente no que compõe, mas no que ele diz. Seria até altamente grato a todos se ele compusesse mais e descompusesse menos..."[3]

Submete o texto a Mário de Andrade, que responde assim:

Talvez apenas eu pedisse pra você raciocinar um bocado mais na esculhambação que você passou em Villa-Lobos. Não sugiro que você tire nada do que escreveu, mas não me parece que você equilibrasse bem a sua admiração pela música com a sua repulsa... pelo homem. [...] Acresce ainda que o Villa é uma celebridade de conhecimento internacional e não sei se será muito patriótico (no bom sentido socializador da palavra), essa inflação do homem, na sua página, em detrimento do compositor[4].

É que o compositor provocava esse tipo de reação. Comentando um discurso de Villa-Lobos, verborrágico e de escasso nexo, José Miguel Wisnik assinalou na capa de um disco as desordens de uma retórica que não

3. Guilherme Figueiredo, "O Villa-Lobos Que Eu Vi e Ouvi", 1974, p. 82.
4. *Idem, ibidem.*

hesita diante de qualquer impostura verbal. E Mário de Andrade guardou um recorte[5] em que um jornalista zomba do "philosopho Villa-Lobos", transcrevendo largas citações de um seu discurso tão grandiloquente quanto sem pé nem cabeça. O título do artigo é "Chega de Besteira!", e Mário de Andrade escreve, à margem: "Que vergonha para a Diretoria de Instrução".

Assim os dois primeiros terços de "O Perigo de Ser Maior" são consagrados a uma ironia muito engraçada sobre os despautérios do compositor. Veremos, nos textos seguintes, como compreender a atitude de Mário de Andrade na história de suas relações com Villa-Lobos.

Os dois rodapés seguintes partem do artigo de Lisa Peppercorn no *The Music Review*, de fevereiro de 1944 (ver Anexo). Com "O Perigo de Ser Maior", eles se iluminam com base em uma compreensão da história das relações entre Mário de Andrade e Villa-Lobos, hoje bastante perceptível, graças ao excelente *Mário de Andrade e Villa-Lobos*, de Flávia Toni, que enfeixa um importante conjunto de documentos.

Mário de Andrade e a Cronologia de Villa-Lobos

Villa-Lobos é um *iceberg*: emerge pouquíssimo em relação ao que está escondido. Nenhum trabalho de fundo foi até agora realizado sobre ele, nem sequer seu catálogo crítico foi estabelecido![6] E é preciso desejar muita paciência a quem se propuser a fazê-lo, pois o próprio Villa-Lobos se encarregava de falsificar dados com um desplante sem par. Há algo de macunaímico no personagem, como no capítulo 11 do livro: "Mas meus cuidados, pra quê você fala que foram dois viados e em vez foram dois ratos chamuscados! [...] – Eu menti. [...] – Não foi por querer não..."[7]

Assim, uma atitude necessária para, no mínimo, qualquer precaução metodológica no que concerne ao estudo da obra do compositor é levar a todas as consequências necessárias as observações de Peppercorn

---

5. Recorte n. 2536-3 de seu arquivo, anônimo, sem data e nem localização, pasta guardada no Instituto de Estudos Brasileiros da Universidade de São Paulo (IEB-USP).
6. Existe o catálogo da obra completa de Villa-Lobos, organizado pelo Museu Villa-Lobos, no Rio de Janeiro. Obra de imensa utilidade e importância, feita com esmero e rigor, arrolando uma lista com um conjunto básico de informações, o que já é muito. Não se trata, porém, de um catálogo crítico, ou *catalogue raisonné*. Nele, o histórico das obras, o debate sobre datações e o levantamento bibliográfico sobre cada peça não são tratados.
7. Mário de Andrade, *Macunaíma*, 1997, p. 70

referentes à antedatação de suas peças. É o que faz Mário de Andrade nos dois textos intitulados "Villa-Lobos" – e não sei de outro estudioso do compositor que tenha aprendido a lição. Essas consequências impõem a precaução prévia de não se poder confiar nas informações de Villa-Lobos. É preciso, no que concerne à data das obras, que provas documentais realmente insuspeitas venham garantir a referência. E isso, como veremos, é capital, entre outras coisas, para se compreender a célebre "alma brasileira" que seria própria ao autor das *Bachianas*.

> Inquieta com esses arranjos muitas vezes feitos sobre obras... ainda não escritas, e visivelmente informada pelo próprio compositor, o crítico [Lisa Peppercorn] nos conta que "Villa-Lobos chama a isso reescrever uma obra; sendo interessante também que essas músicas são datadas do ano em que foram espiritualmente concebidas e não do momento em que são realmente compostas". Eu tenho a ideia de que essa foi a explicação inventada por Villa-Lobos no momento, pra justificar as suas audácias, mas desde muito me sinto na obrigação de duvidar das datas com que o grande compositor antedata muitas das suas obras, na presunção de se tornar genial pioneiro em tudo.
>
> No número de *Música Viva*[8], dedicado a Villa-Lobos, a que o autor do *Amazonas* forneceu a relação das suas obras, estas vêm acompanhadas cuidadosamente das datas em que foram, ponhamos, "espiritualmente" ou espiritistamente concebidas. Por desgraça nem isso é verdade, e custa a crer que o artista se arrojasse a semelhantes ilusões. Aí Villa-Lobos coloca certas obras brasileiras dele na década de 1910 a 20, como as *Cirandas* e as *Cirandinhas*, que foram muito posteriormente tanto compostas como concebidas (pp. 501-502).

E Mário de Andrade conta a história das *Cirandas*, como já a encontramos numa carta a Oneyda Alvarenga, mencionada no comentário de "A Bela e a Fera" (p. 256), revelando a mentira do compositor.

Assim, de que modo descobrir a data exata de tantas composições, se Villa-Lobos utilizava um critério "espiritual" – ou "espiritista", como quer Mário de Andrade? E como aceitar também a gênese "popular" na formação de Villa-Lobos? Que significam, realmente, suas viagens iniciáticas e míticas de adolescente pelo Brasil afora, enquanto contribuição

---

8. O texto a que Mário de Andrade se refere é "Casos e Fatos Importantes sobre H. Villa-Lobos numa Biografia Autêntica e Resumida", jan.-fev. 1941.

para sua brasilidade compositiva? Marcel Beaufils, baseado no testemunho de Casadesus, e Vasco Mariz, baseado em um artigo de Lucie Delarue-Mardrus, narram as histórias inverossímeis contadas por Villa-Lobos em Paris: prisioneiro de indígenas, ele aprendera de cor os belos cantos dos selvagens que o torturavam; a alguém que lhe perguntava se, por acaso, já teria praticado a antropofagia, ele confessava ter comido carne de criança; ou que teria feito um povo indígena ouvir, num fonógrafo, discos de música "consonante"; resultado, enfurecidos, os indígenas se precipitam para destruir o aparelho. Mas, substituindo a gravação, a máquina passa a emitir canções dos nativos e se transforma imediatamente em divindade: diante dela, toda a taba se prosterna em adoração. Ironia, imaginário, blague e impostura se mesclam. Até onde pode, realmente, ir nossa confiança nos testemunhos do compositor a respeito de seu período de formação, enquanto todas as fontes não forem controladas?

Mário de Andrade lembra, nos dois textos "Villa-Lobos", o caráter altamente internacional das peças apresentadas por Villa-Lobos na Semana de Arte Moderna, e isso porque Villa-Lobos não devia ter muita coisa "brasileira" para mostrar. É fato que suas composições anteriores a 1922 são, em sua esmagadora maioria, de um galicismo indiscutível: da admirável sonata para violino e piano "Desespérance" (em francês no título!) – na qual a presença de Franck e Chausson talvez seja menos superficial que a de Debussy, esta última lembrada por Eurico Nogueira França[9] – ao *Naufrágio de Kleônicos*, em que o cisne negro que sobreviveu canta como o de Saint-Saëns, passando por *Izaht*, cujo libreto, escrito pelo compositor, coloca em cena apaches de Montmartre, ou pelas sinfonias de guerra (equivalentes musicais do empenho pró-francês de *Há uma Gota de Sangue em Cada Poema*, de Mário de Andrade; a sinfonia *Vitória* comporta uma citação da Marselhesa e é composta sobre o modelo cíclico de Vincent d'Indy), chegando à *Prole do Bebê*, de insofismável debussismo. Como vimos, as *Cirandas* e *Cirandinhas* aparecem como desse período na relação de obras oferecida pelo compositor – Mário de Andrade denuncia a fraude, e hoje nenhuma cronologia séria aceita a datação.

O caso de *Uirapuru*, desse ponto de vista, é particularmente interessante. Ao lado de *Amazonas*, ambos são considerados como a primeira

9.   Eurico N. França, *A Evolução de Villa-Lobos na Música de Câmara*, 1979, p. 9.

franca irrupção de "brasilidade" na obra de Villa-Lobos. Ora, *Uirapuru* foi estreado em Buenos Aires, em 1935[10]. Bruno Kiefer, no seu notável *Villa-Lobos e o Modernismo da Música Brasileira*, com base em Peppercorn, assinala que Villa-Lobos, "em 1917, teria apenas composto o projeto para piano de *Uirapuru*, elaborando somente em 1934 a partitura da orquestra".

Kiefer examinou os originais autógrafos da partitura para piano e para orquestra:

> Ambas têm a assinatura de Villa-Lobos no cabeçalho e a indicação: 'Rio 1917'. No fim da partitura para orquestra consta: "Fim Rio, 1917, reformado em 1934". Segue a rubrica do compositor. Cremos que também do ponto de vista grafológico há identidade entre os cabeçalhos da partitura para orquestra e a redução para piano[11].

Mas vimos com Mário de Andrade que, com Villa-Lobos, nessa matéria todas as fraudes eram "cuidadosamente" possíveis, mesmo a de inscrever uma data muito anterior sobre uma partitura – com o álibi de ali assinalar uma primeiríssima protoconcepção da obra. Mário de Andrade não acreditava muito, também, na data de origem de *Amazonas*[12]. No que concerne a *Uirapuru*, resta o fato, até prova do contrário, de que não existe notícia da obra anterior a 1934, quando é dedicada a Serge Lifar. A primeira execução da obra deu-se em 25 de março de 1935, em Buenos Aires[13].

Se, apesar de tudo, aceitarmos a data de 1917, então é preciso concordar com a análise de Kiefer:

> Abstraindo da evolução de Villa-Lobos no tocante ao domínio de seu "métier" de compositor; deixando ainda eventuais sombras pessoais em obras marcadamente francesas (e isto até vésperas da Semana de Arte Moderna), a análise das composições anteriores a 1922 força a impressão de que o aparecimento da personalidade – que se tornaria muito marcada – de Heitor Villa-Lobos, bem como de características telúricas e/ou populares, veiculadas por uma linguagem típica do século xx, processou-se de um modo

10. Andrade Muricy, *Villa-Lobos*, 1961, p. 118.
11. Bruno Kiefer, *Villa-Lobos e o Modernismo na Música Brasileira*, 1981, p. 47.
12. Flávia C. Toni, *Mário de Andrade e Villa-Lobos*, 1987, p. 34.
13. Museu Villa-Lobos, *Villa-Lobos, Sua Obra*, 1989, p. 60.

irruptivo e não evolutivo linear! O poema sinfônico Uirapuru é uma das manifestações de tal irrupção[14].

Ora, com as chaves que Mário de Andrade nos fornece, o caminho é muito mais simples, e mais... verossímil. Não seremos obrigados a aceitar a hipótese de uma irrupção miraculosa de modernidade nacionalista antes do tempo. Basta aceitarmos que, *bel et bien*, Villa-Lobos simplesmente pré-datou as obras.

E isso é fundamental, pois permite derrubar por terra o mito, a crença, numa brasilidade autenticamente surgida da personalidade de Villa-Lobos, impregnada de um ser "nacional" desde sua gênese infantojuvenil. Ao invés do mito prodigioso, teríamos o constructor, *a posteriori*, muito mais plausível. Pois é preciso lembrar que, de todos os modos, apenas com os *Choros*, nos anos 1920, o caráter francamente brasileiro de Villa-Lobos se afirma. Isto é, ao mesmo tempo que suas longas e frequentes estadas em Paris.

Ao visitar Paris e o restante da Europa na década de 20 – diz o musicólogo finlandês Eero Tarasti, em "Villa-Lobos: Sinfônico dos Trópicos" – Villa-Lobos compreendeu qual a posição social do compositor na Europa naquele momento: ele interessava ao mundo musical europeu acima de tudo como um intérprete de brasilidade, com os ritmos de força primitiva de suas composições, harmonias próprias, melodias folclóricas e tons musicais que refletem a variedade das cores do trópico[15].

Parece bem claro que Villa-Lobos fazia "render" o exotismo. Villa-Lobos sabia que os europeus desejavam "os sabores e os sotaques de sensual exotismo", na imagem que Cortot[16] criou para caracterizá-lo e a Darius Milhaud. Genialidade à parte, Villa-Lobos escrevia então música brasileira na Europa, garantindo assim seu lugar de compositor tropical. No que concerne ao nacionalismo, pudemos, a partir daí, concluir uma comunicação para o colóquio da Fundação Gulbenkian sobre Portugal-Brasil-França, que comparava o exotismo de Carlos Gomes e o de Villa-Lobos, da seguinte forma:

14. Bruno Kiefer, *Villa-Lobos e o Modernismo na Música Brasileira*, 1981, p. 42.
15. Eero Tarasti, "Villa-Lobos", 1980, p. 56.
16. Alfred Cortot, *La musique française de piano*, 1991, p. 499.

// COMENTÁRIO   // 517

Então Villa-Lobos fazia música brasileira na Europa, garantindo assim seu lugar de compositor tropical. Desse modo, a comparação com Carlos Gomes, que parecia tão contrastante, o era apenas em aparência. No fundo, com Villa-Lobos – e não apenas graças a mistificações – as possibilidades de equívoco são maiores. Florent Schmidt dizia que Villa-Lobos era um "neosselvagem", e à época convergiam para a Europa as selvagerias do mundo inteiro, isso, claro, porque eram solicitadas. O que significa que mais uma vez relações ambíguas se instalam, mais uma vez, de maneira mais radical, os desejos europeus por barbárie provocariam criações nacionais exóticas. Mais uma vez, de maneira ainda mais enganadora, os brasileiros se reconheceriam nessa música, descobrindo nela as profundezas de uma alma nacional. Parece certo que, do ponto de vista formal, a música de Villa-Lobos pareça "mais brasileira" que a de Carlos Gomes – a questão fundamental, no entanto, permanece a mesma. Tanto um quanto outro são reconhecidos como brasileiros pelos brasileiros e como exóticos pelos europeus, sendo os dois situados em uma cultura nacional e internacional: no fundo, o que poderia ser um caráter brasileiro é, na verdade, uma construção estabelecida por dois imaginários coletivos[17].

Naturalmente, não faço desta conclusão algo de diretamente vinculado ao pensamento de Mário de Andrade. Ela é, de modo bem claro, o oposto de uma atitude do espírito que acredita no mito da nacionalidade cultural, da "brasilidade", concebida como essência e como norma. Mas – de modo um tanto paradoxal – ela só é possível, neste caso preciso, graças às reflexões que Mário de Andrade desenvolveu sobre as observações de Lisa Peppercorn. E se nenhum estudioso as retomou na direção que indicamos aqui, talvez seja mesmo porque o mito estreito da cultura nacional ainda esteja bem rijo entre nós.

---

17. Jorge Coli, "De Carlos Gomes a Villa-Lobos", 1986, p. 257.

Organismo e Forma

Resta a questão da análise das obras de Villa-Lobos nestes ensaios de *Mundo Musical*. Ela é profundamente iluminada por dois textos de Mário de Andrade do final dos anos 1920[18], reproduzidos na obra de Flávia Toni, *Mário de Andrade e Villa-Lobos*. Teríamos uma trajetória que começa com a caracterização das produções de Villa-Lobos como tendo uma extraordinária capacidade de ajuntar efeitos sonoros, de trabalhar, por assim dizer, plasticamente com a matéria do som. Daí vem a inclusão da obra do compositor na categoria curiosamente intitulada de "quase música", na qual a estrutura abstrata da composição cede lugar ao modelo sonoro, "concreto".

Em parte, isso seria, diz Mário de Andrade, causado por certa deficiência do domínio de Villa-Lobos sobre a ciência de compor, sobretudo aquela da "severidade da estrutura". Como Scarlatti[19], Villa-Lobos seria um compositor do som curto (p. 507). As obras perfeitas seriam as mais breves. Mas Villa-Lobos consegue admiráveis longas composições por meio de manipulações concretas[20], que o levam a soluções não ortodoxas. Assim, a vocação para as estruturas reduzidas é compensada por um processo de colagens e de achados. Desse ponto de vista, Villa-Lobos nos faria pensar em Gaudí, arquiteto avesso aos projetos, no sentido estrito, mas que trabalha seus edifícios como faz o escultor com o barro, criando as formas com as mãos. Se a estrutura sofre com isso, pouco importa; as soluções são encontradas à medida que o edifício avança: uma coluna aqui, se o teto ameaça ruir, um contraforte ali, se a parede treme. Se o edifício não é abstratamente lógico, possui, no entanto, "o organismo que lhe corresponde", como diria Mário de Andrade[21]. Note-se que esses raciocínios de Mário de Andrade ligam-se aos do artigo de Lisa Peppercorn (ver Anexo).

18. Os dois textos (números 13 e 14) estão reproduzidos integralmente em Flávia C. Toni, *Mário de Andrade e Villa-Lobos*, 1987, pp. 54-59, e parcialmente em José M. Wisnik, *O Coro dos Contrários*, 1977, pp. 160, 164, 165 e 168 (que os supõe de, aproximadamente, 1929).
19. Mário de Andrade estabelece a comparação explícita em Flávia C. Toni, *Mário de Andrade e Villa-Lobos,*, 1987, p. 59 (texto 14).
20. *Idem*, texto 13.
21. *Idem, ibidem.*

O Momento da Modernidade

Além do exotismo apimentado, a Europa concentrava, até os anos 1920, a efervescência das músicas do futuro. Mário de Andrade tem razão quando fala no período "mais moderno" do compositor, ao lado de Schoenberg e Varèse[22]: é quando a produção de Villa-Lobos se vê marcada por experiências novas, por audácias, que desaparecerão posteriormente.

Se nos referirmos ao organismo que constitui cada obra, as soluções "modernas" de Villa-Lobos são específicas, mas elas provêm de um "fundo" de vanguarda internacional que é comum a vários compositores, mesmo àqueles que, à primeira vista, parecem distanciados dele, como Puccini. Essa situação faz pensar no belo ensaio de Alain Féron, "Du charme des impossibilités (atonalisme ou parure atonale)", no qual o autor demonstra como efeitos de vanguarda empregados *ad hoc* permeiam a obra de Puccini. É claro que em Puccini esses empregos obedecem a uma coerência dramática todo-poderosa, extraordinariamente eficaz e feliz, de uma economia sem falha.

O que salva Villa-Lobos, diz Mário de Andrade em um dos textos dos anos 1920, seria sua ausência de habilidade[23]. A mesma que engendra o desequilíbrio poderoso que também, em certo sentido, salva as "Impressões Seresteiras". E que condena irremediavelmente o *Quarteto n. 5*.

Mário de Andrade nos ensina que Villa-Lobos é um grande compositor pela incapacidade de aproveitamento das invenções temáticas. Ele é incapaz de "desenvolvimentos arquiteturais de forma" (p. 508). Mas ele tem as virtudes do desequilíbrio, capaz de obter um fluxo poderoso, embora desigual.

Poderíamos dizer que a disponibilidade do compositor para os aportes os mais diversos faz dele um músico "moderno" (de coloração moderna), mas não, exatamente, o que se poderia chamar de experimentador. Não há muito sentido em buscar, na sua obra, elementos de vanguarda que precedem, anunciam ou são contemporâneos a soluções do experimentalismo da época, justamente porque Villa-Lobos nunca se coloca na linha do experimentalismo, mas na necessidade orgânica de cada obra.

Isso não impede que, por desajeitadas ou monstruosas que sejam, como diz Mário de Andrade:

22. *Idem, ibidem.*
23. *Idem*, texto 14.

[...] se a gente conceber que, ao lado da música pode existir e se desenvolver uma arte menos exclusiva, mais compósita e mais rica, feita de quantas espécies de som o universo pode produzir, certas obras de Villa-Lobos se legitimam em nós e podemos admirá-las e amá-las pelo que elas deveras são[24].

E assim compreende-se a crítica que o autor de *Macunaíma* faz ao *Quarteto Brasileiro n. 5*, enquanto música bem-comportada, bem-acabada, destinada a agradar gregos e troianos. Datado de 1931, o quarteto se situa numa virada da produção de Villa-Lobos. É significativo que, durante os anos 1920, não tenha havido interesse da parte do compositor em abordar formas "classicamente" estabelecidas, particularmente a do quarteto de cordas, que cristaliza exigências formais historicamente definidas: o *Quarteto n. 4* data de 1917. É interessante igualmente o fato de que essa forma, quarteto, miticamente investida da carga simbólica de ser a quintessência "clássica" da música ocidental, seja ligada aqui ao adjetivo "brasileiro". Trata-se, em realidade, do mesmo processo associativo que preside à denominação *Bachianas Brasileiras*. Não é menos expressivo que esse quarteto tenha recebido também outra denominação: *Quarteto Popular n. 1*.

Retorno à Ordem

São sintomas de mudança. Às construções irregulares de cor moderna da década de 1920, Villa-Lobos parece preferir a solidez do compositor "clássico". Há uma confluência de fatores, certamente, para essa transformação. Dos fins dos anos 1920 até a Segunda Guerra Mundial, houve o que se chamou de "a volta à ordem", no que concerne às experiências da modernidade artística, e a produção de Villa-Lobos não escapa a esse refluxo. Mas há também a ligação do compositor com a Revolução de 1930, e a clara posição de gênio institucionalizado que adquire. Isso significa também mudança pessoal no músico, segundo Mário de Andrade. Várias passagens o assinalam, e talvez a mais clara esteja em "O Perigo de Ser Maior":

---

24. *Idem*, texto 13.

Eu gostava era daquele Villa-Lobos de antes de 1930, que ainda não aprendera a viver. Que vivedor maravilhoso ele era então! Fazia uma malvadeza colérica, [...] saía bufando da casa que o hospedava, grosseiro, mal-educado, e logo estava em plena rua se espojando no chão, esquecido, puro, anjo, pasteurizado, brincando com uma criança que passava... Pobre, numa dificuldade reles de dinheiro, ganhava uma bolada boa, tinha dívidas a pagar, mas convidava a gente pra um restaurante, onde acabava gastando não só o que ganhara, mas uma quantia que os outros precisavam completar. [...] Depois tudo mudou e não é bom falar... (p. 495).

Mário de Andrade não separa o homem Villa-Lobos dos acontecimentos políticos e assinala perfeitamente que sua música poderia também se rebaixar ao serviço do oportunismo. Villa-Lobos compondo um *Pra frente, ó Brasil* para quinhentos executantes, ou tentando ser o maestro das multidões. No seu hilariante projeto de tombamento de Villa-Lobos pelo SPHAN (em "O Perigo de Ser Maior"), Mário de Andrade não perdoa:

E lhe daríamos até um conservatório colosso, mas este com alunos surdos, mudos, cegos, sem mãos e paralíticos, em que ele fizesse muitos discursos, dirigisse desafinados coros colossais, desse concertos em homenagem a todas as oposições que subissem [...] (p. 495).

Infelizmente, nada é tão nítido assim. Em *O Banquete*, Janjão falaria exigente, arrebatado: "E hoje! Com exceção do Villa-Lobos coral, quem mais faz música de serviço social, neste ano da graça de 1944 [...]"[25].

É que existem também mudanças entre o Mário de Andrade que escrevia, no final da década de 1920, os dois textos 13 e 14, apresentados por Flávia Toni, e o redator de *Mundo Musical* em 1945. Antes, tratava-se ainda de alguém fascinado pelas experiências da modernidade. A quase música, segundo ele, é tanto "primitiva", isto é, anterior a uma constituição complexa trazida pelas culturas mais elaboradas[26] (portanto, pré-música), quanto o produto de "25 séculos" de história musical (portanto, *post*-música). Naquele momento, Mário de Andrade constatava que Villa-Lobos estava enveredando por esse caminho:

25. Mário de Andrade, *O Banquete*, 1977, p. 124.
26. Flávia C. Toni, *Mário de Andrade e Villa-Lobos*, 1987, pp. 54-55.

Está longe de mim dar um sentido depreciativo ao termo "quase música" que busquei pra explicar uma das manifestações essenciais da musicalidade de Villa-Lobos. Se na verdade a música nunca foi tão musical como agora, depois que abandonou a vacuidade cômoda do som abstrato e impôs como elemento primário de sua manifestação, o timbre; é incontestável também que certas combinações de harmonias, certas concepções melódicas, a participação frequente do ruído isolado ou em combinação com os timbres sonoros, fez com que ao lado da música musical de agora, apareçam frequentissimamente manifestações que rompem todas as experiências, evolução e conceito estético que vieram se desenvolvendo e apurando por vinte e cinco séculos musicais. É sempre uma manifestação sonora, não tem nenhuma dúvida, porém essa sonoridade já não é mais exclusivamente musical. É a quase música. E concebido esse gênero novo, o grande compositor brasileiro será melhor compreendido em numerosas e importantes obras dele, obras que nos impressionam pela riqueza dos efeitos, pela novidade de expressão, pela força impressionante com que nos domina mas que não queremos aceitar como música. E por isso muitos a recusam tolamente [...][27]

Por trás desse novo mundo musical que Mário de Andrade entreouve, estão Varèse e Schoenberg nominalmente citados. Porém, a fascinação, inegável nesses textos do final dos anos 1920, cederá lugar às atitudes de hostilidade em relação às experiências novas, e elas tornar-se-iam, nos últimos tempos, condenáveis, "nazificantes", mesmo. Essa oposição entre o antes e o depois é testemunho, para Mário de Andrade também, de "sintomas de mudança".

---

27. *Idem*, p. 55-56.

// ANEXO

Lisa M. Peppercorn, "Some Aspects of Villa-Lobos' Principles of Composition"[1]

Pouco se sabia sobre Villa-Lobos fora do Brasil até que os Estados Unidos, alguns anos atrás, atribuíram um significado especial a seu nome. Esse homem, que eles chamaram de o compositor moderno mais interessante das Américas, é de estatura baixa e temperamento indomável. Ele ignora o ano de seu nascimento e afirma haver apenas dois grandes compositores no mundo, a saber, "Bach e eu". Além disso, contou tantas histórias esdrúxulas de sua vida a Deus e o mundo que às vezes é difícil separar *Dichtung und Wahrheit*. Tomado pela estranha ambição de ser em tudo diferente dos outros, enfeitou sua trajetória banal e um tanto difícil com acontecimentos fictícios nos quais tem fé inabalável. Orgulhoso de ser autodidata, exceto por aulas insuficientes de harmonia, ele naturalmente aderiu a essa ideia em suas composições.

Olhando para o abrangente espectro dos trabalhos de Villa-Lobos, que incluem todo tipo de música, não se pode deixar de notar que certas composições falam uma linguagem pessoal, enquanto outras, por mais interessantes que sejam como reflexos dessa individualidade, não revelam a mesma força e intensidade. O dom especial de Villa-Lobos é o de absorver, combinado com poder imaginativo e habilidade em experimentar. Via de regra, ele concebe sua música em duas ou quatro partes e por vezes só depois determina para qual instrumento ou grupo de instrumentos elas devem ser oferecidas. Ele resolve esse problema de várias maneiras. Se ele decidiu-se, por exemplo, por uma peça para violoncelo e piano, ele pode mais tarde transcrevê-la para violino e piano[2], por estar mais atraído pelo timbre do outro instrumento. Outro exemplo é a transcrição de um dueto para flauta e clarineta (*Choros n. 2*) para uma peça para piano solo.

Em outra ocasião, Villa-Lobos usou a mesma peça de um ângulo diferente. Estimulado por certas ideias expressionistas correntes alguns

---

1. Artigo publicado em *The Music Review*, fev. 1943. A tradução deste texto foi feita exclusivamente para esta edição.
2. Essas transcrições incluem "Sonhar", op. 14 (1914), "Berceuse", op. 50 (1915), "Cappriccio", op. 49 (1915), "Elegie" (1916), "O Canto do Cysne Negro" (1917) [Nota da autora, doravante: (N.A.).

anos atrás, ele tinha a intenção de escrever um balé intitulado *A Evolução dos Aeroplanos*, para o qual escreveu a história. No entanto, em vez de providenciar a base musical adequada a tão singular ideia, ele indicou que as peças seguintes deveriam ser adaptadas: "Inquieta", "Valsa Mística" e "A Mariposa na Luz". Olhando esses títulos mais de perto, descobre-se, porém, que a primeira peça, "Inquieta", é o último movimento da *Suíte Característica* para cordas composta em 1912 ou 1913. A segunda, "Valsa Mística", era originalmente uma peça para piano solo tirada de uma coleção de três peças para piano chamada *Simples Coletânea*, composta em 1917, ao passo que a última, "A Mariposa na Luz", tem uma curiosa história própria. Escrita para violino e piano em 1917, tinha como destino ser o terceiro número na série intitulada Os Martírios dos Insetos. Mais tarde, Villa-Lobos orquestrou a parte do piano e, combinada com um movimento lento chamado "Serenidade", as duas peças se tornaram a *Fantasia de Movimentos Mistos*[3]. E, no fim das contas, "A Mariposa na Luz" fez seu caminho até o supracitado balé, que nunca de fato tomou forma própria.

Essa não foi a única ocasião em que ele readaptou composições, e ao fazer isso mostrou grande habilidade em esconder o que fez por meio de um título diferente ou de uma história aparentemente convincente atrelada à composição. Um caso a ser apontado é a série orquestral *Descobrimento do Brasil* (1936-37), que consiste em dez peças reunidas em quatro suítes. Examinando esse conjunto em detalhe, descobrimos apenas cinco composições originais ("Introdução", da Primeira Suíte; "Impressão Moura" e "Festa nas Selvas", da Terceira Suíte; e "Procissão da Cruz" e "Primeira Missa no Brasil", da Quarta Suíte), enquanto três itens ("Alegria", da Primeira Suíte; "Adagio Sentimental" e "Cascavel", da Segunda Suíte) são orquestrações de peças[4] compostas cerca de vinte anos antes de a Suíte assumir essa forma; e das duas restantes temos até agora apenas os títulos. Para encobrir o que fez, e, ao mesmo tempo, para tornar a série atraente àqueles que se interessam por questões nativas, Villa-Lobos escreveu um longo prefácio para a partitura. Nele, explica que "o material para a série sinfônica veio de

---

3. Em 1941, *Fantasia de Movimentos Mistos* teve sua primeira *performance* em sua forma final, com os movimentos "Alma Convulsa", "Serenidade" e "Contentamento" (N.A.).

4. "Alegria" é uma orquestração de uma peça para piano solo chamada "Alegria na Horta" (1918), extraída de uma coleção intitulada *Suíte Floral*. "Adagio Sentimental", em sua forma original, é uma canção chamada "A Virgem" (1913), e "Cascavel" é uma orquestração de uma canção de mesmo nome escrita em 1917 (N.A.).

documentos históricos datados do período da descoberta do Brasil" e que tinha se inspirado principalmente nas cartas de Pero Vaz de Caminha ao rei D. Manuel. Que cartas ele tinha em mente, não está bem claro, já que existe apenas uma.

O destino das *Bachianas Brasileiras*, que, de acordo com o compositor, fundem o espírito de Bach com o espírito do Brasil, é, de novo, diferente. As *Bachianas Brasileiras n. 1*, para oito violoncelos, teriam sido escritas para o compositor regente Walter Burle Marx e para a Orquestra Filarmônica do Rio em 1932, a pedido especial do maestro a quem (junto com o conjunto da orquestra) o trabalho é dedicado. A cópia manuscrita da composição, no entanto, contém a indicação "escrita em São Paulo em 1930", sem qualquer tipo de dedicatória[5]. *Bachianas Brasileiras n. 2*, para orquestra de câmara, é apenas a orquestração de três peças para violoncelo e uma peça para piano solo[6]. No entanto, para se ajustar a seu esquema de Bach, Villa-Lobos simplesmente adicionou "Prelúdio", "Aria", "Danza" e "Toccata" aos títulos das composições originais.

As *Bachianas Brasileiras n. 3* ainda estavam por ser escritas. Mas por que não escrever uma quarta nesse meio-tempo? Em 1941, os títulos estavam prontos, formados como de costume por um título neoclássico e um subtítulo brasileiro entre parênteses. Peças para piano solo, escritas durante a última década, foram combinadas, e um prelúdio, composto em 1941, foi adicionado para a publicação desse heterogêneo conjunto.

De certo modo, tende-se a presumir que há uma certa inconsistência entre alguns dos trabalhos musicais tal como são e a concepção intelectual do compositor. De um lado, estão as composições, e, do outro, um monte de notas explicativas escritas muitos anos depois. É difícil dizer se Villa-Lobos compôs essas obras com uma ideia programática em mente que ele traduziu em palavras num momento posterior ou se sentiu que um texto introdutório traria um melhor entendimento de sua música. Eu tendo, no entanto, para a conclusão de que em vários casos um plano preconcebido devia existir, ou muitas explicações seriam

---

5. Acredito que o primeiro movimento só foi escrito entre 1936 e 1938, porque até 1936 apenas os dois últimos movimentos haviam sido apresentados. A primeira execução da obra completa foi realizada em 1938 (N.A.).
6. As três peças para violoncelo são "O Canto do Capadócio", "O Canto da Nossa Terra" e "O Trenzinho do Caipira". "Lembrança do Sertão" foi escrita originalmente para piano solo (N.A.).

irrelevantes, uma vez que a música planejada para elas teria ainda de ser composta.

O procedimento de composição de Villa-Lobos no caso de alguns trabalhos de larga escala também foi incomum. Em Paris em 1928, por exemplo, ele planejou compor uma peça para piano e orquestra que ele chamou de *Choros n. 2*. Só o que ele esboçou foram alguns rascunhos. Ainda assim, doze anos depois, quando seu amigo Arthur Rubinstein se encontrava por acaso no Rio de Janeiro e pediu ao compositor que escrevesse algo para piano e orquestra, Villa-Lobos começou a trabalhar dizendo que tinha apenas que reescrever *Choros n. 2*, já que a partitura completa tinha se perdido depois de seu retorno da Europa. O fato é, no entanto, que a composição tinha provavelmente tomado forma em sua mente durante a estadia em Paris naquele ano, mas por algum motivo apenas alguns esboços tinham sido de fato colocados no papel. Isso é o suficiente para que ele diga que a composição estava escrita, porque ele sente que pode confiar em sua memória, não importando quanto tempo se passe entre a concepção espiritual e a escrita efetiva de sua ideia. Villa-Lobos chama isso de "reescrever um trabalho". Também é interessante que tais composições sejam datadas com o ano em que foram concebidas em espírito, e não com o ano em que foram anotadas. O último movimento de *Fantasia de Movimentos Mistos* teve origem similar, como eu já descrevi em outra passagem[7].

Nem é necessário dizer que esses casos não podem ser generalizados para definir o processo de composição de Villa-Lobos. Entretanto, eles são típicos de um homem que não precisa nem de uma certa disposição nem de preparação interna, mas cria uma composição quando a circunstância exige. Talvez isso explique o desenvolvimento irregular de sua carreira artística. Seus trabalhos, como um todo, não seguem aquele fio contínuo que é tão claro na música de outros compositores. Evidentemente, cada peça carrega a marca de sua individualidade, assim como seus trabalhos como um todo refletem sua personalidade musical. Ainda assim, é difícil desvendar o desenvolvimento do artista dentro do imenso espectro de suas composições. Não há linha contínua, e não se pode prever seu próximo trabalho. Ele pode, por um tempo, aderir a um certo estilo, pode de repente voltar a uma forma de expressão que ele parecia ter abandonado anos antes, ou pode seguir uma linha

7. "Violin Concerto by Villa-Lobos", *The New York Times*, 8 jun. 1941 (N.A.).

inteiramente nova. Ele parece gostar de fazer o inesperado, embora sua inquietação possivelmente o impeça de se apegar a um tipo ou estilo por muito tempo. Se as circunstâncias pediam um novo trabalho, ele escrevia, mesmo que isso significasse mudar para uma forma consideravelmente diferente ou deixar um trabalho inacabado. O que um estudioso de sua obra pode enxergar como o típico estilo de Villa-Lobos parece surgir quase como uma coincidência. Há muitas promessas não cumpridas e belas flores desabrochando sem que antes se tenha percebido um botão. Por mais interessantes e fascinantes que sejam muitas de suas composições, há uma estranha ausência de crescimento natural. Elas não amadurecem como um homem normalmente amadurece na vida. Seus melhores trabalhos não são construídos sobre sua música do início. Não há picos na cadeia de montanhas, mas colunas independentes se destacando contra um fundo de composições menos individuais. Ainda que possam ser vistas como o ápice de seu esforço artístico, permanecem isoladas e não conectadas como elos em uma corrente. Como consequência, se tomamos seu trabalho apenas como se apresenta atualmente, independentemente do que o artista ainda possa criar, é praticamente impossível apontar um período em especial e rotulá-lo como o zênite de Villa-Lobos como compositor.

Essencial, no entanto, é o fato de ele ter criado composições que diferem muito daquelas escritas anteriormente no Brasil. Talvez seja seguro dizer que Villa-Lobos levou em consideração toda a riqueza que a música tradicional brasileira podia lhe oferecer. Ele citou livremente melodias populares presentes no meio do povo, sobretudo entre as crianças de seu país. Ele fez isso nos conjuntos para piano solo, como *Cirandas* (1926), *Cirandinhas* e *Brinquedo de Roda*. Elas voltam a ser usadas no Quinto Quarteto de Cordas (1931) e em *Momoprecoce* (1929) para piano e orquestra, uma peça baseada em um conjunto de pianos solos chamado *Carnaval das Crianças Brasileiras* (1919).

As canções dos *Três Poemas Indígenas* (1926), por outro lado, são baseadas em cantigas folclóricas tradicionais, como o título indica. Já as *Canções Típicas Brasileiras* são meramente harmonizações de melodias folclóricas e temas populares. Se ele livremente tomou emprestado ao fascinante tesouro compilado por outros nas canções citadas, ele também criou melodias pseudofolclóricas, como as doze *Serestas* (1926) para voz e piano. Ele absorveu os traços rítmicos e melódicos característicos da linguagem musical original e os tornou parte essencial da sua própria natureza, de modo a criar uma composição genuína baseada nos dados rítmicos e melódicos do material tradicional original. Isso também é óbvio nos trabalhos orquestrais *Choros n. 8* (1925) e *Choros n. 7* (1924) e na sublime pequena peça para piano *Alma Brasileira (Choros n. 5)*, escrita em 1925. Em nenhuma dessas, assim como acontece com os trabalhos que não trazem indicação nem no título nem no corpo da composição, Villa-Lobos sequer citou melodias populares. A melodia para a letra de "Rasga o Coração", de Catulo da Paixão Cearense, que é usada em *Choros n. 10*, não é um "canto selvagem indígena"[8], nem é derivada de nenhum material tradicional. É uma canção popular tomada de Anacleto de Medeiros, um antigo amigo de Villa-Lobos. Isso se aplica igualmente à melodia lírica que aparece em *Choros n. 4* (1926), que não é uma canção tradicional, mas uma melodia popular que Villa-Lobos lembrou dos tempos em que frequentava círculos boêmios. É interessante que Villa-Lobos tenha feito uso de tantas possibilidades em seu tratamento de material tradicional. Ele deliberadamente tomou emprestadas melodias tradicionais e as harmonizou. Ele alcançou composições genuinamente originais a partir de uma base de cantos tradicionais, e também concebeu conjuntos coesos a partir de elementos folclóricos e fragmentos rítmicos e melódicos dessa matéria. Ele citou livremente temas populares em composições originais e rearranjou tais melodias com abertura de vozes.

Não apenas isso. Provavelmente por sugestão de Roquette-Pinto, o antropólogo brasileiro, Villa-Lobos fez outros experimentos. Em "Procissão da Cruz" (1937), da Quarta Suíte de *Descoberta do Brasil*, ele usa uma melodia tradicional indígena contra um canto ambrosiano, na voz de um duplo coro e acompanhada por um ritmo de um compasso repetido continuamente por um fagote e um contrafagote. Sua abordagem é novamente diferente em "Primeira Missa no Brasil" (1936), do mesmo trabalho. Um *kyrie* clássico de um missal gregoriano se contrapõe a uma melodia folclórica pseudoindígena. A canção foi escrita em colaboração com Roquette-Pinto para assegurar o teor autêntico, e o texto, baseado na língua tupi-guarani, também é o resultado de seu trabalho conjunto.

Os trabalhos de Villa-Lobos que são conectados a material tradicional são suas composições mais pessoais. Os outros, ainda que reflitam

---

8. Olin Downes, em artigo de 14 de maio de 1939, publicado no *The New York Times*, refere-se a ela como "um canto indígena dos selvagens" (N.A.).

sua individualidade de outras maneiras, carecem muito de seu vigor e intensidade característicos. Eles parecem fornecer evidências demais de um homem querendo provar sua habilidade em todos os campos, apesar do fato de que apenas certas esferas o deixam realmente à vontade para exibir sua personalidade em seu melhor. Ao primeiro grupo pertencem as sinfonias, o concerto para violoncelo, os trios, alguns dos quartetos e, de certo modo, a *Suíte Sugestiva* (1929) e a ópera *Izaht*. Em todos os trabalhos sinfônicos procuramos em vão por uma estrutura dinâmica, e somos confrontados com retalhos e episódios. Eles mostram motivos desconexos, fragmentos disfarçados um após o outro, execução virtuosa em seções desconjuntadas, mas uma completa falta de síntese em um todo orgânico. É difícil apontar qual a razão da inabilidade de Villa-Lobos em pensar conjuntos orgânicos. Melodias tradicionais e cantos populares, necessariamente concebidos em pequena escala, não deixaram de influenciá-lo, assim como aconteceu com os russos; nota-se em particular sua dívida em relação a Tchaikovsky. Villa-Lobos sem dúvida tornou-se consciente de algum tipo de dificuldade em conceber estruturas formais. Essa pode ser a razão pela qual ele frequentemente diz que *Choros* e *Serestas* são uma "forma inovadora de composição musical" (o que elas não são, já que transformam em virtude a fraqueza em construir formas orgânicas).

Muito da música de Villa-Lobos é uma acumulação de ideias. Sua rica fantasia e imaginação fértil – imaginação que funciona, porém, por episódios e sensações, e não concebendo planos elaborados –, talvez possam explicar uma certa inabilidade na estrutura. Ainda assim, em uma ocasião, uma interessante forma livre orgânica foi alcançada, nominalmente em *Choros n. 10*.

Ainda que a falta de perfeição estrutural em obras sinfônicas possa parecer uma fraqueza, passa quase despercebida em formas menores, por conta da interessante textura. Aqui Villa-Lobos tem ampla oportunidade de exibir seu dom especial de versatilidade de expressão. A orquestração, ainda que em parte enfatizando registros não misturados, é com frequência pesadamente carregada. Seu conhecimento íntimo da orquestra muitas vezes o impele a dar a todos instrumentos algo para fazer. Ele o faz não necessariamente porque a estrutura da obra demanda uma orquestra inteira, mas simplesmente para manter todos os músicos ocupados. A concepção horizontal e linear do tratamento das partes, o pensamento em linhas melódicas e efeitos timbrísticos, e não em termos de desenvolvimento temático, podem explicar essa peculiaridade.

Por outro lado, a flagrante noção de efeitos de cor e de timbres orquestrais de Villa-Lobos o induziu a usar os instrumentos de um modo novo. Assim, em algumas passagens para violino, os acordes e arpejos em harmônicos devem ser tocados acima das transições. Às vezes sua imaginação erra o alvo no que diz respeito a detalhes práticos. Um caso é *Choros n.* 8, em que ele estabelece (página 109 da partitura em miniatura) que deve ser colocado papel entre as cordas do piano. Isso poderia parecer surpreendente e peculiar se o ouvinte pudesse perceber; mas uma orquestra completa e um segundo piano são usados ao mesmo tempo, e o efeito é completamente encoberto. Além disso, o músico tem apenas quatro compassos para preparar o piano, o que torna impossível colocar o papel entre as cordas. Só o que é possível é colocar papel sobre as cordas, ainda que isso faça pouca diferença.

O gosto específico de Villa-Lobos por orquestras colossais (Terceira e Quarta Sinfonias) nunca foi inteiramente amainado. Nos primórdios ele aumentava um corpo instrumental completo adicionando instrumentos incomuns. Com isso, um conjunto de percussão ampliado era só o que lhe restava para colocar as mãos. Muitos instrumentos raramente usados, não necessariamente percussivos, como o violinofone, talvez tenham ampliado a paleta timbrística da orquestra. Há, entretanto, outros que podem de certo modo enfatizar a autenticidade da música brasileira, ainda que seu uso pareça em alguns casos ser um sintoma do esforço deliberado de Villa-Lobos em parecer incomum. Além do mais, a utilização de tais instrumentos dificulta apresentações frequentes.

O sentimento de Villa-Lobos por cores orquestrais e sua inclinação pelo experimentalismo o impeliram a combinar instrumentos de um modo pouco usual. Em pequenas formações, como em *Choros n.* 4 (1926) para três trompas e trombone, *Choros bis* (1929) para violino e violoncelo, *Choros n.* 2 (1924) para flauta e clarinete e *Bachianas Brasileiras n.* 1 para oito violoncelos, ele mostra impressionante capacidade de explorar os recursos dos respectivos instrumentos. Mesmo se essas obras para pequena escala são estendidas a conjuntos vocais com acompanhamento instrumental, o esquema original permanece o mesmo, como no caso de "Primeira Missa no Brasil", de *Descoberta do Brasil*. Nela, uma combinação de instrumentos de sopro (clarinete sem boquilha, dois clarinetes normais, um clarinete baixo, um fagote e um contrafagote), sustentados por três instrumentos de percussão brasileiros (chocalho de coco, reco-reco e trocano), atinge o ouvinte como algo ousado e desafiador, considerando o efeito produzido pelo ritmo continuamente repetido do conjunto de instrumentos contra um duplo coro.

Formas reduzidas, via de regra, dão a Villa-Lobos um amplo escopo para exibir seu gosto por derivar expressões e cores incomuns de um material mínimo. Isso se aplica não apenas à composição instrumental, mas também à vocal. Palavras nem sempre inspiraram as ideias musicais de Villa-Lobos, a menos que fossem escritas especialmente por ele, como no caso de *Epigramas Irônicos e Sentimentais* (1921 e 1923). Se a linguagem falada, no entanto, for parte proposital de sua composição musical, ele sabe bem de onde tirar seus exemplos. Gravações de gramofone e coleções de melodias populares com certeza empurraram sua imaginação nessa direção e o fizeram compor as fascinantes passagens vocais como as que encontramos em seu *Noneto* (1923) e em *Choros n. 10*. Ele usou fragmentos de uma língua indígena original ou formou sílabas baseadas em fontes africanas para produzir engenhosos efeitos onomatopeicos, combinados com o fundo instrumental. A atração por misturar palavras de som incomum com tons musicais inspirou Villa-Lobos a dar um passo além e criar suas próprias palavras para realçar suas concepções musicais[9]. Por mais inteligente que isso possa ser, o risco de abuso é sempre real. Glissandos instrumentais e vocais, ainda que muito eficazes em algumas ocasiões, perdem muito de seu brilho quando exagerados.

O efetivo brilhantismo das obras individuais de Villa-Lobos resulta primeiramente de efeitos de timbre e concepção linear. Todo o resto é, no caso de Villa-Lobos, de importância secundária. A flexibilidade tonal lhe foi provavelmente sugerida pela música russa. Escalas de tons inteiros, pentatônicas e modais, apesar de talvez mordazes, dificilmente se tornaram um tecido vivo em sua obra. Elas são parte do estoque de troca de Villa-Lobos tanto quanto são seus recursos harmônicos. O uso exaustivo do acorde com sétima modulando (originalmente tomado emprestado a compositores de ópera italianos), os eternos pontos pedais e os incessantes ostinatos são um elemento óbvio de sua música, um lugar comum, mais do que uma particularidade

9.   Conferir as interjeições vocais em *Eventyr*, de Frederick Delius, 1917 (N.A.).

técnica. Segundas não resolvidas para efeitos de percussão, passagens construídas em quartas em vez de terças ou até mesmo em uma ocasião (*Amazonas*, 1917) acordes com quartas são mais acidentais que planejados. O que aparenta ser áspero e ousado na textura harmônica é o resultado de composição horizontal. A harmonia em si tem pouca atração para Villa-Lobos; ele prefere explorar outros terrenos que lhe falem mais ao coração. Cor, timbre e som são tudo o que lhe interessa; a harmonia é um mero suporte necessário; a estrutura formal, uma base inevitável.

M.A. // Do Meu Diário (c)

// 8.2.1945

Popular e Popularesco – Uma diferença que, pelo menos em música, ajuda bem a distinguir o que é apenas popularesco, como o samba carioca, do que é verdadeiramente popular, verdadeiramente folclórico, como o "Tutu Marambá", é que o popularesco tem por sua própria natureza, a condição de se sujeitar à moda. Ao passo que na coisa folclórica, que tem por sua natureza ser "tradicional" (mesmo transitoriamente tradicional), o elemento moda, a noção da moda está excluída.

Diante duma marchinha de Carnaval, diante dum "fox-trot" que já serviram, que já tiveram seu tempo, seu ano, até as pessoas incultas, até mesmo as pessoas folclóricas da população urbana, reagem, falando que "isso foi do ano passado" ou que "isso é música que já passou". Passou de moda. Ao passo que esse mesmo povo urbano, mesmo sem ser analfabeto, mesmo sem ser folclórico, jamais dirá isso escutando na macumba um canto de Xangô que conhece de menino, uma melodia de bumba meu boi sabida desde sempre, e um refrão de coco de praia, que no entanto são festas anuais, tanto como o Carnaval.

É certo que o povo urbanizado, à medida que se civiliza, reage contra o costume folclórico conservado na cidade. É a mesma atitude das pessoas "direitas" e da repressão policial, que acham que não fica bem numa Capital de Estado, deixar que a gente "baixa" dance uma Marujada ou um samba rural. Nos Maracatus do Recife, sobram velhas antidiluvianas e faltam negrinhas novas, porque, me falou em 1929 o chefe do Maracatu do Leão Coroado, as moças só queriam saber do frevo agora. E a mesmíssima explicação me deu o tocador de bumbo, de um grupo de samba rural que tinha o costume de vir dançar em São Paulo, nos carnavais, lá pros lados da Estação do Norte. Mas nisto não é mais a noção de moda que interfere, e sim a noção de bom-tom, de civilização, de progresso.

No fenômeno americano do folclore, eu creio porém que devemos admitir a condição de transitoriedade do tradicional. As causas e o fenômeno são muito complexos, e já estudei alguma coisa disso na minha comunicação sobre "A Música e a Canção Popular no Brasil". O documento folclórico, na sua prática, pode até durar apenas uns poucos de anos e desaparecer totalmente, esquecido da maioria dos cantadores. Mas isto não impede que ele guarde sempre, por sua natureza, a condição de sua tradicionalidade. Ele continua sempre excluindo de si a noção da moda, e o seu elemento de transitoriedade no tempo. Ele foi esquecido, mas isto não implica que tenha passado. E se revivido pela memória dum cantador, ninguém reage folcloricamente contra ele. Ao passo que o documento popularesco, pelo seu semieruditismo, implica civilização, implica progresso, e com isso, a transitoriedade, a velhice, a moda. O documento folclórico, por prescindir do tempo, se torna eterno e sempre utilizável. O documento popularesco se gasta com o tempo e se torna inutilizável nos costumes.

Não raro um documento popularesco, por uma causa qualquer, aliás sempre semierudita e popularesca, volta à tona outra vez e torna a ficar na moda. Como é o caso sucedido recentemente com o "Tico-Tico no Farelo", reposto em sucesso pela utilização que Walt Disney fez dele, e que o tornou hoje bastante vivo no Brasil. E alhures... Mas já está passando de moda outra vez, e nada impede que morra qualquer dia destes. Não por esquecido, mas por sucedido, por gasto, por ter dado de novo tudo o que tinha a dar, como costume.

Mas não se perde porém, e poderá voltar à tona outra vez... É engraçado: o documento popularesco tem essa natureza museológica de não se perder. Como é o caso dos tangos de Nazaré, popularescos um dia em sua funcionalidade, tocados pra dançar, mas hoje executados em concertos, tornados entre nós objetos de museu, tanto como uma valsa de Chopin. É muito divertido mesmo: o objeto folclórico é que merece o museu, merece ser guardado com o maior carinho, e apresentado sempre ao público urbanizado. No entanto ele é antimuseológico por natureza, vai se transformando com o tempo em mil variantes. Ao passo que o objeto popularesco, que merece menos o museu, que não tem valor exatamente ético em sua nacionalidade, é urbano e espúrio, no entanto é museológico por natureza e imutável. Não tem variantes em seu corpo fundamental. Quem tocar um tango de Nazaré, lhe modificando parte da melodia, está errando. Quem executar o Tutu Marambá, na variante da sua região, não está errando.

– *Mas Porém* – Empreguei atrás um "mas porém" e logo o meu fígado filológico recalcitrou. Não sei se o "mas porém" já foi estudado pelos nossos filólogos, ando tão afastado deles que não lembro. Camões o empregou, todos sabem, no "Auto d'El Rei Seleuco", quando faz o rei dizer:

Si, *mas porém* nunca vemos
A natureza esmerar
Adonde haja que taxar.

Gonçalves Dias também não o esqueceu, num passo energicamente afirmativo, em que o "mas porém" fica excelentemente:

Embora ostente o chefe dos Timbiras
O ganhado troféu; embora à cinta
Ufano prenda o gadelhudo crânio,
Aberto em croa do infeliz Gamela,
Embora; *mas porém* amigas quedem
Do Timbira e Gamela as grandes tabas...

Talvez seja menos conhecido aquele passo de um sermão de frei Miguel dos Santos, recitado em 1578, dado por Castelo Branco em "As Virtudes Antigas": "Costume é de Deus ameaçar um grande mal com outros males menores. Ao Egito começou por gafanhotos, rãs e mosquitos; *mas porém* parou em afogar ao rei e todos os seus no mar roxo". (Aliás, se observe no emprego psicológico do verbo parar, uma primeira cambiante semântica que parece profetizar o nosso popularismo atual "parei com ele").

Já baixando das camadas francamente eruditas, vamos encontrar o nosso tão popularesco Gregório de Matos empregando fartamente o "mas porém". Pelo menos tenho dele quatro exemplos, colecionados na edição da Academia.

E para parecer mulher que poupa,
não se descuide em remendar-lhe a roupa.
Mas porém advertindo que há de ser

Quando ele de raiva a não romper.

Mais outro:

Como quereis que se perca
Tendo um juízo de tábua,
Donde no mar de desgostos
Perneia, *mas porém* nada.

Mais outro ainda:

Achou este muito nédio,
Tratou de se aproveitar.
Mas porém si o foi fechar
Em um armário de pratos
Foi por ver a muitos gatos
Por esta carne miar.

E finalmente pra acabar a documentação que conheço, no grande satírico:

...Será que tudo é pior:
Mas porém seja o que for,
Efeitos são do cometa.

Se descermos duma vez ao altíssimo e único juiz duma linguagem, que é o povo, recolho dois exemplos folclóricos, um em Portugal e outro neste Brasil. Em Portugal, como vem no *Cancioneiro Popular Português* de Teófilo Braga, o povo canta:

Olhos pretos são bonitos,
Gosto deles... *mas, porém,*
Tenho medo dos amores,
São cruéis, não pagam bem,

em que a pontuação é de Teófilo Braga, não minha. Ao que responde por nós a *Revista da Academia*, noutra quadrinha popular brasileira que diz:

Você disse o sentimento,
Mas porém já sente pouco,
Eu podia sentir muito
Si eu já não tivesse outro.

Os gramáticos estudarão eruditamente os casos de Camões, Gonçalves Dias, frei Miguel dos Santos, e provarão que são ótimos e justos. Mas porém gritarão que os outros casos são solecismos infames, que conspurcam a lídima língua de Camões e Gonçalves Dias.

Ser Sinfônico – O regente Lamberto Baldi foi-se embora, depois de ter nos dado uma série excelente de concertos sinfônicos. Mas a análise desses concertos coube com justiça provada ao crítico musical deste diário, e o que me preocupa é outra coisa. O que eu segui com o maior interesse, nesses concertos, foi a série de peças italianas antigas transcritas para orquestra pelo próprio Lamberto Baldi. Que transcrições admiráveis! A solução sinfônica que ele deu àquela Canzona, de Gabrieli, eu creio mesmo que a gente poderia colocar na série de obras-primas do gênero, e da concepção moderna da transcrição da peça antiga para uso das massas públicas contemporâneas.

Ora, seria abuso nosso afirmar que Lamberto Baldi é "compositor". Se ele tem obras suas, discretamente as guarda, com um recato que não podemos acusar nem recriminar, mas apenas respeitar. Em compensação sabemos e ficou mais que provado, que Lamberto Baldi é um admirável conhecedor da técnica orquestral. Deus me perdoe, mas prefiro de muito as transcrições dele às desse grande orquestrador que é Respighi, por serem mais arqueológicas e menos eivadas de eloquência e brilhação.

Ora, diante da incontestável fragilidade técnica da maioria das peças sinfônicas brasileiras (basta lembrar Oswald na Sinfonia...) eu sonho com uma orquestra didática, oficial, mesmo feita de amadores ou de alunos de escolas musicais, que estivesse à disposição dos nossos compositores, como elemento de experimentação sinfônica. Os tratados de composição não são suficientes para que o compositor adquira, mais que o conhecimento letrado, o conhecimento técnico do sinfonismo. Se Lamberto Baldi transcreve com tamanha perfeição técnica, é porque, mesmo não sendo profissionalmente um compositor, ele tem sempre uma orquestra à mão, como regente, e adquiriu por isso um conhecimento prático esplêndido. Também Francisco

Mignone, certamente entre nós quem melhor conhece a orquestra praticamente, tem o costume de sempre modificar este ou aquele passo das suas obras sinfônicas, depois que obtém delas a prova da primeira execução. Eu creio que na constituição das nossas orquestras oficiais, devia ser incluído um parágrafo, obrigando a orquestra a "provar" apenas, sem execução pública, as obras e trechos sinfônicos dos estudantes de composição e dos compositores. Assim estes adquiriam, *na carne*, a demonstração dos efeitos que imaginaram, e esse conhecimento sinfônico em que Lamberto Baldi se provou habilíssimo. E inteligentíssimo. Mas isto de inteligência já não é pra todos.

J.C. // COMENTÁRIO

Derradeiro dos textos da pequena série Do Meu Diário e derradeiro texto da coluna *Mundo Musical*, ele apresenta três partes:

"Popular e Popularesco", cujo comentário foi incorporado a "Música Universitária";
"Mas Porém", discussão sobre um ponto preciso de erudição filológica;
"Ser Sinfônico". No momento da despedida do maestro Lamberto Baldi, uma ocasião para Mário de Andrade afirmar um aspecto da prática "artesanal" do trabalho do compositor, que deveria ser ligado a uma experimentação concreta com a orquestra.

// Apêndice

Terminado em janeiro de 1945 pouco antes de sua morte, que se daria em 25 de fevereiro, este texto faz convergir, levando-as adiante, várias das últimas e essenciais preocupações do pensamento musical de Mário de Andrade, tratadas neste *Música Final*.

Ele fica transcrito aqui, oferecendo a palavra conclusiva.

Mário de Andrade, "Chostacovich"[1]

O fato dum músico erudito como Dimitri Chostacovich se destinar compositor de música para o povo duma comunidade sem classes, parece à primeira vista um milagre e uma contradição. É certo que podemos cavar no passado exemplos de música erudita composta para a comunidade, ou de músicas eruditas que se tornaram populares. Como seriam os casos do Gregoriano ou de Verdi. Mas há uma diferença fundamental. Em exemplos como o do Gregoriano ou do Hino Nacional Brasileiro, a música não é criada para servir ao povo e pelo ideal do povo, mas imposta pelos dirigentes das coletividades quer religiosas quer nacionais. Ou mesmo as ideologias políticas gerais, como é o caso da Internacional. Por outro lado, a música dum Verdi ou dum Wagner, por mais que o artista vise o prazer, o aplauso e mesmo o despertar uma consciência nessa coisa tão conceitualmente insatisfatória que se chama "o povo", o artista nunca está exatamente servindo ao povo, e

---

1. Este texto foi publicado como prefácio no livro de Victor I. Seroff, *Dmitri Shostakovich*, 1945.

não desiste de si mesmo. São fenômenos individualistas, casos típicos de "mensagem". O criador acredita na sua mensagem religiosa, como César Franck, patriótica, como Chopin, racista, como Wagner, e pretende impô-la. Às vezes impõe mesmo.

Chostacovich é o músico que pretendeu servir politicamente à comunidade dum povo sem classes, e por tudo o quanto posso saber dele, o conseguiu. A sua música se populariza nos estados soviéticos. E com isso, o caso dele se apresenta excepcional e contraditório: um compositor erudito, erguido em sua cultura ao ponto do refinamento, e em sua técnica ao ponto da virtuosidade, construindo uma arte que funciona política, nacional e esteticamente para uma comunidade proletária.

Caberia insistir na objeção de que muitas das nossas músicas eruditas também são aplaudidas pelas massas das cidades. Como Chopin, por exemplo, a "Tocata e Fuga em Ré" de Bach, a "Sinfonia Inacabada"... Mas si tais músicas são gostadas e aplaudidas, eu afirmo que jamais o são no seu complexo sentido artístico e funcional, mas exclusivamente no seu resultado sensorial, em que certas obras grandes às vezes coincidem com péssimas obras. Na verdade o que o povo aplaude ouvindo Chopin, não é a música de Chopin, mas a Melodia e o Virtuosismo. De maneira que logo em seguida aplaudirá com muito maior volúpia, uma ária da *Tosca*, por qualquer tenor ruim, mas broslado de firmatas. Porque a ária da *Tosca* é Melodia e Virtuosismo também. É preciso lembrar que as massas dominadas, entre nós, são... dominadas. O que quer dizer que elas não têm suficiente consciência de si mesmas, nem forças de reação pra conscientizarem o seu gosto estético e as suas preferências artísticas. O exemplo dos concertos gratuitos dados pelo Departamento de Cultura, de São Paulo, nas vezes em que se conseguiu congregar uma porcentagem predominante de operariado, me leva a imaginar antes uma indiferença grande pela qualidade e caráter das músicas e dos autores. Aplaudiam tudo com a mesma facilidade receptiva e a mesma paciência. Já pelos gêneros musicais, não. Os mais delicados e difíceis, o quarteto, a música instrumental de câmara eram sensivelmente menos concorridos e aplaudidos. (Ao que cumpre opor logo o quinteto de Chostacovich diz-que apreciadíssimo na URSS e laureado pelo Governo soviético). Apesar do engodo dos corais que os entremeavam, os concertos grátis de música de câmara oferecidos ao público paulistano, sempre obtiveram porcentagem mínima de gente operária, depois das primeiras vezes em que essa gente foi pegada de surpresa, atraída pelo espetáculo grátis.

Mas não há dúvida que certas obras como a "Sinfonia Inacabada" e a "Tocata e Fuga em Ré", na versão de Stocovisqui, obtiveram popularidade, mesmo num povo tão musicalmente deseducado como o de São Paulo. E aqui entra uma primeira razão, pela qual é possível explicar melhor o fenômeno que Chostacovich representa, como intenção de arte erudita para uma coletividade proletária, e conseguimento dessa intenção.

Embora eu não seja nenhum supersticioso de evolucionismos históricos, eu creio que Chostacovich não é nenhuma geração espontânea e não contém nenhuma contradição. Ele é um elo e talvez o primeiro fruto genial das circunstâncias do progresso mecânico que modificaram a manifestação, e consequentemente a concepção da arte da música, neste século. Nós estamos numa das esquinas mais agudas da evolução artística da música, e essa estrada nova foi aberta pela música mecânica. Postos em condição de serem explorados comercialmente e educativamente o disco, o rádio, o cinema sonoro e demais instrumentos mecânicos, eles modificaram a qualificação da música erudita, que se tornou acessível a todos. E não tenho a menor pretensão, Deus me livre! de ser o primeiro a dizer isso.

A música mecânica não só barateou a audição da música erudita e a expandiu por todos os ambientes, como forçou a sua aceitação pelas classes inferiorizadas. Pela primeira vez ela deixou de ser, como ainda se conservam as artes plásticas, um instrumento de classe e de aprimoramento educativo. A música se tornou um elemento cultural, sinão realizável pelas estruturas inferiores (não o é normalmente em nenhuma classe, porque implica profissionalidade e especialização), pelo menos comum a elas, e uma proposição de sua vida coletiva. Por causa dos instrumentos mecânicos, a música é a única dentre as artes eruditas, que já conseguiu se tornar uma constância das massas, sem que tenha de desistir por isso de suas prerrogativas de refinamento e erudição. Música e cinema se tornaram na atualidade, artes como foi o teatro nas civilizações da Antiguidade e na Idade Média. Não lhe faltava mais sinão adquirir a mesma concepção educativa e dirigente do teatro. No caso da sociedade atual: uma concepção imediata e conscientemente política. Não exatamente, ou apenas, como ideologia política. Mas como força orgânica política do povo, coisa que os instrumentos mecânicos tinham não só tornado praticável, como posto em evidência.

Esta concepção nova da música, coube a Chostacovich aplicar. E sobretudo simbolizar, porque embora ele não seja o único compositor com esse ideal, é o que se apresenta com melhores credenciais de vitória, e o que mais se universalizou.

Foi devido a essa importância excepcional de Chostacovich na música contemporânea que, a convite da Editora Cruzeiro, sem entrar no mérito do escrito, Guilherme Figueiredo aceitou traduzir o único livro existente em língua acessível, sobre o grande compositor.

Dimitri Chostacovich, tanto pelas suas palavras como pela própria obra, se apresenta como o compositor vivo mais consciente da música que deve e quer fazer. Isto, não só do ponto de vista estético da realização da beleza sonora, em que tantos outros se equiparam a ele, mas exata e mais complexamente do ponto de vista artístico, isto é, da utilização da beleza sonora como argumento insinuante e elemento de convicção duma obra de qualquer forma útil à vida política do homem. Enfim: uma obra de arte, uma arte de beleza, uma bela arte, consciente e exigente do seu poder funcional, e predeterminada a uma funcionalidade política da coletividade.

Por várias vezes Chostacovich tem se deixado falar em prefácios, entrevistas e advertências preliminares à execução de obras suas. Assim, ele afirma que nenhuma música pode se abster de possuir base política – coisa de que, na opinião dele, a nossa burguesia democrática tem lerda compreensão. É verdade. Embora toda obra de arte tenha, quer queira, quer não, uma base política, os compositores do nosso mundo burguês, dificilmente podem perceber isso, encurralados no esteticismo, pelas classes a que servem.

Já menos agradável, embora compreensível nesta guerra em que vivemos, é ler as exacerbações nacionalistas do compositor, e as suas um pouco enfatuadas esperanças sobre a música soviética e seu futuro. Mas é possível passar rápido sobre isso, e verificar afirmações mais importantes para um músico que pretende servir a massas proletárias. Lembrando aquela frase duvidosa de Glinka, sobre não serem os compositores eruditos a "criar", mas o povo, cujo material os compositores recolhem e manipulam, Chostacovich esclarece não significar isso o uso simplório do folclore. O trabalho do compositor soviético consistiria em aprender incessantemente com o povo, apanhar tudo quanto este cria, e ser digno do período histórico que está vivendo.

Noutro passo, o músico desenvolve com maior clareza essa tarefa do compositor soviético, afirmando que as obras devem visar, tranchantes e excitantes, os problemas pessoais do dia, muito embora isto não deva implicar de forma alguma um abaixamento de nível estético. E também, essa momentaneidade funcional das obras, não abandona a preocupação do futuro. Então, afirmando que o artista deve estar eternamente insatisfeito da sua obra, por maior que esta seja, Chostacovich não só aceita o princípio não conformista do indivíduo (o que me parece da maior importância, para um artista que representa uma política reinante e ditatorial), como, com suas palavras menos explícitas, reafirma o princípio do "fazer melhor", que está na base mesma da conceituação moral da técnica.

Eu poderia deste jeito, colhendo aqui e além nos escritos do compositor comunista, arremanchar uma estética da arte da música. Mas esse croché não me parece necessário aqui. Na verdade, nem Chostacovich, nem os estetas, críticos e compositores comunistas, ainda não nos disseram coisa alguma nova, que já não se encontre dito em nosso mundo burguês. Eu quis apenas, com as citações rápidas que escolhi, demonstrar em pontos fundamentais, que Chostacovich está consciente da realidade artística da arte da música e da sua obra.

É certo porém que não encontrei nos escritos dele que pude ler, ideias que me esclarecessem sobre o que ele pensa a respeito de outros problemas fundamentais, peculiares à música. Como o problema da incompreensibilidade intelectual do som musical funcionar em ideologias e práticas de imediata e necessária compreensão intelectual. E ainda o problema angustioso de um músico fazer música erudita pra massas proletárias que, por natureza, não alcançariam o refinamento da música erudita. Mas será mais proveitoso, eu creio, lhe estudar a obra, e apontar nela a maneira com que o grande compositor resolveu os seus problemas e impasses.

Uma primeira contemplação geral, nos deixa bastante incertos sobre a funcionalidade político-comunista que a obra de Chostacovich possa ter. E isto não deriva apenas da incompreensibilidade intelectual da música, mas principalmente dos gêneros, das formas e dos elementos tradicionais usados pelo compositor.

Suponhamos, por exemplo, que de certas obras dele a gente tirasse os títulos; trocasse por palavras do mais infame "capitalismo" os textos de certos corais; ignorasse os fatos e ideias que levaram o artista a compor a *Lady Macbeth de Mtsenzk* ou a Sétima Sinfonia: o que restava de funcional, e de funcionalidade comunista nessas obras? Não quero responder já. O que eu quis foi declarar que essa pergunta possível é malícia burguesa que estou longe de ter, e propus apenas para renegá--la. O título, o esclarecimento preliminar, o próprio nome do compositor são elementos artísticos, embora anestéticos, que funcionam e sempre funcionaram psicologicamente, sugestionam e definem. Queiram ou não queiram os granfinos do esteticismo.

Muito mais incompreensível à primeira vista é Chostacovich se utilizar sistematicamente de gêneros e formas tradicionais do mundo burguês, algumas delas especificamente de "música pura", e expressivas e simbólicas das grandezas da Civilização Cristã. Porque terá o músico se servido da forma clássica da sinfonia nas suas músicas orquestrais? E mais desconcertante ainda, se atirado ao gênero da câmara, propondo ao seu mundo proletário, obras tão delicadamente refinadas como o Quinteto e sobretudo o Quarteto em Dó Maior!... Não estou censurando. Eu pergunto e procuro responder.

Eu creio nessa instância de Chostacovich em gêneros e formas tradicionais "puras", há uma lição e uma solução habilíssima. A lição está em que o artista não tem que qualificar a massa proletária como incapaz de viver os gêneros e formas mais esteticamente refinados. Eu me pergunto mesmo, diante do que me conta a estética experimental: porque um caipira analfabeto e rupestre do sertão, não será sensível ao encanto delicadíssimo do quarteto de cordas? Eu disse "sensível" e não "compreensivo de", se note. O simples fato dos concertos de câmara do Departamento de Cultura obterem muito menor concorrência proletária; o fato dos discos de quartetos e quintetos conseguirem menor venda, não provam nada. Não provam a insensibilidade estética do homem qualquer, nem muito menos a impossibilidade dele vir a gostar esteticamente desses gêneros refinados.

Mas provam, e apenas, a maior dificuldade natural de apelo de certos gêneros sobre outros. Mas isto se dá para quaisquer gêneros e dentro de qualquer classe ou casta ou grupo: tanto dos gêneros e formas eruditas entre pessoas cultas que afeiçoam mais um Verlaine a um Camões, um Miguelanjo a um Donatello, como dos gêneros e formas folclóricas, chegando até a comprovar o individualismo do homem folclórico. Um jeca das barrancas do Tietê é muito mais sensível a um ponteio de violas (música de câmara!...) que a um samba carioca. Um matuto do sertão paraibano prefere um romance monótono a um vibrante coco de praia.

Além disso, importa muito o fato das massas soviéticas serem povos esclarecidos, orientados e, por todos os meios de provocação intelectual e sentimental, já muito conscientizados do papel que representam no mundo contemporâneo, de que são a mais humana experiência. Embora detestando o mundo burguês, os povos soviéticos não pretendem desistir de tudo quanto esse mundo burguês... do passado, possa lhes propor de útil e de grande. É de resto o próprio Chostacovich quem lembra ao mundo soviético o exemplo e seguimento "dos grandes músicos do passado".

Porém, si só por isso esses povos soviéticos mantêm a ambição de admirar e possuir as grandes formas musicais, ainda há que reafirmar aqui, mais praticamente, o fenômeno da música mecânica. Parece fácil concluir que toda sociedade nova determina expressões artísticas novas. Esta afirmativa lógica não corresponde à inteira verdade histórica porém. Só quando já perfeitamente sedimentadas é que as sociedades novas alcançam as expressões, o estilo artístico novo que as exprimem. O Gregoriano só se definiu depois de seis séculos de Cristianismo. Só no séc. XVIII se firmou a música instrumental e a forma de sonata, representativas da sociedade moderna. Ora, se utilizando de gêneros e formas tradicionais burguesas, o alegro de sonata, a sinfonia, o gênero instrumental de câmara, Chostacovich recorreu a expressões que, si um tempo foram exclusivas duma classe, a música mecânica já impusera às massas do tempo nosso, e já estão se tradicionalizando nelas. Ainda mais, o reemprego por Chostacovich das expressões estéticas da sonata, da sinfonia, do quarteto, ou da imitação, e do desenvolvimento temático, é de fato uma revolta consciente, de intenção coletivizadora, contra a música "modernista" da sociedade burguesa contemporânea. Representa o que há de mais antimoderno e de mais negativo dos princípios espirituais, políticos, estético-formais e de gêneros, de um Debussy, de Schoenberg, de Stravinsqui. Nesse sentido, a volta de Chostacovich a princípios construtivos tradicionais dos séculos XVIII e XIX, é um repúdio do esteticismo individualista deliquescente da música burguesa contemporânea. E ao mesmo tempo um aproveitamento muito hábil de soluções que a música mecânica está tradicionalizando, "folclorizando" no povo.

É possível supor que os pequenos refinamentos eruditos e individualistas de artefazer sejam menos acessíveis às coletividades, do que as grandes estruturas de gêneros e formas, e mesmo de processos fundamentais de composição sonora, melodia, polifonia, acompanhamento harmônico, imitação, etc. Com efeito, todos estes processos fundamentais encontram base ou eco na música folclórica, mesmo das civilizações não europeias. São estruturas rítmico-sonoras espontaneamente humanas e universais. Já não se poderá dizer o mesmo dos elementos construtivos menores, principalmente dos individualistas, tal movimento acordal afeiçoado, tal arabesco melódico, tal rítmica livre. A própria escala varia muito de civilização pra civilização, de raça pra raça. E a escala tonal harmônica é concepção exclusiva da civilização europeia moderna. E nela se constrói em grande parte o folclore da porção mais civilizada e dirigente dos mundos soviéticos.

Neste particular de elementos menores é que o problema de Chostacovich recebeu soluções várias, por vezes hesitantes e nem sempre satisfatórias, creio, do ponto de vista comunista. A obra do grande compositor se apresenta como um turbilhão desnorteante de grandezas e perigos, e não foi atoa que por um tempo ela caiu no desfavor dos teóricos e dirigentes da Rússia soviética. Caso histórico aliás admirável – um bonito exemplo de humanidade dentre os que o Comunismo já deu ao mundo. É certo que entre músicos, críticos, teóricos de arte houve muita sujeira, muita imoralidade de traição, covardia, fraqueza de caráter. Mas isto só serve para provar que na sociedade mais ideal desse mundo, o indivíduo se conservará sempre o mesmo bicho irregular que é. Em compensação foram admiráveis de grandeza humana os dirigentes dos sovietes, na sua repreensão compreensiva e expectante, o compositor em seu mutismo e esforço posterior de readaptação, e o povo russo conservando o músico na sua simpatia.

Na obra de Chostacovich é sensível a luta entre os elementos burgueses herdados fatalmente da sua educação musical e a intenção de criar uma música política e popular. O problema da escala, fundamento de músicas, se impôs como preliminar. Chostacovich voltou resolutamente à tonalidade. Certas obras dele, certas arquiteturas rítmico-harmônicas como a do Quinteto (Sol menor – Si bemol maior – Sol maior) definem o seu tonalismo decidido. E mesmo submisso a certas lógicas de estruturação modulatória, a que o povo é indiferente. De fato, si a volta à tonalidade se justifica por tornar imediatamente compreensível uma música a um povo que emprega a tonalidade em seu folclore, outros processos eruditos de modulação estrutural de partes são universalmente desatendidos pelos folclores, porque o povo em geral não fixa o som numa altura acusticamente determinada. Aceitando a estrutura modulatória da sonata, me parece que Chostacovich demonstrou a boca entortada pelo cachimbo burguês, e cerceou a liberdade popular por meio dum eruditismo que não há por onde justificar.

Além disso, o Chostacovich erudito e contemporâneo nosso, está claro que não podia se submeter ao tonalismo popular em sua pobreza e simplicidade. Com muita razão ele se reconhece fazedor de música erudita de nível alto. Ora, si ele é por vezes resolutamente tonal, se aproveitando mesmo do simplismo das tríades para inícios e os grandes repousos finais: a sua música está muito sofisticada, toda ela, por mil e um processos de se evadir do pobre e esgotado tonalismo harmônico. O cromatismo em sua amplitude máxima, a modulação constante dentro da frase, o polifonismo e os conjuntos acordais de grande complexidade interpretativa, e também o constante emprego de intervalos instrumentais largos que disfarçam na variedade dos registros a fisionomia da escala utilizada: todos estes são processos com que o artista se confirma no espírito atonal da música modernista. É mesmo possível por isso a gente perguntar si valeu alguma coisa Chostacovich reafirmar a existência já agora incompetente da tonalidade. Como tonalidade a sua música é tão sofisticada como a dum Hindemith ou Francisco Mignone, e mais que a dum Villa-Lobos ou Honegger.

Os elementos mais significativos da maneira com que Chostacovich resolveu o seu problema estão noutro lugar. Está primeiramente na melodia e na sua apresentação instrumental. A meu ver, Chostacovich é um dos maiores melodistas da música contemporânea. Melodista, no sentido cancioneiro da palavra? Não me parece. Em geral, quando o artista carece de expressões cancioneiras, como nos seus finais, ele cria à feição popular. E nem sempre com felicidade. É repetida por alguns críticos, mesmo comunistas ao que parece, que o compositor, sempre muito feliz e inventivo nas várias partes de suas obras sinfônicas ou de câmara, no entanto fraqueja nos finais. Os últimos tempos das suas obras seriam mais fracos que os outros. Não concordo inteiramente com essa observação. Quem criou o esplêndido final da

Quinta Sinfonia, da Sétima (de que aliás só conheço o Final), do próprio Quinteto, o delicioso último tempo do Quarteto, está longe de ser um mau solucionador de finais.

O que hesita muito nesses finais, não é propriamente a imaginação criadora, mas a solução demagógica adotada frequentemente pelo artista, de refrescar ou excitar a consciência comunista do ouvinte soviético, com a intromissão súbita, durante o final, duma melodia cancioneira, fortemente dinâmica e eufórica, de imediato caráter popularesco. Esta solução, que consegue se realizar tão admiravelmente no final da Quinta, pode causar também a impertinência divertida mas muito menos elevada do solo de pistão, no último tempo do Concerto pra Piano. E mesmo o desacerto creio que desastroso do Final do Quinteto, que chega a tornar esse tempo uma incontestável descaída sobre as demais partes dessa obra esplêndida.

Mas essa solução de terminar cancioneiramente populáresco o final de obras longas e de refinamento conceptivo – solução que reaparece às vezes em obras menores, como na frase conclusiva, em mi bemol menor, da ária de Catarina Ismailova – a nós, burgueses, se afiguraria como um disfarce. Pra não dizer uma mentira. O músico espertalhão se entregaria a todos os deboches da criação individualista, apenas nos finais mentindo comunismo por meio de euforias populísticas de comício. Mas o drama do grande artista é tão complexo, tão agora – já insolúvel, que a mim me irritam estas minhas malícias. O Comunismo não é nenhum bicho de sete cabeças nem qualquer monstruosidade social que venha revirar o indivíduo de fora pra dentro. Chostacovich não tem, repito, que desistir de todo o tesouro musical do Cristianismo e de toda a herança musical burguesa. E não desiste mesmo disso, e com toda a razão.

Ora, o princípio de euforia, de triunfalidade, de apoteose, nos finais das obras longas, é elemento psicológico, terapêutico até, universalmente reconhecido e estatuído, que a gente rastreia com facilidade mesmo dentro do mais cetíneo Debussy. A solução formal de Chostacovich, de acentuar populistamente os finais, é didática. É uma demagogia. Mas os dicionários ainda não aceitaram, todos, que "demagogia" seja apenas a repulsiva mácula pejorativa que está tomando lugar assustado da crítica burguesa de arte. Esta aliás é uma das muitas máscaras de superstição com que a arte e a crítica conformistas do capitalismo se fingem magoadas e superiores, diante de qualquer manifestação mais ardentemente social ou simplesmente humana. Está claro que a problemática de Chostacovich havia de aceitar conscientemente elementos ditos "demagógicos" pela efeminada epiderme burguesa. O que carece verificar é que desses elementos demagógicos utilizados por ele, uns são legítimos, muito bem inventados, outros são menos legítimos e menos felizes, e outros aborrecíveis e repudiáveis.

Ao meu ver, o mais detestável de todos é o da banalidade, implícito ainda especialmente na melódica. Chostacovich, tentando uma solução musical erudita que assumisse qualificação político-comunista e funcionalidade popular, havia necessariamente que se fixar numa concepção musical de base predominantemente melódica. Porque melodia é que a gente canta, assobia; porque a melodia é que "fala" e decreta, pela sua similaridade fundamental com a fraseologia da fala. Essa concepção melodística não só permitiu a Chostacovich, ou lhe aprofundou, a expansão melodista do seu gênio criador, como lhe determinou o tratamento da melodia.

Toda a obra dele está cheia de admiráveis frases melódicas. Os seus andantes são cânticos esplêndidos, duma gravidade, duma densidade interior extraordinária, cheia de "sentido", que nos convulsiona, equiparável à força e dramaticidade melódica dum Beethoven e dum César Franck. Em sua peculiaridade, são linhas que se expandem livres, elásticas, caprichosas no arabesco, com frequentes saltos grandes muito dramáticos. Lembro de passagem, para não me referir à Quinta e ao Final da Sétima, a belíssima frase enunciada pela viola, no Moderato do Quarteto, o adágio do bailado "Idade do Ouro", ou o impressivo Andante do Concerto pra Piano. Aliás neste, depois do primeiro alegro, à linda frase das cordas, o piano sola numa linha surpreendentemente brasileira... Não é porém o único "brasileirismo", que a gente respiga em Chostacovich, demonstrando mais uma vez essa coincidência estranha da música eslava com a brasileira.

A prevalência melódica, a utilização de arabescos cancioneiros de caráter popularesco, a necessidade de tornar a obra francamente compreensível ao público proletário, bem como ainda a facilidade melodista da imaginação criadora, provocam em Chostacovich a escorregadela na banalidade. E não são raríssimas as vezes em que ele cai na tal. Mesmo na coleção tão bonita dos *Vinte e Quatro Prelúdios*, nem sempre o cromatismo consegue disfarçar os insultos da banalidade melódica. Na Sexta Sinfonia então, a menos realizada das sinfonias dele que conheço, a banalidade se insinua em elementos vários, sobretudo o primeiro e longo adágio, de grosseira intenção "social", com seu dinamismo grandiloquente, seus lugares-comuns rítmicos e instrumentais da música de sentido sinistro.

Carece compreender essa conversão populista da música de Chostacovich, sem a perdoar porém. Na verdade, não se pode atribuir banalidade à música folclórica, e só mesmo com muita reserva à música popularesca urbana, que serve para o gasto transitório da coletividade. Seria adotar um critério crítico individualista e hedonístico, para um fenômeno do cotidiano utilitário. Da mesma forma como não é possível considerar banal o gosto da água ou do feijão com arroz, por compará-los a um borgonha ou a um cuscuz paulista de variegada condimentação. Mas de fato o produto folclórico, mesmo diante dum crítico estético, jamais é banal. A música folclórica é fácil, mas não banal. Pode ser vulgar, mas não banal.

A dificuldade brava dos músicos eruditos que pretendam criar obras de utilização popular, deverá ser essa. Obter uma música purificada em seus elementos técnicos, que se torne fácil de apreensão e direta de efeito, vulgar, etimologicamente vulgar, mas jamais banal. Especialmente no espírito da música funcional comunista, tenho a convicção de que há um certo Chostacovich, embora raro, depreciativo da coisa popular. Um Chostacovich que talvez pretendendo o vulgar, descamba num ou noutro passo para o banal e os efeitos da sensualidade epidérmica.

Nem mesmo a Quinta escapa sempre disso, com o seu Esquerzo, tão impregnado do mau espírito de Tchaicovsqui. Este aliás é o estandarte perigoso que assombra muito a criação do comunista e a deturpa algumas vezes. A música "de efeito", a música brilhante não pode ser renegada em princípio, e tem sua justificativa funcional, dinâmica, coletivizadora, universalmente reconhecida e aceita. Chostacovich está consciente disso. E talvez mesmo, como personalidade, ele necessite se apoiar no brilho e no virtuosismo. Já nos seus primeiros concertos de pianista, em Moscou, estavam o Concerto de Tchaicovsqui, e uma parte dedicada a Liszt, em que barulhavam os "Funerais" e a "Tarantela"...

Tchaicovsqui é a influência predominante no músico comunista, sobretudo na obra sinfônica. O Esquerzo da Quinta chega bem a ser um "à la manière de". No Final do Concerto para Piano, ainda essa influência é muito nefasta. E nefasto, me parece, isto que chamei de espírito de Tchaicovsqui capaz das mais desnecessárias banalidades e escamoteações de má demagogia, exterior, superficial, dissoluto. Chostacovich nem sempre escapa dessas desnecessidades. Busca infeliz de efeitos, não controlada com severidade e justeza de escolhas, atingindo por vezes o recato maior do instrumento solista. Como os trêmulos de oitava, nos *Prelúdios*, hoje a bem dizer só usado em transcrições pianísticas de obras orquestrais. Ou como a peroração do Prelúdio em Sol Maior.

Em compensação, a prodigiosa técnica orquestral de Tchaicovsqui e o seu estilo sinfônico devem ter contribuído muito para a determinação do estilo sinfônico de Chostacovich. A lição de Stravinsqui, e sobretudo de Prokofiev, se denunciava ainda no espírito e no tratamento orquestral da Primeira Sinfonia, em principal pela predominância dos sopros sobre as cordas. Ainda será possível apreender, no segundo tempo da Sexta Sinfonia, uns laivos estravinsquianos. Mas logo um equilíbrio novo se estabeleceu, com emprego mais largo das cordas como função melódica, e seu predomínio solista nas exposições temáticas dos adágios. Os refinados falarão também numa "demagogia" das cordas... Eu creio, mais pensadamente, que isso é compreender e aceitar com lealdade um fenômeno fisiológico: o efeito extasiante e sentimental das cordas sobre as coletividades, jamais esteticamente fatigadas disso.

Ainda imagino que a lição de Tchaicovsqui determinou no músico comunista a solução mais social, mais para o povo, de preferir na orquestração o princípio clássico da nitidez linear e estrutural, ao princípio impressionístico dos efeitos de timbre difundindo as formas nas névoas da coloração. Entre Tchaicovsqui e Rimsqui-Corsacov, o comunista optou pela tradição do primeiro, e me parece que sua opção foi comunistamente a melhor. E Chostacovich se tornou um dos mais hábeis orquestradores da atualidade, com uma técnica e um sentimento do sinfonismo raro alcançados com tamanho equilíbrio e bom conseguimento. Mesmo no perigo do descritivismo e do característico, como nos interlúdios sinfônicos de *Lady Macbeth de Mtsenz*, sobretudo na magistral fuga dos bêbados, Chostacovich preserva íntegra aquela qualidade sinfônica que torna a Quinta e a Primeira Sinfonia (repito: desconheço a Sétima) momentos dos mais altos do sinfonismo contemporâneo.

Em resumo: na urgência de criar uma música que fosse política, comunista e proletária, porém que conservasse o nível da música erudita, de base fatalmente burguês-europeia, nem todas as soluções adotadas por Chostacovich são satisfatórias. Si ele aceitou com lealdade os elementos musicais demagógicos, nem sempre as suas demagogias

//APÊNDICE   // 555

sonoras levam o povo à virtude, mas ao vício. Si aceitou com franqueza a liderança melódica e suas consequências estratégicas de espírito, de estilo e de técnica, nem sempre ele soube se conservar dentro da pureza melódica e da necessária facilidade do acessível. Não só se impurificou por demais nos cromatismos, não sabendo como, ou não podendo ultrapassar a deliquescência burguês-capitalista do ultratonalismo, como, por outro lado, confundiu por vezes o vulgar e o simples, com o simplório e o banal.

Diante de tamanha complexidade, o nosso mundo democrático, e parece pelo que diz este livro, o próprio mundo da crítica soviética, se dividem. Uns compreendem Chostacovich, e talvez mesmo pré-compreendam, por excesso de amor. Como é o caso dum dos maiores regentes da atualidade que considera o russo da mesma altura de Beethoven. Pode muito bem ser: o imenso Beethoven também está inçado de descaídas. Apenas, pra se ser Beethoven, é necessário a gente se tornar o passado. Outros se esforçam por compreender, mas não conseguem ceder: Chostacovich é banal, Chostacovich prometeu muito mais do que está cumprindo. Chostacovich se repete e repisa; adota sempre as mesmas soluções formais, as mesmas modulações harmônicas de episódios, as mesmas imagens sonoras. Querem variedade e riqueza... capitalista. Não sabem compreender que por certas soluções sistematizadas, Chostacovich se tradicionaliza, se torna mais reconhecível imediatamente às massas, se "folcloriza". Enfim, os puristas se arrepiam, achando que isso de se inspirar no drama de Petrogrado ou no Primeiro de Maio é publicidade; isso de cantar ao povo é demagogia; isso de se dizer "música comunista" é farol.

Isso de se dizer "música comunista" é farol... Volta aqui o problema dos títulos e todos os outros processos premonitórios de que a música sempre se utilizou pra se qualificar. E também a advertência, pouco aceitável ao mundo burguês, de que o Comunismo não é nenhum bicho de sete cabeças. Eu pergunto: Sem conhecimentos anteriores, uma contemplação livre que procure ao mais possível se isentar de prejuízos quer burgueses quer comunistas, poderá descobrir a funcionalidade político-comunista da música "em si" de Chostacovich?

Certamente que não. Mas o problema, desse jeito, estaria mal proposto pela sua restrição tendenciosa. A arte da música, impossibilitada por sua natureza, de atingir a inteligência consciente, não estará jamais em condição de definir e dizer uma ideologia política, como nem qualquer "eu te amo" ou "está chovendo". Nem siquer poderá assumir uma definição de si mesma que seja imediatamente compreensível como proletária. É porém capaz de "expressar" tudo isso, ou melhor: atingir uma especificidade técnico-estilística particular que se torne a expressão imediatamente compreensível duma ideologia qualquer e da sua aplicação social. Como é o caso da música dum Palestrina, dum Bach, do Gregoriano, de um Wagner, dum Chopin. A música, em casos assim, não se torna apenas a expressão duma ideologia, dum ideal, e da sociedade que os representa, mas também um símbolo de tudo isso. Símbolo, desque convencionado, de compreensão imediata a uma pessoa ou grupo suficientemente esclarecido. E símbolo, com potência dinâmica enorme, sugestionador desse grupo ou pessoa. Ora, carece não esquecer que, conscientemente ou não, todos os símbolos são convencionados. E carece não esquecer sempre que as massas soviéticas estão muito bem esclarecidas da sua ideologia e do que elas representam na sociedade contemporânea.

Este comentário me parece importante porque nos conduz ao valor eterno, e atualmente novo, que a obra musical de Chostacovich, e a comunista em geral, reimpõe à realidade da música. Me refiro à funcionalidade moral, ao valor ético, enfim ao que na Grécia da Antiguidade se chamava o *Éthos* da arte da música. Este *éthos* sempre existiu na música de todas as culturas, desde as mais primitivas até as grandes civilizações não cristãs. Nós o vamos encontrar ainda lúcido, nas recomendações dos Padres da Igreja Primitiva, e mesmo no Gregoriano puro, monódico e em uníssono da época medieval. E si, apesar do mau conselho erudito e urbano, ele se conserva bastante íntegro na prática folclórica, onde cada músico tem seu sentido e destino, onde seria impossível cantar um aboio na hora de cantar romances: este *éthos* se dispersou e se perdeu inteiramente na música erudita, com o desenvolvimento do individualismo cristão e a fixação das sociedades de princípio democrático. E a música desaprendeu a lição do *éthos*.

A obra de Chostacovich, a música comunista, sem fazer isso com a prefixação ditatorial político-religiosa dos gregos, dos egípcios, dos indianos, reimpôs a noção e o sentimento do *éthos* na música da atualidade. O crítico musical comunista A. Ostretsov estudando uma obra pré-comunista de Prokofiev o "Canto Sinfônico", conclui que o seu sentimento lírico é *páthos* de esgotamento social e cultural dum homem desiludido do presente incapaz de defender o passado e incapaz de acreditar no futuro. Para Ostretsov o "Canto Sinfônico" é uma imagem do estado de alma desiludido e incapaz, em que jazem os compositores eruditos da burguesia... Como compreender semelhante "absurdo" qualificativo, sinão o comparando àquele relatório educacional japonês, ainda do século passado, em que se recusava a adoção de melodias folclóricas japonesas nas escolas do Micado, por serem desmoralizantes do indivíduo nacional? Como compreender a censura de Ostretsov, sem admitir a bitola dum valor crítico novo, um *éthos*, perfeitamente igual àquele que fazia os Padres da Igreja recusarem a intromissão de qualquer instrumento e do cromatismo, no canto cerimonial, e mesmo no seio das famílias cristãs, pela razão de serem imorais e induzirem ao paganismo?

As massas soviéticas diz-que apreciam enormemente a música de Chostacovich. Essa admiração já seria esteticamente justificada pela obra do grande compositor. Mas ela é também predeterminada pelo pressuposto anestético de representar a sociedade para a qual é feita. O prof. Hutchins, da Universidade de Chicago, diz lapidarmente: "Uma comunidade se baseia na comunicação. Comunicação implica um complexo de ideais e ideais comuns". É o que sucede em decisiva e decisória parte no fenômeno comunista de música, e que nos atinge até a nós, das sociedades democráticas.

A obra de Chostacovich não ficará talvez siquer como a expressão musical da sociedade comunista, e muito menos como a sua expressão máxima. Tenho a certeza disso. É mais que provável que quando a URSS estiver sedimentada e liberta da instância de combate em que ainda vive, e a torna urgente e instável, impossibilitada por enquanto de se concentrar: é mais que provável que a sociedade comunista alcance na sua expressão musical legítima, uma realidade muitíssimo diversa da sua música atual e da obra de Chostacovich.

Por enquanto, esta é mais um símbolo convencionado, e até mesmo por muitas partes mais uma alegoria, que uma expressão comunística verificável por si mesma, e portanto legítima. Apenas: ela é pressupostamente comunista, ela se apresenta como possuindo o *éthos*, o valor moral social comunístico. O povo russo sabe disso. E da mesma forma como o rapaz ateniense escutando um canto baseado no diristi, sabia que esse canto era digno dele, e o reforçava em juventude, força, nacionalidade, moralidade, e de fato se moralizava, se fortificava e ardia de amor pátrio; da mesma forma como um adorante de Dionísio se... dionisiava escutando o timbre do aulos e os cantos extasiantes do ditirambo: também o proletário russo se reconforta em sua sociedade, aceita melhor os seus sacrifícios transitórios, se orgulha e se entusiasma de si mesmo e do seu grupo, brinca e ri, descansa, escutando a música de Chostacovich.

E eu creio que nós com eles... Porque, e isto me parece definitivo na problemática do *éthos* musical, este não é pura e simplesmente um pressuposto da inteligência, mas tem sua base na psicologia e na experimentação dos elementos construtivos da arte da música. Tem enfim uma base terapêutica, universalmente e em todos os tempos reconhecida, que não é meramente idealista, mas verificada e provada pela experiência. Assim, é perfeitamente possível reconhecer e determinar um certo número de elementos éticos na obra do compositor comunista.

Primeiramente elementos gerais. Vinda posteriormente à implantação do Comunismo, já quando o mundo soviético estava num período de relativa afirmação e expansão internas, a obra de Chostacovich não se apresenta mais como uma arte exatamente "de combate", mas de afirmação. Deste ponto de vista, sem me referir à sinfonia *Outubro* e ao *Primeiro de Maio*, cuja predeterminação de título já predetermina também o sentido, mesmo sinfonias "puras" como a Primeira e a Quinta, se definem pelo seu caráter, como um *péan*. Da mesma forma que a Sétima por muitas partes é um *threno*. Só mesmo, pelo que dizem, um trecho grotesco antinazista da Sétima, se determinaria como arte de combate.

Neste sentido de arte de combate, a noção do *éthos* se impõe no caso tão significativo do fracasso ideológico da *Lady Macbeth de Mtsenzk*. Foi o sucesso fulminante desta ópera que forçou na consciência dos teóricos russos o problema da música de Chostacovich, causou a sua queda em desfavor, e os dois editoriais igualmente fulminantes de *Pravda*. A obra não representava a ideologia comunista, nem era a música apropriada às massas dos sovietes, pelo que cantava da depravação burguesa e a esta induzia. Ora a *Lady Macbeth de Mtsenzk*, na intenção do compositor, era apenas uma primeira ópera, ópera "de combate", denunciando crimes e deficiências de sociedades não comunistas. Ópera apenas inicial, pertencente a toda uma tetralogia que só na sua peça conclusiva daria à personagem de Catarina Ismailova e ao seu caso, a significação pejorativa social e de redignificação da mulher, que deveriam ter. Mas sucedeu que separada do resto da tetralogia ainda não composta – como si fosse um desses capítulos preliminares de romances moralistas, em que o herói é todo baixeza e imoralidade, à espera do capítulo final para se reabilitar – sucedeu que a *Lady Macbeth de Mtsenzk* ficou só imoralizante. E sinão exaltatória, pelo menos induzindo a práticas sociais pervertidas e pervertedoras. E pela anuência, pelo sucesso formidável que obteve, ela "roubou" as intenções do autor. Daí a justa denúncia de *Pravda*, e a necessária punição de Chostacovich.

Mas tenhamos a coragem de ir até o fim: Nada disso impediu porém que Catarina Ismailova voltasse ao palco, e continue cantada por toda a Rússia soviética, e com enorme favor público. Ora, este fato me parece mais importante que a sua possível explicação. A explicação nos dirá que o povo soviético está suficientemente esclarecido, conhece o significado ético de combate da ópera, e já sabe se rir das infâmias das sociedades não comunistas. Nada disso satisfaz diante do "gozo" artístico (não apenas estético) que a Catarina Ismailova causa nas massas comunistas, ao ponto destas lhe darem preferência sobre outras óperas e peças eticamente nobilitadoras da URSS. Tanto mais que a estética experimental já definiu o valor de participação e de identificação, de "empatia", do gozo artístico. Mas o caso de *Lady Macbeth de Mtsenzk* assume a meu ver um sentido particular, sentido ético, que sem ser propriamente desmoralizante, é fisiologicamente sensual. Um valor ético de farra. Ora já isto mesmo sucedia na Grécia, em que certas escalas, ritmos, instrumentos, também possuíam um *éthos* alcoólico que levava à farra e à licença, e se aplicava nos momentos em que era permitida a certos grupos a queda em licenciosidade.

No mesmo sentido da noção do *éthos*, livre da determinação interessada da propaganda política, é da maior importância contemplar dois outros casos principais. O do Quarteto em Dó, interpretado "Primavera"; e ter o Governo soviético concedido o prêmio Stalin ao Quinteto, isto é, a uma obra a que não é possível atribuir funcionalidade política objetiva, e que mesmo contando com seu último tempo, é sempre um refinamento de "arte pura". Repito: o Comunismo não é nenhum bicho de sete cabeças que venha transgredir os valores eternos da vida humana. Com Comunismo ou sem ele, a Primavera será sempre um valor exultante da vida. Dionísio renascerá todos os anos, trazendo a força viva do alimento, da juventude, do amor. E numa sociedade proletária e sem classes, a primavera decerto renascerá mais perfeita que entre nós, onde ela não se distribui por todos. Mas dirão que eu estou fazendo demagogia... também dessa forma, o valor mais específico, mais intrínseco da arte da música, o valor livre e purista do som, jamais deixará de existir. O Governo soviético escolhendo o Quinteto pra laurear, que era também uma das obras mais belas da atualidade, consagrou em sua Política, o valor eterno da música pura.

Mas ainda outras manifestações mais objetivas do *éthos* são facilmente discrimináveis na obra de Chostacovich. Assim os do *péan* triunfal, do *threno* elegíaco, a felicidade dionisíaca da coreografia, o do brinquedo humorado. Todos estes são valores éticos facilmente dinamizadores de massas populares, e não é preciso nenhum refinamento culto pra senti-los. São fisiológicos, antes de mais nada.

Já a Primeira Sinfonia se utiliza, nos três primeiros tempos, de diversos e constantes esquemas rítmicos de marcha. Só o quarto tempo se alastra por elementos mais livremente dinâmicos, mas que não se poderá nunca dizer livremente individualistas. Porque os dinamismos coreográfico-marciais dos três primeiros tempos, são aí substituídos pelo desencadeio dos materiais sinfônicos, os contrastes brutais, os efeitos instrumentais drásticos, como o inventadíssimo solo de tímpanos. (Sempre ainda o sistema de facilitar o final, para mais imediata identificação popular com a música...) O artista não desdenha os elementos éticos da grande dramaturgia musical, como na coda do segundo tempo, a certas irrupções estrídulas dos violinos, no último, em que estamos tão próximos do espírito verista, que talvez fosse mais cômodo nos acreditarmos dentro dele.

A Quinta é muito mais delicadamente sensível na escolha dos elementos éticos. Nela, Chostacovich aprofundou muito os processos dinâmicos de que dispõe, e recusa pra sempre talvez, aquela solução beethoveniana de acrescentar a voz e o sentido dos textos ao final, que adotara no *Outubro* e no *Primeiro de Maio*. Mas sempre o *éthos* marcial persevera na Quinta, intenso, e consegue no fim uma apresentação oportuna e popularesca, das mais felizes que eu conheço, de euforia, de triunfalidade, de vitória sobre a vida.

Mas não é só o *éthos* da triunfalidade peânica que vem proclamado nesse espírito de marcha, coreográfico e coletivista, tão frequente na obra de Chostacovich. E que lhe domina a rítmica. Nos contrastes lentos que se introduzem nas partes rápidas, e sobretudo nos adágios, os estados elegíacos, os *threnos* assumem por vezes a dinâmica das marchas fúnebres, uma sensível exaltação que se diria eufórica. Do que tomo como exemplo, entre muitos outros, o coro magistral como solo de baixo, do "Caminho da Sibéria", na *Lady Macbeth de Mtsenzk*.

E ainda o humor, a humorada, o espírito fantasista, que em música assume ritmicamente com mais facilidade apreensível, as soluções coreográficas. Não lembro agora que crítico assinalou que Prokofiev aderindo à vida soviética, perdera sua feição humorística. Mau sinal?... Chostacovich, pelo contrário, expande à larga em sua música a veia humorística e fantasista da sua personalidade. E da raça eslava. Por certo que estamos a mil léguas do *humour* inglês. E o que é bem melhor: a mil léguas do humorismo, do fantasismo musical descritivo, obtido à força, por meio de elementos exteriores, inovações, contrastes burlescos, paródias, tão usuais em música humorística, nos compositores fáceis. Já esse aspecto ético se denunciava nas *Três Danças Fantásticas*, op. 1, pra piano, especialmente nas duas primeiras, sendo que a última se espalha num populismo fácil por demais. Também a "Polca Satírica" do bailado *The Bolt* é bem mal achada, a meu ver. Mas em todos os esquerzos principalmente, o espirituoso, o humorismo, o grotesco, o fantasista, se desenvolvem magnificamente, sem recorrer a efeitos externos, mas de uma interioridade exata. De que são exemplos o delicioso trecho pra clarineta, fagote e violino, do *Outubro*, padrão de polifonia livre, ou ainda especialmente essa maravilha do que há de mais artístico no humorismo musical, que é o esquerzo do Quinteto.

Ora por tudo isto, verificamos que é perfeitamente possível só pela música, reconhecer que a obra de Chostacovich é uma criação fundamentalmente "política", tal como ele a pretendeu. Obra afirmativa, eufórica, otimista, popular, coletivizadora em sua dinâmica, e que reimpõe o conceito do *éthos* na música da atualidade. Si este conceito repercute objetivamente nos elementos estruturais e nos processos construtivos da composição sonora, ele é no entanto convencional e preliminar, como deve mesmo ser e sempre foi, dada a inteligibilidade do som musical.

Foi justo isso que se perdeu totalmente na música da burguesia capitalista, perseverando quase apenas no uso dos hinos nacionais. De fato qualquer pressuposto de *éthos*, e sua consequente sugestividade, seria delapidadora do capitalismo. Porque neste, o domínio duma classe não se auxiliava mais de nenhum consentimento místico das classes dominadas, e de uma inter-relação entre dominantes e dominados a serviço do Deus-Rei ou do Estado-Rei, mas de uma imposição de domínio não consentido, porém posto à prova, objetiva e ativamente, pela desrelação entre as classes, pelo distanciamento o mais acabrunhador possível dos dominados. Tudo quanto pudesse impor e provar a estes o fantasma da sua subalternidade, era utilíssimo. Daí uma arte antiética, purista, refinadíssima, e a que a aeridade e incerteza do Impressionismo, ou a misteriosa incompreensibilidade técnica (pra me referir só à música) do modernismo, desfibrava, sensualizava, e sobretudo afastava depreciativamente, impedindo qualquer fixação ética do povo.

A nós, afeitos deseducadamente a esta desmoralidade purista da música europeia e das Américas, custa muito a compreender e ainda mais a viver em sua funcionalidade nova, a música do Chostacovich. Em última análise, nós só conseguimos verificar nela e dela obter a mensagem estética. Esta existe sim, e é enorme. Mas pouco importa que exista! Ou melhor: não existe nada, enquanto "valor eterno" em que a concebemos. Da mesma forma que não existe nada na realidade prática das músicas folclóricas e das civilizações não individualistas, em que si existe beleza, esta é apenas uma consequência. De maneira que nos sovietes o fenômeno se muda fundamentalmente. Porque si a música de Chostacovich poderá soar difícil, incompreensível e aborrecida para a psicologia das nossas massas populares democráticas, para as massas proletárias soviéticas (tanto mais educáveis que não estavam mal-educadas como as nossas, mas não educadas) a essa música se junge preliminarmente, e em seguida objetivamente um valor ético, um *éthos* de vitória, de força, de grandeza, que lhe simplifica enormemente a aceitação amorosa primeiro, e a compreensão e efeito em seguida. É o *péan*, a marcha, em que se entusiasmar e se satisfazer coletivamente de si mesmo. É o *threno* em que há que deplorar, cultivar os mortos grandes, aceitar sacrifícios. É o baile, a graça. O humorismo em que há de brincar, descansar. Ou caçoar de, e detestar os que não são como nós. E com efeito se entusiasmam, se sacrificam, se alegram e caçoam e odeiam. Serão coisas que a democracia não poderá aceitar nem compreender... Mas a culpa não é da URSS, da música soviética nem de Chostacovich, si existe a nossa democrática incompreensão. Si a nossa estética tem cinco ou seis séculos de desenvolvimento, e século e meio de fixação, a que o fenômeno musical de Chostacovich representa é de todos os tempos, todas as culturas e todas as civilizações.

Si é certo que toda a música soviética é dirigida para a exaltação do homem – exaltação um bocado loquaz, que torna com ares de exército da salvação mesmo a um prof. Igor Boelza, que tanto fala em "alegria" –

// APÊNDICE // 563

o que caracteriza em seu conteúdo musical a obra de Chostacovich é o otimismo. Ou, creio que não fui feliz na escolha do termo (o otimismo é uma consequência já) o que se expressa na música de Chostacovich é o sentimento da convicção. Não exclusivamente a forma intelectual da convicção, mas, a mais, a sua ressonância sensível, por certo mais dinâmica e convidativa à psicologia das coletividades. É lícito que me perguntem: convicção de que? Aqui não cabe à música, não é próprio do seu material sonoro esclarecer. As de Chostacovich e da sua música são logicamente as do mundo político que ele vive e escolhe viver.

Mas não é isso o que importa. Si a música de Chostacovich assume um valor ético para a URSS, à nossa existência burguesa esse *éthos* escapa por força, e teremos que divagar nos jardins democraticamente paradisíacos da contemplação. A nós, o que essa música por si mesma define, é um drástico sentimento de convicção, que há de incomodar está claro não só os estéticos e os puristas, mas assusta e fere muito os introvertidos, os complexentos, os místicos da rabugem e da saúde tênue. A música de Chostacovich tem saúde muita, por vezes esteticamente escandalosa, reconheço. E essa convicção, essa saúde não se sujeita a nenhuma espécie de fracasso, não insinua nem de longe em nós as doces autopunições dos fracassados.

E não será na arrogância dos seus alegros, nas suas marcialidades coletivistas, na vulgaridade popularesca, desadoradamente afirmativa dos seus finais, que eu iria buscar as provas desse sentimento de convicção, que leva não só a superar quaisquer fracassos transitórios, mas até mesmo a ignorar a noção do fracasso. Nem mesmo será na alegria efervescente do Quarteto em Dó, nem nas brincadeiras luminosas e felizes dos seus esquerzos, nos sarcasmos, nas ironias, nas caçoadas. Onde o sentimento de convicção se demonstra mais admirável, mais irretorquível, é nos andantes, nos largos, nos momentos de tristeza. Jamais uma sombra de esgotamento, de submissão, de abandono. Na tristeza a dor atinge o sofrimento elevado das marchas fúnebres, a raiva surda dos resmungas, as ameaças, as ferocidades, o clamor, as impaciências contidas. Em Chostacovich a tristeza assume sempre uma forma de força, e a dor, uma promessa de vitória.

Não há dúvida que a obra do grande compositor comunista é de uma complexidade enorme. É bastante confusa mesmo, e não devemos lhe querer mal por alguma contradição. O efeito estético, a realidade técnica ainda não apresentam uma diferença fundamental da nossa música, de que a de Chostacovich deriva. Mas esta demonstra o esforço de reeducação do compositor e prova a educação de um povo. E que mais exigir dela, si além disso ela nos vulnera a sensibilidade e nos engrandece, nos oferecendo algumas das mais esplêndidas comoções da beleza, do drama e do triunfo do homem?

São Paulo, janeiro de 1945
Mário de Andrade

// Bibliografia

Obras de Mário de Andrade

Obras Literárias

Macunaíma. Belo Horizonte/Rio de Janeiro, Villa Rica, 1997.

Obra Imatura. São Paulo, Martins, 1960.

Os Contos de Belazarte. São Paulo, Martins, 1956.

Poesias Completas. São Paulo, Círculo do Livro, [s.d.].

Poesias Completas. São Paulo, Livraria Martins, 1966.

"Poesias 'Malditas'". Org. Oneyda Alvarenga. *Revista do Livro*, n. 20, pp. 69-103, dez. 1960.

Quatro Pessoas. Org. Maria Zélia Galvão de Almeida. Belo Horizonte, Itatiaia, 1985.

Estudos, Ensaios, Artigos

"A Música Popular e a Música Erudita". *O Estado de S. Paulo*, 30 out. 1934.

"A Pronúncia Cantada e o Problema do Nasal Brasileiro através dos Discos". In: *Aspectos da Música Brasileira*. São Paulo, Martins, 1965 (originalmente publicado em *Anais do Primeiro Congresso da Língua Nacional Cantada*. São Paulo, Departamento de Cultura, 1939).

"As Canções Emigram com Extraordinária Facilidade, Tendo o Explorador Koch-Gruenberg Fonogrado Melodias do Hino Nacional Holandês até entre os Índios da Amazônia". *A Cidade*, Pernambuco, 14 nov. 1934.

Aspectos da Literatura Brasileira. São Paulo/Brasília, Martins/INL, 1972.

Aspectos da Música Brasileira. São Paulo, Martins, 1965 (*Obras Completas*, vol. XI).

"Atualidade de Chopin". In: *O Baile das Quatro Artes*. São Paulo, Martins, 1963.

"Cantos de Guerra". In: *Música, Doce Música*. São Paulo, Martins, 1963.

"Carlos Gomes". *Jornal do Commercio*, Recife, 26 jun. 1936.

"Chopin". In: *Música, Doce Música*. São Paulo, Martins, 1963.

"Chostacovich". In: SEROFF, Victor Ilich. *Dmitri Shostakovich*. Rio de Janeiro, O Cruzeiro, 1945, pp. 9-33 (prefácio).

Compêndio de História da Música. São Paulo, Chiarato, 1929 (exemplar de trabalho de Mário de Andrade, com inúmeros desenvolvimentos manuscritos).

"Crítica do Gregoriano". In: *Música, Doce Música*. São Paulo, Martins, 1963.

"Cultura Musical: Oração de Paraninfo – 1935". In: *Aspectos da Música Brasileira*. São Paulo, Martins, 1965, pp. 235-247.

Danças Dramáticas do Brasil. Org. Oneyda Alvarenga. São Paulo, Martins, 1959, 3 vols.

"Debussy e o Impressionismo". *Revista do Brasil*, ano IV, vol. 17, n. 66, pp. 193-211, jun. 1921.

"Dinamogenias Políticas". In: *Música, Doce Música*. São Paulo, Martins, 1963, pp. 104-111.

"Distanciamentos e Aproximações". In: *Música, Doce Música*. São Paulo, Martins, 1963.

"Elisabeth Schumann". [S.l.], 24 jul. 1930 (Fundo Mário de Andrade, pasta Artigos meus sobre música II, Instituto de Estudos Brasileiros – IEB-USP).

"Elsie Houston". *Diário Nacional*, 1930 (Fundo Mário de Andrade, pasta Artigos meus sobre música II, Instituto de Estudos Brasileiros – IEB-USP).

Ensaio sobre a Música Brasileira. São Paulo, Martins, 1962 (*Obras Completas*, vol. VI).

"Festival Wagner". *Diário de S. Paulo*, 14 out. 1933.

"Fosca". *Revista Brasileira de Música*, Rio de Janeiro, vol. 3, n. 2, pp. 251-263, 1936.

"Germaninha Bittencourt". In: *Música, Doce Música*. São Paulo, Martins, 1963.

"Guilherme Tell". *Correio da Manhã*, 6 fev. 1944.

"Hino às Nações Unidas". In: *Música, Doce Música*. São Paulo, Martins, 1963.

"Iniciou-se Ontem, no Municipal, a Temporada Italiana de Ópera com 'Manon' de Massenet". *Diário de S. Paulo*, 11 jul. 1933.

"Lorca, Pobre de Nós". *Leitura*, fev. 1944.

"Madame Butterfly de Puccini". *Diário de S. Paulo*, 12 jul. 1933.

Música, Doce Música. São Paulo, Martins, 1963 (*Obras Completas*, vol. VII).

Namoros com a Medicina. São Paulo, Martins, 1972.

"O Artista e o Artesão". In: *O Baile das Quatro Artes*. São Paulo, Martins, 1963.

O Baile das Quatro Artes. São Paulo, Martins, 1963.

O Banquete. Pref. Jorge Coli e Luiz Carlos da Silva Dantas. 2. ed. São Paulo, Duas Cidades, 1977.

"O Movimento Modernista". In: *Aspectos da Literatura Brasileira*. São Paulo/ Brasília, Martins/INL, 1972, pp. 231-259.

"Os Compositores e a Língua Nacional". In: *Aspectos da Música Brasileira*. São Paulo, Martins, 1965, pp. 41-118 (originalmente publicado em *Anais do Primeiro Congresso da Língua Nacional Cantada*. São Paulo, Departamento de Cultura, 1939).

Padre Jesuíno do Monte Carmelo. Rio de Janeiro, Nova Fronteira, 2012.

Pequena História da Música. São Paulo, Martins, 1967.

Primeiro Andar. São Paulo, Antônio Tisi, 1926.

"Romantismo Musical". In: *O Baile das Quatro Artes*. São Paulo, Martins, 1963.

"São Cantos de Guerra". In: *Música, Doce Música*. São Paulo, Martins, 1963.

"Sonata". *Música Viva*, Montevidéu, n. 1, ago. 1942 (Órgão da Editorial Cooperativa Interamericana de Compositores).

Táxi e Crônicas no Diário Nacional. São Paulo, Duas Cidades, 1976.

"Teatro Lírico". *Diário de S. Paulo*, [s.d.] (cat. 2293, Instituto de Estudos Brasileiros – IEB-USP).

"Temporada Lírica". [S.l.], 1919 (álbum de recortes III, Instituto de Estudos Brasileiros – IEB-USP).

"Terapêutica Musical". In: *Namoros com a Medicina*. São Paulo, Martins, 1972.

Vida do Cantador. Ed. crítica Raimunda de Brito Batista. Belo Horizonte, Itatiaia, 1993.

Correspondências

71 *Cartas de Mário de Andrade*. Coligidas e anotadas por Lygia Fernandes. São Paulo, Livraria São José, [s.d.].

Cartas: Mário de Andrade/Oneyda Alvarenga. São Paulo, Duas Cidades, 1983.

Cartas a Murilo Miranda (1934-1945). Rio de Janeiro, Nova Fronteira, 1981.

Testemunhos e Entrevistas

Entrevistas e Depoimentos. Org. Telê Porto Ancona Lopez. São Paulo, Queiroz, 1983.

Estudos sobre
História Geral e Brasileira

ABDANUR, Elizabeth França. *Os "Ilustrados" e a Política Cultural em São Paulo*. Dissertação de mestrado, Campinas, Instituto de Filosofia e Ciências Humanas, Universidade Estadual de Campinas, 1993.

AZEVEDO, Fernando de. *A Cultura Brasileira*. São Paulo, Melhoramentos/Edusp, 1971.

DECCA, Maria Auxiliadora Guzzo. *A Vida Fora das Fábricas: Cotidiano Operário em São Paulo, 1920-1934*. Rio de Janeiro, Paz e Terra, 1987.

KURTH, Peter. *American Cassandra: The Life of Dorothy Thompson*. Boston, Little, Brown and Company, 1990.

LEITE, Dante Moreira. *O Caráter Nacional Brasileiro: História de uma Ideologia*. São Paulo, Pioneira, 1983.

LENHARO, Alcir. *Sacralização da Política*. São Paulo, Papirus, 1996.

MARTINS, Wilson. *História da Inteligência Brasileira*. São Paulo, Cultrix, 1977-1978, 7 vols.

MICELI, Sergio. *Les intellectuels et le pouvoir au Brésil (1920-1945)*. Grenoble, Presses Universitaires de Grenoble, 1981.

MOTA, Carlos Guilherme. *Ideologia da Cultura Brasileira (1933-1974)*. São Paulo, Ática, 1995.

OLIVEIRA, José Osório. *Espelho do Brasil*. Lisboa, Empresa Nacional de Publicidade, 1933.

SCHWARTZMAN, Simon; BOMENY, Helena Maria Bousquet & COSTA, Vanda Maria Ribeiro. *Tempos de Capanema*. São Paulo, Paz e Terra/Edusp, 1984.

Obras Gerais sobre Literatura
Brasileira e Portuguesa

CACCESE, Neusa Pinsard. *Festa*. São Paulo, Instituto de Estudos Brasileiros, IEB-USP, 1971.

COELHO, Jacinto do Prado. *Dicionário de Literatura*. Porto, Figueirinhas, 1971.

MENEZES, Raimundo de. *Dicionário Literário Brasileiro Ilustrado*. São Paulo, Saraiva, 1969.

OLIVEIRA, José Osório de. *A Poesia Moderna do Brasil*. Coimbra, Coimbra Editora, 1942.

_____. *Aspectos do Romance Brasileiro*. Lisboa, [s.n.], 1943.

_____. *História Breve da Literatura Brasileira*. Lisboa, Inquérito, 1939.

Estudos sobre Mário de Andrade

ALVARENGA, Oneyda. "Explicação". In: ANDRADE, Mário de. *Ensaio sobre a Música Brasileira*. São Paulo, Martins, 1962.

———.*Mário de Andrade, um Pouco*. Rio de Janeiro, José Olympio/SCET-CEC, 1974.

———."Sonora Política". In: *Mário de Andrade, um Pouco*. Rio de Janeiro, José Olympio/SCET-CEC, 1974, pp. 74-101.

CANDIDO, Antonio. "Artista e Sociedade". *Folha da Manhã*, 6 jun. 1943.

———."Jornada Heroica". *Folha da Manhã*, 30 maio 1943.

CASTRO, Moacir Werneck de. *Mário de Andrade: Exílio no Rio*. Rio de Janeiro, Rocco, 1989.

COLI, Jorge. "Mário de Andrade: Introdução ao Pensamento Musical". *Revista do Instituto de Estudos Brasileiros*, n. 12, pp. 111-136, 1972.

———."Mário de Andrade e a Música". In: BERRIEL, Carlos Eduardo (org.). *Mário de Andrade Hoje*. São Paulo, Ensaio, 1990, pp. 41-66 (Cadernos Ensaio, n. 4).

———."Mário de Andrade e Elsie Houston". *Revista da Biblioteca Mário de Andrade*, vol. 51, pp. 121-133, 1993.

COLI, Jorge & DANTAS, Luiz. "Sobre o Banquete". In: ANDRADE, Mário de. *O Banquete*. São Paulo, Duas Cidades, 1977, pp. 9-41.

DUARTE, Paulo. *Mário de Andrade por Ele Mesmo*. São Paulo, Hucitec, 1977.

FIGUEIREDO, Guilherme. "Duas Histórias da Música". *Revista do Brasil*, ano V, n. 47, pp. 72-75, maio 1942.

KOELLREUTTER, Hans-Joachim. "Sobre 'O Banquete' de Mário de Andrade – I, II, III, IV, V". *Leitura*, mar.-jul. 1945.

LOPEZ, Telê Porto Ancona. "Cronologia Geral da Obra de Mário de Andrade". *Revista do Instituto de Estudos Brasileiros*, n. 7, 1969.

———.*Mário de Andrade: Ramais e Caminho*. São Paulo, Duas Cidades, 1972.

MARTINS, Luís. "Um Livro e uma Exposição". *Folha da Manhã*, 17 jun. 1943.

MILLIET, Sérgio. "Fui Bulir em Vespeira". *O Estado de S. Paulo*, 18 abr. 1943.

———."O Baile das Quatro Artes". *A Manhã*, [s.d.].

SCHWARZ, Roberto. "Psicologismo na Poética de Mário de Andrade". In: *A Sereia e o Desconfiado*. Rio de Janeiro, Civilização Brasileira, 1965, pp. 13-23.

SOUZA, Gilda de Mello e. *O Tupi e o Alaúde*. São Paulo, Duas Cidades, 1979.

WISNIK, José Miguel. "Unidos de Mentira". *Remates de Males*, n. 1, 1979.

Musicologia e História da Música

ADORNO, Theodor W. "Types de comportement musical". *Musique de Tous les Temps*, Bruxelas, n. 10, dez. 1972-jan. 1973.

AZEVEDO, Luiz Heitor Corrêa de. "Schoenberg no Brasil". *A Manhã*, 1944 (Fundo Mário de Andrade, pasta R 34, Instituto de Estudos Brasileiros – IEB-USP).

BAUDELAIRE, Charles. *Richard Wagner e Tannhäuser em Paris*. Trad. Eliane Marta Teixeira Lopes. São Paulo, Autêntica, 2013.

BEAUFILS, Marcel. *Musique du son, musique du verbe*. Paris, PUF, 1954.

BORIS de Schloezer. Paris, Pompidou/Pandora, 1981 (número especial de *Cahiers pour un temps*).

BOULEZ, Pierre. *Penser la musique aujourd'hui*. Paris, Gonthier, 1963.

BRELET, Giselle. *Esthétique et création musicale*. Paris, PUF, 1947.

CARPEAUX, Otto Maria. "Equívocos Chopinianos". *Folha da Manhã*, 28 set. 1944.

_____. *Uma Nova História da Música*. Rio de Janeiro, José Olympio, 1967.

CARPENTIER, Alejo. "América Latina en la Confluencia de Coordenadas Históricas y Su Repercusión en la Música". In: ARETZ, Isabel (org.). *América Latina en Su Música*. México, Sigla Veintiuno, 1977, pp. 7-19.

_____. *La Música en Cuba*. Havana, Editorial Letras Cubanas, 1988.

COMBARIEU, Jules. *Histoire de la musique*. Paris, Armand Colin, 1913, 3 vols.

_____. *La musique, ses lois, son évolution*. Paris, Flammarion, 1907.

_____. *Les rapports de la musique et de la poésie, considerées au point de vue de l'expression*. Paris, Alcan, 1894.

COPLAND, Aaron. *What to Listen for in Music*. Nova York, McGraw-Hill, 1939.

CORTOT, Alfred. *La musique française de piano*. Paris, PUF, 1991.

DENT, Edward J. *Ópera*. Buenos Aires, Pinguino, 1943.

DIGAETANI, John Louis. *Convite à Ópera*. Trad. Bruno Luiz Furlanetto. Rio de Janeiro, Zahar, 1988.

DUFOURCQ, Norbert (org.). *La musique des origines à nos jours*. Paris, Larousse, 1946.

_____. *La musique française*. Paris, Larousse, 1959.

DUMESNIL, René. *La musique romantique française*. Paris, Aubier, 1944.

EAGLEFIELD HULL, A. *Music: Classical, Romantic and Modern*. Londres/Toronto, Dent and Sons, [s.d.].

EINSTEIN, Alfred. *La Música en la Época Romántica*. Madri, Alianza, 1986.

FÉRON, Alain. "Du charme des impossibilités (atonalisme ou parure atonale)". *L'Avant-Scène Opéra*, Paris, n. 33, maio-jun. 1981.

FULLER MAITLAND, J. A. *The Oxford History of Music*. Oxford, Clarendon Press, 1902, vol. 4: *The Age of Bach & Handel*.

FURTWANGLER, Wilhelm. *Musique et verbe*. Paris, Albin Michel, 1979.

GROVE'S *Dictionary of Music and Musicians*. Londres, Macmillan, 1954.

HANSLICK, Édouard. *Do Belo Musical*. Trad. Artur Morão. Lisboa, Edições 70, 1994.

KOBBÉ, Gustave. *Tout l'opéra*. Paris, Robert Laffont, 1980.

KOELLREUTTER, Hans-Joachim. "Arte Dirigida". *Leitura*, abr. 1948 (sobre Shostakovich).

_____. "Panamericanismo Musical". *Leitura*, jan. 1944.

_____. "Surge em Nosso Tempo um Novo Diletantismo Musical". *Caderno de Música*, n. 5, pp. 5 ss. 8-11, mar. 1981.

L'ALPHÉE – CAHIER DE LITTÉRATURE. *Opéra et littérature*. Paris, L'Alphée, 1981.

LALO, Pierre. *De Rameau à Ravel*. Paris, Albin Michel, 1947.

LEIBOWITZ, René. *A Evolução da Música: De Bach a Schoenberg*. Trad. L. Avellar de Aguiar. Porto, Presença, 1962.

_____. *Histoire de l'opéra*. Paris, Buchet-Chastel, 1957.

_____. *Le compositeur et son double*. Paris, Gallimard, 1972.

LOPES GONÇALVES. "A Dodecafonia – Horizontes Novos!" *Música Viva*, ano I, n. 4, nov. 1940.

MALIPIERO, Gian Francesco. *L'orchestra*. Bolonha, Zanichelli, 1920.

MARIZ, Vasco. *Dicionário Biográfico Musical*. Brasília, Philobilbion/INB, 1985.

MOLINO, Jean. "Facto Musical e Semiologia da Música". In: NATTIEZ, J.-J.; ECO, Umberto; RUWET, Nicolas & MOLINO, Jean. *Semiologia da Música*. Lisboa, Vega, [s.d.], pp. 109-164.

NATTIEZ, Jean-Jacques. "De la sémiologie à la sémantique musicales". *Musique en Jeu*, n. 17, pp. 3-9, jan. 1975.

NEWMAN, Ernest. *História das Grandes Óperas e de Seus Compositores*. Trad. Antonio Ruas. Porto Alegre, Globo, 1951, 5 vols.

OSBORNE, Charles. *Dicionário de Ópera*. Trad. Júlio Castañon Guimarães. Rio de Janeiro, Guanabara, 1987.

PARIS, Alain. *Dictionnaire des interpretes et de l'interprétation musicale*. Paris, Robert Laffont, 1982.

PINCHERLE, Marc. *Le monde des virtuoses*. Paris, Flammarion, 1961.

PISTONE, Danièle. *A Ópera Italiana no Século XIX de Rossini a Puccini*. Trad. Carlos Caetano. [S.l.], [s.n.], 1987.

PLUTARCO. *De la musique*. Ed. H. Weil e Th. Reinach. Paris, Leroux, 1900.

RIEMANN, Hugo. *Dictionnaire de musique*. Paris, Perrin, [s.d.].

_____.*Elementos de Estética Musical*. Madri, Daniel Jorro, 1914.

_____.*Storia Universale della Musica*. Turim, S.T.E.N., 1912.

ROSENTHAL, Harold & WARRACK, John. *Guide de l'opéra*. Paris, Fayard, 1986.

ROUSSEAU, Jean-Jacques. *Dictionnaire de musique*. Paris, Art et Culture, 1977.

RUWET, Nicolas. "Fonction de la parole dans la musique vocale". In: *Langage, musique, poésie*. Paris, Seuil, 1972, pp. 41-69.

S. "La Lista Negra de la Música en Nazilandia". *El Sol*, 13 ago. 1934.

SCUDO, P. *Critique et littérature musicales*. Paris, Hachette, 1956.

"SÉMIOLOGIE de la musique". *Musique en Jeu*, n. 5, 1971.

SUPICIC, Ivo. *La musique expressive*. Paris, PUF, 1957.

TRANCHEFORT, François-René. *Guide de la musique symphonique*. Paris, Fayard, 1986.

VUILLERMOZ, Émile. *Musiques d'aujourd'hui*. Paris, Cres, 1923.

Musicologia e História da Música Brasileira

ALMEIDA, Renato. *Compêndio de História da Música Brasileira*. Rio de Janeiro, Briguiet, 1948.

ANAIS *do Primeiro Congresso da Língua Nacional Cantada*. São Paulo, Departamento de Cultura, 1939.

AZEVEDO, Luiz Heitor Corrêa de. "As Primeiras Óperas". *Revista Brasileira de Música*, Rio de Janeiro, pp. 211-245, 1936 (número consagrado a Carlos Gomes).

_____."Hans-Joachim Koellreutter". *Música Viva*, Rio de Janeiro, ano I, n. 6, nov. 1940.

CAMARGO GUARNIERI, Mozart. "Carta Aberta aos Músicos e Críticos do Brasil". *Caderno de Música*, n. 7, jun.-jul. 1981.

_____."Meio Século de Nacionalismo". *Caderno de Música*, n. 7, jun.-jul. 1981.

CASTRO CERQUERA, Paulo de Oliveira. *Um Século de Ópera em São Paulo*. São Paulo, [s.n.], 1954.

COLI, Jorge. "Carlos Gomes, la question du voyage culturel". In: PAILLER, Claire (org.). *Les Amériques et l'Europe*. Toulouse, Université de Toulouse-Le Mirail, 1985.

_____."De Carlos Gomes a Villa-Lobos: la question du 'National' dans la musique brésilienne". ACTES *du Colloque Portugal-Brésil-France: Histoire et Culture*. Paris, Fondation Calouste Gulbenkian, 1986.

ENCICLOPÉDIA da Música Brasileira: Erudita, Folclórica e Popular. São Paulo, Art, 1977.

ESTUDOS Mauricianos. Rio de Janeiro, Funarte/Instituto Nacional de Música, 1983.

FRANÇA, Eurico Nogueira. Música do Brasil. Rio de Janeiro, MEC, 1957.

FRIEDENTHAL, Albert. Stimmer der Volker. Berlim, [s.d.], 6 vols. (alemão, francês e inglês).

GOMES, Antonio Carlos. Carteggi Italiani Raccolti a Commentati da Gaspare Nello Vetro. Milão, Nuove Edizioni, [s.d.].

HOUSTON, Elsie. Chants populaires du Brésil. Paris, Librairie Orientaliste Paul Geuthner, 1930.

INSTITUTO INTERAMERICANO DE MUSICOLOGIA. Boletín Latino-Americano de Música. Rio de Janeiro, ano VI, 1946.

KIEFER, Bruno. História da Música Brasileira. Porto Alegre, Movimento/MEC--INL, 1976.

_____. Mignone, Vida e Obra. Porto Alegre, Movimento, 1983.

KOELLREUTTER, Hans-Joachim. "Camargo Guarnieri". Leitura, abr. 1944.

_____. "O Ensino da Música Hoje". Caderno de Música, nov. 1983.

"MANIFESTO Música Viva". Caderno de Música, n. 5, mar. 1981.

MARIZ, Vasco. A Canção Brasileira. Brasília, INL/Nova Fronteira, 1995.

_____. História da Música no Brasil. Rio de Janeiro, Civilização Brasileira/INL/ MEC, 1991.

_____. Três Musicólogos Brasileiros. Rio de Janeiro, Civilização Brasileira/Pró--Memória/INL, 1983.

MATTOS, Cleofe Person de. Catálogo Temático das Obras do Padre José Maurício Nunes Garcia. Rio de Janeiro, MEC, 1970.

PEDRO Malazarte &tc. São Paulo, Secretaria de Cultura do Município, 1975 (Programa do Teatro Municipal de São Paulo, récita de 7 dez. 1975, com ensaio de Antonio Bruno [Alexandre Eulálio] e libreto da ópera).

REVISTA Brasileira de Música. Rio de Janeiro, Instituto Nacional de Música, 1936 (número consagrado a Carlos Gomes).

SQUEFF, Enio & WISNIK, José Miguel. Música: O Nacional e o Popular na Cultura Brasileira. São Paulo, Brasiliense, 1982.

TONI, Flávia Camargo. Mário de Andrade e Villa-Lobos. São Paulo, Centro Cultural São Paulo, 1987.

WISNIK, José Miguel. O Coro dos Contrários: A Música em Torno da Semana de 22. São Paulo, Duas Cidades, 1977.

Nyi Erh, Música Chinesa e China

BEAUVOIR, Simone de. *La longue marche: essai sur la Chine*. Paris, Gallimard, 1957.

CHANTS *révolutionnaires historiques*. Pequim, Langues Étrangères, 1971.

LALOY, Louis. *La musique chinoise*. Paris, Henri Laurens, 1903.

MA, Hiao-Ts'iun. "La musique chinoise". In: DUFOURCQ, Norbert. *La musique, des origines à nos jours*. Paris, Larousse, 1946, pp. 438-446.

PELISSIER, Roger. *Le troisième géant: la Chine*. Paris, Les Presses de France, 1966, tomo IV.

SCHABER, Will. "Tragedy and Triumph of 'Chee-Lai'". *Music Educators Journal*, vol. 29, n. 2, p. 36, nov.-dez. 1942.

Debussy

ALMENDRA, Julia d'. *Les modes grégoriens dans l'œuvre de Debussy*. Paris, Enault, 1948.

BARRAQUÉ, Jean. *Debussy*. Paris, Seuil, 1962.

CHENNEVIERE, Daniel. *Debussy e Sua Obra*. Trad. Heitor Ferreira Lima. São Paulo, Cultura, 1943.

DEBUSSY, Claude. *Lettres de Claude Debussy a son éditeur*. Paris, A. Durand et Fils, 1927.

————. *Monsieur Croche antidilletante*. Paris, Les Bibliophiles Fantaisistes, 1921.

————. *Monsieur Croche et autres écrits*. Introd. François Lesure. Paris, Gallimard, 1971.

————. *Pelléas et Mélisande, partition pour piano et chant*. Paris, A. Durand et Fils, 1907.

EMMANUEL, Maurice. *Pelléas et Mélisande*. Paris, Mellotée, 1950.

GOLÉA, Antoine. *Claude Debussy*. Paris, Seghers, 1956.

INGHELBRECHT, D. E. *Comment ne doit-on pas interpréter Carmen, Faust, Pelléas*. Paris, Heugel, 1933.

JANKÉLÉVITCH, Vladimir. "Debussy". In: "Pelléas et Mélisande". *L'Avant-Scène Opéra*, n. 9, p. 140, mar.-abr. 1977.

————. *Debussy et le mystère de l'instant*. Paris, Plon, 1976.

————. *La vie et la mort dans la musique de Debussy*. Neuchâtel, Ed. de la Baconniere, 1968.

KOECHLIN, Charles. *Debussy*. Paris, Laurens, 1927.

"La jeunesse de Claude Debussy". *Révue Musicale*, n. especial, maio 1926.

Macherey, Pierre. "Proust et Pelléas". In: "Pelléas et Mélisande". *L'Avant-Scène Opéra*, n. 9, p. 94, mar.-abr. 1977.

Martins, José Eduardo. *O Som Pianístico de Claude Debussy*. São Paulo, Novas Metas, 1982.

"Pelléas et Mélisande". *L'Avant-Scène Opéra*, n. 9, mar.-abr. 1977.

Perrachio, Luigi. *L'Opera Pianistica di Claudio Debussy*. Milão, Bottega di Poesia, 1924.

Stroebel, Heinrich. *Claude Debussy*. Paris, Plon, 1952.

Vallas, Léon. *Les idées de Claude Debussy*. Paris, Librairie de France, 1927.

Mozart

Boschot, Adolphe. *Mozart*. Paris, Plon, 1935.

Brion, Marcel. *Mozart*. Paris, Amiot-Dumont, 1955.

Einstein, Alfred. *Mozart*. Bruges, Desclée de Brouwer, 1954.

Nettl, Paul. *Mozart*. Paris, Payot, 1962.

Saint-Foix, G. de. *Les symphonies de Mozart*. Paris, Mellotée, [s.d.].

Wyzewa, T. de & Saint-Foix, G. de. *Wolfgang Amadeus Mozart*. Paris, Robert Laffont, 1986, 2 vols.

Mussorgsky e Música Russa

Calvocoressi, Michel. "La révélation de Boris Godunov". *La Révue Musicale*, n. 6, 1º abr. 1928.

_____.*Modest Mussorgsky*. Londres, Dent and Sons, 1944.

Emerson, Caryl & Oldani, Robert William. *Modest Musorgsky & Boris Godunov*. Cambridge, Cambridge University Press, 1994.

Glebov, Igor [pseudônimo de Boris Assafiev, ou Asafiev]. "Moussorgski, musicien dramaturge". *La Revue Musicale*, n. 6 de 1º abr. 1928.

Marnat, Marcel. *Moussorgsky*. Paris, Seuil, 1978.

Martynov, I. *Chostakovitch*. Paris, Ed. du Chêne, 1946.

Riesemann, Oskar von. *Moussorgsky*. Paris, Gallimard, 1940.

Souvtchisnky, Pierre *et al. Musique russe*. Paris, puf, 1953, 2 vols.

Villa-Lobos

BEAUFILS, Marcel. *Villa-Lobos, musicien et poète du Brésil*. Paris, Institut de Hautes Études de l'Amérique Latine, 1967.

"CASOS e Fatos Importantes sobre H. Villa-Lobos numa Biografia Autêntica Resumida". *Música Viva*, ano I, n. 7-8, pp. 13-15, jan.-fev. 1941.

ESTRELA, Arnaldo. *Os Quartetos de Cordas de Villa-Lobos*. Rio de Janeiro, MEC-DAC/Museu Villa-Lobos, 1978.

FIGUEIREDO, Guilherme. "O Villa-Lobos Que Eu Vi e Ouvi". In: PRESENÇA de *Villa-Lobos*. Rio de Janeiro, MEC-DAC/Museu Villa-Lobos, 1974, vol. 9, pp. 77-87.

FRANÇA, Eurico Nogueira. *A Evolução de Villa-Lobos na Música de Câmara*. Rio de Janeiro, MEC-SEAC/Museu Villa-Lobos, 1979.

_____. *Villa-Lobos: Síntese Crítica e Biográfica*. Rio de Janeiro, MEC-DAC/Museu Villa-Lobos, 1978.

KIEFER, Bruno. *Villa-Lobos e o Modernismo na Música Brasileira*. Porto Alegre, Movimento, 1981.

MARIZ, Vasco. *Heitor Villa-Lobos: Compositor Brasileiro*. Rio de Janeiro, MEC-DAC/Museu Villa-Lobos, 1977.

_____. *Villa-Lobos*. Paris, Seghers, 1967.

MURICY, Andrade. *Villa-Lobos: Uma Interpretação*. Rio de Janeiro, MEC, 1961.

MUSEU VILLA-LOBOS. *Villa-Lobos, Sua Obra*. 3. ed. Rio de Janeiro, MINC-SPHAN/Pró-Memória/Museu Villa-Lobos, 1989.

NÓBREGA, Adhemar. *Os Choros de Villa-Lobos*. Rio de Janeiro, MEC/Museu Villa-Lobos, 1975.

PEPPERCORN, Lisa M. "Some Aspects of Villa-Lobos' Principles of Composition". *The Music Review*, vol. IV, n. 1, fev. 1943.

SOUZA LIMA. *Comentários sobre a Obra Pianística de Villa-Lobos*. Rio de Janeiro, MEC-DAC/Museu Villa-Lobos, 1976.

TARASTI, Eero. "Villa-Lobos: Sinfônico dos Trópicos". Trad. Marja Parno Guimarães. In: PRESENÇA de *Villa-Lobos*. Rio de Janeiro, MEC-SEAC/Museu Villa-Lobos, 1980, vol. 11, pp. 55-63.

VILLA-LOBOS, Heitor. *Canto Orfeônico: Marchas, Canções e Cantos Marciais para Educação Consciente da "Unidade de Movimento"*. São Paulo/Rio de Janeiro, Vitale, 1976.

Estética e Crítica de Arte

ALAIN. *Système des beaux-arts*. Paris, Gallimard, 1953.

AMARAL, Aracy. *Arte para quê?* São Paulo, Nobel, 1994.

DEONNA, Waldemar. *Les lois et les rythmes dans l'art*. Paris, Flammarion, 1914.

ELIOT, T. S. "Tradição e Talento Individual". In: *Ensaios*. Trad. Ivan Junqueira. São Paulo, Art Editora, 1989, pp. 37-48.

LEE, Harold Newton. *Perception and Aesthetic Value*. Nova York, Prentice-Hall, 1939.

MILLIET, Sérgio. *A Marginalidade na Pintura Moderna*. São Paulo, Departamento de Cultura, 1942.

_____. *Diário Crítico*. São Paulo, Martins/Edusp, 1981, 10 vols.

PEDROSA, Mário. "A Resistência Alemã na Arte". In: ARANTES, Otília (org.). *Política das Artes: Textos Escolhidos* I. São Paulo, Edusp, 1995.

VALÉRY, Paul. "Notion générale de l'art". In: *Œuvres*. Paris, Gallimard, 1957 (Bibliotheque de la Pléiade, vol. 1).

Outros

CARPEAUX, Otto Maria. *História da Literatura Ocidental*. Rio de Janeiro, O Cruzeiro, 1964, vol. VII.

CAVALHEIRO, Edgard (org.). *Testamento de uma Geração*. Porto Alegre, Globo, 1944.

FINGERIT, Marcos. *Antena*. Buenos Aires, Tor, 1929.

_____. *Canciones Mínimas y Nocturnos de Hogar*. Buenos Aires, Tor, 1926.

KLAXON – *Mensário de Arte Moderna*. São Paulo, Martins/Secretaria da Cultura do Estado de São Paulo, [s.d.] (edição fac-similar).

L'AVANT-Scène Opéra. Paris, n. 8, p. 16, jan.-fev. 1977.

LÉVI-STRAUSS, Claude. *Le cru et le cuit*. Paris, Plon, 1964.

NEME, Mário (org.). *Plataforma da Nova Geração*. Porto Alegre, Globo, 1945.

PROUST, Marcel. *No Caminho de Swann*. Trad. Mário Quintana. São Paulo, Globo, 2006 (Em Busca do Tempo Perdido, vol. 1).

_____. *Sodoma e Gomorra*. Trad. Mário Quintana. São Paulo, Globo, 2008 (Em Busca do Tempo Perdido, vol. 4).

ROLLAND, Romain. "À propos du fascisme allemand". *Révue Europe*, pp. 285-289, 15 jun. 1933.

ROMANO, Roberto. *Conservadorismo Romântico*. São Paulo, Brasiliense, 1981.

_____. *Lux in Tenebris*. São Paulo, Cortez/Unicamp, 1987.

SAND, Georges. *La petite Fadette*. Paris, Librairie Générale, 1975.

SCHILLER, Friedrich. "Acerca do Uso do Coro na Tragédia". In: *Teoria da Tragédia*. Trad. Flávio Meuver. São Paulo, Herder, 1964 (Pensamento Estético).

_____. *Cartas sobre a Educação Estética da Humanidade*. Trad. Roberto Schwarz. São Paulo, Herder, 1963.

_____. *Œuvres dramatiques*. Paris, Marchant, 1842.

Artigos de Revistas e Jornais

CARPEAUX, Otto Maria. "A Morte de Romain Rolland". *Revista do Brasil*, ano VI, n. 56, pp. 108-109, dez. 1943.

_____. "Disciplina de Espírito". *O Jornal*, 13 fev. 1944.

_____. "Discussão e Terrorismo". *O Jornal*, 16 abr. 1944.

CASTRO, Moacir Werneck de. "O Inimigo Póstumo de Romain Rolland". [S.l.], [s.d.] (arquivo Mário de Andrade, recorte n. 2896-2).

COUTINHO, Galeão. "A França e o Fenômeno Carpeaux". *Folha da Manhã*, 24 fev. 1944.

"FALECEU Anteontem, Nesta Capital, o Escritor Mário de Andrade". *Folha da Manhã*, 27 fev. 1945.

FIGUEIREDO, Guilherme. "Nossa Senhora da Glória". *Diário de Notícias*, 11 jun. 1944.

LACERDA, Carlos. "A Inteligência Amestrada Faz Piruetas". *Revista Acadêmica*, ago. 1941.

_____. "A Lição de Romain Rolland". *Leitura*, nov. 1943.

_____. "O Complexo do Barril de Pólvora – O Sr. Otto Maria Carpeaux, Gênio Balcânico". *Diário Carioca*, [s.d.] (arquivo Mário de Andrade, recorte n. 2897-1).

_____. "Sinceridade e Poesia". *Revista Acadêmica*, n. 60, maio 1942.

LINS, Álvaro. "A Glória e Seus Mal-entendidos". *Correio da Manhã*, Rio de Janeiro, 7 maio 1944.

"SABOTADO pela Crítica Reacionária o Movimento de Música Moderna". *O Globo*, 20 dez. 1944.

"SOLENE Instalação do Departamento Universitário de Cultura Musical". *Diário da Noite*, 20 jul. 1944.

// Índice Onomástico

Abdanur, Elizabeth F. 46n
Abraham, Gerald 276
Abramo, Livio 253
Adler, Kurt 392-393, 406, 412
Adorno, Theodor W. 388
Agricola, Johann Friedrich 230, 241, 259
Aguilar, Nelson 462n
Alain 124, 132, 134-136, 141
Alberti, Domenico 221
Alencar, José de 332
Alighieri [Aliguieri], Dante 452, 481
Allende, Humberto 220, 257, 502
Almeida, Guilherme de 483, 487, 492
Almeida, Maria Zélia Galvão de 43n
Almeida, Renato 443, 444
Almendra, Julia d' 188
Alvarenga, Oneyda 15, 18, 43n, 46, 47, 117, 216, 253, 256, 286, 287, 327, 430, 447, 514
Alves, Ataulfo 381
Alves, Castro 176
Amado, Jorge 253
Americano, Jorge 492
Anderson, Marian 114
Andrade, Carlos Drummond de 148, 253
Andrade, Oswald de 59, 334, 335
Aranha, Graça 282, 287

Arco, Karl (conde Arco) 191, 192, 196
Arinos, Afonso 450, 451
Aristarco 464
Ataíde, Tristão de 45, 165, 176, 198, 236
Auber, Daniel 359, 393
Azevedo, Álvares de 485
Azevedo, Luiz Heitor Corrêa de 248, 249, 253, 255, 332, 436, 438, 443-444, 447, 450

Baccaloni, Salvatore 328
Bach, Carl Philipp Emanuel 243, 261
Bach, Johann Sebastian [João Sebastião] 58, 78, 193, 194, 195, 201, 207, 227-230, 233-236, 239, 240, 241, 242, 243, 247, 261, 377, 422, 451, 455, 456, 485, 486, 500, 504, 526, 544, 557
Balbi, Adrien 446
Baldi, Lamberto 539, 540, 541
Balzac, Honoré de 64n, 76
Bandeira, Manuel 104, 116, 148, 158, 176, 336, 443, 459
Bantock, Granville 412
Barraqué, Jean 84n, 89, 90, 186
Barrès, Maurice 125
Barros, Adhemar de 46
Barros, Sebastião Paes de 446

// 581

Barroso Neto, Joaquim Antonio 354
Bartók, Béla 60, 312
Bastide, Roger 275
Baudelaire, Charles 28, 72, 82, 422
Beaufils, Marcel 515
Beethoven, Ludwig van 58, 78,
87, 126, 202, 208, 220, 234, 235,
242, 243, 261, 284, 310, 362, 363,
366, 370, 404, 416, 422, 452, 456,
486, 495, 506-507, 508, 553, 556
Belardi, Armando 45
Bellussi, Piave 356
Berent, Waclaw 479
Berlioz, Hector 111, 284,
328, 350, 455, 509
Bernanos, Georges 462, 465
Bilac, Olavo 399
Bittencourt, Germana 115-117
Bizet, Georges 77, 183, 187
Boccioni, Umberto 64n
Boécio 123, 141
Boelza, Igor 563
Bonaparte, Napoleão 393
Borodin, Alexandr 60
Boulez, Pierre 89
Bourget, Paul 76, 77
Bourgués, Lucien 407
Braga, Ernâni 117
Braga, Teófilo 538
Brahms, Johannes 71, 242, 243, 261
Braque, Georges 64n, 127
Breton, André 55
Brito, Mário da Silva 43, 326
Bronson, major 391
Buecher, Karl 393
Burney, Charles 230-
231, 241, 248, 259
Busch, Fritz 246
Buxtehude, Dieterich 229,
239, 243, 261
Byron, Lord 477

Caldeira Filho, João da
Cunha 397, 447

Calloway, Cab 485
Calvocoressi, Michel 263, 276-
277, 278, 286, 289n, 300,
301n, 303, 304, 339, 343
Calzabigi, Ranieri de 318
Camargo Guarnieri, Mozart 46, 202,
250, 251, 253, 254, 255, 307, 312,
328, 361, 363, 366, 487, 497, 508
Caminha, Pero Vaz de 526
Camões, Luís Vaz de 96,
537, 539, 548
Candido, Antonio 100-101, 127,
128, 129, 137-140, 143, 145, 146,
150, 160, 174, 175, 194, 196-
197, 346n, 348, 380-381
Capanema, Gustavo 49, 443
Carissimi, Giacomo 181, 201
Carlos Magno 203
Carmelo, Jesuíno do Monte 440, 441
Carneiro, Edison 145, 176
Carpeaux, Otto Maria
336, 461-473, 476
Carpentier, Alejo 332
Carvalho, Flávio de 106, 117, 118, 459
Casadesus, Henri 515
Castelo Branco, Camilo 537
Castro Cerquera, Paulo
de Oliveira 350n
Castro, Moacir Werneck de 53,
225, 226n, 293, 430, 431-432, 461,
462n, 464, 465, 468, 469n, 474
Catulo da Paixão Cearense 529
Charles d'Orléans 72, 182
Chateaubriand, François-René 333
Chausson, Ernest 71, 183,
187, 188, 350, 515
Chenneviere, Daniel 85
Chiaffarelli, Luigi 329, 354
Chiang Kai-shek 40
Chopin, Frédéric 27, 69, 75-76,
84, 93-95, 98, 100, 148, 208,
221, 222, 224, 293, 352, 363, 366,
379, 388, 422, 452, 456, 466-
471, 476-481, 486, 536, 544, 557

Churchill, Winston 433
Claudel, Paul [Paulo] 64n
Clementi, Muzio 235, 477
Coli, Jorge 55n, 62n, 85n, 99n,
    108n, 112n, 131n, 371n, 518n
Combarieu, Jules 25, 371, 406
Confúcio 40, 59
Conrad, Joseph 96, 97, 187
Coolidge, Elizabeth 310
Copland, Aaron 27, 69, 84, 250,
    368-369, 376, 383, 388-389
Corrêa Júnior, João 492
Cortot, Alfred 87-88, 517
Couperin le Grand
    (François Couperin) 76,
    77, 221, 222, 225-226
Coutinho, Galeão 462n, 463, 464n
Crabbé, Armand 328, 351
Csammer, Emmerich 262
Cui, César Antonovitch 282,
    284, 286, 302

D. Manuel, rei 526
D'Annunzio, Gabriele 219, 223
Dabrowska, Maria 479
Dalla Rizza, Gilda 328, 355
Dantas, Luiz Carlos 55n,
    99n, 112n, 131n, 287
Davies, Walford 311
De Angelis, Arturo 355, 356
Debussy, Claude 64n, 69-73, 75-100,
    108, 111, 119, 126, 164, 181-190, 201,
    221, 223, 250, 284, 292, 293-294,
    318, 350, 422, 455, 456, 461, 477,
    494, 496, 503, 511, 515, 549, 552
Decca, Maria A. G. 46n
Delacroix, Eugène 75, 98
Delarue-Mardrus, Lucie 515
Delius, Frederick 532n
Dénéréaz, Alexandre 407
Deonna, Waldemar 125, 141-142
Désormière, Roger 186
Dinis, Jaime 448
Disney, Walt 146, 147, 536
Donatello 548

Donato, Mario 447
Dos Passos, John 464
Downes, Olin 529n
Duarte, Paulo 42, 45-52,
    53, 58, 288n, 327
Duchamp, Marcel 132
Duparc, Henri 71, 183, 187
Duprat, Régis 448

Eaglefield Hull, A. 192, 196
Egorovna, Irina 289
Eisler, Hanns 246
Eliot, T. S. 132-133
Emerson, Caryl 300, 304n
Erh, Nyi 39-41, 57, 59, 61, 62-63,
    65-68, 80, 120, 139, 198, 334
Eschig, Max 499
Estrada, Osório Duque 398, 399
Eulálio, Alexandre 332

Falla, Manuel de 60
Fauré, Gabriel 71, 111,
    182, 183, 187, 350
Favero, Mafalda 328, 353
Féron, Alain 520
Fétis, François-Joseph 449
Feuermann, Emanuel 246
Fídias 125
Figueiredo, Cândido de 398, 452
Figueiredo, Guilherme 21, 206,
    337, 359, 398, 462n, 464, 512, 546
Fingerit, Marcos 376
Fogazzaro, Antonio 381, 420, 467
França, Eurico Nogueira 515
Franck, César 76, 182, 311, 350,
    364, 368, 455, 515, 544, 553
Franco, Maria Sylvia de
    Carvalho 19
Frederico Guilherme II, rei 234, 241
Frescobaldi, Girolamo 227-
    229, 236, 239
Freud, Sigmund 359
Freyre, Gilberto 418
Friedenthal, Albert 412
Fuller Maitland, J. A. 220, 241, 259n

Gabrieli, Giovanni 539
Galeffi, Carlo 328
Gallet, Luciano 23, 94, 111, 249, 251
Gallo, Nino 327
Ganche, Edouard 469
Garcia, José Maurício
Nunes 336, 435-441, 447
Gaudí, Antoni 519
Geminiani, Francesco 39, 54
Gigli, Beniamino 328, 353
Gilson, Étienne 268
Giotto 166
Glebov, Igor (pseudônimo
de Boris Asafiev) 290, 298,
300, 303, 304, 339-341, 343
Glinka, Mikhail 546
Gluck, Christoph 181,
188, 318, 350, 455
Gnattali, Radamés 251, 496, 497
Goeldi, Oswaldo 253
Goethe, Johann Wolfgang
von 172, 245, 387
Gold, Michael 464
Golenishchev-Kutuzov [Cutúsov],
Arseny (conde) 283, 289
Gomes, Antonio Carlos 22-23,
28, 39, 61-62, 85, 108, 330-337,
403, 404, 416, 447, 452, 517-518
Gonçalves Dias, Antônio 537, 539
Gonçalves, Lopes 253
Gonzales, Rebolo 169
Gounod, Charles 77, 183, 187
Graciano, Clóvis 169, 253
Graun, Carl Heinrich 230, 241, 259
Grieg, Edvard 354
Grove, George 412, 438
Guanabarino, Oscar 335n
Guarnieri, Rossini Camargo 253
Guitry, Sacha 390
Gustavo Adolfo II, rei 394

Haba, Alois 251
Haendel, Georg Friedrich 193,
194, 203, 227, 236, 241, 500

Hahn, Reynaldo 188n
Halévy, Jacques Fromental 343
Hall, Michael 432
Hanslick, Édouard 24, 272,
273, 369, 370, 421
Hasse, Johann Adolph 259
Haydn, Joseph 39, 54, 165, 193-
194, 195, 203, 221, 243, 261
Hindemith, Paul 235, 243, 261, 551
Hitler, Adolf 373, 396, 433, 465
Holanda, Sérgio Buarque de 307
Hollatz-Bretagne, Marguerite 451
Honegger, Arthur 70, 455, 551
Horta, Catarina d' 446
Houston, Elsie 103-107, 109-
122, 186, 198, 209
Huss, Jan [João] 397
Hutchins, Robert Maynard 558
Hyeronimus de Coloredo 191-
193, 195, 196

Indy, Vincent d' 515
Ionesco, Eugène 305
Itiberê, Brasílio 443, 444

Jankélévitch, Vladimir 188
Jansen, Jacques 186
Joachim, Irène 186
João V, D. 220
João VI, D. 439, 447
Jones, James Sidney 354
Joyce, James 251

Kaden-Bandrowski, Juliusz 479
Kalen, P. 449, 450
Kant, Immanuel 160
Keats, John 477
Keiser, Reinhard 243, 261
Kiefer, Bruno 516, 517n
Klemig, Paulo 483, 492
Klemperer, Otto 246
Kobbé, Gustave 302n
Koch-Gruenberg,
Theodor 395, 488

Koechlin, Charles 85, 92, 182, 455
Koellreutter, Hans-Joachim 187, 247, 248, 249, 250n, 252-255, 474, 475n
Krasinski, Zygmunt 478, 479
Kurth, Peter 432, 433

Lacerda, Carlos 145, 174, 275, 292, 315, 337, 338, 359, 430, 462n, 464-465, 473
Lafayette, Madame de 352
Lalande, André 124, 141
Laloy, Louis 60
Lamenza, Mario 452, 453
Lamm, Pavel 297, 303, 304, 305
Lampião (Virgulino Ferreira da Silva) 392
Lange, Franciso Curt 250, 254, 255, 443, 448, 471, 474
Lao-Tsé 40, 59
Laroche, Herman 282, 298
Lasserre, Pierre 351
Lavalle, Pyrard de 446
Lee, Harold Newton 124, 141, 142
Léger, Fernand 251
Lehar, Franz 166
Lehmann, Lili 110-111, 113, 239
Lehmann, Lotte 239
Leibowitz, René 187
Leite, Serafim 445
Leoncavallo, Ruggero 24, 166, 318, 485
Leonino, mestre 445
Leroux, Ernest 451
Léry, Jean de 449, 450
Lévi-Strauss, Claude 421-422
Levy, Alexandre 336
Lewis, Sinclair 464
Liangmo, Liu 41, 61, 68
Lifar, Serge 516
Lima, Heitor Ferreira 85
Lincoln, Abraham 394
Lins, Álvaro 145, 174, 176, 178, 462, 465, 472
Lira, Mariza 394, 412

Liszt, Franz 76, 202, 204, 308, 477, 554
Lobato, Monteiro 253
Lobo, Alba Figueiredo 201-207
Lobo, Laurinda Santos 502
Long, John Luther 354
Lorenzo Fernández, Oscar 249, 251, 307, 443, 444, 449, 496
Lully, Jean-Baptiste 193, 194, 331, 455
Lutero, Martinho 233, 394

Ma, Hiao-Ts'iun 60
Machado de Assis, J. M. 159, 452
Machado, Antônio de Alcântara 46, 446
Macherey, Pierre 188n
Maeterlinck, Maurice 188, 189
Mahler, Gustav 507
Maia, Francisco Prestes 46
Maiakovski, Vladimir 151, 197
Malipiero, Gian Francesco 222
Mallarmé, Stéphane 72, 182
Manet, Édouard 64n
Marchand, Jean Louis 227, 241
Marco da Gagliano 318
Marinetti, Filippo Tommaso 151, 197
Maritain, Jacques 130
Mariz, Vasco 110, 515
Marnat, Marcel 278n
Martins, Luís 128, 129, 144, 167, 170-176, 198
Martins, Wilson 256, 473
Martius, Carl Friederich von 438
Marx, Walter Burle 526
Mascagni, Pietro 166
Massenet, Jules 72, 77, 183, 187, 188, 328, 329, 350, 351-353, 456
Matos, Gregório de 537
Maurras, Charles 481
Mazzocchi, Domenico 230
Medeiros e Albuquerque, José Joaquim 399, 409

// ÍNDICE ONOMÁSTICO   // 585

Medeiros, Anacleto de 529
Medici, Yolanda 64n
Meilhac, Henri 352
Meireles, Cecília 253
Melo, Francisco Manuel
de 398
Mendelssohn, Felix 318
Mendes, Julia Brito 436
Mendes, Murilo 57n, 452
Mersenne, padre 450
Mestrovic, Ivan 64n
Metastasio, Pietro 318
Meyerbeer, Giacomo 243,
261, 343, 455
Michelângelo [Miguelanjo] 172,
467, 548
Michelet, Jules 78
Mickiewicz, Adam 478, 479
Mignone, Francisco 208, 219, 225,
249, 251, 307, 346n, 496, 540, 551
Miguel dos Santos, frei 537, 539
Miguez, Leopoldo 336, 409
Milhaud, Darius 517
Milliet, Sérgio 38, 46, 54, 109,
110, 123-129, 138, 139-145, 146n,
150n, 155, 158-161, 163, 165-166,
168, 170-171, 174-179, 198, 256
Mojica, José 261
Molino, Jean 268-270, 273
Möller, J. C. 412, 438
Monet, Claude 64n
Moniuzko, Stanislaw 476
Monroe, James 386
Monteverdi, Claudio 24,
404, 416, 455
Moraes Neto, Prudente de 510
Moraes, Rubens Borba de 46
Morais Filho, Alexandre
José de Melo 436, 451
Morais, Dutra de 448
Morgan, Charles 183
Mozart, Wolfgang Amadeus 29,
31, 58, 69, 76, 111, 165, 172, 191-
199, 202-204, 221, 234, 235,

242, 243, 261, 375, 380-381,
452, 455, 457, 470, 486, 495
Muricy, Andrade 310, 443, 444, 516n
Musset, Alfred de 477
Mussolini, Benito 227, 238, 257
Mussorgsky [Mussorgsqui],
Modest 60, 76, 105, 184, 263-
277, 278, 281-291, 294, 295-306,
339-343, 346, 359, 360, 404, 456
Mussorgsky, Alexey 289
Muzio, Claudia 328

Nascentes, Antenor 398
Nassau, Maurício de 395
Nazareth [Nazaré],
Ernesto 489, 536, 537
Nepomuceno, Alberto 398, 436
Newman, Ernest 341-
344, 356, 357-360, 393
Nimuendajú, Curt 473
Nóbrega, Nelson 169
Norwid, Cyprian 479

Offenbach, Jacques 331
Oldani, Robert William 300, 304n
Oliveira, Armando de Salles 46
Oliveira, José Osório de 38, 54
Orwell, George 488
Ostretsov, A. 557-558
Oswald, Henrique 539
Otaviano, Francisco 347n
Ottoboni, Pietro (cardeal
Ottoboni) 227

Pachelbel, Johann 236
Paganini, Niccolò 76, 204
Palestrina, Giovanni 193, 237, 557
Parodi, Stella 110, 113
Paulhan, Jean 125
Pavlova, Anna 328, 351
Pedro I, D. 438
Pedro II, D. 62, 447
Pedrosa, Mário 431
Peerce, Jan 414

Peixoto, Afrânio 134, 161

Peppercorn, Lisa M. 499-500, 501, 503, 505-507, 509, 513-514, 516, 518, 519, 524

Péret, Benjamin 112

Perotino, mestre 445

Perrachio, Luigi 85

Pessoa, João 415

Picasso, Pablo 64n, 126, 127, 134, 157, 162

Pitágoras 123, 141

Platão 37

Plutarco 25, 313, 370, 392, 416

Poe, Edgar Allan 182

Portinari, Candido 16, 253

Portogallo, Marcos 439

Prado, Fábio 46

Prado, Paulo 288

Previati, Gaetano 64n

Prokofiev, Serguei 312, 346, 555, 557, 562

Proust, Marcel 75-76, 78, 93-99, 187, 188, 189

Prunnières, Henri 499

Przybyszewski, Stanislaw 477

Puccini, Giacomo 166, 329, 351, 353-355, 520

Purcell, Henry 399, 487

Pushkin [Puchquim], Alexandre 296

Queirós, Eça de 350

Raccagni, Hermínia 496

Racine, Jean 96, 481, 487

Rafael 194, 195

Rameau, Jean-Philippe 76, 92, 189, 335, 350, 455

Ravel, Maurice 105, 202, 422

Rego, José Lins do 451, 464

Reis e Silva, Elias 330

Reis, Zenir Campos 462n

Rembrandt 159, 364, 368

Repin, Ilia 267, 283

Respighi, Ottorino 539

Reymont, Wladyslaw 479

Ricardo, Cassiano 179

Riemann, Hugo 25, 371, 412

Riesemann, Oskar von 263, 276-277, 282, 299

Rikyu 40, 59

Rimbaud, Arthur 456

Rimsky-Korsakov [Rimsqui-Corsacov], Nikolai 284, 295, 296, 298, 301, 303, 305, 340, 509, 555

Rodin, Auguste 64n

Rodrigues, Nelson 253

Rolland, Romain 245, 246, 462-463, 466

Roquette-Pinto, Edgard 529

Rosato, Clorinda 496

Rosing, Vladimir 264

Rossini, Gioachino 204, 236, 301, 341-343, 357-360, 455, 456

Rostand, Edmond 351

Rouault, Georges 127

Rousseau, Jean-Jacques 449-450

Rubens, Peter Paul 194, 486

Rubinstein, Arthur 499, 527

Rudge, Antonieta 308, 458-459

Ruwet, Nicolas 272-273

Sacadas de Argos 70, 310, 313

Sachs, Curt 246

Sainte-Beuve, Charles Augustin 310

Saint-Foix, Guy de 193, 196, 198

Saint-Saëns, Camille 318, 456, 515

Sand, Georges 55, 56, 241, 379

Santoro, Cláudio 247, 248, 312

Sartre, Jean-Paul 55

Saumell, Manuel 332n

Sayão, Bidu 327, 328

Scarlatti, Domenico [Domingos] 219-226, 227, 228, 235, 236, 237, 241, 257, 422, 441, 519

Schaber, Will 58, 67n

Scherchen, Hermann 246

Schiller, Friedrich 344-346

Schipa, Tito 328, 351

Schloezer, Boris de 272
Schmidt, Florent 518
Schnabel, Artur 246
Schoenberg, Arnold 64n, 190,
235, 244, 246-249, 251, 254,
255, 313, 472, 520, 523, 549
Schubert, Franz 71, 243,
261, 318, 354, 375
Schultz, Johannes 243, 261
Schumann, Elisabeth 229,
234, 239, 240, 258-259
Schumann, Robert 76, 243,
261, 284, 507-508
Schützer, Lineu 484-
485, 488-489, 491
Schwarzkopf, Elisabeth 239
Séailles, Gabriel 125
Segall, Lasar 16, 52, 253
Selva, Blanche 201, 207, 209
Seroff, Victor 196, 255, 291,
292, 302, 347, 348, 543n
Shakespeare, William 40,
59, 347n, 353
Shelley, P. B. 477
Shevchenko [Chevtchenko],
Taras 263, 270, 276, 277, 278
Shostakovich [Chostacovich],
Dmitri 69, 84, 196, 197, 202, 255,
291-292, 293, 302-303, 310, 311, 312,
347-349, 363, 366, 370, 507, 543-565
Sienkiewicz, Henryk 479
Silva, Antônio de Morais 398
Silva, Francisco Manuel da 412, 418
Simon, Abel 234
Sinclair, Upton 464
Sinzig, Pedro 445
Slonimsky, Nicolas 253
Slonimsky, Sergey 305
Slowacki, Juliusz 478, 479
Smetana, Bedrich 60
Sófocles 317
Souza Lima 511n
Souza, Gilda de Mello e 64n
Staden, Hans 502

Stalin, Josef 151, 197, 254, 303
Stamitz, Johann 243, 261
Stasov, Vladimir 283, 297
Steger, Fritz 243, 261
Steinbeck, John 464
Stignani, Ebe 328
Stokowski [Stocovisqui],
Leopold 459, 545
Strauss, Richard [Ricardo] 235
Stravinski [Stravinsqui], Igor 64n,
126, 134, 162, 422, 503, 549, 555
Stroebel, Heinrich 86, 188-189
Swanson, Gloria 261
Szymanowski, Karol 476

Tagliaferro, Madalena 373
Tarasti, Eero 517
Taunay, Afonso de 436
Tchaikovsky [Tchaicovsqui],
Piotr Ilitch 89, 282, 318, 485,
489, 505, 509, 530, 554-555
Telemann, Georg Philipp 235
Terán, Tomás 499
Teschner, Richard 64n
Thalbitzer, William 451
Thomas, Lord Wharton 399
Thompson, Dorothy 426, 432-433
Tolstói, Alexis 266
Tolstói, Liev 160
Toni, Flávia C. 244, 511n,
513, 516n, 519, 522
Toni, Olivier 448
Torrefranca, Fausto 354
Toscanini, Arturo 414
Toselli, Enrico 236, 354
Tosti, Francesco Paolo 236
Towianski, Andrzej 479

Valéry, Paul 132, 134-135, 162, 268
Vallin, Ninon 110, 111,
113, 328, 350-351
Varèse, Edgar 520, 523
Vargas, Getúlio 46, 415
Vasconcellos, José Leite de 458

Velásquez, Glauco 336
Verdi, Giuseppe 28, 126, 236,
 302, 330, 334, 336, 343, 355,
 359, 404, 405, 414, 485, 543
Verlaine, Paul [Paulo] 64n, 78, 548
Victoria, Tomás Luis de 456
Vierkandt, Alfred 211
Villa-Lobos, Heitor 23, 60, 63,
 69, 79, 84, 104, 106, 118, 220,
 251, 257, 307, 412, 435, 443, 444,
 449, 493-497, 499-533, 551
Villate, Gaspar 332n
Vivaldi, Antonio 235
Volpi, Alfredo 16
Vuillermoz, Émile 284

Wagner, Richard [Ricardo] 28,
 62, 87, 111, 181, 184, 188, 211-217,
 234, 235, 236, 242, 243, 245, 260-
 261, 290, 295, 313, 318, 319, 338,
 339, 343, 360, 384, 385, 386, 403-
 404, 416, 422, 456, 543, 544, 557
Wajda, Andrzej 468
Walter, Bruno 246
Watteau, Antoine 78
Webern, Anton 89
Weissmann, Frieder 246
Wellesz, Egon 501
Werfel, Franz 451
Wilde, Oscar 212
Wisnik, José Miguel 335n, 512, 519n
Wolf, Hugo 243, 261
Wyspianski, Stanislaw 468, 479-480

Zamoyski, August 466
Zeromski, Stefan 479
Ziliani, Alessandro 355

Título	Música Final: Mário de Andrade e Sua Coluna Jornalística Mundo Musical
Autor	Jorge Coli
Produção Editorial	Ana Novais
Capa, Projeto Gráfico e Diagramação	Thema Estúdio
Fotografia da Capa	Gregori Warchavchik
Editoração de Texto	Tatiana Vieira Allegro
Revisão de Provas	Cátia de Almeida
Índice Onomástico	Rodrigo Danesi
Divulgação	Regina Brandão
	Giulia Rossi Paladino
Formato	16 × 23 cm
Tipografia	FreightText 10/14 pt
Papel Certificado FSC®	Cartão Supremo Alta Alvura 250 g/m² (capa)
	Chambril Avena 80 g/m² (miolo)
Número de Páginas	592
Tiragem	1000
Impressão e Acabamento	Gráfica CS